歴史人口学と家族史

Historical Demography and Family History

速水融 編

藤原書店

Historical Demography and Family History
edited by Akira Hayami

Rosental, Paul-André, "Thirteen Years of Debate : From Population History to French Historical Demography, 1945-1958", *Population*, 1997, 9. (Chap. 1)

Saito, Osamu, "Historical Demography:Achievements and Prospects", *Population Studies*, 1996, 50. (Chap. 2)

Coale, Ansley J., "The Decline of Fertility in Europe since the Eighteenth Century as a Chapter in Human Demographic History", in Coale, A. J. and Watkins, S. C. eds., *The Decline of Fertility in Europe*, Princeton : Princeton University Press, 1986. (Chap. 3)

Livi-Bacci, Massimo, "Social-Group Forerunners of Fertility Control in Europe", in Coale, A. J. and Watkins, S. C. eds., *The Decline of Fertility in Europe*, Princeton : Princeton University Press, 1986. (Chap. 4)

van de Walle, Francine, "Infant Mortality and the European Demographic Transition", in Coale, A. J. and Watkins, S. C. eds., *The Decline of Fertility in Europe*, Princeton : Princeton University Press, 1986. (Chap. 5).

Sharlin, Allan, "Urban-Rural Differences in Fertility in Europe during the Demographic Transition", in Coale, A. J. and Watkins, S. C. eds., *The Decline of Fertility in Europe*, Princeton: Princeton University Press, 1986. (Chap. 6)

Henry, Louis, "Some Data on Natural Fertility", *Eugenics Quarterly*, 1961, 8. (Chap. 7)

Wrigley, Edward Anthony and Schofield, Roger S., "English Population History from Family Reconstitution : Summary Results 1600-1779", *Population Studies*, 1983, 37. (Chap. 8)

Wilson, Chris, "Marital Fertility in Pre-Industrial England : New Insights from the Cambridge Group Family Reconstitution Project", paper presented at the Conference on Demographic Change in Economic Development, held at the Institute of Economic Research, Hitotsubashi University, 1-3, December, 1991. (Chap. 9)

Hammel, Eugene A. and Laslett, Peter, "Comparing Household Structure Over Time and Between Cultures", *Comparative Studies in Society and History*, 1974, 16. (Chap. 10)

Hajnal, John, "European Marriage Patterns in Perspective", in Glass, D. V. and Eversely, D. E. C., eds., *Population in History*, London : Edward Arnold, 1965. (Chap. 11)

Hajnal, John, "Two Kinds of Pre-Industrial Household Formation System", *Population and Development Review*, 1982, Vol. 8, No. 3. (Chap. 12)

歴史人口学と家族史／目次

第二部 プリンストン・プロジェクト——ヨーロッパにおける出生力低下の探究

歴史人口学と家族史

凡例

一　原文イタリック表記のうち書名は『　』括りで示し、強調などの場合は傍点を付した。

一　原注は各章末に付した。

一　訳者による補足は文中に〔　〕で補った。ただし長いものは、本文該当個所に*を付し、段落末に訳者による補足を載せたものもある。

はじめに

速水　融

本書は、歴史人口学と家族史に関し、その成立と内容を知るべく、「ユーラシア人口・家族史プロジェクト」の何人かの方々と相談のうえ、基本的と思われる論文一二篇を選んで訳出したものである。もちろん、これ以外にも多くの論文を加えたかったが、紙数の関係から、今回は以上にとどめ、それ以外は別の機会に譲ることとした。

しかし、本書に選んだ諸論文はいずれも、この二つの分野にとって、誰もが読まなければならない基礎的文献であり、今まで訳出されなかったことが不思議なくらいである。もちろん、専門研究者なら、原著で接することが出来るが、このような翻訳の形で出版されることを通じ、多くの方々に身近なものとなるならば、編者の何よりもの喜びである。本書は、各翻訳論文に対し、訳者による解題を付した。各論文とも、大きな影響力をもってきたものであり、多少なりともその背景や意義を知っておくことが必要と考えたからである。ただし、学界における意味付け、ということになると、人によって意見の違いがあるかも知れない。

本書は、まず、歴史人口学の成立と展開について、二つのサーヴェイ論文から出発する。今日、筆者を含め、多くの者が、歴史人口学は一九五〇年代末、フランスで誕生したと述べ、L・アンリ (Louis Henry) の名前を挙げる。このことは間違ってはいないが、P-A・ローゼンタール (Paul-André Rosental) 論文から、その誕生がいかに難産だったかを知るだろう。次に、斎藤論文は、ヨーロッパに広がった歴史人口学が、現在どのような状況にあるかを、とくにイギリスのケンブリッジ・グループの業績を中心としながら述べる。読者は、これらの論文に付せられた文献の数に圧倒されるかもしれない。

その次に、一九六〇年代に行われた、プリンストン・ヨーロッパ出生力プロジェクト（以下「ヨーロッパ出生力プロジェクト」）の成果が紹介される。このプロジェクトは、プリンストン大学のA・J・コール (Ansley J. Coale) 教授が主導し、欧米各国の研究者が参加し、ヨーロッパを国ごとではなく、日本でいえば府県に相当する州・県を単位として、一八六〇年以降のセンサス（国勢調査）データから得た諸変数を打ち込み、ヨーロッパの人口転換に関する詳細な地図を作成することに成功した。この時代は、あたかも人口転換の時代、といわれてきたから、出生率低下が主題となっている。同じことを、最近、フランス国立人口研究所（INED）のE・トッド（Emmanuel Todd）が行い、農地制度、継承と相続、識字率、脱宗教化の指標を入れ、時代を溯って「西ヨーロッパ」の文化、社会に関する州・県別の地図を作成している（Todd, 1990）。ヨーロッパ出生力プロジェクトの場合は、もっぱら近代の人口転換に焦点が当てられているので、トッドの地図より専門性が高いが、このプロジェクトの遂行に際して、たとえば、M・リヴィ＝バッチ（Massimo Livi-Bacci）は、歴史を溯り、ヨーロッパの上層階級やユダヤ教徒の間では早くから出生率の低下が見られたことを指摘している。

F・ヴァン・デ・ワラ（Francine van de Walle）の論文は、人口転換期における乳児死亡率の変化について述べる。乳児死亡率の改善は、死亡率全体の低下に大きな影響を与えたとするのが通説であるが、彼女の論文は、安易な結論に対して警鐘を鳴らしている。

「都市墓場説」は、近代技術が都市生活に導入される以前、都市の死亡率が出生率を上回り、農村部から人口流入を必要としたことを説いた考え方であり（Wrigley, 1969）、日本では、編者自身が「都市蟻地獄説」（速水・内田、一九七二、二一七―二五六頁）と名づけたものと同様である。これに対して、都市では、人口の流動性が高く、独身率が高く、他方、都市の富裕層では、出生率は高かったとする批判が、A・シャーリン（Allan Sharlin）によって唱えられ、国内では斎藤修が江戸と大坂の都市居住者について考察し、同様の結論を導いている（斎藤修、一九八七）。これの問題については、都市住民の歴史人口学的研究事例が少ないこと、墓場説の適用されるのは、人口の密集する大都市であり、いくつかある地方都市の研究事例からは、結果が出ないこと、死亡率が高いのは、平常年か、死亡危機（mortality crisis）の年なのか明確ではないこと、などが重なり、未だに結論は出ていないが、シャーリンの提起した問題抜きでは、都市人口史の研究はできなくなったことも事実である。

アンリの自然出生力に関する論文は、冒頭のローゼンタール論文で触れられているように、本来アンリが人口学者として目指したトピックの一つであった。ここに訳出されたことにより、われわれが用いている「自然出生力」(natural fertility)についての知見が一般に広がることを期待したい。

次の二つの論文はいずれも、ケンブリッジ・グループ(Cambridge Group for the History of Population and Social Structure)の成立と活動に深くかかわってきたE・A・リグリィ(Edward Anthony Wrigley)およびR・S・スコフィールド(Roger S. Schofield)、それからC・ウィルソン(Chris Wilson)によるものである。ケンブリッジ・グループは、地方史家の協力を得て、イングランド全域から、四〇〇以上の教区の簿冊を収集し、アンリの開発した家族復元法を用いて、一六世紀中葉以降の結婚や出生について具体的な内容を明らかにした。その嚆矢となったのは、一九六六年に発表された、リグリィのイングランド南東部、デヴォンシャのコリトン教区の研究である(Wrigley, 1966a)。この教区の簿冊は、ヘンリ八世による修道院解散令の発布された一五三八年以降四世紀間近くに亘って記録された貴重な史料であり、リグリィは、そこから多くの「発見」を行った。その一つが、人為的出生制限の存在であった。しかし、リグリィの「発見」は、イングランドの辺境部には見られるとしても、これをもってイングランド全体の代表とすることについては疑問が提出され、リグリィも結論が性急に過ぎたことを認め、多数の教区の簿冊を用いる研究で疑問に応えた。

歴史人口学においては、優れた人口史料は、往々局所的なものであるが、リグリィとスコフィールドは、他の研究者の協力を得て、二冊の大著、『イングランド人口史　一五四一―一八七一』(Wrigley and Schofield, 1981)および『家族復元法によるイングランド人口史　一五八〇―一八三七』(Wrigley, Davies, Oeppen and Schofield, 1997)を刊行した。この二冊は、単に家族復元法の適用ではなく、家族復元分析の大量観察から、過去投影推計法を用いて、イングランドの人口推計を行うマクロ的分析まで含んだ総合であり、少なくも英国に関する限り、これらの業績を越えることは至難の業とさえ言えるだろう。

C・ウィルソンの論文は、同じくケンブリッジ・グループの業績を、実際に作業に参加した研究者の立場から説明している。なお、この論文は、去る一九九二年、『社会経済史学』に掲載されたものだが、その重要性を考慮し、あえてここに収録した。収録に際しては若干語句を修正している。

最後に、家族・世帯・結婚に関する三つの著名な論文をもって本書が締め括られる。E・A・ハメル＝P・ラスレット（Eugene A. Hammel, Peter Laslett）モデルは、家族の形態を分類する基準として長く用いられてきた。その有効性――とくに非ヨーロッパ社会での――について、今日、いくつかの疑問が出されていることは事実であるが、それに替わるべきものはないということも真実であろう。このモデルでは、レニングラード（当時）とトリエステを結ぶ線以西の結婚パターンを、晩婚、そして生涯独身者の比較的多い社会とし、その東側と対置した。J・ヘイナル（John Hajnal）の名前は、歴史人口学や家族史の分野ではあまりにも有名であるが、古典ともいうべき結婚形態および世帯形成に関する二つの著名な論文は、今まで訳されてこなかった。この訳出によって、ヨーロッパの家族形態を決定する要因が何処にあるのかが明らかにされるとともに、日本あるいは非ヨーロッパ社会を観察する場合の基準を考える基礎となるだろう。

歴史人口学の手法は、何といっても、創始者のアンリの考え方に直接接するのが正統な接近法である。記名型資料に現れる人名をリンクして、個人のイベントを分析の単位とする考え方は、現在でも変わっていない。もちろん、アンリの時代にはなかったコンピュータが誰でも利用できるようになり、作業量の節約、分析範囲の拡大はあるが、基本的にはアンリの開発した方法の延長線上であり、そういった点からも、アンリを歴史人口学の祖とすることに吝かではない。

本書とならんで、是非読んでいただきたいのは、斎藤修編著、ラスレット他著の『家族と人口の歴史社会学』（斎藤修、一九八八）である。この書は、主として、イギリス・ケンブリッジ・グループの面々が記した論集だが、筆者編のこの翻訳論文集と補いあって、ヨーロッパにおける歴史人口学と家族史の研究状況の展開を、克明に追うことができる。

これらの論文を再読して感ずることは、いずれの論文も、観察事実をそのまま活字とするのではなく、事前の準備と観察結果に関する深い思考と洞察を経た後、発表されていることである。この点、編者は自分の研究発表の姿勢にいささか欠けるものがあったと自戒せざるを得ない。

最後に、訳の労をとられた訳者各位ならびに本書の出版を引き受けて下さった藤原書店に感謝したい。同書店からは、「ユーラシア人口・家族史プロジェクト」の研究成果をシリーズとして出版していただく予定であるが、現在の出版界の状況からして、英断をもってこのシリーズの出版を敢行して下さる同書店に深甚の謝意を表したい。また一冊の著書としてまとめるため、表記や注について統一した方法に変え、原著とは異なる表題、小見出しを付したところもある。これらは藤原書店の西泰志氏の努力に負うている。

また、フランスの文献・人名等については二宮宏之氏のご教示によるところ大である。ご厚意に深く感謝したい。

さらに、引用文献は、著者により形式が異なり、また、重複も多いので、レファランスとして一つにまとめ、巻末に付した。論文によっては、レファランス方式によっていないものもあったが、すべて統一した。また図表は各章ごとに番号と表題を付したので原文と一致していない。

二〇〇三年九月

第一部　歴史人口学とは何か——資料・目的・方法

第一章

人口史から歴史人口学へ

【一九四五―一九五八年のフランス】

ポール＝アンドレ・ローゼンタール

（速水融訳）

梗概　歴史人口学における「アンリの方法」の驚くべき成功は、著書や論文の長いリストに示されているが、単なる先達の結論ではなかった。同時に、数多くの他の研究方法が展開され、その結果、一時的であるにせよ、衝突するような場面もあった。この論文において、筆者のP－A・ローゼンタール[1]（Paul-André Rosental）は、それらの色々な研究計画が具体化し、関与する個人個人や研究機関の役割が評価された、一九四五年から一九五八年の間を検討する。徹底的な歴史学的説明をする替わりに[2]、筆者は、L・アンリ（Louis Henry）を「勝利」に導いた諸条件を、後日からの考察を加え、確認しようとする。このように、筆者は、続く三〇年間におけるフランス歴史人口学の性格、および、より一般的に、いかに人口学と歴史学の間に境界が引かれたかの理解を深めさせてくれる。英訳はG・ロジャース（Godfrey Rogers）が行った。(1)（収録原書編者）

［1］Laboratoire de démographie historique（INED）．

［2］例として、R・ル・メ（René Le Mee）の論文（Le Mee, 1995）に、古文書館員が演じた役割、とくに歴史人口学の発展におけるM・フルュリ（Michel Fleury）の役割が述べられている。

綜合的研究分野としての歴史人口学

歴史人口学は、ほとんど教科書のような構成を持っている。諸社会科学、とくに歴史学のなかで、これほど高度に統一された方法を持ち、成果の蓄積がなされた例はない。一九六〇・七〇年代には、原資料（教区簿冊）、集積資料（家族カード）、情報組織の方法（家族復元）、および特定の統計的技術について、合意がみられた。これら一連の手法は、一九五〇年代中葉にそれらを定式化したアンリの名誉によって「アンリの方法」として知られているが、それに続く研究の指針書となる教科書にも書かれている（Fleury and Henry, 1956）。アンリは、著者あるいは共著者として、この研究方法の統合を進め、とくに研究の単位と時代区分（典型的には一七世紀中葉からフランス革命に至る間の農村教区）を容易にし、また、新しい研究課題（とくに人口調節前の、あるいは、いわゆる「自然出生力」（Gautier and Henry, 1958））を定義付けた。この方法は、教区簿冊を利用したモノグラフとして、いろいろな形（著書、論文、学位論文、卒業論文）で広がり、一九五〇年代の終わり頃から現れ始めたその数は、一九八〇年には五五六に達した（D. H. Bulletin d'information de la société de démographie historique, 1980）。

このような熱中は、強い定式化への動きをもたらした。この新しい研究分野に関心を持つ研究者間のネットワークが発展して一つの学会（Société de démographie historique）が一九六三年に誕生し、翌年にはその機関誌、***Annales de démographie historique*** の刊行が始まり、寄稿者には当時の主な歴史家達が含まれていた。(2) 数年後には、専門家の研究センター、〔社会科学〕高等研究院の歴史人口学研究室（Laboratoire de démographie historique）が設けられた。それとは別に、この協会は何百人という会員を、フランス内外に有しているが、他の機関もメンバーとなっている。たとえば、ソルボンヌ、各地方の大学（カーン、リヨン、ボルドーなど）の歴史学科、そしてもちろん歴史人口学の生誕地国立人口学研究所（INED）。この学会の存在は、その方法の綜合と、とくに学生の間の広がりに大きく寄与した。(3)

最後に、史学史的見地からすれば、歴史人口学は、社会史の発展と転換にとって原動力となり、また、数量的方法の導入への主な誘導力の一つとなった。それは、アナール派の「一般庶民」の歴史を叙述するという野心と軌を一にする先駆的な研究分野であった。人口学を用いることにより、この研究分野は、たびたび新しい理論や方法の試験台となったが、徐々に積み上げられてきた研究の成果は、現在の人口学上の現象の研究との比較に際し、貴重な基点を提供するものであった。

この時期を通じて、歴史人口学の成功は、歴史学と人口学の境界を安定化するのに役立った。しかし、アンリの考え方の導入後ほとんど四〇年経って、この区別はぼやけてきた。第一に、一九七〇年代中葉以降の人口史家によって提起された問題や用いられた方法が視野を広げ、(4) ある種の逆説的な結果を生んだ。(5) 正確には、この刷新によって、その研究方法は、いまや学問上のアイデンティティの分裂を経験している。同様に、アンリによって展開された問題や方法は徐々に変化し、(6) 現在では、関連分野（歴史人類学、医療制度や家族政策の歴史研究など）の研究からも接近されるようになった。第二に、そしてより一般的に、過去一五年間に歴史学に対する数量的方法適用の価値への疑問が、歴史人口学の、学問研究における相対的な位置を変えるに至った。

これらの変化は、この研究方法の歴史を検討することによって接近できる。この主題に関する言及や考察にはこと欠かない。(7) しかし、それらは通例、筆者自身が直接に関与したり、主に歴史人口学の展開における技術的手段——つまり「アンリの方法」——に関する同意をめぐるものであった。このような文献は、戦争直後から、一九五〇年代末までに存在した、より複雑な状況よりも、一九六〇年代、七〇年代の状態を反映している感がある。なぜなら、歴史人口学は、決して一夜にしてなったものではなく、多くの競合する考え方のなかでの、長い間の対決を経た産物なのである。元の概念の大部分は、この過程で姿を消したが、残存しているものも、この時期に行われた論争の痕跡を持っている。この論文で明らかにしようとするのは、史学史的な視野から消え去って久しい、この時の諸々の考え方の間の論争を回想することである。

われわれの出発点は、この時期〔戦争直後から、一九五〇年代末〕の主なフランスの雑誌〔本章末の「参照雑誌リスト」を見よ〕上に印刷刊行されている全論文と、国際的な歴史学会に提出されたペイパーを、系統的に分析することにある。ここでの目的は、歴史人口学の歴史を叙述すること——それには、さらに昔の文献に当り、他国との関係を調べ、もっと包括的で制度的な検討を加えなければならない——にはない。(8) われわれの目的は、より明確には「地図作成的」ということが出来るし、あるいは、その当時、フランスで造り上げられ、論争の結果生じた変化を示すような色々な考え方〔資料、問題、方法の接合を判断する認知モデルの意〕の特徴を述べることにある。初発から、最終の形態に至る研究方法上のアイディアではなく、ダイナミックな過程として、異なった位置にあったものが、次第に相互に作用したり、反発したりする様相の歴史を一瞥したいのである。対象とした著作を検討すると、高度に構造的な発展が明らかになるが、そこでは、異なった考え方が、議論の形をとりながら、相互作用を通じて、次第に修正されていった。

このことを示すためには、正確な出発の時点を定め、時代区分をする必要がある。時系列の問題はまさに、歴史家と人口学者が、人口の歴史におけるそれぞれの課題を解決すべく議論する事柄であった。時代区分を設定することは、資料と問題に対する直接の視角を提供する、という点で決定的な課題である。著者は皆、歴史学、あるいは人口学を基礎に関心をもつ時代と、研究のための資料が利用可能な時代が一致するかどうかを知る必要があった。とくに年代の区切り方は、論争を通じて一貫して中心的な課題であったことが分かる。それはアンリによる特別の貢献を再評価する、すなわち、一九五八年に、アンリによって創造された一七世紀から二〇世紀に至る間の、確固たる時代区分は、一つの研究分野として、歴史人口学の誕生を物語るものであることを論じることになる。同様の結論は、用語法の変換にも示されている。この年以前には、"historical demography" と "demographic history" あるいは、"population history" は、論争の中心人物によって勝手に使われていたが、この年以降、もっぱら "historical demography" という名称が用いられるようになった。

もう一つの問題は、直接時代区分と関連しているが、過去――一九世紀と、とくに一八世紀――において作成された統計シリーズの状態に関することである。歴史人口学の始点を検討するに際して、歴史家と人口学者は、教区簿冊の重要性について、なかなか意見の一致を見なかったことを思い出す必要がある。この時期が始まるとき、人口史研究にとって好まれた資料は、過去において編纂された統計シリーズであった。この点で、一九五一年は、時代を画する年であり、われわれの研究のデビューをかざる年であった。分析もまた、いくつかのプロジェクトごとに、各研究所で組織されていた。とくに、この時期を通じ、国立人口学研究所（INED）で行われる人口の科学的研究は、その中心となったので、国立人口学研究所の研究に基づくか否かにより、研究が区別されるほどであった(9)。われわれの研究は、戦争直後、念を入れて作られたいくつもの考え方とともに始まった。

戦争直後期（一九四五―一九五二）と印刷統計資料の優越

ルイ・シュヴァリエの考え方

L・シュヴァリエ（Louis Chevalier）に対する評価は、一九五八年に出版された古典的な労作『労働者階級と有産者階級』（Chevalier, 1958）によっている。これは、戦争直後の時期に、彼が国立人口学研究所において努力した人口史のプロジェクトをめぐる曖昧さと好対照を示している。この時の、国立人口学研究所におけるシュヴァリエの中心的位置は、*Population* 誌上の彼の論稿から明らかである。一九四六年、この雑誌の第二号において、彼は、「人口の歴史に向けて」と題する論文（Henry, 1946）で彼の研究プログラムを要約し、提起される諸問題の領域を明らかにし、また、彼が批評した、この研究分野で顕著な著作[10]や学会に、研究上の諸局面のあることを指摘している。と同時に、シュヴァリエは、一九五〇年、パリで開かれた第九回国際歴史学会議（International Congress of Historical Sciences）の「歴史人口学」のセッションで報告している。

シュヴァリエの考え方には、フランスにおいて地理学から強い影響を受けた歴史学者、および、彼の国立人口学研究所における地位から得た修練が反映されている。彼の考え方を特徴付けるものは、人口の諸課題の研究において、いくつかの人文科学、とくに歴史学と地理学、を統合しようとする願望であった[11]。しかし、不明瞭な学際的研究以上に、シュヴァリエは、それ自身あるべき研究方法をもくろみ、「人口史」に言及し、一九四六年の論文で基本的な原則を設定している。

この考え方を基礎づける行為が、時代区分をはっきり一八〇〇年を境として分けたことである。シュヴァリエは、一八〇〇年以前の人口史に関し、ほとんど触れるべきでない、という見解を持っていた。「統計が不完全か、存在しないということは、実際に起った変化を見出すことを不可能にする。」(Chevalier, 1947c, p. 253) 次の時代、一九世紀の第一回国勢調査(一八〇一年)の開始によって漸く、彼が、状況を理解するのに本質的だと考える本物の歴史を書くことが可能となったとする。(12) 四年後シュヴァリエは、この対照を、一九世紀以前の時代には、一般史の業績に単純に依拠して叙述する、「描かれた歴史」としてしか適当な言葉がなく、一方、一九・二〇世紀は、歴史学と人口学が統合され、「ほとんどの人口学的事象に対する説明」ができる、とした(Chevalier, 1947b, p. 164)。

この時代区分は、二つの考慮に基づいていた。第一は史料の問題である。シュヴァリエは、一九・二〇世紀を、歴史家に「同質的かつ継続的な統計」(Chevalier, 1946) を提供する唯一の時代として評価した。著者に従えば、これら一連の統計には、批判的なコメントと、それらを質的な背景に置くという努力が必要である。このような過程を経て初めて人口学は、他の諸社会科学と結びつき、統計学者(教養がないと思われている)の手や、狭い技術的分野に閉じこもることから逃れ得るのである。『労働者階級と有産者階級』の八年後、シュヴァリエによるこの計画は、数量的ならびに十分な前後関係の内容をもった、パリへの人口移入に関する研究、『一九世紀パリ　人口の形成』(13) (Chevalier, 1950) となって実現した。

シュヴァリエが唱導したこの時代区分の第二の理由は、実際の人口学的事象の性格にある。戦後期に流行した人口学の諸理論から影響を受けて、シュヴァリエは、一九世紀の始点を、A・ランドリ (Adolphe Landry) によって主張されたような「人口転換」(14) の開始を示す時期、つまり、現在の人口学的レジームの開始時点とみていた。シュヴァリエが、一八〇〇年以前の人口を、全く異なる人口学的レジームの属性をもつもの、つまり現在のレジームとは全く別世界のものだとすることによって、M・フーコー (Michel Foucault) 流の言葉を使えば、彼は「人口学的認識」について語ったとも言える。一八〇〇年以前の人口の研究は、それ自身重要であるとしても、それは現在の人口学的諸条件の理解には何の役にも立たない、ということになる。それに対して、一九・二〇世紀は、シュヴァリエに従えば、「無視し得ない人口学の時期であり、一つの時代として考慮されるべきである。その中では、変化の影響が明らかにされ、比較されなければならない、と考えられる歴史的単一性を形成している。」(Chevalier, 1947c, p. 249)

シュヴァリエにとって、このことが、一九世紀の人口史に彼の関心を集中させる主な原因となった。彼の見解では、人口史の意味は、それが現在の人口学的レジームを作り出すことの理解にかかっていた。シュヴァリエにとって、二つの重要な問題があった。第一は、フランスの人口成長が低かったことである。この現象に関し、彼の長い論及のなかの一つ(Chevalier, 1946)で、「人口史」にその起源を見出そうとしていた。第二は、彼の地理学者としての経験である。ヴィシー政権のもとで、シュヴァリエは人口と産業の空間的配分——後に「地域計画」と呼ばれるようになった——に関する論争にかかわった。[15] 彼は、「人口史」を公共政策の手段として考えていた。より正確には、彼は、人口史を、国を構成し、区分し、現存の行政単位にとって代わるべき——見えざる——「自然地域」を定義する助けとしたかったのである。シュヴァリエの歴史学および地理学に対する見方は、実際間違いようもなく役立つものであった。双方とも彼の人口調査プロジェクトにおいて、公共政策の優先事項に利用された。彼は、各県の工業労働力に関するモノグラフのシリーズとともに、このプロジェクトを一九四三年に実行に移し、「国立建設部」(Equipement National) を準備した (Chevalier, 1944)。

一つの考え方と二人の人口学者

シュヴァリエの考え方についてさらに進む前に、国立人口学研究所の二人の人口学研究者、P・ヴァンサン (Paul Vincent) とJ・ブルジョワ=ピシャ (Jean Bourgeois-Pichat) との比較について述べよう。ヴァンサンの論文 (Vincent, 1947) は、一九四七年、新しい学術誌 *Population Studies* の第一号を飾った。ブルジョワ=ピシャの論文 (Bourgeois-

Pichat, 1951）は、一九五一年に*Population*誌上にあらわれた。ヴァンサンとブルジョワ＝ピシャ二人の方法は、正統的な人口学上の事項や方法において、（とくにシュヴァリエと比較する場合）多くの点で共通している。

このことは、まず第一に、かれらの資料に対する態度に見られる。シュヴァリエは、一八〇〇年という、単一の時期区分年を設定し、いきおい時代は二つになったが、ヴァンサンとブルジョワ＝ピシャは、三つの時期に区分をしている。その最も新しい時期は、一八五一年の国勢調査に始まる。二人とも標準的な人口学上の測定を行うのに必要な統計は、この年以降になって得られるという判断を持っていた。その第一の時期は、一八〇六年をもって終わる。かれらは、この年以前の資料は、不完全であるか、信頼性の低いものである、という見解を持っていた。しかし、この二つの時期の間に、人口学者の目的にとっては不適当だが人口統計のたくさんある（A・ソヴィ（Alfred Sauvy）が「準統計」と名づけた（Bourgeois-Pichat, 1951, introduction））中間期を認めていた。

シュヴァリエとの方法上の違いは、かれらの知的訓練と研究計画における根本的な相違から来ている。ヴァンサンもブルジョワ＝ピシャも、エコール・ポリテクニーク（Ecole Polytechnique）出で、歴史人口学の問題へ統計学者の観点から臨んだ。かれらの目的は、できるだけ過去に遡って同質的な統計のシリーズを構築することにあった。かれらの必要とする解決は、一八世紀末以降の公刊された統計にある間違いや不一致を正し、その後それらを一九世紀以降の統計に結びつけることであった。

ヴァンサンとブルジョワ＝ピシャに共通する第二の点は、かれらの著作が集計値を用いたことである。ブルジョワ＝ピシャは、ヴァンサンの復元を彼自身の目的のために使ったので、まずヴァンサンの著作から始めよう。ヴァンサンは、E・ルヴァスール（Emile Levasseur）とA・デ・シュール（Alfred Des Cilleuls）が、一九世紀末に出版した著作で校合した、アンシャン・レジーム末期に作成されたいくつかの人口推計から始める。「ルヴァスールの本の二七六ページに、エクスピリ（Expilly）、モオ（Moheau）、一七八六年のブルゴーニュ（Burgundy）の国勢調査、およびラヴォアジエ（Lavoisier）から得た資料を、一つの表に合算しているのを見つけた。」ヴァンサンは続いてそれらそれぞれの数字の不一致を正している。たとえば、「計算の間違いは、多分真実に非常に近い方法で復元されている。不穏当にきり捨てられた数字で、なぜラヴォアジエにおける合計値（25000992）が、概数の二五、〇〇〇、〇〇〇からはみ出しているのかを説明してくれる。」最後に、これらの資料や他のものを比較したり、集計したりして、ヴァンサンは、概括として、一七七五年の性別・年齢別人口ピラミッドを作成した。「それらの資料を、広い年齢階層別集団の分布が得られる他の国勢調査の助けをかりて、チェックしたり、エクスピリの観察結果によって批判したり、最終的には、その時期の死亡率について、われわれの持つ知識を用い、一七七五年前後のフランス人口の年齢構造に関し、かなり正確な像を描くところまで行ったと思う。」（Vincent, 1947, pp. 48-51）

四年後、ブルジョワ＝ピシャは、この結論を彼自身の研究の基礎におき、一八〇六年のフランス人口の年齢構造や、アンシャン・レジーム期の最後の一〇年間の人口変動の推計を確かなものにしようとした。このようにすることによって、彼は、フランス統計局（SGF）が、一八五一年の人口を対象として作った人口ピラミッドに依存しなくてよくなったのである。一八〇六年以降、フランス統計局によって作成された人口変動の統計（年齢別死亡数）を、それで補完し、いくつかの仮定をおくことによって、ブルジョワ＝ピシャは、一八〇六年の人口の年齢構造を推計し得た。次に、E・デュヴィヤール（Emmanuel Duvillard）の生命表——「一七八九年以前、フランスで登録された死亡」に基づいたものであるが——によって、彼は、ヴァンサンの結論を検討し、それを、彼自身による一七七〇年以後のフランスの出生率および死亡率推計を行うために用いた。

結局、一方のシュヴァリエ、他方のヴァンサンおよびブルジョワ＝ピシャとの間の相違は、単純にそれぞれの方法の違いにあるのではなく、彼らの知的な関心の違い——あるものはブルジョワ＝ピシャによって明確になっている——にあった。シュヴァリエ同様、ブルジョワ＝ピシャもランドリによって練り上げられた「人口転換」の考え方に依存しなくてよくなった。彼は、それを全く異なる方法で利用し、それにより、いろいろな考え方をもつ歴史家にとって大切な、「影響」の概念に対し限定を明示することとなった。他方シュヴァリエは、この考え方から、歴史的な視野から、現代の人口の諸問題を検討する考え方を学びとったが、一方ブルジョワ=ピシャの解釈は、人口学的な法則の概念に集中した。かれは、ランドリの図式が、フランス人口の高齢化が不可避であることを示すものとみたし、長期的趨勢について開拓し、その起源を探ろうと考えた。不幸にも、一九世紀の利用可能なデータからは、この展開はすでにはるか以前の、十分な統計が得られる以前から始まっていたことが明らかになった。

このことこそ、ブルジョワ=ピシャをして、三時代区分を設定させることとなった。一八五一年の意味は、「統計」時代を「準統計」時代から区切る時点として設定されたことにあるが、この年は、国勢調査がフランス全人口の年齢構造を知らせてくれるようになった年であった。一八〇六年以降出版された統計では、死亡年齢の構成を示しているに過ぎない。もし、ブルジョワ=ピシャが、彼の関心のある統計シリーズを作成しなければならなかったら、彼は、異なる人口推計を混ぜ合わせる以外に選択の余地はなかったであろう。それらが、一七世紀、一八世紀、一九世紀のどの時期につくられたものであったにしても。

シュヴァリエにしても、ブルジョワ=ピシャにしても、ヴァンサンにしても、彼らの仕事はすべて、全体であれ部分であれ、過去に印刷刊行された統計資料に基づいている、というのは事実である。彼らが異なるのは、それぞれの資料操作の仕方にあり、このことは、ここで詳細に検討されるであろう。

比較の諸要点

シュヴァリエの業績においては、資料はそれぞれ歴史学的考察に一体化されるべき要素として取り扱われているので、その背景となる時代に関連付けられる。この背景への配慮は、その資料がその時期に作成されたことだけでなく、そこに含まれる情報にも及んだ。その目的は、過去の全体的描写に、その資料を位置付けることにある。利用されるテクニックは、設定された目標と同様、現状を理解するための本質的な道具として、かれの研究方法を刺激する。これに対して、ヴァンサンとブルジョワ=ピシャにあっては、すべての数量的資料は、それがどの時代の資料であれ、どのような背景で作成されたものであれ、潜在的には同一の知的領域の部分を構成するものであった。すべての資料は考慮に値するものであり、同じ内部的史料批判を経た後には、研究にとって真の目的である長期的に継続する時系列的な統計シリーズを作成するため、比較されたり、加工されたりする。この接近においては、過去の資料は、その目的が歴史を横切る類型や趨勢を明らかにするような人口学研究の必要のために利用される。

歴史家と人口学者の間にあるこの視野の違いは、かれらの間にある多くの共通点の存在を除外するものではない。とくに、かれらの、それぞれ異なる研究方法は、すべて客観的な概念に基づいており、それは時代を通じてそうである（数量史のすべての分野で見出される）。かれらの分析は、数量的手順、方法上の区分、資料作成を実証する統計学的観念を考慮していない。たとえば、人口事象の記録は、明示的に、研究の客体の不可欠な要素というよりは、暗黙に、中立的で非歴史的であるとみなされている。

次の共通点は、冒頭で言及したが、時代区分、問いかける問題、資料の間の密接な関連にかかわる。上記に示した考え方は皆、明示的に一つの過去の断片に注意を限っている。この制約は、著者によって採用された理論的な図式（ランドリの二つの論文）の論理的帰結であり、かれらが検討したかった問題（シュヴァリエの場合は人口の空間的分布、ブルジョワ=ピシャにあっては高齢化、そして両者ともフランスの低出生率）、そしてかれらが研究を実施する際に利用可能であった資料、によっている。そして、そのこととのかかわりで、ある時期だけが研究にとって適切な対象となり得た。それ以外の時期には、関心が低く、「前統計」期として、否定的に分類されたのである。

この点、キイ・ポイントは、それぞれの研究において、問いかける問題と利用可能な資料の間に共通点が存在する、ということである。シュヴァリエの場合は、「統計時代」の始点が彼の研究する時代の始点であったので、一致は完全で直接的であった。ヴァンサンとブルジョワ＝ピシャにあっては、問題と資料の一致は初めはなかった。彼らは、分析すべき時代は、アンシャン・レジーム期の最後の一〇年間に始まると考えたが、必要な資料は、一八〇〇年、さらには一八五〇年以降にしか存在しなかった。

そのことが、彼らがそれぞれの論文に与えようとした優先順位であった。彼らは、何を望むかということと、何が可能かということを調整しなければならなかった。このような比較の諸要因は、以下の考え方の検討を行う際に心に留めておく必要がある。

「人口地理学」

戦争直後の状況をしめくくる前に、人口史のもう一つの考え方に触れておくべきだろう。それは、いち早く忘れられてしまったものだが。この考え方は、歴史学にも人口学にも淵源をもつものではなく、関連する地理学の研究分野から来たもので、リヨン大学の地理学者、A・アリックス（André Allix）が主導する学者のグループによる研究であった。このモデルはまた、時代区分とか資料の問題に集中せず、標本とするデータにかかわる諸研究分野の境界と方法を明らかにするものであった。

代表であるA・シャトレーン（Abel Châtelain）によって、*Etudes Rhodanieimmes*（およびそれを継いだ*Revue de Géographie de Lyon*）(16)に、その方向は不変であるが、形式は時代を通じて変化するこの研究分野を反映する数多くの論文や論評が、発表された。アリックスは、「人口地理学」（démogéographie）と自ら名付けた新しい研究分野を発展させるよう努めたが、その方向づけをしたとたん、彼は進展する環境を考慮しなければならなくなった。一九四五年、彼はこの新しい研究分野を、人口学と関連する位置におこうとした（彼はそれが元へ戻るかもしれないと思っていたが、それほどに、かれのこの研究分野への判断は弱いものであった）[17]。三年後、***Population*** と、国立人口学研究所の『叢書』（Cahier）の最初の巻で、シャトレーンは国立人口学研究所の果たす役割と、それが推進する研究分野を称えている。彼は、今やそれを人口学の一つの分野として論じた。「人口学は地理学の外部で発達したが、それにもかかわらず地理学者は人口学を持っている。」（Châtelain, 1948, p. 236）

彼は、それによって人口学が出生率や死亡率の分析を保持する「必要と価値の高い専門化」、および、人口学が移動や人口密度を取り扱うべきことを主張している。最後に、翌年、リヨン学派の学徒、P・ギヨー（Paul Guiot）の業績の出版（Guiot, 1949）に際し、彼は歴史に転じ、人口歴史学（démohistoire）そして人口地理歴史学（démogéohistoire）について語っている（Châtelain, 1949a, pp. 369-370）。

他の研究分野に対する位置付けのためというこの必要性は、潜在的な弱体性の表現であり、シャトレーンの考え方[18]にとって早々に致命傷となった。彼の研究が分野を越えた単純な主張としての研究の提示である、とするのは正しくないだろう。彼の研究は、「人口に関する環境の役割の検討」（Châtelain, 1945, p.368）という特別の目的を持つものであった。そこでシャトレーンは、そうした検討は説明のために必要不可欠なものであり（Châtelain, 1945, p.371）、新しい研究分野を提唱するものである、とする。シャトレーンは問う。「その影響により一世紀の後、人口の再配分に鉄道の果たした役割は何であったのか？　何人の人口学者が、この問題を分析したか？　彼らの研究で、果たしてそれは取り上げられているのだろうか？　彼らにとっては、これはキイとなり、あたかも死亡率上昇に対する流行病の影響のように、重要な問題である。」（Châtelain, 1945, p. 204）

この新しい分野の最たる特徴は、多分その方法にあった。それは、人口史に関する他の研究のどれとも異なっていた。通常の統計的表現（図や表）の代わりに、シャトレーンの「人口地理学的」研究は、組織的な地図の利用に基づいていた。最も印象的な定義は、リヨン・グループのメンバーの一人であるギヨーによるものだが、「われわれは、統計を意識的に許容する余地はない。地理学者にとって、統計は有用かもしれないが、無表情な手段である。画像は、事物の変動に関する数字よりはるかによいアイディアを与える。それは、事実の背後にある原因さえ目の当たりにしてくれる。」（Guiot, 1949, p.9）しかし、他の考え方におけるように、この計画も、数量資料が獲得可能かどうかにかかっていた。

統計に対する批判、社会事象の地理学的局面を考慮することの正当性、という主張のほかに、彼は、パリ―リヨン―地中海を結ぶ鉄道網の居住パターンへの影響に関する研究計画を実施した。このために、彼は地帯別に人口密度の地図を作成し、路線への近接による人口増加を計測した（Châtelain, 1947）。

彼の考え方は、知的には筋の通ったものだが、一般に迎えられるに至らず、シャトレーンが、一九五三年に、ある村に関する小論を刊行したときには、一連の統計が地図にとって代わっている[19]（Châtelain, 1953）。その学者としての残りの期間、シャトレーンは、師匠のアリックスに影響を受け、他のトピック、すなわち、行き先別に分類した移動の諸タイプの研究を行っている。

一九五〇年代と記名型資料の勝利

ブルジョワ=ピシャの著作が出版されてから二年の間に、記名型資料に基づいて、全く異なる接近法による二つの主要な論文が発表された。ここで、それらの起源を探り、とくに、その結果について検討しよう。

歴史家とアンシャン・レジーム期の死亡率研究

一九五二年、ある新しい主人公の登場によって、論争が知的に、そして研究機関の間で生じた。その年、*Annales E. S. C.* に、P・グベール（Pierre Goubert）による論文（Goubert, 1952）が発表されたが、それは人口史を、経済史・社会史の立場から検討したものであった。グベールによって、彼の知的な立場から提起された問題は、全くオリジナルなものというわけではなかった。経済史家J・ムーヴレ（Jean Meuvret）は、一九四〇年代の半ばに、食料不足と高死亡率との関係についての分析を *Société statistique de Paris* で発表している。この二人の著者の違いは、発表した学術誌の違いであった。ムーヴレは、論文を *Population* の最初の巻に発表し（Meuvret, 1946）、一方グベールの研究は、*Annales E. S. C.* ——高等研究院第六部門の機関誌——に登場し、それによって人口史における上述の関心にアイディアを与えた。グベールの論文の発表は、実際には、第六部門と国立人口学研究所間の議論——常に緊張がなかったわけではないが——の開始となった。それはまた、人口学と歴史学の関係、この二つの研究分野の境界の位置をめぐる論争——その最も激しい局面は、約一〇年間に亘ったが——の出発点ともなった。

少なくともこの時点におけるムーヴレとグベールの位置における類似は、彼らに共通点をみとめることを可能にした。それ以前の考え方とのコントラストは明瞭である。第一に、年代をみると、この二人の歴史家は、国立人口学研究所の同僚より昔の時期に焦点を当てた——ムーヴレはアンシャン・レジーム期の最後の一世紀、グベールは最後の一五〇年間、特に一七世紀を強調した——。また、ムーヴレとグベールが検討した事象は、死亡率とくに死亡危機であり、かれらの同僚とは異なっていた。それに、彼らの理論的枠組と知的関心に関していえば、ムーヴレもグベールも、ランドリにではなく、長期の物価変動の研究を行った歴史家のF・シミアン（François Simiand）とE・ラブルース（Ernest Labrousse）に言及している。このことは、ムーヴレやグベールが、人口学的意見を述べるのに無感覚であったことを意味するものではない。とくにグベールは、「自然人口学」とか「自然出生率」といった表現をしているが（Goubert, 1952, p. 453）、それは人口転換以前の人口学的局面に関する考え方と一致している。しかしながら、概して、これらの基準は、国立人口学研究所の研究者からすれば、大きく異なるものであった。二人の著者が、自らの業績を定義付けたのは、主に歴史学上の論争に関連してであり、いくつかのことについては、時代区分や資料の選択に関連を持っていたのである。

時代区分の問題は、ムーヴレの論文「生存の危機」（Meuvret, 1946）で取り扱われている。彼の年代区分は、同時に発表されたシュヴァリエやヴァンサンのものと全く異なっていた。ムーヴレにとって、人口統計の時代は、一七七二年の「テレ財務総監の調査（Enquête Terray）」（Meuvret, 1946）に始まる。この年代の選択は、ムーヴレの研究関心を直接反映するものであった。なぜなら、彼は、穀物価格の上昇によって引き起こされた死亡危機に注目したからである。彼は、一九世紀に対して、そしてアンシャン・レジームの最後の一〇年間にさえ、ほとんど関心を示さなかった。その結果、一七七〇年以降、編纂された多くの統計シリーズ間にある相違は、ムーヴレにとって見当違いのことであった。しかし、統計資料があまりない時期を研究することは、彼が、すでに述べたように、利用可能な資料の存在する時期を研究する同僚達と、全く異なる位置にいたことを意味した。対照的に、ムーヴレは、他の種類の資料を探さなければならなくなったのである。

ムーヴレに従えば、この必要性は、「全く自然に」教区簿冊の利用に向かわせた。この資料は、一六六〇年代以降、各市町村（各県の文書館のコピーとともに）に良好な状態で保存されていた。「この時代には、統計は存在しない。しかし、一六六七年以前にはそれは、断続的であり、また、しばしば疑問の多いものでしかなかった。しかし、一六六七年以降になると、全面的で、良質の資料が得られるようになり、いかなる人口学の遡及的研究にとっても、本質的な資料となる洗礼、結婚、死亡の記録が得られる」（Meuvret, 1946）。「いかなる人口学の遡及的研究にとっても、本質的な資料」という言及は、言われてこなかったことに対する発言であった。ムーヴレにとって、それらの文書館への依存は、彼がそれに対するコメントを加える必要を感じないほど明白なものであり、同様に、史料批判を通じての、あるいは、文献引用によるコメントの必要も感じなかった。後に、歴史人口学が組織化され、その「祖先」探しが始まったとき、多くの地方的研究（とくにドイツやスカンジナヴィア）では、この種の資料を用いていることが明らかになった。[20] ムーヴレは、一九四六年に、教区簿冊の利用が、歴史家にとって「考慮に値する」選択である、とコメントしている。われわれは、このことが、新しい人口史研究への道を開いたのを知るだろう。

新しい国立人口学研究所（INED）の研究計画——ルイ・アンリ

グベールの論文が発表された翌年、国立人口学研究所の研究員、L・アンリが、もう一人の主役として登場した。アンリの研究法は、考えられていたものとはまったく異なっていた。というのは、彼は最初から出版された統計資料を避け、その代わりに教区簿冊に集中したからである。彼の一九五三年の *Population* に発表された論文（Henry, 1953b）は、「未開拓の人口学資料——教区簿冊」と刺激的な題をもっていた。この題は、アンリが自分の業績をいかに位置づけていたかの明確な指標である。彼の主要な論争相手であり、競争相手であったグベールが、一年前に、教区簿冊を利用することをすでに表明していたからである。

アンリの論文の構成はまた、独自なものであった。人口史について、それ以前に出版された論文はすべて、それぞれ自分のコースに従い、個々の方法上の関心と優先順位を示していた。より具体的には、人口学者（ブルジョワ＝ピシャ、ヴァンサン）と歴史家（シュヴァリエ、それにムーヴレやグベールさえも）は、お互いに他の業績を無視して、自分の研究を進めていた。しかし、アンリの場合は違っていた。グベールとの論争に始まり、人口学者アンリは、歴史家の領分に、論争しながら入っていった。このことは、人口史の分野における国立人口学研究所と第六部門との拮抗の開始ばかりでなく、人口学と歴史学という二つの研究分野間の、多岐に亘る論争の開始ともなった。彼の先輩同様、アンリは、時代区分の問題を検討した――これは彼の序論の主題であった――。彼の立場は非常に明瞭であった。一七七〇年の統計時代が始まる時期については、アンリは、シュヴァリエの図式や、時代の開始時点をはるかに早くまで溯らせる論文を出版したブルジョワ＝ピシャに言及している。この年代上の区分もまた、ムーヴレが一九四六年に示唆したものであった。アンリは、シュヴァリエと彼の言葉である「前統計時代」とは対照的に、一七七〇年以前に対して、ネガティヴな言葉を使わなかった。彼の論文では、「統計時代」（Henry, 1953b, p.281）の節に続いて「教区簿冊」（Henry, 1953b, p.282）の節が続き、この資料の歴史学的紹介に向けられている。

アンリによる最初の貢献は、綜合的立場による解明、少なくも現存する接近法を考慮に入れようとする解明であった。この論争は、それ自身一つの革新であった。それ以前には、シュヴァリエの論文、ブルジョワ＝ピシャ、ヴァンサンの論文、また、ムーヴレやグベールの論文は、三つの異なるブロックを形成し、個人的な、相互に孤立した観点から論じられていた。この革新は、アンリが人口史の論争への新参者であったという事実、および、彼が他の学者が関与した見解に注意深く敬意を払い、感謝していたという事実――これは、後の論文で、P・アリエス（Philippe Ariès）、F・ブローデル（Fernand Braudel）、シャトレーンにも向けられ、強化されているが――を反映するものかもしれない。しかし、アンリによる引続く出版は、彼がより組織的な態度の持ち主であり、他の研究計画に対して彼自身の立場や研究の関係を彼なりに明らかにしたことを示唆している。

指摘すべき第二の点は、アンリの見解が、他の主役の間違った立脚点に、即座に影響を与えたことである。彼の論文以前には、三つの主張があった。人口学者にとって、過去の検討は、人口の諸法則を証明したり、現在の諸状況の淵源をたどることを意味するが、一方歴史家はそれぞれ異なり、シュヴァリエは明らかに歴史を現在に結び付けようとし、ムーヴレやグベールは、確立された経済史の視野のなかで仕事をしている。アンリによってもたらされた変化は、彼が、以下の二つの特別な点で、一人の歴史家となった最初の人口学者であったという事実から来る。第一は、最初から、彼の論文は教区簿冊に関する歴史学的議論で始まり、史料批判において、ムーヴレやグベールの保塁をこえたこと、第二に、論文の残りの部分で、彼の関心は、現在直前の過去にではなく、遠い過去にあるのを明らかにしたこと、[21]である。ブルジョワ＝ピシャやヴァンサンと異なり、アンリは、彼の分析を、アンシャン・レジームの最後の一〇年間ではなく、教区簿冊の利用によってその研究が可能となった一七・一八世紀に集中させた。

その理論的な枠組と課題は、アンリの論文（Henry, 1953b, pp. 287-288）のうちに設定されている。それは、いくつかのキイとなる人口学の伝統的区分――出生率、結婚率、死亡率（地理的移動については触れられていない）――に従っている。この区分は、アンリが長年に亘って学術誌 ***Population*** のために準備し、それを通じて彼が人口学を熟知するようになったフランスの人口報告書の影響を反映している。[22]それはまた、広い範囲の歴史家達から支持を受けたいという彼の願望を反映しているのかもしれない。結婚率と死亡率（このことに関して彼は、グベールと関心を共にしている）の問題について、アンリは特別の歴史上の課題（たとえば平均結婚年齢）を検討すべきことを要請している。「自然出生力」（避妊の手段がない場合、出生するであろう子ども数）の概念から出発して、彼は過去の人口学的諸条件の研究は、現在人口になされる測定よりも、より満足すべき情報を獲得できる、と信じた。[23]換言すれば、アンリの出発点は、記述的人口学モデルと、人口行動の生物学的決定要因にあった。

以前に発表された諸論文との整合性を保つため、アンリが、彼の研究を実施するために考え出した方法を検討してみよう。すでに見たように、アンリは、自分の資料である教区簿冊を「発明」したわけではなかった。彼は、その資料が有している情報を収集したり、開拓したりする新しい手順を苦心して作りあげたのである。それは「家族の復元とその人口学的歴史」（Henry, 1953b, p.288）であった。最初の論文では、この方法は単純に概観されただけで、全面的に明らかにされたわけではなかった。ここで、アンリが、いかにして彼の研究計画を実行し、とくに、それがいかにして歴史家の支持を得たのかを検討することに進みたい。

ルイ・アンリ――歴史家のなかの(に対する)一人の人口学者

アンリの行動は、いろいろな形をとった。まず、彼は批判的であった。彼の一九五三年の論文は、グベールが用いた死亡率や平均余命の計算(これについては、「混乱」という言葉さえ用いられている)の方法について、痛烈な批判を加えている。アンリはまた、シャトレーンの論文も批判し、人口学的見地から、一点一点コメントを加えた。アンリの歴史学上の論争への登場は、このように、方法上のコントロールをしようとすることに特徴があり、人口史の分野における彼の同時代人(アリエスは、彼の批判のもう一人の目標だった)の業績を修正しようとした。しかし、彼の研究は、人口学者が、自分の統計学的能力をもって、歴史家たちのなかで自分を主張するものだった、とするのは多分間違いだろう。アンリの行動は、そういったことを超え、教区簿冊の利用方法に関する革新において顕著なものだった。

この時まで、教区簿冊から引き出される情報は、純粋に算術的な扱いでなされていた。広く言えば、ムーヴレやグベールのような歴史家は、洗礼、結婚、埋葬の数をかぞえ、その結果を、曲線の形で示し得る統計シリーズと結びつけていた。彼らには、人口変動の研究を、ラブルースが物価史について行ったのと全く同様に行おうとする意図があった。統計シリーズは、他の歴史事象に関連する最終の歴史学上の目標として設定された。ムーヴレが、死亡率のカーヴを、穀物価格のシリーズと比較したように。(24)

アンリによる革新の一つは、このようなラブルース的伝統を打ち破ることであった。より明確には、彼が採りいれたものは、全く新しい考え方であり、今日の人口学上の概念を過去に適用することに基づいていた。アンリは、歴史人口を、二〇世紀の人口学者による死亡率、結婚率、出生率計算を用いて測定する方法を見出した。この研究は、教区簿冊の新しい処理法を含むものであった。それまで、教区簿冊は、実際には、半熟の資料とみなされ、計算のためには、個々の名前を無視する形で利用されていた。アンリは、教区簿冊の人口学的目的のための利用は、記名型資料として用いることに限られると主張した。簿冊に記録されている個人個人の情報は、家族別のカードに書き移されねばならない。このような作業は、データ収集として労多いものであるが、エラーや名前を無視するデータに起こる雑な近似を回避する唯一の方法である。このことは、数量的歴史研究における基本的な変革であったことを明記しなければならない。アンリによる個人個人の名前を利用する分析は、自律的に、また結果的に社会史の中軸の一つとなったのである。

アンリは、主要な著書に彼の研究方法を示した。一九五六年から五八年の間に、彼は、自著または共著の形で、三つの大著を出版している。第一は、印刷された系譜を用いたジュネーヴ市民の研究（Henry, 1956a）、第二は、有名な歴史人口学の技術的手引書（Fleury and Henry, 1956）、最後に、後の多くの教区簿冊を用いたモノグラフのモデルとなったケース・スタディである（Gautier and Henry, 1958）。多くの視角から、これらの業績は、一九五三年の論文における研究プログラムで示されたすべての局面を例証し、展開させたものである。とくに、いかに家族を復元し、いかに得られた結果を人口学上の諸々の率計算に用いるかを実際に詳細に述べたものである。

これらすべてを実施するに際して、アンリは、歴史家の関心と興味を得るべく気をつけた。歴史家に期待したのは、アンリの方法の科学的な質にたいする賞賛でも、彼らと共同作業することによって彼の考え方が混乱することでも、歴史家の専門的意見にあやかることでもなかった。一九五三年に発表された論文の最後で、彼は「努力の統合と、公正な分業の必要」を説いている（Henry, 1953b, p. 290）。歴史家には、彼らの手腕をもってする史料批判ばかりでなく、教区簿冊からデータを収集する膨大な仕事も求められた。アンリは、続く数年間、この計画を忠実に行った。歴史家との共同作業を得るために、彼は自分の研究関心と歴史家のそれとを結び付けるテーマを強調している。その一例は、彼が一九五四年一〇月三一日、*Société d'histoire moderne* で発表したペイパーで、自然出生力の代わりに、歴史家がより関心を持ちそうな他の研究テーマ〔人口転換や上層階級の再生産率格差といったような〕に焦点を集めていることである（Daumard, 1955）。

しかし、歴史家からの回答はあいまいなものであった。グベールは、アンリの最初の論文に、「歴史遺産の現下の利用――教区簿冊」（Goubert, 1954, p. 83-93）という名指しの論文を、いみじくも *Annales E. S. C.* に発表した。翌年、国際歴史学会議（Congrès international des sciences historiques）における歴史人口学の唯一の発表は、シュヴァリエが率いるフランス支部委員会によるものであった。一般的に、多数の論文や批評は、多くの歴史家がアンリの方法に対して感じている無関心、時には敵意をあらわにしていた。一九六〇年代およびその後にあらわれた「ホイッグ党」的解釈〔現在を過去の不可避的結果とみる解釈〕による印象とは対照的に、アンリのモデルの歴史家に対する勝利は、彼の方法論の高度さ、研究計画の厳格さや整合性によってだけでは説明できない。その後における彼の成功の理由は、その後一〇年間の後半における展開に求められる。

新しい歴史学の論戦――ルネ・ベレルの挑戦とその結末

一九五七年、R・ベレル（René Baehrel）による論文「アンシャン・レジーム期の死亡率――ある疑問」（Baehrel, 1957a, pp. 85-98）が *Annales E. S. C.* に発表されたが、これは一人の歴史家の労作である新しい考え方の出現を意味するものだった。アンリの一九五三年の論文のように、題名は挑発的で、アンシャン・レジーム期の死亡率について著者の留保条件を明確に示している。ベレルの論文は、著者も認めたが、二正面攻撃の形態を取り、一つはグベールに、もう一つはアンリに向けられ、「断固として反対」するものであった。

ベレルは、グベールを、統計学、人口学、歴史学の面で批判している。彼は、グベールが、研究している人口の観察（たとえば平均死亡年齢）や、得た結果に与えた測定（率、平均、カーヴ）に不適切な表現を用いたとして告発している。ベレルに従えば、グベールの結論のいくつかは、統計学的にも（とくに分布を無視して平均に集中している。Baehrel, 1957a, p. 89）バイアスがかかっている。

次に、短いが鋭い批判がアンリに向けられる。この場合には、批判は特定の結果にではなく、むしろ一般的な概念や方法に向けられた。ベレルは、家族復元に対して、「新しいタイプのパズルであり、何の目的で行われたのか？」（Baehrel, 1957a, p. 97）とする。彼は、アンリが熱中した労多いこの作業に対し、皮肉をこめて、得られた結果は、投じられた必要な時間を正当化するものではない、と結論している。

三つの論考が直ちに *Annales E. S. C.* に発表された。一つはアンリによる回答、もう一つはベレルによる反批判である（Baehrel, 1957b）。アンリの反論は短く、明確で、堅実なものであった。彼はまず、ベレルのグベールへの批判おのおのに論駁し、グベールの論拠を擁護さえした。ついで彼は、自分の考え方への批判に答え、ベレルの批判は、自分の研究を不正確に読んだ結果だ、とした。ベレルによる反批判は、小論文の長さに及ぶが、自分の最初の論文の論点をより詳細に述べ立てたものである。彼は、一つの重要な論点を加えた。A・ソヴィ（Alfred Sauvy）の指摘をほのめかしながら、彼は、不正確な計測は、しばしば厳密であるためにに実行にあまりに長くかかる計測よりはましだ、といっている（Baehrel, 1957b, p. 636）。この効率の考え方や時間の使い方は、共に費用の問題（アンリが唱導する歴史人口学はあまりに費用がかかる）であり、人間の問題（アンリの方法は、研究時間を用いたり、また研究において学生を訓練するベストの方法ではない）である、というものである。

ベレルの見解やその成行きを分析する前に、後に書かれた彼の考え方を説明する論文の一つを検討することは有用だろう。一九五八年、アンリは、ルイ一四世以降のフランスの人口を最終的に再構築する研究計画を提示した（Henry, 1958）。このために、彼は、フランス全土の人口を代表すると思われる、教区のランダムなサンプルを選んで研究することを要請した。われわれが、当面関心を抱くのは、この研究計画自身に対してではなく[25]、ベレルからの反応に対してである。一九六〇年、*Annales E. S. C.* に発表された論文で（Baehrel, 1960）、彼は、別の統計分析の概念に基づいて、それに代わるサンプルを定義している。

ベレルにとって、ランダム・サンプルを利用するという決定は不適切なことであった。彼は、それが、フランスの大部分の小地域の存在意義を隠蔽してしまい、さらに悪いことには、統一的な国家の領域の観念を反映するので、「フランスの地理的、自然的、経済的構造を見逃してしまう」としている（Baehrel, 1960, p. 717）。ベレルの統計利用の考えは、そのような観点を含む必要はなく、フランス各州の地理的分布の多様性を示すような、前後関係をより密接にもったものであるべきことを主張している。

ベレルが、実際に心に描いていたものは、『危機——一六世紀末から一七八九年の間のバス・プロヴァンス農村』（Baehrel, 1961）に関する彼の学位論文で練りあげられたものであった。これは、歴史家が集めた人口に関する統計、広い範囲の経済に関する統計をもとに、それらを、著作を強化する一般的な論議の中で提示したものであった。絶対的であるが、一つの教区に限定されている統計の精度の代わりに、彼の考え方は、地方的諸条件の多様性を吟味して強調するものであった。これらの比較を可能とするため、歴史家は単純な計算（頻度数と平均）を行ってしまう。深さで失うものは、広さで得るものにより、ほとんど埋め合わされる。歴史学的および地理学的接近を、人口学（または経済学）的課題と関係させるベレルの方法は、シュヴァリエの方法と類似している。異なるのは、取扱う統計の違い（シュヴァリエはほとんどが古い統計、ベレルは、古いが、歴史家が再構築したものである）と、結果の叙述に用いられた方法である（ベレルは結果を議論の基礎にしたが、シュヴァリエは、結果は背景を定義したり、分析は検証するために用いられた)。

ベレルと彼の考え方は、人口史の発展にどのような影響を与えたのだろうか? 今日、この問いへの回答は明快である。それは、この研究分野の歴史から完全に埋没してしまった。J・デュパキエ (Jacques Dupâquier) の歴史人口学に関する一般文献目録には、ベレルについて一行だにない (Dupâquier, 1984)。ベレルの名は、叙述の部分には出てくるが、「袋小路」と題された節で (Dupâquier, 1984, p. 42-)、死亡原因に関する彼の考え方のみで、人口史の研究方法ではない。このような姿勢は、一度も大学にポストを持たず、マルセイユのリセの教員にとどまった彼の謙虚な履歴を反映している。

ベレルの役割を無視することは、一九六〇年代においてなら明らかである。その時には、彼は次第に端っこの方に移されてしまった。しかし、一九五〇年代末期にはそうではなかった。その時点では、ベレルは、信頼できる挑戦者であり、なかんずく彼の同僚のある者が、人口 (そして、後に見るように経済) 史を、純然たる技術的モデルに移してしまうという憂慮を、時には暴力的に声高に叫んでいた。ベレルの議論には、こういった憂慮を繰り返すいくつもの要素が含まれており、彼は、地方史の構成内容 (地理学のトレーニングを受けた歴史家——多くの者がそうであったが、ヴィダル派の地理学が産み出した地方モノグラフを大いに尊敬していた——にとっては重要な) を強調した。このような状況のもとで、ベレルが、一九五〇年代末、アナール派の歴史家のために、人口史に関する非公式のスポークスマンとなったこと、結果的に、国立人口学研究所で実施されているこの分野の研究の監視をする役目を負ったことは、偶然ではなかった。

このような役割は、その特有の起源を、ベレルがブローデルから得た支持に有している。ベレルは、学位論文を出版したり、学術誌に発表する際、ブローデルに支援された (Baehrel, 1961, introduction)。また、ベレルが他の論戦にかかわらなかったならば、なお一層得るものは大きかったかも知れない。人口史を検討する以前に、ベレルは経済史家としての立場から、ラブルースによって打ち立てられた方法（彼が指し向けた歴史人口学の出来あがりつつあった方法に対する批判と同じ理由から）をも批判した。同時にラブルース、アンリ、グベールを批判することは、簡単なことではなかったし、彼はそれを行ったことで、期待していた支持を受ける範囲は極端に限定されてしまった。第六部門の特殊なルールとは、そのメンバーは、各大学の同僚達と、大学院生の指導教官たるべく、密に協力しなければならないことだった。そして、ラブルースは、ソルボンヌにおけるブローデルとの接点だった。このような状況のもとで、ブローデルは、ベレルに与えてきた支持に慎重にならざるを得なくなった。[26]

しかし、こういった研究機関上の弱点は、ベレルの貢献を失わせるものではない。実際、ベレルによるグベールへの批判は、人口史の分野に新しい状況を作り出した。それまで、グベールとアンリの関係は、知的な、研究分野上の、そして研究機関上の限界を示すものと性格付けられていた。あるアナール派に近い歴史家は、新しいモデルを作りあげた国立人口学研究所のある人口学者と対していた。この状況は、ベレルの行動によって、決定的に修正された。なぜなら、今や、グベールは、あらゆる方向から批判にさらされることになった。彼は、技術的基盤においてのみならず、（より効果的にさえ）歴史学的基盤においても批判された。なお悪いことには、グベールの統計学的、人口学的力量は、今や統計学者によってばかりでなく、歴史家からも挑戦されることになった。

この一連のユニークな状況は、グベールの考え方に対し、アンリの考え方が勝利したことに、重要な役割を与えた——一九五九年の *Annales E. S. C.* に発表されたグベールによるアンリの著書への書評で明確にされた姿勢の変更である——。ベレルの不幸な役割は、二人の指導的な人口史家——グベールとムーヴレ——を標的にすること、そしてそれがなければアンリの考え方を受容するのにあまり熱心ではなかった彼らに、間接的に反作用することになった。この点で、一九六三年、ベルギーで開かれた第一回の国際歴史人口学会において、その時点におけるベレルの評価が、中心となりながら否定的なものであることを確認することになったのは重要である。[27]グベールが、アンリの方法を受け入れた事実にもかかわらず、ベレルは、歴史人口学の優位と方法によって、歴史学と人口学との間に境界を設定するのに、その意志に反して協力してしまったのは、何とも皮肉な結果である。

一九六〇年、いかにして一七八九年のフランス人口は計算されたのか？

今や、このサーヴェイ論文を締めくくる時がきた。また歴史人口学者にとって、一九六〇年に、アンシャン・レジーム期のフランス人口の計算が可能になったことを評価する時でもある。一九五〇年代を通じて、時代区分―資料―方法の三つは、人口史の研究すべての中心であった。この時期の最後に、それらの形成は安定化したが、それは一九五八年のアンリの論文で最終的な形態が定義付けられたからである（Henry, 1958）。

これより以前、すでに見たように、各研究は、前統計時代と統計時代、ある場合には両者の間に準統計時代を設けることにより、それらを区別していた。主な年代上の区分は、まず一八〇〇年に置かれたが、この年は、国勢調査が定期的に始まった年である。ついでブルジョワ=ピシャが一九五一年に発表した推計は、その年代を一七七〇年と「テレ財務総監の調査」の時代まで遡らせた。七年後、アンリは、この問題の時代区分を決定的に刷新した。

明示的に、彼の新しい論文は、時期区分の問題に関して起った論争すべて、初期の資料の歴史の問題に関する論争の再構築から始めている。それによってこれらの問題の中心と、人口史の分野における学問的変化の過程を示すことの妥当性が検証された。次に、全くの新しい発展として、アンリは、二つの歴史上の時代を区別する。人口登録資料（教区簿冊に始まる）が豊富にある時代と、それが存在しない時代である。「もし、人口変動に関する統計が、人口登録簿がこの目的のために用いられるようになってからしか存在しない、とすれば、統計はそれらが存在するか、少なくも、それらが正しく保存されている時から存在する可能性がある。これ以前に、適切な量と質をもった歴史資料が存在しないことは、統計が存在し得ないことを示している。史料のない時代と、史料はあるが統計のない時代の区別は、史料のある時代と統計時代との間の区別より、はるかに厳しい」(Henry,1958,p.664)。

この序論的な考察についで直ちに、アンリは彼の関心を初めの方で確認した第二の問題に移す。史料を得ることの出来る時代は、人口史に関する問題を提起する時代と一致しているか? 彼が確立した新しい年代の境界内で、アンリによるその回答は、彼自身のみならず、彼の同僚すべてにとって(この点は一つの革新であった)、肯定的なものであった。教区簿冊が保存されるようになった一六六〇年頃まで遡ることによって、アンリは、歴史家にも人口学者にも、彼らが関心をもつトピックすべてへの道を開いた。死亡危機、人口制限以前の出生率、出生制限と平均寿命の延伸の起源。ここでもまた、アンリの論文の最初(序論に次ぐ第一節)で述べられている考慮は明瞭であり、イタリック体で示されている。「統計が作成されるようになる時代は、また移行の時代である。その開始は、人類が生と死を自然のままに受け入れていた非常に長い時代に始まり、その終わりは、人類が死亡率や出生率を意志的にコントロールしようとするに至った近代の開始時点に一致する」(Henry, 1958, p. 664)。

二つの補表(表1―1、表1―2)に見られるように、この二つの問題(新しい時代区分と史料の問題に関する解決)は、戦争直後の時期以来、変動の範囲が人口史に反映していることを物語っている。それまで通例であった方法と違って、アンリの方法は、以前には区別されていた時代を統一し、学者の問題関心すべてに共通する分析の枠組をもたらすことを可能にした。それが、今や歴史家にも、人口学者にも受け入れられていることは、アンリの成功の印である。

この結果は、単に彼の統計学的および人口学的専門知識からきたものではない。彼は、単なる技術者として振舞ったのではなく、彼は、自分の方法の解釈に不注意であったわけでもなく、また、冷笑的あるいはオポチュニスト的なやり方をとったわけでもなかった。アンリは、歴史家が関心を持つ課題の理解に努め、彼自身の考え方を徐々に実行するようになり、そのもとの概念(一九五八年論文(Henry, 1953b)の要素のすべては、一九五三年のプログラム的な論文（Henry, 1953b）に示されている）に忠実であり続けた。同時に、最終的に確立された枠組は、明らかに権威というに等しい。アンリによる教区簿冊の研究によって、その資料は、テレ財務総監の調査、または一九世紀の印刷統計資料と同等の資格を得るに至った。実際アンリが達成したことは、絶対的な統計学的、人口学的中立性と継続性の考え方の受容を勝ち得たことである。このことは、歴史人口学者が、教区簿冊から得た研究結果を、一八・一九世紀の印刷統計資料や、同質的な統計シリーズを編纂した国立統計学研究所（INSEE）による現在の統計と並んで利用することを可能にした。その過程において、高度に客観的な概念は、彼自身の方法の地位を強化した。それは、彼の方法が産んだ研究結果が、現在の統計と同様の価値を持つからである。

結論

アンリが代表的な国家的調査を開始することを宣言した論文が刊行されてから一七年後、その結果は、*Population* の特別号として刊行された（"Démographie historique", *Population*, special issue, 1975, p.30）。一七九〇年の人口推計（住民二八一〇万人）は、アンリの方法を用いて、教区簿冊から求めれた（Henry and Blayo, 1975, pp. 71-122）。

上述した物語の直接の結果、この数値は、実際今日でさえその地位を保持しており、人口学の文献で絶対的なものとして引用されるものとなった。(28) われわれは、この数値の意味を示すことが出来るようになった、と期待することが可能である。それは、現在の国勢調査の結果と同様に取扱われ、アンリの方法として次第に同意を確立しつつある。この数値の整合性をさらに強化する原則を見出そうとするなら、われわれは一九五〇年代の状況を歴史的視角から探究しなければならない。換言すれば、歴史人口に対する、現在の人口学上の知識は、その知識が発展してきた諸条件の探究から分離することは出来ないのである。

表１—１　人口史モデルの概要一覧（フランス：1945–1958）Ⅰ

著者と初出年	資　料	時　期	関心となったテーマ	主要発表雑誌
Ｌ・シュヴァリエ（*1946*）	印刷統計	1800年以降	人口の地理的分布 出生率低下	*Population*
Ｐ・ヴァンサン（*1947*） Ｊ・ブルジョワ＝ピシャ（*1951*）	印刷統計	1770年以降	出生率低下 高齢化	*Population*
Ｊ・ムーヴレ（*1944*） Ｐ・グベール（*1952*）	教区簿冊	アンシャン・レジーム期	死亡危機 人口と経済の相互関係	*Journal de la société statistique de Paris* ／ *Annales E. S. C.*
Ａ・シャトレーン（*1945*）	印刷統計	不特定	人口の地理的分布と移動	*Revue de géographie de Lyon* *(ex Etudes Rhodaniennes)*
Ｌ・アンリ（*1953*）	教区簿冊	アンシャン・レジーム期	自然出生率 叙述的人口学	*Population*
Ｒ・ベレル（*1957*）	印刷統計と教区簿冊	アンシャン・レジーム期	人口 経済の相互関係	*Annales E. S. C.*
Ｌ・アンリ（*1958*）	教区簿冊と印刷統計	1670年以降	自然出生率 人口学的分析	*Population*

表１—２　人口史モデルの概要一覧（フランス：1945–1958）Ⅱ

著　者	著者の理論と関連	方　法
Ｌ・シュヴァリエ	人口転換（歴史的解釈） フランス地理学派	歴史的背景における統計データの位置付け
Ｐ・ヴァンサン Ｊ・ブルジョワ＝ピシャ	人口転換（人口法則よりの解釈）	批判と利用可能な計量による長期統計／シリーズの作成
Ｊ・ムーヴレ Ｐ・グベール	ラブルース型の接近	測定による長期統計シリーズの作成
Ａ・シャトレーン	フランス地理学派	地図
Ｌ・アンリ	現代人口学分析 人口の生物学的決定要因	家族復元法による統計シリーズの作成
Ｒ・ベレル	経験的数量史	印刷および編纂統計シリーズの地域間比較

参照雑誌リスト

Annales E. S. C.
Etudes Rhodaniennes
Journal de la société statistique de Paris
Population
Population Studies
Revue de géographie de Lyon
Revue d' histoire économique et sociale

原　注

（1）この論文は、E・ブリアン（Eric Brian）（EHESS-INED）が主導する、一八世紀と二〇世紀の人口学の実証的な比較研究の一部である。最初の原稿は、一九九五年のEHESS "Etat et démographie" ワークショップ、及びプリンストン大学におけるN・ワイズ（Norton Wise）主催の科学の歴史セミナーで発表された。批判やコメントをいただいたこれらのセミナーへの参加者、それから、M・エイマール（Maurice Aymard）、M・バルビュ（Marc Barbut）、H・ル・ブラ（Herve Le Bras）、およびJ-C・ペロー（Jean-Claude Perrot）各位が、この論文で検討した時期の情報を与えてくださったことに感謝したい。筆者はまた、彼らが関与した件につき、長時間のインターヴューを許されたL・シュヴァリエ（Louis Chevalier）およびフルュリ両氏に衷心より御礼申し上げたい。

（2）この年報は、*Etudes et chronique de démographie historique* と題して始まった。

（3）一九八〇年に書き上げられたリスト（D. H. Bulletin d' information de la société de démographie historique, 1980, 30, note 4 参照）は、大学の存在がいかに大きいかを確認させる。モノグラフの大部分は、この研究分野におけるそれぞれの地域の大学院生の学位論文の形をとっている。

（4）最近におけるこの分野の二人の大先達――P・ショーニュ（Pierre Chaunu）とJ・デュパキエ（Jacques Dupâquier）――への記念論文集の出版は、関心の広さが拡大していることを的確に示す象徴的な出来事である。ショーニュについては、*La vie, la mort, le temps: Mélanges offertes à Pierre Chaunu*, 1993, デュパキエについては、*Mesurer et comprendre: Mélanges offertes à Jacques Dupâquier*, 1993 をみよ。

（5）歴史人口学において用いられる数学的技術の高度化については、Blum, Bonneuil and Blanchet, 1992 のサーヴェイを見よ。

（6）一例は、デュパキエが始めた、「三〇〇〇家族」の研究で、質問の範囲を広げ（通常の人口学の変数に、地理的、社会的移動を含んでいる）、いろいろな方法（世帯構造に関する統計的検討よりも、世代間の過程に優先権を与えている）がある。

（7）Dupâquier, 1984 による総合、ル・メの最近の論文（Le Mee, 1995）に加え、Goubert, 1973 から Chaunu and Dosse, 1994 にまでわたる、多くの個人的論述がある。

（8）P・アリエス（Philippe Ariès）とM・レイナール（Marcel Reinhard）に始まる、この物語にも、多くの他の人々による研究がある。

（9）国立人口学研究所（INED）の歴史については、とくに、Girard, 1986 をみよ。

（10）L・シュヴァリエ（Louis Chevalier）による以下三つのコメント、A・シャトレーン（Abel Châtelain）については、Châtelain, 1946, アリエスについては、Ariès, 1948, F・ブローデル（Fernand Braudel）については、Braudel, 1950 をみよ。

（11）Chevalier, 1947a において、シュヴァリエは、V・ドゥ・ラ・ブラッシュ（Vidal de la Blache）派の人々によって、二〇世紀初頭産み出された主要な地理学の研究における人口学の今日性を示している。

（12）「現在の人口の量的、質的局面と、その地理的分布は、現在の状況を産み出し、なお継続しつつある変化の過程を、何よりも完全に、かつ明瞭に追うこと以外には理解できない。」（Chevalier, 1947c, p. 248）

（13）印刷発行は一九五〇年。シュヴァリエの概念は、数量史にとって、より広くいえば、社会科学への統計の利用にとって起源となるものと見られていることを記しておくべきだろう。シュヴァリエは、最近、性の社会学における数量化の役割に関する長い論争を背景として注目されている。主役は自分の立場を擁護するために彼を引き合いに出し、シュヴァリエを読んだ人達は、「社会事象は、人口統計なくしては理解されないが、その数字は、社会生活の一貫した叙述なしには、解釈できない」（Lewontin, 1995）というシュヴァリエの姿勢を思い起こす。

(14) この人口学者と政治家の諸理論は、Landry, 1945 のおかげで、広く知られるようになった。

(15) フランスの地域計画の概史については、Roncayolo, 1989 をみよ。とくにシュヴァリエの役割については、Curzon, 1995 に詳しい。

(16) それらは、以下のような問題提起的書評論文の形をとっている。たとえば、Châtelain, 1945, 1947, 1948, 1949a, 1949b.

(17) Châtelain, A., 1945, p. 203. から引用──「人口学は、人口の地理学（population geography）のすべてより進んでおり、われわれは、人口学と地理学間の深いギャップを埋めるだろう人口学的地理学（demographical geography）ないしは、人口地理学（demogeography）の発達を必要とする。（中略）人口学と人口地理学との間には、外観、方法、研究関心に相違があり、実際われわれは、一つの主題を別々のコースで、並行的にこの二つの学問を取り扱っているが、人口地理学によるものは、人口学より、長く、大きく、そして充実している。」

(18) この考え方の期待は、シャトレーンの謙虚な所属地位（彼は長くリセの教員だった）によるものではなく、その考えが地方において練られた、という事実に負っている。加えて、人文科学、ことに歴史学と、この時期には強い関連のなかった地理学分野にその淵源を有していたことも影響している。後者に関しては、Coutau-Begarie, 1983 または Bourdieu, 1984, pp. 144, 182, 223-224 を見よ。

(19) J・ムーヴレ（Jean Meuvret）やグベールでなじみ深い研究方法には触れない。

(20) これらの業績のあるものは、Dupâquier, 1984, pp. 25-28 で示されている。

(21) この資料に関する関心は、彼と、文書館員であるフルュリとの度重なる共同作業から生まれた。フルュリは、アンリに国立古文書館での教区簿冊に関する教授法や、大きな記名型の古文書シリーズ（とくにセーヌ文書館に収蔵されている破産に関する記録）を分類した彼の経験を伝授した。

(22) この考えは、Girard, 1986, p. 98 によって確認される。アンリが、エコール・ポリテクニークの卒業生として、非常に長い間、人口学の出身ではなかったこと、国立人口学研究所（INED）に、彼の仲間の卒業生であるヴァンサンに引っ張られたことを指摘することには意味があるだろう（Girard, 1986, p. 102 を参照）。

(23) この目的が、アンリが人口学者として、考え方を構築するのに本質的であったと考えるのがフェアであろう。

(24) 一九五二年の論文で、グベールは、平均寿命を計算することを試みていた。しかし、これは初歩の算術的方法を用いたに過ぎない（「計算の手順──年齢別の死亡を足し上げ、死亡数で割る」）（Goubert, 1952, note 3, p. 453）。これこそ、アンリによって最も激しく攻撃された計算である。

(25) このことに関しては次節で述べる。

(26)これら三人の学者の関係についての分析は、M・エイマール(Maurice Aymard)とのインターヴュー(一九九五年六月一〇日)に負うところ多い。

(27)Goubert, 1959, pp. 373-377で以下の如く書いている。「われわれは、一七・一八・一九世紀の地域人口学について基本的な特徴を研究することができるようになった。現に研究が行われているのは、最も不動の農村地域の中心であり、アンリにより、開発された反論の余地もない『家族復元』の方法を用いることによってである。」この論文に対する二人の匿名のレフェリーの一人は、グベールは、「純然たるオポチュニスト的理由で、アンリにつく」ような種類の人物ではなかった、としている。個人の性格の問題に行かずとも、グベールの著作にみられる深い信念の口調は、このような見解を明瞭に支持している。しかし、われわれの理解の線は異なっている。われわれは、グベールの役割に関する冷笑的、打算的態度を示唆するのではなく、単に論争の内容を検討しようとするのであり、いかにグベールの著作が時期とともに変化し、その著作の考え方が主役達に影響したか、その範囲を検討する。一九五二年から一九五八年の間に、新しい役者たちの登場は、グベールの相対的地位を大きく変え、その限界を縮小させる結果をもたらした。それは、彼の立場を修正させるようなシフトであった。より一般的には、歴史家は、人口学者が統一的であるのに対し、分野によって分かれているハンディキャップを有していたが、それはある程度、機関の地位と国立人口学研究所(INED)の構成によるものでもあった。いずれの場合も、ここで、明示的に受け入れる分析的図式は、次のことを仮定している。すなわち、ある考え方というものは、一人の学者から突如出現するものではなく、論争を通ずる対話を通じて、次第に形を現すのだと。

(28)「アンリ以前、多くの歴史家は、一七五〇年前後のフランスの人口を二〇〇〇万人、一七八九年には約二五〇〇万人と信じていた。しかし、アンリは、現在の国境内の人口は、一七四〇年に少なくとも二四六〇万人、一七九〇年には二八一〇万人に達していたことを立証した」(Dupâquier, 1988, introduction)この著者デュパキエは、前世紀前のE・ルヴァスール(Emile Levasseur)以来はじめて、第二巻(近世編)を、アンリの著作より得た基準となる数値をもって始めたが、それは現在の歴史学の研究史の上に、その立場を明瞭に残すものであった。一七八九年のフランス人口の計算に関する二世紀間の努力と関係著作については、Brain, 1994, pp. 9-24をみよ。

第二章

歴史人口学の展開

斎藤　修
（中里英樹訳）

はじめに

T・R・マルサス（Thomas Robert Malthus）の時代以来、人間科学のさまざまな分野の研究者が、歴史上の人口変動に関心を寄せてきた。しかし、今日、歴史人口学と呼ばれているものは、学術研究の分野としては比較的新しい。一九五〇年代、フランスの学者が政府統計の整う以前の時代における記名型記録を用いて新しい手法を試み始めた時期に成立したのである。

教区簿冊を用いて家族復元（family reconstitution）という方法を実行するうえでフランスが先駆けとなったのは、それぞれ社会科学の別の分野にいた二人の学者の貢献によるところが大きい。経済史家P・グベール（Pierre Goubert）、そして形式人口学者L・アンリ（Louis Henry）である（Goubert, 1960. Henry, 1956a. Gautier and Henry, 1958）。彼らは二人とも、人口学的行動のうち、近代あるいは人口転換以降に生じた局面と対置されるものとしての前近代的局面に関心を持っていた。人口学へのグベールの関心は、「生存の危機（subsistence crisis）」という概念――一九四六年の時点でJ・ムーヴレ（Jean Meuvret）は既にこの問題を考察している（Meuvret, 1946）――から来ていた。一方アンリは、「自然出生力（natural fertility）」という、婚姻内での意図的な出生コントロールが行われるようになる以前の出生力のレベルとスケジュールを確認したいと考えていた（本書第七章、Henry, 1977）。

これは人口研究の歴史における真に革命的な瞬間であった。歴史家と人口学者が共同で研究すること、すなわち、粗出生率・粗婚姻率・粗死亡率より優れた人口学的指標を用いた研究およびコーホート分析（出生や結婚など、特定のイベントを経験した時期によって対象を区分して行う分析）を実施することが、家族復元によって初めて可能になったのである。このようにして獲得された知識は「社会科学者なら、できれば手に入れたいとかねてより思っていた種類の数値であり、一方、歴史家にとっては、とうてい手の届かないところのものとあきらめていた知識」(Laslett, 1966b, p.5) であった。これらの指標を用いることによって、根強い「我々の祖先についての幻想」——昔のイングランドにおける幼児婚 (child marriage) など——を払拭することが可能になった (Laslett, 1983, Chap.4)。さらにこれらの新しい方法は、ある道具を歴史家に提供した。それは、一方においてさまざまな人口学的比率の変化を時代ごとの物価・賃金およびその他の経済的・社会的指標と関連づけ、他方において過去の人口のミクロな行動をより詳細に調べるのに用いることのできる道具である。それゆえ、前工業化社会における人口と生存手段との相互作用を測定するのに、我々は『人口論』(Malthus, 1830) の著者よりも有利な位置にいる。そして現在では、過去における個々の家族内で起こった再生産イベント——家族復元が用いられる前の時代の社会科学者にはとても扱うことができなかった——をはるかに適切に、またより現実に即したかたちで捉えることができるようになっている。さらにこのことによって、心性 (mentalité) や再生産文化の歴史を探究しようとする歴史家さえ現れているのである。

人口転換以前についての人口学とその足跡

家族復元が、過去の人口についての研究史上、最も重要な方法論的革新であったことは疑いない。フランスにおけるこのような取り組みを、まもなくイギリスの研究者が引き継いだ。彼らは一九六四年、ケンブリッジで研究グループを創設する。「人口と社会構造の歴史のためのケンブリッジグループ」という正式名称は、その研究領域が「歴史人口学」という言葉から通常想定されるものより幾分広いことを示唆している。とはいえ、同グループの最初の、そしておそらく最も興味深い著作では、コリトン (Colyton) というイングランドの一教区の研究における家族復元の結果が提示された (Wrigley, 1966a)。

ところが、この新たな方法は数々の欠点を持っており、なかには重大なものもあった。第一に、家族復元は出生の研究には非常に適しているものの、死亡の研究にはあまり向いておらず、第一世代のフランス研究で死亡が中心となることは稀であった。このような出生への偏向の理由の一つとして、フランスの初期の頃の埋葬記録が概して不完全だったことが挙げられる。しかし、よりよい埋葬記録があったとしても、成人してからの個人の死亡を復元することはなお困難である。工業化以前のヨーロッパ人口の移動率は、コミュニティごとに異なるものの、概して非ヨーロッパ人口の移動率よりも高かった（Laslett, 1977b）。このことは二つの問題を引き起こす。第一に、洗礼簿に名前が登場した者の大部分は、同一コミュニティ内で死亡をたどる手だてがない。乳幼児死亡を除いては、これより上の年齢における死亡確率を計算し、モデル生命表を用いて各年齢の余命を推計することしかできない。このことは、死亡の標準スケジュールを用いる際に起こる数多くの問題点が避けられないことを意味する。(1)

家族復元の利用に伴うもう一つの問題は、「常住者」と「転出者」の問題である。復元によって得られた人口学的指標はすべて「常住者」人口——当該コミュニティで生まれそこに住み続けた人々——にのみ関わるものである。S・ラグルズ（Steven Ruggles）が近年示したように、その影響は婚姻率（nuptiality）の研究に際して最も重大なものとなる（Ruggles, 1992）。とはいえ、過去の死亡のいくつかの側面については、家族復元によって理解が深まった。それはたとえば、乳幼児死亡率の水準および長期的変化であり、(2)さらには、これに付随する妊産婦死亡率などの推計である。後者は他の人口のための標準スケジュールからとられた多少なりとも信頼できる係数に基づいている（Schofield, 1986）。家族復元から得られた結婚年齢の推計に偏りがあるかどうかを考える際、これが経験的問題であるということを忘れてはならない。離家および帰郷の年齢も、転出それ自体と同様、結婚年齢の推計に影響を与える可能性がある。人口移動と結婚は相互に独立ではないので、経験的には両者の結合された影響しか確認し得ない。たまたまイングランドでは、E・A・リグリィ（Edward Anthony Wrigley）がラグルズへの反論で示したように、「常住者」と「転出者」の間の初婚年齢の相違はわずかなものだったようである。[3]

次に、家族復元はあまりに時間のかかるものであったため、初期の研究の大部分は一つまたは二つの教区しか扱っていなかった。また、記録されている人数は膨大であったものの、単一の教区内で完全に復元される家族（いわゆる「完結家族」（completed family））の数は通常ごくわずかなものであった。このことは統計的に重大な問題を引き起こす可能性がある。たとえば、リグリィはコリトンの研究の中で一七世紀後半に子ども数制限（family limitation）が行われていたことの証拠を見いだしたが（Wrigley, 1966a. Morrow, 1978. Wrigley, 1978b）、この知見の経験的根拠は非常に弱いものであった。このような知見は数が増加すれば信頼性がより高まるので、単純にデータベースを拡充することが最良の解決策であり、それをケンブリッジ・グループは行った。彼らは研究する教区の数をまず一三に増やしたが、最終結果は二六の教区の研究、そして一〇万以上の家族復元フォームに基づくものになる。重要なのは、対象となった時期に子ども数制限が行われていた形跡が、一三教区のサンプルに基づく中間報告においても、大きい方のサンプルにおいても見られなかったことである。[4] 子ども数制限を特定の時期に実施する、少数の例外的な（通常エリートの）社会集団がいた可能性はあるが（本書第四章）、国全体の出生力指標に影響を及ぼすほどその集団が大きかったことはない。唯一、一八世紀後半の早い時期に婚姻出生力が低下し始めたフランスだけが例外である（Bardet, 1990）。言いかえれば、工業化以前のイングランドの人口は、そしておそらく他の多くのヨーロッパ諸国の人口も、「自然出生力」の人口だったのである。[5]

もう一つ別の重大な問題がある。それは、粗出生率・粗死亡率、再生産の指標などの集計的指標や自然変化率を家族復元フォームから算出することが不可能だということである。既存の家族復元データベースを単に拡充するだけでは、こうした集計的比率（aggregate rates）を推計するうえで何ら役に立たない。方法論上の一層の革新である「過去投影推計」(back projection)の真価は、ここに認められる(Wrigley and Schofield, 1981, Chap. 7. Oeppen, 1981)。この方法は、教区簿冊の洗礼・結婚・埋葬の件数を用いて、国勢調査の時代と統計が得られない時代とを結びつける。そのことによって、対象となっている全期間のさまざまな集計的人口学指標を推計することが可能になっているのである。ケンブリッジ・グループは、一五四一年から一八七一年までのイングランドの人口史を「復元」するために、四〇四の教区での各イベントの月別集計を用いて、この革新的手法を実行した。三三〇年の全期間にわたって五年ごとに信頼に足りる総人口の値を提供しただけにとどまらず、それを五歳階級別に区分して、それぞれの期間の総再生産指標(gross reproduction indices)、婚姻率、出生時の平均余命を算出した。[6] このような情報があれば、イングランド人口史の「謎」の一つを解決することは困難ではない(Wrigley, 1983a、Lee and Schofield, 1981)。

しかし、それは人口学内部における技術的革新にとどまらない。リグリィとR・S・スコフィールド(Roger S. Schofield)の『イングランド人口史』(Wrigley and Schofield, 1981)では、人口学的指標と時代ごとの物価・賃金との関係が詳細に考察されている。一見したところ、これはムーヴレ=グベールの伝統への回帰のように思われるだろう。しかしリグリィらは短期的で危機中心のアプローチに重点を置かなかった。彼らのアプローチはむしろそれとは別のフランスの伝統、すなわち長期持続(longue durée)と循環変動(conjunctures)の探究、そしてマルサス主義の伝統に連なっており、人口と経済という二つのシステムの相互依存を検証する試みをはっきりと唱っていた。マルサスの関心は人口に関わる数値と人口動態率に限ったものではなく、経済が、人口変動の規制、さらにはその発生に関してどのような役割を果たしたかという点にまで及んでいた。ここで、人口理論の分野における戦後の二つの発展にふれておくのがよいだろう。一つは「自動制御的(homeostatic)」人口学的様式(demographic regime)という概念が広く受け入れられたことである。マルサスは、人口がそれ自体自己制御的な社会システムであるということを認識した最初の社会科学者として位置づけられてよいだろう。しかし、このような見方がはっきりと概念化されたのは、第二次世界大戦後になってからである（Smith, D. S., 1977）。第二の発展は、マルサス・モデルの再定式化である。現在では、マルサス主義の経済人口学が二つの派に分かれているということが広く認められている。第一のものは、労働市場と結びついたメカニズムである予防的制限（preventive check）——第二版以降の『人口論』で修正された定式化において強調されるようになった——よりも生存手段依存メカニズムである積極的制限（positive check）に焦点を置く初版の『人口論』から、直接派生している。積極的制限を用いたモデルは、非現実的なシナリオというわけではないものの、ケース・スタディーの示すところによれば、その適用可能性はかつて考えられていたものと比べてはるかに限られている。実際、リグリィが書いているように、マルサスは『人口論』の改訂版を準備しているときに次のことに気づいたのである。

「結婚が生物学的誘因に支配されず、経済的・社会的に統制されているところでは……、結婚すなわち予防的制限によって……その時代における機会の多寡に出生力の水準を適応させられる可能性がある。」

このことは、人口学的様式を別の社会システム、すなわち経済とリンクさせる明確な努力を含意していた。さらにマルサスは、『人口論』の中の人口・賃金・投資の変動の章に見られるように、長期持続にも十分目配りをしていた。修正後の彼の定式化を検証する最良かつ実現可能な方法は、実質賃金の変化と人口増加率の変化との関係についての証拠を、できる限り長期にわたって継続的にたどることである（Wrigley, 1986, pp. 55, 57. Wrigley, 1983b, Wrigley and Schofield, 1981）。

これがまさに、『イングランド人口史』においてリグリィとスコフィールドの成し遂げたことである。(7) その過程で、工業化以前のヨーロッパの人口学的様式内部の長期的な人口変動において、結婚が中心的な役割を果たしたことが証明された。[8] D・R・ウィアー(David R. Weir)は、リグリィとスコフィールドの著作における婚姻率の測定方法を批判した(Weir, 1984b)。しかし、スコフィールドがこの批判に応えて書いた論文では、生涯独身(celibacy)と結婚年齢の果たす役割が時期によって異なっていたという、さらに興味深い知見が示された。初期のころには生涯独身の方が結婚年齢よりも柔軟に経済的機会の変化に対応していたが、およそ一七〇〇年以降にはこれが全く逆になったことが明らかになっている(Schofield, 1985)。これはおそらく、一八世紀の労働力に生じた構造上・構成上の変化、すなわち農村手工業生産における雇用の増大および農業奉公の衰退の反映であろう。工業化以前の人口学的様式における結婚の重要性――労働市場との相互作用はそれほどでもないが――は、他のヨーロッパ諸国に関する研究によって支持されてきている。[9] たとえば、人口学的行動に関してイングランドと対比されることの非常に多いフランスにおいてさえ、結婚はその人口変動に対する適応役割を果たしており、またそれはドイツについてもいえるのである。[10]

ケンブリッジ・グループの示した方向に沿った研究は、他の学問分野、とりわけ家族・世帯研究との結びつきを強調してきた。グループの名前の後半部が示すように、世帯構造研究およびそれに関連する題材は、始めから、彼らの広い意味で人口学的な研究目的に統合されていた。人口学的とは思われない題材を研究プログラムの中に含め続けたのは、家族・世帯の特徴が結婚パターンを形作るうえでいかに重要かを示すためである。結婚する年齢は、彼らが得ることのできる賃金だけでなく、他の世帯に奉公に出されるか否かについての慣習など、その他の要素にも左右されていた。P・ラスレット(Peter Laslett)らが国勢調査以前の時代の世帯の規模と構造に関する大規模な比較研究プロジェクトを開始したのとほぼ同じ頃に、J・ヘイナル(John Hajnal)は大きな影響力を持つことになる「ヨーロッパ型結婚形態の起源」という論文を発表した(本書第一一章)。そのなかで彼は歴史上のヨーロッパにおける結婚年齢と生涯独身率の見取り図を描いている。その一八年後、ヘイナルはラスレットらが積み重ねてきた社会構造研究[11]の数々の知見を用い、さらに「世帯形成システム（household formation system）」という新しい概念を取り入れることによって、それらの知見を統合した。そこからは、それぞれのシステムにおける婚姻や世帯規模・世帯構造に関する、一群の命題を引き出すことができる（本書第一二章）。彼の説明によれば、新しい居住の原則（neo-local principle）と、ラスレットが「ライフサイクル奉公人」（life-cycle servants）と呼ぶものの存在とが組み合わさって、北西ヨーロッパの人口システムと家族システムを理解するカギとなる。この二つの要素はまた、工業化以前のイングランドにおける人口学的様式と経済システムの相互依存の固有のパターンを機能させるためにも、欠かすことのできないものである。[12]

人口転換とその経済的・社会学的相関

政府統計の整う以前の時代を対象とする歴史人口学の以上のような展開によって、人口学者は「人口転換」という概念を歴史的根拠と容易に結びつけられるようになる。[13] しかし皮肉なことに、同時にそれは古典的な人口転換理論を、ほとんど擁護できないものにしてしまった。ヨーロッパの人口システムにおいて死亡がかなりの程度外生的変数であったことが認識されるようになると、死亡率低下の第一の段階は、近年では別個の問題（「健康転換」あるいは「疫学上の転換」と呼ばれる）となり、転換理論の射程は出生力転換の理論に限定された。プリンストンのA・コール（Ansley Coale）によって一九六三年に組織された大規模なプロジェクトが始動したとき、それがヨーロッパ出生力プロジェクトと命名され、一九世紀末に始まった出生力の低下に焦点を完全に絞ったのは、このことを象徴しているといえるだろう。

プリンストン・プロジェクトの出生力低下に関する概念枠組は、多くをアンリの自然出生力理論に負っていた。

知識の拡大に同プロジェクトが貢献したのは、主に以下のことがらに関する新たな指標を開発したことによる。すなわち、出生と結婚の指標（ハッタライトの出生力に基づく）、自然出生力の水準の指標、そして意図的な子ども数制限の程度の指標（コール＝トラッセル指数）の開発である（Coale, 1967. Coale and Trussell, 1974, 1978）。どちらの指標も容易に算出でき、したがって比較研究を可能にする。結果はまず数冊の国別篇として出版され[14]、次いで一一人の研究者が寄稿した比較総括篇が刊行された（Coale and Watkins, 1986）。

人口転換の古典理論は、前近代的状況と近代的状況の間に明確な境界が存在するという仮定に基づいており、それゆえ人口転換を近代化理論一般に結びつけた。初期の研究では、前近代社会においては出生と死亡のレベルがどちらも高く、自然出生力は地域的にも時代的にもほとんど差がないということが、当然のこととして仮定されていた。そして、こうした安定期から抜け出す主要因としての役割が工業化と近代化によって担われていたことが強調されたのである[15]。

ところが、ヨーロッパ出生力プロジェクトの総括篇は、子どもの供給が転換以前のそれぞれの社会の間で大きく異なっていたということを教えてくれる（Coale and Treadway, 1986. Watkins, 1986）。前節で指摘したように、結婚が子どもの供給に対して大きな影響を持ったのである[16]。結婚年齢と生涯独身率のパターンの違いが、さまざまな「自然出生力」人口のあいだに観察される出生力全体の水準の違いの大部分を説明している。しかし、これらの人口のあいだでは、婚姻出生力にも非常に大きな差があり[17]、またそれは時代によっても変動した。ケンブリッジ・グループの新刊書でなされた家族復元の注目すべき知見は、一八世紀に婚姻出生力の上昇がうかがわれることである[18]。このことは、これ以前の全体レベルでの分析において用いられた仮定を大きく修正することになる。さらに、婚姻出生力のさまざまな要素の中で婚姻出生力の水準を上昇させたのは、引き続き妊孕《にんよう》可能（fecond）な女性の比率であり、おそらくさらに重要であったのは年齢の高い層の中ですでに一人以上の子どもを持ちながら不妊（sterile）

になっていない女性の比率である。過去の人口から得られるこのような理解は、現代の開発途上国の研究から得られるものと食い違ってはいない。これら現代を対象とした研究の大部分は、出生力の近接要因の分析に基づいている（Bongaarts and Potter, 1983）。先行研究を概観したところによれば、性交可能性（exposure to intercourse；結婚パターンによって決定される）および分娩後の受胎不能（post partum infecundability；母乳哺育慣行の有無に強く影響される）が、健康状態や栄養など、その他のどの要因にもまして重要である。いいかえれば、「自然出生力の近接要因のさまざまなバリエーションは、主に社会経済的および文化的要素によるもの」（Bongaarts and Menken, 1983, esp. p.52. Knodel, 1983）なのである。

需要側に目を転じると、この分野は経済学者が中心となっている。彼らのキー概念は、まず所得効果、そしてさらに重要なのは子どもの相対「価格」の変化によって創出される代替効果（substitution effect）である。このことは、なぜ近代の経済成長の過程における所得の増大にも関わらず子どもへの需要が減少したのか、その理由の説明を可能にしている。(19) これとは幾分異なる理論が、J・C・コールドウェル（John C. Caldwell）によって提出された（Caldwell, 1982, esp. Chap. 12）。それは世代間の富のフロー（流れ）という概念を中心に据えたものである。彼の議論は、経済発展によってもたらされた構造変動の重要性を強調する。この変動というのは、生涯全体にわたる富の流れの方向を、親に有利な体制から、子どもが親に返す以上の援助を親から受ける体制へと変えた。この文脈を考えると、コールドウェルの理論は社会経済学のより広い概念と関わっている。しかしいったんフローの方向が変わると、子どもの純資産費用（net resource cost）という彼の概念は、経済学者が子どもの「潜在価格」（shadow price）と呼ぶものと完全に等しくなる。これらの諸理論を検証する経験的研究の多くは、現代の開発途上国において実施されてきた。というのは、理論モデルにおいて指定された変数に関わるデータは、過去の人口についてはごく限られているからである。とはいえ、歴史研究によるさまざまな解釈と現代の統計分析が示すところでは、出生力の需要理論は再生産行動の実際の変化をうまく説明できていないようである。文化的・理念的要因の方が、家族の収入と子育てにかかる費用よりも、変化を説明するうえで重要であったように思われる。ただしこれは、出産制限が他の文化と比べてある文化で容易に受け入れられた、ということを意味するものではない。重要なのは、世俗化などの態度の変化、およびそのような変化がある文化の中に浸透する速度であった。それは、識字能力や学校制度、通信ネットワーク、マスメディアの成立がそれぞれ役割を果たす複雑な過程である。[20] 別の言い方をすれば、出生力制限の始まりを説明する正確なメカニズムは、先進国に関しても現代の開発途上国に関しても不明なままであり、そのような出生力制限がそれらの国々の特定の文化領域で普及する速度を説明することも困難なのである。

人口学の観点からさらに重要なのは次の点であろう。婚姻出生力の近接要因に関する分析および家族復元研究はいずれも、近代と前近代という二つの人口学的様式が意図的な出生制限の開始によって明確に区切ることができるという慣習的な知識に対して、疑問を投げかけているように思われるのである。一見したところ、プリンストン・プロジェクトによって描かれた図式は、出生力低下の開始が「疫病のようにヨーロッパ中に広がった」(Watkins, 1986, p. 431) ——前近代的段階と近代的段階との分離の明確さを示唆する——ことを示しているように思われる。しかしアンリもプリンストン・プロジェクトも、意図的な出生制限は「ストッピング」(stopping) すなわち出生順位に基づく出生制限からなると考えていた。それを欠いていることのみが自然出生力の基準となったのである。現在では、たとえストッピング行動がまれであったとしても、スペーシング (spacing) は、社会的および個人的行動の結果として出産間隔が社会ごとに大きく異なっていたという意味で広く行われており、歴史人口においてストッピング行動と同様に重要であったということが、かなり明らかになっている。近接要因アプローチはこのことを示していたのである。たとえば、授乳およびその結果としての分娩後受胎不能期間 (post partum infecundability）は、ヨーロッパの様々な地域間の婚姻出生力の差をかなりの部分説明できる。[21] 授乳・禁欲・性交中絶法・堕胎などの慣行はすべて、前近代においてめずらしいものではなかったことが知られており、意図的なものであれ、そうでないものであれ、観察された平均出生間隔を説明するのに役立っている。また、嬰児殺し（infanticide）や育児放棄（child neglect）は、革命以前の中国のように結婚年齢の非常に低い文化におけるスペーシングの方法として、無視することができない。母親の再生産開始年齢も重要な変数であっただろう。[22]

最後に、健康転換（もしくは疫学上の転換）に関して少し言及しておかなければならない。一時期、初期の死亡率低下の説明として、医学上のデータが援用された。T・マッキオン（Thomas McKeown）が一九五〇年代・六〇年代に著した影響力のある一連の論文は、医学の革新と病院治療の拡大が必ずしも死亡率を下げることにならない点を指摘し、近代における経済成長の結果としての生活水準の上昇も死亡率低下傾向の説明において大きな役割を果たす可能性があると示唆することによって、死亡研究の新たな基準を設定した。[23]

マッキオンのテーゼに対して出されたその後の研究や批判は、長い間その人口の生活水準の指標とされてきた乳児死亡率が必ずしも産業化の過程で低下しなかったという事実に注目を促した。たとえばイギリスでは、一八一五年のナポレオン戦争の終結以降、実質賃金が明らかに上昇しているにも関わらず、乳児死亡率は一九〇一年まで一五〇‰前後にとどまっていたのである（Woods, 1985. Woods and Hinde, 1987）。乳児死亡率低下の遅れと開始の両方を説明する要因に関しては、近年では公衆衛生指標および都市化のマイナス効果が注目されている（Szreter, 1988. Woods, Watterson and Woodward, 1988, 1989）。この見方は、新たに生じつつある懐疑論を反映しているのかもしれない。それは、人々の購買力の改善およびそれによる食物消費の改善が健康障害と死亡率の減少を必ずもたらしたはずだという仮定の妥当性を疑うものである。近代化以前のイングランドに関しては、我々はリグリィとスコフィールドの『イングランド人口史』（Wrigley and Schofield, 1981）から、死亡の集計的指標と実質賃金の変化との間に相関がなかったことを知っている。これは主に、疫病による死亡が地域経済力の変化からかなりの程度独立していることに原因があるが、同時に、一見明らかに思われた栄養状態と病気・死亡の間の因果関係を示すことが容易でないためでもある（Livi-Bacci, 1991, Chap. 2）。近年の身体測定学的（anthropometric）人口学研究の増加によって、状況はさらに複雑になった。このアプローチの中心的なアイデアは、身長・体重といった指標が胎児のころからの個人の栄養状態の累積的効果を知る手だてとなりえる、というものである。栄養状態というのは、「純」（net）概念であり、栄養の総（gross）摂取量のみならず社会経済的要因によっても異なる可能性がある（Fogel, Engerman and Trussell, 1982）。実際、栄養状態は、実質賃金が増加したとしても、労働負担やストレスの増加、劣悪な疾病環境に晒される機会の増加などによって低下する可能性がある。これらの概念や指標を用いることによって、研究者たちはイギリスにおいても合衆国においても国民全体の栄養状態が、平均身長の低下に表れるように一九世紀半ばに悪化したことを見いだした（Fogel, 1986. Floud, Wachter and Gregory, 1990）。彼らのさまざまな知見は、マッキオンのテーゼを批判した者たちの議論の前半の正しさを裏づけているが、同時に、栄養・環境要因と死亡率との間に複雑だが確かな関係が存在することも示唆している。[24]

要するに、我々は現在、転換以前の北西ヨーロッパの人口学的様式に作用していたメカニズムについて、一九六〇年代よりも明確な理解をもつようになったものの、なぜ転換が始まったのか、死亡と出生が、より広い経済的・社会学的変化と関連しながらどのように減少したのかについては、未だに満足のいく説明を得ていないのである。

今後の研究の新たな方向

こうして研究を概観してくると、歴史的人口研究の分野における今後の研究の課題が浮き彫りになってくる。そしてその萌芽は、実際近年の研究にもある程度見ることができる。

第一の問題群は純粋に人口学的なものである。人口学が独立した学問分野として出現して以来、人口学者はより洗練された指標と手法を追究してきた。歴史人口学者も同じように、たとえば、出生順位に基づく出生制限を行う近代と自然出生力の前近代、というような二分法では容易に分類できない行動上の特徴を持つさまざまな人口を扱うことのできる、いっそう洗練された手法を開発しなければならない。近接要因アプローチは、現代の第三世界の国々と同様、過去における再生産行動を構成要素に分けるための有効な方法を示した。このアプローチを用いれば、研究者は出生順位ごとの出生間隔へのさまざまな影響を考慮することによって、ストッピングだけでなくスターティング（starting）やスペーシングも考察することが可能になるのである（Bongaarts and Potter, 1983）。婚姻出生力を三つの構成要素――妊孕《にんよう》（妊娠）可能出生力（fecund fertility；不妊になる以前の女性）、開始期妊孕可能比率（entry fecundity ratio；結婚時点で妊娠可能であった女性の割合）、継続妊孕可能比率（subsequent fecundity ratio；一人以上の出産経験がありかつ妊娠可能である女性の割合）――に分解するというケンブリッジ・グループの斬新な方法は、家族復元を行う者の道具の一つとして位置づけられるようになるであろう。この方法は、とりわけ北西ヨーロッパのような人口、すなわち結婚が比較的遅くに起こり、第一次妊胎不能や第二次妊胎不能という従来の指標が必ずしも適切でない人口に適している（Wrigley, Davies, Oeppen and Schofield, 1997, Chap. 6）。さらに一般的には、意図的な出生制限の存在を確認する方法としてストッピング行動にしかスポットを当てることができないコール=トラッセル指数よりも優れかつ簡単なものがあれば、非常に有用であろう。P・デイヴィッド（Paul David）らは、近年、コーホート出生順位分析と呼ばれる新たな方法を試みている（David, Mroz, Sanderson, Wachter and Weir, 1988. David and Sanderson, 1988. David and Sanderson, 1990）。しかし、この方法は現在の形ではまだ、測定人口とモデル人口との間のわずかの違いに影響を受けすぎる（Okun, 1994）。死亡の研究では、家族復元を用いたケンブリッジ・グループの新刊書が示しているように（Wrigley Davies, Oeppen and Schofield, 1997, Chap. 6）、乳児死亡率を内生的要素と外生的要素とに分解するJ・ブルジョワ＝ピシャ（Jean Bourgeois-Pichat）の方法[25]など、既存のいくつかの手法を歴史研究にうまく適用できることは明らかである。成人の死亡率を扱う革新的な方法が生まれて、それが家族復元研究のなかで用いられるようになることが、緊急に求められる。もっとも、この問題に対する最良の解決がデータの体系的な収集である、という結論に達する可能性も高いといえるだろう。

第二に、人口学的様式の作用の仕方というのは、文化によって規定されている。歴史人口学の研究の多くは、レニングラードとトリエステを結ぶ線の西側の地域における歴史的経験に関してなされてきた。この線は、ヘイナルがヨーロッパ型婚姻パターンに関する古典的論文（本書第一一章）において提起した境界である。しかし、ヘイナルの境界線の東側の広大な地域、さらにはヨーロッパ以外の地域において、誰が同居するかを規定する規則・習慣や世帯形成の方法、子どもの育て方は、まったく多様であった。

ヘイナルはさらに後の論文（本書第一二章）で、中国とインドを東ヨーロッパの国々とひとくくりにした。しかし現在でも、これらの文化における家族および親族関係の規則や再生産行動についてはほとんど知られていない。中国とインドでは、世帯の規模と複雑さに関しては類似しているものの、再生産の過程は異なる行動規則に支配されている可能性が高い。また、世帯システムが「単純（simple）」家族でも「複合（joint）」家族でもなく、確かに「直系」家族であったかつての日本の場合、転換前の人口史は北西ヨーロッパシステムとも中国システムとも異なる様式だと見なすことができる。[26] さらにいえば、徳川時代の日本で観察されるパターンは、中央ヨーロッパの直系家族地域で見られるものともおそらく異なるだろう。[27]

これと密接に関連することとして、教区簿冊以外の新たな情報源を明示的に利用する必要性が挙げられる。実際、一般的にいって、異なる文化には異なる記録法がある。たとえばアジアには、特筆すべき例外は二、三あるものの、洗礼・結婚・埋葬の教会登録簿は作成されていない。それに代わって、系図と村内住民の記名型リストが、中国と日本における人口動態事象の主要な情報源となっている。家族復元に伴うデータの問題のうちいくつかは、キリスト教の教区簿冊以外の資料が利用できれば軽減される。もっとも、これらのデータはまた別の種類の問題を抱えることになる。たとえば近世日本においては、実質上国勢調査タイプの記録であって毎年更新された宗門改帳が、人口学的研究に必要な情報を提供する。しかしこの資料からは、教区簿冊と異なり、ある年におこった乳児死亡の数を正確に突き止めることはほとんど不可能だ。というのは、作成日以降に生まれて次の作成以前に死亡した者は記載されないのである。一方で、たとえば、復元しようとするある夫婦からなる家族について、復元された出生間隔が異常に長く思われたとしても、結婚の日と第一子の出生までの間に村外に居住したことがあったかどうかを気にする必要はない。この記録は毎年作成されているので、それが容易に確認できるのである。さらにいえば、家族復元タイプの分析から得られるすべての指標を、粗出生率・粗死亡率や変動する村の総人口などの集計的数値と容易に組み合わせることも可能である。それゆえ宗門改帳は、コミュニティ研究にとってはるかに優れた資料なのである。[28]

エリート層に関しては、さまざまな歴史人口について系図を利用できることが多い。[29] 乳幼児の出生・死亡記録の正確さは必ずしも保証できないし、中国のような儒教国の場合、男子についてしか情報を得られないことが非常に多い。にもかかわらず、記載データの質がかなり高い場合、そして特に女性に関する補足的な情報が手に入る場合、系図は我々に上質の人口学的指標を提供し、しかもそれは時に他のデータよりも長い期間にわたることがある。[30]これらの異なる情報源の標準化の問題に取り組むためには、幾分異なる手法が必要となるかもしれない。しかし、これらの資料を活用することは、歴史上の非ヨーロッパ人口、とりわけ東アジアの人口に関する我々の知識を間違いなく拡大してくれるだろう。

今後の研究で追究すべき第三の、おそらくこれまでの二点以上に重要な問題群は、社会史・経済史に関わるものである。これらの問題はさらに、経済的アプローチをはじめとする三つのタイプに分けられる。工業化が人口転換の説明として不適切である一方で、市場が工業化以前のヨーロッパで確かに重要な意味を持った、ということを我々は見てきた。人口と経済の相互依存に関する「市場モデル」は、北西ヨーロッパの人口史研究の強力な道具であることが分かっている。しかしこのモデルを適用できる地域は、文化によって限定されている。北西ヨーロッパ世帯形成システムの支配的な地域に限られるのである。逆にいえば、市場モデルはこの地域以外の国々に適用できない。というのは、これらの国々における再生産の単位は、別の仕方で形成され、行動するし、また市場が経済生活で果たす役割の程度も地域ごとに異なるからである。[31]とはいえ、歴史的あるいは文化的状況の異なるところに対して、人口学的システムと経済システムとが相互作用する仕方に関する別のモデルを探すことが、非現実的だというのではない。複合家族システムを持つ地域（東ヨーロッパ・インド・中国など）および直系家族システムを持つ地域（徳川時代の日本など）における、市場およびその他の経済制度と人口との相互作用の特異なパターンを描き出す努力がなされるべきなのである。[32]

転換期における経済と人口の相互作用を研究することは、さらに困難である。それはおそらく、その時期の構造的変化が急速であるために、それ以前の時期の分析に適したモデルがほとんど価値を持たなくなるからであろう。しかしこれ以外のもっと実践的な理由もある。たとえば、観察単位が変化するために、研究者にとって、州・

県あるいはコミュニティレベルでの人口学的知見と経済的・社会的変数とを関連づけることが困難になる。一般的にいって、このような変数はこれまで国レベルでのみ算出されている。観察単位が国全体の集計から離れれば離れるほど、個票データテープが利用可能でない限り、関連する経済的・社会的統計数値を見つけることはますます困難になるのである。ケンブリッジ・グループが進めている、一八九一年から一九二一年にかけての一三のコミュニティに関する国勢調査員記録簿を用いたプロジェクトは、転換期の研究に新たな基準を設定する可能性を持っている。というのは、選択されたコミュニティの経済的・社会学的特質のバリエーションについてはるかに豊富な情報を集められるように、選択された調査地区は国のサンプルとしてではなく「ケース」として扱われるからである。このことは、プリンストンの研究者たちが対処しなければならなかった問題の一つ、すなわち「州または県レベルの人口学的変化を、それに対応する観察単位での経済的・社会的状況の中にどのように位置づけるか」という問題を克服する試みと見ることができるかもしれない。[33]

この課題は、個々の家族レベルではさらに難しいように見える。教区簿冊には、ときおり職業が記載されている以外、個人の経済的・社会的特質に関する情報が含まれていないのである。この問題を克服する最良の方法は、おそらく家族経済アプローチを採用することであろう。そうすれば、性別・相続・職業が出生力・乳幼児死亡率・妊産婦死亡率・結婚年齢・離家年齢におよぼす影響を人口学的分析に統合できる。この点で、プロト工業化の理論家たちは価値ある先例を作った（Mendels, 1972. Kriedte, Medick and Schulumbohm, 1981, Chaps. 2, 3. Levine, 1977）。ただ、データの問題に直面し、また理論的に疑わしいモデルを用いたために、彼らはこのアプローチがいかに実り多いものであり得るかを示すことに失敗した。たとえばD・レヴァイン（David Levine）は、一九世紀の国勢調査員記録簿にある職業情報を用いて、復元した家族を分類しようとしたが、イングランドの家族経済が工業化以前の状況、あるいはプロト工業化という状況でどのように作用したかを明らかにすることを直接試みはしなかった。[34] 実際には、復元された家族の成員の経済的・社会的特徴に関する情報を加えて、家族経済の内部作用を描写することも可能であった。たとえばT・C・スミス（Thomas Carlyle Smith）は、日本の直系型家族が、子どもの結婚および離家の時期を統制し、あるいは最終手段としての嬰児殺しを用いて、不安定なライフコースの状況に世帯規模・構成をいかに適応させようとしたかを鮮やかに示した（Smith, T.C., 1977）。家族経済アプローチは、コールドウェルの理論——世代間の資源のフロー（流れ）の方向が工業化に伴って変化したか否か——を歴史的文脈で検証しようとするときにも、その有用性が明らかになるはずである。[35]

さらに個人レベルに下りると、栄養と健康との関係に経済的要因がどのように関わる可能性があるかを説明することは、いっそう困難である。とはいえ、先に述べたように、近年の身体測定学的研究はこの研究分野のありようを一変させたし、アメリカとイギリスにおいて、平均身長によって表わされる栄養状態の低下があったというその主要な知見は、ヴィクトリア時代のイギリスの死亡率に関する研究と一致している（Fogel, 1986. Floud, Wachter and Gregory, 1990, Chaps. 4, 7）。ミクロな過程を、工業化や都市化のようなマクロな過程によって引き起こされた——たとえば疾病環境における——変化へと結びつける方法を、このアプローチが提供したといえるかもしれない。さらにいえば、生産性を市場賃金だけでなく栄養状態の関数として再定義したP・ダスグプタ（Partha Das Gupta）の最近の研究は、栄養不良者の経済人口学に関する論文と見ることができるが、その方向をさらにたどれば、大勢の人々が健康喪失の臨界点近くで生活しているような状況での、経済と人口の複雑な相互作用をよりよく理解することが可能となるだろう（Das Gupta, 1993, esp. PartIV）。

最後に、ミクロ過程とマクロ過程との間に位置するエージェント、すなわち「制度」に関して、いくつかの点を指摘することができる。近年、出生力の変化およびその他の人口学的変化が生じた制度的背景に重点をおく研究の必要性が強調されてきた（McNicoll, 1975. Lesthaeghe, 1980. Cain, 1981, 1982. Smith, R.M., 1986, 1988）。事実、イングランド救貧法が教区レベルで施行されたときに果たした役割に目を向けようとすれば、そのような主張が正当化されるのは明らかである。しかし、研究者がこれまで直面してきた最大の問題は、測定の問題であった。出生力の「制度的」規定要因を測定することは非常に困難である。M・ケイン（Mead Cain）とR・M・スミス（Richard M. Smith）は最近、このような目的のための「客観的な」方法として、土地取引に関するデータを用いることを提案した。その取引が「窮迫」販売であるかどうかを尋ねることによって、「リスク保険」（risk insurance）との関係から既存の制度が有効かどうかを証明することが可能になるものと思われる。このことは子どもの相対的価値に影響し、したがって観察される出生力を規定する。R・M・スミスはこの指標を、現代のバングラデシュのコミュニティと工業化以前のイングランドのコミュニティの間の比較に適用した。(36) これは困難な題材に対する巧妙なアプローチである。しかしこの一つの例を除けば、制度と出生力の歴史的分析にどのような可能性があるのかということも、また伝統的な制度史家によるこれまでの経験的知見をこのアプローチがどの程度実際に補うものなのかも、まだ明らかになっていない。現段階で確かなことは、経済的・社会的文脈において過去の人口学的行動の知識を増加させるために、我々は、家族経済がどのように作用したかだけではなく、市場的・非市場的制度がどのように機能したかを知らなければならない、ということである。

一九六九年、T・H・ホリングズワース（Thomas Henry Hollingsworth）は「理想的な歴史人口学者」について語った。

「鋭敏な歴史感覚を持ち、近代人口学のあらゆる知識と資源とを使いこなす。すなわち世界中のすべての国の国勢調査と人口動態記録の手法と知見を完全に把握している必要がある。経済学・社会学・宗教上の慣習・考古学・人類学・気象学・疫学・婦人科医学に深く精通していなければならない。さらに、自ら改良を加えられるほどに、統計学者の数学的技法を理解していることが要求されるだろう。」（Hollingsworth, 1969, p. 11）

彼の「資格」リストはさらに続く。そしてそのような学者が存在することは決してないということを誰もがよく分かっている。しかし、ホリングズワースの意図は、過去の人口をその経済的・社会的・文化的側面と無関係に研究する傾向に対して警鐘を鳴らすことにあったのである。実際、リグリィは一九六六年に早くも次のように述べていた。

「家族復元研究によって生み出された結果は、厳密に人口学的な意味で非常に興味深く、それ固有の魅力を持っている。それらの研究は、エレガントさと精巧さのゆえに、次から次へと非常に魅力的な推論を続けていくことができる。しかし、家族復元によるものであれその他の方法によるものであれ、人口史の研究を行う最大の理由は、それが社会経済史という広い領域を理解するうえで重要だという点にある。」(Wrigley, 1966b, p. 101)

今日、人口研究のこの分野において、「厳密に人口学的な」推論は非常に強く人を引きつけ、その技術的な魅力は極めて大きい。だからこそ、発展への望みを拡大するためには、異なる学問分野の最前線からの挑戦をうける勇気が、これまで以上に緊急に求められるのである。

〔付記〕

ケンブリッジグループの新刊書『家族復元法によるイングランド人口史　一五八〇—一八三七』(Wrigley, Davies, Oeppen and Schofield, 1997) の大部分に草稿の段階で目を通す機会を与えてくれたリグリィに感謝の意を表したい。そのおかげで、歴史人口学がこの五〇年の間にどれだけの成果を挙げたかを知るすばらしい機会を得た。R・S・スコフィールドとリグリィは本章の草稿を読んで有益なコメントを寄せてくれた。なお、本章は文部省から一橋大学経済研究所への特定研究助成金による支援を受けた。

原注

（1）たとえば、広く利用されているコール＝ドメインの生命表における四種のタイプのうちの一つを、ある歴史人口に適用するためには、e_0は変化しても $q(x)$ の各値の間の関係は変化しないということを仮定する必要がある。Woods, 1992 参照。

（2）Wrigley, Davies, Oeppen and Schofield, 1997, Chap. 6 では乳児死亡率を内生的死亡率と外生的死亡率とに分解する試みがなされている。

（3）Wrigley, 1994. Wrigley, Davies, Oeppen and Schofield, 1997, Chap. 5 も参照のこと。一方、生涯独身者の割合はこれらの二つのグループの間で異なっていたようである。

（4）本書第八章および二六教区からなるはるかに大きいデータベースに基づくケンブリッジ・グループの新刊第七章（Wrigley, Davies, Oeppen and Schofield, 1997）。フランスにおいても、アンリらが同様の努力をし、その成果は一九七二年から一九七九年の間に *Annales E. S. C., Population* および *Annales de démographie historique* に六本の論文として掲載されている。ドイツでは一四の村について集中的な研究が行われた（Knodel, 1988）。一九六〇年代、七〇年代にヨーロッパのさまざまな国について行われた家族復元研究のより包括的な整理に関しては Flinn, 1981 を参照。

（5）大規模な研究は都市の人口を含むことができない。復元された人口の中に転出者が数えられていないのと同じ理由で、移動の激しい都市家族は、家族復元のために選ばれた集落のサンプルにごくわずかしか反映されていない。ケンブリッジ・グループの二六教区サンプルには、中小規模の四つの商業都市は含まれるものの、大都市は含まれていない。近代以前の都市部では概して出生力と比べて死亡率が高く、しばしばその差はかなりのものになった、と長い間考えられてきた。すなわちこうした人口密度の高い都市は一定の人口の流入がなければ成長できなかったが、その流入者たちの多くは間もなくいわゆる「都市墓場」効果の犠牲者となった（この「効果」は、一九・二〇世紀のデータから発見され、W・ファー（William Farr）の法則として知られる、死亡と人口密度との対数線形関係と言い換えることができる）。このような慣習的な理解は、近年A・シャーリン（Allan Sharlin）によって疑問を投げかけられてきた。シャーリンは、近代以前の都市人口の変化を説明するうえで都市の結婚市場も同様に重要であったはずだと論じたのである。残念ながらデータの問題から、家族復元研究に基づいて都市の家族を農村部の教区と同じように深く研究することは簡単でない。とはいえクエイカー教徒の登録簿やその他の資料を完全な形で利用したJ・ランダーズ（John

Landers)、R・T・ヴァン（Richard T. Vann)、D・エヴァースリー（David Eversley）による最近の研究によって、都市墓場や結婚市場の作用の仕方のメカニズムに対する理解は深まった。リグリィの古典（Wrigly, 1967）および Farr, 1885. Brownlee, 1920. Sharlin, 1978, 1981. Finlay, 1981b. van der Woude, 1982 などを参照。近年の研究としては Galley, 1995. Perrenoud, 1990. Landers, 1993 などがある。Vann and Eversley, 1992 も、クエイカー教徒の大半が中産階級の家族であることから、都市家族の変化を描いたものと見なすことができるかもしれない。

（6）過去投影推計は「一般反転投影推計」(general inverse projection）に取って代わられようとしているが、これは同じデータに適用すると、ほとんど違いのない結果が出る。R・リー（Ronald Lee）は一貫して次のように論じている。すなわち、この新たな分析手法が同定の不足とエルゴード性（ergodicity）〔十分な時間の後には、どのような状態にもなり得る可能性〕を被っており、したがって結果は、一見害のない仮定を通して根拠のない危うい情報を取り入れることで得られているのだと。しかしJ・オッペン（James Oeppen）は、一般反転投影推計が仮定をおいているのは人口移動の平滑化と人口推計の開始時点での人口増加率についてのみであると主張している。Lee,1993 および Oeppen, 1993 参照。

（7）Wrigley and Schofield, 1981, pp. 468, 470, 474 の Fig. 11-7 および Fig. 11-8 を Fig. 11-6 と比較されたい。Schofield, 1976. Lee, 1973 も参照。

（8）短期変動の分析もまたこの結論を支持している。死亡・出生・物価の年次変化を調べたところ、死亡は予想通り物価の動きと相関しているが、出生はこれとは反対の方向に反応することが示された。食糧不足が価格を上昇させると、死亡率が増加するだけでなく、結婚の減少によって出生率の低下も見られたのである。言いかえれば、予防的制限のメカニズムは短期においてすら作用していたのである。Wrigley and Schofield,1981, Chap. 9 および Galloway,1988 参照。

（9）Dupâquier, 1979b. Wrigley, 1985 および Knodel, 1988 参照。同時に次のことも付け加える必要があるだろう。婚姻出生力の変化が初婚年齢によってコントロールされる度合いが、転換以前のイングランドでそれほど大きなものでなかったことを、フランスとドイツの結果は示唆しているように見えるのである。

（10）もし、国勢調査以前の時期の女子の人口規模および年齢構成が分かれば、プリンストン・インデックスを算出することができる。実際、$I(f)$、$I(g)$ および $I(m)$ の値を長期にわたって得ることは、結局は婚姻率と出生力の相互関係を測定するもう一つの方法になるのである。Wilson and Woods, 1991 を参照。フランスについてはウィアーの最近の試み（Weir, 1994）を参照。

（11）Laslett and Wall, 1972 および Wall, Robin and Laslett, 1983 所収の諸論文を参照。Laslett, 1977a も参照のこと。

(12) イングランドの歴史的経験に見られるような工業化以前の人口学的様式の、ヨーロッパ地域に関する概観は、Smith, R. M., 1981, 1984 などを参照。また Weir, 1984a および Goldstone, 1986 も参照のこと。

(13) 古典的理論はまずアメリカの社会学者らによって定式化された。たとえば Thompson, 1929 や Notestein, 1945 など。

(14) 出版された各巻はベルギー、イギリス、フランス、ドイツ、イタリア、ロシアなどに関するものであった。なかでも、ロシアの巻（Coale, Anderson and Härm, 1979）は、ヨーロッパ・ロシアと非ヨーロッパ・ロシアの人口をはっきりと比較していて興味深い。

(15) たとえば Thompson, 1929 および Notestein, 1945. さらに、より最近の研究である Coale, 1973 および Caldwell, 1982, Chap. 4 を参照。

(16) ヨーロッパ出生力プロジェクト総括篇の最も目を引く結果の一つとして、ヨーロッパのあらゆる地域のさまざまな時期における *I*（*f*）・*I*（*g*）・*I*（*m*）の差異を示した地図が挙げられる。それは非常な説得力を持って、国家の境界が観察の単位としては問題が多いことを証明した。それに代わって示唆されているのは、言語や宗教あるいはその他の文化的要因、さらには生態学的な境界が重要だということである。実際、一八〇〇年のヨーロッパの各地域についてプリンストン・インデックスを算出できれば、有配偶率を示す指標の差異が婚姻出生力の指標の差異よりも大きくなっている可能性が高い、ということが論じられている（本書第三章）。このような指摘は、ヨーロッパ型結婚形態に関するヘイナルのより広範な視座と重なるものである。

(17) たとえば Coale and Treadway, 1986, Figs. 2, 3 に、出生力低下の始まり以前の安定期における *I*（*g*）の水準の大きな相違に示されている。

(18) Wrigley, Davies, Oeppen and Schofield, 1997, Chap. 7. 受胎可能性（fecundability）の同様の上昇は一八世紀半ばのドイツの村においても観察されている（Knodel, 1988, pp. 265-286 参照）。

(19) Becker, 1960. G・S・ベッカー（Gary S. Becker）の定式化が当時どれほど挑発的であったかは、Blake, 1968 から知ることができる。需要理論と経験的研究の概観は、Lee and Bulatao, 1983 を参照。需要側と供給側とを組み合わせた枠組のうち、最もよく知られ、そして最も広く用いられているのは、おそらくR・A・イースタリン（Richard A. Easterlin）の「出生力の経済学と社会学」であろう。Easterlin, 1978 および Easterlin and Crimmins, 1985 参照。

(20) Cleland and Wilson, 1987 は出生力低下に関するさまざまな立場の需要理論への痛烈な批判である。そこでは、歴史・現代両方に関する先行研究の優れたレビューもなされている。Davis and Blake, 1956. Lesthaeghe and Wilson, 1986. Watkins, 1991 も参照。

（21）Wilson, 1984, 1986. Knodel, 1986, 1988（ドイツの場合については特に pp. 376-380）。出生力低下の過程でスペーシングが役割を果たしたと思われる人口については、中産階級のクエイカー教徒について論じた Vann and Eversley, 1992, Chap. 4 参照。

（22）Lee, Campbell and Wang, 1994 参照。嬰児殺しは徳川日本の人口史の研究史において長い間主要な位置を占めてきた。このテーマに関する知見の概観は Saito, 1992 を参照。

（23）これ以前の見解については、McKeown and Brown, 1955 および McKeown and Record, 1962 を参照。

（24）Rotberg and Rabb, 1985 所収の、さまざまな分野の専門家による論文を参照。

（25）Bourgeois-Pichat, 1981. ほぼ同様のアイデアが、乳児死亡に対する環境の影響を、死亡の詳細な原因に関する統計がない状況で研究するために、日本の内科医丸山博によって一九三〇年代終わりに出されていた。このことは、言及しておく価値があるだろう。残念ながら、乳児死亡の記録は日本の宗門改帳に最も欠けていたところなので、このような優れたアイデアも日本の歴史人口学者たちにはほとんど影響を与えなかった。

（26）単純な概念化はA・ウルフ（Arthur Wolf）とS・ハンレー（Susan Hanley）による自身の編著の Wolf and Hanley, 1985, pp. 1-12, introduction に見られる。彼らのテーゼへの批判は Saito, 2000 を参照。

（27）中央ヨーロッパにおける直系形態、およびそれと隠居慣行との関連については、たとえば Mitterauer and Sieder, 1982, pp. 32-334 参照。

（28）このようなコミュニティ研究の最もよい例はおそらく Smith, T. C., 1977 であろう。人口学的研究および世帯研究のための資料としての徳川日本の宗門改帳については、Cornell and Hayami, 1986 参照。

（29）系図は欧米においても分析されてきた。そのうち最もよく知られているのは、Hollingsworth, 1965 である。

（30）中国の系図すなわち族譜を用いた研究は、Liu, 1992 および Lee, Campbell and Wang, 1994 を参照。さらに、系図を人口学的分析に活用する方法については Lee, Campbell and Wang, 1993. Zhao, 1994（特に pp. 420-422）なども参照のこと。こうした資料は、現代のいくつかの国々では人口学的なデータ収集法とも組み合わすことができる。たとえば、Das Gupta, 1988 参照。

（31）死亡・出生・物価の短期的な変動に表れるパターンの比較によって、ヨーロッパ・インド・日本の間の興味深い相違が明らかになる。既に見たように（注（8））、ヨーロッパの国々において出生力は、物価が急騰するときに低下した。工業化以前のインドおよび日本でも、同様の短期的現象が飢饉の年に観察されている。ところが、ヨーロッパの場合と異なり、これら二つのアジアの国では、結婚は二つの時間軸の媒介変数となっていなかった。さらにインドと日本の間にも違いが見いだされるかどうかは、引き続き検討の必要な問題である。Dyson, 1991. Feeney and Hamano, 1990 参照。

(32) 徳川日本については Saito, 2000 および Cornell, 1987 を参照。インドに関しては Dyson and Moore, 1983 を参照。T・ダイソン（Tim Dyson）らは、北インドと南インドの人口学的様式の間の相違を理解するうえで、家族内での女性の自律性がおそらく最も重要な要素であることを指摘している。さらに彼らは、北のパターンがおそらくそれを包括する西アジアシステムの一部であるのに対して、南のモデルは南アジアや東アジアの親族関係（kinship constellation）と関係するものと見なすことができると論じている。

(33) この転換研究プロジェクトの最初の報告書の一つ、Garrett and Reid, 1994 を参照。教区簿冊の時期に関しても、ケンブリッジ・グループの家族復元プロジェクトでは、教区を農業・工業・商業・手工業・その他という四つのグループに分けて人口学的指標を求めている。

(34) Levine, 1977 を、たとえば Alter, 1988 などと比較してもらいたい。近年発達したイベント・ヒストリー法がこのような方向の経験的研究に有効でありえるということに言及しておくべきであろう。というのは、そこで用いられる技法は、データが完全でない場合でさえ、ライフコース上の人口学的側面の分析、すなわち一つの人口学的イベント（母の死亡など）がその他の人口学的イベント（娘の結婚年齢など）におよぼす影響の計算などを可能にするのである。Gutman and Alter, 1993 参照。

(35) たとえば、転換期のベルギーの繊維工業都市に関する研究である Alter, 1988, pp. 167-173 参照。

(36) Cain, 1982 および Smith, R. M., 1988. 特にR・M・スミスの「取引分析（transactional analysis）」参照。

第二部　プリンストン・プロジェクト——ヨーロッパにおける出生力低下の探究

第三章

一八世紀以降の出生力低下

アンズリー・J・コール
（小島宏訳）

ホモ・サピエンスが登場してから現在に至るまで、人類の人口の平均増加率はゼロに非常に近かったに違いない。というのは、単に人類の起源がかなり遠くまで遡るからである。もし現在〔刊行年は一九八六年〕の総人口が四五億人ということが受け入れられるとすれば、そして人類の起源が一〇万年前だとすれば、平均増加率は毎年一〇万人当たり二人に過ぎなかった。長期的にみた場合、つい最近まで大きな時期区分のそれぞれにおける年平均増加率も非常に低かった。定住農業の発展に先立つ九万年間において年平均増加率は一〇万分の一・六に過ぎなかった。その時点から約二〇〇年前までの間の年平均増加率もやはり一〇万分の四・六に過ぎなかった。一七五〇年以降の年平均増加率は七・四‰とはるかに高くなった。世界人口はわずか二三〇年間に約五・五倍となったのである。この二三〇年間に人口増加は驚くほど加速した。一九世紀初頭には四‰であったのが、二〇世紀初頭には七‰となり、一九六〇年代には二〇‰近くとなった。しかし、遅かれ早かれそうなるはずであったが、過去一五年間に増加率は低下した。数年前に到達した増加率での持続的増加は物理的に不可能である。というのは、驚くほど短期間のうちに総人口が地球の表面を完全に覆い尽くしてしまったり、さらに地球の容積を埋め尽くしてしまったりするからである。年率二%というピークの増加率では人口が三五〇年間で千倍になり、七〇〇年間で一〇〇万倍になり、一〇五〇年間で一〇億倍になる。そのような増加は実現不可能としか言いようがないので、超長期の観点からみると（千年以上先の未来から振り返ってみると）、一八世紀に始まった急増は、その間にはるかに人口が拡大したような、人類史上における短いエピソードとみなされるであろう。今後五〇年から一五〇年の間に増加が停止したとしても総数が七〇億から一五〇億になるような、人口数のこのような爆発は確かに人類史上において重要で類のないエピソードなのである。

世界人口の急増がこのように突発的に始まったのは産業革命の草創期であったが、その時期には新たに発展した近代科学とより急速な技術進歩が輸送・貿易の持続的拡大、農業生産性向上、機械化された製造業の発達に寄与した。ヨーロッパ人（そしてアメリカとオセアニアのヨーロッパ人の子孫）の人口集団は、加速的増加の初期段階において世界の他の人口集団よりも急速に増加した。しかし、最近になってヨーロッパ人口は緩慢な増加率に戻る先陣を切った。ヨーロッパ人口の増加率低下の要因となったヨーロッパにおける出生力低下こそが、原書（Coale and Watkins, 1986）が『議事録』となっている会議のテーマである。

前工業化期の人口集団における出生力と死亡力

一八世紀以前の大きな時期区分のそれぞれにおける世界人口の非常に低い増加率は、出生率と死亡率の間にほぼ完璧な均衡があったことを意味する。たとえば、約一万年前から一八世紀まで、平均増加率が〇・四六‰であったことは、平均出生率が四〇・〇〇‰であると仮定した場合に、平均死亡率が三九・五四‰であったことを意味する。人類が切れ目なく居住している地域のそれぞれにおいても、人口移動による大幅な人口増減がなかったとすれば、平均の出生率と死亡率はほぼ等しかったはずである。[1] 二つの率の間にわずか五‰の差があったとしても、五世紀間に一〇倍（一〇分の一）の倍率で増加（減少）することになるだろうが、移入なしでそのように大きな増加が記録された例は一八世紀以前にほとんどない。

図3—1に示されているのは、長期的にマイナス一%、〇%、一%、二%、三%、三・五%の増加率をもたらすような出生力と死亡力の組み合わせである。[2] 出生力は合計特殊出生率（TFR）、すなわち各年齢における出生率に従って五〇歳に到達した女性が産んだ平均子ども数として表されている。死亡力は平均寿命、すなわち出生時の平均余命e_0^0（各年齢における死亡率から推定される寿命）として表されている。歴史の大部分において、世界人口は人口増加率がゼロの組み合わせを表す線の前後の狭い範囲に位置するようなTFRとe_0^0の平均値を経験していたはずである。

図3―1　長期的な人口増加率をもたらす合計特殊出生率と出生時平均余命の組合せ

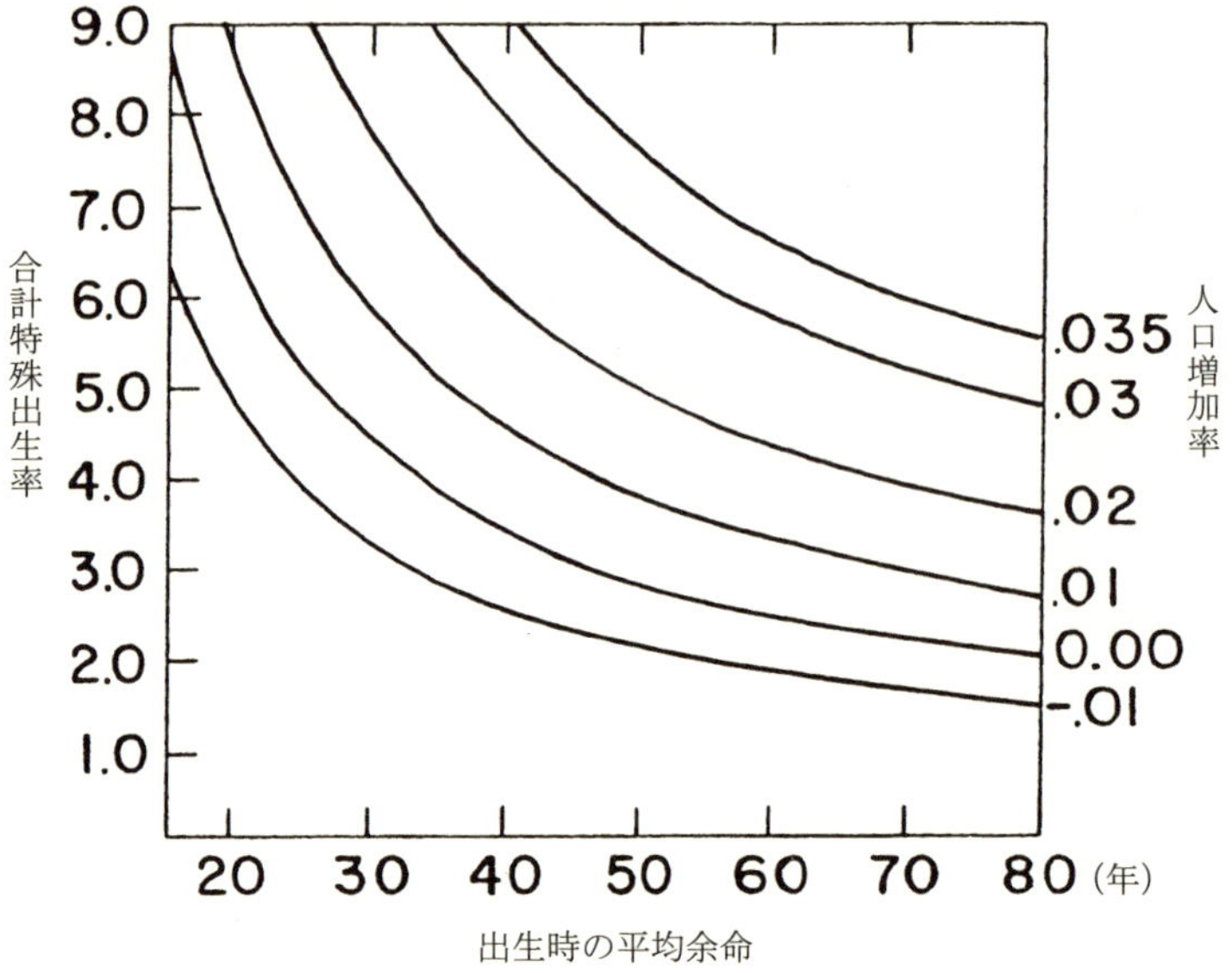

前工業化期の人口はどのようにして出生率と死亡率の近似的均衡を達成したのであろうか。論理的には、特定の地域において人口がかなり拡大するような長期的な増加があった場合に死亡率を上昇させたり出生率を低下させたりするような、そして人口がかなり減少した後には死亡率を低下させたり出生率を上昇させたりするような、ある種のホメオスタシス的なメカニズムが仮定されねばならないであろう。

人口の大きな増加の結果として死亡率がどのように増加するかを思い描くのは容易である。技術が変化しない場合――特に食糧やその他の必需品のような有用な財を獲得・生産する既知の手段のストックが固定的な場合――そして利用可能な土地が地理的・文化的要因と移動可能性の組み合わせによって制限されている場合、過密によって平均寿命は短縮されるであろう。一定の限度を超えるということは、大きな人口では感染と汚染が拡大し、栄養が不十分になることを意味する。[3]この種の死亡力上昇は

T・R・マルサス（Thomas Robert Malthus）により人口増加に対する「積極的妨げ」と呼ばれたものである。この種の積極的妨げの作用（特定の地域内における人口規模にある程度依存するような、死亡力を通じたホメオスタシス）は、出生力水準に関わらず、出生力が少なくとも特定の文化的・技術的環境の下で達成可能な最低死亡率を相殺するのに十分なものである限り、死亡率を出生率と同調させる。**図3―1**に示された合計特殊出生率と出生時の平均余命に関して言えば、平均三五年のe_0^0が達成可能だと仮定した場合、**TFR**が四・〇に維持されると、長期的に平均寿命が三五年弱に引き下げられるであろうし、**TFR**が五・〇になれば、e_0^0が二六年に引き下げられるであろうし、**TFR**が六・五では、e_0^0は長期的に二〇年に押し下げられるであろう。

当然ながら、死亡力が達成可能な最低平均水準にあったとしても、人口規模が縮小しない程度に出生力が高くなくてはならない。食糧供給の達成可能な規則性、地方病の不可避の出現、流行病の頻度・深刻度と整合的な最長の平均寿命が二五年であるとすれば、およそ五・二五未満の合計特殊出生率は人口減少と究極的な絶滅をもたらすであろう。

死亡力を相殺するのに十分な水準の出生力を維持する必要性を認識したF・W・ノートスタイン（Frank W. Notestein）は次のように書いた。

「不可避的に高い死亡力に直面しながら現代に至るまで生存してきたすべての人口集団が、高い出生率を生み出すために必要な生理学的能力と社会組織の両者を兼ね備えていたのは当然のことと考えられるであろう。ヨーロッパで、そして世界中でほとんど普遍的に、農民社会はその成員に対して再生産（生殖）をするように強い圧力をかけるような形で組織されている。……

何世紀にもわたる高い死亡力の経験の試練に耐えたこのような仕組みは、俗信により強く支持され、宗教の

教義の中で具現化され、コミュニティー集団の制裁によって強制されている。」(Notestein, 1953)

ノートスタインの議論のうちで明言されていない部分は、不可避的に高い死亡力を相殺するために出生力はどの程度高くなければならないかということである。出生力がどの程度高くなければならないかについての一般的な定まり方は図3―1に示されている。特定の人口集団全体について達成可能な最大のe_0(出生時の平均余命)の平均値が既知であるとすれば、必要とされる合計特殊出生率は、長期的な増加率がゼロになるようなTFRとe_0の組み合わせを示す曲線上に見いだせる。実際、出生時の平均余命は前工業化期の人口集団のうち、ごく少数について知られているに過ぎない。

完全情報といったものがないため、長期的に存続している社会における前工業化期の出生力と死亡力の例を検討することにする。図3―2は一八世紀のヨーロッパ諸国、一九三〇年頃の中国農村、一九〇一―一一年のインドについて算定ないし推定されたe_0とTFRの組み合わせを示す。ヨーロッパ諸国とインドに関して推定される長期的な増加率は控えめな正の値であるが、中国に関するものはゼロに近いことに注目すべきである。

図3―2のもっとも驚くべき特徴は、これらの前工業化期の人口集団における出生力が控えめな水準――TFRが四・一―六・二――であった、ということである。

ノートスタインによれば、前工業化期社会の不可避の特徴であった高出生率は、異なる人口集団について信頼性をもって記録された別個の高出生力の特徴を一つの人口集団の中に組み合わせた状況を思い描くことによって想像されるほどには高いものでなかった。信頼性をもって記録されたもののうちで最高の有配偶女子出生率は二〇世紀のハッタライト人口(Hutterites；避妊・中絶の宗教的禁令に従う、米国の中北部に定住する再洗礼派セクト)と一七世紀のフランス系カナダ人に関するものである。しかし、これらの人口集団では結婚年齢はそれほど低くなかった。他

図3―2　前工業化期の特定の人口集団における合計特殊出生率と出生時平均余命の組合せ

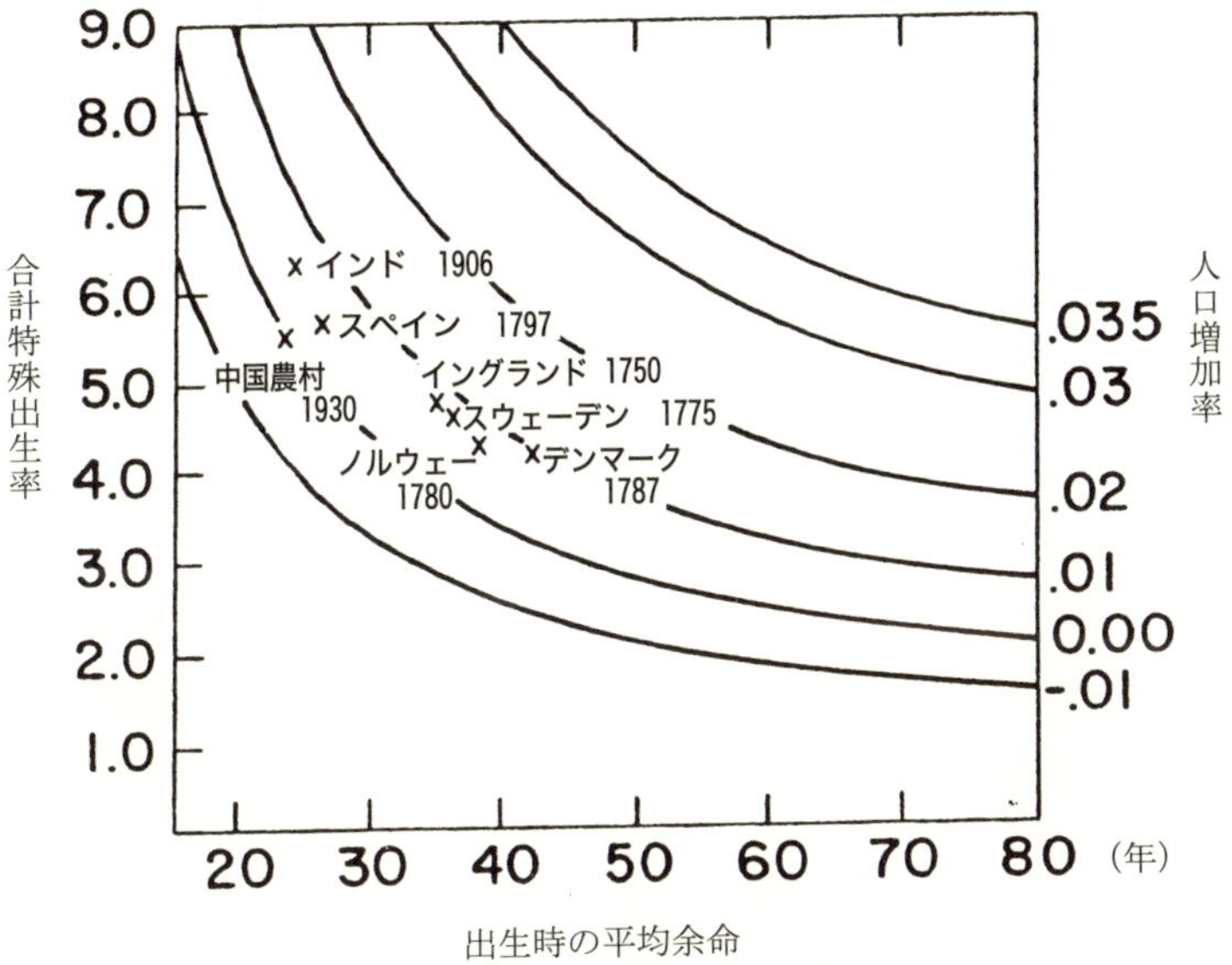

方、早婚と潜在的な出産可能年齢における高い有配偶率は、アジアとアフリカの人口集団の多くにおいて見いだされている。ハッタライトの高い婚姻出生力が、中国農村の高い有配偶率と組み合わされたとすれば、合計特殊出生率は一○を越えていたであろう。一○に近い合計特殊出生率が、観察された人口集団はこれまでにない。**図3―2**に示された、前工業化期の人口集団によって、実際に達成された出生力水準は可能であったかもしれない水準の四―六割にすぎない。

超高出生力は想像できるし、原則的には達成可能であったが、前工業化期の人口集団の福祉にとって、そして生存にとってさえ好都合ではなかった。限定された技術と領土の制約に直面しながらも、合計特殊出生率が八―一○の人口集団は、e_0が二○年を越えている場合には、一%を越える年率で増加するであろう。しかし、数世紀以内に、過密によりe_0が一三―一七年に低下して二〇—二五%の女子しか平均出産年齢まで生存しなくなり、増加率がゼロに押し下げられるであろう。超高出生力と超高死亡力の長期的な組み合わせは一つの社会が逆境やライバルの集団に対処する能力を高める上で最善ではない。人口集団はその出生力と死亡力がただ控えめに高かった場合に、回復力と活力が大きかったであろう。前工業化期の人口集団における最適な出生力は、特定の文化と環境において達成可能な最長平均寿命の下でのゼロ成長と整合的な水準より高いということはなかったであろう。出生力がホメオスタシスのような形で人口の増減に反応する場合には——すなわち人口がその生息地に溢れた時に出生力が低下し、人口が激減した時に出生力が上昇するが、控えめな平均水準を維持している場合には——達成可能な最低死亡力を維持するのはより容易である。

従って、伝統社会が高出生力を促進するような習慣を発達させたとか、絶滅に直面したとかいう言説は、伝統的社会は出生力を控えめな水準に維持するような習慣を発達させたが、それは出生力が低すぎて負の増加率が人口をゼロまで縮小させることを避けるとともに、出生力が高すぎて正の増加率が生息地の過密とそれによる高死亡力と災害・ライバル集団に対する脆弱性をもたらすことを避けることによってであった(Wrigley, 1978a)という言説に修正されるべきである。

相似の特徴をもつが異なる脈絡における控えめな出生力の利点は生物学者には知られている。動物の種に遺伝的利益を与える生殖(再生産)戦略はしばしば超高出生力よりもむしろ控えめな出生力を必要とする。進化論者は動物の対照的なカテゴリーにとって最適な二つの逆の戦略を仮定する。小さな体、短い寿命、短い世代間隔をもち、食物探しの範囲が狭く、変動が大きな生息地にいる種は、生息地の人口密度が低い時に非常に急速な繁殖能力によって生存に成功する。大きな体、長い寿命、長い世代間隔をもち、食物探しの範囲が広く、安定した生息地にいる種は、安定した規模の人口を維持し、長い成熟期間に控えめな数の子どもに対する適切な育児を可能にし、ニッチ〔生態的地位〕の収容能力を超えることを回避するような、制限された生殖によって生存に成功する。二つの戦略はr選択（バクテリア、昆虫類、一部の魚類）とK選択（大きなほ乳類と一部の鳥類で、後者の中でもっとも有名なのは「ワタリアホウドリ wandering albatross」で九―一一年もかかってやっと成熟し、一年おきに一個の卵しか生まない）として知られている（May and Rubenstein, 1985）。安定した生息地において、体が大きく、成熟が遅い生物にとって有利であるような、遺伝的に制御された生殖戦略は、遺伝的に制御されない人間社会の生殖戦略と相似である。いずれの場合においても、超高率の生殖よりもむしろ控えめな率の生殖の方が有利である。控えめな生殖は、体が大きな哺乳類や鳥類においては遺伝的にプログラムされたさまざまな出生力の規制によって達成されるが、人類においてはさまざまな社会的な習慣や慣行によって達成される（Dupâquier, 1972）。

前工業化期の人口集団において控えめな出生力はどのようにして達成されたか

前工業化期の出生力を超高水準でなく控えめな水準に留めた制約としては二種類のものがある。一つの戦略は潜在的に出産可能な女性の少なからざる割合を出産のリスクから保護するような、結婚の開始・終了の習慣から成る。前工業化期の人口集団の大部分において、女子は初経から短期間の内に結婚したため、平均初婚年齢は一六―一八歳であった。二五歳ないし三〇歳まで生存した人々のほぼ全員が結婚を経験した。そのような人口集団においては男子が（平均初婚年齢が女子で一七・五歳であったのに対して、男子で二一・三歳であった一九三〇年代の中国農村におけるように）比較的早婚の場合もあったし、（平均初婚年齢が女子で一七・八歳であったのに対して、男子で二六・四歳であった一九二六年の〔旧〕ソ連のウズベク共和国におけるように）比較的晩婚の場合もあった。前工業化期のヨーロッパ、特に西欧は男子だけでなく女子も晩婚で、平均初婚年齢が二三―二八歳という点で例外的であった。男子と女子の結婚年齢の差は大きくなかったし、逆境では男女両方の結婚が延期される場合もあった。その上、やはりアジアとアフリカの人口集団とは対照的に、西欧の女子の少なからざる割合(一〇%以上)が五〇歳においてもいまだに独身であった。この異常な有配偶率パターンには、一五—五〇歳のすべての女子が有配偶であった場合の潜在的水準の五〇%未満に出生力を低下させる効果があった。(4) これとは対照的に、アジアとアフリカの前工業化期の人口集団の多くにおいては、一五—五〇歳の女子の一部が有配偶でないことによる潜在的出生力の喪失は一〇—一五%であった。

前工業化期の出生力を控えめな水準に留めた他の形態の制約としては、夫婦の出生力を制限するさまざまな行動様式があった。ヨーロッパの人口集団をはじめとして(そこにおいて特に)、関連する証拠が存在するようなほとんどの場合、前工業化期の人口集団における婚姻出生力の制限は出生順位に基づかないものであったことが見いだされている。

出生順位による／よらない婚姻出生力の制限

ここで、L・アンリ(Louis Henry)により導入された区別である、婚姻出生力の出生順位による制限とよらない制限の間の差異を述べるために脇道にそれる必要がある。出生順位による制限は、夫婦が一定数の子ども——希望最大数——が生まれた後、それ以上の子どもをもつことを避けるために行動を変化させることを意味する(本書第七章)。出生順位による制限は、避妊(性交中絶法のような伝統的な手段やコンドーム、ダイアフラム、子宮内避妊具、経口避妊薬のようなより近代的な手段)ないし人工妊娠中絶を伴うのが典型的である。出生順位に基づかない制限は、受胎確率を低下させたり、出生間隔を拡大したりするような状況や行動形態——既往出生児数により変化せず、第一子出産後でも第五子・第六子出産後でも生じるような状況や行動——を含む。アンリは出生順位に基づく制限をコントロールされた出生力（controlled fertility）、出生順位に基づかない行動のみにより影響を受ける出生力を自然出生力（natural fertility）と呼ぶことを提案した。「自然」と「コントロールされた」という言葉を巡って時折交わされる論争を避けるため、ここではアンリの区別が、夫婦による出生順位による出生制限と出生順位によらない出生制限という形で表現しておく。

出生順位に関連する制限によって影響されない出生力の水準がかなり異なるのは、慢性的熱病に罹患した人口集団における性的活動の減退、貧血症の女子における高い流産頻度、性病や結核による不妊といった健康関連要因によるためである。それは季節的移動に伴う夫婦の定期的な別居や漁師、牧夫、猟師による不在期間によっても低下する（van de Walle, F, 1975. Menken, 1979）。

出生順位に関連する手段によって制限されない出生力の格差をもたらす最大の要因は母乳哺育の差異である。母親が乳児に母乳を与えると出産後の月経・排卵の再開が遅れ、次の受胎が遅れる。無月経の持続期間は新生児が母乳哺育されない場合の三—四カ月から、母乳哺育が長期にわたるバングラデシュやインドネシアにおける一八カ月まで差異がある。非常に長い出生間隔（平均四年弱）が南西アフリカのクング（!Kung）族について記録されている。最近の研究によりこの人口集団における授乳習俗に関する説明が加えられ、若干のクング族の母親に関する集中的観察によって、授乳が一日中、平均してわずか一五分くらいの間隔で行われることと、子どもが母親の横で寝るため、夜に母乳を飲めることが示された。母乳哺育は子どもが三歳を越えるまで続く。このような母乳哺育の日課をもつ女子の血液検査によって、排卵再開を抑制するようなホルモンの変化としての血清エストリオール（serum estriol）〔女性ホルモンの一種〕とプロゲステロン（progesterone）〔主要な黄体ホルモン〕の水準の低下が示された（Konner and Worthman, 1980）。

差異をもたらすもう一つの要因は性交に関するタブーである。多くの社会において見いだされるタブーによって、授乳中の母親の性関係が排除される。精子が母乳をだめにするとの信念――アフリカ、アジア、ヨーロッパにおいて報告される俗信――によってこの禁止はしばしば強化される。特に西アフリカにおいては、規定された出産後の禁欲が授乳期間を越える場合が時々ある。特に西アフリカで禁欲を実行する夫婦はその目的が新生児と母親の健康を守るために次の出産を延期することであると証言するため、意図的な禁欲が出生順位に関連しないというのは奇妙に思われるかもしれない。しかし、禁欲は第一子出産後にも第六子出産後にも実行されている――それは実のところ、出生順位と関連する手段でない。J・C・コールドウェル（John C. Caldwell）は自然出生力に関する会議において、高い出生順位の夫婦で生存子ども数が多いものの方が同じ出生順位で生存子ども数が少ないものよりも実際は禁欲期間が若干短いという、西アフリカにおけるサンプル調査の結果を報告した（Caldwell, 1979）。出生順位に関連するコントロール手段とは対照的に、西アフリカの禁欲は明らかに生存子ども数を増加させることを意図したものである。一定数の子どもが生まれた後に追加出生をどうにか避ける夫婦における、出生順位に関連する制限とは非常に異なる。

婚姻出生力が出生順位による制限に影響されているかどうかについての証拠

本章で主張しようとしているのは、ヨーロッパにおいてほぼ普遍的であった出生力低下は、（a）晩婚・生涯独身と出生順位に基づかない婚姻出生力の制限によって超高水準になることを妨げられた控えめな出生力から、（b）主として出生順位に基づく避妊・中絶の実行によってもたらされた低出生力への変化であったということである（新たに制度化された出生順位に基づく婚姻出生力の制限も、初期段階においては普遍的でないが、出生力低下が生じた途上諸国において頻繁にみられる出生力低下の特徴である。これらの国々の一部においては女子の平均結婚年齢が一八歳以下から二〇歳代への上昇も出生力低下に多大な貢献をしたし、出生順位に関連するコントロールの広範な開始に先行している場合が多い)。

出生順位に関連しない婚姻出生力の制限から出生順位に関連するものへの転換があったという主張を裏付ける証拠の必須の部分は、前工業化期の婚姻出生力が出生順位に基づく行動によって制限されていなかったという経験的な証拠からなる。本節——出生順位に基づく制限に関するさらなる脱線——はそのような指標を記述するものである。

今日、出生順位に基づく婚姻出生力の制限の有無に関する直接的証拠はサンプル調査によって得られるが、女子は自分の詳細な出産歴を提供し、自分が経験した各出産後の避妊・中絶の実行に関する情報を提供するように依頼される。さらに、彼女たちは希望子ども数とすでに生じた出産がその時点でかなえられたかどうかについての質問を受ける。過去の人口集団についてはこのような直接的証言が得られない。出生順位に関連する制限の有無はこれらの人口集団について記録された情報から推定されねばならない。

出生順位に関連する婚姻出生力の制限の有無に関する非常に有用な直接的証拠は、女子の末子出産年齢の記録から得られる。多くの人口集団からの統計によれば、出生順位に関連する制限がない場合、この年齢の平均値は四〇歳の前後約一歳以内である。健康関連の要因や有配偶の息子ないし娘が世帯内で生活を始めた後の性生活終了といった出生順位に関連しない習慣のせいでこれは若干低いかもしれない。しかし、非常に低い末子出産年齢(たとえば、平均三六歳未満)、平均年齢の大幅な低下、初婚が遅い女子よりも早婚女子において低い平均末子出産年齢は出生順位に関連する制限の普及度の良い指標である。しかしながら、女子の末子出産年齢は系譜または、教区簿冊の出生、死亡、結婚のデータに基づいて再構成された生活歴のいずれかから作成された詳細な個人記録によってのみ見いだしうる。

出生順位に関連する制限が存在したという証拠のうちでより利用しやすいものは有配偶女子の出生力の年齢パ

ターンである。婚姻出生力の年齢パターンは出生順位に関連する制限による影響を受けていないような異なる人口集団において類似している。そのような出生力は二〇歳から三〇歳にかけて最高でほぼ高原状になり、その後は五〇歳以前にゼロの出生力が達成されるまで速度を増しながら低下する。二〇―二四歳の出生率を一〇〇とすると、その後に続く各五歳階級の出生率の典型的な連鎖は九四、八六、七〇、三六・五となる。他方、出生順位に関連する制限が広範に実行されていると、年齢とともにより急速に低下するような、異なる婚姻出生力の年齢パターンが生じる。このような低下速度の増大が意味するのは、出生順位に関連する制限による影響を受けていない人口集団の婚姻出生率に対する、出生順位に関連するコントロールがある場合の婚姻出生率の比が、年齢とともにますます小さくなるということである。

アンリは婚姻出生力の出生順位に関連する制限と関連しない制限に関する原著論文（本書第七章）の中で、出生順位に関連する制限による影響を受けていない婚姻出生力（彼により自然出生力と命名された）のスケジュールをいくつか示した。これらのスケジュールが基礎となって後に婚姻出生力のモデル・スケジュールができたが、そこでは出生順位に関連する制限の効果がゼロから婚姻出生力が年齢とともに非常に急速に低下するようなものまで分布していた（Coale, 1971. Coale and Trussell, 1974, 1978）。婚姻出生力のモデル・スケジュールは次のような数式によって表された。

$$r(a) = Mn(a)\exp(m \cdot v(a))$$

ここで$r(a)$は年齢aにおける婚姻出生力、$n(a)$は出生順位に関連する制限がない場合に典型的な婚姻出生力のスケジュール、Mは二〇―二四歳における$r(a)/n(a)$の比、$v(a)$は二〇―二四歳から四五―四九歳への逓減関数である。*m*の値は出生順位に関連する制限が一連の年齢別婚姻出生率に影響を与える度合いの指標である[5]。*m*の値はアンリによって彼の自然出生力に関する論文の中で作成された婚姻出生力のスケジュールにおけるゼロから〇・二未満しか違わない。ノルウェー、スウェーデン、台湾において、婚姻出生力が近代的な低下を開始する以前（スウェーデンとノルウェーでは一八八〇年代ないし一八九〇年代、台湾では一九五〇年代）の*m*の値はゼロに近く、その後に婚姻出生力が低下するにつれて一・〇を越えるまで単調に増加した（Knodel, 1977b, 1983）。*m*の当てはめられた値がゼロに近く、年齢に伴う婚姻出生力の低下が出生順位に関連する制限の影響がない典型的なスケジュールにおけるよりも急激でないということを示している場合、たとえ出生順位に関連しない制限によって婚姻出生力の水準が低いとしても、そのような制限が実質的にないとするのは行き過ぎた仮定である。

前工業化期のヨーロッパで出生順位に関連する制限がなかったことの証拠

持続する近代的出生力低下が始まる以前のヨーロッパにおいて、年齢別婚姻出生率に関する一国レベルのデータは多くない。母親の年齢別嫡出子出生数と年齢別配偶関係別女子人口数に関するデータはノルウェーで一八七〇年代後半以降、スウェーデンで一八七〇年以降の年次について利用可能である。ノルウェーにおける*m*の値は一八七八―八〇年に〇・〇一で、一九一〇年に〇・一八、一九二〇年に〇・三〇、一九三〇年に〇・五六、一九四六年に〇・六一、一九五〇年に〇・七九、一九五五年に〇・九二、一九六〇年に一・〇八と上昇した。同様に、スウェーデンにおいては一八七一―八〇年の〇・〇七から一九五一―六〇年の一・二二へと*m*の単調な上昇があった（Knodel, 1983）。両国において*m*の上昇は本質的に一定な婚姻出生力全体の高原状態の最後に始まり、*m*の上昇が婚姻出生力全体の低下と密接に相関している。これら二つのスカンジナビアの人口集団は――主として晩婚や閉経年齢においてさえ頻繁にみられる結婚の回避といった――出生順位に関連しない制限による影響を受けた出生力の一般的な構図によく当てはまる。このように当てはまるのは何らかの形の避妊によることがほぼ確実な、出生順位に関連する制限が効果をもち始めた後、婚姻出生力が少なくとも五〇％低下するまで効果が逓増する特定の時点までについてのことである。

一国全体より下位のレベルについては、教区簿冊の再構成や系譜の分析によって年齢別婚姻出生力のスケジュールがいくつか算定されてきた。J・ノデル（John Knodel）は一七五〇年以降のドイツの一四カ村について婚姻出生力のスケジュールを作成した（Knodel, 1983）。一七五〇年から一八二五年までの二五年毎の三つの期間における婚姻出生力の年齢構造には、相当程度の出生順位に関連する制限があったという証拠がまったくみられない。それはmの値がゼロから〇・一未満しか違わないからである。C・ウィルソン（Chris Wilson）はケンブリッジ大学での博士論文（Wilson, 1982）の中で、一五五〇年から一八五〇年まで、五〇年毎の期間を対象とする人口学的データの家族復元を用いてイングランドの一六教区の婚姻出生率を分析した。各半世紀において、mの値はゼロから〇・一未満しか違わないことを見出した。これらの教区におけるmのわずかな正の値は二〇―二四歳と二五―二九歳における高水準の婚姻出生力の結果であり、三〇歳以上では出生順位に関連する制限がない出生率のモデル・スケジュールと実質的に同じ急激な低下を示している。これらの教区における多くの女子（全体として二五％）は結婚時に妊娠していた。結婚時に妊娠している女子は結婚一年目の婚姻出生率が必然的に一・〇となるため、大きな割合の新婚者を含む年齢階級では婚前妊娠が婚姻出生力を上昇させる。イングランドの教区におけるmのわずかな正の値はこの効果についての補正がなされるとさらにゼロに近くなるまで低下する。(6)

出生順位に関連する制限による影響がない婚姻出生力のモデル・スケジュールにもっとも当てはまりがよいのは、IUSSP（国際人口学研究連合）のセミナーにおいてJ・デュパキエ（Jacques Dupâquier）によって提示された一群の婚姻出生力のスケジュールである（Dupâquier, 1979a）。これらのスケジュールは一七世紀と一八世紀のフランスにおける二二教区の簿冊を再構成したさまざまな研究者によって算定されたものである。これらの教区からのデータが組み合わせられた場合の年齢別婚姻出生率は、出生順位に関連する制限がないモデル・スケジュールの場合と実質的に同じであり、二〇―二四歳から四〇―四四歳までの各五歳階級についての一方の他方に対する比は〇・九六―一・〇〇の非常に狭い範囲内に収まり、*m* の算定値は〇・〇一未満である。

前工業化期における出生順位に関連する出生制限の例外的事例

持続する近代的出生力低下が始まる前のヨーロッパにおいて、出生順位に関連する婚姻出生力の制限はまれであったが、まったくなかったというわけでもなかった。出生順位に関連する制限の初期事例に関する概観は、M・リヴィ＝バッチ（Massimo Livi-Bacci）による原書への寄稿（本書第四章）に示されている。彼の事例はフランス、イングランド、イタリアの貴族、ジュネーヴのブルジョワ、イタリアの諸都市におけるユダヤ教徒といった――ヨーロッパ数カ国の特殊な部分人口集団において生じたものである。これらの集団は全国レベルの年齢別出生力に影響を与えるほど人数は多くなかったが、全国人口における避妊・中絶の採用を後に導いた要因を理解する上で重要であるかもしれない。

初期の出生順位に関連する出生制限に関する追加的な二つの事例は、（貴族やジュネーヴのブルジョワのように）エリートでもなく、（イタリア諸都市のユダヤ人のように）都市化された特殊な職業に限定されていたわけでもない集団に生じたものである。出生順位に関連するコントロールの初期における採用の最も顕著な事例は、一八世紀後半と一九世紀前半のフランスの大部分における農村人口で見いだされる。そのようなコントロールがあったという証拠は、

I_gの指標（I_gの定義については筆者とR・トレッドウェイ（Roy Treadway）によるによる原書の第二章（Coale and Treadway, 1986）を参照されたい）〔なお、本書第六章の訳注1を参照〕によって計測されるような、非常に低く着実に低下する婚姻出生力の形をとる。一八三〇年までに多くの県における婚姻出生力はハッタライトの水準の三五―五〇％の低さとなり、着実に低下していた（van de Walle, E., 1974）。

特権階級にも特殊な都市人口集団にも限定されていないような、出生順位に関連する出生コントロールに関する初期の第二の事例は、バラトン（Balaton）湖南部のソモギ（Somogy）からルーマニア国境のクラッソ・ゾレニ（Krasso-Szoreny）にわたるハンガリー南部の一地域にある農村人口の部分集団において生じた（Demeny, 1968）。いずれの郡においても低出生力の部分人口集団は郡全体の出生力を低下させるほど大きな割合を占めていなかったが、今世紀初頭に一部の村落では普通出生率が二〇‰未満で、一五‰未満の場合さえあり、一貫して普通死亡率は低かった。ハンガリーの人口学者は非常に初期から低出生力であった一部の村落における教区簿冊に基づいて年齢別婚姻出生力のスケジュールを算定した。**表3―1**にmの値が示されているが、これは一八―一九世紀の南部トランスダヌビア（Transdanubia）の五カ村について再構成された出生力データに基づくものである。五カ村すべてにおいてmの上昇が出生順位に関連するコントロールの強化を明示しているが、それは二〇世紀半ばにおけるヨーロッパの人口集団とほとんど違わない婚姻出生力スケジュールを示している。ベセンス（Besence）とヴァイスロ（Vaiszlo）における完結出生児数の中央値は、高齢女性における既往出生児数でみると、一七四七―九〇年の六・〇から一八五一―九三年にはわずか二・〇まで低下した（Andorka, 1978, Tab.3.5）。

ハンガリー人口の特定部分における低出生力は当時のハンガリーの観察者によっても（一般的に不評をもって）認識されていた。**表3―1**の村落のうちの三つが位置するバランヤ（Baranya）の医務局長は一八四五年に次のように記している。

表3—1　ハンガリーの特定村落における出生コントロールの指標（m）

村落	期間	m	村落	期間	m
ベセンス	1747-1790 年	0.05	サルピリス	1760-1790 年	-0.17
ヴァイスロ	1791-1820 年	0.30		1791-1820 年	0.26
	1821-1850 年	0.70		1821-1830 年	0.82
	1851-1893 年	1.49			
アルソニェック	1760-1790 年	0.33	バコンヤ	1759-1779 年	0.50
	1791-1820 年	0.55		1780-1804 年	0.74
	1821-1850 年	0.75		1805-1831 年	1.03

出所：Andorka, 1978, Tab. 3. 1
〔訳注：原書にあるサルピリスにおける最後の期間（1805-1830 年）が間違いだと思われるので修正した〕

「……当郡のハンガリー人村落のほとんどでは、若妻が結婚四年間ないし一〇年間でさえ出産するのを恥ずかしいと考えており、最も健康で強靭な女性でさえ二人を越える子どもを産まない。……多くの若妻が美貌を維持するために秘密裏に罪深く出産を妨げている一方、他の多くの者は貧困によって同じことを強いられているが、これは三―四家族が半筆の土地で生計を立てなければならない場合が多いためである。……良く知られている通り、彼女たちは年長者から産児調節の方法を教えられ、……中絶が行われている。」（Holbing, 1845 in Andorka, 1978）

R・アンドルカ（Rudolf Andorka）によれば、低い婚姻出生力は良く知られていただけでなく、「一子システム」と俗に呼ばれていた。一九世紀後半のバランヤにおいてはこの慣行を調査するため、「一子システム委員会」が作られた。

近代的低下開始以前における出生順位に関連するコントロールの全般的欠如について、困惑せざるをえない追加的例外となりうるものとしては、デンマークがある。一七八七年から一八八〇年代までの間のデンマークに関する婚姻出生力の指標（I_g）はハッタライトの婚姻出生力の六四・五―六八・五％の間の狭い範囲に収まっていた。そのような不変性は出生順位に関連する制限がない場合に典型的なものである。一八八〇年代以降のデンマークでそうであったように、普通は避妊と中絶が広範に用いられるようになるやいなや、婚姻出生力は着実に低下した。一八六八年以降についてのみ、年齢別婚姻出生率が利用可能で、デンマークの農村と地方都市についての m の算定が可能である。一八六八―八〇年の期間における m の平均値は地方都市で〇・二四、農村で〇・二〇であるが、これらの数値は出生順位に関連する制限の欠如を示すものとして受け入れるにしてはやや高すぎる。首都に関して最も早い時期（一八七五―七九年）の m の算定値は〇・六二である。したがって、一八八〇年以前のデンマークにおいて、なんらかの出生順位に関連する出生制限があったようであるし、コペンハーゲンでそれがあったことはほぼ確実であろう。婚姻出生力の指標が低下し始める直前に、正の値の m が農村と地方都市でみられるので、一部の年長の女子により何らかの避妊の実行が開始されたのは一八八〇年の直前であった可能性がある。年長の有配偶女子におけるわずかな婚姻出生力低下は――たとえば母乳哺育の若干の減少による――年少の有配偶女子におけるわずかな上昇により相殺された可能性があるため、予想されるような I_g の低下をもたらさなかったのかもしれない。一九世紀末において I_g の持続的低下が始まり、予想通り、一八八〇年代の〇・三から一九三〇年代の一・〇弱、一九六〇年代の二・〇への m の着実な上昇を伴った。

前工業化期の人口集団における控えめな出生力のさらなる観察結果

晩婚で（女子の大きな部分が有配偶でなかったため）出産のリスクへの曝露が潜在的な上限の五〇％未満であった西欧

の人口集団において、婚姻出生力の水準は控えめに高かった——例外的に高いハッタライトの婚姻出生力の六五—八〇％であった。早婚で皆婚であるような、ヨーロッパ以外の人口集団のいくつかにおいては、有配偶であることによって潜在的に出産可能な女子の八五—九〇％が出産の機会をもっている。そのような人口集団においては婚姻出生力の水準が西欧よりもかなり低い——ハッタライトの婚姻出生力の五〇—六〇％にすぎない。前工業化期の人口集団においてさえ、非常に高い有配偶率が控えめに高い婚姻出生率と組み合わされることはまれである。アジアの有配偶率が西欧の前工業化期の婚姻出生率と組み合わされていた場合、合計特殊出生率は少なくとも七—八となり、長期的には二〇年未満の平均寿命としか両立しなかったであろう。前述の理由により、そのような高出生力と高死亡力の組み合わせは前工業化期の人口集団の長期的な福祉、そして生存能力にとって不利であったであろう。

それでは前述の——TFRでみた場合のデンマークの四・一からインドの六・二という——前工業化期の出生力の異なる水準はどのように説明できるのであろうか。そして、そのほかの前工業化期の人口集団におけるさらに高い出生力水準（一八〇〇年の米国の七強、一九世紀後半のロシアの七弱、一〇年前のバングラデシュ、パキスタン、一部のラテンアメリカ諸国の七強、ケニアの八）はどのように説明できるのであろうか。スカンジナビアにおける前工業化期の低い出生力は約三三年のe_0と両立し、中国農村のそれは二四年のe_0と両立し、インドの出生力は約二〇年のe_0と両立する。スカンジナビアと同様に、インドと中国において三〇年以上のe_0を達成しえたと仮定した場合、これらの人口集団における高出生力は、出生順位に関連しないどのような制限が実行されていたにしても、スカンジナビアにおけるほど有効ではない出生抑制を反映したものにすぎないかもしれず、結果として長期的な高死亡力が生じたのであろう。婚姻出生力はアジアの人口集団において前工業化期の西欧より低かったが、ヨーロッパより高いアジアの有配偶率を相殺するほど低くはなかった。したがって、ヨーロッパにおけるより有効な出生抑制がより有利な出生率と死亡率の均衡点を達成できるようにした可能性があるが、この可能性は、晩婚による出生制限の潜在的にホメオスタシス的な特徴によってある程度支持される。

「人口と社会構造の歴史のためのケンブリッジ・グループ」による一六世紀半ばから一九世紀半ばまでのイングランド人口の再構成は、イングランド人口の増加率を抑制する上で有配偶率の変動がどれほど重要であったかを示している（Wrigley and Schofield, 1981）。彼らによる（二五年間の移動平均により平滑化された）合計特殊出生率の推計値は一五五〇年から一八〇〇年の間において最低三・九から最高五・七までの変動を示している。（同じく二五年間の移動平均により平準化された）e_0^0の驚くほど小さな変動は約三二・五年から三九年までのものである。二五年間平均のTFRとe_0^0の組み合わせから推定される人口増加の年率は一六七〇年を中心とするゼロ未満から一八世紀末の一・三%弱まで変動した。この変動は死亡力の変化よりも出生力の変化によるところがはるかに大きかった。しかし、再構成された教区簿冊に基づく証拠は婚姻出生力が実質的に一定だったことを示している。出生力変動の主要な要因、従って自然増加率変動の主要な要因は結婚年齢の変動と生涯未婚者割合の変動であった。ヨーロッパにおける近代的出生力低下に関するプリンストン大学の研究で用いられた出生力指標に関して言えば、一五五〇年から一八七〇年までの間におけるイングランドの出生力の大きな変動は、ほぼ全部がI_m（有配偶率の指標）の変動によるものであり、I_g（婚姻出生力の指標）は実質的に不変であった。

E・A・リグリィ（Edward Anthony Wrigley）とR・S・スコフィールド（Roger S. Schofield）が注目するのは、（有配偶率の変動による）出生力の大規模な変動が緩慢で変動しがちな資源の増加に対して順応したのは、激烈な発作のような死亡力上昇によってではなく、大幅な出生力の振動によってであったということである。花嫁・花婿となるべき者たちが時勢の悪い時には結婚を延期せざるをえないと感じたとすれば、有配偶率が効率的なホメオスタシス的メカニズムであると想像しうる。しかし、リグリィとスコフィールドは次のように結論づけている。

「それは人口と資源の間の均衡を達成することができるシステムであったが、それを均衡システムとして記述するのはおそらく誤解を招くことになるであろう。というのは、その顕著な特徴の一つが経済（実質賃金）変動と人口（出生力）変動の間の反応速度が驚くほど遅いことであったからである。……イングランドは順応の戦いに勝ちつつもそれが過去の状況に適した戦略を用いることによって達成されたために、遅れがちのホメオスタシスとでも名付けられるような状況を呈していた。」(Wrigley and Schofield, 1981, p. 451)

アジアにおけるように早婚で皆婚の場合、（長期にわたる母乳哺育や出産後の禁欲のような出生順位に関連しない手段による）婚姻出生力の抑制がどのようにして、ホメオスタシス的な方法で――すなわち人口増加によって資源が圧迫された時に出生力を低下させるような形で――作動するのかを理解するのはより困難である。しかしながら、インドと中国における高い出生力は、出生力を抑制するためのこれらの慣行の有効性が（西欧の有配偶率と比べて）低かった結果ではなかったかもしれず、たとえば危機的な食糧不足を回避するのをより困難にするような気候と技術により生じた、不可避的に高い死亡力の結果であったかもしれない。この仮説の下で、中国より高い合計特殊出生率がインドで必要であったのは、過去数世紀にわたって中国では若干長い平均寿命が達成可能であったのに対して、おそらく熱帯気候における伝染病の頻発と食糧供給の不安定性によって、せいぜい二〇年のe_0しか維持できなかったためであろう。

資源の利用可能性に大きな変化があった場合、一般に出生力に対する伝統的な制約が修正された。一例は西欧人による北米への移住である。移住者たちはヨーロッパの技術を持ち込んだが、それは新たな状況に適合させられながら、それまでは少なくとも部分的に狩猟・漁労に依存する人口集団が散在していた、広大で非常に豊穣な土地に適用された。原住民は次々と移動させられた。植民者が占有できる農地の供給は、ヨーロッパの基準からみると、間違っていた。ヨーロッパでは二〇歳代後半以上になって初めて、男性が土地を所有したり、安定した地位に就いたりして慣習上の結婚要件を満たせたため、植民者は晩婚に慣れていた。花嫁と花婿の年齢差が小さいことが慣習上定められていたため、男子だけでなく女子も晩婚であった。アメリカでは、ヨーロッパからの若い移民やその子孫はいつでもフロンティアに移住できた。また、土地の供給が豊富だということは、個人が賃金労働を選択した場合に比較的大きな労働需要があるということを意味した。実際、米国における高出生力（一八〇〇年に七強の TFR）はフロンティアのそばで最高であったが、定住が長期にわたる海岸地域ではかなり低かった (Easterlin, 1976)。同様に、ロシア南部やロシア帝国のアジア地域において土地が新たに利用可能になったことが、一九世紀後半のヨーロッパ・ロシアにおける高い TFR（六・八）の一因であろう。

環境変化が出生抑制行動の部分的放棄をもたらしたもう一つの事例として、クング族における出生力上昇があるが、彼らの一五分おきの授乳によってもたらされた四年間の出生間隔については前述の通りである。クング族は、ますます多くの部分が最近では定住生活を送るようになってきたにしても、現在に至るまで狩猟採集に基づく伝統的生活を続けてきた人々である。R・リー (Richard Lee) によれば、クング族における出生間隔は一般的な食物採集慣習と関係するような、保育形態と関係している。

「女性の仕事――すなわち野生植物性食物の採集――は、クング族の野営地で消費される食物の大半をもたらす。……成人女性にとって生存のための仕事は毎週、二―三労働日を占める。労働日に女性は往復三―二〇キロメートル（二―一二マイル）を歩き、帰路には七―一五キログラムの荷物を運ぶ。……もちろん、女性が運ばねばならない主要な荷物については他にもある。ほとんどの採集行程とすべての訪問・集団移動の際に、女性は四歳未満のすべての子どもを連れて行かねばならない。……子どもの生後数年間、母子が数歩以上離れることはまれである。……乳幼児は母親と非常に緊密な関係にある。
すべての子どもを連れて行かねばならないため、クング族における出生間隔が一般的に、実際にそうであるほど長いのは幸運である。狩猟採集民にとって長い出生間隔の利点は明らかである。母親は長期にわたってすべての注意を一人の子どもの育児に集中することができるし、母親が次の子どもの育児に着手する時に子どもが大きいほど、その子どもの生存の可能性が高まる。」(Lee, 1980)

したがって、一五分間隔の授乳は継続的で密接な母子関係の不自然な側面であるとは言えない。非常に長い出生間隔をもたらすという効果は明らかに機能的であり、子どもが自分で歩けるようになるまで女性が子どもを一人だけ連れて行けばすむようになる。

クング族が定住生活を採用すると、出生間隔は短縮される。十分な根拠がある推計によれば、一九二六―七〇年の(旧)ソ連の中央アジア地域、一九三〇―六〇年の韓国農村、一九三〇―五六年の台湾で婚姻出生力に大きな上昇(三〇―五〇%)が生じた。おそらくこのような上昇は、長期にわたる授乳といった出生順位に関連しない出生制限要因の衰退の結果である(Coale, Anderson and Härm, 1979)。

前工業化期の人口集団において出生順位に関連する出生制限がまれであった理由

(若干の例外を除き)前工業化期のヨーロッパの人口集団において、相当程度の出生順位に関連する婚姻出生力の制限がなかったことは前述の通りである。出生順位に関連するコントロールの欠如に適合するような年齢パターンをもった、年齢別婚姻出生率の同様な証拠が一九三〇年頃の中国農村、（低下開始前の）一九六〇年の韓国、一九五六年以前の台湾、一九五九年の〔旧〕ソ連の中央アジア地域にも存在する。婚姻出生力がまだ低下し始めていない開発途上諸国では、避妊を実行していないことを女性が直接回答してきた。二〇世紀の開発途上諸国では、不可逆的な低下が始まる前に、夫婦が一定数の出産をした後に出産を止めるということを信じる根拠はなさそうである。このような人口集団では避妊がほとんど実行されていなかったということが当然推測される。

前工業化期の人口集団において避妊と出生順位に関連する制限が全般的になかったようにみえることには当惑させられる。N・ハイムス（Norman Himes）は、古代ギリシャ・ローマ時代にまでさかのぼる多くの社会において避妊の知識があったことを考証した（Himes, 1963）。現代の人口集団における実地調査によって、主要な避妊手段が、旧約聖書で言及されている（そして非難されている）性交中絶法であった場合にも、しばしば非常に低い婚姻出生力が達成されたことが示されている。控えめな出生力は社会全体にとって有益であるが、前工業化期の社会においては出生順位に関連する避妊実行が一般的な習慣にならなかったのはなぜなのであろうか。若干奇抜な理由としては、出生順位に関連する出生コントロールがあまりに有効で個人の私利にとってあまりに魅力的であったということがある。ヨーロッパにおける出生力低下に関するわれわれの研究の実証分析結果の一つは、婚姻出生力低下がいったん着実に始まると――いったん婚姻出生力が少なくとも一〇％低下すると――婚姻出生力が五〇％以上と、かなり低下するまで低下が逆転することはない。因習的な意見は一般的に避妊を非難してきたし、性交中絶の肉体的、心理的な悪影響はどこでも信じられていた。前工業化期の人口集団の一部がこの形態の避妊が実は無害で、一―二人の子どもが生まれた後、出産・育児の負担を避けられることを知ったとする。そして、この集団が家名の永続に価値がなく、少数の子どもを産んで安楽に暮らすことが不名誉でないと感じるようになったとする。そうすると、そのような集団の再生産率は、たとえ前工業化期の人口集団として達成可能な最低の死亡力をもっていたとしてさえ、ほぼ確実に人口置き換えに整合的な水準以下まで低下したであろう。言い換えれば、出生順位に関連する制限は繰り返し再発見され、再適用されていたが、その実行者集団とともに消失していただけなのかもしれない。それは再発するが、永続しない致死的突然変異の社会的等価物であったのかもしれない。

前述した、前工業化期の出生順位に関連する婚姻出生力の制限は、そのような制限がどのようにして生存に整合的な水準以下に出生力を低下させるかを示す事例である。婚姻出生力が非常に低く、出生順位に関連する手段により強力に制限されており、一人っ子家族の中毒にかかっているとして一九世紀の同時代人に知られていたバランヤの村落では死亡力がまだ高かった。ベセンスとヴァジュズロでは一九世紀末に至るまで二〇％を越える新生児が一歳に達するまでに死亡していた（Andorka, 1978）。トランスダヌビア南部の村落の多くでは、高死亡力の存続と共存するそのような低出生力の結果として自然増加率が負であった。一九世紀前半に出生力がすでに低かったフランスの諸県において、出生率は人口置き換えに十分ではなかった。ロット・エ・ガロンヌ（Lot-et-Garonne, フランス南西部）とカルヴァドス（Calvados, ノルマンディー）では大規模な人口流失がなかったにもかかわらず、一八三六年以降、人口が着実に減少し、それぞれ二〇％と二五％減った（van de Walle, E., 1974）。

ヨーロッパにおける控えめに高い出生力・死亡力から非常に低い出生力・死亡力への転換

一七世紀ないし一八世紀前半のヨーロッパ諸国の出生力・死亡力に関する妥当なデータがあったとすれば、各国における合計特殊出生率と出生時平均余命（TFR, e_0^0）を示す点のほとんどは、図3―3で転換以前と区切られた領域の内部ないし周辺部に集まっていたであろうと推定して差し支えない。一九八〇年前後のヨーロッパ諸国に関する点は転換以後と表示された領域の内部または周辺部に集まっている。十分に明らかなことであるが、転換以前の領域は控えめに高い出生力と死亡力の組み合わせで——e_0が二〇年から三〇年ないし三五年、TFRが四から六・五強で——人口増加がゼロに近くなる。転換以後の領域は非常に低い出生力と死亡力の組み合わせで——e_0が七二—七八年、TFRが一・五—二・五で——人口増加がやはりゼロに近くなる。

図3—3におけるTFRとe_0の組み合わせの転換以前の領域は長期間にわたる控えめな人口増加と整合的な平均値の領域である。しかし、平均は通常のことではなかったかもしれない。というのは、人口増加の典型的な時間的パターンはおそらく、正の増加が破滅的な減少によって中断されるようなものであったからである。TFRとe_0の一般的な値は、区切られた前工業化期の領域の右側ないし上側の組み合わせと、人口数の急減をもたらしたような、その下側ないしより左側の組み合わせの間で変動したのであろう。

妥当なデータから導き出されたTFRとe_0の最初の組み合わせは一八世紀についていくつかある。e_0が七〇年を上回る値への長期的上昇の経路に沿ってすでに上昇し始めていたため、すべてが前工業化期の領域の右側にある。死亡力低下には近代科学の勃興、大洋航海の発達、世界貿易の成長をはじめとする多くの先行事象があった。ヨーロッパへの食糧供給の増加をもたらした、ヨーロッパ人移住者に対する西半球の開放、ジャガイモやその他の栄養豊富な作物のヨーロッパへの導入をはじめとして、以前は孤立していた諸文明間での植物品種の交流、国内輸送と全国市場の成長を容易にした道路・運河・鉄道の建設、農業技術の改善、分業の継続的な拡大と機械化された鉱工業の導入に伴う非農業生産の成長が、着実な人口増加があったにもかかわらず、より確実な食糧供給と実質所得上昇の他の構成要素に対する物質的基礎を提供した。特に種痘のような最初の効果的予防医学の発達、石鹸による洗浄といった個人の衛生習慣の改善、一部都市へのより純粋な水の供給が一九世紀前半におけるe_0の漸増を可能にした。さらなる経済進歩、病原菌理論と麻酔の発見、都市人口に対する清潔な水の広範な供給が一九世紀後半におけるe_0の急増に貢献した。e_0の急増は二〇世紀前半までに南欧・東欧に広がった。二〇世紀半ばの

図３―３　転換以前と転換以後の合計特殊出生率と出生時平均余命の典型的な位置

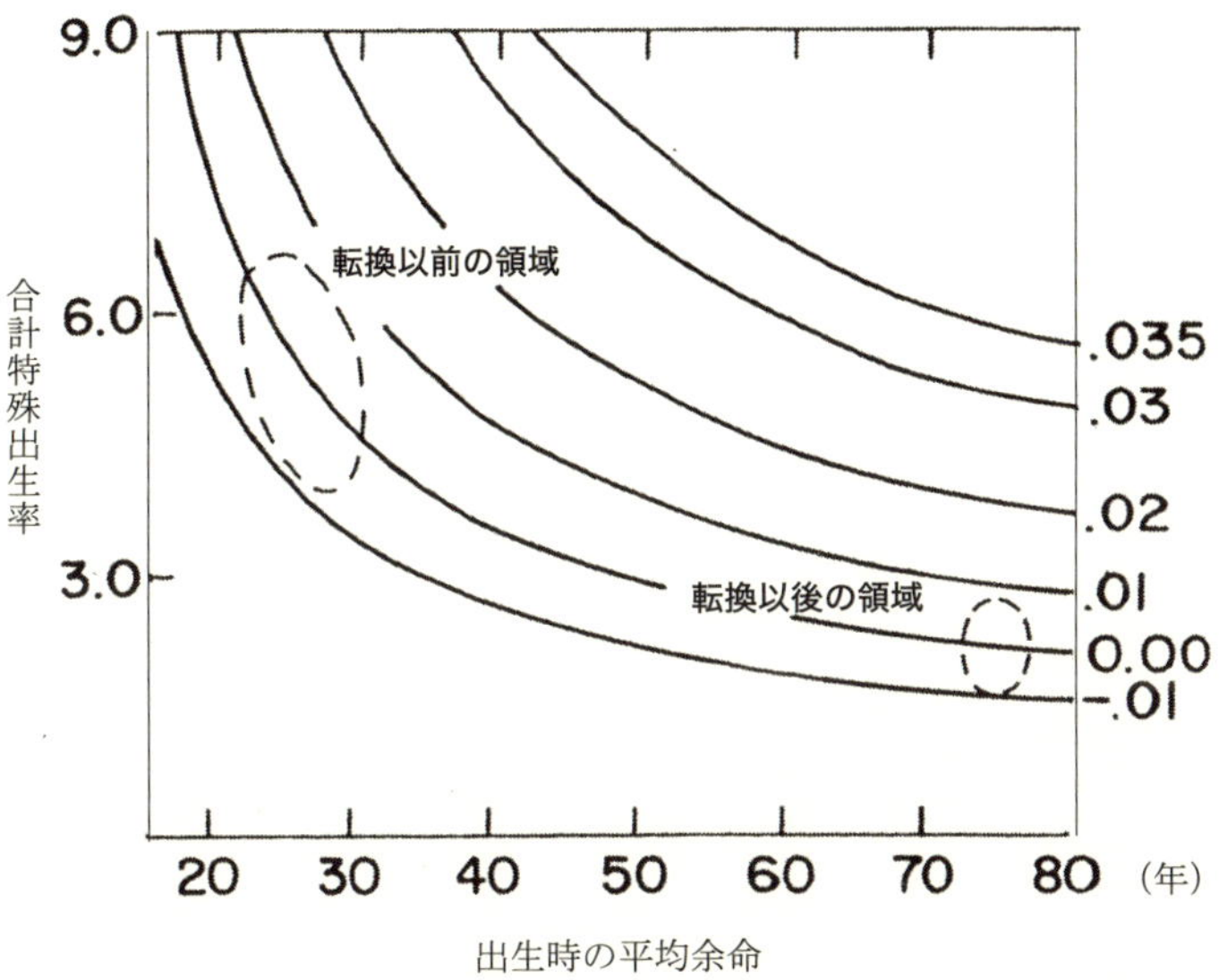

ヨーロッパではe°_{0}の増加に全般的に拍車がかかった。それは効果的な化学療法・抗生物質の発明をはじめとする科学的な医学の空前の進歩を伴ったが、それにより残存していた感染症による死亡が実質的に除去された。一九八〇年にはアルバニア以外のすべてのヨーロッパ諸国で女子のe°_{0}が七二年を越えるようになり、各国の数値の中位数は七五年を越えていた。

この革命的な死亡力低下期に前工業化期の出生力が不変であったとしたら、ヨーロッパの人口増加は莫大なものであったであろう。安定（真性）人口増加率は西欧で二・五％を越え、東欧の大部分で三・五％を越えていたであろう。平均寿命の普遍的な上昇はほぼ同様に普遍的な出生率低下によって調和させられたが、TFRの低下があまりに大きかったため、アルバニア、（旧）ソ連、ポルトガル、アイルランド、北アイルランドを除くすべてのヨーロッパ諸国における安定人口増加率は負になっている。過去の趨勢の遺産としての、年齢分布に体現されたモメンタム（慣性）がなかったとすれば、ヨーロッパの人口は現在、減少しつつあっただろう。

フランスの場合を除き、転換以前の領域から転換以後の領域への変動は、安定人口増加率がゼロとなるような組み合わせの軌跡の近くにe_0^0と TFR が留まるような経路に沿ったものではなかった。図3―4にはスウェーデン、フランス、ハンガリーについて、初期のデータから最近の点まで一連のe_0^0と TFR の数値が示されている。スウェーデンとフランスについては一八〇〇年、一八三〇年、一八五〇年、一八七〇年、一八九〇年、一九一〇年、一九三〇年、一九六〇年、一九八〇年に関する点が示され、ハンガリーについては一八〇〇年以外の点が示されている（ハンガリーに関する初期の点はA・クリンガー（Andras Klinger）により一九七九年の会議で提示された出生率と死亡率から推定された）。三カ国のすべてにおいて、最初の点は転換以前の領域の右側（より高いe_0^0）にあるが、これはおそらく死亡力がさらに早い時期から低下したためであろう。フランスのみにおいて TFR が一八七〇年以前に低下したが、これはフランスが一八〇〇年から安定人口増加率がゼロから離れることがないような出生率と死亡率の同時的低下の転換経路を辿っていたためである。スウェーデンとハンガリーの経験はヨーロッパの人口転換の典型により近く、死亡力が出生力よりも早く低下し、転換期の多くの部分では安定人口増加率が一%を越えていた（安定人口増加率がゼロの領域から他の領域への移行に関する微妙な特徴として、たとえ安定人口増加率がゼロに留まったり、純再生産率が一・〇に留まったりする場合でも、移行がかなりの人口増加をもたらすことがある。このような人口増加の理由を評価するため、初期人口が安定人口であり、e_0^0が二五年から七五年に増加するにつれて、各コーホートが自らをきっちりと置き換える――コーホートの純再生産率がすべて一・〇である――という状況を想定してみよう。このような仮定の下では、当初の安定人口では毎年の出生数が一定であったし、コーホートが自らを置き換えるため、毎年の出生数は一定であろう。e_0^0が二五年の初期人口の数は毎年の出生数の二五倍であり、最終人口の数は毎年の出生数の七五倍ないし初期人口の数の三倍である。出生率と死亡率が低下する間の期間安定人口増加率がゼロである場合、転換期における出生率は若干低くなり、人口増加が期首のe_0^0に対する期末のe_0^0の比よりも小さくなる）。

図3—4　19世紀初頭から1980年にかけての合計特殊出生率と出生時平均余命の変化

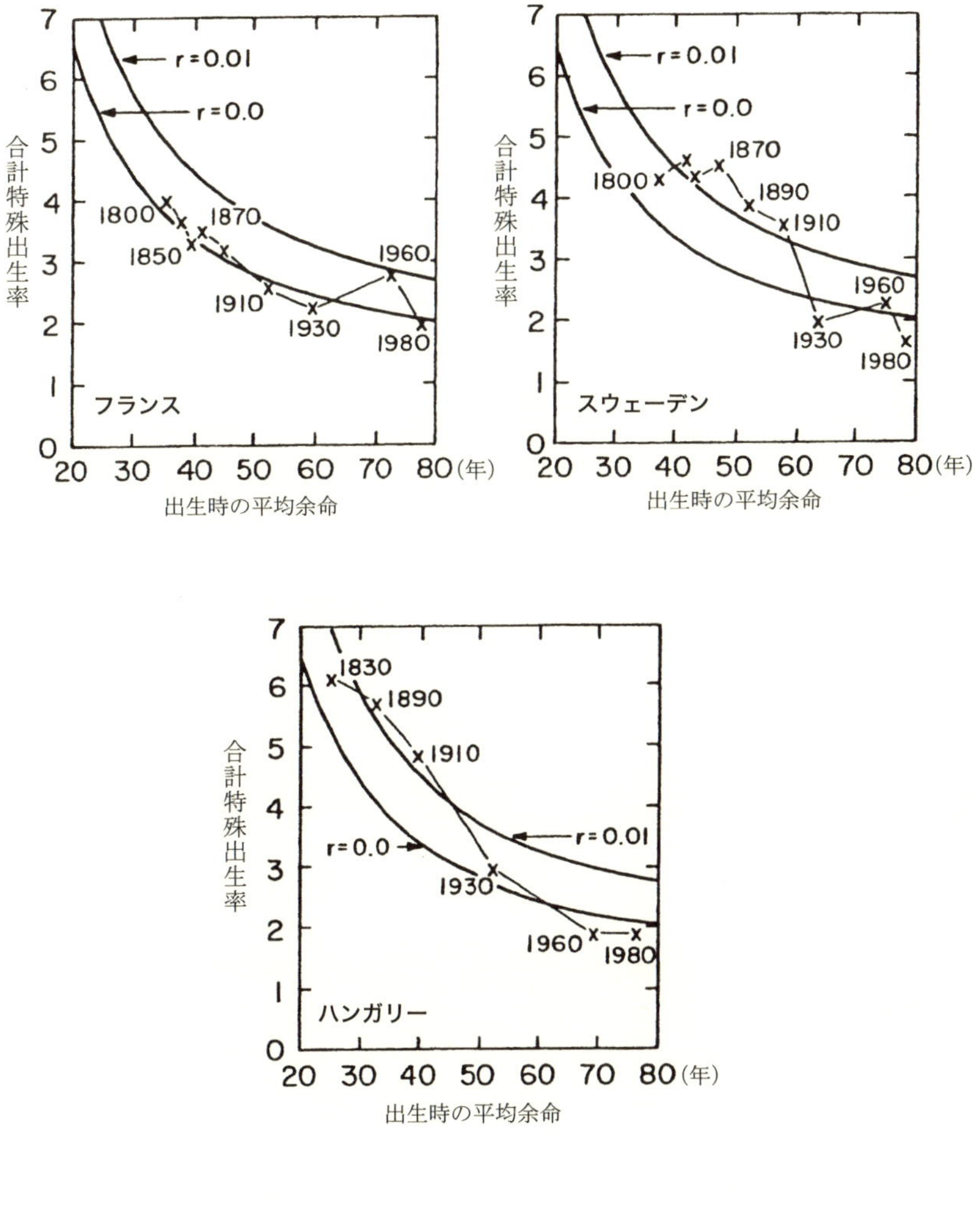

TFRとI_gの推定値は一八七〇年頃から以下の国々について入手できる。それらの国々とはオーストリア、ベルギー、デンマーク、イングランド・ウェールズ、フィンランド、フランス、ドイツ、ハンガリー、イタリア、オランダ、ノルウェー、ポーランド、ロシア、スコットランド、スペイン、スウェーデン、スイスである（これらの国々の一部については一八七〇年に関する推定値が、モデル安定人口を用いて普通出生率と普通死亡率から算定された）。

図3―5において、これらの国々に関するTFRとI_gの組み合わせが一八七〇年から一九八〇年までの間の特定年次について示されている。一八七〇年にはフランスとスイスを除くすべての国々でTFRが過去にかなり遡った期間についての平均からほとんどないしまったく低下していなかったが、I_gは一八世紀から上昇してほとんどの国々では安定人口増加率が一%を越えるようになっていた。一九〇〇年にはすべての国々でI_gのさらなる上昇が生じ、ほとんどの国々においてTFRが少なくとも若干は低下していた。一九〇〇年から一九三〇年までのTFRの低下率は、一九〇〇年までに転換がかなり進んでいたフランスを除くすべての国々で少なくとも三〇%であった（ロシアも例外である。これは出生力に関するデータの公表が一九三〇年以前に中断されたのでTFRとI_gの推定値が一九二六年に関するものであることによる）。一九三〇年から一九六〇年の間に、一九三〇年の安定人口増加率が負であった国々、実際は北西ヨーロッパのすべての国々においてTFRは上昇した。この上昇の主因は結婚年齢の大幅な低下――長期的に確立された晩婚と結婚忌避の西欧的パターンの部分的な放棄――であった。南欧と東欧ではTFRの上昇は一九三〇年から一九六〇年まで続き、その後の時期において点がはるかに密集することになった。一九六〇年から一九八〇年にかけて婚姻出生力が低下し、多くのカップルが結婚せずに同棲し（しかし、同年齢において結婚しているものよりも出生力が低いのが普通であった）、離婚率が急上昇したため、すべての国々でTFRが低下した。

図3―5の最初の五つのパネルの各々でそれぞれの点の集まり（TFRとI_gの組み合わせ）の七五%が楕円の中に含まれている。楕円は二次元の点の集まりの位置を図の形で要約するように設定されている（楕円の算定に関する技術的詳

図3―5　1870年から1980年までのヨーロッパ17ヵ国における合計特殊出生率と出生時平均余命の変化

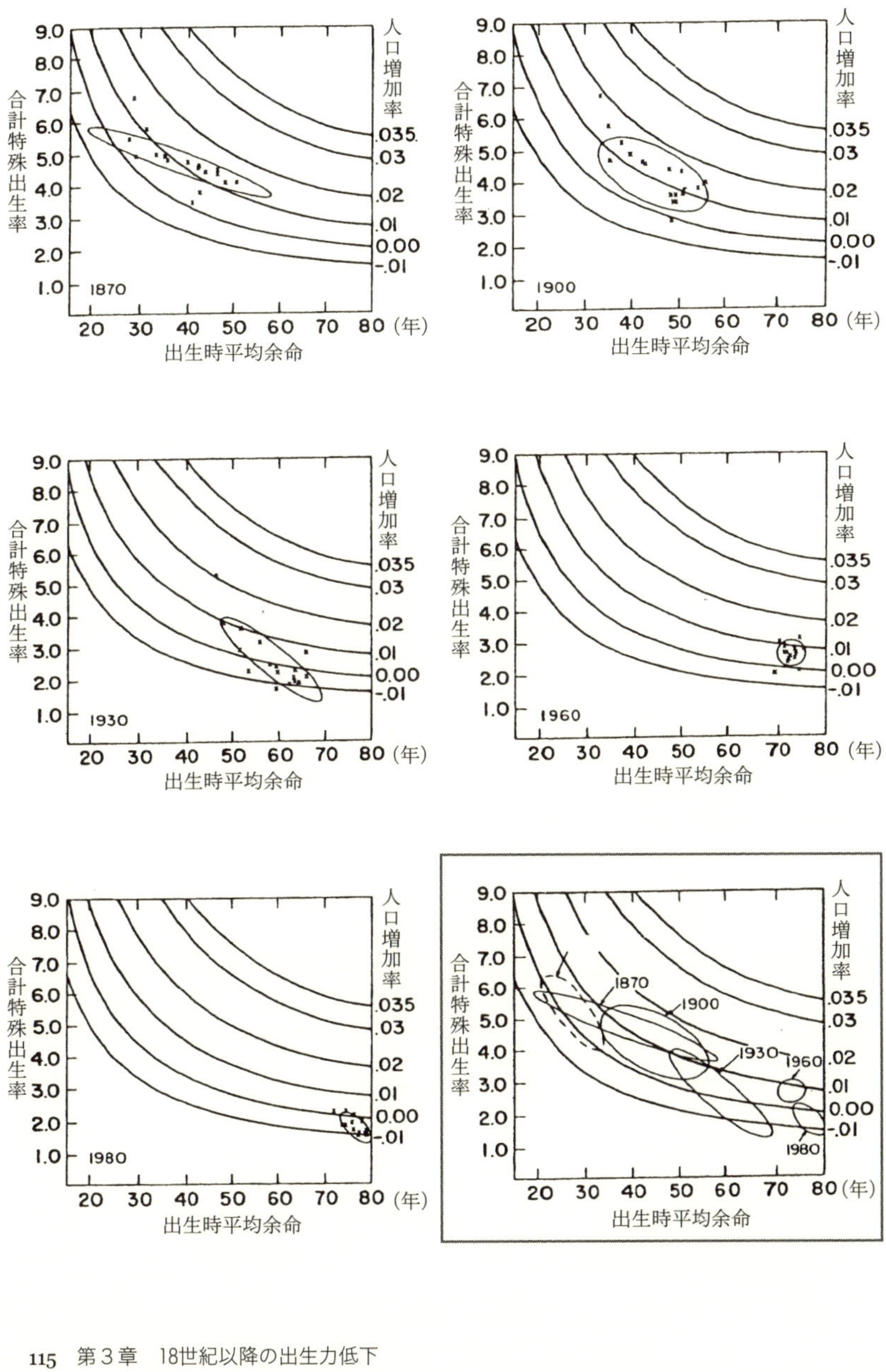

細はCoale and Treadway, 1986による原書の第二章に示されている)〔楕円のパラメータの計算方法は以下の①―④の通りである。①四分位間の間隔が最大になるように、I_mとI_gの軸上の位置によって点を上中下のグループに分ける。②上下のグループにおけるI_mの中央値とI_gの中央値を見いだし、I_mとI_gそれぞれの中央値により定まる上下の点を結んだ線の傾きを楕円の主軸とし、それに直交する線を副軸とする。③軸上に点を並べた場合の四分位間の距離としての各軸の暫定的な長さを定める。各軸の中央値により楕円の中心を定める。④①―③により主軸の位置・方向と楕円の形が定まる。その最終的な大きさは、調整された楕円が点の七五%を包含するように選ばれた倍率を各軸に掛けて定められる〕。各々の楕円は点について一種の幾何学的な要約を示すように意図されているが、読者は楕円の点との関係について自らの視覚的な印象を得ることができる。図3―5の最後のパネルでは同じ図の中に五つの楕円とともに、一七世紀における一七カ国について出生力と死亡力の平面上で推定された位置を表す仮定的な楕円が示されている。この最後のパネルはヨーロッパにおける人口転換――低い安定人口増加率をもたらすような控えめに高い出生力と死亡力のかなり多様な組み合わせから、より長い寿命とわずかだけ低い出生力によってより高い潜在的人口増加率をもたらすような中間的な組み合わせを経て、非常に低い出生力と死亡力によって潜在的人口増加率がゼロや負になるような、いくぶん画一的な組み合わせへの移行――に関する簡潔な要約となっている。

したがって、ヨーロッパにおける人口転換は控えめに高い水準における出生率と死亡率の近似的均衡から非常に低い水準における両者の近似的均衡への転換であった。不確実な食糧供給と不可避の疾病によって低死亡力が達成不可能であったため、前工業化期の人口集団における死亡力は控えめに高かった。低い有配偶率と出生順位に関連しないさまざまな要因によって延長された出生間隔によって、出生力はわずかに控えめに高かった。夫婦は、存立可能な世帯を形成できるだけの経済的地位を達成するまで待つとか最近生まれた子どもの生存が脅かされなくなるまで出生間隔を延長するとかいった利己的な理由によって遅く結婚したり、次の妊娠を延期したりした。このような行為は、おそらく、特定の希望子ども総数を達成することと密接に結びついていなかったであろう。というのは、そのような目標を追求したとすれば当然、出生順位に関連する制限につながったであろうからである——実際、前工業化期のヨーロッパでは前述のフランスとハンガリーの例外を除き、出生順位に関連する制限が特殊な部分人口集団においてしか生じなかったとみられる十分な証拠がある。死亡率は農工業の生産性の上昇に伴って低下し、環境条件の改善と医学知識・施設の改善が致命的な感染症の発現率を劇的に低下させた。死亡力の低下は当初、漸進的であったが、その後、加速し、一九八〇年にはヨーロッパの人口集団のすべてで七五年から遠くない、かなり画一的な長寿の形に累積した。

漸進的な死亡力低下にもかかわらず、貴族のような特殊な部分人口集団を除き、ヨーロッパの大部分において出生力は一八七〇年頃まで低下しなかった。国としての唯一の例外はフランスであり、一八七〇年のTFRは一八〇〇年よりも二〇％低くなっていた。一八七〇年以降、出生力はすべての国々で低下した。一九八〇年にはTFRの顕著な画一化がみられたが、非常に高いにも関わらず、この水準は人口を維持するには低すぎるものであった。結婚は一定とはほど遠いものになった。しかし、低出生力達成の主要な要因は出生順位に関連する出生制限の普遍的な採用——それぞれの夫婦が希望する少数の出生より多い出生をしないようにするための避妊と中絶の効果的な利用——であった。

この転換の特徴の一つは、ヨーロッパの人口集団における出生力・死亡力に関する画一性の増大である。ゼロに近い人口増加率と整合的な転換以前のTFRとの「領域」は大きく広がっていた——の最高はおそらく最低を五〇％以上越えていたし、TFRの散らばりは女子一人当たり二子以上の差であった。転換以後の領域ははるかに密集したものとなった——これらの高度に近代化された人口集団の出生力・死亡力の集計値にはほとんど変動がない。

幾何級数的増加の数学により保証されることであるが、ゼロから非常に異なるような平均増加率は何世紀にもわたって存続することができない。というのは、累積的効果があまりに大きな乗数や除数になるからである。かなり静態的な技術水準の下では、増加を制限内に収めるために必要なホメオスタシス的な作用の多くが、死亡力の変動によって提供されるからである。近代的な人口集団は増加しながらも、過去二世紀における革命的な技術変化によって、不可避の死亡力増加から隔絶されてきた。もし過去一世紀の間にヨーロッパの人口が実際の規模の一・五倍ないし二倍に増加したとすれば、個人の実質所得は低かったであろうが、e^0_0は（スリランカや香港におけるように）確実に六五─七〇年に達することができたであろうし、実際の水準の七五年に達することができた可能性もかなりある。最近、安定人口増加率がゼロになるために必要な水準の近辺で変動しているようなTFRの到来は、ホメオスタシス的諸力の作用の事例なのであろうか、それとも偶然なのであろうか。近年の出生力水準はおそらく、それぞれが希望する出生力をもとうと努力して全般的に成功を収めているような、個別の夫婦による行為の集計的な結果をかなり厳密に反映したものである。実際、一九六〇年から一九八〇年にかけての低下の一部は、望まない出生の忌避が着実に成功した結果である。人口集団が個人の選択の結果として、集計レベルで人口増加率をゼロに留めるような数の子どもを望むということは運の問題でしかないであろう。管見では、結婚が普遍的とは言えないほど低い頻度でしか選択されない制度のままで留まるとすれば、女性が家庭外で報いられる生活を送ることについての正当な平等の機会を獲得し続けるとすれば、TFRは二をかなり下回る状態が継続するであろう。そのような状況の継続によって、出生選好における逆方向の変化や効果的な出生促進的国家介入がもたらされるのかどうかについては時間が明らかにするであろう。

　したがって、以上のようなことがプリンストン大学におけるヨーロッパの出生力に関する会議の基礎となった研究の背景である。会議参加者の多くと出席できなかった一部の方々により実施された当該研究は、ヨーロッパ各国における州毎の出生力低下に関するものであった。同会議において、全ヨーロッパの諸州における一八七〇年以降の出生力変動に関するデータを要約した論文と、近代的低下の先駆グループ、出生力の乳児死亡力との関係、転換期における農村・都市間の格差、世俗化と地域文化に固有な要因に対する出生力低下の関係といった特殊な主題を扱った論文が同会議で報告された。本章は出生力低下の広範な人口学的背景に関する略図を作ろうとする試みである。

原　注

（1）「平均の」出生率と死亡率である。というのは、人口増加の実際の過程は毎年、同率に近似しないのが普通であるからである。逆転によって中断される激増期間といった不規則変動が通例であったはずである。換言すれば、多くの時期に一般的であった出生力と死亡力は正の増加をもたらしたかもしれないが、断続的な喪失期間によって相殺された。

（2）特定の死亡率と出生率から推定される均衡増加率は $r = \log_e(NRR)/T$ であるが、ここで NRR は純再生産率で、T は平均世代間隔である。そして、NRR は $(TFR/2.05) \cdot p(\bar{m})$ と近似的に等しいが、ここで $p(\bar{m})$ は平均出産年齢まで生存する女子の割合である。**図3−1**において、$\mathring{e}_0$ は $\bar{m}=29$ とした場合の近似的な $p(\bar{m})$ をもつ「西」の女子生命表からとられたものである（Coale and Demeny, 1966）。

（3）意図的に誘発された死亡力、常にではないが通常は乳児死亡力、そしてもっとも頻繁には女子乳児死亡力が多くの人口集団——たとえば、アジア、アメリカ・インディアン、太平洋諸島——において生じていると人類学者によって記述されている。一八世紀と一九世紀前半のヨーロッパの捨て子養育院における乳児の異常に高い死亡率も不当にでなく、嬰児殺しの一形態であると分類しうるであろう。意図的な死亡力はおそらくホメオスタシス的な効果を人口増加に対してもちうるであろう。

（4）頻繁な結婚の解消と再婚の制限も出産のリスクへの曝露を制限することができる。多くの西洋の人口集団において離婚は非常に頻繁であるが、特に若年女子の再婚も頻繁である。今世紀初頭のインドにおいて児童婚（平均初婚年齢が約一一歳であった）、高死亡力、寡婦の再婚に関するタブーによって、若年においてさえも、女子の死別者割合が高くなった。一九〇一年に一五—一九歳での死別者割合は四・三％であったが、四五—四九歳では四六・三％に上昇した。（即座の普遍的な再婚があった場合と比べた）出生力の全体的低下は約一二％であった。この議論においては、ほとんどの前工業化期の人口集団について婚外の同棲が除外されてきた。この議論は他の形態の結合を含めるために容易に修正することができるであろう。

表3—2　5歳階級別の$n(a)$と$v(a)$

	20-24歳	25-29歳	30-34歳	35-39歳	40-44歳	45-49歳
$n(a)$	0.460	0.431	0.396	0.321	0.167	0.024
$v(a)$	0.000	-0.279	-0.667	-1.042	-1.414	-1.670

（5）mの算定のために、$n(a)$のスケジュールはアンリの原著論文（本書第七章）において質が悪いデータによる影響がもっとも少ない一〇のスケジュールの平均として定められ、$v(a)$は出生順位に関連するコントロールのある四八のスケジュールについて算定された値の平均として定められた。後者の各セットにおけるmは算定の目的のために一・〇と定められたが、mが一・〇であるならば、出生順位に関連する制限により影響されない婚姻出生力に対する制限された婚姻出生力の比は二〇—二四歳から四五—四九歳までの各五歳階級において一・〇、〇・七五七、〇・五一三、〇・三五三、〇・二四三、〇・一八八である。mの値は$\log(r(a)/n(a))=\log M+mv(a)$であることに着目し、$\log(r(a)/n(a))$に直線を当てはめることによって推定されたが、その傾きがmである。二〇歳から始まる五歳階級別の$n(a)$と$v(a)$の値は**表3—2**に示されている。

（6）これらの一六教区で三〇歳を越えて子どもを生んだ（第二次的な不妊の影響を最小化するための条件）女性において、末子出産年齢の結婚年齢による格差は取るに足らないものであったことも、C・ウィルソンは示している。彼は、出生順位に関連する出生コントロールが大きなものでなかったことを決定的に示すような他の検定方法を用いている。彼は（さまざまな年齢における乳児死亡の後での出生間隔の格差から）母乳哺育によりもたらされた出産後の不妊期間を推定することにより、これらの教区における婚姻出生力の控えめな水準（ハッタライトの約三分の二）を説明している。

第四章

出生制限グループの先駆

マッシモ・リヴィ=バッチ
（速水融訳）

序論

最近二〇年間に、人口学的調査によって、一九世紀および二〇世紀におけるヨーロッパの出生と結婚の趨勢に関する貴重な統計が、数多く集積された。現在、我々はヨーロッパの各地区を通じて、出生率低下の開始に関する正確な地理的情報を有している。我々は、大部分は一九世紀後半から二〇世紀前半にかけて、高くかつ安定的な出生率が、いかに、また、どこで、確実に低下したかを知っている。我々はまた、最初の家族規模〔ここでの家族規模とは生まれた子どもの数のことである〕の低下以後、連続的で、後戻りのきかない低下が、家族規模が非常に低いレベルに達するまで生じたかを知っている。また、農村と都市の出生率に関する比較的詳細な見取り図も獲得したし、死亡率や、社会的、経済的相違による十分な情報が、人口学的変化の理由別説明を支援してくれる。

しかし、いくつかの重要な疑問は、まだ回答を必要としている。その第一は、自然出生力パターン（後戻りの出来ない低下の開始以前に一般的であった）と一致する安定的な高出生率の性格にかかわるものである。実際に、出生率の後戻りの出来ない低下は、上記の期間内に始まった、とすることは、それ以前には、出生制限が知られていなかったことを説明するとは限らない。人口転換以前の人口は、効果的に、その出生率を制限している何組かの夫婦を含んでいたかもしれないが、多数の夫婦が行っていた制限が、効果的ではなかったので、全体として婚姻出生率は高いままだったのかもしれない。転換は、故意に、その出生を計画している夫婦の構成比が増加したか、制限の程度の強化によって生じたのかもしれない。ある夫婦は、転換のはるか以前に、その子ども数を多少なりとも効果的に制限していたとはいえ、社会的・経済的変化が相対的にゆっくりしている安定的な社会や、異なる社会階層の間の接触が制約されている社会では、出生制限が、人口全体に行き亘るのは容易ではなかったろうし、すでに制限を行っている夫婦には、その影響を増加させることは困難だったかもしれない。結果として、出生率は比較的高くて明白に一定のままに留まり、そして、集計値レベルにおける明白な変化がないことになるので、人口全体が同様の行動をとっていると誤解されるかもしれない。

後戻りの出来ない低下の開始以前におけるヨーロッパ人口の歴史は、多少なりとも低出生率を有する人口のポケット地域のあったことを示している。私は、これらの出生制限グループを「先駆者」と呼ぶことにしよう。実際、彼らはそれから何十年か、あるいは何世紀かの後に、その他の人口が模倣し、再発見した行動の先駆者だった。

この論文の中で、この作業が、西ヨーロッパ人口の高出生率から低出生率への複雑な転換に関する我々の理解を増やすことが出来るかも知れない、という希望のもとに、この「先駆者」に関する残存する人口学的データを集計したり、コメントすることにしよう。私の作業は、歴史人口学者が、均質的とはいえないが、いくつかの小人口集団について、その人口学的特徴に関するデータを十分に蓄積していてくれなかったら、不可能であったろう。これらのグループの大部分は、地理的に限られた人口（渓谷、地区、村落、教区）で、異なる社会層の行動が混在し、したがって、見分けがつかない。しかし、ある場合には、人口学者の視点は、その適切な資料の卓越ないしは存在の故に、ある特別の社会集団に焦点を結ぶものである。私は、この論文では、上層階級、宗教上のマイノリティ、ユダヤ教徒、および、いくつかの都市人口について考察する。

上層階級

上層階級は、その社会的卓越と、よくまとめられた系譜のため、人口学者によって研究されてきた（Fahlbeck, 1903. Sündbärg, 1909. Savorgnan, 1923,1925）。我々が見るように、私は上層階級という言葉に大きな含意を付した。私の目的にとって、彼らは貴族とともに、裕福な人々（高位の役人や上層のブルジョワ）を含んでいる。貴族の大多数は、生まれながらその地位を得た。他の社会的な特徴と違って、その人の家系は、生涯を通して不変のままである。

ここで考察される上層階級は、いくつかの点でそれぞれ異なっている。ヴェニスの貴族は、市の人口の大きな部分（四または五%）を占めていたが、アンシャン・レジーム期のフランスの大公や貴族は、ほんの僅かの高位の家族からなっていた（Beltrami, 1954. Henry and Levy, 1960）。ミラノ、ジェノヴァとフローレンスの上層階級は、主に彼らの財産が貿易によって築かれた家族から成っていたが、王室の血筋を引いたヨーロッパの支配家族よりもジュネーヴのブルジョワ家族に似ていた（Zanetti, 1972. Greppi, 1970. Litchfield, 1969. Henry, 1956a. Peller, 1965）。また、彼らは行動においても異なっていた。たとえば、イギリスの貴族階級は、大部分のヨーロッパの貴族が強い階級内結婚の傾向をもっていたのに対し、限られた範囲内で結婚するという性向をもっていなかった（Hollingsworth, 1964）。簡単にいえば、人口学の諸局面と婚姻戦略、社会的・政治的卓越とその特権の性格、富の源泉と個人的富の水準は、ここで考察する上層階級すべての、高度に多様な特徴なのである。

表4―1は、これら上層階級の、いくつかの出生と結婚の数値を示している。ここでは、家族規模についての二つの指標（年齢二〇歳または二五歳から五〇歳までの合計嫡出子出生率（$TLFR_{20}$もしくは$TLFR_{25}$））、出生制限に関する二つの指標（平均最終出産時の年齢とコール=トラッセルの*m*〔*m*については本書第三章を見よ〕）、結婚に関する二つの数値（平均初婚年齢と五〇歳時点における未婚者の割合）である。

これらのシリーズは、一七世紀から一八世紀にかけて、最も極端な場合は、フランスの大公や貴族であるが、$TLFR_{20}$は、一六五〇―一六九九年の五・〇八から一八世紀には、二・四に低下したことを示している。この出生率の低下は、他の証拠によっても確かめられる。ヴェニスでは、貴族の出生率は、一六世紀の三四―三九‰から、一六四二年には二七・六、一七五五―一七九〇年には二〇―二四‰まで低下した（Beltrami, 1954）。リヨンでは、上

表4—1　上層階級の出生力と結婚率(17–19 世紀)

コーホート	$TLFR_{20}$	$TLFR_{25}$	平均最終出産年齢	出生制限指標(m)	平均初婚年齢 男子	平均初婚年齢 女子	未婚率(%) 男子	未婚率(%) 女子
				フローレンスの上層階級[a]				
1600–99	6.86	4.60	–	.597	35.4	19.7	60	55
1700–99	6.03	3.61	–	.960	30.7	21.0	38	14
1750–99	5.44	2.74	–	1.784	28.2	20.8	–	–
				ミラノの上層階級				
Before 1650	9.47	6.74	38.4	.227	30.8	19.6	49	75
1650–99	8.32	5.36	34.2	.708	30.9	19.7	56	49
1700–49	6.62	4.09	34.2	.831	33.4	21.2	51	34
1750–99	5.52	3.34	35.2	1.003	30.8	20.4	37	13
1800–49	5.69	3.62	33.7	.819	31.5	22.3	18	8
1850–99	4.03	2.50	34.2	.822	32.3	24.4	12	25
				ジェノアの家族[b]				
Before 1600	6.82	4.73	35.5	.473	32.1	19.6	–	–
1600–49	6.04	4.29	34.6	.235	30.8	20.3	–	–
1650–99	5.54	3.59	33.2	.698	31.4	21.1	–	–
1700–74	5.01	3.28	30.5	.668	31.6	21.4	–	–
				ベルギーの上層階級[c]				
1680–1750	7.88	5.73	38.6	.117	29.5	24.3	–	–
1750–1830	6.91	4.67	35.8	.422	29.3	23.7	–	–
1650–1830	7.27	5.06	–	.312	–	–	–	–
				フランスの大公と貴族[d]				
1650–99	5.08	3.13	31.2	.829	25.5	20.0	17–27	–
1700–99	2.40	1.27	25.9	1.537	22.5	18.9	17–27	–

コーホート	$TLFR_{20}$	$TLFR_{25}$	平均最終出産年齢	出生制限指標(m)	平均初婚年齢 男子	平均初婚年齢 女子	未婚率(%) 男子	未婚率(%) 女子
				ジュネーヴのブルジョワ				
Before 1600	7.47	5.53	38.7	.023	27.2	22.0	10.6	2
1600–49	9.42	6.79	38.2	.120	29.1	24.9	17.0	7
1650–99	6.54	4.07	34.4	.759	32.6	25.2	18	26
1700–49	4.83	2.86	31.9	1.084	31.9	27.0	31	29
1750–99	4.87	2.92	31.9	.976	31.5	24.4	20	32
1800–49	3.79	2.07	31.7	1.380	29.4	22.7	22	25
1850–99	3.99	2.32	31.7	.976	29.2	24.7	–	17
				ゲントの企業家族				
1790–1850	6.07	3.86	33.7	.656	27.6	22.1	–	–
				英国の貴族[e]				
1550–99	7.08	3.58	–	–	25.5	20.0	19	7
1600–49	6.33	3.54	–	–	26.7	21.3	23	16
1650–99	6.15	3.29	–	–	27.5	22.1	24	20
1700–49	5.52	3.35	–	–	29.9	23.9	25	24
1750–99	6.33	3.88	–	–	29.4	24.7	22	24
1800–49	5.46	3.62	–	–	30.8	25.5	19	22
1850–99	3.28	2.39	–	–	31.0	25.9	18	24
				ヨーロッパの支配階級[f]				
1500–49	5.8	–	–	–	25.2	20.2	29.7	24.1
1550–99	6.0	–	–	–	25.2	20.2	29.7	24.1
1600–49	6.2	–	–	–	27.5	22.7	24.3	24.9
1650–99	5.9	–	–	–	27.5	22.7	24.3	24.9
1700–49	5.0	–	–	–	27.3	21.7	20.4	13.2
1750–99	4.6	–	–	–	27.3	21.7	20.4	13.2
1800–49	4.6	–	–	–	28.4	22.2	17.4	12.3
1850–99	4.0	–	–	–	29.9	22.5	17.4	12.3

出典：フローレンス　Litchfield, 1969
ミラノ　Zanetti, 1972
ジェノア　Greppi, 1970
ベルギーの上層階級　Vandenbroeke, 1977
フランスの大公　Henry and Levy, 1960
ジュネーヴ　Henry, 1956a
ゲント　Vandenbroeke, 1977
英国の貴族　Hollingsworth, 1964
ヨーロッパの支配階級　Peller, 1965

注記　a）初婚の中位値。
b) 30 歳以前に結婚した女性の平均最終出産年齢。
c) 1750 – 1830 年の平均最終出産年齢を 1800-20 年とみなした。
d) 20 歳以前で結婚した女性の平均最終出産年齢。
e) 二つの子ども数の値は，それぞれ 25 歳以前に結婚した女性と，25 歳から 35 歳の間に結婚した女性の特殊婚姻出生率にある。
f) 子ども数は結婚した男子あたりの平均出産数である。

流の市民（市役人、市評議会員、彼らの父親、子ども）の三代に亘る研究が、第一世代（一六五〇年から一七三〇年の間に結婚）から第二世代（一六八〇年から一七七〇年の間に結婚）、さらに第三世代（一七二〇年から一八一〇年の間に結婚）へと、その婚姻出生率が連続的に低下していることを示している（Garden, 1977）。いくつかの例において、低下の第一の局面は、一八世紀の比較的低い水準から始まったが、つづいて回復が起こった。これは、イギリスの貴族階級、そして、ミラノの上層階級の事例である。他においては、出生率は低いままだった。図4―1から、一七世紀から一九世紀に至る間の、上層階級の家族規模の低下を視覚的に提供するものである。

家族規模は、子ども数制限の間接的な数値であるが、これは、それが出生順位に関係のない行動によって影響され得るからである。いくつかのグループのため、私は出生制限に関する二つのより直接的な指標を提示した。コール＝トラッセルの m と、最後の子どもを出産した母親の平均年齢である。図4―2と図4―3に見られるように、家族規模の低下と並んで、二つの測定のうち第一は低下し、第二は全てのグループで上昇している。制限の存在の徴候は、早くも一七世紀から、いくつかのグループ、すなわちフランスの大公と貴族、ジュネーヴのブルジョワ、ミラノとジェノヴァの上層階級で明白である。

婚姻率は密接に家族規模に関係があるので、それはある種の注目に値する。女性の平均初婚年齢は、ほとんど例外なく二〇歳と二五歳の間にある。男性の平均初婚年齢は、二七歳と三三歳の間にあるが、早期に結婚したイギリスの貴族階級と、早く結婚しているフランスの大公と貴族は例外である。男性と女性の年齢差は、一般の人口に見られるのよりも大きいが、上層階級に属する人々も、西欧社会の人口に見られる範囲内で結婚していた。遅い結婚と子ども数制限は、小規模家族を実現する二者択一の方法であるかもしれないが、双方ともこれら上層階級に採用され、子ども数制限の適用が、この時期の女子の結婚年齢を低下させた証拠はない。

図4—1　ヨーロッパ上層階級の子ども数(16–18 世紀)

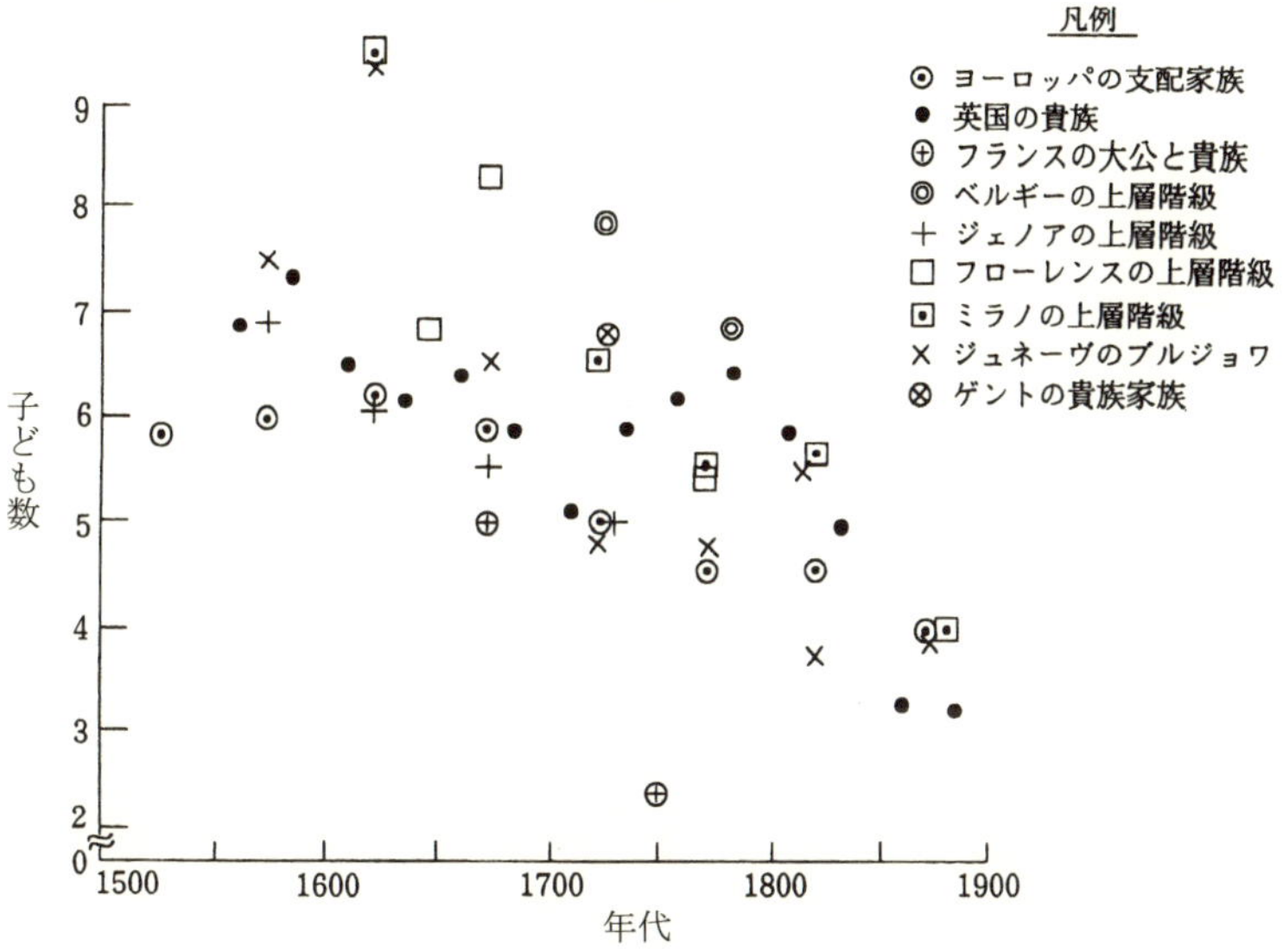

図4—2　ヨーロッパ上層階級の出生制限(m)の値(16–18 世紀)

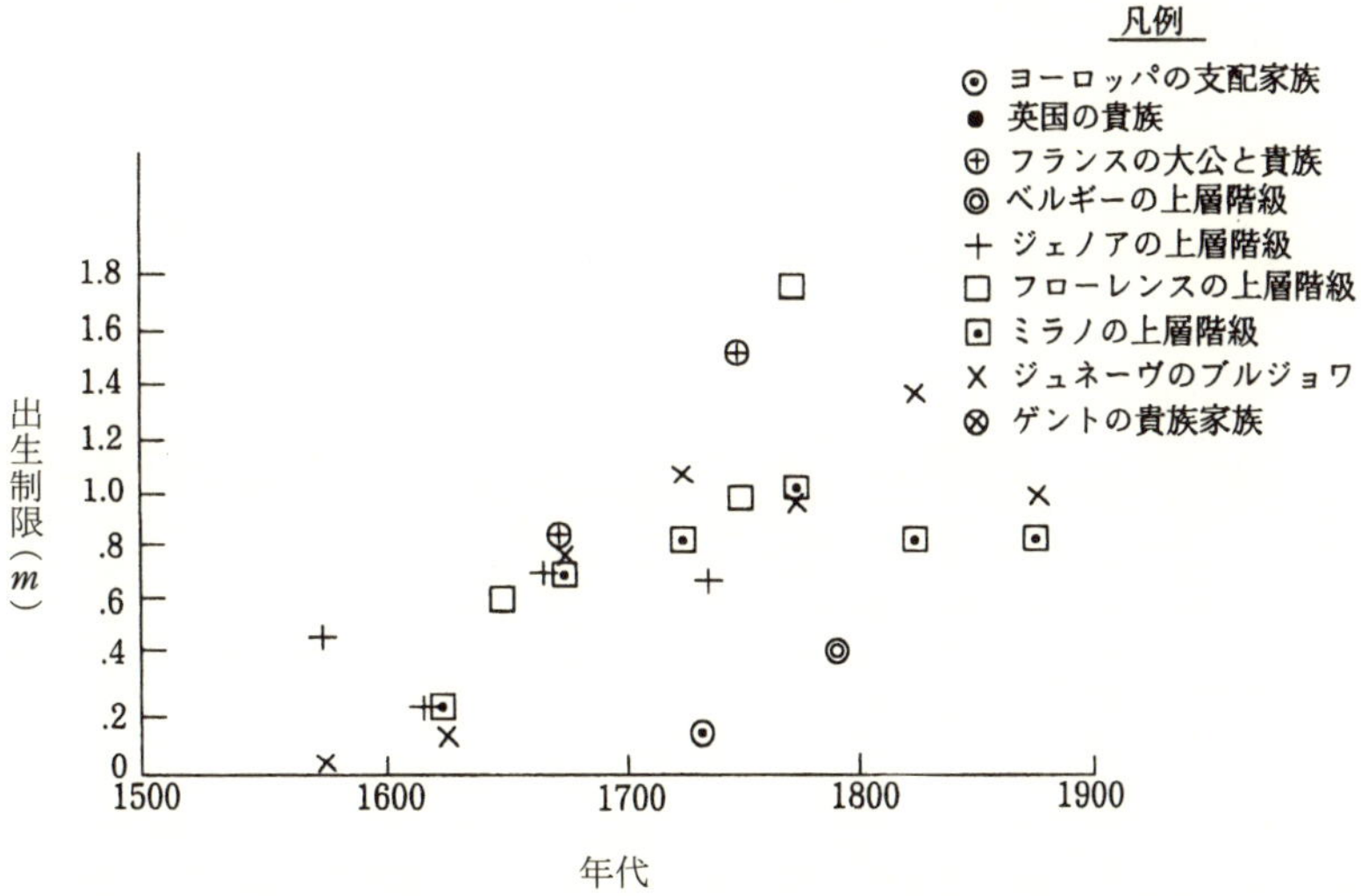

図４―３　最終出産時母親の平均年齢(16-18 世紀のヨーロッパ上層階級)

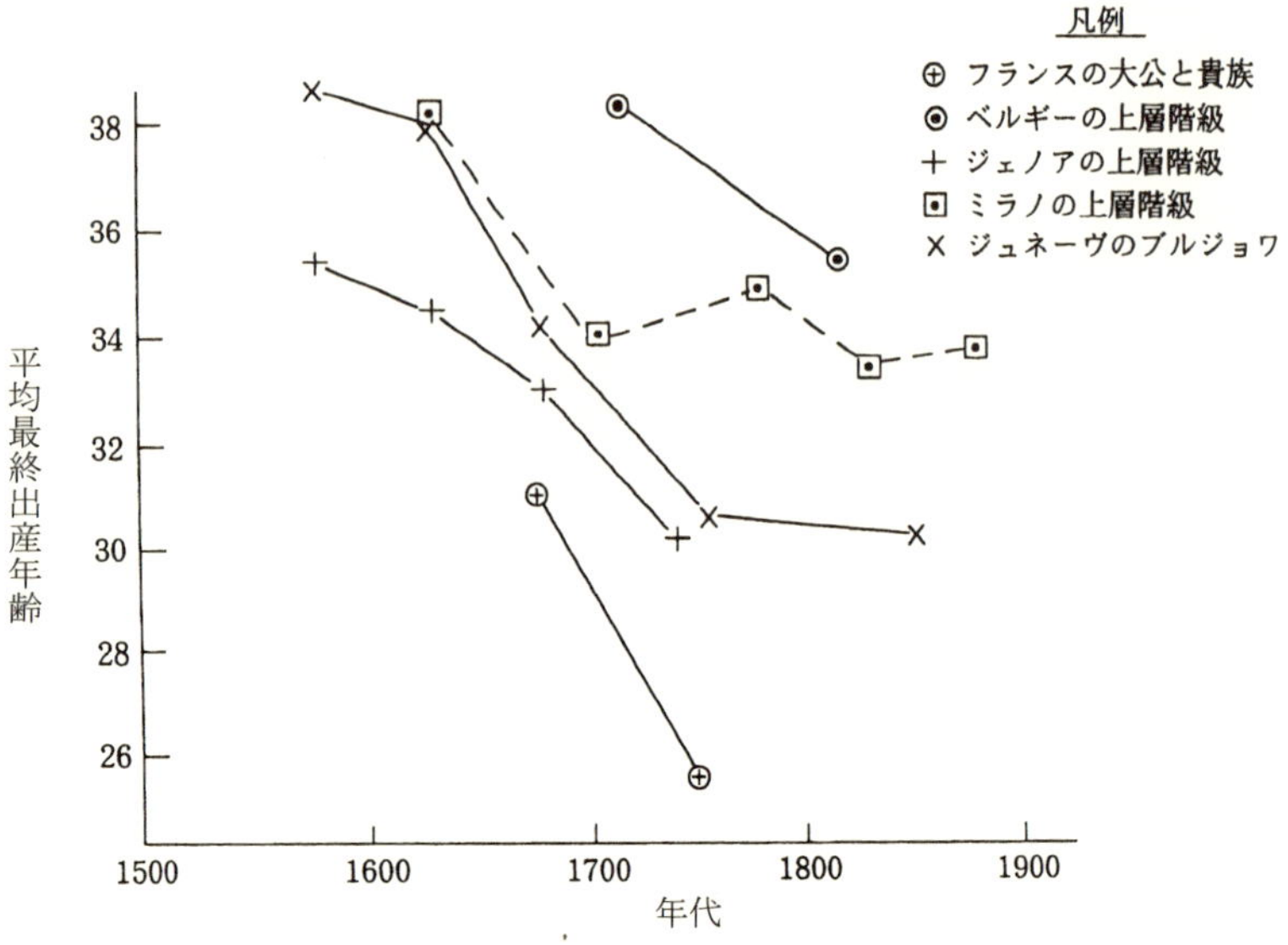

特権階級の婚姻戦略の特殊性は、五〇歳で未婚の者の構成比を考察すると明白である。この構成比は、通常高く（いくつかのケースではかなり高い）、全期間を通じて変化している。時間による趨勢は、明白でもなく均一でもない。この未婚者の比率は、英国の貴族とジュネーヴのブルジョワ層で上昇し、一八〇〇―一八四九年までに、ヨーロッパの支配階級、ミラノの上層階級で低下した。

　死亡率とくに年少者死亡率は、もう一つの重要な人口学の変数として、しばしば出生率の過程と結び付けられている（本書第六章）。ある子ども数を持ちたい夫婦は、死亡した子どもに替わるべきものに「置き換え」ようとするだろう。年少者死亡率が低下するときには、子どもは低頻度でしか置き換わらず、出生率は低下する。家族復元から得られたデータの特別な図表だけが、子ども―置き換え効果の理論を歴史的にテストすることを可能にする。したがって、ここでは、出生率の低下が、死亡率低下の脈絡のなかで生じたのかどうかを検討することに限ろう。

ジュネーヴのブルジョワ、ミラノの上層階級の場合、年少者（l_{20}/l_0によって正確に計った）と、一般の人口（e_0^0）の死亡率は、一七世紀以来低下している（Henry, 1956a. Zanetti, 1972）。

支配層の家族については、$_5q_0$とe_0^0は、一七世紀中葉以降低下したが、一八世紀の死亡率は、一六世紀より高かった（Peller, 1965）。英国の貴族階級の場合、一七世紀中葉以降、死亡率（$_5q_0$）は連続的に低下している。

それ以前においては、最高水準は、一七世紀の第二・第三四半期に出生したコーホートで到達された（Hollingsworth, 1964）。他の集団については、死亡率に関するデータは得ることができなかったり、あるいは、非常に不完全である。

それゆえ、僅かな良質の資料に限るが、出生率は、死亡率の低下との脈絡で生じるが、この二つの変数間の関係の意味は、将来の分析を待たなければ理解が困難である。

特権的集団——支配階級家族、貴族、ブルジョワ——は、性格において異質的だが、確かに出生率低下の先駆者であった。これらすべての集団で、一八世紀には子ども数制限の証拠があり、一七世紀にもあったいくつかの事例もある。これらの集団の出生率低下は、その時代の西ヨーロッパにおける結婚のパターン、および死亡率低下との脈絡において生じた。我々が最も知る先駆者は、フランス人、イタリア人、フランダース人、英国人だが、他の国々の上層階級も、該当する資料が存在すれば、容易に付け加えることが出来る、と考える。

ユダヤ教徒

上層階級のような特権集団が、早期に出生率低下を示した唯一の例ではない。特権とは逆に、差別されていたもう一つの集団、ユダヤ教徒も、他の西ヨーロッパの人口よりずっと早く出生率の低下をみせた。

歴史家と人口学者は、ユダヤ教徒の出生率水準は、一八・一九世紀以前には、非常に高かったと推定してきた。彼らにとって宗教的・社会的規範が、若くして結婚したり、皆婚を勧めたり、家族内の性生活に捌け口を見出したり、子どもに付随する価値が高かったりするので、子どもを持たないことは不運であることが強調されてきた(Katz, 1959. Livi, 1918-1920. Bachi, 1981)。東ヨーロッパや北アイルランド東部のユダヤ教徒については、高出生率や高結婚率のパターンは、一九世紀の末まで見出し得るが、しかし、我々は、同じパターンが、西ヨーロッパに住むユダヤ教徒にも典型的であったかどうかについては知らない。なぜなら、最初の満足なデータが得られる時期には、もう低出生率への転換が始まっていたからである。

ユダヤ教徒の人口は、宗教的・社会的規範の厳格な固持、商業や貿易への職業的特化、宗教教育の強調によって特徴づけられていた。彼らは、都市のコミュニティに集中し、しばしばユダヤ人街区の壁の中に地理的に閉じ込められ、他の人口から差別的な法律によって強制的に分離されていた。高度な同族内結婚に支えられて、ユダヤ教徒のコミュニティは、ユニークな社会生活と、はっきりしたアイデンティティを持っていた。フランス革命に始まる解放と、一九世紀中葉の自由化の波によってさらにユダヤ教徒の人口学的結合は弱体化した。移動と他教徒との婚姻により、ユダヤ教徒を一つの人口集団(人口学の術語で)として認めることが疑問となるので、分析を解放以前の時期に限ろう。ただし、一九世紀後半以降のデータも、長期的な趨勢の解釈に十分役立つが。

西ヨーロッパの多くの地域では、一八世紀と一九世紀の最初の間、ユダヤ教徒の出生率は、大多数を占める非ユダヤ教徒の異教徒のそれより目立って低かった。この早期の低下は、皆婚と早婚との伝統的規範から、徐々に脱却した結果であろうし、ユダヤ教徒が、西ヨーロッパの婚姻パターンを次第に消化し、受容したからである。しかし、解放の時期に見られる出生率もまた低く、これは多分、彼らの子ども数のせいであるに違いない。

表4—2　ユダヤ教徒の粗出生率

年代	フローレンス	リヴォルノ	モデナ	パドヴァ	ローマ	トリエステ	ヴェローナ
1669-1675	43.8[a]	54.8	-	-	-	-	-
1675-1700	45.9[b]	42.3	-	-	-	-	-
1701-1725	-	28.1	-	-	-	-	-
1726-1750	39.4[c]	27.5	-	-	-	-	-
1751-1775	30.6	25.2	27.1[g]	-	41.6[j]	-	-
1776-1800	26.7	21.6	28.5	-	44.1	51.0[l]	-
1801-1825	27.2[d]	22.6	27.0	23.9[i]	36.4	44.4	25.9[m]
1826-1850	24.3[e]	25.5	26.9	28.0	36.8	35.3	26.0[n]
1851-1875	-	29.5[f]	22.1[h]	26.7	35.3	29.6	22.9[o]
1876-1900	-	-	-	16.4	29.3[k]	20.7	16.6[p]

出典：フローレンス，リヴォルノ，モデナ，パドヴァ，ローマについてはLivi,1920.トリエステ，ヴェローナについては，Livi-Bacci,1977.
注記：a)1675. b)1676-1685. c)1741-1750. d)1801-1807. e)1826-1844. f)1851-1860. g)1756-1775. h)1851-1865. i)1816-1825. j)1771-1775. k)1776-1807. l)1786-1800. m)1816-1825. n)1826-1845. o)1846-1875. p)1876-1895.

表4—2は、イタリアにおける七つの大きなユダヤ教徒のコミュニティにおける、一七世紀末から一九世紀末に至る出生率の系列を示している。データは、それぞれ異なる時期から成っているが、いずれも、ユダヤ教徒の出生率低下が、すべてのコミュニティで一九世紀初頭に、始まっていたことを示している。その低下は、社会・経済的水準が他のコミュニティよりはるかに低く、かの有名なローマのコミュニティではより漸進的であった。

ユダヤ教徒の出生率を、全人口もしくはカトリック人口のそれと比較すると、その水準は私の知る限り、どの場合をとっても低いのは明白である。**表4—3**は、トスカナの三つのユダヤ教徒のコミュニティのデータを示している。各々において、ユダヤ教徒の出生率は、全人口のそれよりかなり低い。一八三八—一八四二年の間の、リヴォルノのコミュニティ（イタリアではローマについで規模が大きい）に関する詳細な分析では、疑いもなく出生制限が普及しており、婚姻出生率は〇・一七〇で、I_gは約〇・四〇〇であった。一八一八—一八五〇年のフローレンスにおけるユダヤ教徒の家族復元（**表4—4**）は、二五歳で結婚した女性の産む子

表4—3　ユダヤ教徒・カトリック教徒または全員の出生率

年	フローレンス		リヴォルノ		ピティリアノ	
	ユダヤ教徒	全員	ユダヤ教徒	全員	ユダヤ教徒	カトリック
1801-1805	27.7	-	21.3	42.8	-	-
1806-1810	24.4[a]	39.0	22.5	35.4[d]	-	-
1811-1815	27.6[b]	40.2	19.2	38.8	47.2	55.9
1816-1820	26.8	42.7	21.5	39.8	47.2	55.9
1821-1825	28.3	43.9	28.6	38.4	42.1	53.9
1826-1830	23.1	42.0	27.0	36.7	42.1	53.9
1831-1835	25.1	39.4	26.3	34.4	34.9	46.9
1836-1840	24.0	37.8	25.8	33.7	34.9	46.9
1841-1845	25.1[c]	37.5	23.7	35.6	36.9	42.1
1846-1850	-	-	24.5	36.3	36.9	42.1

出典：Live-Bacci,1977.
注記：a)1806-1807. b)1815. c)1841-1844. d)1810.

表4—4　ユダヤ教コミュニティの出生力と結婚率（18–19世紀）

期間	$TLFR_{20}$	$TLFR_{25}$	最終出産年齢	出生制限指標 (m)	平均初婚年齢 男子	平均初婚年齢 女子
ベイヨンヌ						
1751-1787	7.02[a]	5.01[a]	-	.259	27.0	23.4
ピティリアノ						
1808-1865	8.44	6.05	40.6	.273	25.2	22.0
フローレンス						
1818-1850	6.50	4.37	-	.664	28.0	24.4
ノンネワイアー						
1800-1849	9.71	7.27	41.5	.068	32.1	26.6
1850-1879	8.03	5.67	37.8	.293	30.8	25.7
アルトドルフ						
1800-1839	9.55	7.50	40.9	-	29.2[b]	25.5[b]
1840-1869	9.92	7.33	39.3	.066	29.3[b]	27.4[b]
1870-1899	7.34	4.97	35.8	.541	29.4[b]	24.7[b]

出典：ベイヨンヌ: Nahon, 1976. ピティリアノ: Livi-Bacci, 1980. フローレンス: Sardi Bucci, 1976. ノンネワイアー: Goldstein, 1981. アルトドルフ: Goldstein, 1985.
注記：a) 少なくも子ども一人を持つ家族の出生力。
b)結婚年齢の中位置。

ども数（$TLFR_{25}$）は、四・三七人と推計されている。（女性の平均初婚年齢は二四・四歳であった）出生率曲線の形状、子ども数の水準、mの値は、低出生率を十分に説明する高度の制限の存在を示している。その出生率がカトリック人口のそれよりかなり低いとはいえ、家族復元から、出生率制限の証拠が得られないのは、ピティリアノ（Pitigliano）〔イタリアで農村に住んでいるユダヤ人のコミュニティのまれな例〕のコミュ ニティだけである。トスカナ以外では、ユダヤ人の出生率は、マントヴァでも低かった（一七九一―一七九五年の全人口が四四・二‰であったのに対し、二八・一）。

イタリアのケースの分析は、以下の結論に到達する。

①一八世紀末期のユダヤ教徒の出生率は、ほとんど至る所で適度な水準にあり、おそらく婚姻パターンの変化に帰することが出来るが、低下はすでに起こっていた。

②ユダヤ教徒の出生率は、同じ都市に住んでいるカトリック教徒のそれより一般にかなり低かった。

③粗出生率の適度な水準（一、〇〇〇人につき約二五人）と他の獲得可能な適切な指標の水準は、深く根をおろした出生制限の存在を確信させてくれる。それゆえ、イタリアにおいては、ユダヤ教徒の出生率低下は、少くとも一世紀間イタリア人口のそれに先行していた。

イタリアのユダヤ教徒において発見されたことに一致しているとはいえ、他の国では、人口学的データは貧弱で確定的ではない。情報が比較的多く得られるのは、一九世紀後半であるが、その時期には、ユダヤ教徒の解放は、広く西ヨーロッパで達成されていた。ユダヤ教徒の経済的・社会的・教育的な職業上の進歩は、解放後非常に速かったので、それを一つの人口として識別することは疑問である。そこで、一九世紀中葉以前と、その後であってもその理解のために、データにいくつかの言及をしよう。ユダヤ教徒の出生率は、同じ都市のキリスト教徒のそれより、かなり低かったのである。

一九世紀中頃のドイツでは、イタリア同様、ユダヤ教徒の出生率は他の宗派が未だなのに、すでに低下している。プロシアでは、一八二二—一八四四年と一八五七—一八六二年の間で、カトリック教徒とプロテスタントの出生率は四〇‰前後で安定していたのに、ユダヤ教徒の出生率は、三七・二〜三三・九に低下している。ユダヤ教徒にとって、転換はこのように、ドイツ統一に先行しており、後戻りの出来ない低下は、プロテスタントでは一八八〇年以降、カトリック教徒では一九一〇年以降に漸く生じた（Knodel, 1974）。後の時期（一八七〇年代）のバイエルンとヘッセンのデータは、ユダヤ教徒の出生率が一、〇〇〇につき約三一—三三で、カトリック教徒より、九ないし一〇ポイント、プロテスタントより、五ないし六ポイント低かったことを示している（Knodel, 1974）。おそらくこの違いは、部分的にはユダヤ教徒の都市への集中の度合いが高いことによるのだろうが、後のデータや、都市部のデータは、二つのバーデン農村の研究結果とともに、同じ環境（都市であろうと農村であろうと）のもとでは、ユダヤ教徒は、出生率低下の過程において、非ユダヤ教徒に先行していたことを示している（Goldstein, 1981および**表4—4**をみよ）。

ドイツ語を話すプラハのユダヤ人コミュニティにおいては、その出生率は、一八世紀の末には、他の人口よりかなり低く（一七九一—一七九二年で、三四・四‰に対し、一般は四五・〇）、イタリアの場合と差はなかった。一九世紀を通じてこの差は開き、ユダヤ教徒の出生率は低下が続いたのに対し（一八三〇—一八三三年が二四・七‰、一八八一—一八八五年は二二・二）、その他の人口は一定であった（一八三〇—一八三三年に三九・五‰、一八八一—一八八五に四二・七‰）（Herman, 1980）。早期におけるボヘミアとモラヴィアのユダヤ教徒の出生率低下は、一九三〇年のチェコスロバキアの国勢調査によって確かめられる。一八六〇年以前に生まれたユダヤ教徒の女性の出生順位による出生率は、四番目の子ども以後低下している（Bachi, 1981）。

他の国についてはほとんど何も知られていない。フランスで一八五五—一八五九年になされた公式の調査は、出生率はユダヤ教徒の場合二四・九‰で、これに対し全人口では、二六・五‰であった（Szajkowski, 1946）。フランスでは、しかし、解放はすでに長い歴史を持っており、この僅かな違いは意味がない。より興味深いのは、もし更なる調査によって補われれば、一八世紀後半のベヨンヌ（Bayonne）のユダヤ教徒の部分的な家族復元の結果が、出生制限が適度な程度で存在していたことを示していることである（Nahon, 1976）。

情報が比較的豊富な一九世紀後半には、ユダヤ教徒の出生率は、非ユダヤ教徒のそれより、どこでもかなり低かった（Livi, 1918-1920. Hersch, 1948）。しかし、このようなヨーロッパの人口史研究の最近の状況は、宗教に関連した違いは、はっきり識別でき同質的な集団に典型的な価値や規範を反映するよりも、社会的・経済的階級に関連する相違に相当するとしている。

解放前の西欧のユダヤ教徒コミュニティの結婚率パターンは、我々が知る限り、非ユダヤ教徒のそれとはかなり異なるものであった。このユダヤ教徒の婚姻パターンの統一性は、伝統的な、早婚と皆婚からの重大な変化によるものである、と論ずる者は多い。このことは当たっているかもしれないし、断片的な証拠は、この仮説と矛盾していない。

より多くのことが、死亡率について知られている。至るところで、ユダヤ教徒の死亡率は、キリスト教人口のそれより低かった。この死亡率が低い原因は、一八世紀末期から一九世紀初期にかけ、比較的資料が残されている時期について、非常に複雑で、宗教によって規定された衛生上の規範、飲食を適度にする伝統的習慣、性病の低発生度、平均以上の経済水準、等が絡まっているが、死亡率の相違に関連する選択的メカニズムの可能性にかかわる推論的な議論には触れていない（Livi, 1918-1920. Bachi, 1981）。ユダヤ教徒の死亡率が低かった証拠は、圧倒的に多く、かつ決定的である。ユダヤ教徒の出生が制限下にあるコミュニティでは、より低かった。ユダヤ教徒と非ユダヤ教徒の出生率の相違が明白でないいくつかの農村のコミュニティにおいても、低かった。また、社会経済条件が極端に貧しいポーランドやロシアでも、ユダヤ教徒の死亡率は、より低かった（Schmelz, 1971）。この低い死亡率ゆえにこそ、高い結婚率・出生率とともに、一八世紀末から二〇世紀初頭にかけ、東ヨーロッパや北アイルランドのユダヤ教徒の人口は非常に高率で増加することになったのである(Bachi, 1981)。

都市人口

過去において、都市の出生率は、農村より一般に低かった。伝統的に、都市内部の出生と死亡のバランスは、その成長へほとんど何も寄与しなかった。多くの例は、都市の成長は移入によってはじめて生じたことを示している。一九世紀以前の都市の出生率の一覧は、常に周囲の農村人口のそれより低かったことを示している(Mols, 1954-1956)。しかし、この発見は、都市の人口学的・社会的構造が、他の人口とかなり異なっていたので、それほど重要なことではない。農村と都市地域の間の人口の交流のため、――もとの農村における非嫡出子の母という状態を逃れるべく、都市へきて子どもを産む若い女性の流入、子どもを捨て、都市における慈善の制度にすがる農村からくる親たちの流入、農村における女子のケアを心配する裕福な母親たちの流入――そして、都市人口の特定の部分における非婚の高い頻度のため、(宗教や軍隊関係者、病院の患者や囚人、家事奉公人、浮浪者、売春婦など)農村地域と都市地域の出生率の合計値の比較に関する解釈は、非常に困難である(Livi-Bacci, 1977. Bardet, 1974. Lachiver, 1973)。

しかし、以下の二つの疑問に、答えなければならない。

①都市の低出生率は、晩婚や高率の単身者を含む異なった結婚パターンの結果なのか?

②結婚パターンが都市と農村の間の出生率の違いをすべて説明することができないならば、都市の低出生率は、出生制限もしくは他の社会的、生物学的要因(高移動率、夫婦の別居、健康や栄養パターン等々)の結果なのか?

詳細な人口学的分析だけが、これらの質問に回答を与えることを可能にする。幸いにも、人口学者はすでに彼

図4—4　社会階層による婚姻出生力の差異（ルーアン 1670-1785年）

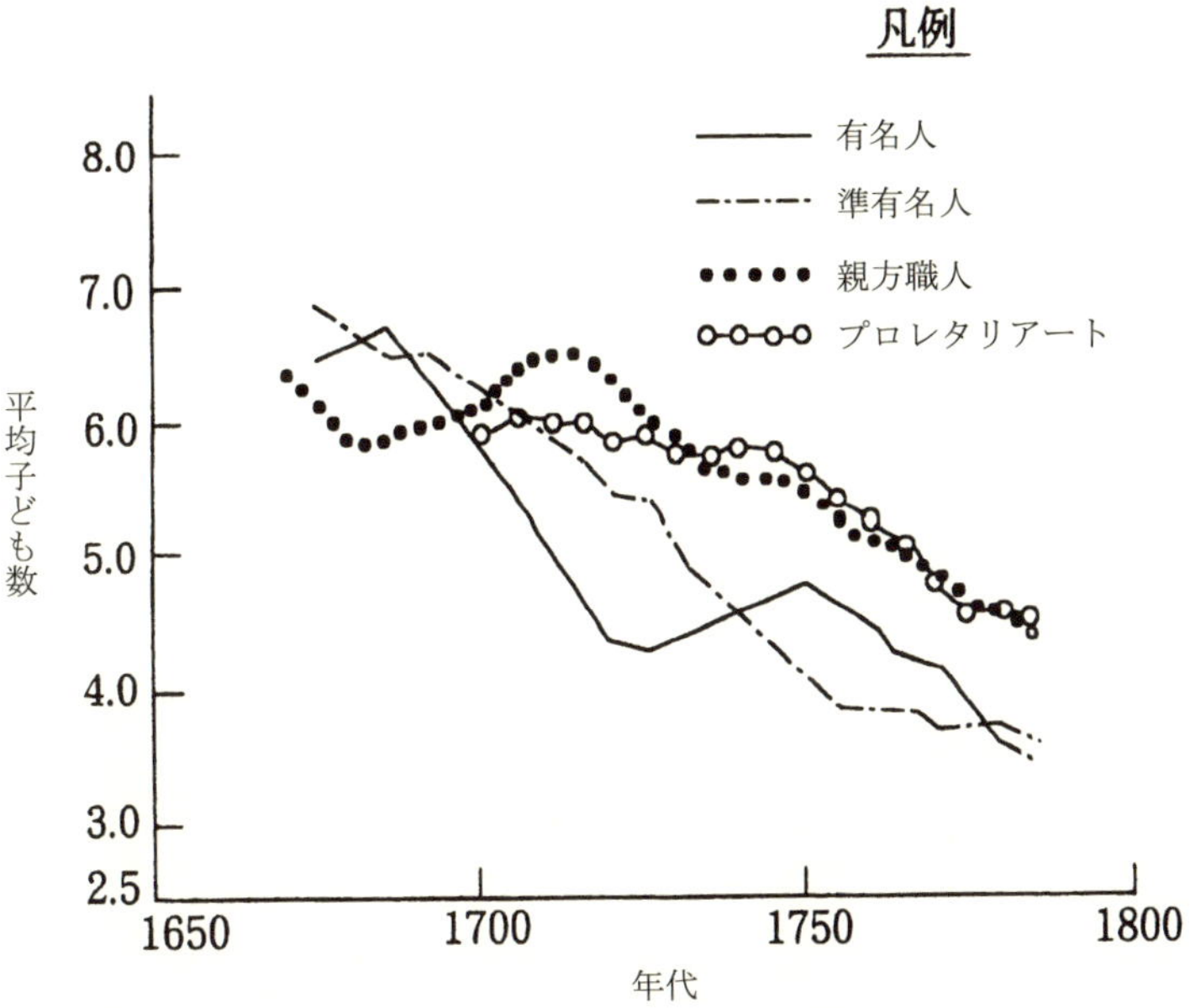

らの技能を都市人口の記名型資料研究の非常に困難なテストに挑み始めている。P・バルデ(Pierre Bardet)は、一七・一八世紀の大都市、ルーアンの人口について、家族復元を完了させた最初の学者である。彼が親切にも私に提供してくれた測定結果を使うことにしよう。四つの家族のカテゴリーを、復元することができる。有名人（大商人、役人）、親方職人、プロレタリアート、の四つ（小商人、ランクの低い役人）、次に準有名人である。図4—4は、一六七〇年から一八〇〇年に至る家族の四つのカテゴリーの婚姻出生率の期間指標である。

その結果は、非常に関心を惹く。全人口において、一七一〇年以後、子ども数は六人以下に、一七六〇年以後五人以下に、一八〇〇年には四人になっている。出生率の低下が、一八世紀初頭にはすでに始まっていたのである。社会身分が高ければ高いほど、低下は早くから始まり、速く進行した。平均子ども数が五人になったのは有名人では一七一〇年以後であったが、プロレタリアートではだいたい一七七〇年頃で、約六〇年遅れていた。フランス革命の到来する頃、有名人、準有名人では、一組の夫婦の子ども数は、親方職人、プロレタリアートのそれより少なかった。しかし同時に、出生率の低下は、一八世紀中頃以後、プロレタリアートにおいても明らかである。

ルーアンでは、出生制限は、一八世紀初頭にはほとんど確実に行われており、他のノルマンディー人口より約一世紀前から始まっていた。出生制限は、上層から下層へと、種々の社会階層に根づいたが、このことは、典型的な伝播のモデルの存在を示唆している。

類似したパターンは、カルバン主義者の都市ジュネーヴの、A・ペルヌー（Alfred Perrenoud）による重要な都市研究にも見られる（Perrenoud, 1974,1979）。出生率に関する詳細なデータは、歴史家も人口学者も鶴首して待っているものだが、いくつかの部分的結果では、出生はすでに一八世紀初頭には制限されていたことが明らかである。ペルヌーによると、ジュネーヴの人口の出生率低下は、L・アンリ（Louis Henry）が行った同じ都市のブルジョワ家族の研究と平行的に起こっている。さらに、制限の証拠は、ジュネーヴの人口のいくつもの社会層の中で、一八世紀の前半に見出すことができる。

後のことであるが、一九世紀の間に、都市と農村の（粗出生率より洗練されたツールで測定された）出生率の差異は、ヨーロッパを通じて明白である。都市人口は、高出生率から低出生率への転換において他の人口に先行し、また、一九世紀後半には、都市と都市以外の出生率パターンの二区分を、明白に確立するに至った（本書第六章）。しかし、解放後のユダヤ教徒と違って、一九世紀の都市人口は、この論文ではページ数の節約のため、何も触れないことにする。安定の数世紀以後、彼らの社会的なアイデンティティは、速やかに変わった。彼らは規模や勢力を伸ばし、外からの移入者の流れは、都市と農村との関係を変えた。都市人口は、変化を先に経験したというより、彼ら自身が変化の主要な牽引者となった。

結論

ヨーロッパ各地域において、出生率が低下するかなり以前に、いくつかの社会集団は、一般の人口より一世紀か少なくも数十年前には、すでに出生制限の過程に入っていた。この論文で検討した集団は、重要な事例を集めるべくベストを尽くしたが、確かに、早期に出生制限を行ったすべての事例を余すところなく示したわけではない。歴史人口学が徐々に他の興味深いケースを明らかにするのは、将来ありそうなことである。

拡大的意味において、この論文において観察した上層階級や、多くのユダヤ教徒のコミュニティは、間違いなく出生制限を行った先駆者であった。一般人口の間に、それが拡がった時期からみて、そのタイム・スパンは、ある場合には何十年間、ある場合には何世紀間かに亘った。上層階級と有名人社会階級において、低下は一七世紀の終わりに起こっていたことは明白である。ユダヤ教徒では、決定的証拠は少ないが、あるイタリアのコミュニティでは、低下は一八世紀初頭に起こった。フランスでさえ、低下は革命の時期には一般的になっていたが、高位の上層階級やルーアンの有名市民の間では、少なくも一世紀前には起こっていた。

十分に詳細な証拠を持っている集団においては、低下は、一般の人口と同様、婚姻年齢のパターンとの関連で生じた。ユダヤ教徒では、その婚姻年齢の上昇が低下の最初の局面に先立ったか、または軌を一にしたという確信がもてる。ただ、その未婚率には幅がある。上層階級においては非常に高く、ユダヤ教徒においては非常に低く、都市人口においてはしばしば高い。婚姻戦略の相違は、婚姻年齢によるより、むしろ婚姻から排除されている者の割合の差によって異なっている。上層階級は、不分割の財産を継承する可能性を最大にしようとし、一方ユダヤ教徒のマイノリティは、婚姻と、従って、再生産のための機会を最大限にすることによって、その数的な少なさの危険を回避すべく努めた。

先駆者の死亡率は、一般に比較的適度で、一般人口におけるそれより低かった。このことは、上層階級とユダヤ教徒では確かであるが、都市人口（多くの場合、他の人口より死亡率は高かった）では疑問である。都市人口の高死亡率は、おそらく乞食、放浪者、施設への収容者などから（少なくとも部分的には）なっている「限界」人口に起因し、これは普通の家族からなっている「安定」セクターより高かった。しかし、死亡率の低下が、出生率の低下に先行したか、あるいはそれに続くものであったかどうか、また、子ども置き換え仮説（または同様の仮説）は、依然として確証を必要としている。

先駆者に共通する一つの特徴は、それらが都市の、または都市に隣接するところの居住者である点であるが、早期の農村住民に関する少なくも一つの事例研究――ハンガリーのカルヴァン主義者の村オルマンサグ（Ormansag）(Andorka, 1971, 1972. Demeny, 1968) ――がある。このことは、上層階級とユダヤ教徒のコミュニティには確かに真実である。しかし、僅かではあるが、ドイツとイタリアの農村のユダヤ教徒コミュニティの研究では、早期の制限に関する証拠は見出せない。したがって、都市は要因として、その意味は明白であるが、未解決の疑問は残っている。出生制限をしていた先駆者集団は、都市における彼らの持つ特別の文化的、社会的、経済的環境に住むゆえにそうだったのか、先駆者の存在や役割のゆえに、都市の環境がそうであったのか？ この質問に言及することはできるが、経験的な証拠が満足な答えを与えるのには、ほとんど希望がない。

先駆者は、いろいろな宗教と関係を持っていた。カルヴァン主義者の都市ジュネーヴとカトリック信者の都市ルーアンを考察した。またカルヴァン主義者、カトリック信者、英国国教会の上層階級、ユダヤ教徒のマイノリティをみてきた。各集団は、彼らの宗教の関係にかかわりなく、新しい戦略を採用する準備ができていたように見える。何人かの著者（Burguière, 1972. Perrenoud, 1974）は、カルヴァン主義者とプロテスタントの戦略は、外部的な条件の変化に適応的で、必要度に応じ、出生制限の程度を調整することが出来たとし、他方カトリック教徒の戦略は、より弾力的ではなかったが、制限への転換は不可逆的であったとしている。しかし、この対置は、興味深いけれども史料による実証を必要としている。

諸先駆者は、類似と相異を備えていた。都市近隣と、適度の死亡率の関連は共通であり、また、経済的水準の高さについても同様である。異なるのは、その婚姻戦略、宗教との結びつき、文化的な脈絡である。一般化を進めることはできないが、いくつかの最終的な指摘を順に示そう。

最初に、出生制限は、ある集団については、一七世紀に始まっていたことは明らかである。それは前から存在したかもしれないが、早期については、十分な証拠を見出し得る希望はあまりない。二番目に、我々が持つ証拠は、目立ち、かつ簡単に定義されたグループのものである。同様の戦略を適応した他の集団が存在したかもしれないが、それは、ルーアンのような、規模の大きい研究がなされて初めて明らかになるであろう。最後に、われわれは、先駆者を個人個人としてではなく、集団として議論してきた。小集団は、大きい人口の行動の集計値に影響を与えることはできない。同様に、出生制限をしている個々の夫婦は、ある集団の出生率の反映ではなく、また、その存在を知られるようには決してならないだろう。

第五章

人口転換と乳児死亡率

フランシーヌ・ヴァン・デ・ワラ
（黒須里美訳）

「乳児死亡率を下げるということにどんな利点があるのだろうか。それ自体が、我々に子どもをもうけることに対する最大の抑制を課すということに。我々が衛生環境の整う以前よりも子どもを産まなくなったのは確かだが、それは同時に、結婚における性生活に困難な状況まで作り出してしまった。」

フロイト『文明と不満』（Freud, 1930, p.35）

一九世紀から二〇世紀にかけて、死亡と出生の両者に基本的な変化が顕在化してきた。死亡率の劇的な低下は、個人の決断とは独立して、生活水準や衛生環境の改善、医療の進歩、流行病の解明などによってもたらされた。それに対して子ども数の縮小は、出産を制限しようという夫婦の意図的な選択の結果起こってきた。多くの事例で、出生率の低下の前に、まず死亡率が低下していたため、理論家は死亡率の低下が出生率の低下をもたらすという因果関係を強調した。今日、発展途上国において、この出生率と死亡率の関係が政策に関連する重要な研究分野とされている。

人口転換理論ではとくに乳児死亡率に注意が払われてきた。乳幼児死亡率の低下は、出生率低下を引き起こした決定的要因として頻繁に取り上げられてきている。「親は、出産そのものから利益が生ずるというよりも、おもに生存する子どもから生ずる利益のために子どもを産むと考えていいだろう」（Preston, 1978, p.9）。もし高出生率が乳・幼児期における高い死亡リスクへの機能的適応だとすると、世代がより少数の出生数によって確実に交替されるようになった場合、その正当性は失われてしまう。

一九六一年に書かれた先進国の出生率低下についての批評の中で、R・フリードマン（Ronald Freedman）は当時広まっていた意見をこのように表現している。

「広範囲にわたる出生率低下の（二つのうち一つの）基本的原因が死亡率の激しい低下であり、それによって出生数が期待子ども数を満たすところまで削減されたことは、多分多くの社会学者や人口学者が賛同するところであろう。」（Freedman, 1961-1962, p. 53）

この定説は、いったいどのくらい近年の研究、特にヨーロッパ出生力プロジェクトによる新たな検証に耐えうるのであろうか。人口転換期における乳児死亡率のレベルや傾向の検証結果を吟味し、それらと出生率の傾向との関係を探る前に、この問題に関する理論を考察しながら、本研究のフレームワークを打ち立ててみよう。

乳児死亡率と出生率の関係

乳幼児死亡率と出生率の関係を明らかにするにあたって、この問題に関する著書に書かれたS・H・プレストン（Samuel H. Preston）の序論を参考にしよう。プレストンは様々な効果を考察し、理論、実証研究における発見、そしてそれらの一般的解釈を要約している（Preston, 1978）。理論では四つのメカニズムが明らかにされる。①子どもの代替効果、②保険効果、③生理学的効果、④社会的効果である。

これらの諸効果の存在を確立し、おのおのの重要性を測定することは容易ではない。特に集計値レベルのデータにはすべてが混在している。他の様々な要因――文化、社会経済、人口――が死亡率と出生率の双方に影響しているため、全体像をさらに複雑にしている。とはいえ、ヨーロッパにおける出生率低下の研究には、出生率低下以前と、それが始まった後の状況をはっきり見分けられるメカニズムの探究が含まれなければならない。

自然出生力における乳児死亡率と出生率

乳児死亡率と出生率の関係のまず第一番目のタイプは、出生制限がない場合にある。自然出生力の定義は、子ども数制限のない出生力であり、子ども数制限とは、夫婦がそれ以上欲しくない一定の子ども数に達したときにとられる行動である（本書第七章）。自然出生力下では出生が意図的な選択のもとにないので（Coale, 1973）、婚姻出生率と乳児死亡率の間には強い関係は期待できない。この状況においては、夫婦が目標とするはっきりとした子ども数がないので、子どもの一人が死んだために、もうひとり産んで代替させようという概念は錯覚でしかない。親たちが高い乳児死亡率をみて、自分の子どもの死亡を予期し、あるいは将来の損失に備えて、もっと子どもを産むという保険効果もまた同様に錯覚でしかない。つまり、結婚に避妊が登場する前は、出生率は経験される、あるいは予期される、親の損失の関数として、意図的に操作されるものではなかったということである。

しかし、意図的な抑制が試行される前であっても、乳児死亡率と婚姻出生率を関係づけるとみられる他の理由がある。その一つは生理学的効果である。多くの著者が乳児死亡と出生数を関係づける媒介変数として母乳哺育の大切さを強調している（たとえば Gautier and Henry, 1958. Knodel and van de Walle, E., 1967. Van Ginneken, 1978）。母乳哺育は排卵を遅らせる傾向があるので、乳幼児が生存するということは、そのきょうだいの到来を遅れさせるということである。反対に、乳幼児の死亡によって母乳哺育は中断するので、排卵は再開し、女性は再び妊娠のリスクを持つのである。

文化や制度的慣行はこの生理学的効果をより一層助長するだろう。古代から一九世紀まで、医者は、母親たち、また乳母たちの母乳哺育中、子どもと母親の健康を守るために性欲を節制するよう勧めてきた（van de Walle, E. and van de Walle, F., 1972）。今日においても、多くの伝統的アフリカ社会で、産後の禁欲（時には母乳哺育期間より長い）は多くの子どもの生存を保障するために必要だとみなされている（Page and Lesthaeghe, 1981）。また、文化によっては、母親が母乳哺育している間、自分の親元に戻る習慣もある。禁欲が好まれなかったり、配偶者と別居していないとしても、母乳哺育をしていたり、家庭内に乳幼児がいるというだけで夫婦の再生産行動に変化が起こるだろう。「母親は夜間でも頻繁に産児を自分の胸で眠らせる」と一九世紀の評者も述べている(Struve, 1802)。別の言い方をすれば、女性が母親としての役割を第一とするがゆえ、あるいは乳児の世話で疲れきっているために、妻としての義務をおろそかにするということである。もし子どもが死亡すれば、夫との普通の関係と妊娠のリスクが再開される。つまり、母乳哺育を慣行する人口においては、生理学的効果、また行動による効果が子どもの死亡と短い出生間隔を関係づけているのである。母乳哺育が社会的慣習として拒絶されていた前近代的人口もあった。たとえば、一九世紀後半のバイエルンでは、母乳哺育が避けられ、高死亡率と高出生率が共存していた(Knodel, 1968)。

ある人口の持つその他の生物学的特徴もまた出生力と死亡率の関係に影響を与えるだろう。工業化以前のヨーロッパにおいて高出生率と関連づけられている不健康な環境は、性交の頻度に影響を与え、無月経期間を延長させ、妊娠期の消耗と病理学的無月経を多発させる傾向があったと考えられる。このような状況においては、高乳児死亡率は低出生率と共存している。

また、死亡率が出生率をというのではなく、むしろ出生率が死亡率に与える影響も考慮しなくてはならない。出生順位のおそい乳児は、死亡する確率が高く、また、出生間隔が短くして生まれた乳児も高い死亡のリスクを持つ。関係をさらに複雑にさせているのは、嬰児殺し、あるいはそこまでいかなくとも、幼児の世話を怠ることである。嬰児殺しは、殺そうという、あるいは死なせてしまうという意思決定による結果であるが、親の無関心によっても死が招かれるかもしれない。R・ブラウン(Rudolf Braun)によると一八世紀チューリッヒ州の土地を持たない工場労働者たちは、たくさんいる自分の子どもたちのうち、何人かが死んでもいっこうに構わなかったという(Braun, 1978)。同時代のベルギーにおける捨て子の研究でE・エラン(Etienne Hélin)は孤児院への道のりを「延期された嬰児殺し」とまで呼んでいる（Helin, 1973, p. 227）。一八四六年パリの捨て子の乳児死亡率は一〇〇〇分の六六〇だった（Armengaud, 1973, p. 308）。都市人口と貧困者においては、隠れた嬰児殺しが出生力を抑制し、非嫡出児を削減する一つの手段だったのかもしれない（Bergues et al., 1960. Sauer 1978. Scrimshaw, 1978. Ware, 1977）。

要するに、自然出生力の多様性は、生理学的・行動的メカニズムによって生じた乳児死亡率の違いと関連しているといえるであろう。それに加えて、何人かの著者が社会的効果について言及している。共同体は独自に出生率と死亡率レベルのバランスを確保する機能的規範と慣習を備えている。E・A・リグリィ（Edward Anthony Wrigley）のいう「非意識的合理性」はグループの福祉を保証する。たとえば、高死亡率のレジームでは、人口低下を防ぐために、共同体は両親が生きていようといまいと、男性が（そして女性については特に）性的成熟年齢に達してすぐ結婚するような慣例を定着させる必要があるだろう（Wrigley, 1978a, p. 143）。人々が社会慣習とその結果についてその関連性を意識する必要は全くない。数多くの研究で結婚と出生率の相関関係が発見されているのである。近代西ヨーロッパ共同体のいくつかを再検討したD・S・スミス（Daniel Scott Smith）は、「この関係は、相続の年齢から結婚年齢と死亡率をリンクさせるオーリンの仮説（Ohlin, 1961）を支持する」と結論づけている（Smith, D. S., 1977, p. 37）。またT・P・シュルツ（T. Paul Schultz）は台湾の経験を多様な前近代社会に普遍化してこう言う。

「幼児の高死亡率に直面しながらも、社会を永続させ、家系を継続するためには、夫婦が結婚し、早い年齢で子どもを産みはじめることが奨励される。この地域的に予期された死亡率のレベルに対する制度的適応は、夫婦が実際の年少者死亡率に反応して夫婦の間で出生率を調節するという重荷を幾分軽減している。」（Schultz, 1980, p. 230）

しかし高死亡率という環境に対する反応は結婚に限ったわけではない。他の著者は定義の一致をみないまま社会的効果について言及している。乳児死亡率の変化に対する他の社会的反応について調査したD・フリードランダー（Dov Friedlander）によると、人口移動の機会、世帯構造の変化、あるいは経済的生産レベルに変化がおこり、それらが出生率低下の必要性を未然に防ぐことがある（Friedlander, 1977）。それゆえに、他の社会的反応は出生率による反応を和らげる傾向があると彼はいう。M・シンガリンバム（Masri Singarimbum）とT・H・ハル（Terence H. Hull）は、乳幼児死亡率が高出生率を誘発させるすべてのメカニズムを含むのが社会的効果であるといっている[1]（Singarimbum and Hull, 1977）。

集計値レベルにおいても、結婚と乳児死亡率の関係を通して、人口増加が死亡率レベルを補うという長期的な適応のメカニズムを形成すると期待される。とすると、結婚の西欧パターンは比較的健康環境にとって好ましい歴史的特徴の究極的な結果だと解釈できるだろう[2]。

出生抑制開始後の乳児死亡率と出生率

出生率抑制が開始された後には、出生率と死亡率の全く新しい関係が普及する。これは人口転換理論の一般的な構成要素である。近代化は乳児死亡率の低下をもたらし、より多くの子どもが生き残るため、出生抑制を促すことになる。親たちがすぐ死亡率の低下に気づくわけではないが、夫婦は期待した以上の子どもが生き残っていることには気づくだろう。この理論は出生率の低下が、死亡率の低下より遅れることを仮定している。親が新しい死亡率の状況に適応するまでに時間が必要なためである。夫婦は望ましい子ども数を意識的に考えるようになり、それ以上は超えたくない、目標とする子どもの数を設定する。自然出生力に影響を与えたいくつかの要因（たとえば母乳哺育、健康、禁欲、社会的慣習）は、出生数を抑制しようと欲する新しい要因と共存するようになる。この段階になれば、夫婦は亡くなった子どもの代わりを設けようと考えるだろう。

もし社会的効果が婚姻慣習を決定していたならば、婚姻パターンは死亡率の差異が消えたあとも長く存在し得るだろう。もしこの二つが考察される期間のおわりにも関係を持っていたならば、その関係は、婚姻と、子どもの世話の両者に影響を与える、安定し、しっかりと確立した慣習を通して保たれているといえよう。

指標の選択

乳児死亡率

出生率と死亡率の関係をみるために、何を指標とするべきだろうか。近年の著書でP・C・マテイセン（Paul C. Matthiessen）とJ・C・マッカン（James C. McCann）は、乳児死亡率を子どもの生存を示す指標とすることを批判した（Matthiessen and McCann, 1978, p.52）。彼らが指摘するところによると、ヨーロッパのほとんどの国々で一―一四歳、または〇―一五歳の年少者死亡率は、乳児死亡率よりも早く低下している。いくつかの明らかな事例では、乳児死亡率の変化の始まりよりもひと世代も前に起こっていた。乳児死亡率は西ヨーロッパにおいて、一九世紀末まで全く低下する様子を見せなかったが、幼児と一〇代の子どもたちの死亡率はすでに大幅に低下していた、というリグリィも意見を同じくしている（Wrigley, 1969）。たとえば、イングランドとウェールズにおいてすでに確立した事実として、統計の始まった一八四〇年に乳児死亡率は一、〇〇〇人当たり一五〇ぐらいであったが、一九〇一年になってもそのままであった。それに対し、同期間、一歳から一四歳までの死亡率は着実に低下してきたのである。ということは、ヨーロッパの婚姻出生率の低下が意味するものは乳児死亡率よりも、年少者死亡率の低下ということかもしれない。この理由づけは正当であるが、いくらか説明が必要である。

図5—1　乳児および幼児死亡率指標の長期的変遷

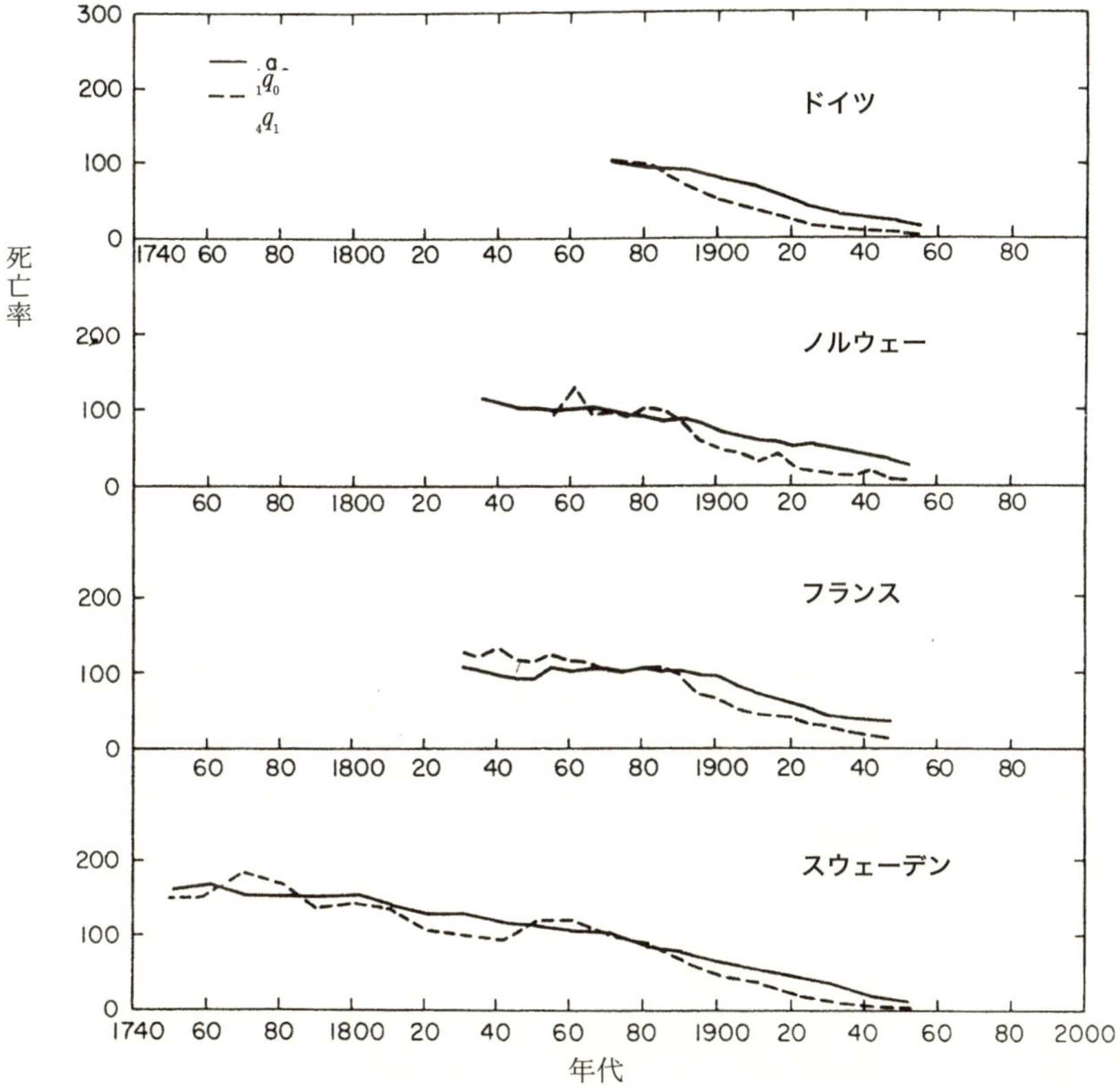

まず第一に、乳児死亡率の変化は人口動態統計が始まる以前から起こっていたかもしれない。マティセンとマッカンの利用した資料は、たいてい一九世紀のおわりに一〇%の乳幼児死亡率低下が起こったことを示すが、それ以前に低下が起こった可能性も考慮すべきであろう。**図5—1**は四カ国における、誕生から一歳までと、一歳から五歳未満の死亡確率（それぞれ生命表における$_1q_0$と$_4q_1$）を表している。死亡率データが最長期間継続するフランスとスウェーデンは、乳児と幼児死亡率の同時低下を経験している。スウェーデンでは、年少者死亡率の方が乳児死亡率よりも上がり下がりが激しい。フ

ランスでは、データが入手された当初から二つの測定値の低下は明らかであるが、年少者死亡率の低下の方が乳児死亡率のそれよりも大きい。同様のことは一八九〇年以降のノルウェーと一八八〇年以降のドイツにも言える。一九世紀末の四半世紀において、年少者死亡率の低下が乳児死亡率よりも早く起こったという否定し得ない事実があるようである。それ以前の証拠ははっきり確認できず、状況は国々によって違っていたとみるのが妥当であろう。少なくとも、フランスやスウェーデンの例から、統計の始まる以前の他国における低下を類推することができよう。

第二に、初期段階での乳児死亡率の低下は、登録漏れがあったために、統計上、下方に推計されていると考えられることを記しておかなくてはならない。生後数日間の死亡率の非常に高い期間は、特に他の年齢と比べて登録漏れによって死亡が見落とされていることが多い。多くの国々で人口動態統計の初期のころに死亡率が上がる傾向がみられる。これは特に高死亡率をもつ国々にありうることで、乳児死亡率のレベルと、統計発達の遅れという関係は否めない。その登録漏れの明らかな例が、オランダのいくつかの州にみられる（表5—1）。オランダの北と南にある社会経済的な先進二地域では、乳児死亡率は、一八七五年以前はほぼ変化せず、一八七五年以降はその低下が幼児死亡率のものと符合する。しかし北ブラバント州（Noord Braband）とリンブルグ州（Limburg）というふたつの高出生率をもつ農業地域では、一八四〇年において、乳児死亡率は一八七五年よりもそれぞれ、三五%、三八%低い。さらに一八七五年以降では幼児死亡率の低下傾向は乳児死亡率よりも明らかに先行している。

証拠の不確実性はともかく、なぜ幼児死亡率の低下が乳児死亡率に先行したかという大きな理由はあるだろうか。まず天然痘予防ワクチンの効果は、測定されてこそいないが、一九世紀の間、幼児死亡率の最大原因であったものを効果的に除去したといえよう(3)。しかし、乳児にとっては母親の免疫が左右するので、ワクチンは同じような効果がなかった。食糧の質や衛生、行動の変化、そして教育も幼児死亡率の低下を説明することができるだ

表5―1　オランダ各州における1歳未満、1歳以上4歳未満の死亡率指標

(1840-1899年　1875-1879年を100として)

州		1840-51	1850-59	1860-74*	1875-79	1880-84	1885-89	1890-94	1895-99
フロニンゲン	A	72	81	91	100	80	69	70	67
フロニンゲン	B	118	114	118	100	82	82	71	57
フリースラント	A	73	88	98	100	84	73	65	57
フリースラント	B	115	115	107	100	89	89	70	44
ドレンテ	A	83	95	98	100	93	88	90	90
ドレンテ	B	121	134	124	100	107	103	93	72
オーフェルアイセル	A	83	92	98	100	96	94	94	90
オーフェルアイセル	B	112	112	115	100	100	100	88	64
ヘルダーラント	A	78	84	96	100	94	92	90	92
ヘルダーラント	B	123	119	131	100	88	100	92	73
ユトレヒト	A	78	89	101	100	94	84	75	66
ユトレヒト	B	155	145	145	100	103	107	83	69
北ホラント	A	91	100	100	100	96	82	68	56
北ホラント	B	122	119	111	100	108	92	69	56
南ホラント	A	90	99	104	100	89	75	64	54
南ホラント	B	126	131	133	100	97	82	72	54
ゼーラント	A	113	124	116	100	83	70	68	65
ゼーラント	B	178	163	137	100	85	78	67	52
北ブラバント	A	65	71	88	100	101	96	96	96
北ブラバント	B	113	104	117	100	100	104	92	79
リンブルグ	A	62	85	96	100	96	92	100	106
リンブルグ	B	93	111	111	100	96	71	82	64
計	A	82	92	99	100	93	82	72	76
計	B	123	123	123	100	100	90	77	61

出典：Hofstee, 1978, pp. 213-214 より算出。
注：Aは中央年における1歳未満人口分の1歳未満死亡数。
　　Bは中央年における1歳以上4歳未満人口分の1歳以上4歳未満死亡数。
〔＊原文では75となっている。〕

ろう。よく食事をとっている子どもたちは内臓や肺の病気に対して抵抗力があり、健康的習慣は伝染病や病気の発病を押さえることができる。一九世紀のセーヌ地域では一—四歳の幼児死亡率が衛生状況の指標となり、一方、一歳未満の死亡率は乳児に対する栄養供給の文化的慣例を反映しているとされている (van de Walle, E. and Preston, 1974)。つまり、栄養や衛生環境（主に水の供給や下水汚物処理）の向上は、乳児死亡よりも幼児死亡の方により大きな影響を与えたということである。

二つの率のレベルや傾向は地方の母乳哺育慣行や離乳のタイミングによるところもあるだろう。離乳の年齢はリスクの高い期間で四歳未満の死亡の年齢構造に影響を与える。**表5—2**はバイエルン地方とイタリアの一八七六—一八八五年を比較しているが、この差は貧しい衛生環境による母乳哺育と下痢にかかわる病気の影響を表している。

表5—2　乳児死亡率比較

	${}_1q_0$	${}_4m_1$
イタリア	.271	.064
バイエルン	.425	.031

バイエルン地方の一部では母乳哺育が全く存在せず、一歳をむかえる以前に、子どもたちの半分近くが死んでしまっていた (Knodel, 1970)。M・リヴィ＝バッチ (Massimo Livi-Bacci) によると、イタリアで母乳哺育は慣習であり、離乳のタイミングは遅い。子どもたちは離乳すると死亡率が高くなり、環境に非常にもろくなるという (Livi-Bacci, 1977, p. 261)。

というわけで、乳児と幼児の死亡率の変化は地方差のある要因と、それらの要因が、どう近代化に反応していくかによって変わってくる。親たちにとって、子どもは最初の一年目でなく、幼児期を生き残ることが大切である。それゆえに幼児死亡率が人口転換に役割を果したといえるのではないだろうか。しかし、残念ながら、一九世紀の州レベルで、幼児死亡率の統計はなかなか得られない。そこでここから、本章では、乳児死亡率を扱う。乳児死亡率は未成年期の死亡率の代替であるとはいえ、やはり一歳以前の死亡率が幼児期を生き残るかどうかの一番大切な要素である。

婚姻出生率

婚姻出生率（I_g）は乳児出生力に関係ある適切な指標である。婚姻出生率（I_g）、合計特殊出生率（I_f）、有配偶率（I_m）それぞれの指標はA・コール（Ansley J. Coale）とR・トレッドウェイ（Roy Treadway）によって説明されている通りである（Coale and Treadway, 1986, Chap. 2）。簡略に説明すると、

$$I_g=\frac{B_1}{\sum m_i f_i} \quad I_f=\frac{B}{\sum w_i f_i} \quad I_m=\frac{\sum m_i f_i}{\sum w_i f_i}$$

B_1 年毎の嫡出子出生数
B 年毎の総出生数
f_i 年齢インターバル・iにおけるハッタライト女性婚姻出生率
m_i 年齢インターバル・iにおける婚姻女性数
w_i 年齢インターバル・iにおける総女性数

まず、子ども数制限による出生力の変化は、有配偶率の影響に左右されない指標で計るのが最も適当である。第二に、出生制限が行われているとすると、夫婦はある一定の子ども数を得るために死んだ子どもを代替しようと考える。つまり夫婦の意思決定の結果が婚姻出生率によって適切に捉えられるのである。乳児死亡率のレベルと結婚パターンをリンクする社会的メカニズムの仮説を検証するために、合計特殊出生率（I_f）と、有配偶率（I_m）を同時に扱っていくことにする。

婚姻出生率と乳児死亡率のレベルと傾向

ヨーロッパの大部分の国々における婚姻出生率の歴史的経緯は、概念的に次のように要約できるだろう。はっきりと認識できる低下の前に I_g は高いレベルで（大抵は基準となるハッタライトの婚姻出生率の七〇—八〇%のレベル）一定の水準を保っていた。I_g の各州間における差異は変化が起こるとともに拡大し、転換が終了するときには縮小した。婚姻出生率の低下はヨーロッパの諸処で驚くほど同時に起こった。先を行くフランスや、遅延したアイルランドやアルバニアを例外として、多くのヨーロッパの州では一八九〇—一九二〇年の三〇年間、一〇%の I_g の低下を合図に、低婚姻出生率への転換が始った（Coale and Treadway, 1986, Chap. 2）。婚姻出生率の低下が、大規模に広まった子ども数制限の登場と同時に起こったということは十分推論できるだろう。

統計が利用可能になると、当然乳児死亡率のレベルに大きな差異のあったことが明らかになる。(4) 一八七〇年ごろには、乳児死亡率の範囲はバイエルンの都市行政区域の四四九‰からノルウェー農村部の七二‰と広がっていた。一九世紀末には大ロシアの州では依然三〇〇を超えていたが、スカンジナビアでは一〇〇を超えることはすでに例外的になっていた。このように、乳児死亡率のレベルは国々の間でも、そして一国の中においても大きな開きがある。**表5—3**は三つの年代における、一一カ国中の各行政区域における乳児死亡率を表している。

図5—2は、一九世紀中の各国データが利用可能になった後の、ヨーロッパ数カ国の乳児死亡率レベルの多様性と、低下の傾向を示している。州別データが利用できる数カ国については、それらについても**表5—3**に表した。ここから、乳児死亡率の国レベルでの傾向は、大きな地域差を隠ぺいしていることがよくわかる。とはいえ、国レベルの数値についてもいくつか明らかな傾向が見られる。

表5—3　死亡率の地域差

（1870年, 1900年, 1930年前後）

国	年	レベル					変動	
		州の数	平均	最高	最低	レンジ	標準偏差値	変動係数
ベルギー	1900	41	159	286	100	186	49	.308
デンマーク	1850	19	129	225	92	133	30	.233
	1901	19	119	162	96	66	19	.160
	1930	22	78	93	63	30	8	.103
イングランドとウェールズ	1871	45	140	183	106	77	20	.143
	1901	45	130	171	96	75	22	.169
	1931	43	52	74	38	36	9	.173
フランス	1866	89	178	296	96	200	36	.202
	1901	87	136	207	82	125	25	.184
	1931	90	77	103	51	52	12	.156
ドイツ	1867	64	237	428	115	313	77	.325
	1900	71	192	312	94	218	49	.255
	1933	66	70	137	45	92	16	.229
オランダ	1879	11	181	258	122	136	46	.254
	1899	11	141	191	98	93	28	.199
	1930	11	51	70	38	32	11	.216
ノルウェー	1875	20	115	184	77	107	27	.255
	1900	20	98	163	71	92	24	.245
	1930	20	51	92	35	57	13	.256
ロシア	1897	50	260	415	147	268	.067	.258
スペイン	1900	49	189	270	102	168	.036	.191
スウェーデン	1870	25	148	253	96	157	.031	.209
	1900	25	100	169	74	95	.022	.220
	1930	25	55	80	44	36	10	.182
スイス	1870	25	210	357	142	215	.050	.238
	1900	25	137	197	84	113	.026	.190
	1930	25	53	85	38	47	.013	.245
州合計	1870	298	175	428	77	351	.058	.331
	1900	394	159	415	71	344	.062	.390
	1930	302	65	137	35	102	.017	.262

出典：オランダ, ノルウェー, スペイン, スウェーデン, イギリス, ウェールズ(1931年)の乳児死亡率は各国の動態統計をもとに著者が算出。他国の乳児死亡率についてはプリンストンヨーロッパ出生力プロジェクトにおいて算出されたもの。
注：乳児死亡率はある一定期間内に生きて生まれた子ども数千分の同期間1歳未満死亡数。スペインは州合計に含まれていない。

図5—2　乳児死亡率

（19 世紀から 1960-1964 年まで）

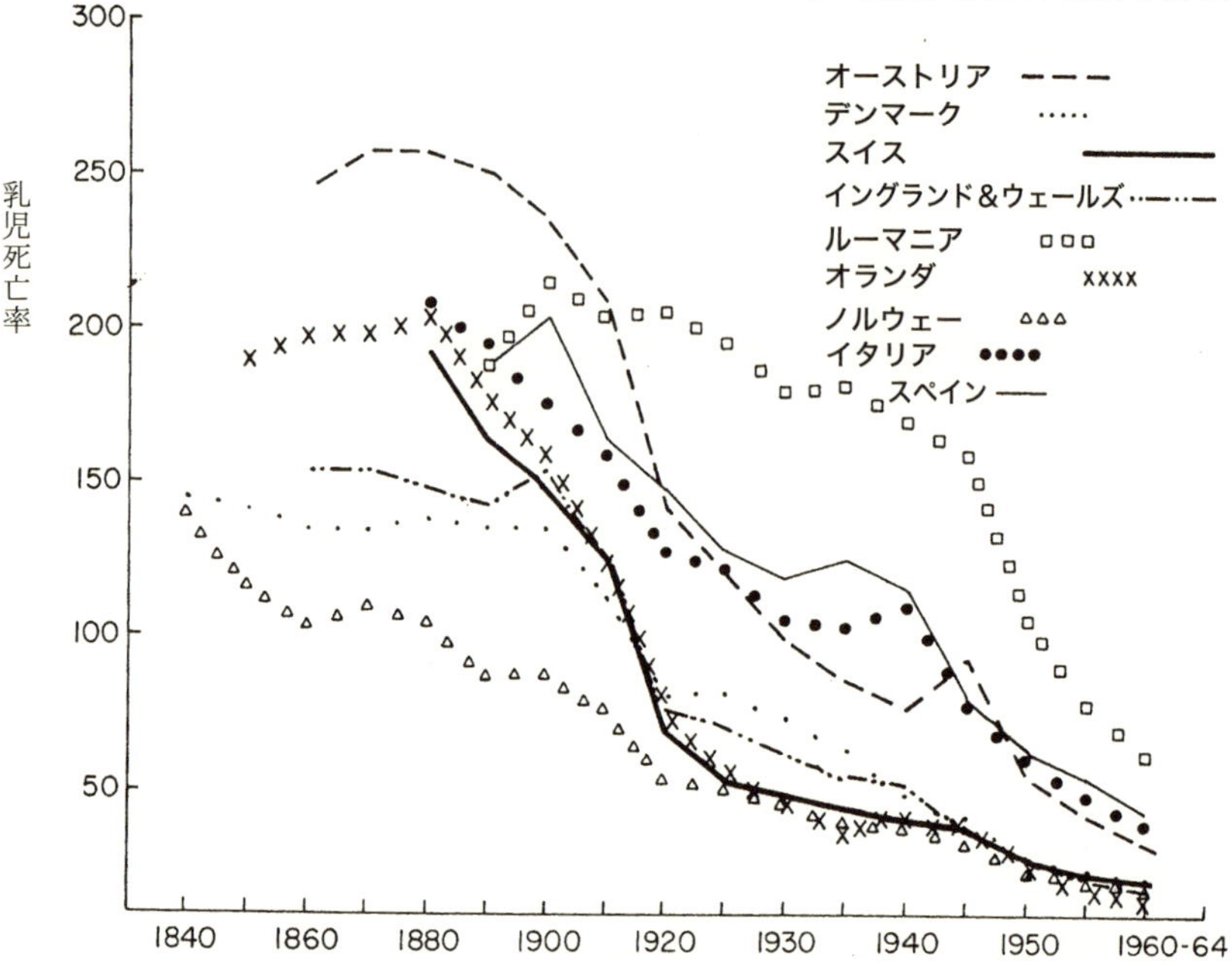

①ほぼ一八九〇年以降、大部分の国において乳児死亡率の低下は速く、大きく、そして（図5—2に現れているかどうかはともかくとして）不可逆的である。東ヨーロッパの数カ国では低下が起こるのが遅く、一九二〇年ごろであった。

②乳児死亡率が高かった国々においてその低下はより顕著であり、当初、死亡率が低かった国々においてはその低下がゆるやか、あるいは幾分遅れて起こっている。結果として、一九世紀末ごろには各国のレベルが収斂しはじめ、一九五〇年代には確実にどの国も同レベルになっている。概して乳児死亡率の低下を絶対数でみると、死亡率の高いグループで一五〇—二二〇‰、低いグループでは一一五—一三〇‰であった。

③一八九〇年以前の傾向は国によってかなり多様である。初期の統計に乳児死亡率の曲線が上昇傾向をみせる国があるが、これは明

図5—3　4ヵ国における乳児死亡率の長期的変遷

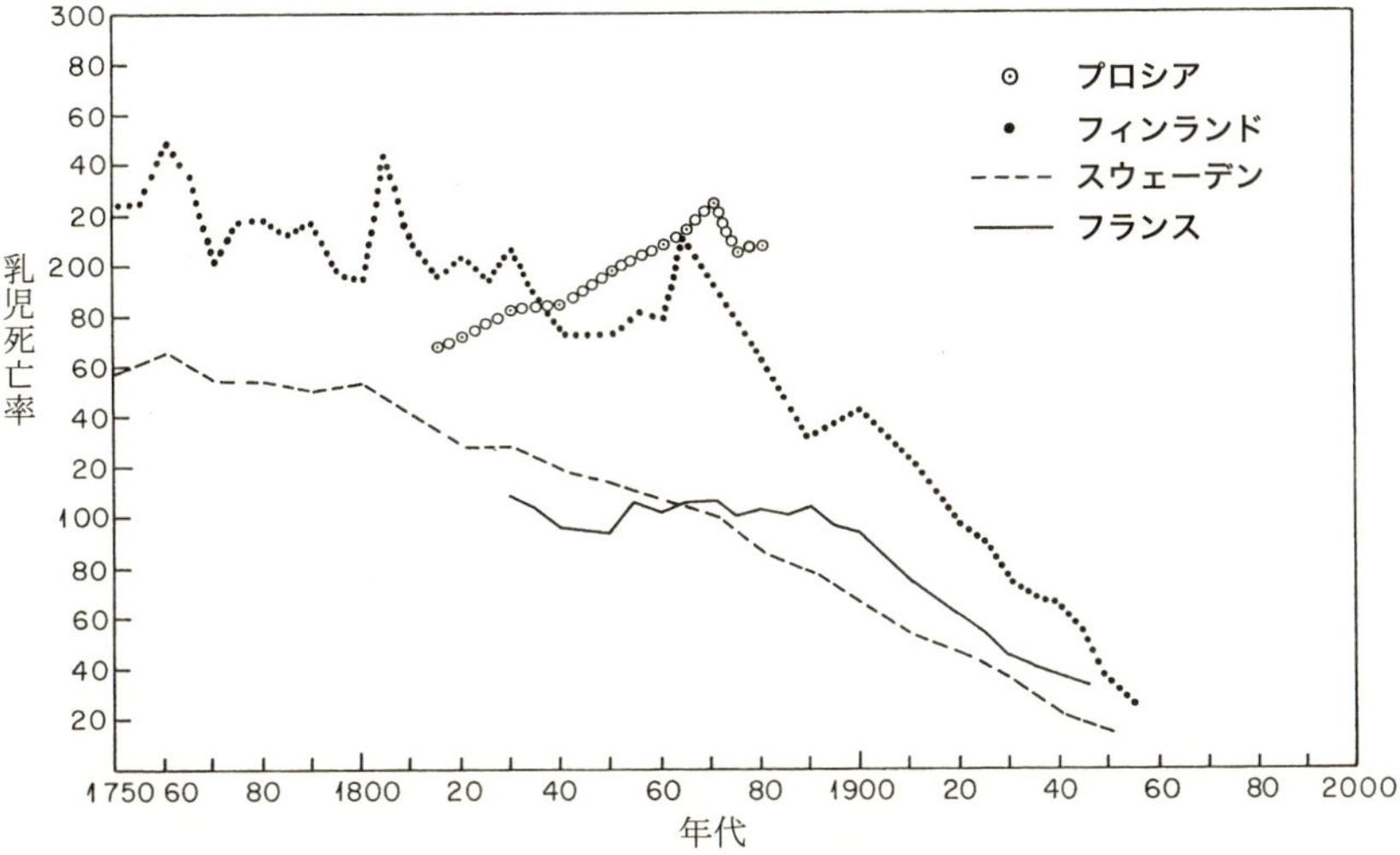

らかに登録が向上したことを示している（前にも述べたとおり、乳児死亡率は一番登録されにくい人口動態統計上のイベントである）。死亡率の低い三カ国では、一定に保たれていたレベルが短期間の低下によって崩されている。オーストリア、ベルギー、オランダでは劇的な低下の前に、低下は記録されていない。それに対して、イタリアとスイスでは統計が刊行されはじめてからずっと急な低下が記録されている。

多くの場合、過去の傾向はほとんど知り得ない。資料によって十分前までさかのぼれないので、早い時期に低下があったのかどうかはわからないのである。しかし、フィンランド、スウェーデン、フランスの三カ国については一八世紀中頃から、またプロシアについては一八〇六年からのデータが利用できる。**図5—3**が示す通り、工業化以前のヨーロッパにおいて乳児死亡率は大きく変動していた。流行病、飢饉、また戦争が生後一年の死亡率さえも急速に上昇させる原因となっていたのである。フランスでは一七九〇年ごろ、アンシャン・レジームの終わりに乳児死亡率が低下しはじめた。しかし一八五〇年にはその傾向がなくなり、その後一八八〇年までさらなる変化はない。スウェーデンでは一九世紀のはじめから低下はずっと続いていた。フィンランドでは一八世紀中頃から一九世紀中頃までゆっくりと、躊躇しているかのような低下を見せ、戦争時（一八〇八—一八〇九年）と飢饉時（一八三二年）に乳児死亡率のピークがあった。一八六七—一八六八年に凶作と流行病が同時に最後の危機としてフィンランドをおそい、粗死亡率は一〇〇〇分の七八という異常な率にまで達したが、乳児死亡率は成人死亡率ほどは上昇しなかった。全体的にみると、フィンランドは一七五〇年から乳児死亡率の純低下傾向をみせている。それに対してプロシアでは、半世紀以上も長い、持続した乳児死亡率の上昇を示している。J・ノデル（John Knodel）が、これを過去の登録漏れによるものか、労働者階級の状況の悪化によるものか、と検討し、一八一六—一八七五年のプロシアにおいて、乳児死亡率は実際に低下したという証拠はないという結論を出している（Knodel, 1974, p.160）。というわけで、プロシア以外のデータは、乳児死亡率が一八五〇年以前から低下していたことを明らかにしている。しかしこの他の国々においても死亡率が低下していたかどうかを知る十分なデータはない。

以上を要約すると、乳児死亡率の低下がいつから始まったかとはっきり言及することは難しいといえよう。なぜなら、低下への道のりは不規則であるし、一九世紀以前の史料が乏しいからである。ただし、今世紀の広範囲にわたる大規模な低下の前に、国々の間で、そして国内で、乳児死亡率のレベルと傾向に大きな差異があったことははっきりと言えるだろう。

都市部と農村部の死亡率

州レベルでの大きな差異は、都市部と農村部にあり、これは資料上でも確かめることができる。乳児死亡率は農村部よりも市や町で高かった。この傾向は乳児死亡率が激減したときには逆転する。都市化は出生率低下の理論の中でも特別な位置をしめている（本書第六章参照）。婚姻出生率の低下は、ほとんどの州では、まず都市に起こるが、都市の死亡率――特に乳幼児死亡率――は逆に一九世紀においては農村部よりも高い。従って、この明らかな矛盾を解決する理論を打ち出さなくてはならない。

この問題にはG・カールソン（Grösta Carlsson）が挑んでいる（Carlsson, 1966, pp. 166-169）。スウェーデンのストックホルムでは、一八六〇年以前は、一五歳までの生存チャンスは「明らかに悪かった」。しかし、その後、それは劇的に向上し、一九二〇年には農村部を超えた。(5) カールソンは、都市における早期の出生率の低下を、全期間において都市出生率を高くすることにつながったはずの乳児死亡率のレベルよりも、その低下のスピードによって説明している。死亡率が子ども数に与える人口学的衝撃が問題なのではなく、心理学的刺激の強さが影響したという。しかし、**表5―4**の都市部と農村部の乳児死亡率の差異は、二〇世紀以前に劇的な低下があったわけではないことを表している。カールソンによるストックホルムのデータを信頼するにしても、都市部の親たちが、子の一五歳までの生存の確率が、〇・五から〇・六に増えたからといって、それを強力なサインとして子ども数制限をしていたとは考えにくいだろう（ストックホルムの平均的家族に生まれた五人の子どものうち、生存者は一八七〇年と一八九〇年で二・五人から三・〇人にジャンプしたかもしれないが、これは劇的な変化というわけではない）。そこで都市出生率の早期低下についての強力な理由が必要である。ここでは、都市化と関連している要因が、出生率と乳児死亡率の双方に影響したが、この二つの変数間には何も明らかな因果関係がなかったということを提起しておくにとどめよう。

都市対農村の乳児死亡率にはいくつか興味深い側面がある。まずその第一は、一歳未満の年齢別死亡率の明らかな違いである。生まれて一カ月の間、特に第一週目において、違いは小さいが、もし違いがあるとすれば、それは都市に有利な方向である。しかし、一カ月目を過ぎると、死亡の確率は都市で高くなってくる（Knodel, 1974. Ulmer, 1927, p. 85）。これらの違いは前期と後期の新生児期死亡原因の違いに起因する。後期新生児は都市の衛生環

表５―４　都市の乳児死亡率指標　（農村部を 100 として）

年代	スウェーデン	フィンランド	ノルウェー	プロシア	バイエルン	資料年
1811-20	137	-	-	-	-	-
1821-30	139	-	-	-	-	-
1831-40	142	-	-	-	-	-
1841-50	151	-	-	-	-	-
1851-60	160	-	142*	-	-	-
1861-70	152	-	136	116	104	1862-70
1871-80	162	-	148	121	103	1876-77
1881-90	146	125	149	118	102	1878-82
1891-00	137	125	152	113	96	1888-92
1901-10	126	124	145	108	96	1898-02
1911-20	113	112	136	96	86	1908-12
1921-30	98	89	115	94	75	1923-27
1931-40	82	77	105	102	72	1928-32
1941-50	86	88	93	-	76	1933-37
1951-60	89	-	86	-	-	-

*1856-60 年。

出典：スウェーデン：Sweden,National Bureau of Statistics, 1969.
ノルウェー：Norway,Central Bureau of Statistics, 1961.
フィンランド：Utgiven av Statistiska Centralbyran, 1953.
プロシア・バイエルン：Knodel, 1974, p.169.

境の悪さと密集した場所に発生しがちな流行病に弱いといえよう。第二に、都市に多かった非嫡出子は、都市と農村の差異の一端を説明するだろう。ドイツでは、一八七〇年代、非嫡出子の乳児死亡率は嫡出子より六二％も高く、その違いは一九世紀末にはさらに大きくなっていた(Knodel, 1974, p.167)。第三に、都市の規模が大きければ大きいほど、乳児死亡率は高くなる。第四に、都市における早い時期の、そして急な低下が、高死亡率地域（バイエルン）では一九世紀おわりに、低死亡率地域（スカンジナビア）では一九〇〇―一九二〇年ごろに、都市部と農村部の違いを逆転させていた。

低下前の都市部と農村部の乳児死亡率の差異は農村の衛生環境よりも、都市の環境の不利な条件によるものであろう。密集した一九世紀の都市は伝染病のたむろで、身体の接触によって空気感染や伝染性の病気を招き、流行病を容易に蔓延させた。衛生や水の質は悪く、下水道は存在していなかったのである。母親たちは長い時間家の外で働き、乳児は早く離乳するか、あるいは、フランスのように、近隣の農村部へ送られて育てられるが、そこでしばしば死亡することもあった。乳母を雇う習慣は、一九世紀後半にミルクの殺菌法が発明されるとともに消えていった。

ヨーロッパの都市部における乳幼児死亡率の変遷をたどることは、死亡率の決定要因を究明するために興味深いことであるが、本章の目的からはそれてしまう。しかし、乳児死亡率は、観察している期間の初期には農村部より都市部で高かったが、婚姻出生率（I_g）が都市で低かったことは確かである。期間の終わりには、乳児死亡率と婚姻出生率の両方が農村部よりも都市部で低くなっていた。都市や町が行政区の割合の多くを占める場合、また都市と農村の間にかなりの出生率と死亡率の違いがあった場合、次節で計算する相関係数の符号と大きさにかなり影響を及ぼすだろう。

ここで、重要な二つの疑問について考慮してみよう。その一つ目は乳児死亡率のレベルと、婚姻出生率、あるいは合計特殊出生率との関係に関するものである。二つ目は、乳児死亡率の低下が出生率の低下より先に起こっていたか、そしてそれゆえに子ども数制限の欲求に影響を与えたか、という疑問である。

乳児死亡率のレベルと出生力の関係

婚姻出生率

先に、人口転換以前は、乳児死亡率と婚姻出生率（I_g）には強い関係がなかったと述べた。低下が進行し（一九〇〇年ごろに）、子ども数制限が広まってくると、夫婦は出生率を、その地域に広まっている死亡率のレベルに適応

図5—4　婚姻出生力（I_g）と乳児死亡率の関係散布図

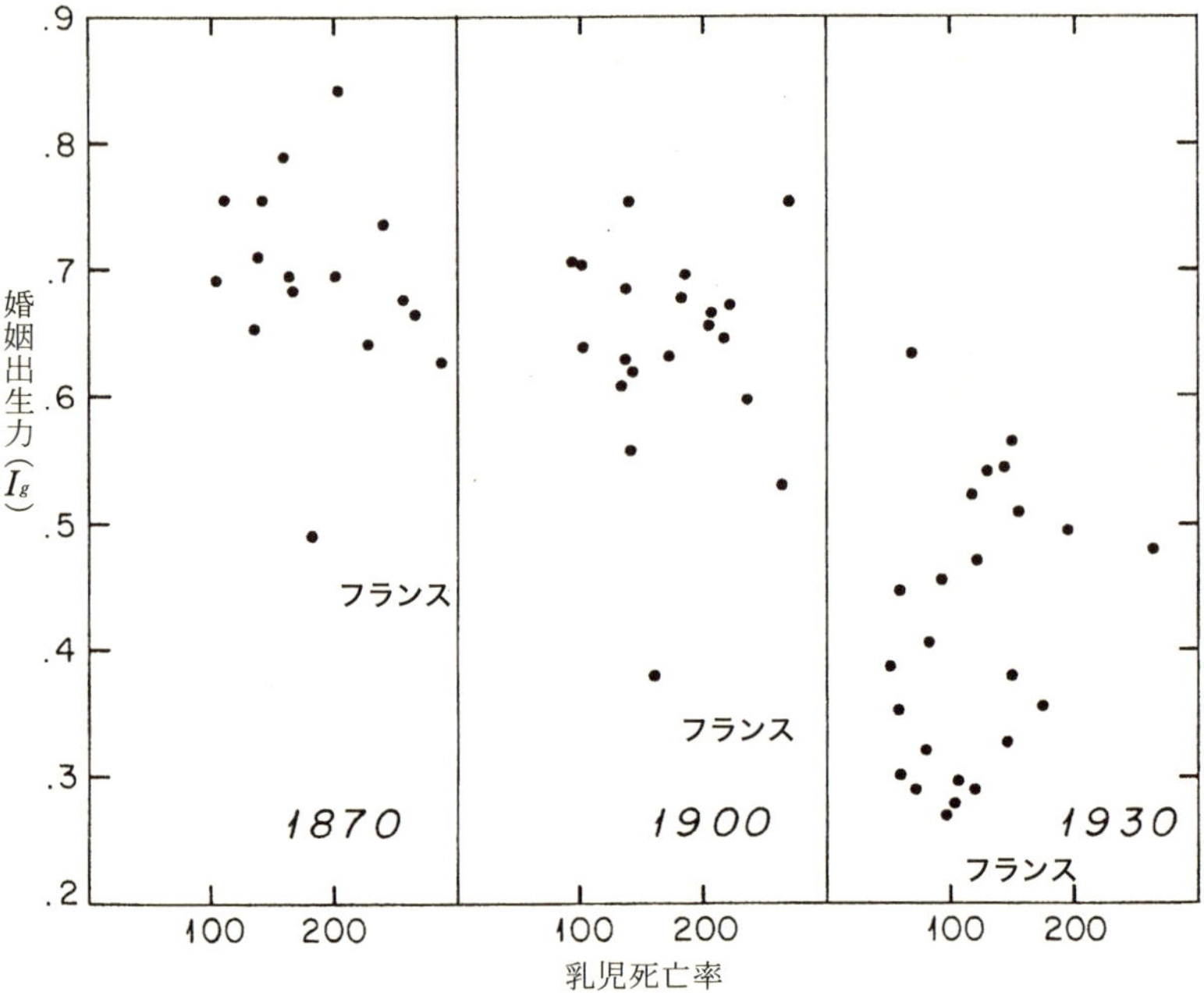

させていくと考えられる。これは乳児死亡率と婚姻出生率に正の関係を導く。乳児死亡率が低いレベルに達した一九三〇年には、ほとんどの地域で乳児死亡率が期待子ども数に及ぼす影響は消えていたと考えられる。もちろん、ヨーロッパの後進地域には高出生力と高死亡率の両方とも残っているところもありうるだろうが。

図5—4はヨーロッパ諸国における一八七〇年、一九〇〇年、一九三〇年という三カ年の婚姻出生率（I_g）と乳児死亡率との関係を示している。一九世紀においては一般的にいって国レベルの婚姻出生率は、乳児死亡率のレベルに関係していなかった。**図5—4**の左側の部分がその無相関を示している。一八七〇年には乳児死亡率のレベルは様々であったが、国レベルの婚姻出生率は、子ども数制限にそれほど影響を与えていなかった。唯一、婚姻出生率を低下させたフランスは、グラフのなかでも孤立している。**図5—4**の中央と右側二つの部分は、新しい年代を

示している。ここからは両指標に変化がみられる。一九〇〇年にはおよそ半分の国々が婚姻出生率の長期にわたる低下を繰り広げ始めている。一九三〇年には、すでにほとんどの国でかなりの低下がみられる。先に言及したとおり、ほとんどの国における乳児死亡率の低下は一八九〇年以降に開始され、このことは明らかに乳児死亡率と婚姻出生率が関係していることを示唆している。にもかかわらず、このグラフからは、観察するどの年代をみても、二つの指標間にはっきりとした関係が見出せない。乳児死亡率が一番低い国で、必ずしも婚姻出生率が一番低いとは限らないのである。その極端な例がアイルランドであろう。ここでは比較的低い乳児死亡率にもかかわらず、婚姻出生率は一九二〇年代まで下がらなかった。国レベルでのゼロオーダーの相関関係が期待されるが、実際、方向は期待通りであるものの係数は非常に低い。一八七〇年でr=0.22、一九〇〇年でr=0.25、そして一九三〇年でr=0.25である。

州レベルにおける相関関係は、国レベルでの関係よりも、あるときは高く、またあるときは低い。しかし、それらは必ずしも期待される方向を示すとは限らない。一般的に相関関係は年代を経るごとに高く、統計的に有意になることは興味深い。選択された数カ国の州レベルでの相関関係は表5―5に示されている。一八七〇年という第一列には州レベルで婚姻出生率と乳児死亡率の計算が可能となる、一番最初の時期の相関係数である。ただし、フランスにおいて、それらは出生率低下の前の時代、あるいは低下しはじめた時期だと推定できる。一般的に相関係数は弱いが、ドイツとオランダのみは有意な正の相関関係を示しており、この関係は、観察期間中保たれている。バイエルン地方の研究の中でノデルとE・ヴァン・デ・ワラは乳児死亡率と婚姻出生率の強い正の関係を発見し、これを母乳哺育慣行に起因させた。母乳哺育中止による生理学的効果と呼べるものである（Knodel and van de Walle, E., 1967）。しかし、相関関係は母乳哺育慣行が一般に広まっていないような地域をとってもみられ、乳児死亡率と婚姻出生率の関係が生理学的メカニズムとは独立している場合もあることを示している。オランダの相

表5—5　州別乳児死亡率と婚姻出生率の相関関係

（1870 年, 1900 年, 1930 年前後）

国	1870		1900		1930	
	N	r	N	r	N	r
ベルギー	-	-	41	. 575**	-	-
デンマーク	19	-. 134	19	-. 677**	22	-. 025
イングランドとウエールズ	45	. 090	45	. 174	43	. 614**
フランス	89	. 007	87	. 281**	90	. 310**
ドイツ	64	. 545**	71	. 219*	66	. 473**
オランダ	11	. 634*	11	. 798**	11	. 910**
ノルウェー	20	. 327	20	-. 409*	20	. 166
ロシア	-	-	50	. 399**	-	-
スペイン	-	-	49	. 110	-	-
スウェーデン	25	. 126	25	-. 027	25	. 523**
スイス	25	-. 038	25	. 209	25	. 557**
州合計	298	. 156**	443	. 383**	302	. 078

* .05 レベルで有意。
** .005 レベルで有意。
注: 相関係数は乳児死亡率指標と同期間の婚姻出生力の関係を示す。
同期間の乳児死亡数と出生数がわからない場合も若干ある。
それらのケースにおいては乳児死亡率の登録された期間が婚姻出生力指標の期間に先行する。
原則として出生率指標が国勢調査年をもって計算されているので, 国によって若干の違いがある。
計算された年は以下の通りである。
ベルギー 1900 年。
デンマーク 1850 年, 1901 年, 1930 年。
イギリスとウェールズ 1871 年, 1901 年, 1931 年。
フランス 1866 年, 1901 年, 1931 年。
ドイツ 54 州は 1867 年, 10 州は 1880 年, 1900 年, 1933 年。
オランダ 1879 年, 1899 年, 1930 年。
ノルウェー 1875 年, 1900 年, 1930 年。
ロシア 1897 年。
スペイン 1900 年。
スウェーデン 1880 年, 1900 年, 1930 年。
スイス 1870 年, 1900 年, 1930 年。
スペインは州合計に含まれていない。

関係数は年代を経るにつれて大きくなっているが、一八七〇年の係数の低さは乳児死亡の登録漏れによるものかもしれない。一九世紀において、国の中で一番高い出生率を持つ州は、乳児死亡率が低く、非常に孤立した社会経済的後進地域であった。これらの地域において、その後、乳児死亡率が高くなり、一九〇〇年にはオランダで一番高くなった（表5―1参照）。

一九〇〇年と一九三〇年の相関係数の多くは統計的に有意である。ただしいくつかは符号が負であるが。スカンジナビアの国々は、繰り返し負の関係を見せ、一九〇〇年のデンマークやノルウェーではかなり係数も大きい。しかし一九三〇年にはこの関係が逆となり、特にスウェーデンにおいて、それがかなり明らかである。この原因は、乳児死亡率が一九〇〇年において非常に高かったが、一九三〇年にはとくに低くなってしまった大都市の存在にある。スカンジナビアの首都は最も人口密度の高い行政区を意味している。他の都市と同様に、低い婚姻出生率と、一八七〇年で高く一九三〇年に低くなるという乳児死亡率の変化をみせている。農村部では乳児死亡率の範囲は小さい（たとえば、一八七〇年のデンマークではコペンハーゲンを含むと一三三であるが、コペンハーゲンを除くと五三になる）。結果的に、一九〇〇年以降、都市の乳児死亡率の劇的な変化が相関係数の符号に影響を与えている。スウェーデンのストックホルムでは一八七〇年に、国内で一番低い方にあたる婚姻出生率（I_g）を記録し、同時に乳児死亡率は二五三と農村部の三倍もある。しかし、一九三〇年にはストックホルムの乳児死亡率は四四と、国内で最低となった。

一九〇〇年のベルギーについては特に解説が必要であろう。相関関係はベルギーの行政区域（arrondissements）において統計的に有意な正の関係であるが、二つの言語区域それぞれの中では、有意差がなくなってしまう（フランス語地域では r=0.135、オランダ語地域では r=0.005である）（Lesthaeghe, 1977, p. 176）。言語地域によって、行政区域の傾向が偏っているのが正の関係を生み出しているのである。

ロシアの西側諸州では、乳児死亡率は比較的低い。ヨーロッパの標準にすれば高いとはいうものの、一九〇八—一九一〇年で出生一〇〇〇分に対し二二四であり、一八六七—一八八一年からあまりかわっていない（Coale, Anderson and Härm, 1979, p. 67）。これら西側諸州は婚姻出生率が最初に低下した地域でもある。乳児死亡率と出生率のふたつの変数はお互いに明らかな因果関係があるというよりは、二つとも同様に関連する別の要因があると考えられるべきであろう。それは文化という要因に違いない。

婚姻出生率の低下が進行するにつれて、より多くの国々が乳児死亡率とI_gの正の関係を体験し、高乳児死亡率の地域が高出生率を維持したため、この関係は統計的により有意になってきた。スイスがこのいい例である。孤立したアルプスの数地域や経済的後進地域では、一九六〇年代まで、非常に高い出生率と乳児死亡率を持続していた。その一方で近代化した地域では両変数がすでに低いレベルに達しており、共通する経済的要因の影響を受けていると考えられる。その例として、一九六〇年にウリ州では婚姻出生率の指標が〇・五〇五、乳児死亡率が三一〔パーミル〕であったのに対して、バーゼル州ではすでにそれぞれ〇・二六三、一八というレベルに達していた。一九三〇年には、長い間高乳児死亡率を体験してきたすべての国々の都市で、低い乳児死亡率と婚姻出生率を示すようになっていた。これらは常に正で、統計的にほぼ有意な相関関係に寄与している。

合計特殊出生率と有配偶率

ここで婚姻出生率（I_g）からは独立した乳児死亡率と合計特殊出生率（I_f）の関係について探ってみよう。ヨーロッパ出生力プロジェクトの出生力指標として使われ、コールとトレッドウェイの章（Coale and Treadway, 1986）でも議論されているこの合計特殊出生率は、先に述べた有配偶率（I_m）と乳児死亡率間の関係を通して作用する社会的効果の仮説を検討するのと同等の価値がある。表5—6にはこの点に関する結果をまとめている。有配偶率と死亡率の

表5—6　州別乳児死亡率と婚姻率の相関関係

（1870 年, 1900 年, 1930 年前後）

国	1870		1900		1930	
	N	r	N	r	N	r
ベルギー	-	-	41	-. 231	-	-
デンマーク	19	-. 229	19	-. 322	22	. 433*
イングランドとウエールズ	45	. 521**	45	. 659**	43	. 344*
フランス	89	. 178*	87	-. 207*	90	-. 184
ドイツ	64	-. 460**	71	-. 280*	66	-. 232*
オランダ	11	-. 166	11	-. 800**	11	-. 330
ノルウェー	20	. 083	20	. 026	20	. 368
ロシア	-	-	50	. 305*	-	-
スペイン	-	-	49	. 310*	-	-
スウェーデン	25	-. 313	25	. 015	25	. 380*
スイス	25	. 526**	25	. 199	25	-. 485*
州合計	298	-. 021	443	. 491**	302	. 408**

注：**表5—5**参照。

正の関係は浮上するものの、重要性を説明するには難しい逆の関係の方が頻繁に表れている。

最後にそして一番重要なことであるが、**表5—7**は、合計特殊出生率（I_f）と乳児死亡率が、デンマークを例外として、ほぼ正の関係にあることをはっきりと表している。ドイツやオランダのように、高死亡率が高婚姻出生率と共存するところでは、低い有配偶率（I_m）によっていくらか補正されている。イングランドやウェールズで継続してきた正の関係は有配偶率を通して維持されてきた。スイスは有配偶率と死亡率の関係が正から負になるという興味深い変化を遂げてきたが、合計特殊出生率と乳児死亡率は、有配偶率の変化のおかげで強い正の相関関係を保ち続けている（**表5—8**）。ここに潜むメカニズムはミステリアスであるが、非常に強いものとみられる。ほとんどのヨーロッパの国々において、I_f、またはI_mと、乳児死亡率の州レベル相関関係は、一九〇〇年と一九三〇年で非常に高い。

表5—7　州別乳児死亡率と合計特殊出生率(I_f)の相関関係

(1870年, 1900年, 1930年前後)

国	1870		1900		1930	
	N	r	N	r	N	r
ベルギー	-	-	41	. 668**	-	-
デンマーク	19	-. 329	19	-. 528*	22	. 117
イングランドとウエールズ	45	. 438**	45	. 514**	43	. 671**
フランス	89	. 125	87	. 342**	90	. 297**
ドイツ	64	. 413**	71	. 255*	66	. 588*
オランダ	11	. 878**	11	. 369	11	. 853**
ノルウェー	20	. 287	20	-. 050	20	. 420**
ロシア	-	-	50	. 423**	-	-
スペイン	-	-	49	. 656**	-	-
スウェーデン	25	. 086	25	. 209	25	. 721**
スイス	25	. 472*	25	. 301	25	. 499*
州合計	298	. 232**	443	. 685**	302	. 439**

注:表5—5参照。

表5—8　スイスにおける州別乳児死亡率と人口学的指標の相関関係

(1870-1960年前後)

調査年	幼児死亡率との相関係数		
	合計出生率 I_f	有配偶出生率 I_g	既婚比率 I_m
1870	. 472	-. 038	. 526
1880	. 396	. 092	. 449
1888	. 445	. 140	. 469
1900	. 301	. 209	. 119
1910	. 348	. 384	-. 255
1920	. 544	. 589	-. 317
1930	. 499	. 557	-. 485
1941	. 444	. 562	-. 711
1950	. 295	. 439	-. 508
1960	. 432	. 483	-. 288

出典: van de Walle, F., manuscript.

図5—5、図5—6が示すとおり、国レベルにおいてもこの関係は明らかである。図5—5における縦軸の I_m の分布は地理的差異が顕著な女性の結婚年齢における、東・西ヨーロッパの間の地域差を表している。つまり、東と南ヨーロッパの国々は一八七〇年、一九〇〇年、一九三〇年の早婚と高乳児死亡率によって特徴づけられている(南・東ヨーロッパの国々は州レベルの相関関係の表からは、なぜか明らかに消えている)。しかし両者に関係があるかどうかはまったくわからない。西・東ヨーロッパの結婚パターンが最終的には死亡率レベルへの適応であるとすれば、これはすばらしい発見なのだが、そのようなおおざっぱな見解の十分な証拠は何もない。

乳児死亡率と婚姻出生率の低下における関係

乳児死亡率と婚姻出生率の理論的関係に戻ろう。二変数間レベルの関係の検証結果は、結論づけることはできないが、数カ国の結果に、低下が進むほどその関係が強まったことが現われている。

表5—9は、一九〇〇年以前と一九〇〇年から一九三〇年(ベルギーについては一九一〇年のみ)までという二期間の乳児死亡率と婚姻出生率の相対的変化を比較している。もし二変数の低下が並行していれば、どちらの期間にも相関関係があるはずである。結果は、少なくとも一定ではない、といえよう。それぞれの相関係数は低く、統計的に有意でも説明が困難な場合がある。一九〇〇年以前で有意な係数はオランダだけである。他は非常に弱い関係か、負の関係である。

一九〇〇年以降、大部分の国々で出生率と死亡率激減の過程があったはずだが、統計的に有意な関係をみせているのはイングランドとドイツのみである。それ以外は、三カ国(ノルウェー、スウェーデン、スイス)で一九〇〇年以前の乳児死亡率の低下と一九〇〇—一九三〇年の出生率低下に関係がみられる。これは死亡率低下と、出生率低下のどちらが先かという疑問をなげかける。これについては、他の国についての考察が我々の結論に示唆を与え

図5—5　配偶率(I_m)と乳児死亡率の関係散布図

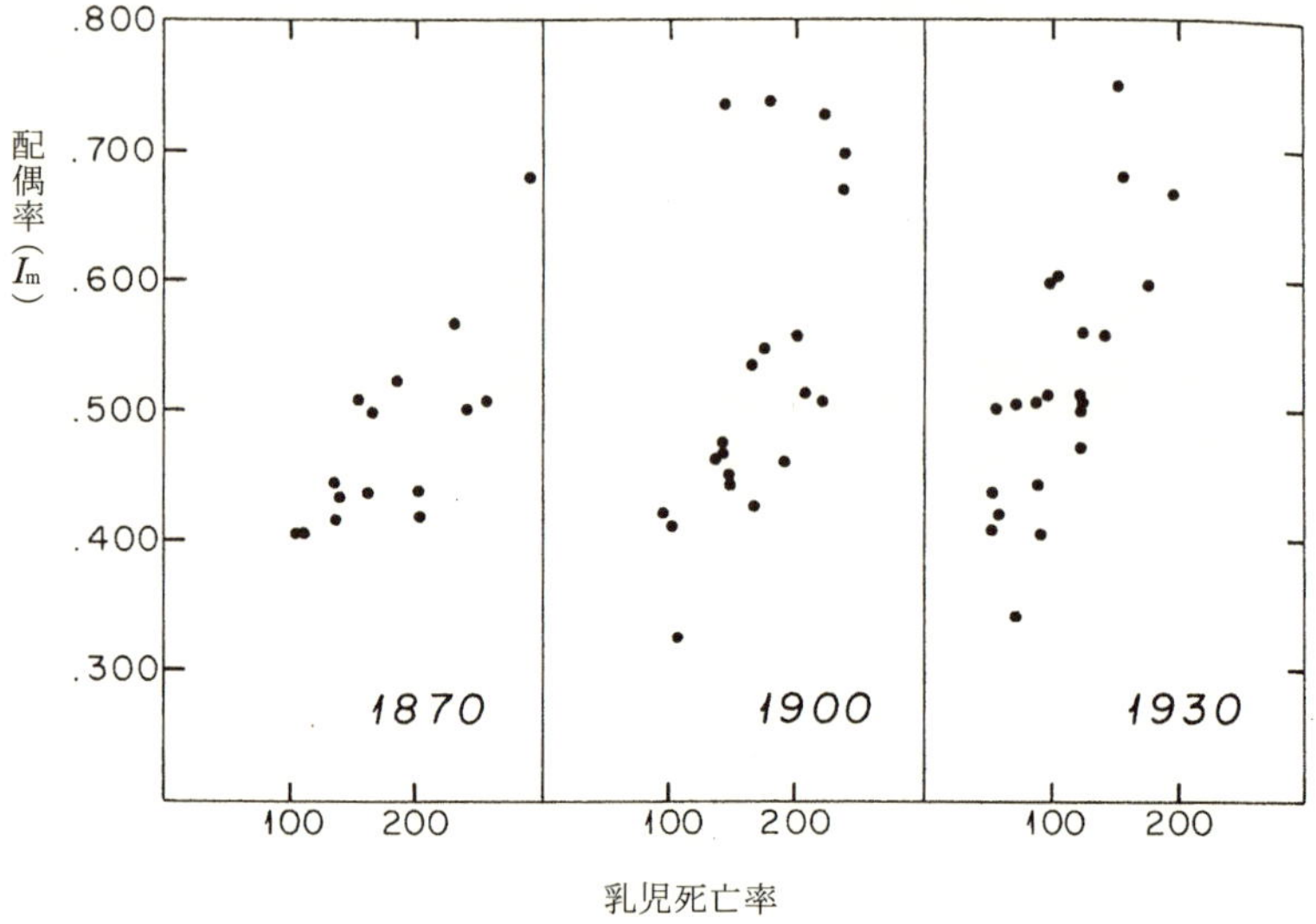

図5—6　合計特殊出生率(I_f)と乳児死亡率の関係散布図

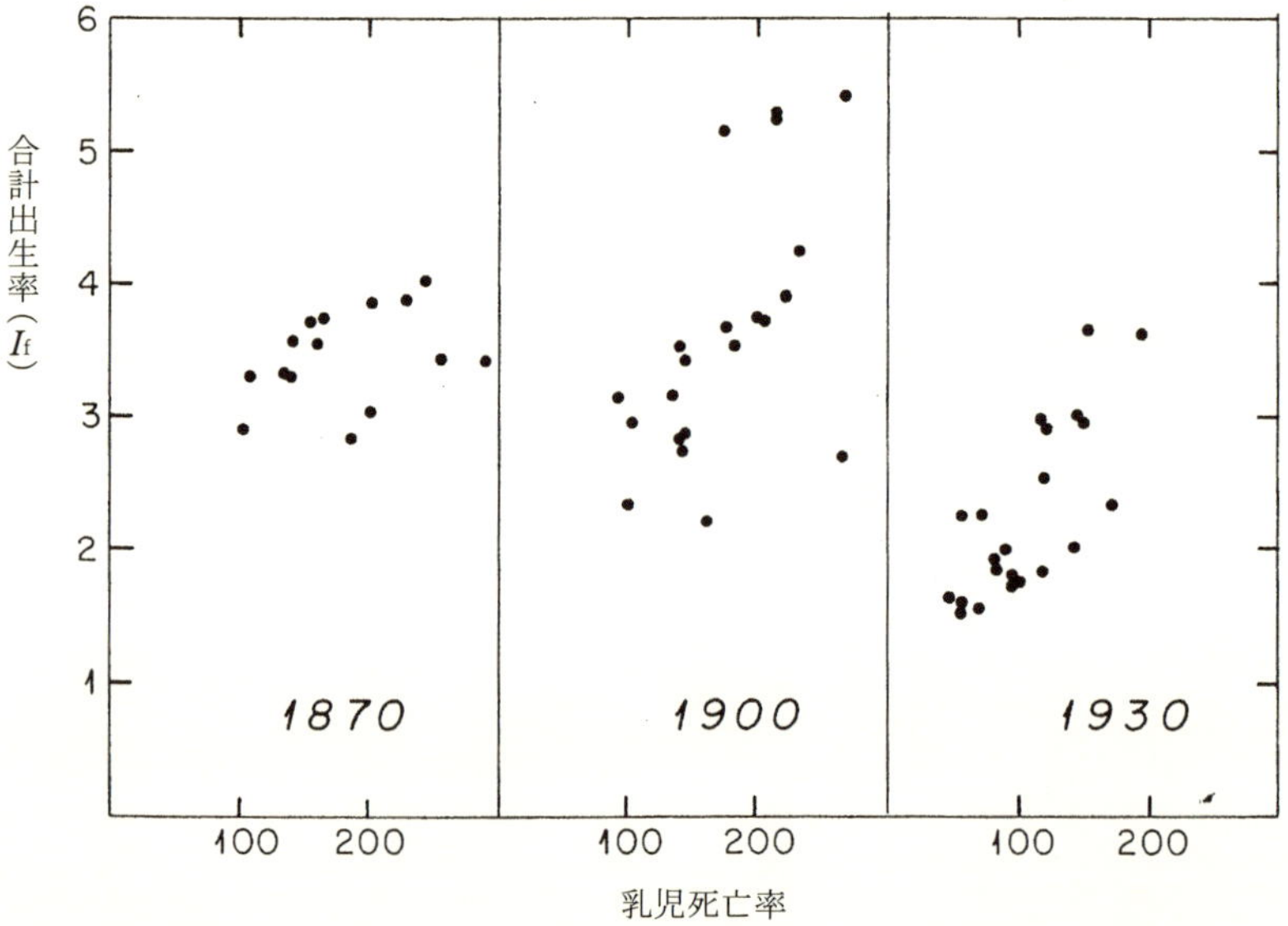

表5—9　州別婚姻出生率の相対的変化と乳児死亡率の相対的変化の相関関係

		相関係数	
	△IMR	△Ig	
国	正確な年	第1期	第2期
ベルギー（フランドル）	1890-1900	-. 168	+. 125
	1900-1910	-. 007	+. 086
ベルギー（ワロニア）	1890-1900	-. 296	-. 325
	1900-1910	-. 283	-. 443
デンマーク	1850-1900	-. 013	-. 251
	1900-1930	+. 660**	+. 082
イングランド	1871-1901	-. 068	-. 060
	1901-1931	+. 146	+. 308*
フランス	1866-1901	+. 154	-. 188
	1901-1931	+. 034	+. 043
ドイツ	1867-1901	+. 165	-. 444**
	1901-1933	+. 160	+. 415**
オランダ	1879-1899	+. 909**	-. 809
	1899-1929	+. 176	-. 077
ノルウェー	1875-1900	-. 151	+. 371
	1900-1930	+. 320	-. 163
スウェーデン	1880-1900	-. 030	+. 325
	1900-1930	+. 389*	+. 175
スイス	1870-1900	-. 030	-. 389*
	1900-1930	+. 325	+. 175

* .05 レベルで有意。
** .005 レベルで有意。

表5—10　乳児死亡率と婚姻出生率減少開始の順位

国	ユニット数	乳児死亡率減少が最初	婚姻出生率の減少が最初	同時
スイス	181	172	8	1
ドイツ	71	36	34	1
ベルギー	9	1	8	-

注：単位はスイスとドイツにおいては“districts”。ベルギーにおいては“provinces”。

てくれるであろう。

表5—10は、「各指標が工業化以前の平坦なレベルから一〇％低下し、それ以前のレベルにもどらない」という定義を設け、三カ国において乳児死亡率と出生率のどちらが先に低下したかを示している。スイスではほとんどの地区で乳児死亡率が先に低下した。平均してみると、低下は乳児死亡率が一八八三年、婚姻出生率はそれから一六年遅れた一八九九年である。さらに乳児死亡率低下の時間的指標は（一〇％低下の年、五〇％低下の年、また乳児死亡率が一〇〇〇分の一〇〇になった年）、常に婚姻出生率一〇％低下の年と相関している（相関係数 r はそれぞれ、〇・三六四、〇・四九八、〇・四三七である）。この関係は文化的・社会的要因を加味しても失われない（van de Walle, F., manuscript）。つまり、スイスは、子ども数制限の到来以前には全く関係がなかった二つの指標のうち、乳児死亡率低下が先行し、それゆえにおそらく婚姻出生率の低下を招き、そして低下が進むにつれて二つの相関関係がより統計的に有意になってきたという、まさにわれわれが教科書用に探しているような例だということである。

ドイツでの乳児死亡率の低下は三六の行政区で（Knodel, 1974, p. 180）、婚姻出生率の低下は三四区で最初に起こった。というわけで、乳児死亡率の低下は、半分以上の州で起こった出生率低下の原因にはなり得ない。一方で、全期間を観察すると、乳児死亡率と婚姻出生率のレベルには正の相関関係がある。プロシアでは一〇％の婚姻出生率の低下と、①一〇％の乳児死亡率の低下（r=0.379）、②五〇％の低下（r=0.542）（Knodel, 1974, p. 184）にそれぞれ非常に高い相関関係があらわれている。

ベルギーとイギリス（表になし）の状況は非常にはっきりしている。前者ではリンブルグ（Limburg）州を除いて、婚姻出生率の低下が乳児死亡率低下に先行した。さらに二指標間のレベルの相関関係は全く存在しないか、負であり、二つの変数がまったく関連していないことを示している。R・J・レステーゲ（Ron J. Lesthaeghe）は乳児死亡率がベルギーの婚姻出生率の歴史的経緯に果たした役割はあまり大きくないと結論づけている（Lesthaeghe, 1977, p. 175）。またM・S・タイテルバウム（Michel S. Teitelbaum）は、イギリスでは「本格的な乳幼児死亡率の低下は、世紀が変わって、婚姻出生率低下の到来からだいぶ経ってから起こった」と述べている（Teitelbaum, 1984）。

それに対して、スウェーデンやオランダは、乳児死亡率の低下が先行する、という全く逆の状況を示している。これを因果関係の逆行といえるだろうか。スウェーデンの乳児死亡率は、婚姻出生率のほぼ一世紀前に低下しはじめたのである。もし生存子ども数が重要ならば、なぜもっと早く出生率は低下しなかったのだろうか。オランダはというと、両指標は一九世紀の終わりまで高く、低下も遅かった。乳児死亡率は出生率の一〇年程前、世紀の変わり目に低下しはじめていた。両指標の低下は近代化の結果だと思われる。オランダの出生率は、一九一〇年代に乳児死亡率の低下とは独立して低下する準備ができていたといえよう。

ヨーロッパ全体における低下の連鎖を測定する適当な指標をみつけることは難しい。数カ国では、乳児死亡率と婚姻出生率が転換前の平坦な状態から一〇％低下した時点を指標とすることが適当である。たとえばドイツやスイスでは統計が信頼でき、乳児死亡率の低下の幅の変動が僅かだからである。しかし他の国ではデータの質があまりよくなく、乳児死亡率の低下の過程も非常に不規則である。また、市民登録制度の始まりが国によって異なり（一八世紀中頃から第二次世界大戦まで）、過去の死亡率や低下については知りようがない。そこで、一つの代替案として、ある一定のレベルまで乳児死亡率と婚姻出生率が達したとき、という指標を利用することができよう。

表5—11によると、乳児死亡率が一〇〇に達した年次は、婚姻出生率（I_g）が〇・六〇〇に達した年次と相関してい

表5—11　乳児死亡率と婚姻出生率減少年の相関関係

デンマーク	−. 496*	オランダ	. 728*
イングランド	. 085	ノルウェー	−. 275
フランス	. 146	スウェーデン	. 213
ドイツ	. 220*	スイス	. 331*

*0.5 レベルで有意。
注：ここでいう減少年とは乳児死亡率が千分の 100 に，婚姻出生率が (Ig).600 に到達した年を意味する。

表5—12　乳児死亡率と婚姻出生率の減少年

国	乳児死亡率 100 に減少	婚姻出生力 . 600 に減少
ノルウェー	1882	1913
スウェーデン	1896	1904
アイルランド	1900	1928
スイス	1912	1901
デンマーク	1913	1901
オランダ	1913	1914
イングランド・ウェールズ	1914	1894
フィンランド	1921	1914
フランス	1925	1831
ドイツ	1926	1905
ベルギー	1928	1895
オーストリア	1932	1908
ギリシャ	1940	1916
イタリア	1944	1916
スペイン	1944	1916
ポルトガル	1950	1921
ブルガリア	1951	1914
ルーマニア	1953	1908

出典：Institut national de la statistique et des études économiques, 1966. I_g は Coale and Treadway, 1986 より。

る。これらの年次は乳児死亡率と婚姻出生率の両者が低い現代のレベルまで下がったときに相当する。負の関係が幾度もみられるスカンジナビア諸国を除いては、相関係数はたいてい正である。わずか三カ国のみは、乳児死亡率と婚姻出生率の低下が上記のレベルまで達した年次に有意な関係が示されている。

この節のまとめとして、表5―12に一九世紀の国レベルでの低下の年次を示した。ここで特に二つの点に注意したい。まず、フランスとハンガリーを除くすべての国々でI_gが〇・六〇〇に達するのに三四年間を要しているのに対して、乳児死亡率が一〇〇というレベルに達するまでには七一年間も要している。南東ヨーロッパの諸国は北西ヨーロッパの国々と婚姻出生率の低下の年次はほぼ同じであるが、乳児死亡率の低下は遅れている。第二に、二つの低下には明らかな関係がない。婚姻出生率のコラムの年次には連続性がない。婚姻出生率が〇・六〇〇に達するまでに乳児死亡率が一〇〇になっているのはわずか三カ国である。というわけで、乳児死亡率と婚姻出生率の因果関係は解決されないままである。しかしこれは、低下の過程において二つの指標が関係していなかったということではない。あるときは、乳児死亡率が、またあるときは婚姻出生率が先に低下しているのである。また他の状況では低下が同時に起こっている。しかし、すべての国で、乳児死亡率と婚姻出生率両者の大きな低下が今世紀に入って一斉に起こった。系統だった因果関係を打ち立てることはできないが、現代の西欧諸国は、遅かれ早かれ両者の低下を経験したのである。

結論

以上の不確かな統計的証拠をもとに、今一度、冒頭にあげたフリードマンの引用文に反映された一般的な見解が、何を根拠にしているものか問うことは興味深い。なぜ出生率が死亡率低下の結果として下がったという仮説が流布しているのだろうか。

これは、現代人口の行動と動機に基づいて一般化された仮説かも知れない。現代の出生抑制を実施している人口において、夫婦が死んだ子どもの替わりにもう一人設けると考えることは容易である。この考えが、時代錯誤の可能性があるにもかかわらず、過去の時代にも推定されたに違いないのである。もちろん乳児死亡率と婚姻出生率の傾向には偶然性もあった。決して不可逆的な二つの率の変化、しかもそれが同じように短期間で起こったということが、理論家に二つの間の因果関係を求めさせることになってしまったのだろう。

一方、この議論は古いものだとも言える。早期の人口理論家は、出生が死亡に依存していることを強調した。しかし、一七七〇年代、J・L・ミュレ（J. L. Muret）というヴィヴィ（Vevey）の牧師は、ヴォー地方（Pays de Vaud）の多量な教区簿冊を検討して困惑していた。「子どもが乳児死亡の危機からのがれられる国が最も出生率の低い国であろうか」（Muret, 1766, p. 68）。ミュレは健康な国々で女性が多産でなくなるためには特別の摂理が必要であると推測した。四半世紀後、マルサスがミュレに報告したところによると「……経験が語る通り、健康で進歩した国々では、婚姻と人口に対する慎重な抑制が広まることによって低い死亡率とのバランスを保っている」（Malthus 1830, p. 48）。人口規模はある程度にとどめられなくてはならないが、ほとんどの健康な国では受胎能力が低いので人口超過にはいたらず、不健康な国では、非常に高い受胎能力によって人口を支え得る、という結論にマルサスは至っている（Malthus 1830, p. 68）。禁欲をこの法則の第一の補足的要因とみることは一九世紀初期のモラルと社会経済的思想を反映しているといえるだろう。

人口動態統計の登録のはじまりは、一般的な統計の必要性の認識と同時であった。一九世紀中頃のヨーロッパにおいて、人の一生に対するより合理的な概念や国の能力の探求が、統計学者をして、高い乳児死亡率は国の恥だと思わせた。たとえばスイスの統計学者は子どもに起こる多くの死因について憂慮した。彼らは治療法は医療処置によるのではなく、生活水準の向上にあると考えた。出生数と死亡数の関係は常に認識されていた。一八七〇年代、人々の間では、「もし、より多くの乳児が生き残れば、乳児はより少数になり、死んだ子どもへの資本がより効果的に使われる」(Statistique de la Suisse, 1878, p.XIX)、また「多産を目的とするよりも、強く健康な新しい世代を社会に付与することの方が重要である」(Statistique de la Suisse, 1901, p.34) などと言われていた。この文献は乳児死亡率と出生率の関係について、あいまいさが存在していたことを示している。乳児死亡率のレベルは出生率に影響するだろうか。また、高い出生率は多くの乳児死亡を招いただろうか。スイス統計局 (Statistique de la Suisse, 1878) の報告によると、医者は、不充分な栄養や住居、衛生と教育の欠如などが高い乳児死亡率の原因だとしていたようだ。しかしその報告は、高出生順位における母親は弱く、不健康な乳児を出産するため、妊娠の繰り返しが乳児死亡率の第一の原因だという結論に至っている。

スイスの統計学者と医者が、出産と乳児死亡の間の密接な関係を信じていたのは、正しいとも、間違いともいえよう。彼らは、出生率と乳児死亡率を比較することで、理論を検証した。州別乳児死亡率が順位づけられると、数個の例外を除いて (工業化の進んだ州は非常に高い率を示し、アルプスの農業主体の州は非常に低い率を示している)、出生率も正しい順序に並んだのである。**表5—8**はスイスの統計学者の見解を確認していることになる。乳児死亡率と合計特殊出生率は、一九世紀には有配偶率の、一九〇〇年後は婚姻出生率のおかげで、常に関連しているのである。

しかし、スイスの統計学者は婚姻出生率と合計特殊出生率を区別しなかった。彼らは、結婚における出産間隔調節については議論しているが、統計的証拠をあげる段になると、出生率と乳児死亡率の関係に依存してしまっていた。これら早期の人口転換の理論家たちは、婚姻出生率については全く関心がなかったのである。彼らは夫婦の動機よりも、社会的生存を問題にして議論していた。伝染病、飢饉、そして一般的に貧しい衛生環境と育児が子どもの死を招き、それによって生じるギャップを埋めるために十分な子どもが作られることを保証しながら、諸々の制度が死亡率のレベルに適応するというような全体的なメカニズムを求めていた。一般的に言って、我々の結果はこの見解とだいたい一致しているといっていいだろう。我々は観察期間を通してほとんどの国で乳児死亡率が合計特殊出生率と関係を保っていることを見出した。一九〇〇年代では、相関関係は婚姻出生率よりも有配偶率との間でより強かったことも明記しておこう。

この探究のおわりに、乳児死亡率低下が出生率の低下を導いたという歴史的証拠を報告することは残念ながらできない。高死亡率と高出生率のいずれも、現在の発展途上国に広まっている生活水準や合理的な健康問題のアプローチとは矛盾している。どちらの低下も近代化の過程で起こったものなのである。

原　注

（1）しかしながら、彼らのジャワにおける実証的分析からは高死亡率と婚姻・出産に関する社会的規範の関係がみられない。

（2）また女性数に対する男性数の比によっても婚姻年齢と死亡率の間に関係が見られる。死亡率の変化は配偶者の欠如や流入を招くことになるかもしれない。たとえば、一般的に、夫が妻よりも五歳ほど年上であるとすると、乳児死亡率の急激な減少は女性コーホート規模を大きくする。婚姻マーケットにおける女性の余剰は、女性をして未婚のまま残るか、自分の年齢により近い男性を選ぶという選択肢に直面させる。それによって、男性の結婚年齢が低下するだろう。これは現代の発展途上国における重要な現象である。

（3）一八三七年に始まる動態統計を利用したT・マッキオン（Thomas McKeown）のこの問題に関する研究（McKeown, 1976）は、それ以前のE・ジェンナー（Edward Jenner）の発見〔種痘法の発見〕に続く急激な減少の可能性を過少推計している。

（4）乳児死亡率とは同期間（たいてい五年間）における出生数一〇〇〇に対する一歳未満の平均死亡数を意味する。

（5）カールソンの生存率は、乳児死亡率から直接求められていることに注意されたい。

第六章

人口転換期の都市・農村間の出生力の差異

アラン・シャーリン
（髙橋美由紀訳）

「都市人口は依然として〔出生力を説明する際に〕その役割を模索中の概念である……」

M・リヴィ＝バッチ『過去二世紀間におけるイタリア出生力の歴史』（Livi-Bacci, 1977, p.214）

研究を手伝ってくれたM・E・ウォーサン＝クリマー（Mary Ellen Wortham-Krimmer）とD・タカギ（Dana Takagi）にお礼を申しあげる。カリフォルニア大学バークレイ校「都市と地域の発展に関する研究所」（the Institute of Urban and Regional Development）は金銭的な補助をしてくれた。M・S・タイテルバウム（Michael S. Teitelbaum）とA・コール（Ansley Coale）のコメントに感謝している。

はじめに

伝統的な人口転換理論は、都市域の役割を高出生率から低出生率への移行ととらえている。人口学者は、最初のうちは都市化を人口転換の原因の中に含めていた（Notestein, 1953）。都市化とは、一般に都市域に居住する人口の割合が増加する過程を意味するが、近代においては都市の経済基盤の基礎的な改革――ギルド制から資本主義へ、熟練工による生産から工場生産へといった――を意味する。このような変化は、たくさんの子どもを持つことに対する経済的な動機を低下させるなど、家族の経済的な役割を変化させる。そして近代都市的な価値が伝統的な価値にとって代わるにつれて、小規模な家族の美徳が誇張される。このことは、実証的に明らかである。西欧社会のほとんどの国において、農村域から都市域への人口の大規模な移動は、婚姻出生率の目立った低下とほぼ同時期に生じた。

最近の研究は人口転換理論を支えている多くの理論を検証し、都市化は触れられないままですむ問題ではなくなった。たとえば、都市化と人口転換とのタイミングの同時性についてのおおざっぱな説明は、フランスとイングランドについてはあてはまらない。フランスでは近代的な都市が出現するずっと以前の一八世紀末期に、人口転換が始まった。これに対し、イングランドにおける出生率の低下は、バーミンガムやマンチェスターなどのような都市が、すすで汚れた工業センターになった数十年後にやっと始まった。出生率の低下のタイミングがより精確に、I_g（婚姻出生率の指標）[*1] の一〇%の低下として観測されるようになったが、出生転換が始まったとき、ヨーロッパ各国の都市域に居住する人口の比率は多様であった。フィンランド、ハンガリー、ブルガリア、フランス、そしてスウェーデンでは、出生転換が始まったとき八〇%以上の人口がまだ農村に住んでいた。一方、オランダ、スコットランドそしてイングランドとウェールズではI_gが一〇%下がったとき、依然として農村に居住していた人口は三〇%にも満たなかった（Knodel and van de Walle, E., 1986)。

＊1　I_gは、結婚をしている女性が最高の出生率にさらされると仮定したときに算出される数値に対する、実際に結婚をしている女性に生じる出生数の割合（Coale and Treadway, 1986, p. 154)。

それゆえ、かつて考えられていたほど、因果関係は直接的でも単純でもない。しかし、「都市と農村の（出生率の）差異」と「人口転換」との間に関係があるという考えを却下することはできない。確かに、地域の種類や規模に注目することにより、高出生率から低出生率への転換に関する重要な洞察が得られると依然として期待されている。

都市と農村をどのように定義するかということが、都市域と出生転換との関係に関するいかなる分析においても、もっとも根本的な問題となる。何が都市で何が農村なのか。五、〇〇〇人ないし一〇、〇〇〇人ほどの少数の人口しか持たない地域を都市と考えてよいか、そしてまた、これは時期によっても変化するのか。どのような基準が都市と農村との分岐点として定義されうるか。もし、よくあるように、公的な定義が採用されるなら、公的な定義が時期とともに変化したり、あるいは国によって多様であったりすることにどのように対応するのか。測定に関する問題は、すぐに概念化の問題へと変化する。私たちは都市という言葉によって単純に多くの人口が集まっているという人口学的な現象をとらえようとしているのだろうか、あるいは都市的な生活様式をとらえようとしているのだろうか。さらに、都市生活の基本的な事柄は、都市の定義に関わらず、時期によって変化する。中世都市の住人は、歩いてちょっと行けば農村に行くことができたのに対して、現代の大都市の住人は農村に行くのに数十マイルも行かなければならない。仕事の内容、生産規模、そして環境的なパターンの変化とともに、都市と農村における出生率の変化のよりどころもおそらく長年の間に多様になっている。都市環境の本質的な変化が、出生率の低下とほぼ同時に生じたときは（たとえ数十年ずれるとしても）、よりいっそう問題となる。そのタイミングはある因果関係に帰せるほど正確なものではないが、都市と農村の差異をどのように定義すべきかということと同じ程度に重要な問題である。一〇〇年間にわたるヨーロッパの六〇〇以上の地方からのデータを取り出す比較研究において、標準的な定義を探すことはたいへん困難な作業である。

単一的な満足のいく解決はないが、三つの概念的な区別が有効である――都市の人口を農村の人口と対照をなすものとして定義すること、出生率の低下する都市域がどのようなものかを調査すること、そして都市化（人口集積）という動的な現象を考慮すること。このような区別が組み合わさって二つのアプローチとなる――ひとつは概念と定義に関する問題の巧みな迂回、そしてもうひとつは正面からこの厄介な問題に取り組むことである。ここにおいて迂回とは、様々な定義や都市化の度合いにより変化しない、都市と農村の差異の中に経験的な規則を探すことを意味する。このようにして、政府による公的な都市と農村の定義はそれらが時期と場所によって多様であっても使うことができる。正面からこの厄介な問題に取り組むことは様々な種類――大きさ、社会的、経済的な性格――の農村と都市という場所の区別をするという努力を含んでいる。どちらのアプローチも完全には満足ではない。迂回は解釈をうまないし、そして正面からこの厄介な問題に取り組むには、必然的に規則正しくない、まとまりのない証拠を考察することに依拠しなければならない。同時に二つのアプローチは二つの異なってはいるが、関連した問題に対するいくつかの有益な洞察を提供する――都市と農村における出生力の差異の原因と、どのようにして都市と農村の差異が人口転換を理解するのに貢献するのかという問題である。最後に、都市と農村がどのように異なるかということを考えた場合、社会的、経済的そして文化的な相違と変化といった一連の事柄が連想されるわけで、出生力の差異によって都市と農村の差異を説明するということは、限られた有用性しか持たない。

都市と農村とでのI_m（有配偶率の指標）とI_g（婚姻出生率の指標）に関する差異

西欧での都市と農村の出生力の差異に関して、もっとも説明力のある、唯一かつ一般的見解は、ヨーロッパ出生力プロジェクトがデータを集めた時期においては、都市の出生率は農村の出生率よりも実質上いつでも低い、というものである。その一般的見解は婚姻出生率に関してもっとも説明力があり、結婚の形態[*2]と婚姻出生率によって算出される全体の出生力に関しての説明力はやや弱い。

*2　ここで言及されている「結婚の形態」とは、主に初婚年齢の高低のことと考えられる。「結婚の形態」に関しては、本書第一一章を参照されたい。

図6―1から**図6―7**までは農村のI_gから都市のI_gを引いた数値を横軸とし、農村のI_m[*3]から都市のI_mを引いたものを縦軸としている。従って、第一象限上の点は農村のI_mとI_gがともに都市のI_mとI_gより高いことを示す。図は、ドイツ、スイス、ハンガリー、ロシア、ノルウェー、フィンランドとスウェーデンの七つの国を含む。各国の左上の図は、それぞれデータが得られる最初の時期の、都市と農村の差異を表している。一八八〇年以前では、

フランスを除くほとんどの地方では、I_gの継続的で大幅な低下が始まっていなかった。例外は、カタロニアの二つの地方とベルギーのフランス語圏の地方、スイスの少数の州、いくつかのドイツの地方、スコットランドの二つの州、ラトビア、そしてペテルスブルグ、デンマークの二つの地方、スウェーデンのゴトランド島、ハンガリーの二、三の地方、そして東セルビアの一つの地方である（Coale and Treadway, 1986, pp.31-181）。このような本格的な低下が始まる前の差異は、たいてい比較的小さい。農村と都市のI_gの差異は若干〇よりも大きいというところから〇・二までと変化に富み、そしてごくまれに農村のI_gが都市のI_gより〇・二ポイント以上高い場合もある。その他の例外（都市のI_gが農村よりも高いといったような）は、不正確なデータか、あるいは性格上都市とするより農村としたほうがいいような小さな地域を都市と定義していることから生ずるように思われる。ドイツは、両方の例を示している（図6―1）。

＊3　有配偶率の指標。I_mは、配偶関係の出生率全体に対する貢献の指標。厳密に言えば、それは結婚している女性のみが出産可能だという、仮定された人口についての指標である。そして、そこにおいて結婚をしている女性は各年齢においてもっとも高い出生率にさらされる。I_mは、そのような人口における、もし、全ての女性が結婚をしていたときに算出されるであろう数値に対する、実際に結婚している女性による出産数の割合（Coale and Treadway, 1986, p.154）。

J・ノデル（John Knodel）は一八六七年の都市と農村の出生率の指標は「多くの行政的な地域において現実的でない」、なぜなら「明らかに国勢調査で使われている都市域あるいは都市の境界の定義が、きわめて重要な統計に使われている定義と一致しないからだ」と報告している（Knodel, 1974, pp. 94-95）。ノデルは、定義上の矛盾が間違いを引き起こすような地域を排除した後でも、なおドイツの出生率の一般的な低下が始まる以前に、農村の婚姻出生率よりも都市の婚姻出生率が高い、いくつかの行政地区を発見している。しかしながら、大都市と小さな都市域とを分けてみるとき、「大都市は一般に、関係ある農村あるいは都市部門よりも、低い婚姻出生率によって特徴づけられる」（Knodel, 1977b, p.365）。ヨーロッパ全体について眺めた場合、差異はたいてい期待される方向に作用

図6—1　農村のI_gとI_mから都市のI_gとI_mを引いた値(ドイツ)

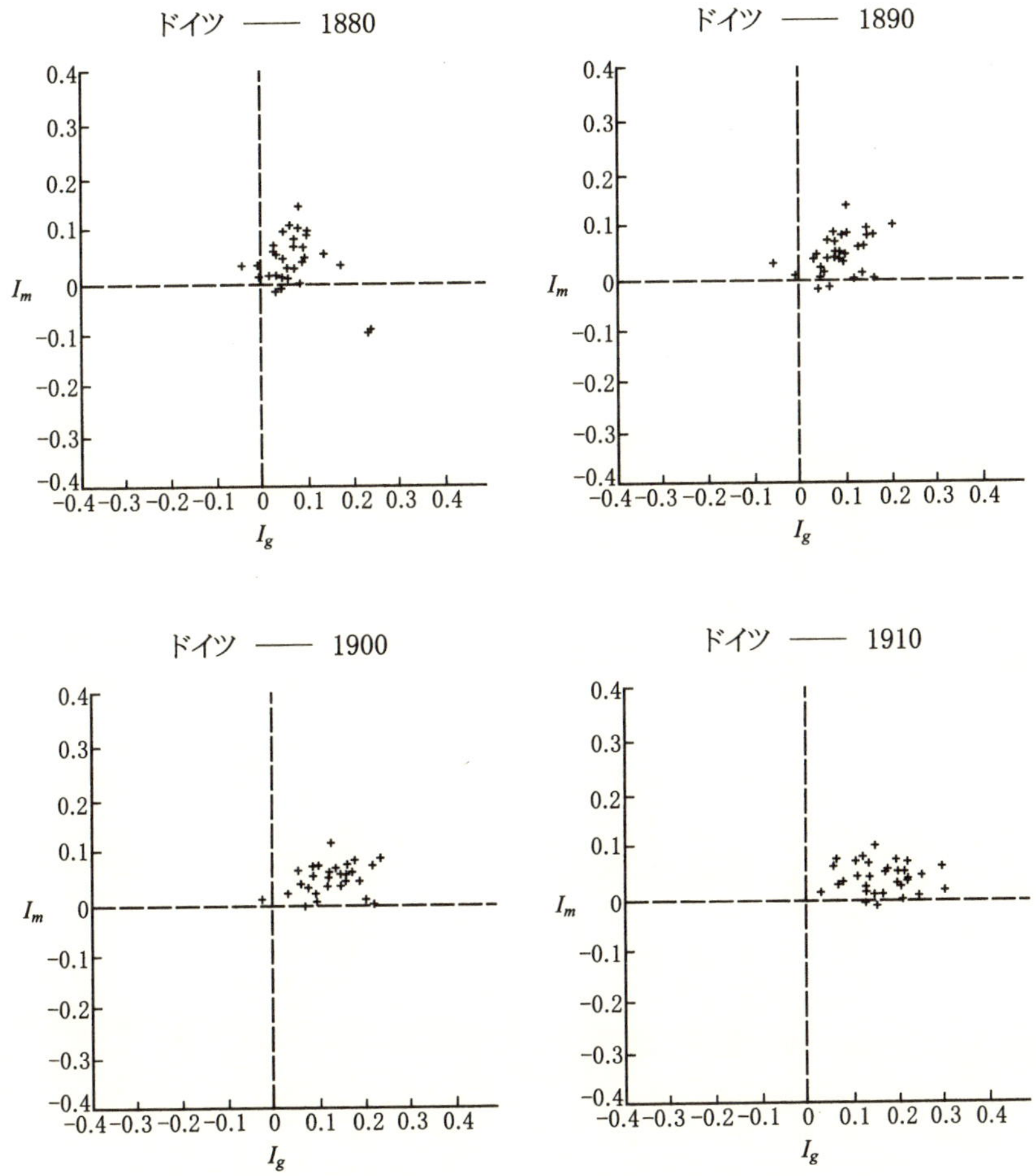

している。定義が多様であり、そしてとても異なった種類の地域が都市にも農村にも含まれていることを考えると、この普遍性はきわめて印象的である。

都市は婚姻出生率が低いだけでなく、また、I_m によって計測される有配偶率の水準も低い。この規則についての例外は、婚姻出生率に関する例外よりも少ない。前工業化期の都市におけるこの差異の背後にある社会的なメカニズムは、比較的明らかなように思われる。女性が奉公人（サーヴァント）として雇用されていると、一般には結婚が難しい。すなわち、多くの者が奉公人として雇用されているということは、女性の有配偶率が低い水準にあるということにつながる。奉公人として雇われている人口の割合は、地域の大きさとともに増加し、そこでは既婚者の割合が低下する（Sharlin, 1978）。プロイセンの一八八〇年における人口二〇、〇〇〇人以上の都市で、奉公人である女性の割合は、四五歳から四九歳という年齢で独身である割合、そして女性の静態平均初婚年齢（SMAM）の両方と高い相関があった（Knodel and Maynes, 1976, pp. 150-151）。男性に関しては、都市と農村の職業構造と有配偶率との関係はそれほど直接的ではない。ある都市の職業は早婚を可能にしたが、他は結婚を遅らせた。しかしながら、正味の効果は、女性でも男性でも、都市では農村部と比較して結婚が遅く、独身のままでいる割合が高いということであった。

婚姻出生率と有配偶率は、両方とも同じ方向に働き、全体の出生率に比較的大きな差異を生む。例外的に、都市の婚姻出生率が農村よりも高いという場合に、有配偶率が変化すれば、都市域の全体の出生率が高くなることがある。一般的には都市における全体の出生率は低く、それは近代の都市で典型的に見られるマイナスの自然増加に関する良い説明となる（Sharlin, 1978）。

〔出生率の〕本格的な低下が始まる以前の有配偶率の差異は、特に問題があるようには思われない。しかし、婚姻出生率の差異に関する説明は歴史人口学における難問である。この問題に関する洞察は、人口転換と前近代の出生率に関し、われわれに多くのことを教えてくれる。その差異に関しては、少なくとも二つの明確な説明があり、そしてそれらを支持する証拠もある。

第一の説明は、自然出生力の水準の多様性が婚姻出生率に変化をもたらしたというものである。この見解においては都市の夫婦も農村の夫婦も子ども数の制限をしていなかった、そして出生率の差異はそれゆえ、出生順位（パリティ）によらない単に母乳哺育などの行動によるものであった。われわれは、都市における全人口の出生率が自然的なものであったかどうかを事実から判断することができず、そしてヨーロッパ出生力プロジェクトで採用している基準では、出生力水準の比較的高いところで子ども数の制限を行っている人口と自然出生力の人口とを区別することができない。それにも関わらず、農村地域の自然出生力水準の多様性はあまりに良く知られているので、一八七〇年頃の都市と農村の出生力の差異を説明することができる（本書第七章、Leridon and Menken, 1979）。しかしながら、その差異が都市域における子ども数の制限の結果ではないと結論づけるためには、われわれは、自然出生力に影響を与える様々な要因が結合して、都市と農村において出生率がコントロールされたときに観察されるのと同様の出生率の差異を生じさせるものだと信じなければならない。そしてもし、子ども数の制限が都市域でも農村域でも行われていなければ、われわれは乳児死亡率や母乳哺育などのいくつかの出生率に影響を与える要因が、農村に比例して都市の出生力を高める方向に作用すると予想するかもしれない。(1) この論点の他の解釈は、夫婦が意識的に出産間隔をあける（出生制限）が、出産を終わらせない（子ども数制限）をしないという可能性であろう。(2) このような出生率の規範の下で、夫婦は全期間における子どもの総数が少なくなるように子ども数を制限したり、「危機の時期」において出産をコントロールしたりするだろう。しかし、ある一定の望まれる子ども数に全体として達した後に出産を控えるというような試みは取らないだろう。このようなたぐいの出生制限は、統計的な点からは僅かに低い水準の自然出生力として現れるのみなので、〔出生制限のない場合の〕自然出生力と区別することはできない。[3] どのヨーロッパの事例もこの説明を裏付けないが、アフリカのデータからはこのような説明ができそうである (Page and Lesthaeghe, 1981)。

第二の、よりもっともらしい説明は、国家的規模で人口転換が始まる前に、都市人口は出生力水準に十分な影響を与える子ども数の制限を行っていたというものである (本書第四章)。確かに、古典的な人口転換理論にぴったりと当てはまるのは、この説明――都市の住民は子どもが少ないことを望む理由があるという――のみである。ロンドンとジュネーヴ婚姻出生率に関する研究は、全国レベルでの出生率の低下が始まる以前の時期にこれがどのように働いていたかを示唆する。R・フィンレイ (Roger Finlay) による最近の研究は、ロンドンの一七世紀前半の婚姻出生率がとても高かったということを示唆する。出生間隔のデータを用いて、フィンレイはロンドンの四つの教区に関して、平均出生間隔がわずか二七カ月未満であったことを発見している。とても豊かな二つの教区の平均出生間隔はたった二三カ月である。このようなデータは観念的なものではなく、二三カ月という間隔は「もっとも短い記録に近く、そして、年齢別婚姻出生率においては、のべ一、〇〇〇人の居住女性について少なくとも五〇〇人の子どもが生きて生まれるという割合に匹敵する」(Finlay, 1981a, p. 134)。イングランドにおける農村の四教区に関する平均出生間隔はもっと長い。この事実は、実際上、都市の婚姻出生率は農村の婚姻出生率よりも高かったということを示唆する。これらの結果はどのようにして人口転換が始まる以前において、都市の I_g が農村の I_g よりも低いというヨーロッパ出生力プロジェクトの発見と、適合させることができるだろうか。L・アンリ (Louis Henry) の研究 (Henry, 1956a) とA・ペルヌー (Alfred Perrenoud) によるジュネーヴの研究 (Perrenoud, 1979) は、このような表面上は矛盾した結果がどのようにすると整合性を持つのかを示す。ジュネーヴのブルジョワに関する彼の先駆的な研究で、アンリはこの上層グループの婚姻出生率が一七世紀の終わりから低下し始め、一八世紀の終わりまで続いたことを発見した。ペルヌーはジュネーヴの全人口のサンプルについて一八世紀の二期間に、出生間隔が異常に短かったことを発見している。このことは、ある人口の中で一つのグループが効果的な子ども数の制限を行うのと同時に、他のグループで婚姻出生率がとても高かったことを示唆する。

　このような個別の事例が決定的とは考えられない。しかし、このような事例から、ヨーロッパ出生力プロジェクトで発見された都市のI_gの低さは、ヨーロッパで最初の国勢調査が行われたのは一部において避妊が実施されるようになった後であったという事実を反映している可能性を示す。都市と農村の双方の大衆が子ども数の制限をしていなかったとしても、ジュネーヴのブルジョワといったような都市のあるグループは、すでに出生を制限していたかもしれない。上層グループは一般的な出生率の低下が始まるより以前、最初の国勢調査の時期までに、都市における全体の婚姻出生率の水準を、農村の婚姻出生率の水準よりも幾分引き下げるのに十分な程度に、出生制限を行っていたかもしれない。このような説明は確かにもっともらしいが、そうするとわれわれはヨーロッパの全ての都市において最初の国勢調査の時期に、都市のあるグループによって子ども数の制限が行われていたと信じなければならない。これはありうることだが、完全にこの論旨を受け入れる前に、もっと多くの事実を集めるといった慎重な態度が必要だろう。

　人口転換の始まりとともに、出生率の差異を引き起こす直接的な原因に関する問題は消える。出生力の差異は子ども数の制限を行っている夫婦の割合と、この制限の度合いに帰すことができる。人口転換期の都市と農村の差異を調べるにあたっては、より早く始まった出生率の低下と、人口転換以前に存在していた出生力の差異とを区別することが必要である。しかしながら、区別をいったん行ってしまえば、以下の二つの一般化は非常に有効である。第一に、都市と農村の差異が明白なときは、出生率の低下は常に都市域で最初に始まる。第二に、人口転換の期間に都市の出生率が最初の局面でより急速に低下するので、都市と農村の差異は大きくなる。個々のヨーロッパの国々からのデータの調査は、これらの一般化を裏付ける。

ドイツでは、ノデルが、「〔出生率の〕低下は都市の人口において最初に始まったが、わずかの時間差をおいて農村の人口〔の出生率〕も平行的に低下が始まった」と結論している（Knodel, 1974, pp. 109-110）。さらに、「都市で出生率の低下が早く始まったことは、それが始まったとき、都市と農村の出生率における水準の差異を目立たせるという結果になった」（Knodel, 1974, p. 100）。また、農村の有配偶率と婚姻出生率の数値は、一貫して都市の数値よりも高い。図6―1は一八八〇年（ドイツの最初の地方でI_gが一〇%低下した年）と一九一〇年（事実上、ドイツの全ての都市でI_gが一〇%低下した年）における一〇年ごとの農村のI_mから都市のI_mを引いた数値に対する、農村のI_gから都市のI_gを引いた数値を表している。この形式は、各国の地方ごとの都市と農村の差異がどのように分布しているのかということを調査するための便利な方法である。この場合の地方は、ドイツのプロイセンの行政地域を参照している。これらのグラフは大まかな点では似かよっているが、例外に関してコメントが必要である。一八八〇年に三つの地方で、一八九〇年には二つの地方で、そして一九〇〇年には一つの地方で都市のほうが農村よりもI_gの値が高かった。これらの例外は三つの地方から成り、そのうち二つの地方では都市のI_gの数値について得られる情報を、二〇、〇〇〇人を超える人口を持つ都市と他の都市的な地域に区別して分析した。どちらの例においても、二〇、〇〇〇人を超える人口を持つ都市ではI_gの数値は他の地域よりも低い（Knodel, 1974, pp. 279-287）。すなわち、都市のI_gの値がより高くなるのは、性質上、農村に近い小さな都市域が優勢を占めることによる。有配偶率に関しては、四時期の各四地域で一例か二例の例外が見出される。一八八〇年に関してはより詳細な情報が得られ、そして都市域の静態平均初婚年齢は低いが、それでもずっと独身である者の割合は一貫して高い（Knodel and Maynes, 1976）。

ベルギーのデータもまたこれらの発見と一致している。R・J・レステーゲ（Ron J. Lesthaeghe）は、個々の郡の都市と農村地域についての分析を行った。彼は、農村地域の婚姻出生率は一般に都市地域に比較して高かったと報告している（Lesthaeghe, 1977, p. 114-119）。

フランスは例外であるように思われる。フランス農民の出生率は一八世紀に低下し始めたが、都市住民の出生力の状態については知られていない。それゆえフランスの都市の出生率が農村より以前に下がったという主張をくつがえすような事実はない。ミュラン（Meulan）という一つの小さな都市では、出生率の低下の始まりは一八世紀の前半にさかのぼることができる（Dupâquier and Lachiver, 1969）。少なくとも一八六一年以降においては、都市の出生率が農村の出生率よりも早く低下したということは明らかである（van de Walle, E., 1979）。

スイスで最初に都市と農村とを区分したデータが得られるのは、一八八〇年からである。この時の国家全体の I_g は一八六〇年の〇・七二四から下がって〇・六七七となった。一八八〇年から一九六〇年のそれぞれの州で、都市の婚姻出生率は農村の値よりも常に低い（一九六〇年の一つの州を除く）。調査が必要な二、三の例外はあるが、有配偶率に関しても同様である。**図6―2**はドイツと同様の結果を示している。スイスの都市の婚姻出生率は農村に比較してより早く低下した。一八八〇年に、都市の値が〇・五四九であるのに対して、全農村地域で I_g の値は〇・七〇四であった。次の四〇年間を通じて都市と農村との差異は拡大し、一九二〇年に最大値（都市の I_g=0.264、農村の I_g=0.507）に達し、その後、差異は縮小し、出生率の低下による差異が始まる以前とほぼ同じ値に戻った。しかしながら、F・ヴァン・デ・ワラ（Francine van de Walle）は、出生率低下の始まりを示す「明確な目印」を見つけるのは不可能であることを発見している（本書第五章）。都市と農村とで出生率の低下は同時に始まったのかもしれない。しかし、都市の低下は急速なので出生率が低下し始めた時期の差異を簡単に発見することが難しいという可能性もある。どの事例においても、出生率の低下が同時に始まったにせよ、開始時期の差異を発見することが難しいにせよ、一般的な論点は矛盾していない。

イタリアとポルトガルでは、都市は隣接する農村地域よりも早く出生率の低下を始めた。イタリアではリヴィ＝バッチが「北部と中部の大都市において婚姻出生率は劇的な低下を経験し、都市と農村の人口学的な行動の隔

図6—2　農村のI_gとI_mから都市のI_gとI_mを引いた値(スイス)

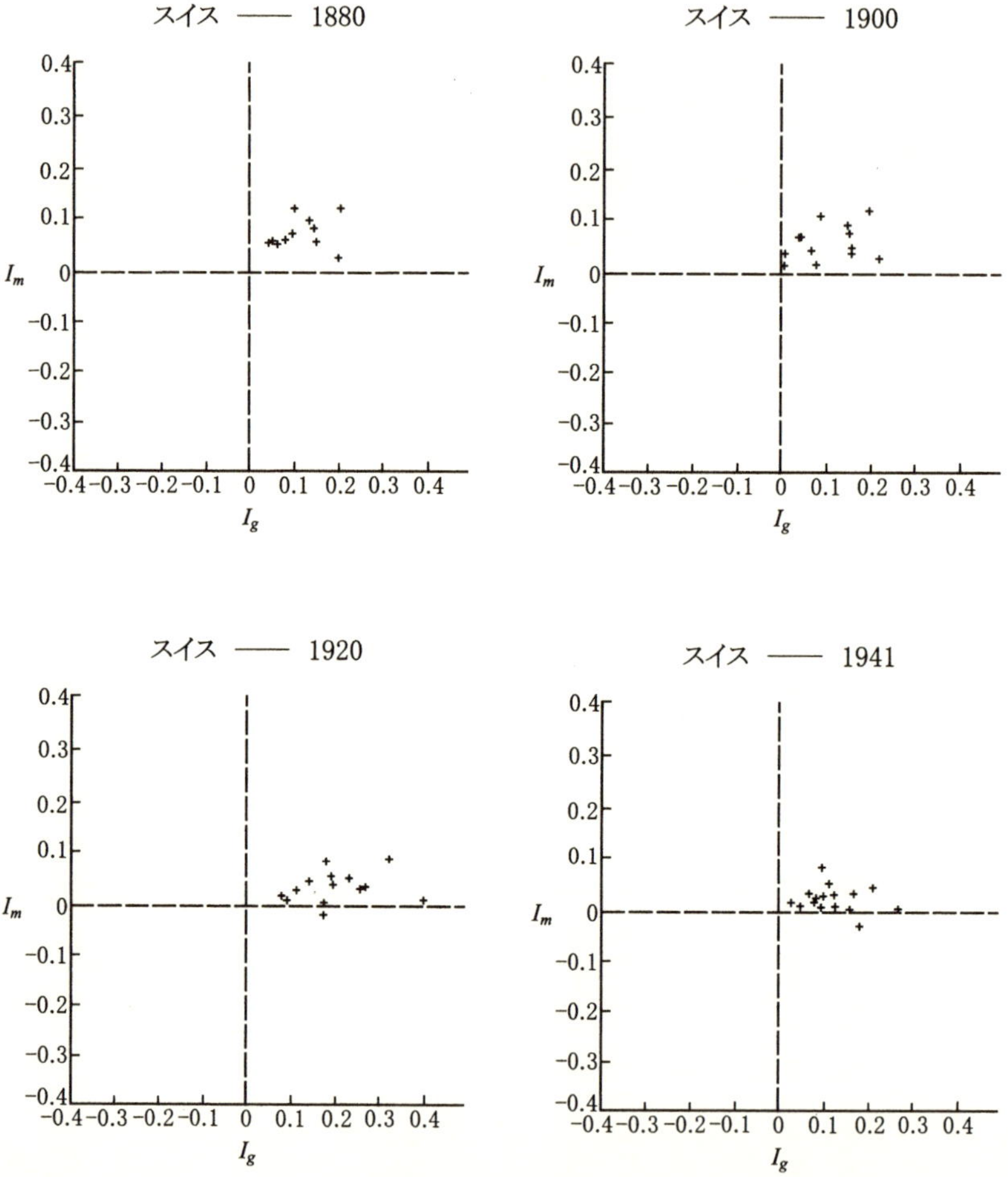

たりを拡げている」と結論している(Livi-Bacci, 1977, p.125)。同様のことが南イタリアでも後に生じた。ポルトガルでも同様のパターンがリスボンとポルトを周辺の農村地域と比較したときにも観察される(Livi-Bacci, 1971, p. 110)。一八八〇年と一九一〇年のハンガリーのデータでも同様の現象が観察される。一八八〇年における都市の I_g の平均は、〇・五三八であり、農村では〇・五九三であった。引き続く数十年において、都市の I_g は〇・五一九、〇・四八二、〇・四二二と低下した。これに対して農村での値は〇・五八五、〇・五八〇、そして〇・五四〇であり、農村の出生率の低下が始まったのはおおむね一九一〇年以降である。個々の州に関する結果は、図6―3に示してある。いくつかの州は都市的な地域を持っていないにもかかわらず、例外――農村の I_g のほうが低いという――は、ほんの三つの州において生じているにすぎない(Demeny, 1968)。

ロシアのヨーロッパに属する州のもっとも早い事例(一八九七年)は、都市の出生率の低下はいたるところにおいてすでに始まっていたが、その時期に農村では二、三の州でしか出生率の低下が始まっていなかったことを示している。一八九七年以降、都市の婚姻出生率は着実に低下を続けたが、一九二六年まではヨーロッパに属するほぼ半分近くの州で農村の出生率の低下はまだ始まっていなかった(図6―4)(Coale, Anderson and Härm, 1979, pp. 41-47)。

スカンジナビアの国々における都市と農村のデータは、ノルウェーとフィンランドとスウェーデンについて収集されている。ノルウェーは、前述したものとは矛盾した事例を示している。というのも、一九二〇年以前の都市と農村の婚姻出生率に関して、どのような一定した関係もないからである(図6―5)。しかしながら、このことは不完全なデータ(ノデルが一八六七年のドイツのデータについて発見した(Knodel, 1974, p.94)のと同様の分散の大きいデータであることに注意)か、公的に都市と定義されている場所がほとんど農村部と変わらないくらい小さい、という事実のどちらかの結果であったといえる。いっぽう、フィンランドは前述した一般化にあてはまる(図6―6)。都市の出生率は、もっとも早いデータ(一八九〇年)から低下しており、そして一九三〇年には I_g は〇・三より小さくなっ

図6—3　農村のI_gとI_mから都市のI_gとI_mを引いた値(ハンガリー)

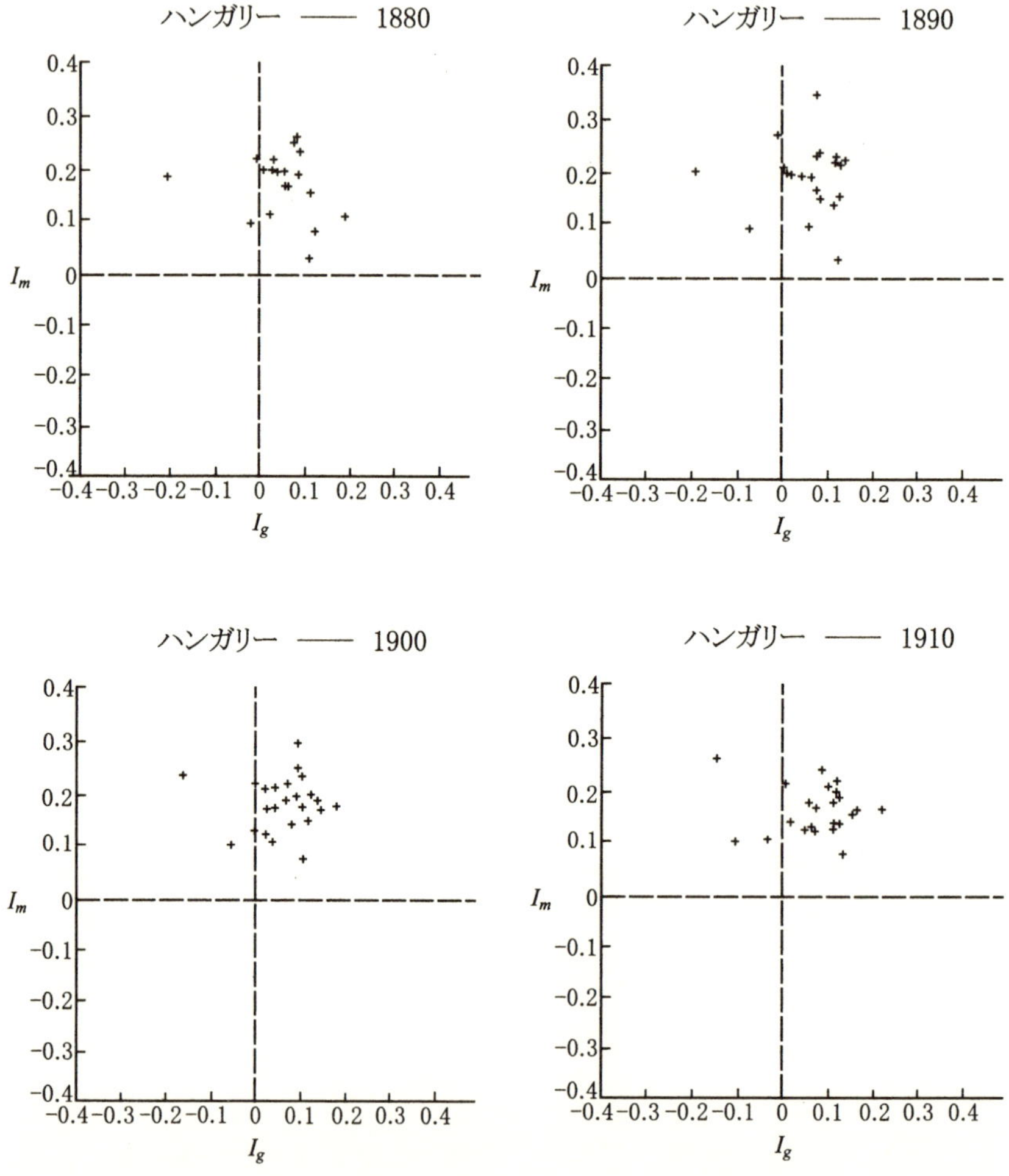

図6—4　農村のI_gとI_mから都市のI_gとI_mを引いた値(ロシア)

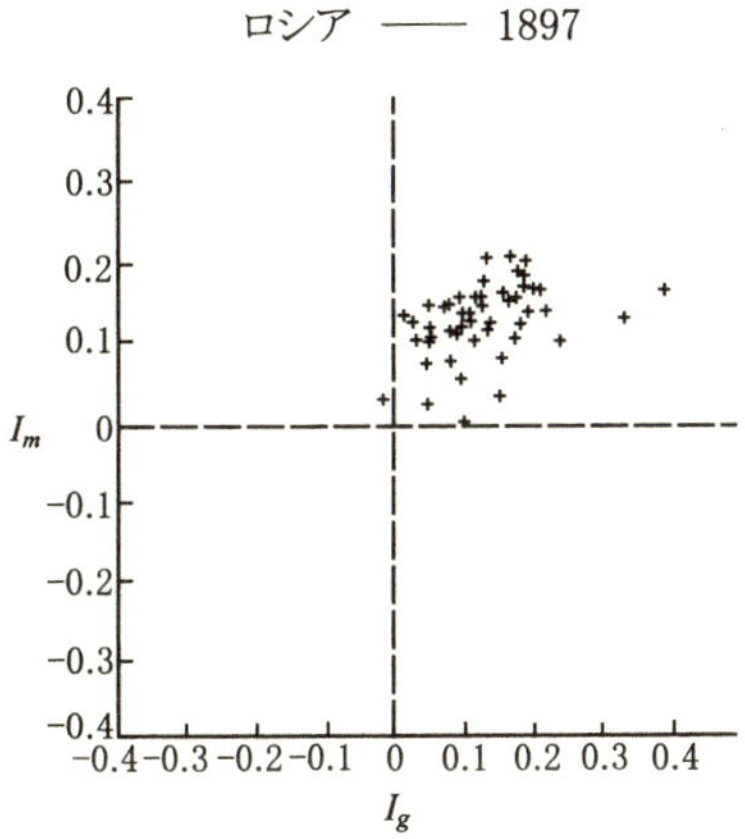

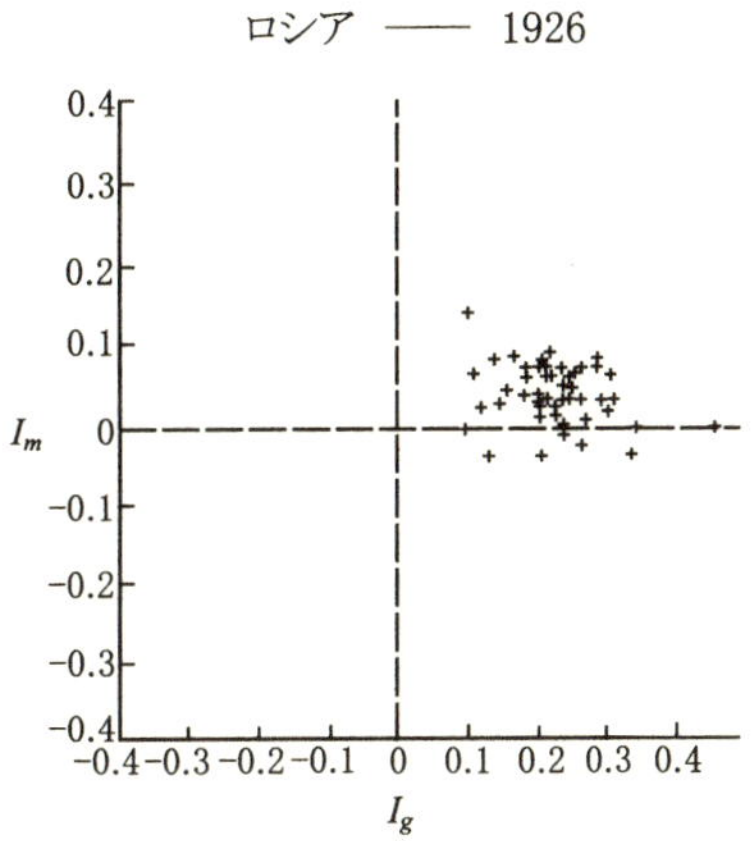

ていた。スウェーデンは、G・カールソン(Gösta Carlsson)の都市と農村の出生率は同時に低下を始めたという主張(Carlsson, 1966, p.152)ゆえに面白いケースである。しかしながら、カールソン自身のデータから、都市の出生率は農村の出生率が低下を開始する一〇年前の一八九〇年以降に低下したということが明らかである。どのような事例においても都市の出生率は農村よりも早く低下し始め、農村の出生率は常に都市の出生率を上回っていた(**図6—7**)(Mosk, 1978)。

高出生率から低出生率への転換が完了した後でも、都市の婚姻出生率は農村の婚姻出生率に比べて低いままであった。その差異は小さくはなったが、いずれにせよ存在しつづけた。それぞれの図の四番目のグラフにおいて、多くの点が第一象限に落ちている。このことは都市に比べて農村の婚姻出生率と有配偶率が高いことを示唆している。

人口転換期における都市と農村の出生力の差異についての、観察された結果が一致しているのは満足すべきことだが、このような一致から何が主張できて何が主張できないのかということは、明確にしておくべきである。その一致から都市化が人口転換の要因となったということはできない。また、矛盾するわけではない

図6—5　農村の I_g と I_m から都市の I_g と I_m を引いた値（ノルウェー）

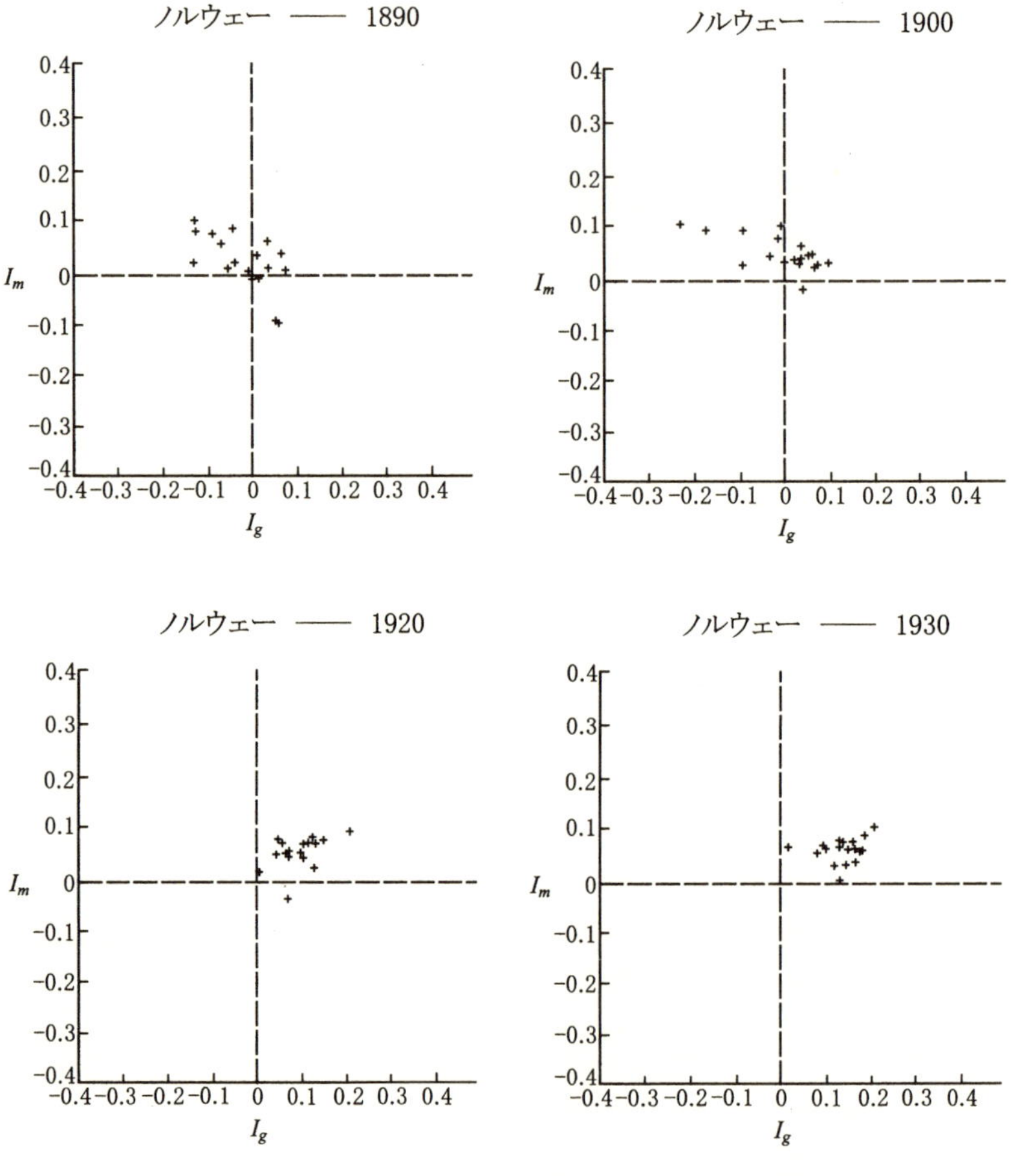

図6—6　農村のI_gとI_mから都市のI_gとI_mを引いた値(フィンランド)

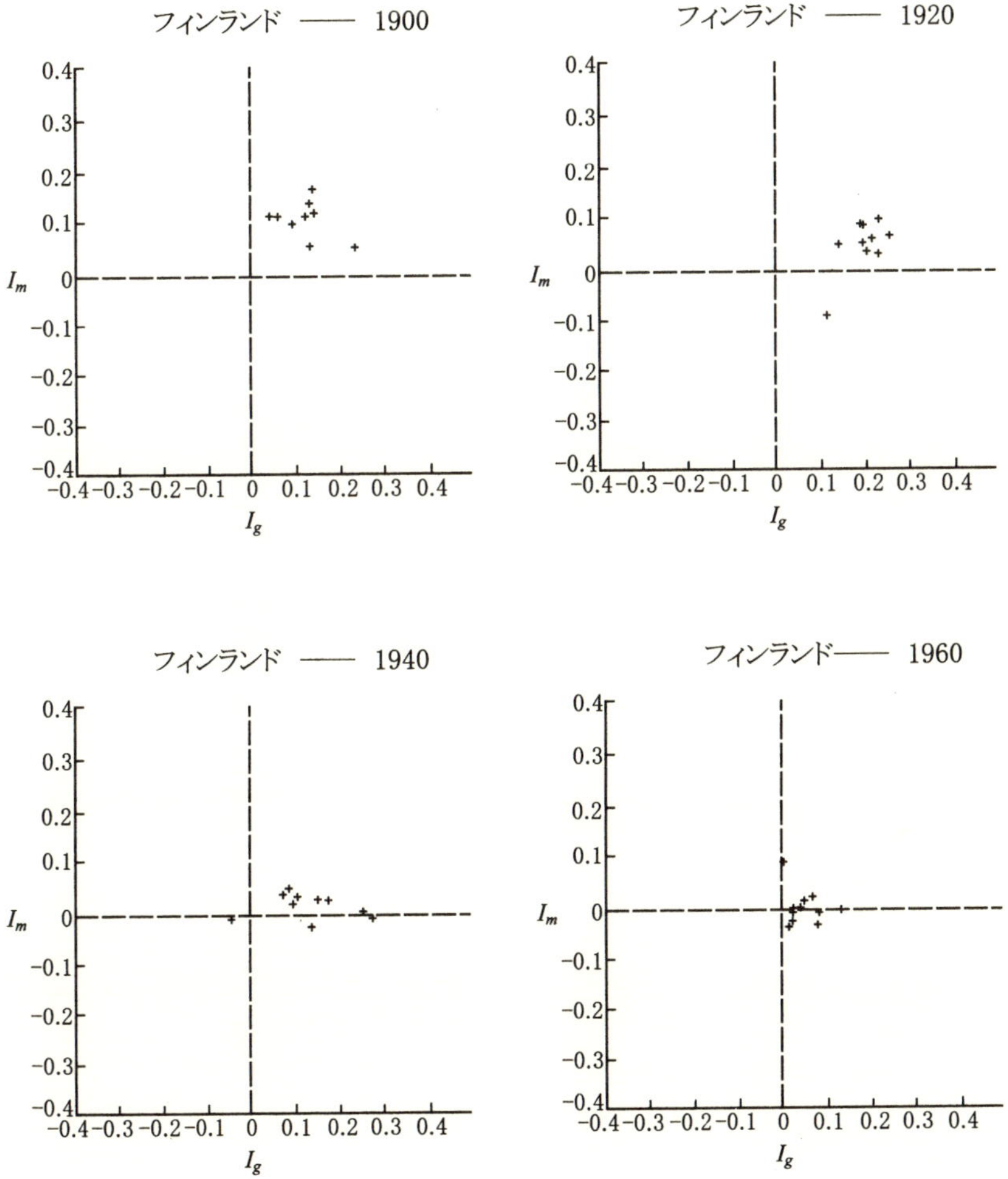

図6—7　農村のI_gとI_mから都市のI_gとI_mを引いた値（スウェーデン）

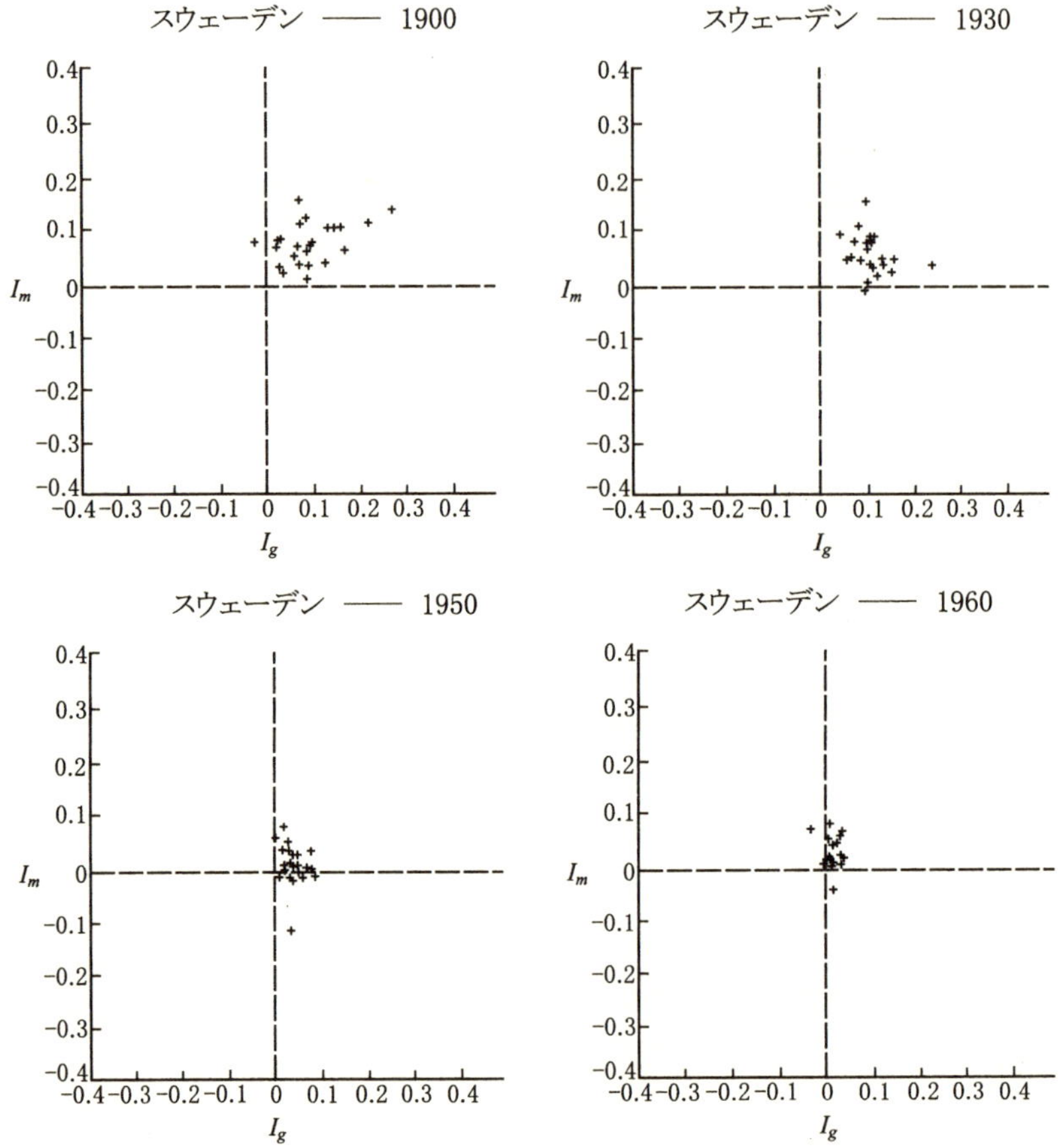

が、出生率の低下が都市から農村地域にひろまったということも言えない。一般化は、農村人口の全てが出生率の低下を始める前に、都市人口の全てが、出生率の低下を始めたということも意味しない。もし、都市における出生率の低下よりも以前に、農村のいくつかのグループで出生率の低下が始まっていたとしても、または、都市のいくつかのグループが、全体としての都市の低下が明らかになる前に出生率の低下を始めていたとしても、それはこれらの発見と矛盾するものではない。さらに、都市の人口転換が、農村地域で人口転換が始まる前に終了していたというような例に関するいかなる事実もなく、都市と農村の出生率の低下〔の時期〕は重なっていたかもしれない。それにもかかわらず、ヨーロッパのさまざまな都市と農村の人口を構成する異なったグループの全てを一緒にして、州レベルで考えた場合には同様の結果が得られる。すなわち、一般的な出生率の低下が始まる以前に都市の婚姻出生率は農村の婚姻出生率と比べて低く、差異が見いだせるところでは、都市の婚姻出生率は農村部より早い時期から低下を始め、都市の出生率は速いスピードで低下して、都市と農村との隔たりを広げ、そして人口転換期後の時期において農村の婚姻出生率は都市部をほんの少しだけ上回っていた。〔都市と農村の〕定義の多様性に富むことを考えれば、得られた普遍性は印象的な結果である。しかし、データは比較的大きな集計によるので、われわれは都市と農村の人口に関する差異に関してかなり注意をする必要がある。

地域や規模による都市と農村における出生力の差異の変化

この節では、都市と農村における出生力の差異の変化に関して吟味する。これらは規則的に集められた事実ではなく、データ自身から人口転換期の都市と農村の出生力の差異についての説明はできない。しかしながら、これらの情報のそれぞれが、同じ基本的な疑問に関する異なった視野を提供する。前節で、時と場所を通じての経験的な規則正しさが発見されたとすると、その中で都市と農村との出生率の関係にはどのような多様性が生じるだろうか。とりわけ、この節では都市と農村の出生率が一緒に変化するのか、都市と農村の出生力の差異が、分析する国の中の地方ごとに異なるのか、あるいはそれぞれの場所の種類や規模に応じて出生率の多様性があるのかを吟味する。これらの要素を別々に吟味するが、それらは同じことを別の見方で見ているだけだという可能性を、考えておかなければならない。この節のデータと前節のデータをひとまとめにしても、疑問に関する答えのほんの一部にしかならない。そこで、最後の節ではそれらの断片を首尾一貫した一枚の絵にしてみよう。

　出生力の差異を見る一つの方法は、分析する国の州における都市と農村のI_gを比較することである。**図6—1**から**図6—7**では、〔出生力の〕差異の大きさしか分からなかった。しかし、都市のI_gを農村のI_gに対してプロットすることで、都市と農村のI_gとが一緒に変化しているのかどうかを見ることができる。都市のI_gが比較的高かったり低かったりするところは、農村のI_gもまた高かったり低かったりするところだろうか。もしそうだとすれば、それは、分析地域で都市と農村との両方に、出生力に関しての同様の影響が働いていたということの兆候かもしれない。そのような影響を与える要素は、「分析した文化的な地域における、共通した意識や伝統」と「急速に浸透していく共通の社会的かつ経済的な発展」の両方またはいずれか一方からなるかもしれない。もし、そこに負の関係があるとすれば、もしくは何も関係がないとすれば、そのときはおそらく都市において機能している要素は農村地域に直接的には影響しないということであろう。また、その関係が人口転換の時期を通じて変化するということも考えられる。たとえば、正の関係から全く関係がなくなるというように。これらの可能性は、前節で仮定された、農村の婚姻出生率が都市の婚姻出生率よりも高く、そして一般に都市の低下のほうが農村よりも早い時期に始まるという規則正しさの状況の中で考えられなければいけない。

　いくつかの例外に注目する必要はあるが、都市と農村のI_gは高い相関にあるように思われる。ドイツでは一八

図6―8　都市と農村のI_g（ドイツ）

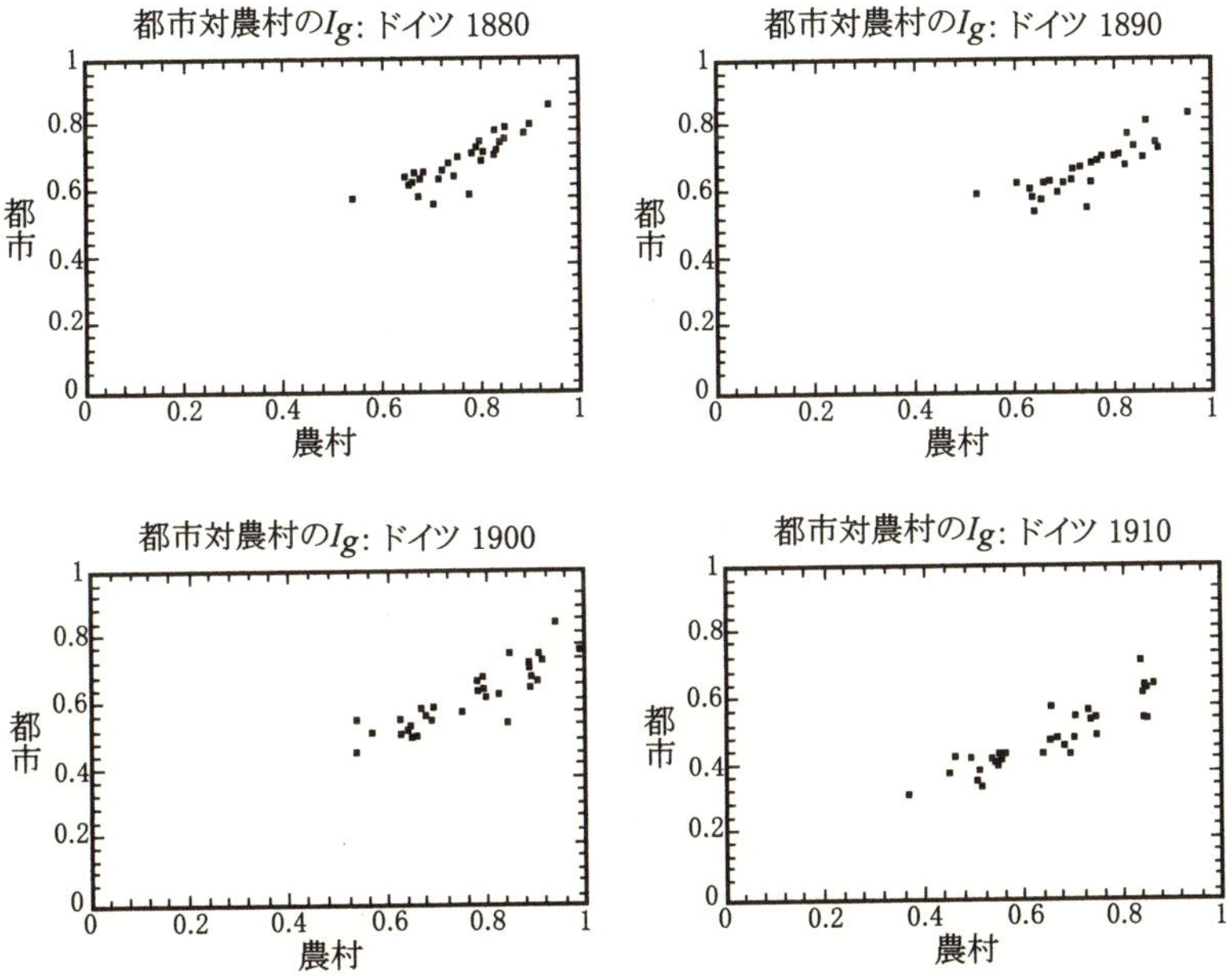

八〇―一九一〇年の時期に関して、その相関はきわめて明白である（図6―8）。同様のことがスイスの一八八〇―一九六〇年に関して言える（図6―9）。ロシアについては一八九七年の相関は弱かったが、一九二六年には強くなっていた（図6―10）。ノルウェー（図6―11）では、もっともよいときでも弱い相関しか見られない。フィンランド（図6―12）とスウェーデン（図6―13）では、相関はある程度強い。最後に、ハンガリー（図6―14）の一八八〇―一九一〇年に関しては、都市と農村のI_gの間に何の相関も見られない。スカンジナビアとハンガリーとにおいて強い相関が存在しないのは、大変小さな都市が多いことによるかもしれない。しかし、データからこの仮定を調べることはできない。もし、相関がほとんど見いだされない地域は実質的な都市が存在しないからだと考えれば、強い相関は確かに疑問に対する答えの一部となる。

図6—9　都市と農村のI_g（スイス）

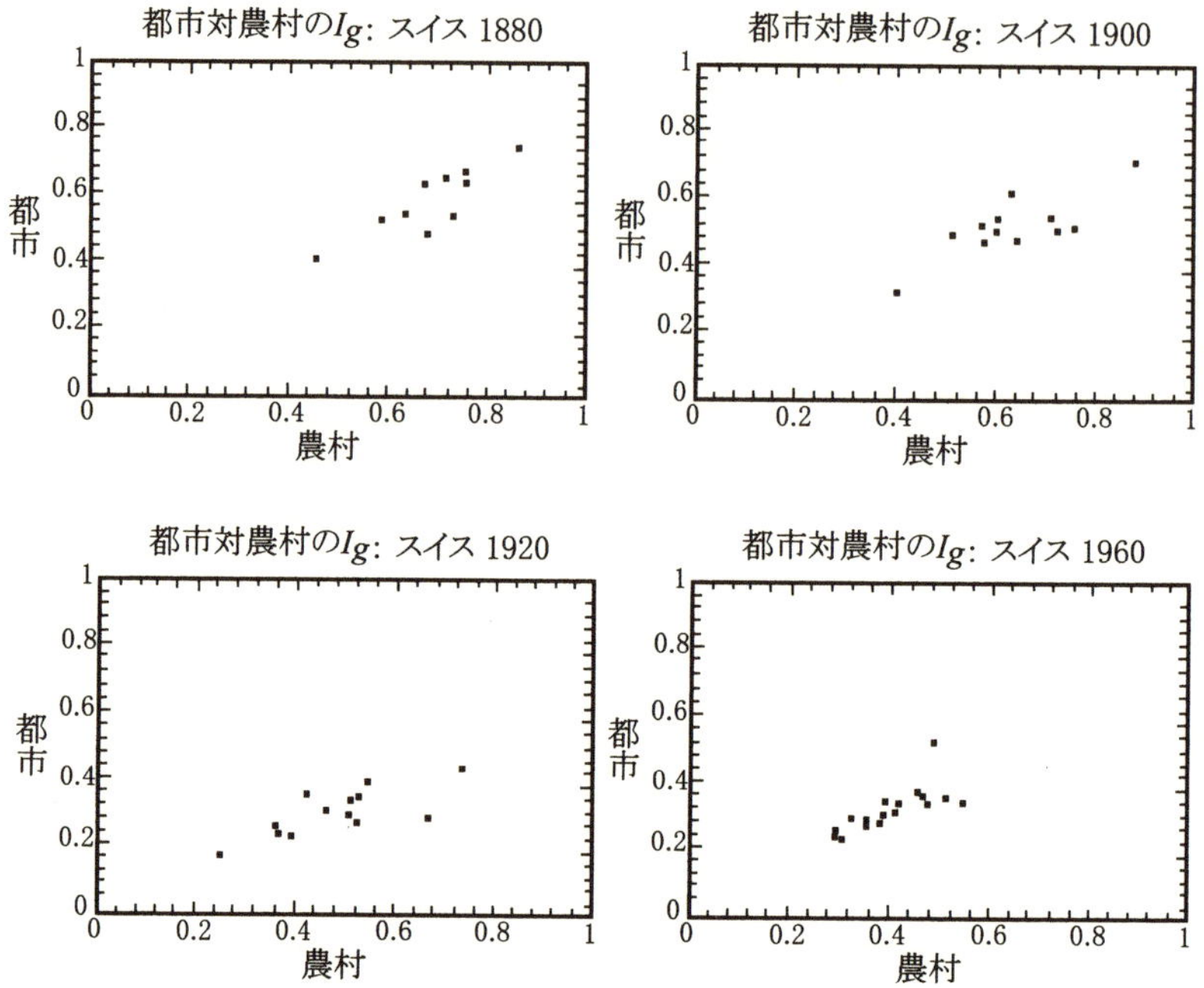

都市と農村における出生力の差異は、ちょうど国によって異なるように、分析した国の中においても各地方に応じて多様である。都市と農村の差異自身が、事実上消えてしまうかもしれない。たとえば、リヴィ＝バッチは、イタリアの北部と中部においてみられる出生率と地域社会の規模に関する負の相関が、南部では当てはまらないと報告している。さらに、都市と農村の差異の規模が、南部においてはかなり弱い（Livi-Bacci, 1977, pp.122-125）。同様に、ポルトガルでは出生力に関する都市と農村の差異は、北部ではごくわずかであるが南部では大きい（Livi-Bacci, 1971, p.107）。ベルギーでは、レステーゲが、フランダースとワロニアについて、大変異なった都市と農村の差異のパターンを観察している。都市と農村の出生力の差異はワロニアにおいては小さかったが、フランダースにおいては大きかった。フランダースの都市域ではその規模に

よって出生率の水準や低下を始める時期が異なっていたのに対して、ワロニアの都市域は「幾分まとまった行動をとった」(Lesthaeghe, 1977, p. 119)。

分析した一国の中での都市における婚姻出生力の水準は、都市の規模によって異なっているようにみえる。最大の都市の出生率が一番低い。プロイセンについては「大きな都市ほど出生力が低く、その都市が位置する地域では周辺農村の出生率も低い」(Knodel, 1974, p. 98)。大きな都市は出生率の低下を小さな都市よりも数年前に始め、そして小さな都市は引き続いて農村地域よりも数年前に低下を始める。さらにそのような過程は、しばしばそれぞれの地域の規模に応じてコーホートからコーホートへと同様の調子で続くことがある (Knodel, 1974, pp. 98-109)。

図6—10　都市と農村のI_g（ロシア）

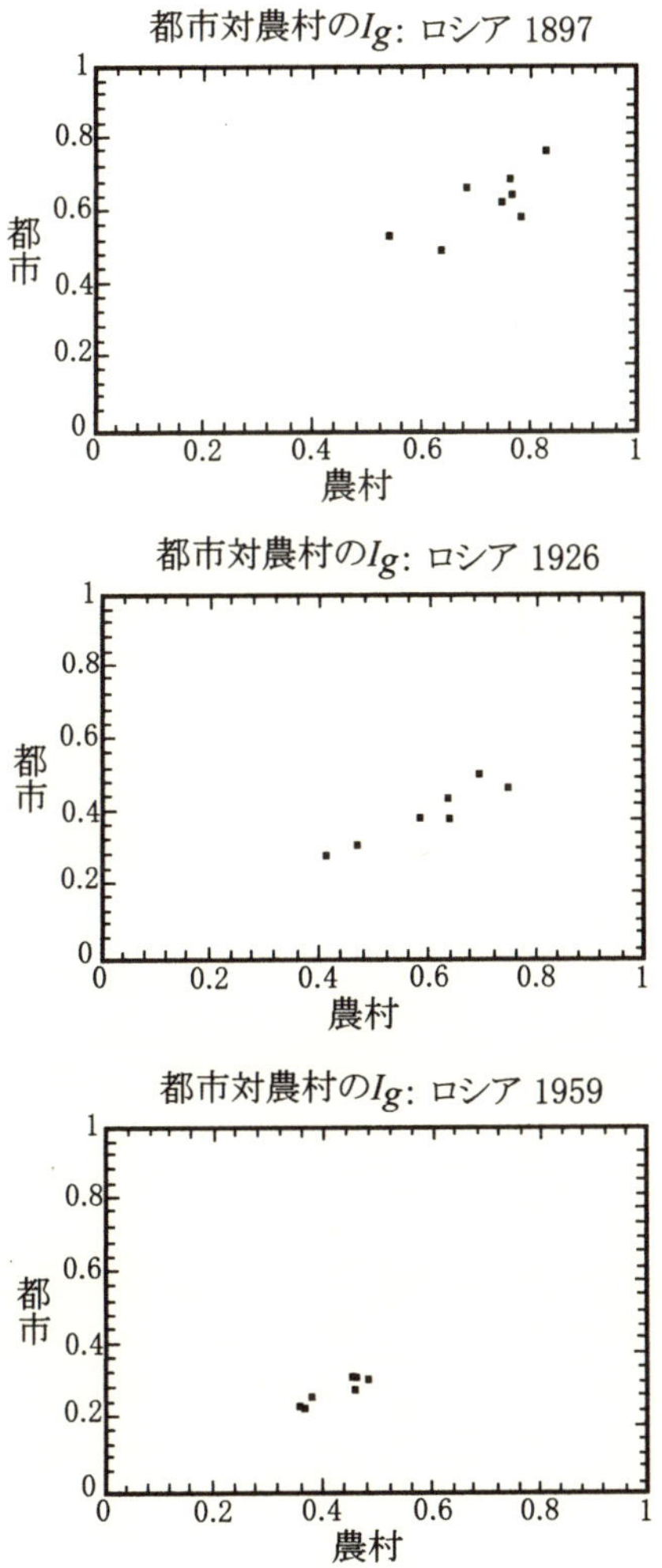

図6—11　都市と農村のI_g（ノルウェー）

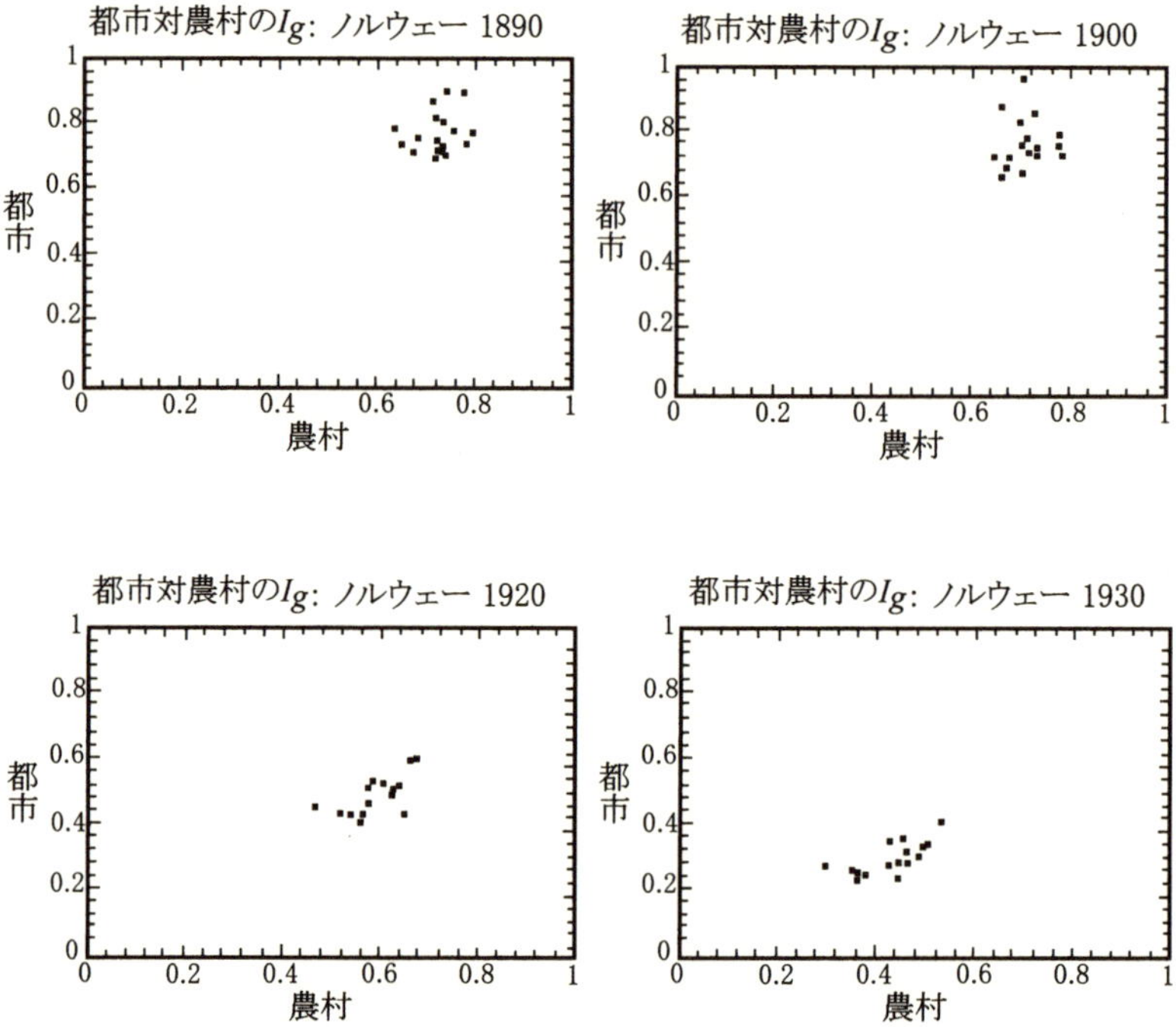

スイスでは、F・ヴァン・デ・ワラが「常に負の相関を都市の規模と婚姻出生率の水準の間に」発見した。ジュネーヴでは最もI_gが低く、他の四つの大きな都市が次に低く、残りの都市がそれについで低く、農村地域では最もI_gの水準が高かった（van de Walle, F., manuscript, Chap. 5）。都市の規模と婚姻出生率の負の相関は、フランスの一九世紀中葉にもまた生じている（van de Walle, E., 1979）。ベルギーでは農村部の町のほうが四つの大都市――アントワープ、ブリュッセル、ゲント、リエージュ――よりも婚姻出生率が高い（Lesthaeghe, 1977, p. 116）。婚姻出生率はイタリアの北部と中部では地域の規模と負の相関にあった（Livi-Bacci, 1977, pp. 123-125）。ロシアの一八九七年については、コール、B・アンダーソン（Barbara Anderson）、E・ハーム（Erna Härm）がそれぞれの州で最も大きな都市の婚姻出生率を、残りの都市人口全体と比較している。五〇州のうち

図6—12　都市と農村のI_g（フィンランド）

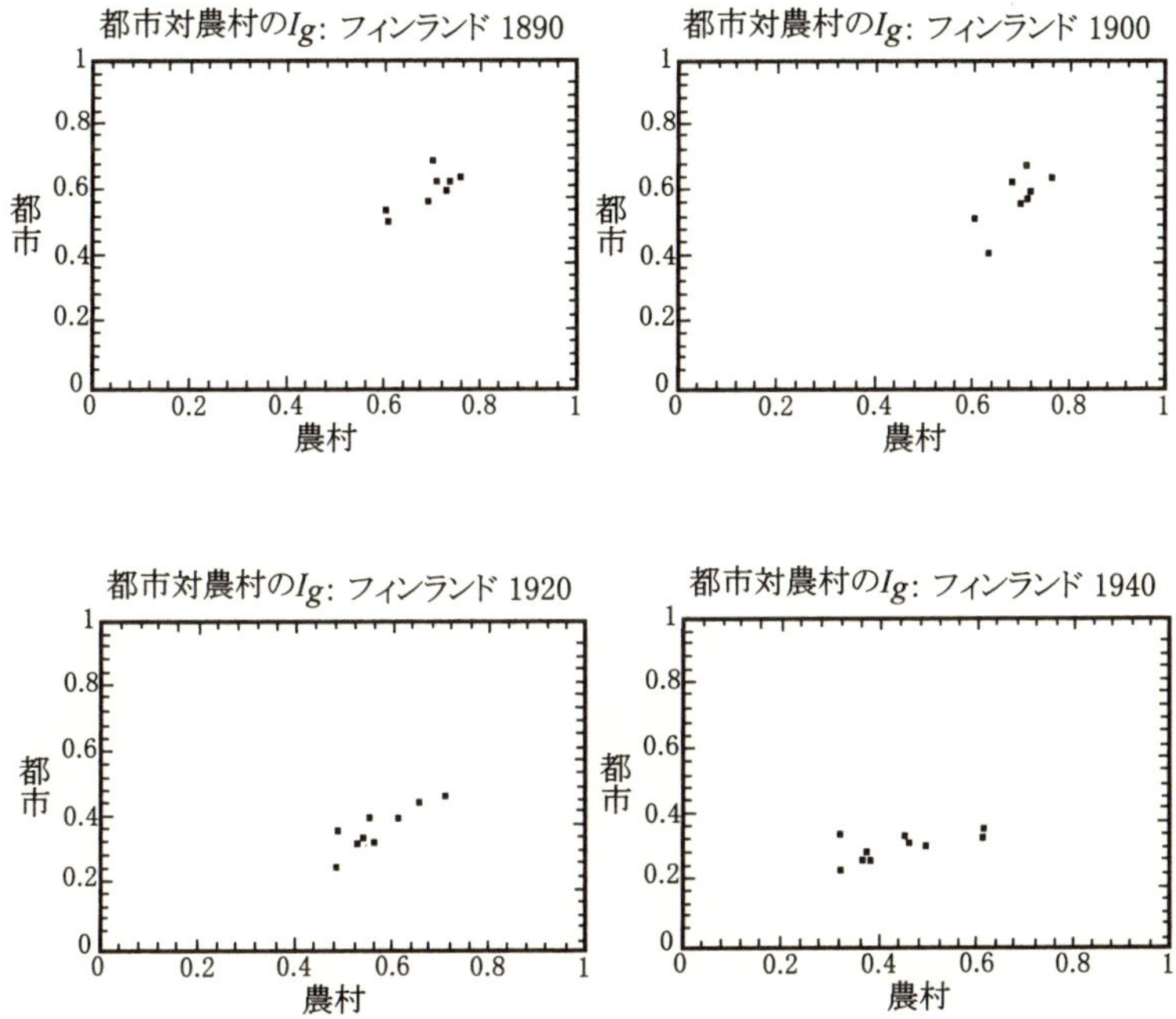

四五州では、婚姻出生率は最も大きな都市において一番低かった。彼らは、「都市の規模は都市の婚姻出生率の重要な決定要因であった」と結論する（Coale, Anderson and Härm, 1979, p.51）。さらに、多変量解析において一八九七年と一九二六年における州ごとの都市のI_gは、都市の規模と負の相関にあった(Coale, Anderson and Härm, 1979, p. 64)。

つまり、都市の規模は婚姻出生率水準と、常に負の相関を持っているように思われる。ヨーロッパの人口転換期を通じて、婚姻出生率の低下は都市域の規模が大きくなることと常に並行しているように思われる。しかしながら、この相関について、はっきりとした詳細な定量的分析をするのに、データは十分でない。さらに、われわれが農村地域の規模や農村地域の集落の性質が、婚姻出生率と何らかの関係を持っているのかどうかについて何も知らないということも、記しておく必要が

図6—13　都市と農村のI_g（スウェーデン）

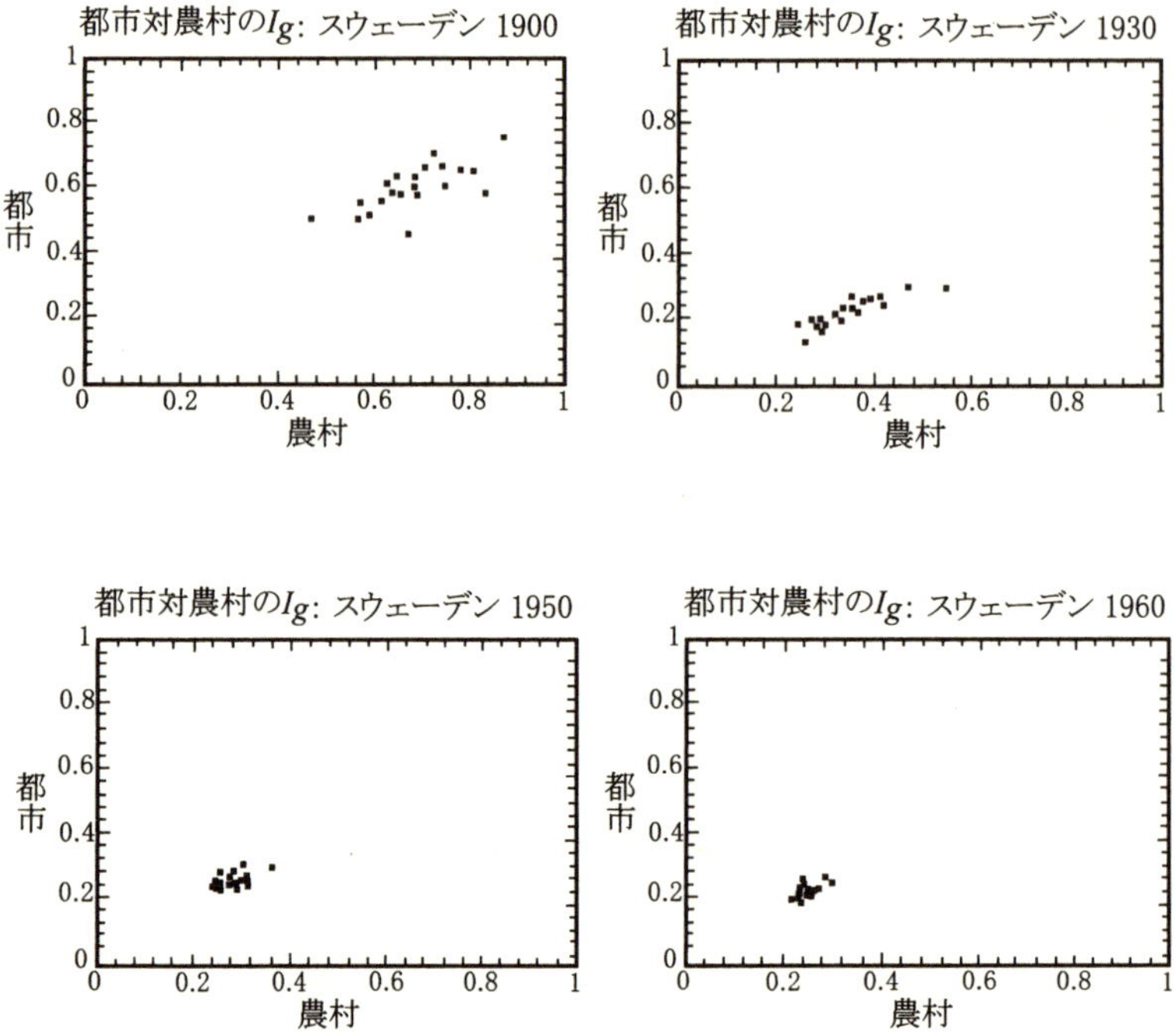

ある。

最後に、都市と農村の出生力の差異は、そこがどのような場所かという視点から調べることができる。たとえば、小さな都市がかなり工業化されると出生率は高くなるだろうか。農村地域の出生率は工業の存在によって影響を受けるだろうか。都市では、出生率は社会経済的構造によって変化する。たとえば、F・ヴァン・デ・ワラは、スイスについて「その地域が都市化するにつれて婚姻出生率は低くなる」と結論する。さらに彼女は「小さな都市の中でとても低い出生率のところ」について言及する。これらの小さな都市の三つは冶金工業の中心であり、これらの地域の出生率は「強い工業環境に伴う」と推論することができる（van de Walle, F., manuscript, Chap. 5）。一方、E・ヴァン・デ・ワラ（Etienne van de Walle）は、フランスで「工業が高い比率（七〇％以上）を占める都市では、しばしば製造業（マニュ

図6—14　都市と農村のI_g（ハンガリー）

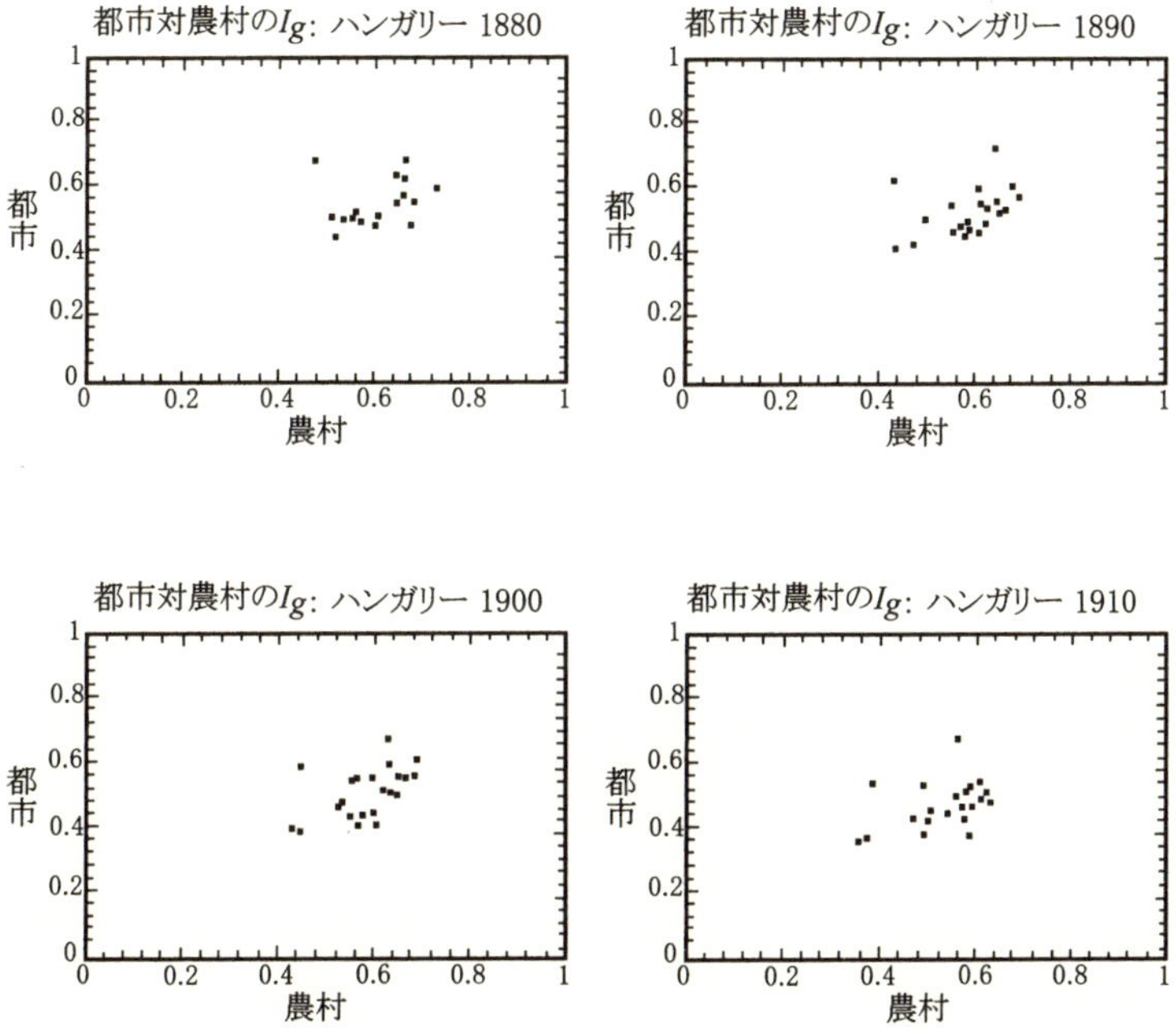

ファクチュア）における重工業化が起こっていたと特徴づけられる。これらの都市では、粗婚姻出生率は特に高い」ということを見いだす（van de Walle, E., 1979)。M・ヘインズ（Michael Haines)、D・フリードランダー（Dov Friedlander)、リグリィによる別の研究（Haines,1979,Friedlander, 1973. Wrigley, 1961）は、鉱夫の夫婦の出生率は比較的高かったことを示唆する。ある地域の規模とは別に、職業構造が出生率に影響を与えるが、工業自体が出生率に同一方向の影響を与えるのでないことは、明らかなように思われる。首尾一貫した完全な説明を導き出すのに十分なほど、データが整然としているとはいえない。農村地域の性質もまた一様ではなかった。農村地域のいくつかは工業的基礎を持っており、農業地域では労働と土地保有の方法がかなり多様であった。さらに、農村部は一九世紀を通じてずっと同じというわけではなかった。さまざまな機能が小さな地域

からより大きな地域に移るにつれて、農村部はより農業的になった。ヨーロッパ出生力プロジェクトは、農村の職業構造に関する情報を集めなかった。しかしながら、R・ブラウン（Rudolf Braun）のチューリッヒの州に関する研究（Braun, 1978）やD・レヴァイン（David Levine）のレスターシャ（Leicestershire）における二つの村に関する研究（Levine, 1977）は、農村の出生率は農村工業が存在するか否かによって大きく違ってくると述べている。

これらの事実の小片が、異なった物語を語っているのか、同じ事柄の違う局面を見せているのかは明らかでない。大きな都市では婚姻出生率がより低く、またそのような都市は出生率の低い州に位置した傾向がある。その現象を都市の規模や位置した地域という観点から理解すべきだろうか。それらは独立した現象なのだろうか、あるいは単に一つの基礎を成すメカニズムの指標なのだろうか。同様に、われわれはどのようにして地域の規模と種類との対応関係、そしてそれらと出生率の多様性との間の相関を理解すべきだろうか。これらの相違は、以前に発見した規則性と何らかの関係があるのだろうか。

言い尽くせなかったこと

われわれはどのようにしてこれらの異なった事実の破片を、一貫した話やいくつかの一連の話に組み立てることができるのだろうか。どのようにして経験的な記述から説明へと移れるのだろうか。自明のことであるが、何によって人口転換が説明されるのか明確にしておくことが第一に必要である。その後に、ようやく都市と農村の差異の役割に関するいかなる説明についても考えることが可能になる。都市と農村の差異は、大きな問いに答えることに対してはさほど手助けとはならないが、いくつかの小さな問いに関する洞察は可能だろう。

おそらく最も大きな問いは、なぜ人口転換が生じたのか、ということである。この問いに対する解答の一つは、人口転換を商業化や官僚化や国民国家や工業化とともに生じた近代化の大きな流れの一側面と見ることであろう。出生率の低下は、そのような過程での新しい規範に対応するために必要な調整過程であろう。これは確かにさまざまな方法で説明することができる。一般的な見方の一つは子どもの価値が変化したのだと論ずることだ。この種の一般的な説明以外に、ヨーロッパでの出生率低下が普通どのような因果関係によって生じたか、というメカニズムを説明する要素の明確なリストを描くことは、たいていにおいてうまくいっていない。経済学者や歴史家や社会学者や人類学者などの他の社会科学者は、近代化の他の側面をそれぞれの分野から説明しようとしているが、成功を収めていない。このような失敗は不十分なデータによるかもしれないが、単に社会現象の本質によるのかもしれない。

もう一つの大きな問いは、なぜ出生率の変化がある地域で別の地域よりも先に生じるのか、たとえば、イングランドよりもフランスで先に、フランダースよりもワロニアで先に、モビアン（Morbihan）よりもロット・エ・ガロンヌ（Lot-et-Garonne）で先に生じるのか、ということである。ヨーロッパ出生力プロジェクトは、特定の、しかし普遍的なメカニズムを確認したり形成したりするというよりも、特にこの問題についての細かな一連の議論を明らかにした。それにもかかわらず、出生力転換の地理的な進行を、過去を振り返って予言することさえうまくできない。しかしながら、ちょうど経済史家がヨーロッパにおいて工業化の発展に一般的なモデルを提供することができないように、この点に関しては出生率の低下は同様に扱いにくい問題である。いくつかの異なった状況が結合して一八世紀の終わりにイングランドで産業革命が生じ、一九世紀の前半にフランスとベルギーにおいて、そして一九世紀の後半にドイツにおいて工業化を促進した。経済史家は、伝統的に、天然資源、地域固有の技術訓練、国外と国内の資本、市場の利用可能性、そして経済と労働の組織といった要素を指摘している。工業化が最初に都市域で生じる必要もない。それぞれの国で工業化を引き起こすのに、全く同じ要素の組み合わせを期待する者もいない。なぜ、出生率の低下だけが異なる必要があろうか。かくして、都市化、もしくは都市と農村の差異は出生率の低下の始まりを説明したり定義したりする役割を果たすかもしれないし、果たさないかもしれない。たとえば、われわれは急速な都市化は出生率の低下より先に生じるかどうかを確かめることができた。フランスとイングランドとでは明らかに状況は異なる。ヨーロッパにおける、出生率が低下するタイミングの一般的な説明を見つけることは難しい。

小さな問いの点からみれば、都市と農村の視点は、人口転換がある特別の場所で生じたときの過程に対する洞察を提供できる。おそらく糸口にすると便利な点は、都市と農村の差異を他の差異と比較することである。最もわかりやすい比較はそれぞれの地域の差異と、都市と農村の差異とを比較することである。一貫して同様の現象が観察される。地域的な差異のほうが常に都市と農村の差異よりも大きい。このことが意味するのは、都市と農村の差異よりも地域的な差異のほうが重要であるという単に自明な事柄ではなく、出生率の低下は別々の文化的な地域（リージョン）で生じ、都市と農村との差異は対象とした地域の中で従属的な差異であるということである。かくしてわれわれは出生率の低下が、一国内の特別の文化地域で始まり、都市と農村の差異に関する特別のパターンが同国内の他地域で繰り返される必要がないとの考えに至る。このようにして、フランダースとワロニアではベルギーの中で別個の文化地域を形作り、異なった時期に出生率の低下が生じ、別個の都市と農村の差異のパターンが生じる。イタリアの北部と南部、そしてポルトガルの北部と南部でもこのことはまた同様である。われわれが出生率の地域的な差異を見つけることができないところでは、われわれは都市と農村の差異の異なったパターンを発見することを期待することはできない。

もしわれわれが、出生率の低下は特別の文化的な地域で始まるのだということを当然のことと考えれば、そのとき、都市と農村の差異は出生率における人口転換を理解することに明らかに貢献する。第一に、都市と農村との地域間の相違点を発見することができるところでは、都市の出生率が先に低下する。どのような理由であるにせよ、都市のほうが子ども数の制限を行うことを受け入れ易いからである。しかしながら、農村地域もすぐにこれに続く。どの例においても、農村地域で出生率の低下が始まる以前には、都市で出生率の低下は終わってはいないのである。

散在する、不完全な事例が示すかぎりでは、都市と農村の出生率の差異は、規模における多様性と社会経済的な性質における多様性の両方によって引き起こされた可能性がある。これは、いくつかの経験的な観察と一致する。対象とする人口の職業構成は、全てではないが、いくつかの都市と農村との出生率の差異を説明する。婚姻出生率は、いくつかの例外はあるが、地域の規模と負の相関がある。例外は、都市域を通じて、そして農村域を通じての職業構造の多様性と関係して変化しているように思われる。このようにして、同じ規模の都市は、それがどれだけ都市化しているかによって多様となる。同様に、農村の出生率の主要な決定要因の一つは、家内工業の有無によるように思われる。

このさまざまな事実の小片をまとめて一つの物語に継ぎ合わせることは、決して満足がいく結果とはならない。ヨーロッパ全州でこれらの論点に関するデータが得られたとしても、地域の規模と職業構造が、都市と農村における出生力の差異の全変化を説明することはありえない。このことがうまくいかない原因として、二つのことがあげられる。第一は、地域の規模と職業構成の影響が単純で直接的な方法では働かないということである。その過程は相互作用という観点から理解することができる――たとえば、aが、もしcがあれば、bをひきおこすが、cがなければひきおこさないというように。そこで、一定の出生率水準を引き起こすためには、他の一連の要素とその全体としての相互作用についての知識が必要となる。因果関係がどのように作用するかを完全に突き止めることはおそらく不可能である。第二に、この論文で使用している方法は、確かに完全に厳密とはいえない。たとえば、地域の規模は直接的には出生率に影響せず、むしろ他の知られていない一連の要因を通して機能する。集計データの使用は、これらの問題をさらに大きくする。社会環境を再構築した詳細な地域的研究によってのみ、出生力に影響を与える特別のメカニズムを見つけることができる。類似の方法に、西ヨーロッパの代議政体の発展やギルドの消滅などの比較研究が考えられる。

結論としていえるのは、次のようなことである。都市と農村の出生力の差異に関する調査は、人口転換についてのいくつかの有益な洞察を与えてくれる。しかし、これらの課題の重要性について主張したいのと同様に、都市と農村の出生力の差異は人口転換の研究に関してかぎられた価値しか持っていないということも断っておきたい。他の差異はより大きく、そして都市と農村の差異は、出生力に直接的に影響する要因というよりは、複雑な過程の中の指標である。

収録原書編者注——われわれの同僚、A・シャーリン（Allan Sharlin）は、時期尚早に、この本の刊行よりも前に他界した。よって、この章においては、若干の編集上の変更を加えたのみである。

原　注

（1）後の時代における、母乳哺育の都市と農村との差異に関しては、Livi-Bacci, 1977, pp. 257-260 を見よ。都市と農村の乳児死亡に関しては、本書第五章を見よ。

（2）Knodel, 1978 では、このような定義を述べている。また、Knodel, 1977a も見よ。

（3）Smith, T. C., 1977 は、嬰児殺しという点から同様の議論を述べている。

第三部　歴史人口学の成果

——家族復元法とは何か

第七章

自然出生力とは何か

ルイ・アンリ
（木下太志訳）

自然出生力とは何か

意図的な出産制限のない状態で存在するか、あるいは存在した出生力について、私たちは自然という言葉を使うことができる。ここで使っている「自然な（natural）」という形容詞は明らかに理想的なものとは言えないが、私たちは「生理学的な（physiological）」という言葉よりもこれを好む。なぜなら、自然出生力（natural fertility）に影響を与える要因は、ただ単に生理学的なものだけではなく、たとえば授乳期間中の性的タブーのように、社会的要因もそこで何らかの役割を演じているからである。これらの要因のいくつかは、結果として、出生力を抑えるかも知れないが、それは出産制限の一形態であるとは考えられない。夫婦の行動が既に生まれた子ども数によって制限され、これ以上持ちたくないと考える子ども数の最大値に達したとき、夫婦がその行動様式をかえる場合、出産制限が存在すると言うことができる。したがって、授乳に関するタブーは出産制限ではない。というのは、この種のタブーは、既に生まれた子ども数によって左右されないからである。

このように定義された自然出生力に関するデータを集めることは簡単な仕事ではない。実際、研究者は二つの困難に直面する。

まず最初に、出産制限が行われていない人口集団、あるいは抑制が非常に限定されているため、出生力に効果的な影響を及ぼさない集団を見つけ出さなければならない。後者の条件はやや緩やかであろうが、現実には、ある集団がこれらの条件を満たしているかどうかについて確信を得ることは非常に難しい。ほとんどの場合、研究者は、時代、場所、人々の考え方、文化、社会のタイプなどを考慮して、仮説を作り上げる。彼らは、ヨーロッパの農村人口やある時代（これ自体国々により違い、またひとつの国においても地域により異なるのであるが）より古い時期のヨーロッパに起源を持つ人口集団の出生力をもって、自然出生力に十分近似できると判断するようになる。フランスの場合、この時期は通常一七五〇年から一七九〇年に置かれているが、他の国々では、一八八〇年頃が言及されるもののうちで最も古いものである。都会に住む人口については、この時期を特定することはより困難であるが、最も難しいのは支配階級に関してである。この階級の人々については、彼らの出生力の変化についての予備研究を行わずに、判断を下すことは不可能に思われる。ジュネーヴの支配階級について行われたこの種の研究では、一六五〇年以前に生まれた世代の出生力は自然出生力に近い、というよりはきわめて近いということが示されている。フランス宮廷に住む貴族に関する研究では、同様な状況は明らかにされていないが、歴史的にもっと遡れば、おそらく見つけられたかもしれない。

ヨーロッパ以外の人口集団については、ごく近い過去においても、あるいは遠い過去から現在に至るまでも、実質的には、出産制限の完全な欠如を示す強い証拠がしばしば見つけられる。この証拠は、これらの人口集団にとって出産を制限するという考え方自体が、概して外来のものであるとする研究によってさらに裏づけられる。

第二の困難はデータ収集にある。というのは、アメリカ合衆国とカナダに住むハッタライトを除いて、出産制限を行わなかったか、あるいは行っていないと考えられる集団は、前近代的なものか、あるいは人口統計が未整備で、その質が貧弱な国々に住んでいるからである。これらの人口集団の出生力に関するデータを収集するには特別な努力が必要であるが、その努力は、つい最近になって始められたばかりであり、ほんの一〇年前には、このようなデータはほとんど存在しなかった。しかしながら、それ以来、一方では歴史人口学の研究により、他方では発展途上国に関する非常に多くの研究により、その状況はかなり改善されてきた。

「出生力（fertility）」という言葉は、いくつかの意味において解釈される。それは、婚姻率、嫡出子出生率、非嫡出子出生率に左右される人口学的特徴のひとつを表すために使うことができる。この合成（composite）出生率あるいは総（general）出生率は、結婚という状態がとり得る多様な形態のため、分析には適しておらず、比較研究にはさらに適していない。

私たちは、嫡出子出生率あるいはそれと同等のもの（すなわち、結婚した女子と同じリスクに曝されると考えられるほど安定した結びつき（union）を有する女子の出生率）に研究を絞れば、より適切な比較研究を行うことができる。さらに、女子の年齢も考慮に入れなければならない。なぜなら、それは重要な役割を果たすからである。言い換えれば、年齢別あるいは年齢階層別の嫡出子出生率が計算されなければならない。

年齢別婚姻出生率

出産制限が広く行われている集団では、その出生率は結婚年齢別あるいは結婚年齢階層別に計算された場合に限り、真に興味のあるものとなる。したがって、調査時の子ども数と結婚持続年数（あるいは結婚年齢と調査時の年齢差）が、この問題に重要な意味を持つようになる。しかし、出産制限が存在しないか、あるいはほとんど行われていない状況では、問題は違ってくる。台湾、インド、そして結婚年齢を推察することができる伝統的農村社会の特徴を持つ多くの人口集団では、同じ年齢の女子グループを調査した結果、出生率と結婚年齢は概して関係がないということが立証されている。(1)

したがって、研究者は結婚年齢を考慮に入れず、比較研究を行えるという段階に進むことができる。発展途上国では、年齢を知ることがほとんどできないので、現実的には、このことは有利な材料である。しかし、一五―一九歳の年齢階層は除外しなければならない。この年齢階層は常に結婚年齢に近い（注（1））一方、（これはより重要な点であるが）、出生率は一八歳あるいは二〇歳前から年齢とともに急上昇する。その結果、二〇―二四歳の出生率は二〇歳前に結婚する女子の平均結婚年齢に左右されるが、この年齢は人口集団によってかなり異なる可能性があるからである。(2)

少なくとも二〇歳あるいはその周辺より高い年齢については、年齢階層毎に計算された出生率は結婚年齢に左右されない。したがって、死亡を考慮しなければ、年齢別出生率の合計を五倍した値は二〇歳で結婚した女子一人あたりの平均子ども数に等しい。(3) この平均値は、二〇歳から五〇歳までの年齢階層の嫡出子出生率のレベルに関するひとつの指標となる。したがって、出生率によって人口集団を分類する際に、この指標を使うことができる。**表7―1**は、この作業を行ったものであり、様々な集団における二〇―二四歳から四五―四九歳までの年齢階層毎の嫡出子出生率の値、およびそれぞれの場合における、二〇歳で結婚した女子一人あたりの平均子ども数を示している。表中の集団は、平均子ども数の多い順に並べられ、右の欄に様々な指標が示されている。表中には、三〇―三四歳と三五―三九歳の二つの年齢階層の出生率の算術平均、および四〇―四四歳と四五―四九歳の二階層の算術平均が計算され、それらが二〇―二四歳と二五―二九歳の平均を一〇〇とした場合と比較されている。この計算は、それぞれの集団について行われている。

三〇―三九歳の年齢階層の女子の平均出生率の指標は、六七（フォウタ・ジャロン）から八九（カナダ）の範囲にあるが、全一三集団のうち、九集団は七六から八一の範囲に含まれている。

四〇―四九歳の年齢階層の女子の平均出生率の指標の範囲は、一四・五（ソットヴィル・レ・ロウエン）から二八・五（ノルウェー）であり、一七から二二の範囲には六集団が含まれているだけで、相対的なばらつきは上の年齢階層（三〇―三九歳）よりも際立って顕著である。しかし、この差は、部分的には見かけ上のもので、年齢の記録間違いやランダムな変動によるものである。というのは、両者ともに、三〇―三九歳の年齢階層に比べ、四〇―四九歳の年齢階層により大きく影響するからである。(4)

表7—1　年齢別嫡出子出生率

（女子 1,000 人当たり）

	年齢								平均出生率の指標 (20-29 歳を 100 とした場合)		
人口集団	20-24歳	25-29歳	30-34歳	35-39歳	40-44歳	45-49歳	平均子供数*	平均出生率**	20-29歳	30-39歳	40-49歳
ハッテライト (a) 1921-30 年の結婚	550	502	447	406	222	61	10.9	526	100	81	27
カナダ (b) 1700-1730 年の結婚	509	495	484	410	231	30	10.8	502	100	89	26
ハッテライト 1921 年以前の結婚	475	451	425	374	205	29	9.8	463	100	86	25
ジュネーヴのブルジョワ (c) 1600 から 1649 年に生まれた男子の妻	525	485	429	287	141	16	9.4	505	100	71	15.5
チュニスのヨーロッパ人 (d) (名士を除く) 1840-1859 年の結婚	468	430	402	324	190	13	9.15	449	100	81	22.5
ソットヴィル・レ・ロウエン (ノルマンディ) (e) 1760-1790 年の結婚と出生	480	450	410	315	125	10	8.95	465	100	78	14.5
クリュレ (ノルマンディ) (f) 1674-1742 年の結婚	440	420	375	280	140	10	8.3	430	100	76	17
ノルウェー (g) 1874-1786 年の結婚	396	380	341	289	180	41	8.1	388	100	81	28.5
イラン (農村) (h) 1940-1950 年の結婚	395	370	325	255	130	20	7.5	382	100	76	19.5
ジュネーヴのブルジョワ 1600 年以前に生まれた男子の妻	389	362	327	275	123	19	7.5	376	100	80	19
台湾 (i) (ユンリンの農村地域) 1900 年頃に生まれた女子	365	334	306	263	114	8	6.95	350	100	81	17
インド (j) (ベンガル地方地方のヒンズー農村) 1945-1946 年の結婚	323	288	282	212	100	33	6.2	306	100	80	22
ギニア (k) (フォウタ・ジャロンの村々) 1954-1955 年の結婚	357	320	273	183	74	32	6.2	339	100	67	16
平　均	435	407	371	298	152	22	8.42	421	100	79.5	20.5
イギリス (l) (1920 年頃に約 20 歳で結婚した女子)	320	165	90	50	20	0	3.2				

*20 歳で結婚した女子の完結家族一家族あたりの平均子供数。

**20-29 歳の平均出生率。

注 1：a: Eaton and Mayer,1953. b: Henripin,1954. c: Henry,1956b. d: Ganiage,1960. e:Girard,1959. f: Gautier and Henry,1958. g: Statistique générale du mouvement de la population 1749-1905,1907. h: Mashayekhi,Mead and Hayes,1953.Henry,1953a. i: Henry, 1960b.j: Lorimer *et al.*k: Administration générale de services de la France d'Outre-Mer. l: Glass and Grebenik,1954.

注 2：クリュレとソットヴィル・レ・ロウエンに関する値は，引用された論文で印刷されたシリーズからグラフのあてはめにより推計された。

注 3：ノルウェーに関しては，引用された論文の 209 ページに示された死産率を含む値を 0.96 倍した。

表7—2　出産抑制を行わない13集団の年齢別出生率と出産抑制を行う集団の出生率との比較

指標	20-24歳	25-29歳	30-34歳	35-39歳	40-44歳	45-49歳
平均	100	93.5	85.3	68.7	34.9	5
イギリス*	100	51.6	28.1	15.6	6.2	0

* 1920年頃に約20歳で結婚した女子。

このばらつきにもかかわらず、それぞれの出生率曲線の趨勢には類似性もある。これは、出産制限が広く行われている集団（**表7—1**の最下行）と比較した場合にのみ明らかになる。したがって、すべてをまとめて平均をとり、その一般的な特徴を検討すればよいだろう。平均をとることによって、それぞれの出生率曲線のどれよりも滑らかな曲線が得られる。それをみると、二〇—二四歳の年齢階層の出生率を一〇〇とすれば、二五—二九歳の比は九三・五、三〇—三四歳は八五・三、三五—三九歳は六八・七、四〇—四四歳は三四・九、四五—四九歳は五となる。

表7—2は、この平均出生率の指標と出産制限が広く行われている人口集団の指標を比較したものである。上段の指標は三五歳位までかなり安定して推移しているが、その後急降下する。下段の指標は典型的な下降趨勢を示し、年齢階層がひとつ上がれば、その都度出生率はほぼ半分に下がる。

妊孕力と不妊

すべてあるいはほとんどすべての夫婦は、妻が五〇歳になる頃までには不妊となる。この事実は、五〇歳以上の出生率がゼロであることを説明するには十分である。しかし、閉経の開始は様々な年齢で起こるため、不妊夫婦の割合は、必然的に妻の年齢とともに増加する。同じことは、たとえば、出産の結果起きた事故などにより、不妊性となる女性の割合についても言える。したがって、女子の加齢とともに生じる二次不妊の進行は、それが自然のもの

表7―3　結婚女性の年齢別不妊割合

人口集団	20歳	25歳	30歳	35歳	40歳
イングランド(14世紀の中葉)	3	7	12	19	32
日本の農村 (戦前)	4	10	19	33	53
カナダ	3	4	6	10	22
ジュネーヴのブルジョワ*	3	8	13	21	39
チュニスのヨーロッパ人	3	7	10	16	28
クリュレ(ノルマンディ)	2	3	7	15	36
平均(ヨーロッパ人口)	3	6	10	16	31

＊1650年以前に生まれた男子の妻。

であろうと、病理的なものであろうと、出生力低下の一因となる。(5) しかし、これが唯一の原因というわけでは必ずしもない。というのは、まだ不妊性ではない夫婦の出生率が妻の年齢とともに低下すれば、これも出生力低下の一因となるからである。

私たちが観察できる現象は、ある年齢から出産をしていないということだけであるため、絶対(absolute)不妊性(一次と二次を含む)の頻度を直接割り出すことはできない。しかし、結婚した女性が、たとえば四〇歳から出産していないからといって、彼女がこの時点で不妊性であるとは限らない。ただ単に、この女性は、再び受胎する前にそうであったというだけのことかもしれない。したがって、絶対不妊性は無出産より稀である。前者は、後者の証拠からのみ推察できる。不妊性は、少なくとも四〇歳位までは急速には進行しないので、この方法は納得できるものである。これ以降の年齢については、この種の研究が持つ誤謬の危険性に十分留意しつつ、研究を注意深く進めていかなければならない。

表7―3は、女子の年齢による絶対不妊夫婦の割合の概数をいくつかあげている。

表中のどの集団をみても、二〇歳の女子の場合は、最頻値、平均値ともに三%と低い値を示す。その後、この割合は様々なペースで上昇

表7―4　ヨーロッパと日本の妊孕可能な夫婦の割合（指標）の比較

人口集団	20-24歳	25-29歳	30-34歳	35-39歳
ヨーロッパ人口	100	96.5	91	80
日本	100	92	79.5	61

する。しかし、ここに示されているヨーロッパの人口集団間の違いをあまり重視すべきではないであろう。なぜなら、それは年齢の誤謬、ランダムな変動、およびこの種の計算に特有な困難があるからである。とはいえ、表中の平均値は一般的な趨勢を十分に示しているであろう。

ヨーロッパ以外の集団では、日本の数値が唯一信頼できるものである。ここでは、他の人口集団と比べ、加齢に伴う不妊率の増加が際立って急である。これが日本に特有なものなのか、それとも他のヨーロッパ以外の人口集団でもみられるものなのかという問題が浮かんでくるが、現時点では、これに答えることはできない。

妊孕可能な夫婦（fecund couples）の割合は、不妊夫婦の割合の余数であり、前者とその出生率の積は両者を合計した出生率に等しい。

ひとつの年齢階層における妊孕可能な夫婦の割合として、最高値と最低値の平均をとってみよう。たとえば、二〇―二四歳の年齢階層では95．5$=\frac{(97+94)}{2}$というぐあいである。表7―4は、この割合を一〇〇とした場合の、ヨーロッパの人口集団の平均値の指標と日本の指標を示している。

この二つの指標の趨勢は、同じ一般的な様相を呈している。すなわち、年齢とともに、妊孕可能な夫婦の割合は加速的に低下し、最高の年齢階層において、急速な下降曲線を描くというものである。

今、この概観の意味をよりよく理解するために、不妊性は、年齢とは関係のない偶発的なリスクであり、出産した女子のS％に影響すると仮定してみよう。もしある年のはじめに、千人の妊孕可能な女子がおり、その年にf人が出産したと仮定すると、その年の終わりには、1000(1－fs)人のみが妊孕可能となる。たとえfの値が加齢とともにかなりゆっくりと変化したとしても、次

表7―5　後に不妊でないことが分かった夫婦の年齢別出生率

	女子1,000人あたり			
人口集団	20-24歳	25-29歳	30-34歳	35-39歳
カナダ	522	519	517	495
ジュネーヴのブルジョワ　1	552	542	514	397
チュニスのヨーロッパ人	495	476	433	381
ソットヴィル・レ・ロウエン	533	479	449	331
クリュレ（概数）	450	457	382	376
ジュネーヴのブルジョワ　2	413	421	364	355
平均値	494	483	443	389
平均値の指標	100	97.5	89.5	78.5

の年には妊孕可能な女子の割合は、$1000(1-f_s)^2$となる。これ以降についても、同様な計算ができる。この割合は、最初のうちは年齢の上昇とともに下降し、その後落ちつくという曲線を描くが、これは実際に観察されるものとはまったく逆である。したがって、出産によって不妊のリスクに曝されるということは重要であるとも、また年齢に無関係であるとも考えられない。もしこのリスクが重要な要因であるなら、それは年齢の増加にともない、徐々に大きな影響力を持たなければならない。あるいは、このリスクが年齢に左右されないと考えるなら、それは無視できるくらいのものでしかない。

女子の加齢にともなう妊孕可能な夫婦の割合の変化は、夫婦全体の出生率の変化と類似している。妊孕可能な夫婦の出生率は、夫婦全体の出生率を左右するもうひとつの要因であり、今、これについて考えなければならない。この出生率は直接観察できないので、その代わりとして、子どもを産んだことが後にわかった（すなわち、調査時点で、女子が属していた年齢階層の上限を過ぎた後に出産した――たとえば、二五―二九歳の年齢階層の女子の場合では、三〇歳の誕生日を過ぎた後）夫婦の出生率を使うことにする。[6]

それぞれの出生率の趨勢を見ると（表7―5）、下降する率はそれぞれ異なるものの、女子の年齢が上がると、表中の数値が下がる傾向にある。この数値の差は、少なくとも部分的には少数ケースからのランダムなサンプリングによるためであり、一般的な像としては、平均値がよりよい指標となるであろう。

この指標の平均値の趨勢は、妊孕可能な夫婦の割合の趨勢とほとんど違わない。正確に言えば、この二つは同じ集団を基礎としてはいないものの、両者の類似性から、夫婦全体の出生率の低下は、概して同程度の効果を持つ二要素に起因するということが言える。すなわち、妊孕可能な夫婦の割合の減少とこれらの夫婦の出生率の低下がそれである。

妊孕可能な夫婦の出生率は、始点か終点、あるいは両方が含まれる年齢階層の出産間隔の平均値の逆数にほぼ等しく、妊孕可能な夫婦の出生率の低下は、女子の加齢とともに、出産間隔が広くなったことを意味する。このように**表7—5**の平均値を見ると、出産間隔は二〇—二四歳で約二四カ月、二五—二九歳で二五カ月、三〇—三四歳で二七カ月、三五—三九歳で三一カ月である。

同じ現象は、もっと変化の大きい形でひとつの家族内でも観察できる。すなわち、最初のうちは、子どもの出産間隔は徐々にしか広がらないが、最後から二番目の子どもについては間隔が非常に広くなり、最後の子どもについてはさらに広くなる。

妊孕可能な夫婦の出生率が徐々に低下するということから、家族内について言及された広い出産間隔は、女子が四〇歳を過ぎてから生じるということか、あるいは——こちらのほうがより真実のようであるが——この出産間隔の長期化は十分に幅広い年齢層で起きるので、家族内で生じるきわめて急激な変化の影響を無効にしてしまうと結論づけることができる。

表7—6　女子の結婚年齢による完結家族一家族あたりの子ども数

	正確な結婚年齢			
	20歳	25歳	30歳	35歳
平均子ども数	8.42	6.25	4.21	2.36

完結家族の子ども数

ここで表7—1に帰ってみよう。出生率の合計を五倍したものは、ちょうど二〇歳で結婚した女子の完結家族の子ども数の平均値に近似できる。この数値と二〇—二九歳の年齢階層の平均出生率（二〇—二四歳と二五—二九歳の出生率の小計）の比較から、二〇歳で結婚した女子の完結家族の平均子ども数は二〇—二九歳の年齢階層の平均出生率の二〇倍であることがわかる。言い換えれば、この子ども数は、もし二五歳位の女子に見られる出生率のレベルが二〇歳から四〇歳まで一定して続き、その後四〇歳の誕生日を過ぎると完全に出産を止めた場合の子ども数と同じということである。

四五歳、四〇歳、三五歳、三〇歳、二五歳、二〇歳で結婚した女子の完結家族の平均子ども数は、出生率を年齢の高いほうから順に加算し、五倍すれば求めることができる。表7—1に示された一三種の出生率の平均値を使い、このようにして平均子ども数を計算してみると、表7—6に示したように、年齢が二〇歳から三〇歳あるいは三五歳に至るまで、それは結婚年齢とほぼ直線的な関係にある。

年齢を横軸にしてプロットしてみると、平均子ども数を示す直線は、結婚年齢が四〇歳位になるとゼロになる。したがって、前の結論と同様の実証的結論に達する。すなわち、二〇歳から三五歳の間に結婚する女子の完結家族の平均子ども数は、二五歳位の女子の出生率に結婚年齢と四〇歳の間の年数をかけたものに等しくなる。

これまでは、私たちの努力は出産制限を行わない人口集団から計算された、いくつかの嫡出子出生率に共通した特徴を見つけ出すことに向けられていた。ここで、私たちはもうひとつの重要な事実に注意を向けなければならない。すなわち、出生率のレベルは集団により異なるということである。二五歳位の出生率の最高値は最低値の一・七二倍である。また二〇歳で結婚した女子の完結家族の平均子ども数の最大値は、最小平均値の一・七六倍である。このように「自然出生力」の定義の範囲内で、かつ女子の年齢による嫡出子出生率のパターンが集団間で類似しているにも拘らず、出生率のレベルには非常な違いがある。このことはもちろん条件つきで、そのように言うことができるのであるが、単純化された一般論として、すでに実証されたレベルの重要な差を検討するためには有用である。

さらに先に進む前に、この差が本当に存在するのかという問題が十分に予想される。ヨーロッパの人口集団に関する数値のほとんどについては、それがヨーロッパを起源とするものであろうが、それとも実際にそこに住んでいるものであろうが、あるいは近代社会のものであろうが、前近代社会のものであろうが、そのエラーは小さなものにしか過ぎない。台湾のデータは、日本人が設けた登録システムの水準が高いことと、調査時に行われたチェックのために、その信頼性は高いものと考えられている。また、イランの数値は受け入れることのできるもののように思える。なぜなら、これを地中海沿岸の回教徒集団に適用してみると、実際に観察されたり、あるいは他の方法により算出された出生率を示すからである。インドとギニアの出生率については、より疑問が残る。インドの数値は、そこで実施された多くの調査の特徴を持ち、概して、すべての結果は同様に不正確であり、欠陥があることは疑いようがない。ギニアの出生率は、一九五四—五五年の調査前の一二カ月間に届け出られた出生から計算されたものであるが、この数値から計算された女子一人あたりの平均子ども数は、彼女たちが述べている数値よりもかなり高い。他方、この子どもたちのなかには、最初の誕生日を過ぎても、一歳未満として数えられているものもおそらくいることであろう。したがって、観察されたこの出生率は、実際の値よりも決して低くはないということを信ずるに十分な理由がある。

このことから、観察された出生率の差は実際に存在し、出産制限が行われてない集団においても、出生率に顕著な違いがあると結論づけることができる。[7]

さらに、観察されたヨーロッパの人口集団のほとんどは、ヨーロッパ以外の人口集団を上回る出生率を示している。一般に、ヨーロッパ以外の普通出生率はヨーロッパの前近代のものよりも高いということからすると、これは驚きとして映るかもしれない。しかし、このことは、嫡出子出生率が前近代のヨーロッパのものよりも低いということとはまったく矛盾しない。なぜなら、ヨーロッパ以外の人口集団では、独身で一生を過ごす人は少なく、また結婚年齢も西欧に比べて低いからである。これは過去においても、現在においても真実である。もし高い婚姻率と早期の結婚という組み合わせが、前近代ヨーロッパと同程度の高さの嫡出子出生率のなかで起きたなら、出生率はさらに上昇したであろうし、また登録エラーを修正した後であっても、これまでに観察されたことのない値に達したであろうことは明らかである。

最後に、出生率にみられた顕著な違いの原因を探らなければならない。これは、出生率を支配する二つの主要因のうちのひとつに原因があるとアプリオリに考えられるかもしれない。その二つとは、妊孕可能な夫婦の割合とこれらの夫婦の出生率である。最初の要因はすぐに除外できる。二〇歳代の女子については、妊孕可能な夫婦の割合は、**表7—3**に示されているヨーロッパのいくつかの集団では、九二%から九五・五%とあまり差はない。日本は八八%という明らかに低い割合を示すが、二〇—二九歳の年齢階層の平均出生率の差に比べると、この割合とヨーロッパの人口集団の割合の差はきわめて小さい。

他の集団における妊孕可能な女子の年齢別割合については知られていないが、閉経年齢に達したか、あるいはそれを過ぎた無子女性の割合を示す信頼できる数値がある。たとえば、台湾で四%、フォウタ・ジャロン（Fouta-Djalon）で七%というのがそれである。これらの集団における女子の結婚年齢を考慮すると、これらの値は、女子が二〇歳位の時点での夫婦の不妊頻度の上限であろう。しかし、もし結婚した女子の九六％が二〇歳で妊孕可能なら、あるいはそれが九三％であったとしても、この割合が二五歳で六〇％から七〇％というような低い値にまで下がるようなことはないであろう。万一そうであるならば、この低い値で観察された出生率の差を説明しなくてはならなくなる。

ということは、出生率の差は出産間隔の差の結果であるということになる。このことは、妊孕可能な夫婦の出生率、すなわち平均出産間隔が集団により顕著な違いをみせるヨーロッパの人口集団ではすでに明らかなことである。台湾では、出産間隔が二・七年程度であることを示す証拠がある。インドでは、出生率が**表7—1**で示された数値と同程度に高い地域において、平均出産間隔が三年程度という調査結果がある。

これらのことから、直接的あるいは間接的に、私たちは次の結論に達する。

第一に、出産制限が知られていないか、あるいはほとんど行われていない集団においても、出生率に顕著な差がみられる。絶対不妊性の程度は、少なくとも若い年齢層については、集団間で類似しているので、この若い年齢階層における出生率の差は、ほとんど妊孕可能な夫婦の出産間隔の差に帰することができる。

第二に、ヨーロッパにおける人口集団の間でも出生率の差はあるが、その差はヨーロッパの人口とヨーロッパ以外の人口を比較した場合、さらに一層際立ったものになる。概して、前者の出産間隔は後者に比べ非常に短い。

出産間隔

出産間隔は、いくつかの要因により左右される。

①出産後の性関係の再開と妊娠との間、あるいは排卵の再開と妊娠との間（出産後どちらが後に起こるにせよ）に経

過した時間の長さ。例外的ではあろうが、この期間は一時的な病理的不妊性によって長引くこともあり、この「無為な（idle）」期間に新たに受胎することはできない。

②受胎能力（fecundability）、あるいは受胎確率。これは上で定義された「無為な」期間以外の時期についてのものであり、月経周期あるいはもっと簡単に月により計算される。

③流産や死産の頻度。この第三番目の要因は、これまでに実証された出生率の差を十分に説明しそうにはない。むしろ、ジュネーヴやクリュレ（Crulai）の人口に関する研究は、ひとつの人口集団内における夫婦の出生率の差は、ほとんど「無為な」期間の長さの差によるものであるということを示しているようである。この発見から、私たちは次のような仮説を立てることができる。すなわち、人口集団間の出生率の差は同じ原因に帰することができる。平均的には、性関係の再開あるいは排卵の再開が異なる時期に起こり、ある集団では他よりも遅いということである。この仮説は、いくつかの集団では、授乳期間中の長い間の性的タブーにより、出産後の性関係の再開が遅れるということによって裏付けられる。これらのタブーは、アフリカにおける黒人社会ではよくみられるが、地中海沿岸の回教徒集団には存在しない。ヨーロッパにおいても、このようなタブーは存在しない。性関係の再開を遅らせたかも知れない民間信仰の痕跡をたどることができるものもあるが、これらの信仰の影響は、単婚やきびしい社会規範によって、ほとんどの場合、きわめて限られたものであったに違いない。

アフリカにおける性的タブーの効果についてはしばしば言及されるが、これは正しいもののように思える。なぜなら、この種のタブーはアフリカの黒人社会で広くみられ、しかも彼らの出生率は、出産制限が行われていない他のどの地域の出生率よりも低いと一般的に考えられているからである。しかし、実際には、これらのタブーは出生率の差を完全には説明しない。というのは、一方では、アフリカのいくつかの集団（たとえばガーナのアシャンティ族）では、このようなタブーが存在していないにもかかわらず、彼らの出生率は他のアフリカの人口集団とあまり差がない。また他方では、この問題は、ただ単にアフリカとそれ以外の地域の差にあるのではなく、出生率の差は多くの集団の間においてもみられるが、そのうちのいくつかがアフリカにおいて見られるというだけのことなのかもしれない。

したがって、私たちの仮説を維持するためには、ある集団における出産後の排卵は、他の集団より遅く再開するということも考慮に入れなければならない。排卵は授乳と関係するため、授乳期間の長さの違いが排卵再開までの時間の長短を説明すると考えられるかもしれない。しかし、他の説明も可能である。すなわち、授乳期間と無排卵期間の関係は、それが短かろうが、長かろうが、決して一様ではないということである。子どもに授乳していても、出産後の排卵が早く再開される女子もあれば、乳児が離乳する前まで時間を要するものもある。さらに、離乳後に排卵が再開するものもいる。言い換えれば、同じ期間だけ授乳する女子でも、無排卵期間の長さによって異なるカテゴリーに分類することができるということである。これらのカテゴリーの相対的な重みが、人口集団間でかなりの程度違うということもあり得る。そして、この差によって、少なくとも部分的にではあっても、自然出生力の差を説明することができるかもしれない。

最後に、受胎が不可能となる「無為な」期間によって、人口集団を分類することができるかもしれないという仮説について、自然出生力の差に関する二つの説明を区別しておかなければならない。第一は、性関係の再開と授乳期間に関する行動様式の違いであり、第二は、授乳期間における無排卵状態の頻度とその期間に関する生理学的特徴の違いである。

この二番目の説明を受け入れることは、この生理学的特徴が、遺伝的なものであるにせよ、あるいは環境によるものであるにせよ、それぞれの人口集団を区別するための特徴のひとつになり得るということを認めることになる。この分野の研究は、なぜ様々な人口集団の間で、自然出生力に違いがあるのかを理解するために役立つであろう。

〔編者付記　原文には節がないが、編者によって原意を損なわないように節を付した。〕

原注

（1）カナダ（一七〇〇―一七二九年の結婚について）は例外であるが、いくつかの不規則性からすれば、出生率と結婚年齢の関係はうわべだけのもののようである。

理論的には、年齢別出生率が結婚年齢に左右されないということでは、結婚後十分な年数を経たものについてのみ言えることである。というのは、結婚初期における出生率の変動が落ち着いてくるからである。したがって、この時期以降については、この状況は年齢階層毎の出生率の計算にほとんど影響を与えない。

（2）正確な年齢（exact age）で計算したとしても、この困難は解消されない。というのは、注（1）で示した制限が強く影響してくるからである。

（3）年齢階層毎の出生率は五年間の平均値であるため、五倍しなければならない。

この平均数は、二〇歳で結婚した女子の完結家族で観察されるものとほとんど違いはない。というのは、出生率と死亡率の関係は、現実には、ほんの僅かなものにしか過ぎないからである。

（4）年齢を決定する際の困難は、発展途上国で最もしばしば遭遇する。四五―四九歳とされた年齢階層には、実際にはそれより若い女子がいつも含まれ、その結果、あまりにも高いと思われる出生率が得られる。この年齢より老いた女性がここに含まれていても、実際には、それは僅かな補完効果を持つに過ぎない。なぜなら、四五―四九歳の年齢階層の出生率は、ほとんど取るに足らないからである。ヨーロッパの、あるいはヨーロッパに起源を持つ伝統的社会では、人々の年齢は正確に数えられるか、あるいは死亡年齢から逆算される。後者の場合には、研究者は、上と同じリスクを負うことになる。

（5）「一次不妊」に対し、二次不妊は一人以上の子どもを産んだ後に起きる（United Nations, Multilingual Demographic Dictionary, p. 38）。

（6）年齢階層毎に計算する場合、この方法に特有なバイアスは、少なくとも四〇歳までは度外視できる。というのは、後に出産する夫婦の出生率は、妊孕可能な夫婦の出生率に非常に近いことは疑いのないことだからである。

（7）さらに低い自然出生力を示すヨーロッパの人口集団として、H・ヒレニアス（H. Hyrenius）により研究されたエストニアのスウェーデン人教区をあげることができる（Hyrenius, 1958）。しかしこれはヨーロッパでは例外に属するようである。

第八章

家族復元法によるイングランド人口史

E・アンソニィ・リグリィ
ロジャー・S・スコフィールド
（山本千映訳）

『イングランド人口史 一五四一―一八七一』(Wrigley and Schofield, 1981) では、四〇四の教区簿冊に記録された月毎の人口動態事象を集計的に分析することを基礎にして、長期人口変動の広範なアウトラインをまとめた。それと同時に、我々はより伝統的な家族復元法から、イングランド人口史の、より詳細な研究を続けてきた。序文的な結果報告はすでに『イングランド人口史』においてなされたし、現在準備中の著作 (Wrigley, Davies, Oeppen and Schofield, 1997) においては、我々の発見諸事実の完全な報告がなされ、その重要性が議論される。しかしながら、家族復元によって明らかにされた主要な点について、要約の形で中間報告をしておくことも有益であろう。

イングランドについて行った家族復元結果がどの程度完全で代表的かを明らかにするには、別途議論が必要となるが、ここで言及するに値する点も、一、二ある。第一に、過少登録の問題は集計データとは比較にならぬほどに小さい。その理由の一端は、研究に用いられた登録簿を選択する際、クオリティの高いものを選んだためであるし、他方、国教会を離れた夫婦の問題は、家族復元法で普通用いられる観察方法を適用することで、たいていは克服されるためである。(1) しかしながら、国教会の記録に何の動態記録も残さない家族もおり、彼らの人口行動が異なったものである限り、本章で報告される諸結果は人口全体を代表するものではないということになる。この可能性は、動態事象の圧倒的多数が国教会の記録に何らかの足跡を残したと思われる一七〇〇年以前においてはあまり重要ではないが、一八世紀を通じて、全国的ではないにせよ、この国の多くの地域で国教会の儀式を忌避する人々の割合が増加するにつれて漸次無視できない問題となっていく。(2) ここで報告される諸結果が、どの程度の修正を必要とするかは複雑な問題なので、本章の範囲においてのみ触れられる。ここでの数値は、時代が下るにつれて不正確になっていくという性格のものなため、あくまで暫定的なものと捉えるべきである。

第二に、一個所にとどまって移動しないため家族復元に含めることが可能な人々、すなわち、しばしば「復元可能なマイノリティ」と名付けられる人々に関して、工業化以前のイングランドの高い地理的移動性に鑑み、その代表性に疑義が挟まれてきた。こういった疑義は根拠薄弱であるようだ。実際、単一の「復元可能なマイノリティ」は存在しない。人口学的指標に役立つ人口の割合は、観察単位の長さによって各種の計算ごとに大きく異なる。サンプルが、該当する個人の圧倒的多数を構成する場合もある。たとえば、イングランドの乳児死亡率の算出では、概ね嫡出出生児の約八〇％に基づいている。[3] 長期にわたって一定の土地にとどまっているマイノリティ人口に基礎を置いた計算においてさえ、さほど厳密なものではないとはいえ、類似の分析を広範囲なクロスセクションで行うことで、その行動の代表性を確認することができることもある。たとえば、イングランドの教区での年齢別出生率は、一般的に言って、わずか一六％程の嫡出出生児をもとにせざるを得ない。なぜなら、彼らの母親もまたその場所で生まれた者でなければならず、そういうケースでのみ子どもを産んだときの年齢が計算できるからである。[4] 出生間隔の分布から推計されたこういった女性の受胎能力は、年齢別出生率の算出から除外された女性の受胎能力とほとんど違いがない。[5]

復元可能で十分な分析を行いうることが現在までに判明している教区簿冊の数は限定されているが、このことからくる問題のほうが深刻である。本章は、一三のコミュニティに基づいたものであるが、これはイングランドの一〇、〇〇〇以上にのぼる諸教区のランダムサンプルには程遠い。[6] 教区の選択は、質の高い登録という制約の中で、地理的経済的環境のバリエーションが最大となるように行われているからである。**図8—1**は、選択された教区の地理的位置を示している。北部（ヨークシャー、ウェストライディング（Yorkshire, West Riding））に二つ、ミッドランド（the Midlands）に六つ、南東部に三つ、南西部（デヴォン（Devon））に二つある。

そのうちの二教区（バンバリ（Banbury）とゲインズバラ（Gainsborough））は大きな市場町で、多様な職業（いくつかの小規模な製造業も含む）を持ち、他の都市や地域との通信手段の良く発達した地域的なサービスの中心地であった。[7] 他の二教区（オルスタ（Alcester）とコリトン（Colyton））は、同様の市場やサービス機能をより小規模で地域的に果たしてお

図8—1　教区の地理的位置

り、繊維産業に関わっていた。[8] 次の二教区（シェプシェド（Shepshed）とジェドリング（Gedling））は農村地域ではあるが、さほど農業に適さず、家内工業が広汎に展開していた。どちらも靴下編工業が一八世紀の地域的雇用の重要な源泉となっていた。対照的なグループをなす五教区、（オルドナム（Aldenham）、ターリング（Terling）、シェフォード（Shefford）およびサウシル（Southill）を含むキャムプトン（Campton）、ボツフォド（Bottesford）およびメスリ（Methley））では、商業的農業が深く浸透していた。これらの教区には、概して大量の農業労働者がおり、副業で所得を補っている場合もあった。最後の二教区は極端なタイプの代表である。ハートランド（Hartlnad）は農場の散在する辺鄙な海沿いの教区であり、バーストル（Birstall）は、一八世紀を通じた羊毛工業の展開に伴って急激に成長した、ウェストライディング教区の古典例である。

人口の面でも、これらの教区が非常に多彩であったことは、驚くにあたらない。一八〇一年には、バンバリとゲインズバラの二つの地域的市場町は、それぞれ三、八〇〇人、五、一〇〇人の住民を抱えており、靴下編工業のシェプシェドは人口二、六〇〇人であった。周囲から隔絶したハートランドを含む他の教区は、人口一、一〇〇人から一、八〇〇人の教区がほとんどであった。例外的に小さかったのは、それぞれ人口八〇〇人と七〇〇人だった二つの商業的農業教区（ボツフォドとターリング）であった。逆に、バーストルは一八〇一年には、一四、七〇〇人まで膨張していた。人口密度もさまざまであった。一八〇一年時点の先頭集団は、一平方キロメートルあたり一九九人から二六六人を擁したバーストル、バンバリ、オルスタである。次に来るのは、一七五人のゲインズバラであり、靴下編工業の二教区（シェプシェドで一二三人、ジェドリングで八四人）、九四人のメスリが続く。残りの教区は四〇から五六で、例外は二三人のハートランドである。[9]

代表的なデータセットという点から見るとこういった問題が存するのであるが、すでに完了した家族復元結果の概要の提示を優先して、全一三教区の個別家族復元フォームから取り出した情報をプールして得た「国全体の」描写に重点を置くことにした。したがって、つまるところ我々の「国全体の」数値は、各教区の人口規模によってウェイト付けされ、期間中の相対的な人口規模の変化を反映するものとなっている。実際、人口のバランスが農村的なものから都市的なものへ移行していったのと同様に、バーストルのような教区はターリングやボツフォドのような小さい教区よりもかなり急速に成長したため、この解決法の方が、一三教区それぞれについて個別に計算された数値の単純平均をとるよりも好ましいのである。[10] 紙幅の都合上、個々の教区のデータを掲げることは出来ないが、教区平均の度数分布が表の下部に掲げられている場合もある。

予備的な性格を持つこの論考の中では、以下に示す要約指標の分散についても考慮しないことにする。一三教区についてプールされた推計値は、たいていの場合かなり大量の事象をベースとしているため、標準誤差は一般的に小さい。しかしながら、個々の教区で特定の期間について行われた推計では標準誤差が大きくなるため、特定の時点で教区間の比較を行ったり、特定の教区で異時点間の比較を行う際には、注意を要する。

人口規模でウェイト付けしたこのデータが、どの程度代表値といってよいか、この点を確認しうる比較可能な情報を得るのは残念ながら難しい。もちろん国内の全てのコミュニティで人口学的な経験が同一ならば、どの教

表8―1　15歳までの生存率

	l_{15}(radix, 1,000)		
	家族復元データ (1)	過去投影による全国データ（ロンドンは除く） (2)	比率(1)/(2) (3)
1600–49	713	659	108
1650–99	699	625	112
1700–49	674	632	107
1750–99	708	646	110

注：家族復元データは、ここに示した各半世紀に生まれた個人についてのものである。全国データも同様に、50年期について示されており，下一桁が1または6で終わる年を中心とした連続する10の5年期の平均である。この2つの系列を可能なかぎり比較可能とするため，また，家族復元データが，期間データというよりもむしろコーホートデータであるという事実から，過去投影によるデータは1604-53年期，1654-1703年期等々についてのものである。過去投影の際には，全国データからロンドンの影響を除去する操作を行ったが，詳細は注(13)を参照。

区を分析対象に選ぼうと、また、要約指標を作るためにどのような統合をしようとたいした問題ではない。事実、以下で見るように、婚姻出生力は教区間および異時点間で明らかにほとんど差異がないと思われる。結果として、一九世紀中葉では一三教区についての総出生力指標（I_g）は、全国データから計算された値ときわめて近いものとなっている。[11]

他方で、死亡と結婚性向は、一九世紀のセンサス登録区の間で見られる差異と同様に、教区毎に大きく異なる。[12] そのため、結果が異常値となる余地もそれ相応に大きい。死亡率について例をあげると、おそらく**表8―1**からも見て取れるように、他の史実とのいくぶん粗い比較を行うことで、一三教区からのプールされたデータが全国値の死亡水準よりもある程度低めになっていることがわかる。

家族復元によって、乳児死亡率と一五歳までの年少者死亡率を推計することができる。それゆえ、一六〇〇年から一八〇〇年までの各半世紀で支配的な死亡率にしたがって一五歳の誕生日を迎えるまで生存する者の数を計算することが可能である。この結果は、死亡の全国データを過去投影の技法を用いて集計的に分析することで得た比較可能なl_{15}とともに、**表8―1**に掲げられている。全国推計値は、ロンドンが及ぼす死亡率を悪化させる影響を取り除くため、上方修正されている。[13] 家族復元から得られたl_{15}の値は全国値よりも概ね一〇％ほど高く、このことは一三教区データではロンドンを除く全国の値よりも死亡率が低かったことを示している。ただし、この二系列のトレンドはほぼ同じである。

単純化のために、一六〇〇年から一七九九年という、ここでの対象教区すべてでカバーされる期間に限定して考察することとした。また、簡潔に表現したいので、結果の提示は四つの半世紀（一六〇〇—四九年から一七五〇—九九年）についてのみなされる。

結婚性向

『イングランド人口史』で述べられている、教区簿冊に記録された事象の発生頻度に関する集計的な分析から、教区簿冊の存在する期間のイングランドにおける人口増加傾向は婚姻出生率や死亡よりも、結婚性向の変化による影響のほうが大きいことが示された（Wrigley and Schofield, 1981, note 2, pp. 265-269）。ある人口における結婚性向のレベルは、結婚年齢と生涯未婚率との双方から影響を受ける。家族復元は、後者に関する情報を得ることはほとんどできないが、[14] 前者について検討するにはまことに適した方法である。

表8—2は、一六〇〇—四九年から一七五〇—九九年までの連続する四つの半世紀に見出される、男女の平均初婚年齢を示したものである。数値は各期間に発生した婚姻についてのものである。平均値は一三教区からプールしたデータについてのものであり、全体の平均値を取るための総数は、第一パネルの各行第四列に示した。一番下には、各教区の平均初婚年齢別の度数分布が示されている。観察期間の前後を欠くことから生ずる問題を避けるため、当該教区で教区簿冊の記録が始まってから五〇年後以降の婚姻のみを包含した。このことは、観察され

表8—2　平均初婚年齢

同時結婚コーホート別の13教区からプールされたデータ

	男性				女性			
	族外結婚[教区外]	族内結婚[教区内]	合計	サンプル数[N](合計)	族外結婚[教区外]	族内結婚[教区内]	合計	サンプル数[N](合計)
1600-49	28.2	28.0	28.1	1,490	25.9	25.2	25.6	1,765
1650-99	28.1	28.1	28.1	1,646	26.4	25.9	26.2	1,740
1700-49	27.3	27.1	27.2	2,314	25.9	24.9	25.4	2,724
1750-99	25.9	25.5	25.7	4,087	24.6	23.5	24.0	4,682

新郎・新婦の年齢差

	族内結婚[教区内]	合計
1600-49	2.8	2.5
1650-99	2.2	1.9
1700-49	2.2	1.8
1750-99	2.0	1.7

平均初婚年齢の変化

	男性			女性		
	族外結婚[教区外]	族内結婚[教区内]	合計	族外結婚[教区外]	族内結婚[教区内]	合計
From 1600-49 to 1650-99	−0.1	+0.1	0.0	+0.5	+0.7	+0.6
From 1650-99 to 1700-49	−0.8	−1.0	−0.9	−0.5	−1.0	−0.8
From 1700-49 to 1750-99	−1.4	−1.6	−1.5	−1.3	−1.4	−1.4
From 1650-99 to 1750-99	−2.2	−2.6	−2.4	−1.8	−2.4	−2.2

族外結婚[教区外]と族内結婚[教区内]との平均初婚年齢格差

	族外結婚[教区外]－族内結婚[教区内]	
	男性	女性
1600-49	+0.2	+0.7
1650-99	0.0	+0.5
1700-49	+0.2	+1.0
1750-99	+0.4	+1.1

各教区の平均初婚年齢の度数分布(全ての結婚について)

	男性				女性			
年齢	1600-49	1650-99	1700-49	1750-99	1600-49	1650-99	1700-49	1750-99
22	0	0	0	0	0	0	0	2
23	0	0	0	0	0	1	1	1
24	1	0	1	1	3	1	2	6
25	0	1	0	5	6	5	5	1
26	4	2	4	2	2	2	0	3
27	0	5	3	4	1	2	4	0
28	3	3	3	1	1	2	1	0
29	4	1	2	0	0	0	0	0
30	1	1	0	0	0	0	0	0

注1：族外結婚〔exogamous marriage〕は，配偶者の片方の年齢が判明しているもの。族内結婚〔endogamous marriage〕は，配偶者双方の年齢が判明しているもの。

注2：バーストルにおける家族復元は1600年以降に始まった。平均初婚年齢を算出する際の観察期間裁断バイアスを避けるため，家族復元の開始から50年以上経過したもののみを用いた。このためバーストルについては1600-49年について適当な結婚データがない。これによる歪みは1600-49年のバーストルにおける結婚年齢に影響するだろう。これを相殺するため，この時期の他教区の平均との格差が1650-99年期における格差と同程度のものと仮定し，1650-99年についての結果からえられた他教区との相対的なウェイトと同じものをバーストルに適用した(結果的には1600-49年の平均値は大して違わなかった)。

る結婚年齢の下方偏向が生じないようにするために必要である。というのも、教区簿冊の記録が開始された当初に結婚した若い新郎新婦は洗礼簿に登場するかもしれないが、年かさの男女の場合には洗礼簿がない時期に出生したであろうことから、洗礼簿に載らないためである。

全体的なパターンは単純で、男女間で同一である。一七世紀の間は初婚年齢にほとんど変化がみられないが、一七〇〇年以降徐々に下降を始め、次第に加速して、一八世紀の後半には非常に顕著な低下となった。[15]平均初婚年齢の男女間格差は、この期間を通じて着実に縮小し、最初の半世紀に二・五歳であったものが、最後の半世紀には一・七歳になっている（**表8―2**の第二パネル）。男性の平均初婚年齢は最初の二期には変化しておらず、女性はいくぶん上昇している。その後の男性の平均初婚年齢は、女性よりも低下が激しい。

これらの婚姻を、配偶者のうち片方の年齢しかわからないものとどちらもわかるものとに分類することが出来よう。両者の差異によって、移動する者としない者がはっきりと別なグループを形成するかどうかがわかるかもしれない。配偶者の片方の年齢しかわからない場合では、相手はどこか別のところで生まれたのであろうし、多くの場合このような夫婦は結婚式を挙げた教区から遠く離れた場所に定住した。他所から来た新郎は新婦の教区で結婚式を挙げるという習慣ゆえに、新婦の年齢のみがわかる場合はどうやらこの通りだったらしいのだが、新郎の年齢のみわかる場合はこの限りではないようだ。両者の年齢がわかる場合というのは、その結婚が同教区民同士のものであったことを示し、この場合、彼らはそのままそこに住み続けるのが普通であった。

一般的に言って、一六五〇―九九年から一七五〇―九九年の平均初婚年齢の低下傾向は、男女ともに「教区内」結婚（配偶者双方が当該教区で出生）の場合の方が、「混合」結婚（片方が他の教区で出生）よりも大きい傾向が見られるものの（**表8―2**の第三パネル）、両サブグループ間での変化パターンは類似している。結果として、一八世紀後半においては「教区内」結婚でのパートナーは「混合」結婚におけるそれよりも若かったのだが、この不均衡は新郎よりも新婦の側で大きかった（**表8―2**、第四パネルの最下行）。この格差は、男女とも一七世紀よりも一八世紀で顕著である（**表8―2**の第四パネル）。これは当該時期の経済変化に関連して注目すべき問題ではあるが、さらに考察を進めるのは別の機会に譲らねばならない。

表8―3には初婚者の年齢分布が示されている。はじめに、中央値と四分位値を見るのがよいだろう。一七世紀にはほとんど変化がない。男女とも、四分位点間の幅はわずかに拡大しているが、中央値はほとんど変わっていない。これは、中央値と第３四分位点との間隔が、第１四分位点と中央値との間の縮小傾向を相殺する以上に、

表8―3　初婚年齢の分布

	18歳以下	18	19	20	21	22	23	24	25	26	27	28	29	30	31	32	33	34	35-9	40以上	合計	サンプル
											男　性											
1600-49	7	13	19	27	41	82	90	95	73	69	74	59	56	55	35	36	23	11	89	47	1,000	1,175
1650-99	8	5	22	40	49	58	84	96	90	72	65	64	53	42	42	33	32	23	67	55	1,000	1,706
1700-49	6	10	23	46	68	86	84	91	88	74	68	61	54	39	36	22	20	18	60	46	1,000	2,407
1750-99	7	17	42	76	114	113	106	91	79	60	52	40	32	28	25	19	12	10	46	31	1,000	4,220
											累積値											
1600-49	7	20	38	65	106	188	278	373	446	515	589	648	704	759	794	830	853	864	953	1,000	-	-
1650-99	8	13	35	75	124	182	266	362	452	524	589	653	706	748	790	823	855	878	945	1,000	-	-
1700-49	6	16	39	85	153	239	323	414	502	576	644	705	759	798	834	856	876	894	954	1,000	-	-
1750-99	7	24	66	142	256	369	475	566	645	705	757	797	829	857	882	901	913	923	969	1,000	-	-
											女　性											
1600-49	39	30	60	70	69	74	69	69	81	80	59	43	41	47	29	30	24	18	45	23	1,000	1,591
1650-99	40	25	49	57	64	90	70	85	63	62	60	56	32	38	32	22	34	23	68	30	1,000	1,962
1700-49	39	35	53	74	74	84	86	76	72	60	57	51	42	36	29	22	22	18	48	22	1,000	2,988
1750-99	51	58	74	104	113	99	78	72	57	48	48	36	27	24	22	16	13	12	31	17	1,000	5,098
											累積値											
1600-49	39	69	129	199	268	342	411	480	561	700	641	743	784	831	860	890	914	932	977	1,000	-	-
1650-99	40	65	114	171	235	325	395	480	543	665	605	721	753	791	823	845	879	902	970	1,000	-	-
1700-49	39	74	127	201	275	359	445	521	593	710	653	761	803	839	868	890	912	930	978	1,000	-	-
1750-99	51	109	183	287	400	499	577	649	706	802	754	838	865	889	911	927	940	952	983	1,000	-	-

中央値と四分位値

	男性			女性		
	(1) *	(2)	(3)	(1)	(2)	(3)
1600-49	22.7	25.8	29.8	20.7	24.3	28.2
1650-99	22.8	25.7	30.0	21.2	24.3	28.9
1700-49	22.1	25.0	28.8	20.7	23.7	27.8
1750-99	21.0	23.3	26.9	19.7	22.0	26.0

	四分位点間の格差						男性：四分位値			女性：四分位値		
	男性			女性								
	(1-2) *	(2-3)	(1-3)	(1-2)	(2-3)	(1-3)	第1四分位値	第2四分位値	第3四分位値	第1四分位値	第2四分位値	第3四分位値
1600-49	3.1	4.0	7.1	3.6	3.9	7.5	88	100	116	85	100	116
1650-99	2.9	4.3	7.2	3.1	4.6	7.7	89	100	117	87	100	119
1700-49	2.9	3.8	6.7	3.0	4.1	7.1	88	100	115	87	100	117
1750-99	2.3	3.6	5.9	2.3	4.0	6.3	90	100	115	90	100	118

注：**表8―3**では**表8―2**と比較して全体としてより多数の事象を扱ったため，年齢記述に正確を期する点で，若干緩やかな定義が用いられている。**表8―3**ではバーストルについていかなる「修正」もなされていないため，1600-49 年についてのサンプル数が少なくなっている（**表8―2**の注２参照）。

*（１）第１四分位値，（２）中央値，（３）第３四分位値。

きわめて急速に拡大したためである。これ以降ゆっくりと、結婚年齢の分布は男女ともばらつきの少ないものになっていくのだが、一八世紀後半には、かなり急激に収束していく。一七五〇―九九年には、四分位点間の幅は男女とも一世紀前の八二%になった。四分位点間の幅の絶対値は、常に女性の方が男性より大きいが、格差はわずかである。

第1四分位値と第3四分位値を中央値に対する比率で表すとわかるように、男性と女性の分布の形は類似したものであった。男性の年齢分布は、どの期間でもわずかにばらつきが少ない（四分位点間の幅は一六〇〇―四九年で二八（二一六―八八）、一七五〇―九九年で二五（二一五―九〇））。この幅は女性の方で常に大きく、最初の半世紀は三一、最後の半世紀で二八となっている。概して、男女ともこの幅の絶対値は縮小しており、同様に中央値の水準も低下したため、相対的な分布の形状はほとんど変化しないままであった。

男性が一〇代で結婚をすることは常に稀であった。一七五〇―九九年においてさえ、二〇歳の誕生日以前に初めて結婚する男性は七%以下であったし、それ以前になると四%を超えることはなかったのである。女性の場合、結婚年齢が低いため、一〇代の新郎よりは珍しくない。一〇代の新婦の割合は、初期には一一―一三%であったものが、一七五〇―九九年では一八%まで上昇している。年齢分布のうち、初婚年齢が極端に高いものの割合は縮小するのだが、男女間格差は解消されつつあった。たとえば、男性の第9十分位点の年齢は、一六〇〇―四九年で三六歳であったが、以降三六歳、三五歳、三二歳となったのに対し、女性の場合、三三歳、三四歳、三三歳、三一歳となっている。

表8―4は夫妻とも初婚の場合の男女間年齢格差を示したものである。配偶者間の年齢差が縮小傾向にあることについてはすでに言及したが、この表によって、変化の詳細を見ることが出来る。より中心に近いところの度数が増加することで、分布の両端は確実に縮小している。一六〇〇―四九年に新婦より五歳以上年上の者は、全新

表8—4　夫婦とも初婚の場合の夫婦間年齢差（年）

			+								−						
15以上	10-14	5-9	4	3	2	1	0	0	1	2	3	4	5-9	10-14	15以上	合計	サンプル数N
1600-49																	
45	77	209	68	70	62	68	59	46	55	46	35	39	96	22	3	1,000	649
1650-99																	
38	80	183	59	69	65	95	64	64	60	53	30	23	66	39	12	1,000	733
1700-49																	
39	61	194	66	59	67	74	74	70	70	39	43	23	92	22	7	1,000	1,141
1750-99																	
28	45	139	64	84	94	99	104	84	72	52	36	28	53	15	3	1,000	2,339

注：13教区からプールされたデータ。

郎の三三%であったが、その後の各半世紀には、各々三〇%、二九%と低下し、一七五〇—九九年には二一%となった。新郎より五歳年上の新婦も、全期間を通じて着実に減少したが、特に最後の半世紀で著しい。新郎の場合と同様のパーセンテージを見ると、一二%、一二%、一二%、七%であった。中心により近い点での度数は、時間経過とともに増加傾向にある。たとえば、最も度数の多い前後三階級の度数をあわせたものは、一六〇〇—四九年の+3から+1までが二〇%、一六五〇—九九年の+3から+1が二三%、一七〇〇—四九年の+1からマイナス0までが二二%、一七五〇—九九年の+2からプラス0が三〇%であった。一八世紀後半においても配偶者間の年齢差が五歳以上のものは全ての初婚の二八%を占めており、配偶者間である程度の年齢差があるのはごく普通のことであったが、一六〇〇—四九年には四五%にのぼっていたのと比べると、明らかに低い値であるといえる。

加えて、新郎新婦のどちらが年上かを別々に考察すると、年齢格差自体も期間を通じて小さくなっている。新郎が新婦より年上であるケースは全体の三分の二でほぼ一定していたが（各半世紀におけるパーセンテージは、各々六六%、六五%、六三%、六六%）、格差の平均値は一六〇〇—四九年の六・〇歳から継続的に低下し、その後の各半世紀で、六・〇歳、五・九歳、四・八歳となった。同様に新婦が新郎より年上の場合を見ると、各々四・六歳、五・〇歳、四・三歳、三・四歳であった。

一六〇〇年から一八〇〇年の初婚に見られる主要な特徴についての概観を締括るために、新郎新婦の年齢の組合わせによる一、〇〇〇人あたりの比例的な分布を**表8―5**に示した。隣接する各数値を、度数が初婚全体の五〇%を超える分を実線で、八五%を超える分を破線で囲んである。この方法によって、これまでに示した表の背後にあった結婚パターンの重要な変化、主として一八世紀後半に集中していたこの変化を、より容易に見てとることが出来る。一六〇〇―四九年には、全ての初婚の五〇%を包含するのには六セル必要であり、八五%には一四セル必要であった。続く二つの半世紀でもすでに必要なセル数はいくぶん少なくなっているが、一七五〇―九九年には三セルあれば五〇%を超えるのに十分となり、一〇セルで八五%を超えるようになった。一六〇〇―四九年で最も度数の多いセルは男性二五―二九歳と女性二〇―二四歳との間のものであるが、このグループに含まれる結婚は全体の一五%以下である。一七五〇―九九年までに、最も「一般的な」セルは二〇―二四歳の男女による結婚となり、三〇%を占めるようになった。

一六〇〇―四九年と一七五〇―九九年との間で各セルの値がどう変化したかを示す最後のパネルは、変化の本質を明快に示している。正の値は〔一、二の値の小さい異常値は別として〕もっぱら行列の左上で見られる。これは、四つのパネルに示されていた、男女双方の結婚の輪郭を大きく変えた早婚へのシフトがどの程度であったかを強調するものである。

出生率

家族復元データは婚姻出生率〔本章では有配偶出生率と表現する場合もある〕の検討に最適であり、広くこの目的のた

表8—5　夫婦とも初婚の場合の結婚年齢の組合せ

		新郎						
		15-19	20-24	25-29	30-34	35-40	40以上	全体
					1600-49			
	15-19	8	59	47	23	6	4	147
	20-24	21	122	145	57	24	7	376
	25-29	12	90	110	56	24	9	301
新婦	30-34	0	39	48	29	17	11	144
	35-39	1	3	8	6	8	0	26
	40以上	0	1	1	1	0	3	6
	全体	42	314	359	172	79	34	1,000
					1650-99			
	15-19	12	35	45	18	3	5	118
	20-24	8	163	148	57	19	11	406
	25-29	4	74	119	65	23	10	295
新婦	30-34	3	26	33	15	18	5	100
	35-39	0	8	15	15	10	4	52
	40以上	0	5	8	8	4	4	29
	全体	27	311	368	178	77	39	1,000
					1700-49			
	15-19	10	82	47	11	8	3	161
	20-24	19	180	132	51	17	9	408
	25-29	6	96	111	39	17	11	280
新婦	30-34	2	26	36	21	10	2	107
	35-39	0	8	10	6	3	3	30
	40以上	0	3	4	2	1	4	14
	全体	37	395	340	130	56	42	1,000
					1750-99			
	15-19	28	127	37	8	4	1	205
	20-24	35	301	125	34	15	9	519
	25-29	5	79	67	24	8	6	189
新婦	30-34	3	15	18	12	6	6	60
	35-39	0	3	6	5	4	1	19
	40以上	1	1	0	2	1	3	18
	全体	72	526	253	85	38	26	1,000
					(1750-99)-(1600-49)			
	15-19	+20	+68	−10	−15	−2	−3	
	20-24	+14	+179	−20	−23	−9	+2	
新婦	25-29	−7	−11	−43	−32	−16	−3	
	30-34	+3	−24	−30	−17	−11	−5	
	35-39	−1	0	−2	−1	−4	+1	
	40以上	+1	0	−1	+1	+1	0	

注: 作表の基礎となった結婚数の総数は**表8—4**を参照。

めに利用されてきた。プールされた一三教区データから得られる結果の要約を、各教区の合計有配偶出生率の度数分布とともに**表8―6**に示す。この表を検討するに当たって、一八世紀を通じて一五―一九歳から二〇―二四歳の女性で有配偶出生率が見かけの上で上昇しているのは、婚前妊娠の急激な増加という人工的なものであるため、無視してよい。[16]この表から学びとれる主要な教訓は、有配偶出生率の長期的かつ驚異的な安定性である。結果的に有配偶出生率は七・三九でほぼ変化しなかった。最も低かった一七五〇―九九年でもこの値をわずか一％強下回っただけである。最も高かった一六五〇―九九年では、一％弱上回ったに過ぎない。加えて、表の最後のパネルでは、教区間でも相対的にほとんど変化がなかったことが示されている。

表8―6の数値からは、どの程度有配偶出生率が意識的に調節されていたかを調べることが出来る。**表8―7**には、**表8―6**の数値をA・コール（Ansley Coale）とJ・トラッセル（James Trussell）による総括指標Mおよびmに直したものと、各々の平均二乗誤差が掲げられている（Coale and Trussell, 1978）。Mは所与の人口から得られる婚姻出生力水準の概算値で、この値が一・〇なら、コールとトラッセルが彼らの自然出生力のモデル表を作る際に基礎とした一〇の人口集団で見いだされた婚姻出生力水準に等しいことを示す。イングランドの値は、いずれと比べてもかなり低いところに位置している。実際、表の一番上のパネルにある一六〇〇―一七九九年までの期間全体についてのMの値は、一〇の基礎人口のうち二番目に低い一八七四―七六年のノルウェーの値に極めて近い。[17]mはどの程度婚姻出生力が調節されていたかを示す指標である。この値が〇に近ければ、出生順位に左右された受胎調節はなされていない、と仮定してよい。コールとトラッセルは、mが〇・二以下だった場合はその人口では受胎調節が行われていなかったことを示す、と見なしている。また、出生制限が広範に行われていた可能性が高いのは、〇・五以上の値が見られる場合のみである。ただし、年代が下るにつれて継続的にこの値は上昇したから、〇・二のように相対的に低い値でも、後代においては出生制限の証拠と見なすことが許されるであろう。[18]Mおよ

表8—6　年齢別有配偶出生力

	年齢							合計有配偶出生率	
	15-19	20-24	25-29	30-34	35-39	40-44	45-49	15-49	20-49
	率（期間中に生存していた女性 1,000 人当たり）								
1600-49	399	395	362	308	256	130	33	9.42	7.42
1650-99	358	409	364	306	248	126	39	9.25	7.46
1700-49	379	415	364	306	238	126	25	9.27	7.37
1750-99	478	423	356	289	237	133	22	9.69	7.30
1600-1799	411	413	361	302	244	129	28	9.44	7.39
	人口（期間内生存女性数）								
1600-49	196	1,455	3,029	3,766	3,624	3,127	2,609		
1650-99	201	1,432	3,001	3,536	3,368	3,045	2,537		
1700-49	298	2,522	5,016	5,884	5,773	5,126	4,303		
1750-99	356	2,788	4,871	5,128	4,772	4,083	3,418		
	教区ごとの合計有配偶出生率の度数分布（1600-1799 年）								
	6.25-6.49	6.50-6.74	6.75-6.99	7.00-7.24	7.25-7.49	7.50-7.74	7.75-7.99		
20-49	2	1	1	2	4	1	2		
	7.00-7.49	7.50-7.99	8.00-8.49	8.50-8.99	9.00-9.49	9.50-9.99	10.00-10.49	10.50-10.99	
15-49	1	1	2	1	2	2	3	1	

び*m*の値は、観察された婚姻出生率にモデルを当てはめることによって推計されたものであり、**表8—7**の平均二乗誤差の値は当てはまりの良さを示している。〇は完全に当てはまることを示しており、コールとトラッセルは〇・〇〇五や〇・〇一は、各々「劣悪」、「最悪」としている（Coale and Trussell, 1978, p.204)。完全に当てはまらない理由はいくつかあると思われる。高い婚前妊娠率や人口規模が小さいときに顕著になるランダム効果のような系統的ゆがみなどである。

普通、*M*および*m*は二〇—二四歳から四〇—四四歳の五つの年齢五歳階級から推計される。しかしながら、イングランドのデータでこの手法を用いるのには難がある。婚前妊娠が広範に存在し、しかもその発生率にばらつきがあるためで、これにより二〇—二四歳の年齢別出生率がさまざまな程度で過大評価されてしまい、推計値に重大な

表8—7　出生力の諸特徴

	M	m	平均二乗誤差
1600-49	0.838	0.057	0.0004
1650-99	0.850	0.093	0.0003
1700-49	0.849	0.104	0.0007
1750-99	0.792	0.031	0.0025
1600-1799	0.830	0.069	0.0008

教区別 1600–1799 年期の M および m の度数分布

	M		m	
	0.70-0.74	1	0.20-0.24	2
	0.75-0.79	5	0.15-0.19	0
	0.80-0.84	3	0.10-0.14	3
	0.85-0.89	3	0.05-0.09	4
	0.90-0.94	1	0.00-0.04	3
	-		< 0.00	1

悪影響を及ぼすからである。本報告では、この問題について、二五—二九歳から四〇—四四歳までの四つの年齢階級についての値のみからMおよびmを再推計するという、精微さに欠けるけれども目的に適った解決法をとることにした。この方法も、婚前妊娠は全ての年齢にある程度の影響を及ぼすので完璧なものとは言えないが、二五歳以上での影響はきわめて小さく、二〇—二四歳階級の値も考慮に入れて計算した場合より平均二乗誤差は低くなる。**表8—7**には、この方法で計算した値が示されている。また、一三教区各々のMおよびmの度数分布も一緒に掲げた。

一見して、プールされたデータにおいても、教区別データでも、家族制限が広く行われていたことを示す証左はないことがわかる。プールされたデータでは、mの値は意識的な調節が行われたことを示す水準よりも常にかなり低く、平均二乗誤差も一七五〇—九九年を除いて（この期間でも「劣悪」なレベルよりはかなり良好ではあるが）どの期間でも低いことから、信頼のおける結果となっている。各教区を個別に見る際には、観察される女性人・年（woman-years）を十分とるために一六〇〇—一七九九年の期間全体について算出したが、この場合もオルスタとターリングの二教区でわずかに〇・二を超えているものの、mの値は低いものとなっている。平均二乗誤差は、三教区で〇・〇〇一五以下であり、〇・〇〇五の「劣悪」レベルを超えているものはないことから、個別教区についての結果も頑健であるといえよう。

家族制限が全国的に一般化する以前に、地域レベルで広く行われていたかどうかという疑問は、近年多くの関心を集めてきた。ここで用いた一三教区の一つであるコリトンは、利用可能なデータの解釈に疑問が挟まれているとはいえ、一七世紀末から一八世紀初の時期にはそのような制限が行われていた人口集団であったとされてきた。(19) この問題について分析を進めるためには、出生行動の他の側面に注目する必要がある。別の機会に改めて検討したいとは思うが、そういった試みは本章の範囲外である。

婚姻出生力に関する便利かつ広範に利用されているもう一つの要約指標は、I_gである。これは、母親の年齢別嫡出子出生の情報がない場合の利用に供するため、プリンストンで開発された指標である。I_gは実際に生まれた嫡出子出生数と、観察対象の有配偶女性がハッタライト（Hutterite）の女性の間で観察された標準的な年齢構造と年齢別出生率に従って出生行動を行った場合に見られるであろう出生児数との比である。二〇世紀に至るまで登録局長官（Registrar-General）は、イングランド人口において母親の年齢別出生数についての情報を集めることをしなかったため、I_gは一九世紀イングランドの婚姻出生力の指標として有用である。M・タイテルバウム（Michael Teitelbaum）は、出生数の登録漏れを修正したうえで、一八七〇年代までのI_gを全国についてとそれを構成する各州について推計している。また、I_gを家族復元データの合計有配偶出生率とハッタライトのものと比較することで直接推計することも出来る。この方法だと、教区簿冊の存在する時期に観察される婚姻出生力の水準と、動態統計の開始以降ではあるが夫婦間での計画的な出生制限の開始以前である一九世紀第三四半期のイングランドのそれとを比較することができる。

表8―8　出生力の諸特徴

（1600-49 年から 1750-99 年の 13 教区からプールされたデータおよび 1851-1871 年のモンマスを除くイングランドのデータ）

	I_g
1600-49	0.678
1650-99	0.682
1700-49	0.674
1750-99	0.667
1851	0.671
1861	0.667
1871	0.674

注：20-49 歳階級のハッタライトの合計有配偶出生率は 10.94。家族復元からの数値は，ハッタライトのレベルに対する比率で表すことで I_g に変換されている。婚前妊娠による影響が大きいため，15-19 歳階級は計算から除外した。1851 年から 1871 年についての数値は，上記の年次を中心とした 10 年間についてのものである。

資料：1851 年から 1871 年の I_g の推計値は，Princeton fertility series の一冊として上梓される予定の，タイテルバウムの予稿からのものである。これらのデータの利用を許可してくれた同氏に深く感謝する〔訳者注――これは Teitelbaum, 1984 として刊行済み〕。

表8―8には、一三教区については各半世紀の、イングランド全体については一八五一年、一八六一年、一八七一年のI_gを示す。どちらの系列も実に均一であり、家族復元データの全般的な正確性について疑念を抱かせるようなものはどこにも見あたらない。[20] *M*についてと同様に、I_gも西欧の家族復元研究で見いだされたたいていのものよりも低い値となっている。たとえば、近年J・ノデル（John Knodel）とC・ウィルソン（Chris Wilson）は、ドイツにおける五つの州や地域（バーデン（Baden）、ヴュルテンベルグ（Württemberg）、バイエルン（Bavaria）、ヴァルデック（Waldeck）、オストフリースランド（Ostfriesland））の一四村落からのデータを報告している。彼らはこれらを九グループに分類した。九グループの単純平均は、一七五〇―九九年および一八〇〇―四九年で、それぞれ〇・八〇、〇・七八であり、イングランドの水準より一五%程高い。しかしながら、ドイツではイングランドと異なり、極めて大きい地域間格差がある。さらに興味深いことに、オストフリースランドの二村落、ヴェルドイム（Werdum）とミデルス（Middels）ではI_gの値がイングランドのそれとほぼ同一なのである。この二村落で一八〇〇年を挟む各半世紀の値をとり、その四つの値を平均する

と〇・六八三となるが、イングランドの値は一六〇〇—一七九九年までの期間全体で〇・六七六である（Knodel and Wilson, 1981, esp. Tab. 2, p. 60）。他にもオストフリースランドの人口学的現象には、工業化以前のイングランドとの類似点が見られる。とりわけ、乳児死亡の水準が低いことである。両地域とも、出生率も死亡率も相対的に低いという「保守的な」または「低圧力な」人口体系の好例かも知れない(21)。

自然出生力の体系では、婚姻出生力は普通、妻の年齢と結婚継続期間の関数であるとされる。この点を例証するために、イングランドの一三教区からのデータを、フランスを四分した地域ごとの家族復元結果とともに**表8—9**に掲げた。合計有配偶出生率とともに年齢別婚姻出生率を提示したが、イングランドの数値では、高い婚前妊娠の水準によってゆがみを生じさせる恐れのある最若年の年齢階級を除いてある。イングランドのものは、南西フランスとはさほど違いがないものの、五つの数値のうちでは常に最低となっており、北東フランスよりはかなり低い（フランスのデータについては、家族制限開始以後の時期の史料を含まないようにするため、一七七〇年以降のものは使われていない）。この表は、イングランドで婚姻出生力が最低であることを示唆している点に加えて、ここに示した五つの人口集団では、どの年齢階級でも、結婚からの時間経過が短ければ短いほど、婚姻出生率が高いことを示している。したがって、イングランドの年齢階級三〇—三四歳を例にとると、婚姻出生率は一五—一九歳で結婚した人々で二五三、二〇—二四歳で結婚した人々が二八二、二五—二九歳で結婚した人々は三一七と上昇している。この現象は普通、二次不妊の影響が原因であるとされる。二次不妊の影響は出生経歴を経るにしたがって必然的に大きくなるし、若くして結婚した人々にとっての方がどの年代でも出生経歴が進んでいるであろうから、より遅く結婚した人々に対する影響よりも深刻なものとなる。

この問題は、**表8—10**に示した一三教区データについて、一六〇〇—一七九九年の期間全体に渡って考察することで、より詳細に検討することが出来る。第一のパネルは婚姻出生率を示している。第二のパネルは、婚姻出生

表8—9　年齢別有配偶出生率

（女性 1, 000 人／年あたり率）

	15-19	20-24	25-29	30-34	35-39	40-44	45-49	TMFR*
	15-19 歳で結婚した女性							
フランス北西部	306	431	369	339	232	120	16	7.54
フランス北東部	399	511	433	395	282	128	8	8.79
フランス南東部	244	387	363	329	237	122	11	7.25
フランス南西部	285	350	313	284	208	131	12	6.49
イングランド	411	369	301	253	201	103	11	6.19
	20-24 歳で結婚した女性							
フランス北西部	-	465	414	364	274	138	16	6.03
フランス北東部	-	545	479	405	336	151	8	6.90
フランス南東部	-	410	410	354	306	182	13	6.33
フランス南西部	-	445	350	351	245	147	21	5.75
イングランド	-	440	355	282	231	116	19	5.02
	25-29 歳で結婚した女性							
フランス北西部	-	-	488	400	282	160	15	4.29
フランス北東部	-	-	519	451	334	182	20	4.94
フランス南東部	-	-	403	407	319	165	19	4.55
フランス南西部	-	-	427	370	277	161	31	4.20
イングランド	-	-	418	317	247	126	22	3.56

注 1：イングランドの数値は，プールされた 13 教区から。
注 2：フランスのデータは修正値。各ケースで，以下の年代個々の数値を平均したものが用いられている。1670-89 年，1690-1719 年，1720-39 年，1740-69 年。ただし，南西部は 1720-39 年と 1740-69 年のみしか利用できないので除く。
注 3：最終列に示した合計有配偶出生率は，最初の年齢階級を除いた各年齢階級の値を積算することで求められている。したがって第 1 パネルでは 20-24 歳から 45-49 歳についての，第 2 パネルでは 25-29 歳から 45-49 歳について等々の値である。

資料：フランスのデータは下記の諸論文から。Henry, 1978, Tab. 8, p. 886. Houdaille, 1976, Tab. 9, p. 353. Henry and Houdaille, 1973, Tab. Tab. 9 bis, p. 889. Henry, 1972, Tab. 1, p. 979.
*最若年齢階級を除いた合計有配偶出生率。

表8―10　年齢別婚姻出生率　(1600-1799年)

結婚年齢	15-19	20-24	25-29	30-34	35-39	40-44	45-49
	期間中に生存していた女性1000人・年あたり率						
15-19	(411)	369	301	253	199	103	(11)
20-24	-	(440)	355	282	231	116	(19)
25-29	-	-	(418)	317	247	126	(22)
30-34	-	-	-	(386)	269	153	(41)
35-39	-	-	-	-	(311)	167	(46)
40-44	-	-	-	-	-	(146)	(73)
	15-19歳で結婚した女性の年齢別婚姻出生率に対する比率						
20-24	-	(119)	118	112	116	113	(173)
25-29	-	-	(139)	125	124	122	(200)
30-34	-	-	-	(153)	135	149	(373)
35-39	-	-	-	-	(156)	162	(418)
40-44	-	-	-	-	-	(142)	(664)
	一階級下の年齢別婚姻出生率を100とした場合のパーセンテージポイント						
20-24	-	(19)	18	12	16	13	(73)
25-29	-	-	(18)	12	7	9	(16)
30-34	-	-	-	(22)	9	21	(86)
35-39	-	-	-	-	(16)	9	(12)
40-44	-	-	-	-	-	(-13)	(59)

率を一五―一九歳で結婚した女性のものに対するパーセンテージで表した。第三のパネルでは、各年齢階級の出生率が五歳年下のグループより何%増加しているかが示されている。どのパネルでも、丸括弧で囲まれた値は無視するのが賢明である。こうした値は対角線上と最右列にあるのだが、それは最若年グループにおける婚前妊娠によるゆがみの影響のためと、年齢階級四五―四九歳の出生率が、観察数が少ないために一貫性のないものになっていることによる。他の数値については、どの行の値もその上の行の値より、一〇―一五%ほど高くなっている。それゆえ、二次不妊や出生経歴または結婚期間と結びついた他の要因は、出生率に少なからぬ影響を与えていたことが明らかである。[22] **表8―9**に掲げたフランスの地域別出生率に基づいた同様の計算で

表8—11　最終子出産時の母親の平均年齢(出生を完結した世帯のみ)

	結婚年齢		
	30歳未満	30歳以上	全　体
1600-49	38.8 (388)	42.1 (157)	39.7 (545)
1650-99	38.4 (352)	42.2 (176)	39.7 (528)
1700-49	38.5 (723)	41.4 (169)	39.0 (892)
1750-99	38.7 (561)	41.4 (158)	39.3 (719)

注: 丸括弧内は平均値算出のもととした結婚数。

も、極めて類似したパターンを示している。

一七、八世紀を通じたイングランドの出生力の特徴は、期間を通じて出生力にほとんど変化がなかったことであるが、最終子出産時の母親の年齢を示した**表8—11**からはこの特徴のさらなる証左が得られるかもしれない。若くして結婚した女性は、平均的には遅く結婚した場合よりも早い時期に出産を停止することが期待される。二〇歳で結婚した女性が最後の子どもを産むのは二七歳のときかもしれない。他方で、三〇歳で結婚した女性は、必然的により高齢になってから最終子を産むに違いない。同年齢ではあるけれども出生経歴は異なる出産可能（still-fertile）な女性が、同年齢で最終子を産み終えるかどうかを知るのは興味深いことであろう。なぜなら、家族形成の継続期間に与える影響として、二次不妊と他の諸要因のどちらが相対的に重要なのかという問題に光明を投ずるかもしれないからである。しかしながら、この問題は複雑なため、ここでは二つの範疇について作表するにとどめた。どちらの範疇でも、時間経過による変化はほとんどない。(23)

これまで、**表8—6**から**表8—11**までの出生力に関するデータを、夫婦の出産は全て記録されていたと仮定して計算して構わないかのように提示してきた。家族復元データの利用によって婚姻出生力の真のレベルがどの程度過小推計されるかについての本格的議論には、膨大な時間が要るであろう。しかし、ずっと大規模な教区簿冊集計データから間接的に推計された完結家族規模（過少登録に

表8―12　完結家族規模：家族復元と過去投影の比較

	過去投影データ							
	GRR	TFR	非嫡出子の修正	嫡出子 TFR	生涯未婚率	完結家族規模推計値	家族復元：完結家族規模	(7) / (6) ×100
	(1)	(2)	(3)	(4)	(5)	(6)	(7)	(8)
1600–49	2.10	4.31	0.976	4.21	20.5	5.30	5.22	98.5
1650–99	2.06	4.22	0.981	4.14	22.9	5.37	5.00	93.1
1700–49	2.25	4.61	0.977	4.50	11.6	5.09	5.14	101.0
1750–99	2.61	5.35	0.956	5.11	5.9	5.43	5.61	103.3

注：過去投影と家族復元の完全な比較を行うため，また過去投影が期間データであるのに対して家族復元は各半世紀に開始された結婚に基づいているという事実を考慮して，(1)のＧＲＲは1611-1656年，1661-1706年等々を中心とする隣接した10の５年期の平均となっている。したがって，各値は1609-58年，1659-1708年等々に関するものである。
(2)＝(1)×2.05；(4)＝(2)×(3)
生涯未婚率は男女合わせたものであり，隣接した５年期の同時出生コーホートに基づいている。各値は10の隣接した10の５年期の平均である。例えば，1600-49年の値は，1601年，1606年，1611年，……，1646年に20-24歳であった５年期同時出生コーホートから計算したもの，等々である。
(6)＝(4)×100/100-(5)
(7)列の完結家族規模は，**表8―6**の年齢別婚姻出生率と**表8―2**・パネル１の女性平均初婚年齢を用いて作成。
資料：
(1)列　Wrigley and Schofield, 1981, Tab. A3. 1, pp. 528-529.
(2)列　Laslett, 1977b, Tab. 3. 2, p. 125.
(5)列　Wrigley and Schofield, 1981, Tab. 7. 28, p. 260.

関する様々な修正を施し、かつ、カヴァリッジに関してどれほど完全か幾重にもテストされた上で算出されているのであるが）を家族復元結果から得られるそれと比較してみるのも場違いなことではないだろう。集計データに過去投影推計を施すことで、女性の粗再生産率が五年ごとに得られている(24)。**表8―12**では、この粗再生産率に二・〇五を乗じて、合計出生率を求めた（性比一〇五が仮定されている）。さらに、非嫡出子出生を取り除くという簡単な修正が施され、生涯未婚で通す女性が一定数存在することによる影響を除去して、完結家族規模に変換されている(25)。本章の前半で提示した婚姻出生率と平均初婚年齢から完結家族規模を計算することも出来る。一六〇〇―四九年から一七五〇―九九年までの四つの半世紀について、家族復元から推計したものと過去投影からのものとの比をとると、九八・五、九三・一、一〇一・〇、一〇三・三である。一六五〇―九九年には正式手続きをとらない結婚が広く行われていたため、生涯未婚率が誇張されていた。その結果有配偶人口に依存する出生力水準は、過去投影を行う際に過大評価されている。だが、この期間を除けば、二つの推計値は三％以上乖離することはないのである。(26)

死亡

最後に死亡について見よう。家族復元データは、成人の死亡率に関しても価値ある推計値を算出できるが、ここでは主として一五歳以下人口の死亡率に絞り、折りに触れて簡単に妊産婦死亡についても見ていくことにする。乳児死亡および年少者死亡の全体的なパターンは、**表8―13**に示されている。同表の第二パネルに掲げたのは、異なる年齢の相対的な死亡水準の理解をより容易にするために、第一パネルの死亡率をプリンストン生命表の西モデルと北モデルに当てはめたものである。各期間で、二つの乳児死亡率が示されているのがわかるであろう。双方とも、注釈が必要である。括弧のないものは、当該時期のイングランドに関する家族復元研究で一般的な慣習に則して計算したもので、妊産婦死亡の影響除去のための修正を加えていない値である。慣習的には、最初の配偶者の死によって婚姻が終了した段階でその婚姻に関する観察は終わる。婚姻終了の原因が、出産による妻の死である場合、母親が死亡したことによって新生児が死ぬ可能性は圧倒的に高まる。こういったケースが観察から落ちてしまうと、乳児死亡率はいくぶん過少推計されてしまうだろう。そこで、出産（洗礼）後三カ月以内の母親の死亡はすべて妊産婦死亡であると定義したうえで、婚姻が妊産婦死亡で終了した場合には最終子の出産を観察する期間を出産（洗礼）日から一年間に延長することにした。これにより、乳児死亡の水準は三％ほど増加した。全ての最終子出産を観察対象にして観察規則を緩めても、**表8―13**に掲げた死亡率からの重要な変更はない。

しかしながら、括弧内の乳児死亡率はたいてい括弧なしの値より高く、一八世紀については格差がかなりある。

表８―13　乳児死亡率と年少者死亡率

	1600-49		1650-99		1700-49		1750-99	
$_1q_0$	161.3	(162.3)	166.7	(169.7)	169.2	(195.3)	133.4	(165.5)
$_4q_1$	89.3		101.5		106.5		103.5	
$_5q_5$	41.2		40.0		40.6		33.2	
$_5q_{10}$	25.2		24.2		22.8		20.7	
l_0	1000.0		1000.0		1000.0		1000.0	
l_1	838.7	(837.7)	833.3	(830.3)	830.8	(804.7)	866.6	(834.5)
l_5	763.8	(762.9)	748.7	(746.0)	742.3	(719.0)	776.9	(748.1)
l_{10}	732.3	(731.5)	718.7	(716.2)	712.2	(689.8)	751.1	(723.3)
l_{15}	713.8	(713.1)	701.3	(698.9)	696.0	(674.1)	735.6	(708.3)
西モデル								
0-1	11	(11)	11	(10)	10	(9)	13	(11)
1-4	11		10		10		10	
5-9	7		7		7		9	
10-14	9		9		9		11	
北モデル								
0-1	10	(9)	9	(9)	9	(7)	12	(9)
1-4	13		12		12		12	
5-9	12		11		12		14	
10-14	11		11		12		13	
パネル１の死亡率計算の基礎となる死亡リスクにさらされる母数								
$_1q_0$	24,353		23,783		28,235		37,134	
$_4q_1$	15,626		15,463		18,997		23,665	
$_5q_5$	10,296		10,120		12,909		14,126	
$_5q_{10}$	7,074		7,054		9,508		9,002	

注: 乳児死亡率が括弧内のものと括弧なしのものがある点についての説明は本文を参照。

これは、洗礼が出生からますます遅れがちになったこと、およびそれに伴って乳児が洗礼前に死亡したりその死亡が記録されないといった危険性があること、これらの影響を相殺するような修正が含まれるためである。出産と洗礼との間隔が慣習的に長くなるにつれて、一七世紀にはささいなものであった、記録された乳児死亡率と「真」の乳児死亡率との格差は深刻な問題となる（Schofield and Berry, 1971）。このことは出生力の測定にも影響するが、その程度はさほど大きいものではない。出生と洗礼の間隔が開くことの問題は複雑である。死亡した子どもの年齢を計算する際には、埋葬日から洗礼日を減じて求めると計算違いを起こすし、一八世紀を通じて洗礼を受ける前に死んだ子どもの埋葬がますます記録されないようになると困ったことになる。全ての面で、一層の研究の進展が望まれる。他方で、乳児死亡記録の欠陥を埋め、真の年齢を間違えて計算する危険性を減殺するために、別のところで提示した議論とデータにもとづく（Wrigley, 1977）説得的な修正係数が必要である。その値は、各半世紀で、それぞれ一・〇〇六、一・〇一八、一・一五四、一・二四一である。括弧内の乳児死亡率は、これらの値を用いて算出されたものである。この乳児死亡率は、死の危険にさらされた乳児を持つ親は急いで洗礼を受けさせようとはしなかった、という仮定を反映して必要とされる修正済推計値のうちでも最大のものとなる。この仮定はきつすぎるという証拠がある（Wrigley and Schofield, 1981, note 15, p.96）。したがって、真の死亡率は各期間について示した二つの死亡率水準の間に存在するのであろう。ただし、以下の議論では、高い方の修正死亡率を用いることにする。

最初の三期には、乳児死亡率、年少者死亡率双方で全般的な悪化が見られるが、最後の期間にはわずかに改善した。一五歳までの生残率は一六〇〇―四九年と一六五〇―九九年に七一三から六九九に若干低下し、続く半世紀にも継続的に低下して一七〇〇―四九年には六七四となったが、この指標も最後の期間には七〇八まで上昇し、それまでの低下をほぼ完全に挽回した。しかしながら、年齢別に死亡率を見ると、系時的な変化のパターンは一様ではない。最年長の一〇―一四歳階級では死亡率は一貫して低下しており、他方、五―九歳階級では最後の期間に低下を見せるほか全く一貫性がない。一七五〇―九九年には、$_5q_5$, $_5q_{10}$は、それぞれ一六〇〇―四九年の八一%、八二%であった。より若年の二つの年齢階級は、また別であった。どちらの年齢階級でも一六〇〇―四九年と一六五〇―九九年の間に死亡率は上昇した。一―四歳階級では最初の二期間に急激な上昇が見られ、一七〇〇―四九年には上昇は緩やかになった。この時までに死亡率は初期の水準よりも一九%高くなっていたが、最後の半世紀にはわずかに低下した。乳児死亡率も一六〇〇―四九年と一七〇〇―四九年の間の上昇は著しく、とりわけ第二期と第三期の間の上昇が際立っていた。その後は急激に低下し、一七五〇―九九年にはq_0は最初期の水準近くにまでなった。

W・ファー(William Farr)が動態統計を使ってイングランド初の本格的な生命表を作成したときには、パターンは明らかに「北」タイプであった。事実、(一八三八年から一八五四年の死亡数に基づいた)イングランドの第三回生命表では、男性の死亡率は北モデルのパターンに見事に当てはまったし、女性の死亡率も、当てはまりは若干劣るものの、西モデルよりは北モデルの方にずっと適合的だった(Wrigley and Schofield, 1981, Tab. A14.1, p. 709)。概して、イングランドの死亡率は一七、八世紀についても、「北」のパターンに従っていたと思われるが、ただ、乳児死亡率が常に高すぎて完全には当てはまらない。とはいえ、他の三年齢階級は概ね北パターンに沿ったものであった。西モデルをもとにして言うならば、幼いほうの二階級は適合的だが、五―九歳と一〇―一四歳階級は明らかに高すぎる。

先に指摘したように、死亡水準の高い方に位置する教区が多くないということは、プールされたデータは、期間全体の全般的な傾向は捉えているとはいえ、全国的な死亡水準をいくぶん過小評価していることを意味している。[27] 死亡率の水準が教区によってかなり異なることから、イングランドの場合、極端な場合を検討するのは、出生力よりも死亡率のほうが興味深いであろう。**表8―14**には、最も健康的な二教区と最も不健康な二教区が掲げられており、**表8―13**のプールされたデータと同様に、北モデルと西モデルに当てはめた死亡率も示した。乳児死亡

表8—14　4教区における乳児死亡率と年少者死亡率(対1,000)

	1600-49	1650-99	1700-49	1750-99
	ハートランド			
q_0	87	83	85	57
${}_4q_1$	48	50	93	51
${}_5q_5$	29	25	34	21
${}_5q_{10}$	16	21	13	6
	コリトン			
q_0	93	109	106	97
${}_4q_1$	85	112	73	67
${}_5q_5$	39	64	32	24
${}_5q_{10}$	37	38	29	12
	ゲインズバラ			
q_0	254	254	272	200
${}_4q_1$	134	174	181	174
${}_5q_5$	65	61	69	58
${}_5q_{10}$	27	40	31	34
	バンバリ			
q_0	172	169	239	201
${}_4q_1$	105	121	122	121
${}_5q_5$	48	35	29	45
${}_5q_{10}$	34	23	32	19

プリンストンレベル

	1600-49		1650-99		1700-49		1750-99	
	西	北	西	北	西	北	西	北
	ハートランド							
0-1	16	16	16	16	16	16	19	19
1-4	15	17	15	16	11	13	15	16
5-9	10	15	12	16	9	14	13	17
10-14	13	15	11	13	14	16	19	20
	コリトン							
0-1	16	15	14	14	15	14	15	15
1-4	12	13	9	11	13	14	13	15
5-9	7	15	2	8	9	14	12	16
10-14	5	7	4	7	7	10	15	17
	ゲインズバラ							
0-1	6	5	6	5	5	4	9	7
1-4	8	8	5	7	5	6	5	7
5-9	2	9	2	9	1	8	3	9
10-14	8	10	4	6	7	11	6	8
	バンバリ							
0-1	10	9	10	9	7	5	9	7
1-4	10	12	8	10	9	10	9	10
5-9	5	11	9	13	10	15	6	12
10-14	6	8	10	12	6	9	12	14

率は表8—13のものと同様のものである。死亡率の低い二教区はどちらもデヴォンにあり(ハートランドとコリトン)、死亡率の高い教区(バンバリとゲインズバラ)は実質的には都市である。過去においては、人口密度が高いと、結果として死亡率も高いことが多かった。ハートランドとゲインズバラにおける死亡率の絶対的レベルが異なっているのは、たいていの場合、二つか三つの複合的な要因によるもので、工業化以前のイングランドにおける多様な死亡率を示す顕著な例である。これらの死亡率を出生時平均余命の概算値に直すと、e_0は一六〇〇—一七四九年のハートランドで五〇歳以上なのに対し、ゲインズバラでは三〇歳でしかない。

ハートランドの死亡率は、モデル生命表に照らして「行儀の良い(well-behaved)」ものであり、ゲインズバラも同様である。乳児死亡率は、低いことは低いのだが、年少者死亡率に比べれば、さほどではない。このことは、低死亡率が登録作業の貧弱さからくる人為的なものではないことを示唆する有力な事実である。[28]人為的なものである場合には、その影響は乳児よりも年長の子どもに対するそれの方がずっと大きいものになることだろう。乳児死亡率が不自然に高いバンバリを例外として、一七五〇—九九年までに四教区全てで、死亡のパターンは「北」型のパターンに極めて酷似したものとなり、他の期間においても概ね「西」型パターンよりも「北」型に類似していた。ただ、時には個別的な例外もあった(死亡率算出の基礎となる死亡が少なすぎるためといったケースもあったと思われる)。

表8—15は出生数四以上の完結家族内における出生経歴別乳児死亡パターンを示している。第一子は、第二子、第三子よりも高い乳児死亡率にさらされ、その後死亡率はゆっくり上昇を始め、出生経歴がすすむにしたがって、急激な上昇をみせる、といったパターンはしばしば認められるものである。このパターンはイングランドのデータに特徴的で、特に一七世紀中に顕著であるが、一八世紀にはこの傾向はかなり弱まった。実際、一七五〇—九九年までに第二子は、それ以降の子どもよりも死亡率が低いわけではなくなったし、第二子から第七子まではほとんど平坦域となる。各死亡率が第二子の死亡率に対する比率で表現されている表8—15の第二パネルを見ると、

表8―15　出生経歴別乳幼児死亡率：4人以上の出生事象が認められる出生完結世帯

（対 1,000, $_1q_0$ ）

出生経歴	1	2	3	4	5	6, 7	8 以上
1600-49	187	111	133	124	138	181	197
1650-99	181	108	138	147	160	172	181
1700-49	154	124	133	142	132	136	180
1750-99	159	116	111	114	102	125	172
1600-1799	167	116	128	132	130	148	180
出生経歴 2=100							
1600-49	168	100	120	112	124	163	177
1650-99	168	100	128	136	148	159	168
1700-49	124	100	107	115	106	110	145
1750-99	137	100	96	98	88	108	148
1600-1799	144	100	110	114	112	128	155

注：各死亡率は，下記の合計出生児数に基づく。すなわち，1600-49 年については出生経歴 1，2，3，4 の各ケースは 632（複産もあるため正確な人数は若干異なる），出生経歴 5 は 5 499，出生経歴 6 および 7 は 651，出生経歴 8 以上は 351。続く 3 つの半世紀については，同様に，約 578，474，615，382（1650-99 年期）；約 1 007，827，1118，745（1700-49 年期）；約 817，685，936，714。

この変化の程度をより容易に把握することができる。**図8―2**では、この比率がグラフ化されている。ここでは、各世紀内では大きな変化がみられないため、四つの半世紀についてではなく一七、八世紀それぞれについて示した。

出生経歴別乳児死亡パターンの変化は興味深いもので、このパターン変化が、乳児死亡全般の傾向に対して潜在的にどれほどの影響力を持つのかという問いを禁じえない。しかしながら、これらの数値の解釈はそれほど単純なものではない。出生経歴別死亡率は、当然ながら母親の年齢にも出生力と死亡との間の相互作用にも影響されるからである。出生経歴の乳児死亡率に対する影響を適切に把握するためには、ここでの試み以上に踏みこんだ検討が必要なのである。

妊産婦死亡は乳児死亡の諸側面と密接に関連しているので、限定された死亡データの報告でしかない本章では、近代前期イングランドの妊産婦死亡水準を簡単に吟味することで、切り上げるのが適当なようだ。**表8―16**は、一六〇〇―一八〇〇年までの各半世紀で観察される、出生一、〇〇〇あたりの妊産婦死亡率を掲げたものである。教区簿冊に死因が記載されていることはまずない。したがって、この表では、出産（洗礼）から九〇日以内に発生した有配偶女性の死亡は全て妊産婦死亡であるとした。この方法だと、他の死因が妊産婦死亡とされてしまうこともあるだろうから、真の死亡率は三‰ほど過大評価される。(29) この未修正の死亡率は、一七世紀に最高になり、一世紀後には、水準が半減した。ピーク時には二%に近づいたが、以降低下して一八〇〇年になる前に一%以下になったのである。人口の少ない教区では妊産婦死亡の絶対数が少ない。しかし、乳児死亡率が高い教区では妊産婦死亡率も高く、逆に乳児死亡率が低いところでは妊産婦死亡がほとんどないという傾向は明らか

図8—2　出生経歴別乳児死亡率の比較

（出生経歴２＝100とした死亡率）

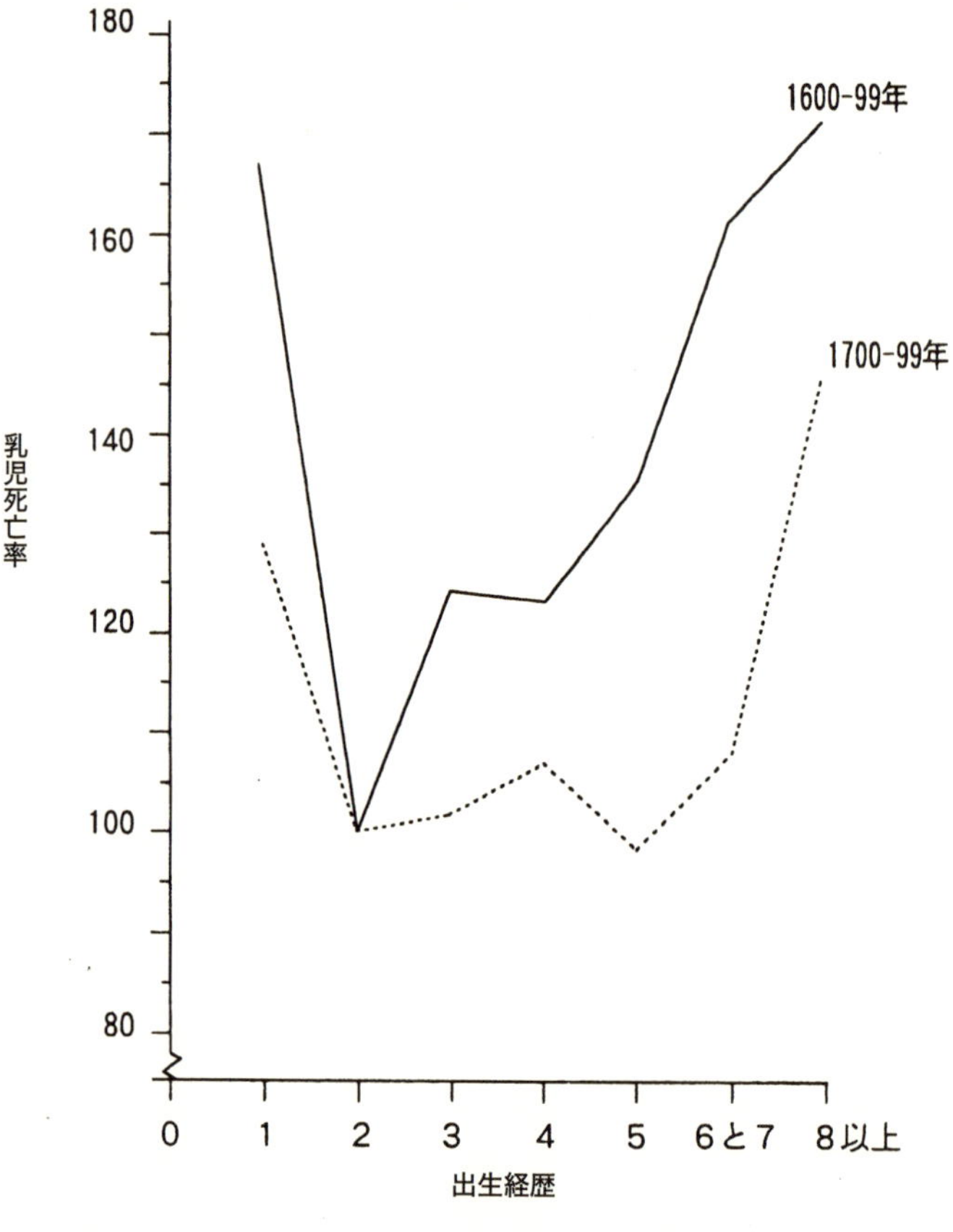

表8—16　妊産婦死亡率

(出生 1,000 あたり)

	出生児数	妊産婦死亡者数	妊産婦死亡率
1600–49	28,837	414	14.4
1650–99	27,792	485	17.5
1700–49	32,612	422	12.9
1750–99	45,839	398	8.7

注: どのような死亡を妊産婦死亡とするかの定義については,本文該当個所を参照。

である。二世紀間にわたってゲインズバラは、乳児死亡率と妊産婦死亡率の双方が高く、他方でデヴォンシャーの二教区、ハートランドとコリトンでは、乳児死亡率が最低で妊産婦死亡率のリストでも最下位であった。

しかしながら、母親の死亡をもたらすような難産の結果は死産だったかもしれないし、出産自体がなかったかもしれず、さらに洗礼簿から妊娠の足跡をたどることはできないので、表8—16の妊産婦死亡水準は実際の値より小さくなっている。こういった状況下では、イングランドの教区簿冊によって妊産婦死亡の発生頻度がわかるような情報が得られることはほとんどない。しかし、スウェーデンの教区簿冊では死因の記載が一七四九年以降ずっと行われており、出生の記録がなかったとしても、妊産婦死亡の発生頻度を知ることができる。一七五〇年から一八四九年のスウェーデン南部の九教区についてなされた先駆的な研究では、出産に伴う妊産婦死亡水準は一八世紀後半のイングランドの諸教区で記録されたものとほぼ同様であるものの、妊産婦死亡のほんの一部しか説明しない。というのも、生児出生後の妊産婦死亡率の低下と同時に脱漏率が上昇していくからである。(30) このスウェーデンにおける予備的な発見事実をイングランドに応用するならば、表8—16に掲げた生児出生後の妊産婦死亡率は、まず推計値から他の死因(三‰)を除去するためにデフレートし、次に観察されない妊娠の影響を除くため上方に修正することができよう。これによって一六〇〇—四九年から一七五〇—九九年の四期間について妊産婦死亡率の推計値を算出すると、一五・三、一八・八、一三・六、八・八となる。これ以降妊産婦死亡率は、若干歩度を緩めて継続的に低下することとなる。一九世紀中葉には死因別全国データが利用可能になるのであるが、この時期の妊産婦死亡率は出生一〇〇〇あたり約五で平坦域に達するのが観察される。[31] このように、現代の基準からするとかつての出産は女性にとっては危険なものではあったものの、妊娠の結果死亡する可能性はしばしば仮定されているほど高くはない。上で計算した修正妊産婦死亡率は第二次大戦後西欧諸国で達成された乳児死亡率にほぼ対応したものである。[32]

乳児に対する母乳の重要性だけをとっても、母親の死亡は新生児にとって深刻な事態であることは言うまでもない。子どもの生存にとって、母乳が決定的に重要であることを示す事実が数多く発見されており、したがって、妊産婦死亡があった場合、その後の乳児の運命について研究を進めることが必要となる。[33] 一六〇〇年から一七九九年までの期間全体で、母親が死亡した子どもの乳児死亡率は（全体の死亡率一五五‰に対して）四七五‰であった。妊産婦死亡の圧倒的多数が出産直後に起こるため、母親の死亡によってその子はほとんど出生と同時に母乳を奪われてしまうことになる。一九世紀バイエルンのいくつかの地域では、社会的慣習として出産と同時に離乳させられることになっていたが、この慣習が広範に行われているところの乳児死亡率は前記の値に匹敵する約四〇〇‰であった（Knodel, 1968）。教区簿冊が利用可能な期間中にしばしば高乳児死亡率をもたらした諸要因について、もう少し立ちいったイングランド死亡史の記述をする機会が来るまで待ちたい。[34]

結論

過去の人口に関する情報を再生するための方法として家族復元を利用することの魅力の一つは、それによって個々のコミュニティについて、さらには個別家族についてさえ、その特質の詳細な吟味が可能となる点である。

他のどんな手法も、これほど幅広く豊富な情報を提供してくれるものはない。したがって、家族復元を用いた文献の大部分が単一の教区を対象としているのは、とりわけ家族復元に注がれる労力が必然的に大きいことからも、うなずけるものである。しかしながら本章では、個別よりも括られた全体を選んだ。イングランドの人口史は、他の西欧諸国のものと比べると著しく均質的であったように思われるので、この手法はそれ自体魅力的であった。一三の多様な教区から集められ、プールされたデータは、集計的な過去投影を利用して国全体について示されたものとかなり一致することを示し得たし、特に婚姻出生力に関してそうであった。乳児死亡や年少者死亡のように、地域的な多様性がより顕著な場合には、プールされたデータから計算された絶対的な死亡率水準は全国平均とはさほど合致しなかったが、ここでも系時的な傾向はイングランド全体についてのものとかなり類似していたように思われる。

それにもかかわらず、紙幅に合わせて内容を選択し圧縮してしまうと、家族復元データ特有の持ち味は大部分失われる。たとえば、乳児死亡に関する情報はかなり豊富なので、出生経歴と母親の年齢とどちらが重要かという問題や、出生経歴別に内因性・外因性死亡原因別の水準変化といった問題を詳細に検討することが可能なのだが、ここでは考察されなかった。同様に、プールされた家族復元データを利用することに専念するあまり、個々の教区について人口学的な特徴と社会・経済的な特徴がどういう関係にあるかについて検討する機会を逸してしまった。簡潔に概観を示すことに重点を置いたため、細部は犠牲にされた。他の機会にこういった省略を補いたいと思っている。

最後に、他の西欧諸国の経験に照らして、家族復元と集計的な過去投影によって明らかにされた一七、一八世紀イングランド人口史の全般的な諸特徴を考察してみることは、意義あることであろう。おそらくイングランドの最も顕著な特徴は、長期にわたる高い人口成長率である。たとえば、フランス、オランダ、スペイン、イタリア、ドイツの人口は、一五五〇年から一八二〇年の間に五〇%から八〇%増加したようだが、イングランドの人口は二八〇%増加した。[35] オランダの一六世紀末から一七世紀初めのように、他国でもイングランドと同じような速度で短い期間に成長した場合があったが、イングランドはきわめて幸いなことにドイツの三〇年戦争のような災害を逃れることができ、他国と比べるとその成長率は著しく対照的である。

イングランドの成長率は、婚姻出生率が高かったがゆえにもたらされたものではない。有配偶出生率は、フランスやドイツよりも低かった。[36] 結婚性向も、一八世紀にはかなり上昇したものの、全ての時期で高かったわけではない。イングランドは、むしろ「低圧な」人口体系を享受しており、出生力も死亡も伝統的な社会の一般的水準よりも低かったし、同時代の西欧の基準からしても高くはなかった。しかしながら、「低圧な」体系が超長期の高人口成長率の障害物を意味するわけではない。当時の人口成長率は、少なからず変動するものであり、死亡率や婚姻出生率の変動よりも結婚性向の変化によって受ける影響の方がより大きかった(Wrigley and Schofield, 1981, pp. 236-248,255-269)。一見すると、結婚性向によって大きく支配される「低圧な」体系が人口成長率を抑制するのではなく加速するというのは逆説的に聞こえるかもしれない。しかし、そういった体系の中で生活水準にかかる人口の圧力が相対的に軽微な場合には、これによって経済成長が促され、結果として長期にわたる顕著な人口増加が可能となった、というのがおそらく事実であろう。

本章で追求するには複雑かつ特殊的にすぎる課題は数多く、他方で十分な議論をするには大きすぎる問題もある。近代初期イングランドにおける人口学的変化と経済変化の関係は、そういったものの一つである。この問題について、以下の諸点に注意を促すために一言添えて、本章を終える。すなわち、どのような前工業化社会であれ、人口現象は経済社会構造の基本的要素であり、出生や死亡についてより完全な知識を得ることは、単に狭い意味で人口史に関する情報の蓄積を増進するだけでなく、過去のすべてのコミュニティにおける社会的経済的生活の基盤となっていた複雑な諸関係に立ち入っていくための、最も実り多い出発点の一つなのである。

＊本章のドラフトに、有益なコメントを頂いたＪ・ノデル（John Knodel）に感謝する。

原　注

（１）Schofield, 1972 を見よ。観察方法については、Wrigley, 1966b. とくに pp. 146-169 に提示されている。その適用例は、Wrigley, 1972. とくに pp. 247-252 に見いだせるであろう。

（２）Wrigley and Schofield, 1981, Chaps. 4 , 5. とくに pp. 140-143. 国教会の洗礼簿に現れる出生の割合の地域的差異については、Hollingsworth, 1969, pp. 154-155 を見よ。

（３）一六〇〇―一七九九年についての一三教区の家族復元（n＝137,596）は、下記の注（６）に詳述されている。

（４）注（３）を見よ。

（５）Wilson, 1982, Tab. 7.7, p. 124.

（６）ここに示した人口学的情報は、以下に記す家族復元を行った研究者から得たもので、我々は彼らに多くを負っている。感謝したい。Ｊ・Ｄ・アステラキ氏（Mr. J. D. Asteraki）（シェフォードとサウシルを含むキャムプトン）、Ｌ・クラーク女史（Mrs. L. Clarke）（ゲインズバラ）、Ｐ・フォード女史（Mrs. P. Ford）（オルスタ）、Ｄ・レヴァイン博士（Dr. D. Levine）（ボツフォド、シェプシェド、ターリング）、W・N・ブラウン氏（Mr. W. Newman Brown）（オールドナム）、S・ステュワート女史（Mrs. S. Stewart）（バンバリ、ハートランド）、H・スウェイト氏（Mr. H. Thwaite）（バーストル）、安元稔教授（Professor M. Yasumoto）（メスリ）、Ｊ・Ｄ・ヤング女史（Mrs. J. D. Young）（ジェドリング）。

（７）この二教区の社会経済的特徴を扱った論文については、Souden, 1981, pp. 159-171.

（８）一八世紀のオルスタでは、製針業もまた、地域経済における重要な一要素であった。

（９）教区人口については、British Parliamentary Papers〔以下 BPP とする〕, 1802, Vol. Ⅶを見よ。面積については、BPP, 1833, vols. XXXⅥ-XXXⅧを見よ。

（10）たとえば、乳児死亡率を計算するにあたって、バーストルは一六〇〇―四九年には全事象の一六％、一七五〇―九九年には三三％を占めている。

（11）後述の**表８―８**を見よ。

(12) 例として、一三教区が位置する一八五一年の登録区で、乳児死亡率を計算すると、最も高い地区（一九八となるオルスタ）では、全国平均（一四七）よりも三五％高く、最も低い地区（一〇四となるコリトン）で、二九％下回っており、オルスタではコリトンの一・九倍となっている。Annual Report of the Registrar General of England and Wales (Fourteenth). 過少登録を修正するために、出生数は、一・〇五五五倍されている（Wrigley and Schofield, 1981, Tab. A. 8.6 を参照）。

(13) **表8―1**に示されたロンドンを除く修正済全国推計値 l_{15} は、以下の仮定から導かれている。すなわち、（i）全国人口に占めるロンドンの割合は、連続する四つの半世紀で各々、六・五％、九・五％、一一・五％、一一％、（ii）ロンドンにおける l_{15} は、各期で、四五〇、四〇〇、四〇〇、五〇〇、という仮定である。一六五〇年以前の期間において、R・フィンレイ（Roger Finlay）はロンドン市内の四教区で l_{15} を推計している。セント・ピーター・コーンヒル（St. Peter Cornhill）、セント・マイケル・コーンヒル（St. Michael Cornhill）、セント・メアリー・サマセット（St. Mary Somerset）、オールハロウズ・ロンドン・ウォール（Allhallows London Wall）での推計値は、六三一、五九六、五六七および五〇八であったが、これらの数値は伝染病の影響を取り除いてある。伝染病の流行した期間を含めると、推計値は五九六、五五三、四三三、四五〇となる。コーンヒルの二教区は比較的豊かな教区であること、最も貧しく最も人口稠密な教区は市壁外にあったこと、を想起せよ。この視角からすると、一六〇〇―四九年の推計値四五〇は妥当であると思われる。以降の数値は、ロンドンにおける死亡率が、一七世紀末から一八世紀初めに悪化し、その後かなりの程度回復した、という仮定のもとでの推測に過ぎない。Finlay, 1981a, Tab. 5.1, p. 85, Tab. 5.15, p. 107. 伝染病の時期を含めて l_{15} を得るために、Tab. 5.15 の q_0 を Tab. 5.1 のより高齢な人々についての生命表の値と合成した。

(14) 未婚者が一度両親の世帯を離れると、もはや観察されることはない、というのが観察のルールである。五〇歳を過ぎての女性の初婚はほとんどない、という仮定をおくと、埋葬簿に死亡時の年齢と配偶関係が慣例的に記載されているようなところでは、五〇歳で死亡した独身者の全死亡数に対する割合を調べることで、女性の生涯未婚率の近似指標を得ることができるかもしれない。この方法は、多くのフランスにおける家族復元研究で利用されてきたが、イングランドの教区簿冊に必要な情報が含まれていることはまずない。生涯未婚率の間接推計値を出すために、過去投影によって集計データを操作することはできるが、誤差を生む余地の極めて大きいものでしかない。Wrigley and Schofield, 1981, pp. 257-265.

(15) この下落は、一九世紀初頭の何十年かまで続き、一七五〇―九九年期よりも両性で一歳かそれ以上低くなった。Wrigley and Schofield, 1981, Tab. 7.26, p. 255.

（16）もし〔性交渉も含めた〕交際が結婚以前に始まり、第一子が結婚以後に生まれると、結婚からの時間経過に基づくこの指標に、受胎リスクが生じる期間の一部しか包含されないことになってしまうため、他の事情が一定ならば婚姻出生率は上昇する。この影響は、新婦の出産が結婚に近いほど顕著である。一八世紀を通じて、結婚時に妊娠している新婦の割合は（一六五〇—九九年期の一〇%から一七五〇—九九年期の約三〇%へ）劇的に上昇したし、また、以前よりも結婚時における新婦の妊娠経過が進んでいるという傾向があった。二五歳の誕生日を迎える前に初めての結婚をする女性が多かったため、こういった変化の影響は、主に一五—一九歳と二〇—二四歳の婚姻出生率で顕著である。Wrigley, 1981. とくに pp. 155-163 and Tab. 8, p. 181. C・ウィルソン（Chris Wilson）は、婚前妊娠の婚姻出生率への影響に適切な斟酌を加えると一八世紀を通じた婚姻出生率の顕著な上昇は見られなくなる、という点を示した。Wilson, 1982, pp. 16-18.

（17）コールとトラッセルが用いた人口は、一九二一—三〇年のハッタライト、一七〇〇—三〇年の仏領カナダ、一九二一年以前のハッタライト、一六〇〇—四九年のジュネーヴのブルジョワ、一八四〇—五九年のチュニスのヨーロッパ人、一七六〇—九〇年のソトゥヴィユ・レ・ルーアン（ノルマンディ）、一六七四—一七四二年のクリュレ（ノルマンディ）、一八七四—六年のノルウェー、一六〇〇年以前のジュネーヴのブルジョワ、一九〇〇年ごろの台湾、である。Mが最も低かったのは台湾であった。用いられたデータの詳細は、本書第七章。

（18）Coale and Trussell, 1978, p. 205. 二つの人口で、m>0.2 であったが（一六〇〇—四九年のジュネーヴのブルジョワと一七六〇—九〇年のソトゥヴィユ・レ・ルーアン）、どちらもサンプル数が相対的に小さかった。

（19）その証拠は、初め Wrigley, 1966a で提示された。これは、Morrow, 1978 によって批判されている。この論文には、この事実に関する他の評価も含まれている。さらに Wrigley, 1978b によって研究が進められている。その他、ドイツ、ハンガリー、スウェーデンにおける初期の家族制限の習慣に関する事実については、Imhof, 1975. Andorka, 1972. Gaunt, 1973 を参照。

（20）Wrigley, 1977 によって議論されている理由により、国教会による洗礼と国教徒家族に起こる出生との間には、洗礼の遅れと乳児死亡の複合的な影響の結果、若干の不足が生じていた。家族復元の研究では、集計された表と比較することと、年代を完全に一七〇〇年以降に限定することによって、この影響を小さくしている。もっとうまい方法があるかもしれないが、一七〇〇—四九年および一七五〇—一七九九年の I_g の値は、誤差修正をうまくやれば〇・六八〇から〇・六九〇の間に上方修正されるとしてもいいだろう。どのような修正を行っても、表8—8をもとにした主張に影響を与えることはなかろう。

(21) Wrigley and Schofield, 1981, Chaps. 10,11. また、下記の二文献も参照。Imhof, 1980, 1981.

(22) 夫婦間の性交頻度の低下や夫の高齢化、配偶者間の年齢格差といった他の要因については、Knodel, 1978, pp. 492-502 で論じられている。また、Mineau and Trussell, 1982 も参照。

(23) 三〇歳以前に結婚した女性の最終子出産年齢の平均が、フランスを四分した各地域で下記のようであったことを示すのは興味深い。すなわち、北西（一六七〇―一七六九年）で三九・一、北東（一六七〇―一七六九年）で三九・九、南東（一六九〇―一七三九年）で三九・九、南西（一七二〇―六九年）で三九・五であった。資料については、**表8―9**の注を見よ。この注であげた四地域のデータは、あげた順に、Henry, 1978, p.907. Houdaille, 1976, p.370. Henry and Houdaille, 1973, p. 875. Henry, 1972, p. 996 を参照。

(24) このテクニックについては、Wrigley and Schofield, 1981, pp. 195-199 で簡単に、Appendix 15 でより詳細に述べられている。

(25) ここで推計された生涯未婚率は、過去投影によって求められたもので、男女込であるということは明記しておく。未婚率を男女別にとっても、大方同様であろうが、ここで用いた数値が女性人口における独身者割合の真の水準や傾向に関する近似的な指針に過ぎないこともまた事実である。

(26) 秘密結婚の諸側面と過去投影データをもとにした生涯未婚率推計に対する重要性については、Wrigley and Schofield, 1981, pp. 28-29, 190-191, 258, 263-264. 生涯未婚率の推計値が不確実な場合、以下のことには言及する意味があろう。すなわち、過去投影による出生力推計と家族復元によるそれとが双方とも信頼できるものであり、全国的な有配偶出生力の傾向を忠実に反映していると仮定できるなら、この二つの出生力推計をさらに進んで比較検討するために生涯未婚率推計値を利用するのではなく、手順を逆にして出生力推計を用いて生涯未婚率を推計できるかも知れないのである（**表8―12**の（4）列および（7）列）。したがって、一六〇〇―四九年の嫡出出生児のみのTFR四・二一と完結家族規模五・二二をとると、生涯未婚率は一九・三%となるであろう（100×（5.22-4.21）/5.22=19.3）。この方法で得られた各半世紀に関する生涯未婚率は、それぞれ一九・三%、一七・二%、一二・五%、八・九%である。**表8―12**の（5）列に示した値と比べると初めは低く後に高くなるが、格差はさほど大きいものではない。ただし、一六五〇―九九年については、ここでの値が正式手続きを経ない結婚の問題を避けるための方法で得られたものであるがゆえに、**表8―12**に示したものよりもおそらくは実態に近いため、例外である。

(27) **表8―1**と本文関連個所を見よ。

(28) ハートランドとゲインズバラでの乳児死亡率の非常に大きな格差は、とうてい埋まるものではなかったことは、指摘しておいてよい。たとえば、一八五〇—二年の三年間の乳児死亡率は、ハートランドがあったビディフォド（Bideford）登録区では、出生一〇〇〇に対して平均で九四であり、ゲインズバラ教区のあったゲインズバラ登録区では、一六三であった。登録区の他の人口も含まれているので、この二教区間の差異はおそらくある程度減じられていると思われる。それゆえ、二教区間の真の差異は、一九世紀中葉においても、先行する二世紀におけると同様かなり大きなものであった、ということは十分ありうることである。Annual Reports of the Registrar General of England and Wales(Thirteenth, Fourteenth, Fifteenth).

（29）たとえば、北モデル・レベル七の女性（$\mathring{e}_0=35$）では、一年間の平均的な m_x は、二四—二九歳階級と三〇—三四歳階級で、一二‰を若干下回る。プリンストンの北モデルは、前工業化期よりも妊産婦死亡がかなり低い水準まで落ち込んでいた時期の人口から外挿されている（レベル七の男性死亡率は第一子を出産する年代の女性よりも高いが、イングランド第三回生命表では対照的に、出産可能年齢の全範囲で女性の方が男性の死亡率を上回っている）。その結果、プリンストンの死亡率は、妊産婦死亡以外の死因による女性の死亡という本来取り除くべきものまで供することになりかねない。

（30）隣接する小教区から六つの教区群が形成され、一七五〇—九九年と一八〇〇—四九年それぞれで別々に推計が行われている。妊産婦死亡の値は、一四から六一であった。回帰線からかなり乖離した二教区を除いた二期間五教区の合計一〇の数値では、総妊産婦死亡率と出生を伴う妊産婦死亡率との間にはかなり良い相関が認められる（r=0.995）。出生一、〇〇〇あたりの総妊産婦死亡率（T）と出生を伴う妊産婦死亡率（L）との回帰分析結果は、$T=1.14L+2.3$ であった。データはすべてルント地方史料館（Lund Landsarkiv）にある、ブレークネ・ホビィー（Bräkne Hoby）、イーヴェトフタ（Ivetofta）、アルフスヘーグ（Alfshög）を含むリュングビィー（Ljungby）、ホルムビィー（Holmby）、およびコーズトッガ（Gårdstånga）を含むスカルフルト（Skarhult）、トヴィング（Tving）、イースタッド（Ystad）のサンクタ・マリア（Sankta Maria）の諸教区のもので、教区簿冊と statistiska tabeller からとられている。

（31）出産時死亡や産褥熱によるそれが、分娩（死産を含め、かつ、複産を除去するため出生×一・〇二五と計算される）と関係があるとすると、妊産婦死亡率の全国値は一八五〇—四年について五・二八‰、一八七〇—四年について五・四一‰であった。Annual Reports of the Registrar General of England and Wales（また、出生児数の分娩への修正のためにはAnnual Reports of the Registrar General of England and Wales（Seventeenth), Appendix, p. 72)。スウェーデンでも、妊産婦死亡率（出産時死亡）はまず低下し、次いで一九世紀中葉には分娩一、〇〇〇あたり約四・五で安定する。この統計は、Befolkningsstatistik として毎年出版されている。

(32) 一九七二年から一九七六年のイングランドおよびウェールズにおける出生一、〇〇〇あたり妊産婦死亡率の平均値は〇・一一五であった。United Nations, Domographic Yearbook (1979), Tab. 17, p. 315. 一九五〇年から七五年までの二六カ国の乳児死亡率は、Mitchell, 1981, p. 142 で作表されているものが便利である。

(33) この関係について、その長期的な重要性に関する非常に興味深い研究については、Vandenbroeke, van Popple and van der Woude, 1981 を見よ。

(34) たとえば、複産の場合や出産直後に新たな受胎があった場合には、乳児死亡水準はかなり高かった。

(35) これらの推計の基礎について、詳細は、Wrigley, 1983.

(36) フランスについては**表8—9**を見よ。ドイツについては、Knodel, 1978.

第九章

前工業化期イングランドの婚姻出生力

クリス・ウィルソン
（友部謙一訳）

序

データ連結方法としての家族復元（family reconstitution）法は一九五〇年代に人口学者Ｌ・アンリ（Louis Henry）によりフランスで開発されたものであるが、その目的は一六世紀以来フランスやそのほかのヨーロッパ諸国に残されている教区簿冊から詳細な人口学情報を獲得することにあった（Herny, 1956a. Gautier and Henry, 1958）。この方法を最初にイングランドの教区簿冊に適用したのが、コリトンのデヴォン教区にかんするＥ・Ａ・リグリィ（Edward Anthony Wrigley）の研究であった（Wrigley, 1965,1966a）。以来、家族復元法は世界中で使われるようになった。

しかしながら、当初この方法を採用したのが個人の研究者ないし関心を共有する少数の研究グループであったために、作成されたデータベースは単一の教区か、せいぜい、二、三の教区を含む規模に限られていた。したがって、各研究が取り扱うデータ数の少なさは、人口学的指標の算出に厳しい制約を課することになった。有意な結果を得るに十分なデータ数を獲得するには、時間幅を長くしたり、対象人口の年齢幅を広くしたりするのが通例となった。たとえば、婚姻出生率の研究者は通常五〇年間隔、あるいはせいぜい二五年間隔の結婚コーホートを観察して、五歳きざみの年齢階層別婚姻出生率を算出するのである。

しかし、いまではこうした欠点もイングランドでは克服されつつある。人口史・社会構造史にかんする研究センターであるケンブリッジ・グループが家族復元の研究に長年携わってきた結果、二六教区の家族復元フォームを使いながら、一五三八年から一九世紀半ばにいたる三〇〇年以上にわたり、一〇万件を越える個別の家族の歴史をデータベース化することに成功したのである。ケンブリッジ・グループによる家族復元の全容は近く出版される本（Wrigley, Davies, Oeppen and Schofield, 1997）のなかで明らかにされる。本章は、この新しいデータベースから得られた婚姻出生率にかんする最新の結果を報告するものである。さらに実際に膨大なデータを処理した結果得られた有用な新機軸を提示するものである。

ケンブリッジ・グループの家族復元データベース

ケンブリッジ・グループがかくも大量の家族復元データを蓄積することができたのも、グループがイングランドの郷土史家と長きにわたって協力関係にあったからにほかならない。大部分の家族復元データは特定の地域に在住しながらそのことに関心をもっている研究者により行われた。グループのメンバーの助言や励ましに支えられながら、そうした地域に根ざした研究がひとつのシステマティックで標準化された方法のもとに進められ、おかげでそれ以降の分析が順調に進むことにもなった。家族復元に携わる研究者が洗礼・結婚・埋葬をフォームに書き込むというきわめて時間のかかる作業を終了すると、グループはそのデータを機械読みとり可能な形式に変換し、引き続きデータ・クリーニングを行い、そして人口学的分析を施すのである。コンピュータからはじき出された結果は、今度は人口学的素養と大量のデータ処理能力をもつ郷土史家の利用に供されることになる。その一方でグループはそのデータベースの規模を増やしたり、利用可能性をいっそう高めるようつとめるのである。四半世紀以上にわたるこうした作業を通じて、グループはこれまでに三〇教区以上の家族復元に立ち会ってきたことになる。

アンリがその記念碑的研究（Gautier and Henry, 1958）に使用した教区記録は、登録時点の個人の姓名や続柄にかんする情報が豊富な、概して質の高いものであった。このことは家族の歴史を形成するうえでの多くの曖昧さを取り除くことを可能にし、さらに個人情報を連結させる過程をも容易にさせたのである。しかし、イングランドの史料についていえば、そうした情報提供にかんして整合的でかつ満足のいくものはほとんどない。それゆえ、イングランドの史料に基づいて家族復元を始めようとすると、「本当にできるのだろうか」という懸念がわいてくるのである。とはいえ、注意深く教区を選択——すなわち通常より良質の記録をもつ教区だけを家族復元——したりより洗練された史料批判を展開することにより、イングランドの史料も莫大な価値を擁した宝庫と化すのである。イングランドの研究者が注意深くデータに接近し、さらに洗練されたデータ・チェックを施す必要性に迫られているという事実は実際のところ計り知れない恩恵をもたらしている。現在利用可能なすべてのデータはその内部整合性と分析結果の説得可能性について徹底したチェックを受けている。それゆえ、ある部分において原データでは限界が存在するものの、最終的な結果はどこの国よりも綿密な検査を通過したデータにより提供されるのである。さらに、こうした広範囲のデータ・チェックを施す必要性はコンピュータベースの家族復元法の発展においてケンブリッジ・グループを世界的リーダーにまで成長させたのである。

データ・チェックの過程で、最終的なデータベースから排除されるべきとされたほどの深刻な問題を示した教区もあった。たとえば、ランカシャーのホークスヘッド教区では十分な注意を払って家族復元したものの、姓名数が極端に小さいことからその名寄せ作業において受け入れがたいほどの曖昧さが生じてしまった。たとえある教区の家族復元データが一応受け入れられたとしても、明かな過小登録の時代を除いて、完全性にかんする厳格な検査規則はやはり適用される。その結果、残存する史料のほんの一部しか家族復元データベースに利用されない教区も多く出現することになった。グループの最近の分析は二六教区の家族復元が収められているデータベースに基づいている。このデータベースは一〇万八千組以上の家族復元シート（FRF）と二六万五千以上の出生数を含んでいる。

イングランドの原データが欠点を有しているがゆえにより洗練された方法が開発されたといえる、もうひとつの領域はどの記録が人口学的計測に最終的に寄与するかという問題に関連している。大ざっぱにいえば、当初アンリの戦略は少しでも不完全なデータはできるかぎり取り除き、「完全」なデータ群に基づいて結果を算出することにあった。このような戦略をイングランドで展開した場合、データベースのサイズは極端に小さくなってしまう。ケンブリッジ・グループの採用した戦略はその逆で、排除されるデータ数をできる限り小さくすることであった。すなわち、結果にバイアスが生じない程度に受容可能なあらゆるデータを取り込み、人口学的指標を算出している。たとえば、結婚の日付がその後の出生の日付と一緒に記録され、どちらの配偶者の埋葬記録にも死亡の日付が記録されていないような家族復元のシートの場合、ある時点でその夫婦は移動してしまった可能性が高いのである。この場合、観察の終了時点が不明であることから、年齢階層別出生率を算出するうえでは有用な情報として寄与することはない。しかし、出生間隔の算出には利用することができるのである。実際、現在進行中の分析は、データ排除という問題にたいして考えうるさまざまなアプローチに内在するバイアスを厳密に検討しながら進められているのである。

ケンブリッジ・グループはもともと、一国全体を代表するようなデータベースを作成しようという意図のもとに家族復元作業を開始したわけではなく、長年にわたるデータ蓄積の結果というのが本当のところである。**図9―1**に示したように、二六の教区はイングランド全域に分散している。地図からは明かでないが、それらは経済的・生態学的背景――市場町・牧羊地・穀作教区・工場町の違いをも反映しているのである。しかし、唯一最大の欠点は首都ロンドンの人口を代表する教区がひとつもないことだ。ロンドンの教区はきわめて高い移動率のためにほかの教区と同一に扱うことはできない。二六教区のデータと一九世紀のセンサス情報を比較してみると、ロンドン以外のイングランドについては大方一致している。二つの大規模な工業教区についても、必要なウェイト付けをしたうえでみると就業構造や乳児死亡率が似かよっていることもわかった。さらに、二六教区の洗礼数・埋

図9—1　イングランドの26教区

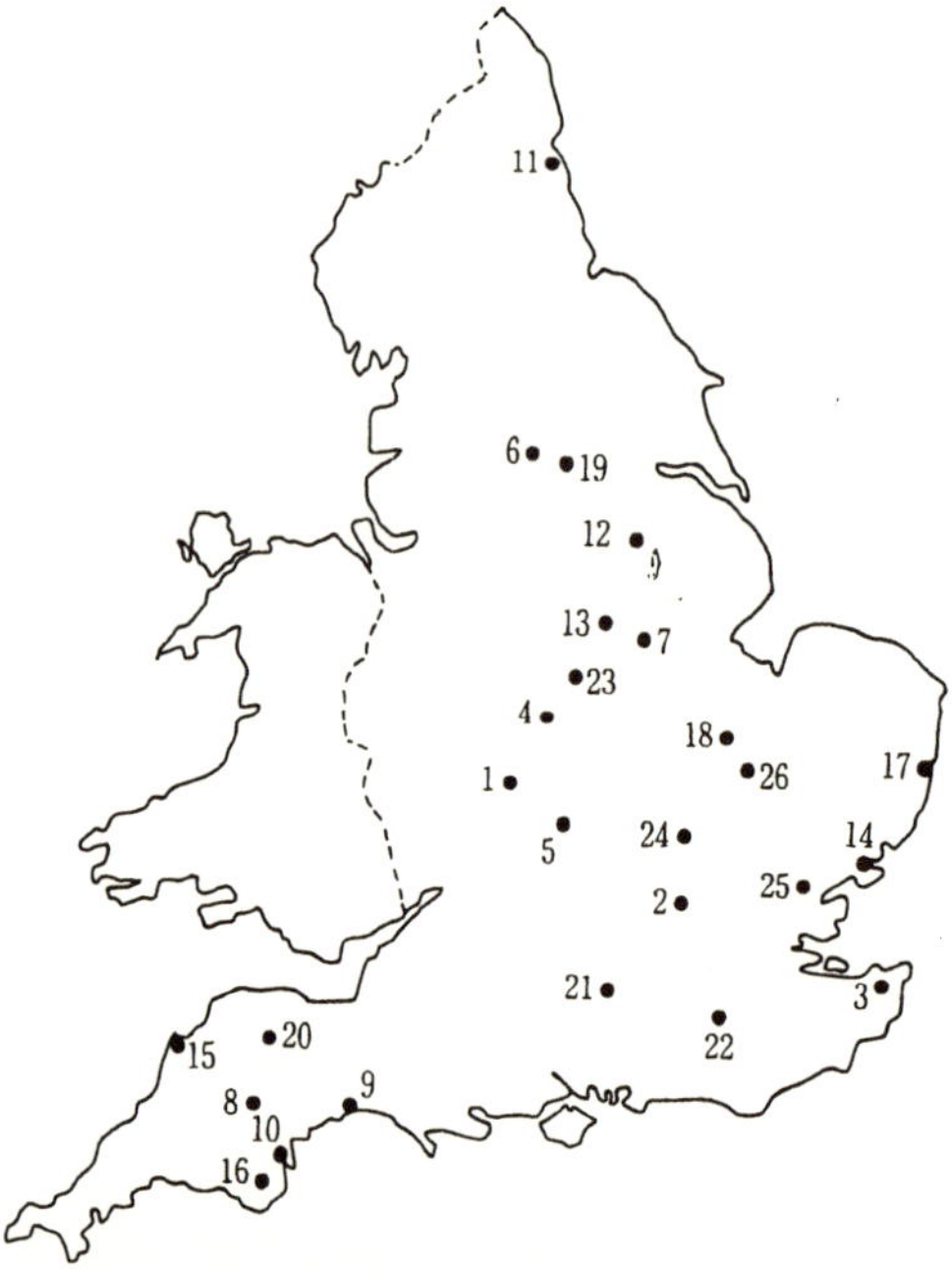

番号	教区名	州	番号	教区名	州
1	アルスター	ウォーウィック	14	グレートオークリ	サフォーク
2	オルドナム	ハートフォードシャ	15	ハートランド	デヴォン
3	アッシュ	ケント	16	イプルパン	デヴォン
4	オストリィ	ウォーウィック	17	ロウェストフト	サフォーク
5	バンバリ	オックスフォードシャ	18	マーチ	ケンブリッジシャ
6	バーストル	ヨークシャ	19	メスリ	ヨークシャ
7	ボツフォード	レスターシャ	20	モーチャドビショップ	デヴォン
8	ブリドフォード	デヴォン	21	オディハム	ハンプシャ
9	コリトン	デヴォン	22	リガタ	サリー
10	ダウリッシュ	デヴォン	23	シェプシェド	レスターシャ
11	イアスドン	ノーザンバーランドシャ	24	サウスヒル	ベドフォードシャ
12	ゲインズバラ	リンカーンシャ	25	ターリング	エセックス
13	ジェドリング	ノッティンガムシャ	26	ウィリンガム	ケンブリッジシャ

葬数・結婚数を合計した値とE・A・リグリィ=R・S・スコフィールド（Roger S. Schofield）が分析した（Wrigley and Schofield, 1981）四〇四教区の合計を比較してみると、全体のトレンドや年々の変化がきわめて近似していることも判明した。つまり、二六教区のデータベースをもって首都を除いたイングランド――全人口の約九〇％――を代表するものとみなしても、なんら問題ないのである。

婚姻出生率

アンリが家族復元法を開発したもともとの理由は、意図的な出生制限が存在しなかったと考えられる時代の婚姻出生率にかんするデータを得ることにあった。同様にして、コリトン女性の婚姻出生率にかんするリグリィ（Wrigley, 1966a）の初期の研究も、出生制限を行っていたかもしれないという、その予期しえぬ結果からとりわけ注目された。その意味では、最初から婚姻出生率の研究は特別な関心を有する研究領域であった。もっとも、婚姻出生率が家族復元データによりよくフィットする事象であるとはいいきれない。たとえば、成人死亡率や結婚性向にかんする研究は移動があるために複雑化する傾向があるし、全体の出生率も総人口にかんするセンサスタイプの情報がないために推計が不可能になるように、婚姻出生率の分析にもいくつかの障害がある。しかし、家族復元から得られるデータは婚姻出生率の多くの重要な論点に光を当ててくれる。ドイツに関するJ・ノデル（John Knodel）の研究（Knodel, 1988）やフランスにかんするD・R・ウィアー（David R. Weir）の研究（Weir, 1982）は、ジュネーヴの市民にかんしてアンリが最初に示した出生制限の分析にかんして、家族復元データの価値を再確認することになった。また、家族復元データは「自然」（natural）出生力――婚姻内で意図的出生制限を実施していない人口の婚姻出生率――を研究するうえでも重要な役割を果たしている。この自然出生力分析による分析結果はフィードバックされて、人口再生産にかんする理論モデルのなかで検討されている。とりわけ、避妊が広範囲に展開されている近代人口——それゆえ人口データの解釈はかえって困難である——では得ることのできない結果が得られる、という点でもそれは重要なのである。ケンブリッジ・グループのデータを使ったイングランドの婚姻出生率にかんする研究は、活字化されているものでも少なくない(たとえば、本書第八章、Wilson, 1984. Wilson and Woods, 1991)。これらの研究から三つの重要な合意点を導くことができる。

第一に、イングランドの婚姻出生力は教区簿冊がカヴァーしている数世紀にわたり、ほとんど変化していない。

第二に、イングランドでは婚姻出生力の地域差がほとんどない。これは他のヨーロッパ諸国と異なる点で、そこでは多くの場合、明瞭な地域差を示している。

第三に、婚姻出生力は概して「自然」出生力であった。つまり、年齢別出生率曲線に意図的な出生制限の累積的証拠が見いだせないのである。

工業化以前のイングランドの婚姻出生力にかんするこれらの三つの特徴——安定性・地域的同質性・出生制限の欠如——は図9—2、図9—3、図9—4に示されている。

図9—2は、一六〇〇年代から一八三〇年代までの一〇年ごとの合計特殊婚姻出生率(TMFR; total marital fertility rate)を示したものである。この比率は二〇歳で結婚した女性が五〇歳になるまで平均的な婚姻出生力を有していたと仮定したとき、その女性がそのあいだにもつであろう子ども数を意味している。ここでは、観察値と補正値——結婚後の出生に帰結する婚前妊娠数による補正、つまりこの現象は新婚女性の出生率そしてTMFRを過大評価することになる——の二つの傾向が示されている。どちらの値を選択しても、値は一定ではないが、全体としてかなり安定的であるという傾向は明かである。一六五〇年代の共和制期に低下し、一六九〇年代に再び上昇、一八一〇年代にかなり高い値を示している。しかしながら、こうした三つの極端な場合を除いて、TMFRが長期

図９―２　合計特殊婚姻出生率

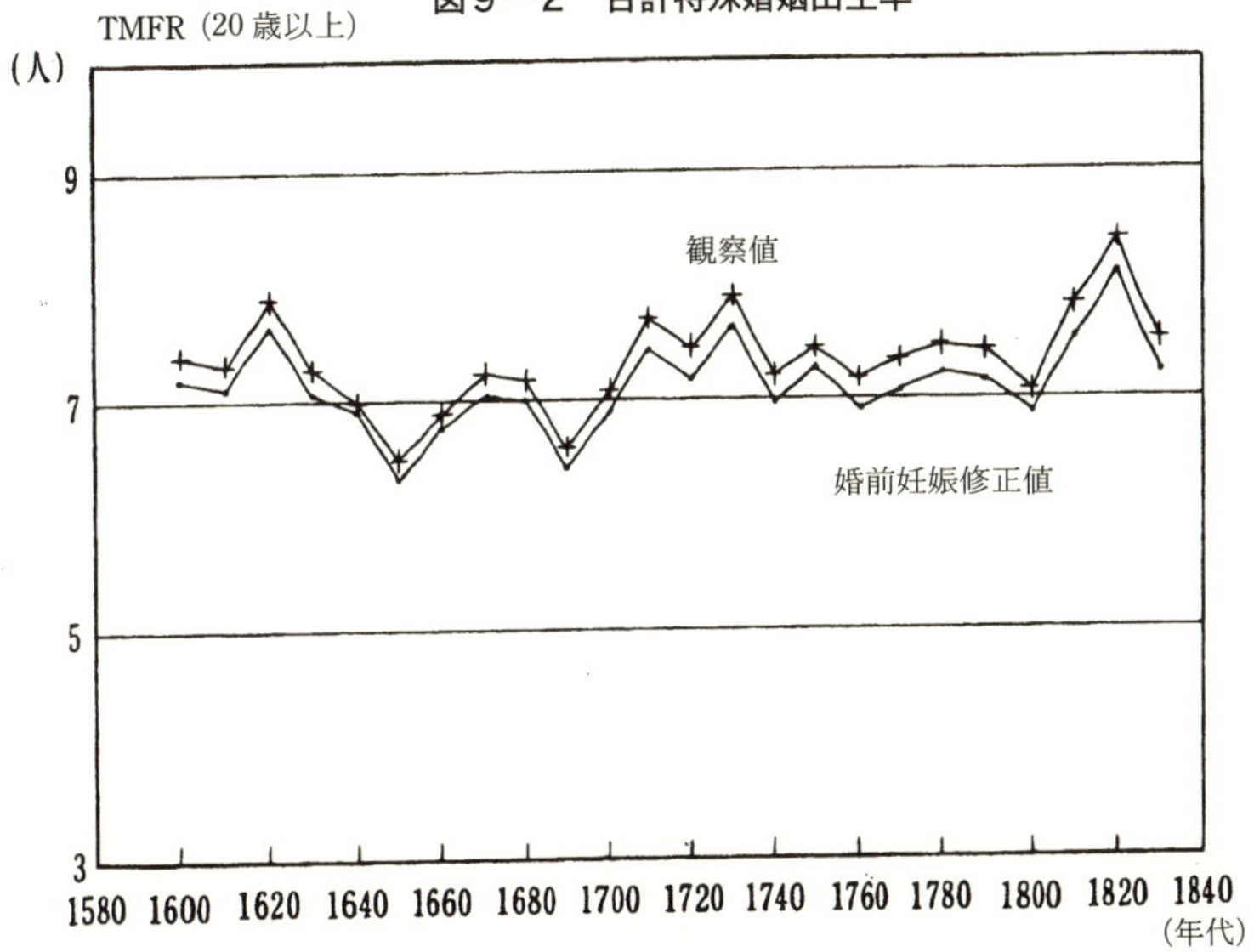

図９―３　年齢階層別婚姻出生率の範囲

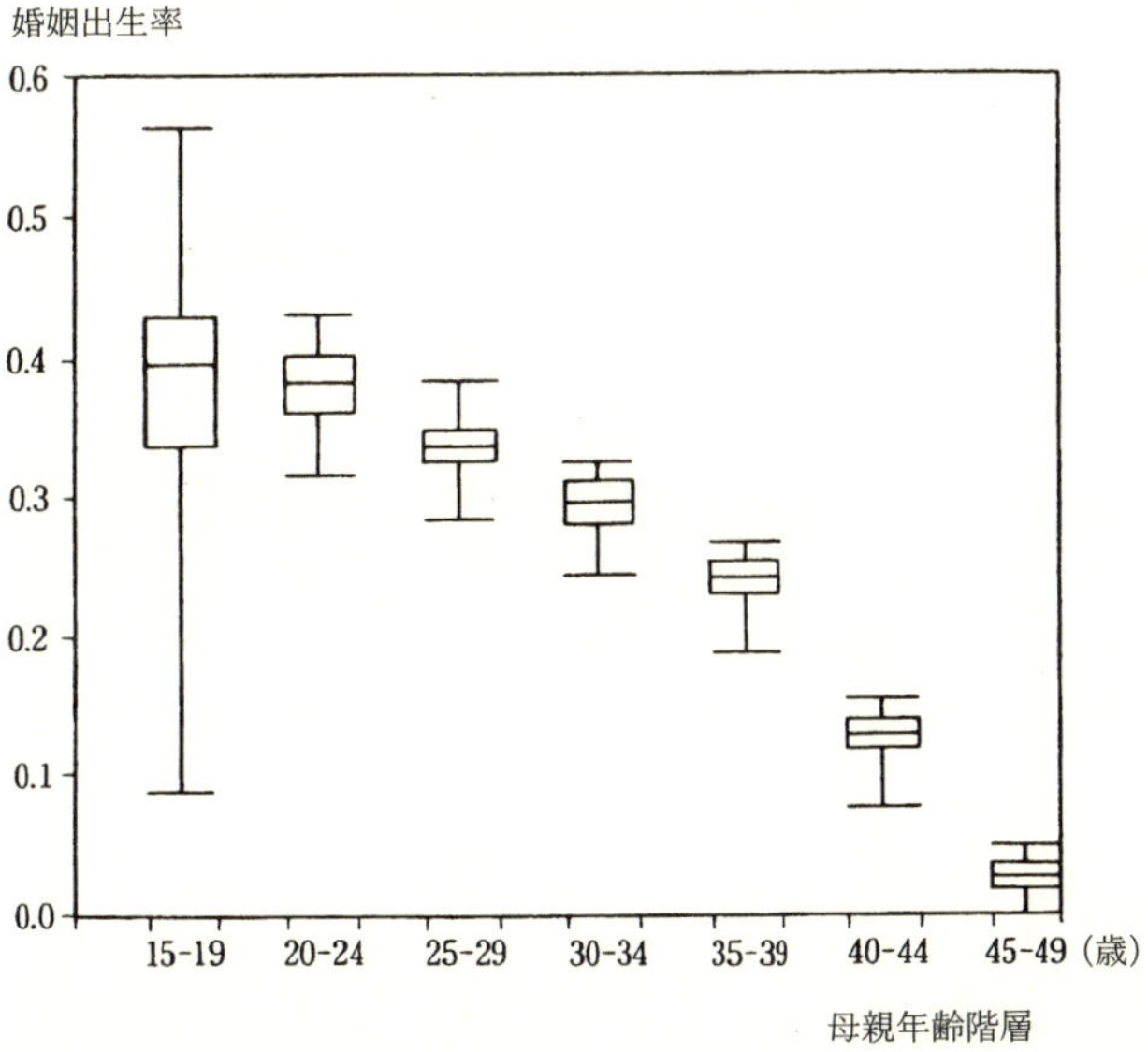

図９—４　出生順位推進比率

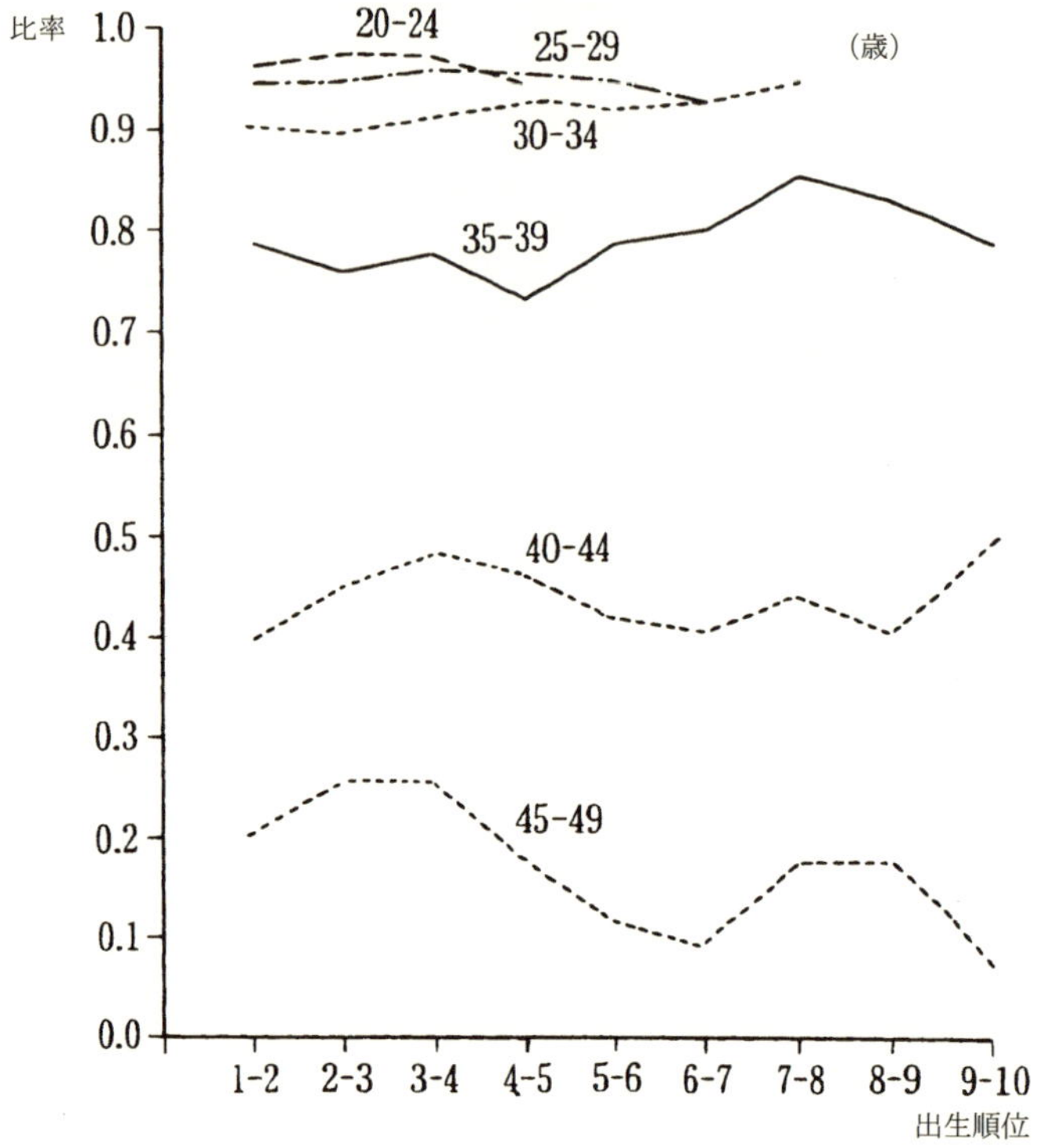

の平均値の上下七％を越えて変動することはまったくなかったのである。さらに、結婚性向・死亡力・移動のトレンドと比較しても、婚姻出生力の変動幅は実際に小さかった。数世紀間における大きな社会的・経済的・政治的変動を考えると、こうした安定性はまことに特筆すべき現象である。

図９—３は別稿（Wilson and Woods, 1991）からの引用であり、そのデータベースは厳密にいえばほかの図で使われているデータベースとは若干異なるものである。それは二五教区（そのうちの二三教区は前掲二六教区に含まれる）からなるものであるが、二つのデータベースに大きな相違があるわけではない。図中の数値は五歳きざみの年齢階層別婚姻出生率の分散を示すボックスプロットを表している。それぞれの年齢集団におい

て水平線は二五教区の最大値と最小値を示し、そのボックス自体は四分位値幅に相当している。したがって、ボックスの中央線は中位値になる。さて、その図から自明なことは、一五歳—一九歳集団——サイズも極端に小さく、多くのランダムな変動に影響される——を除いて、その値はきわめて狭い変動範囲内におさまっていることである。このように同質的パターンを示す国はほかのヨーロッパ諸国にはない。教区自体がさまざまなタイプの地域性を反映していることを考えれば、変動幅がきわめて小さいという事実は印象的である。そして、婚姻出生率の地域差がほとんど存在しないということは人口学分析にとってなによりも有難いことである。なぜならば、二六教区をひとつのデータベースに組み込もうとするときに、偽りの影響をもたらすかもしれないという余計な心配がいらなくなるからである。それゆえ、特定の教区に特別な注意を払うことなく全体のデータベースを使用することもできるし、多くの事例を必要とするような問題を解明することも可能になるのである。

図9—4も、二六教区のデータベースとは若干異なったものに基づいて分析されている。ここには一六教区が含まれているが、うち一五教区はメインデータベースにも含まれている。ここに示されている値が二六教区全体を分析した場合と大きく異なるとは考えられない。図中の数値は出生順位推進比率（parity progression ratio）である。この値は子どもを生んだ女性が次の子ども（人口学ではParityという）を生もうとする確率を表しているが、値自体は一子前の出産年齢と問題となる推進過程に存する確率により与えられる。つまり、第一子（Parity 1）から第二子（Parity 2）への推進過程にある女性は第一子の出産年齢に応じて分類され、同様に第二子から第三子への推進過程については第二子の出産年齢に応じて、ということになる。さらに、この値は既存出生数にしたがった意図的な出生制限の有無を調べるうえで、このうえない指標でもある。**図9—4**の数値をみると、年齢の影響は強いものの、パリティー（出生順位）はその値にほとんど影響していないのがわかる。つまり、すでに子どもをもっている四〇歳—四五歳の女性がつぎの子どもをもつ確率は、パリティーに関係なく——それが第二子であろうが、第九子であろ

うが——四五％であるということを意味している。

パリティー効果がこのようにほとんど現れなかったということから、工業化以前のイングランドにおいて、意図的な出生制限が有意な程度まで展開してはいなかったと結論することが許される。すなわち、四半世紀前にコリトン一教区の事例から考えられたような出生制限は——何人かの例外的な女性についてはどうかわからないが——明らかに行われていなかったのである。

新しい可能性

ここに描いてきた工業化以前のイングランドの婚姻出生力の特徴——長期の不変性・地域的同質性・意図的出生制限（stopping behaviour）の欠如——にたいして、ケンブリッジ・グループによる新しいデータベースはいかなる貢献を成しうるのだろうか。その大規模な新しいデータベースには二つの大きな改革を推進する可能性が秘められている。最初の可能性は短期変動を詳細に考察できることである。R・リー（Ronald Lee）による以前の研究では（Lee, 1981）、出生力は穀物価格や気候の変動に応じて年々きわだって変化していたことが示されたが、いまではこれらの関係をより詳細に調べることができるようになった。たとえば、穀物価格高騰時の出生数の低下がすべて女性に均等にその出生力を低下させた結果なのか、あるいは子ども数の多い女性に集中した現象であったのかという問題を考察することも可能なのである。この場合、時系列分析とライフ・ヒストリー分析を結合させた方法が必要になる。こうした計算分析は現在ケンブリッジで行われており、近々その最初の結果が報告されるはずである。

第二の革新の可能性は、その規模の大きさのおかげであるが、自然出生力をほぼ決定すると考えられる要因にかんして、詳細な研究が可能になったことである。出産の生理学的決定要因にかんする議論は五歳きざみのデータに基づいて行われてきた。その背景には、既存のデータベースでは規模が小さすぎて、一歳きざみの分析が事実上意味をなさなかったという事情があった。また、五歳きざみ分析ではいくつかの点データに曲線を外挿するという方法を採らざるをえず、それは個人をまったく恣意的な基準で分類することでもあった。すなわち、出産を五歳間隔法の便宜に一致させる理由などないのである。三五歳が三四歳や三六歳よりも重要であるとどうしていえるのであろうか。新しいデータベースを使うことにより、こうした慣習的な年齢階層区分による拘束から逃れられる。そして、このことは年齢階層別の妊胎不能率（sterility）や妊娠確率への夫・妻の年齢の影響などを調べる場合、ことのほか有用になる。本章の後半では、この第二の革新に焦点を絞ることにしたい。結果を詳細に提示する前に、後半部分で展開する議論の概念枠組をもう少し詳しく紹介しておきたい。

自然婚姻出生力の近接要因

個人の出産行動には多くの要因が関わってくる。そのなかには間接的で背後にありながらも、しかし潜在的に大きな影響をもたらすと考えられる要因——社会経済的要因・気候変動要因・文化的要因——もある。それ以外の要因はより直接的であり、J・ボンガーツ（John Bongaarts）にならって出生力の近接要因とよばれている（Bongaarts, 1978）。背後要因の影響がいかに強かろうとも、その効果は近接要因のどれかに影響することを通じて出生力に影響してくるのである。工業化以前イングランドのように意図的な出生制限行動（stopping behaviour）が不在と考えられるところでは、婚姻出生力にとって重要な近接要因は四つある。

考察されるべき第一の重要な近接要因は生理学的な妊胎不能力（sterility）である。いかなる規模の人口においても、男性、女性もしくは男女双方の再生産能力の損傷により子どもをもつことのできない夫婦が存在する。人口学者は第一次妊胎不能（primary sterility）――生涯子どもを産むことのできない――と第二次妊胎不能（secondary sterility）――出産後に生じる――を区別している。あるいはつぎのように考えてもよいだろう。第一次妊胎不能は全体として年齢だけに応じて変化する現象であり、第二次妊胎不能は産んだ子どもの数から影響される。概していえば、婚姻出生力の生齢階層別パターンを決定するうえでより重要になるのは、第一次妊胎不能の方である。この比率は子無しの有配偶女子の割合を観察することにより簡単に計測できる。

避妊がない場合の婚姻出生力の決定要因で第二に重要なものは毎月の受胎確率である。人口学では受胎ないしは受精確率（fecundability）とよんでいる。この値は各人口間で大きな差をもち、原則として夫婦の性交頻度により決定されると考えられている。人類生物学者は性交率と受胎確率の間には密接な関係――月経周期中ごろの二日間に少なくとも一回の性交渉をもつことが重要――があると考えている（Bongaarts, 1976）。この受胎確率は結婚からつぎの妊娠までのスピードをみることにより計測できる。つまり、受胎確率が高いということは多くの女性が早く妊娠することであるし、逆にそれが低いということは多くの女性が妊娠するまで長く待たねばならないことを意味している。

女性が子どもをこの世に送り出すには、彼女は妊娠するだけではなく、その妊娠期間を全うしなくてはならない。すべての人間集団にはそのあいだに、流産（miscarriage）や非意図的な胎児死亡（spontaneous abortion）の危険性がつきまとっている。残念なことであるが、歴史人口の場合、この要因を推計することは不可能である。われわれが手にする情報はたいてい生きて生まれてきた子ども（live births）にかんしてである（ときたま死産についてもある）。確かに、われわれはすべての女性にかんする出産の歴史を完成させることは決してできない。このことは現代でも変わらない。流産につながる妊娠比率を推計することは、妊娠最初の一月内の自然流産がきわめて多いことや全ての女性が自分が妊娠したことに気付いているわけではないという事情があって、きわめて難しいのである。しかし、この要因にかんする情報が欠如していてもあまり大きな問題にはならないと信じてよい理由も一方にはある。現代の研究結果によれば、流産率は人口集団間であまり大きく変化していないからである。大部分の自然流産は妊娠初期三カ月間に起こるので、そのあいだに母体をとりまく外部環境が胎児の生育に与える影響はきわめて小さいことを考えれば納得のいくことである。実際のところ、現代人口にかんする推計値が歴史人口にも適用可能であると信じる以外にほかに方法がない。

第四の重要な近接要因は出産後再び妊娠することのできない期間である。これはしばしば出産後妊娠不可能期間(post-partum non-susceptable period)とよばれている。妊娠に引き続いてホルモン変化が妊婦に生じ、排卵を抑制し、再び妊娠できないようにさせるのである。この排卵抑制は妊娠期間中と出産後の短い期間まで継続する。母乳哺育がない場合、出産にともなう追加的な非排卵期間は平均して六週間である。しかし、母親が母乳哺育をする場合、この期間は長くなる。現代人口に関する生理学的研究によれば、母親が少なくとも一日七〇分間、もしくは少なくとも六回母乳哺育を行えば、排卵は抑制されるようである(Short, 1984. McCann et al., 1981)。しかし、ひとたび代替栄養が導入されると、乳児の吸せつ強度は、閾値以下に低下し、排卵が再開されるのである。つまり、母乳哺育の全体の影響は出生間隔を長期化させることになる。しかしながら、代替栄養が通常乳児の比較的早い時期から導入されていることから、平均して一カ月の母乳哺育が一カ月の「妊娠不可能期間」につながることはなく、より短い期間で終了する。概していえば、一二カ月の母乳哺育期間は六カ月の妊娠不可能期間をもたらし、この程度に出生間隔も長期化させるようだ。歴史人口の場合、妊娠不可能期間は、子どもの死亡年齢(月)に応じて異なる出生間隔を比較することにより推計できる。もし、子どもが産まれてすぐに死亡したならば、母親は母乳哺育をやめ、すぐに再び妊娠可能になり、その出生間隔も短くなる。反対に、子どもが一定期間生き延びた場合、母親は自分が適当だと思うまでできる限り長く母乳哺育を行うことになり、その結果妊娠不可能期間や出生間隔も長くなるのである。

以上の近接要因は、出生力パターンの形成においてそれぞれ違った役割を果たしている。妊胎不能はもっぱら非出生制限人口集団における婚姻出生力の特徴的な年齢階層別パターンに影響している（Wilson, Oeppen and Pardoe, 1988）。母乳哺育の強度や期間はおそらく人口集団の婚姻出生力レベルの違いを形成する要因になっている（Wilson, 1986）。人口再生産過程にかんする数学モデルによれば、受胎確率は出生力のレベルや年齢別パターンを決定するうえでの第二次的な要因となる（Bongaats, 1976）。

近接要因を紹介したこの節を終えるにあたり、これらの問題設定の歴史的妥当性についてふれてみたい。人類生物学者にとってはたいへん重大であるこれらの問題に対して、なぜ歴史家が関心をもつのであろうか。おそらく、その答えは近似値要因を解明することにより、過去における出生力の実状——それにより、研究対象である人々に生の意味を付与する——にわれわれを少しでも近づけさせてくれるという事実にあるのではなかろうか。年齢階層別婚姻出生率のようなごくありふれた人口学指標は、実際のところ人口集団にかかわる抽象的な数値でしかなく、個人レベルでは意味をなさない。近接要因の分析を通じて、われわれはつぎのような問いかけに対する解答を用意できるようになる。たとえば、「何が契機になって新婚女性はまったく子どもをもたなくなるのか」「結婚後妊娠するまでの期間はどれくらいか」「新婚夫婦の性交頻度は？」「母親はどれくらいの期間母乳哺育を行ったのか」などである。たしかに、これらの問いかけは、歴史統計学の構成単位でもある、実際に当時を生きた人々が日常いだいていた疑問により近づいているといえるだろう。

分析結果

スペースの都合から婚姻出生力のすべての側面にかんする包括的な結果を提示することはここではできない。そこで、ケンブリッジ・グループのデータから得られた新しい結果がいかに射的範囲の広い新鮮なものであるかを読者に納得してもらうような情報を選択して、ここに示したい。

図9―5は一歳間隔の年齢階層別婚姻出生率を示している。ただし、この数値は婚前妊娠により人工的に膨れ上がった部分を各年齢層――結婚のなかで新婚が占める比率の大きい年齢層、ここではすべて三〇歳以下――で修正したものである。その修正方法は婚前妊娠の危険にさらされている期間ということで結婚の日付を一年あとにずらすことである。結果は非常に刺激的なものになった。少数のわずかな逸脱を除いて、その率は年齢とともになめらかに変化している。この種の一歳間隔データで安定的なのは非常に珍しい。よく引用される唯一の例としては、日本統治下の二〇世紀初頭の台湾の場合である（Tuan, 1958）。また、**図9―5**の数値はイングランドの婚姻出生力水準が中位レベルにあることをも示している。ヨーロッパの歴史人口のなかには、イングランドと同水準の国もあったが、おおかたの国々はより高い出生力水準を示していた。

図9―6は、近似的決定要因を研究する際の出発点となる、初婚年齢による女性の妊胎不能比率を示したものである。こうしたグラフは西ヨーロッパ以外の歴史人口ではほとんど手にすることができない。なぜならば、かくも高齢になってはじめて結婚する女性が少なすぎて、意味ある統計をとることができないからである。結果は五歳間隔で行ってきたこれまでの先行研究とほとんど変わらず、若年層での妊胎不能比率がたいへん低く（最低値は二〇歳で結婚する場合に三％弱）、四六歳の一〇〇％を最高に年齢とともに緩やかに上昇していた。**図9―7**は同じデー

図９—５　婚姻出生率(各歳別)

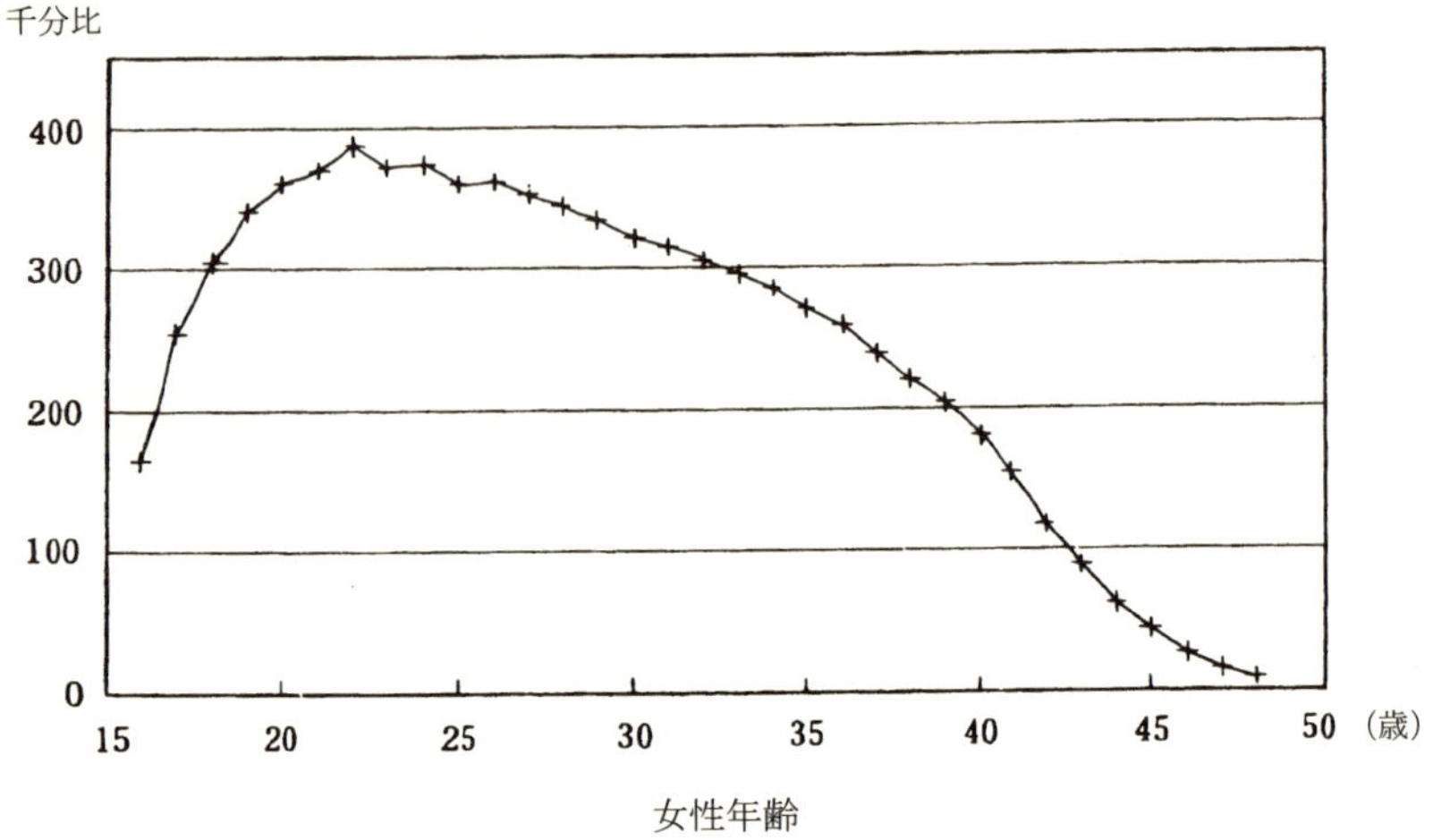

図９—６　結婚年齢別子妊胎不能率

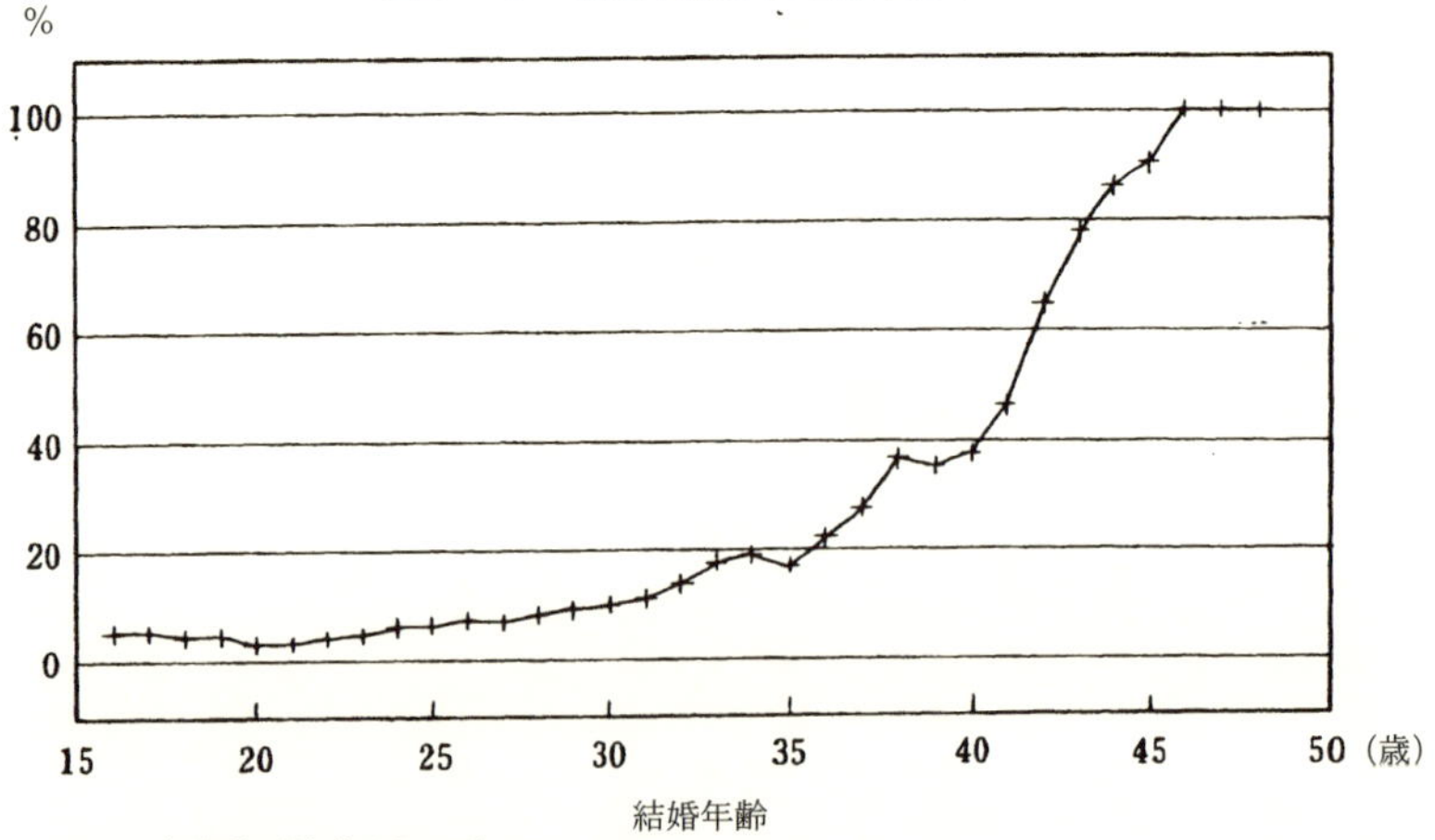

注: ３点移動平均(初婚のみ)。

図9—7　結婚年齢別妊胎不能率

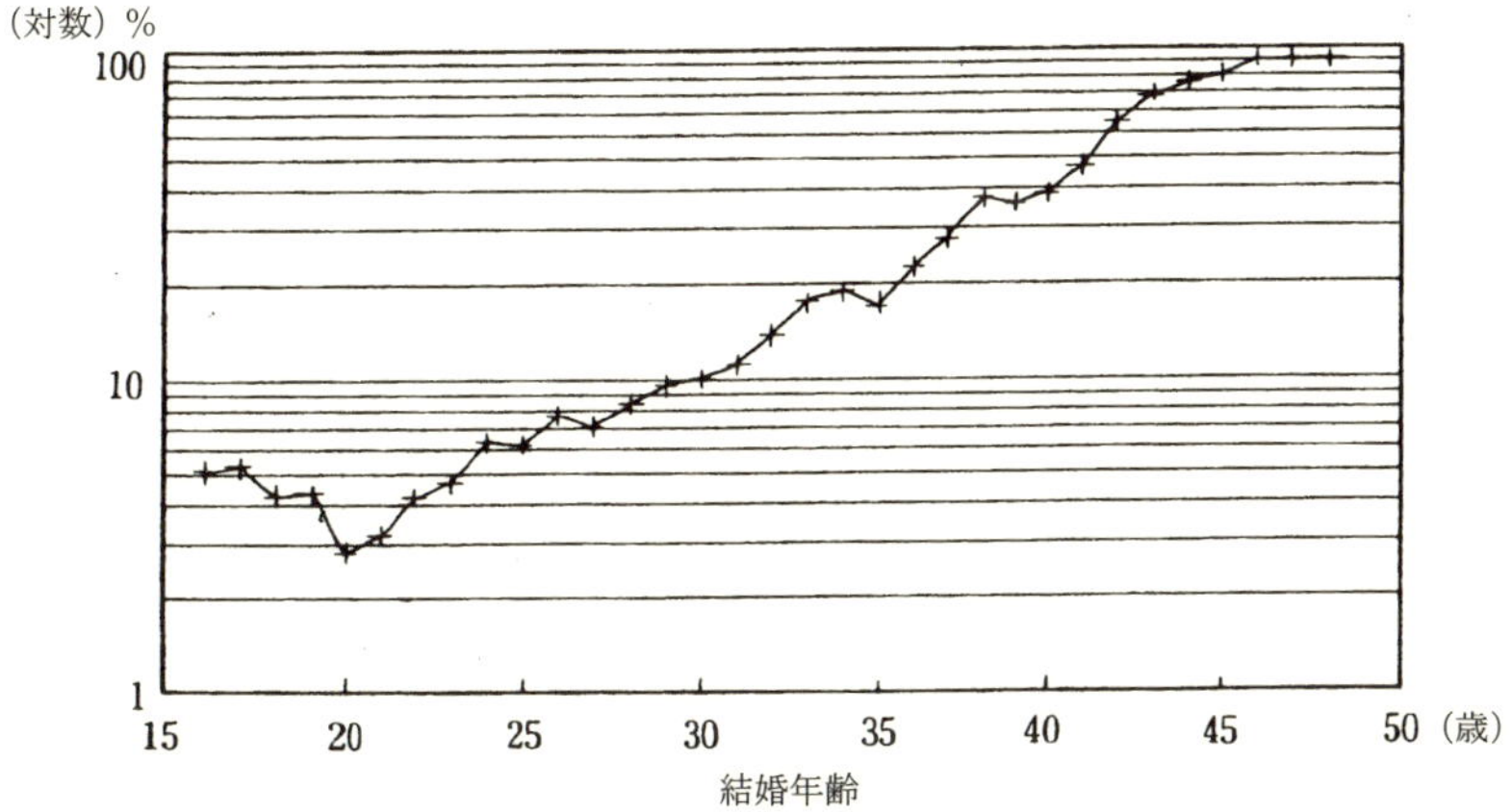

注：3点移動平均（初婚のみ）。

タを片対数表示したものである。ここから二つの事柄が明らかにされる。まず、二〇歳以前に結婚した女性の妊胎不能比率はおそらく過大評価されていると思われる。一〇代で結婚した女性がその数年遅く結婚した女性に比べてより妊胎不能であるとする生理学的理由は、まったくみあたらないからである。また、こうなった最大の理由として一〇代の花嫁が移動し別の場所に居住し、結婚した教区に戻る前にそこで子どもを産んだケースが考えられる。移動が女性に多かったという事実に照らし合わせてみても納得のいくことであろう。さらに、問題にしている年齢層の女性の数が非常に少ないということも気に止めておくべきであろう。工業化以前のイングランドでは二〇歳以前に結婚する女性はほとんどなく、女性達は全員子どもを持つことができたのである。実際のところ、この明らかな違いはひとにぎりの女性の際立った妊胎不能によって引き起こされたものと考えられる。

図9—7にみられる特徴のなかでより重要なことは、二〇歳以降、いくつかの例外を除いて、妊胎不能の上昇率が直線的であることだ。つまり、子どもを持つ尤度《ゆうど》のなかでターニングポイントと考えらえられる特定の年齢が存在しなかったことを意味

図9—8　婚前妊娠比率

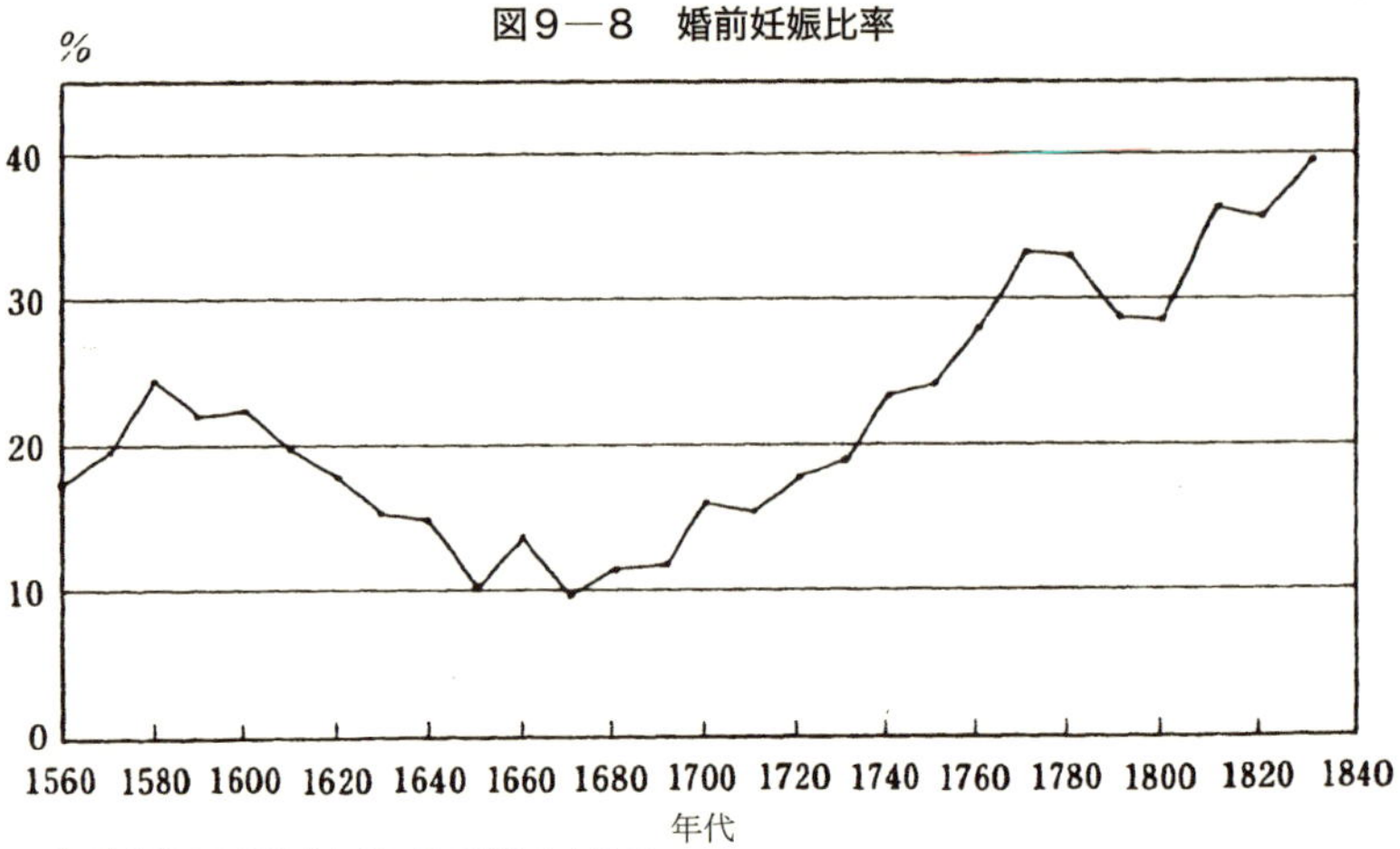

注:結婚後 240 日以内に第 1 子が出生した比率。

しているのである。昨今西欧諸国では三〇歳代まで出産を引き伸ばす女性の数が増加しており、その結果、高い不妊・子無しのリスクを背負うようになっているのではないか、その場合、三五歳が重要な境界年齢であると考えられている。しかし図9―8は、そうなっていなかったことを示しているのである。妊胎不能は着実なペースで上昇しているのであって、特定年齢以降に顕著な加速化が起こるのではない。ところで、もし一歳間隔データが利用可能でなかったならば、こうした結論は得られなかったに違いない。このことだけはここに記しておきたい。

受胎確率を推計するためには、結婚から第一子出産までの出生間隔を調べる必要がある。ほかの条件を一定にした場合、この間隔が短ければ、受胎確率は高いことになる。しかし、イングランドでは「ほかの条件」は一定ではなかった。婚前妊娠率が変化していたのである。図9―8は結婚後八カ月以内の出生につながる婚前妊娠比率が、一七世紀中盤の約一〇%から一八三〇年代の約三〇%にまで上昇していることを示している。こうした変化が分析結果にバイアスを与えることがないように、ボンガーツにより提案された受胎確率推計モデルをここでは使った。このモデルは結婚後二七〇日以内に生じた出生に付随する出生間隔をすべて排除する一方で、結婚後の短い期間で生じた出生の割合（たとえば、結婚後二七〇日から三六〇日までの間、あるいは結婚後九、一〇、一一カ月の間）は受胎確率レベルの精度の高い指標になる。しかしながら、この指標はデータがはらむ問題にたいして弱点を持っている。イングランドの場合、多くの気がかりな問題が存在しているが、第一の問題は一八世紀の間出生から洗礼までの期間が数日から数週間へと延びたことである。この遅れは結婚と第一子出生までの出生間隔を長くすることにつながった。第二の問題点は、どの程度かは判然としないが、第一子の洗礼場所を母親の出生地にするという伝統である。これにより、第一子出生数が過小評価され、実際のところ第二子であるものが第一子として見誤られてしまうのである。その結果、結婚から第一子出生までの出生間隔が驚くほど長くなってしまう。最後の問題点は、ある時期、非嫡出子出生が比較的普通のことであったにもかかわらず、そうした出生が家族復元のフォームには記入されないことである。一九世紀初頭でも非嫡出子は全出生数の六％にすぎなかったが、大部分が第一子であったために、その影響は数値以上に大きかった。もし、非嫡出子出生の後にその母親が結婚したならば、第一子（非嫡出子）を母乳哺育した場合に考えられうる諸効果はこれまでの議論を混乱させることになる。この問題は十分に究明可能なことであるし、実際に行ってもいるが、ここで詳しく論じることはない。結論としては、一七七五年以降の推計値はまったく説得的でないということだ。したがって、**図9―9**に示された結果は一六二五年から一七七五年までに生じた結婚に基づいている。とはいえ、一七七五年以前でも結婚後に妊娠し九、一〇、一一カ月後に出生した第一子にかんして求められた受胎確率は、おそらく過小評価されている。したがって実際の受胎確率は**図9―9**の値をわずかに膨らませたものになる。ただし、その年齢パターンまでも歪められていると考える必要はまったくない。

図9―9の推計値は、おそらくこれまでに例のないものである。出生制限が存在しない人口集団の男女にかんして、その各歳別の受胎確率あるいは受精確率を提示した研究データは、私見の限り、これまで公表されたことが

図9—9　年齢別受胎・受精確率

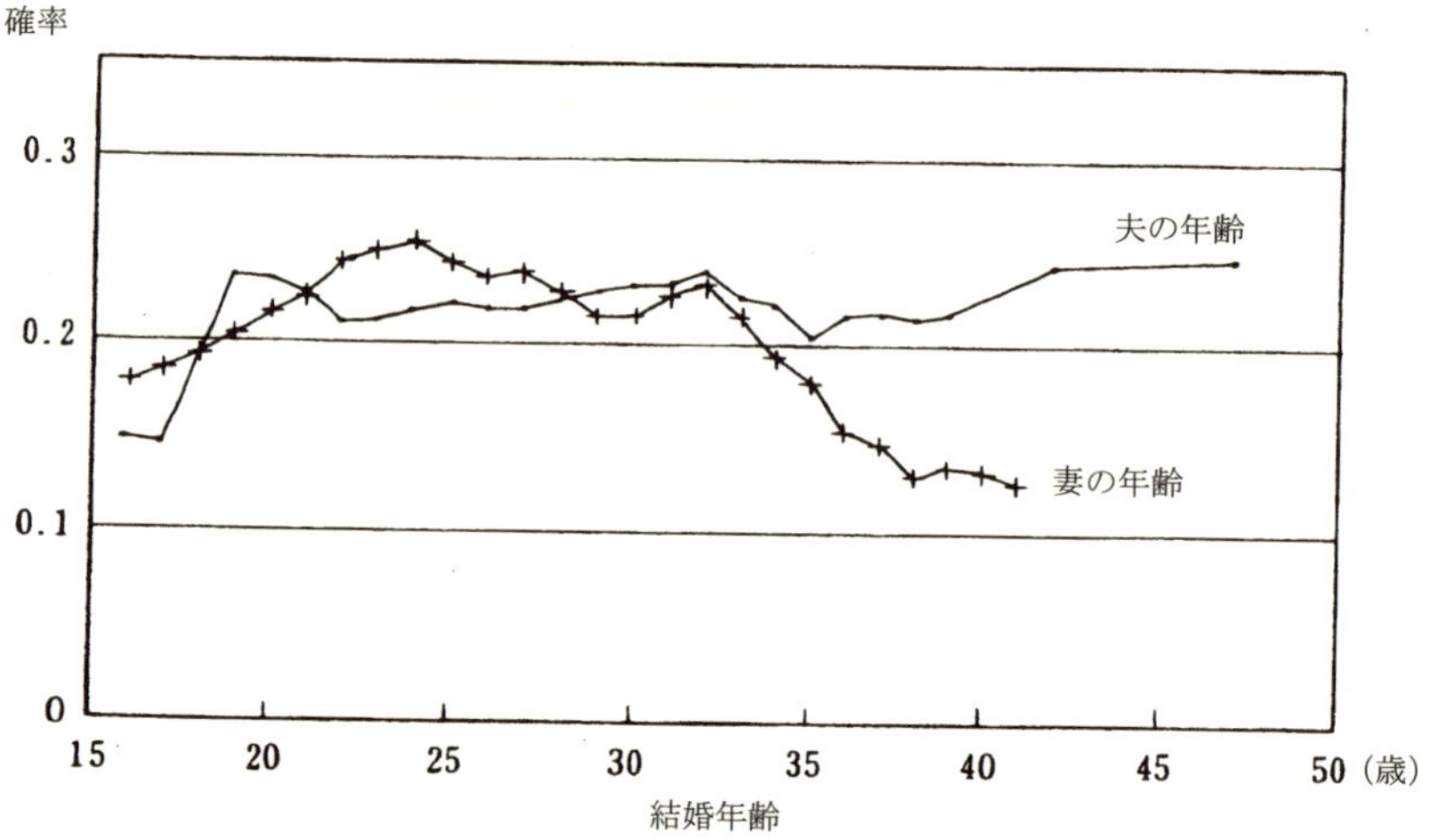

注：３点移動平均。結婚—第１子出生までの期間より推計。

ない。とりわけ、その年齢パターンは興味深い。女性の曲線は二四歳の最大値まで緩やかに上昇し、その後三二歳まで緩やかに低下し、以降急激に落ち込んでいるのである。この事実は受胎確率の年齢別パターンにかんする最大の前提——二〇歳から三五歳まで安定し、それ以降低下する——に反してもいる。男性の曲線はさらに興味深い。男性の受精確率はほとんど計算されたことがない。出生力のあらゆる局面にかんする議論のなかでも、男性に言及されることはほんのわずかである。ここに示された結果は最初の一〇代の低い受精能力 (sub-fecund) 期以降、男性のそれとほとんど変化しないことを示唆している。データ数が小さいためにプロットしていないが、五〇—五九歳の推計値でさえ低下していない。さらに、対象年齢幅の最初と最後でサイズが小さいということは、年少の夫と高齢の夫のそれぞれの推計値の差を過大評価することになるはずであるが、一見してそのデータは驚くほどの安定性を示している。

図9—9の数値は、性交頻度の推計値と読み替えることもできる。人口再生産にかんする数学モデルは、人口集団レベル——個別の夫婦ではなく——において性交頻度と受

図9—10　平均出生間隔（子どもの死亡月別）

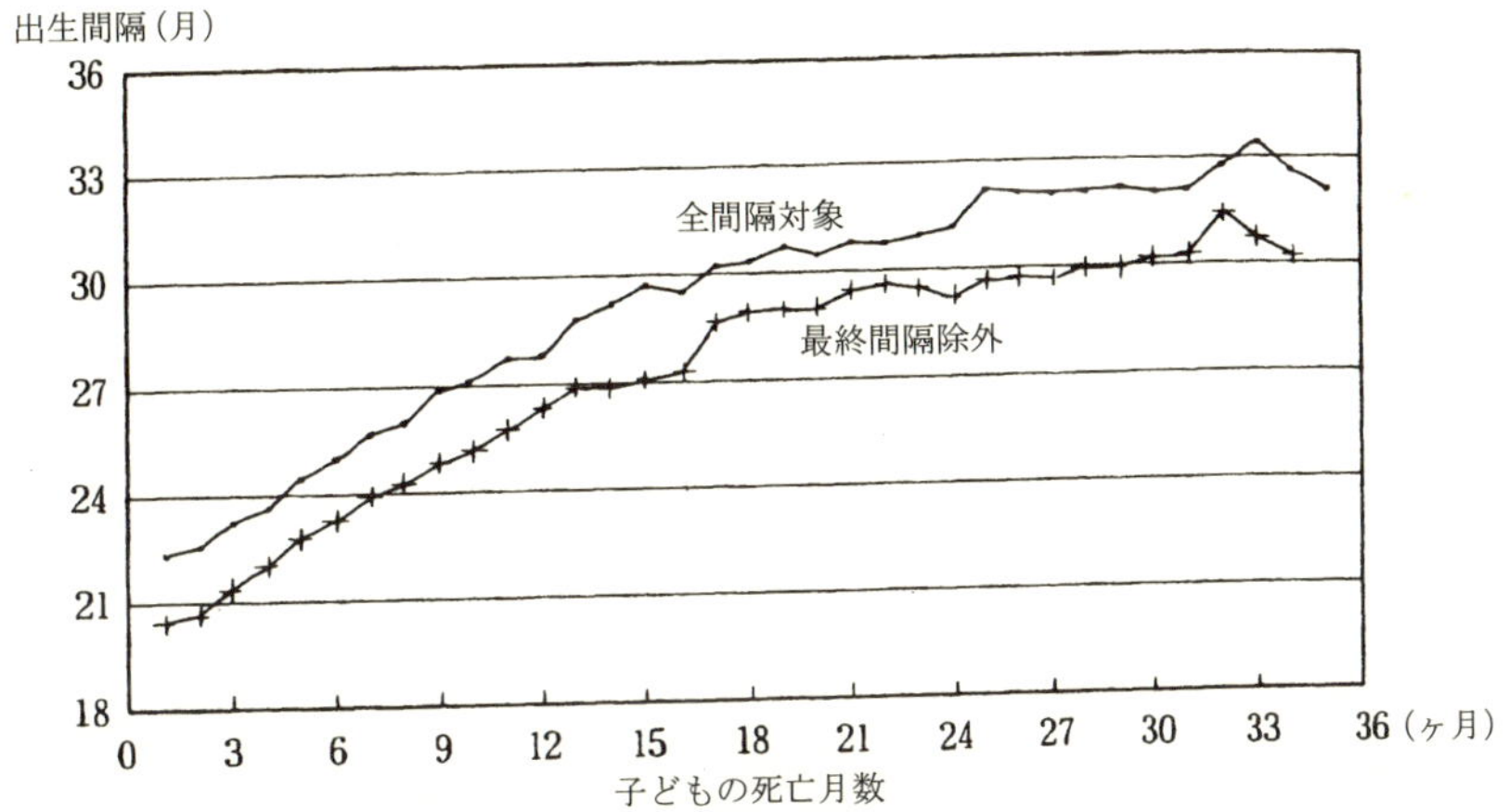

注：３カ月移動平均。

胎確率の間に比較的密接な関係があることを示している。ボンガーツ・モデル（Bongaarts, 1976）によれば、前工業化期イングランドの新婚夫婦は三・五日に一回（あるいは一週間に二回）のペースで性交渉をもったことになる。ヨーロッパの歴史人口のなかでもっとも高い値を示した一九世紀後半のドイツでは、およそ二日に一回の頻度であった（Knodel and Wilson, 1981）。

本章での最後の結果は、出生後の妊娠不可能期間（non-susceptable period）と、それを延長させる母乳哺育効果に関連したことである。**図9—10**は子どもの死亡月別の平均出生間隔を示したものである。この平均値は最終子前の出生間隔を除いたすべての出生間隔を含んでいる。なぜならば、最終出生間隔は通常ほかのものより長く、女性の間の分散も大きいからだ。母乳哺育の効果は、子どもがより長く生きるにつれて出生間隔が延びていることのなかに表されている。曲線はスムーズであり、明瞭な非連続性は認められないが、一八カ月のところに屈折点がある。いま一八カ月以下のところに直線をあてはめてみると、およそ〇・五の傾き——母乳哺育が一カ月延びると、出生後妊娠不可能期間は〇・五カ月延びる——をもった直線が引ける。一八カ月以降も直線であるが、その傾きは〇・一である。このことから、工業化以前のイングランドでは、母親は子どもを約一年半母乳哺育していたことがわかる。一八カ月以降のわずかな上昇は「母乳哺育」が終了したあとでも、小さい子どもがいることでつぎの妊娠尤度を減少させる傾向があることを示している。その理由は明らかではないが、多くのスペキュレーションを可能にする。たとえば、子どもが母親と添い寝をすることで性交頻度が低下するであろうし、子どもの世話に母親が肉体的に疲れ、性への欲望が減退してしまうのかもしれない。この問題に関連した証拠を示すことはできないが、きわめて興味深い問題である。

終わりに

本章をとじるにあたって一言付け加えておきたい。われわれが利用可能で非常に大規模な家族復元データベースを手にしたとき直面するさまざまな歴史的問題にたいして、本章がなにほどかの思考の糸口を提供することができたら本望である。現在パリの国立人口学研究所（INED）で大規模な家族復元が行われているし、またモントリオール大学でもケベック州の研究がなされているが、これらの国のデータ、さらには他の文化圏（たとえば日本）のデータがイングランドの場合と同様な手法で分析され、将来、ここに描き出した結果がどこまで一般的といえるか検討できる機会がくることを期待している。

第四部　家族史

——家族・結婚・奉公

第一〇章

世帯構造とは何か

ユージン・A・ハメル
ピーター・ラスレット
（落合恵美子訳）

本章の目的

家族（family）と世帯（household）の、あらゆる社会とあらゆる歴史的時代における重要性を考えれば、多様な家内集団（domestic group）を比較可能にすることの意義は大きい。たとえば社会変動、とりわけ「近代化」「工業化」「社会的流動化」等さまざまに呼ばれる曖昧だがどこでも見られる現象によって、世帯がどの程度の影響を受けるのかを論じるためには、何が起きたら変化と言えるのかを明確にしておかなければならない。これはすなわち国や時代によって家内集団の構造はいかに異なるのかを知ることでもある。

この作業を効果的に行うためには、単位を特定し、多様な型に名前を与え、尺度を確立しなくてはならない。たとえば、徳川日本においては、現代に比べて、あるいは工業化以前の英国やフランス、植民地時代のアメリカに比べて、家族集団がどれほど複雑であったのかを言い表せなければいけない。いったい何が比較されているのかが厳密に明確でなくてはならないし、また変化はいつも大きくて紛れようがないものとは限らないので、集団の構成のわずかな違いも探知できなければならない。

この論文の目的は、そうした精度の高い比較を可能にするような、世帯構造の記載と分析の方法を論じることである。われわれは、社会人類学者が親族関係を記載するために用いている表示システムを検討し、歴史資料から復元された実際の世帯の成員を表現するためには、それをいかに適用したらよいのかについていくつかの提案を行う。われわれはまたこの種のデータのコンピュータ化についても考察する〔この部分は省略した〕。

とはいえ、われわれの目的と、人類学者が行うような親族関係それ自体の記載との間には、重要な違いが存在する。人類学者が記述する親族関係は世帯内には限定されないのが普通であり、また彼らは世帯内の非親族関係

（奉公人、間借り人の世帯主への関係）に関心があるとは限らない。親族関係それ自体とは区別されるものとして、家内集団の構造を考察しようとするとき生じる諸問題については、人類学者よりも社会構造史家に向けて論じる必要がある。なぜなら、資料の性質からしばしば世帯構造に分析を限定せざるをえないのは、誰よりもまず過去の社会構造を研究する者たちであるし、一貫性のある比較家族史研究の初期の成果（Laslett and Wall, 1972）からもっとも影響を受けているのも彼らだからである。人類学者が、いやもっと一般的に社会科学者が、彼らの研究している社会構造の過去についての一次情報を扱うようになってくれればよいとは思う。しかし、この分野の知識を発展させる責任はやはり歴史家にあるし、にもかかわらず歴史家はこれまでこうした表示システムを利用することに、ほとんど関心を持ってこなかった。

社会及び歴史研究のこの若い分野の発達の現段階において、このような忠告をしておくことはきっと役に立つと信じるが、われわれが忠告以上のことをしようとしているとは考えないでほしい。制度の比較研究を志す者は誰でも、自らの研究目的に合った分析と比較の枠組を作り上げる自由がある。しかし、いかなるシステムを用いて、いかなる方法で進もうとも、二つの障害に直面するのは避けられない。一つは、決して瑣末ではないが技術的な問題であり、もう一つは根本的な問題、すなわち原則の問題である。記載というわれわれの課題に着手する前に、これらの困難を読者の前にしっかりと提示しておかねばなるまい。

二つの困難——言語と文化的相対性

技術的困難とは、簡単に言えば、言葉にまつわる困難である。家族は人類の社会構造において根本的位置をしめるがゆえに、家族、その構成部分、その中での人々の役割、人々と同じ家族または異なる家族に属する他の人々との関係は、世界のさまざまな言語でよく表現されている。人類学者が早くから指摘してきたように、家族や親族関係を表す語彙は、言語によってずいぶん異なる発達をとげているが、そのこと自体が異なる家族構造や家族観の存在を示しており、体系的な比較を要請する。とはいえ、たとえほんの予備的段階のものであろうと、本来の言語を用いて家族の比較史的研究を進めるのに十分なほどの語彙を、習得できると思える者はおそらく誰も居るまい。だから、正確に伝えようとするならなおさらだが、単に意思疎通をはかるためだけにも、模式図や代数的なもの、そのほかいかなるタイプのものであろうとも、合意された表示方法をもつことが肝要である。比較研究が発達するにしたがって、言語の問題はより深刻になってゆく。英語や、他のどんなに広く受け入れられた国際語であろうとも、それによってすべての課題を果たせると思うのは、エスノセントリックであり、かつ非現実的であろう。

枠組作りの原則にまつわる困難とは、文化的相対性としばしば呼ばれる、永遠に解決不可能な問題と関わっている。家族を異文化間比較の要とし、かつそれを出生、婚姻、死亡などの人口史的事実と結びつけることの明らかな利点は、これらは数字で表せるという点にある。数字それ自体が文化から自由だということには、ほとんど議論の余地はないだろう。しかし、出生(すなわち生殖行為)や死亡はいつどこの社会でも同じ種類の生物学的イベントではあるが、その社会的意味は時代や文化を超えてけっして同一ではない。それらの定義の異文化間での重なりは大きく、たぶん世界に広く分布する他のいかなるイベント群や制度についての場合より大きいであろうが、厳密に合致するほどではありえない。

人口学的イベントについて述べたことは、家族構造に関する事柄に、より明白にあてはまる。家内集団、家族、世帯などといった観念は、いっそう多様な意味をもち、世界のいわゆる原始的な社会を含めれば、その幅は恐るべきものになる。(1) それゆえ本章では、家族や世帯の概念とその補助的な原則について文化と時代により異なる定義を許容することに、用心深い態度をとるようにした。

にもかかわらず、ここのところは強調しておきたいが、われわれは記載方法と比較方法についての仮提案をするにあたって、家族や世帯組織についての一般理論を打ち立てることにならないよう気をつけてきた。幾分かはそうした傾向を持たざるをえないことは認識している。なぜなら、ほとんどの先行業績のもつ、イギリスあるいはヨーロッパ中心主義的偏向が、国や文化の枠を超えたスタンスをとることを、たいへん難しくしているからである。この後に続くのは、およそ比較というものが可能でありかつ価値があるなら比較の方法はいかにあるべきか、ということについての提案だと受けとめてもらえれば有り難い。ここで言う比較とは、どこのどのような家族システムの観点からでも行えるものとして構想されている。

家内集団の定義

言語的特殊性やエスノセントリズムの罠に陥ることなく歴史的資料をいかに整理し解釈するかについての考察を始める前に、いくつかの最小限の定義を示しておかねばなるまい。われわれの考察の焦点である家内集団(domestic group)は、比較が可能であるように定義されねばならないが、抽象化の過程で文化的差異が見えにくくなるようでもいけない。なぜならこうした差異こそが、まさにわれわれの分析したいものだからである。

家内集団は、食事、睡眠と休息と楽しみ、成長、育児と生殖という目的のために、同じ物理的空間を共有している人々から構成される、としよう。これらの活動はどれも家内集団の外でも遂行されうる。しかしそれらが同時に遂行されたり、家内組織に特有の複合的活動として行われることはめったにないし、家内集団におけるように制度化されることもまずない。特定の空間の中での異なった活動の制度化された交錯、この多機能的同居集団

(multifunctional coresidential group) こそがわれわれの考察の焦点なのである。

以前は、そして現在でも開発途上社会においては、共有された物理的空間は家内集団が多くの仕事を行う場でもあった。すなわち家族は屋外ではできない経済活動をうちで、つまり家屋の中で行った。こうした仕事は農業社会でもけっして少なくなかった。後に論じるように、集団の正確な空間的境界やその集団が携わった活動の正確な目録が、歴史的記録からわかることはめったにない。したがってわれわれは、歴史資料から最初に調べうる変数である家内集団の規模や構造を分析するためにさえ、補助的な文化的資料や文書自体の性格から許される範囲で、あらゆる仮定をおかざるをえない。規模と構造についての研究は、居住と活動についての一定の考察に依拠しているということを明示するため、われわれの関心は同居家内集団 (coresident domestic group) にあると特定しておこう。

しかしこのように考えたところで、家内集団の定義は、すべての社会において明快ではありえない。すべての社会間では、なおさらである。この点は前出の書物 (Laslett and Wall, 1972) でも、家族制度の比較に関する多くの人類学者の著作におけるのと同様、はっきり指摘しておいた。にもかかわらず、一般的に同居家内集団に誰が含まれ、誰が含まれないのか示すのは、本質的に重要なことである。繰り返しておくが、そうすることで家内集団組織の理論を作ろうとしているわけではない。単に、現存する文書資料を比較分析に利用可能なものとするために、守らねばならないルールを示しているにすぎない。もちろんいかなるルールのセットもデータになんらかのパターンを与えるが、方法論によって予期せぬ理論的帰結が生じるのを最小限にしたいとわれわれは考える。

家族とか世帯という言葉(及び他の時代、他の場所でそれに対応する言葉)により、正確に何が意味されているのかという質問に直面したとき、唯一の適切な答えは、資料を作成した過去の人々に答えてもらうことである。彼らが遺したリストは、ブロックに分けられた個人の名前の連続からなっている。ブロックがどこで終わりどこから次が始まるのかは明示されている。彼らがそうしたリストを作っていなければ、彼らの資料は用いられない。繰り返しになるが、世帯と家族の比較史家は、家内集団の構造を分析しようとするとき、たいていこのような資料しか持っていない。しかし、これらの名前のブロックが、通常は上述のような一般的定義にあてはまる家族や世帯であることを知るのに、特段の洞察は必要ないし、過去の人々はこれらを非常にしばしばそうした名称で呼んでいたこともわかっている。

これらの家族や世帯の厳密な定義を、文書資料から直接に知りうることはごく稀だが、これらのブロックの形は恣意からはほど遠く、資料の記録者たちは彼らの認知システムの中でそれらが明確な単位をなすと感じていたと、われわれは仮定せねばならない。また、これらのブロックのメンバーシップは主に三つの要件により決められていたという仮定もおかねばならない。人々が同じブロックに現れるのは、彼らが一定の空間を共有していた場合（空間基準 locational criterion）、彼らがいくつもの活動を共に行っていた場合（機能基準 functional criterion）、及び彼らが互いに血縁か婚姻かの絆により結ばれていた場合（親族基準 kinship criterion）である。歴史資料は最後の基準については明示的であることが多いが、第一と第二の基準については一般的な仮定をおかねばならない。

空間規準については、歴史資料と同じく民族誌からも、空間的共同の境界にはしばしば柔軟性があることがわかっている。それは最小の家内集団を中心的定義としながら、より大きく広がることも妨げないというものと考えられる。同様に、家内集団の機能についても、集団の中核の部分に活動の重なり合いのピークがあり、境界へと近づくにしたがって密度が低下していくと見なければならない。メンバーシップについては、したがって、夫婦とその社会的に認知された子どもたちが、家内集団の内なる小社会を形作っていると考える。

最初にこのように定義したからといって、必要な場合には、人類学者が両居制（duolocal）と呼ぶような、結婚後も男女とも自分が生まれた家族に住み続けるという居住形態の考察を妨げるものではない。同様に、配偶者が複数いるような夫婦関係（死別や離別後の再婚による継起的なものでも、複婚による同時的なものでも）が登場するデータを、分析したり比較したりすることも妨げない。柔軟な適用が必要なときはすればよい。

夫婦とその子どもたちからなる中心的な核（nucleu）の次には、その他すべての同居親族が位置する。三番目には、われわれの社会では稀れになってしまったが、われわれの親世代まではヨーロッパとアジアの多くの場所でよく見られた、奉公人（servant）が位置づけられる。家内集団のメンバーシップについて、このあたりまでは明快に論じられる。しかし、世帯には、あいまいな地位におかれた短期的あるいは半永久的な住人がいたし、現在もいることがある。すなわち、訪問者、家族の客人、間借り人（lodgers）、寄宿人（boarders）であり、これらを総称して同居人（inmates）と呼ぶことにしよう。われわれはこうした中間的な家族的位置にいる個人たちを、ある観点からは家内集団の一部と考えるが、家族それ自体や、あるいは世帯が、問題となっているときにはそうしない。同居人の位置づけについては、彼らはわれわれが共住集団（houseful）として定義する包括的な単位には属すが、世帯（household）に属すとは必ずしも言えないとするのが、一つの解決ではなかろうか。われわれの定義は、したがって、非親族より親族と姻族を優先的に含むものと言える。とはいえ、われわれの定義は排他的なルールのセットというより期待の表明であり、われわれの方法論はこの期待と矛盾するようなデータも十全に精査するものであることを明記しておきたい。

この期待により、誰が世帯（最小限の家内集団）から排除されるのかが明らかにされる。離家した子どもたちは含まれないし、近所に住んでいる親族や姻族も同様である。近くに住んでいる親族は、家族の生産活動に協力したり、家族と共に食卓についたりさえするかもしれない。しかし、彼らの関係がことのほか近しく継続的であるため、同居していないという空間規準の弱さを補って余りあるほど機能基準が強かったと知りうる非常に例外的な場合を除き、彼らを世帯とみなすことはできない。世帯や共住集団に包含する事例の一つに、南スラブの大家族制であるザドルガ（zadruga）の一種がある。ザドルガの構成要素をなす夫婦とその子どもたちからなるサブグループが、母屋を囲む小屋の一つ一つに居住している場合である。もう一つの事例は、アフリカに広く見られる典型的一夫多妻世帯で、妻たちの小屋はそれぞれ独立してはいるが一つの屋敷地（compound）にまとめて建てられ、一つの穀倉を共有している。われわれの定義から排除される事例としては、五〇年から一〇〇年前の西ヨーロッパ農業社会における隠居夫婦が挙げられよう。彼らは裏庭の小屋に住み、別の社会的単位を構成したので、彼らは（子どもの）世帯にも共住集団にも含まれない。しかし一方で、もしも彼らが農家の家屋内に自分たち用の部屋を持ち、自分たちで暮らしていたなら、彼らは世帯には含まれないが共住集団の一部であったとは言えよう。

このように、世帯のメンバーシップを決めるには、単に空間的な、あるいは親族関係の近さだけではなく、機能的結合の強さも関係している。もちろん、資料作成者が隠居夫婦を子どもたちと一貫して同じ屋敷地集団（compound group）――隠居夫婦のいないものと形式的に区別できないような――をなすものとして扱っているなら、われわれは同時代を生きた彼の判断を尊重しよう。しかし一般的にわれわれは、隠居夫婦や、近所に独立して居住している独身の叔母、農場内に住む既婚の兄弟たちなどを、世帯成員としてより共住集団の成員として扱いたいと思う。しかしながら、再度強調しておきたいのは、歴史研究は二種類の行動の評価に依存しているということである。一つは記述された人々（ここでは家内集団の住人）の、もう一つは記述した人々（ここでは原資料の筆記者）の行動である。われわれは二つの未知数のある一次方程式を解こうとしているようなものだ。われわれがデータとそのグルーピングをどう受けとめるかは、まずは遺された資料の性格に、次にそれを扱うための適切な方法に依存している。これらの点について、これから見ていこう。

資料の転記

家族史研究者による資料の取扱いの第一の原則は、データは転記してから使用する、という単純なものである。転記されたものは原資料とは常にさまざまな点において異なるが、分析者の研究目的にとって重要な部分に重大な違いがあってはならない。家内集団の構造を研究するのであれば、既に見たように、家族史家の前には家内集団の台帳（listing）がなければならず、もし運が良ければ、さらに出生、婚姻、死亡の記録や、さらに他の資料もあるかもしれない。これらの資料は、すべて必然的に現地語で書かれており、研究者自身の学問的・科学的言語で全体が書かれていることはありえない。英語やフランス語でさえも、この意味では現地語であることを忘れてはならない。それらは独特の語義をもっており、四―五〇〇年前に書かれたものである場合にはなおさらである。

最初の転記が、原資料に可能な限り近いものであるべきなのは、言うまでもない。転記をする目的は、原資料より調べやすい記録を作成することであり、その後は原資料ではなく転記を主に参照することになる。原資料の言語や、転記に用いられた言語さえ読めない研究者は、普通の言語で書かれた転記よりも、転記の模式図（ideograph）を参照するだろう。多くの目的のため、後述のように原資料をコンピュータ分析のためにコード化したものが、今後はもっぱら使用されることになるかもしれない。コンピュータのためにリストをコード化することは、それ自体が転記である。コンピュータ分析のための要請は、原資料を扱うどの段階でも見失われてはならない。しかしながら経験から常に薦めたいのは、家内集団構造についての情報を含むいかなる文書も、まずは単なる言語で転記しておくことである。原資料は参照のため不可欠だが十分に明示的なことはありえないし、模式図やコードはつねに図式的であるから。(2)

したがって、原資料の他に、今述べた単なる言語によるバージョン、これから説明する絵画的あるいは模式図的バージョン、そして最後に扱うコンピュータ操作のためのコード化されたバージョンと、三種類の転記が作られることになる。原資料の特徴はこれらのどのバージョンにとっても重要な意味をもつので、その様々なありかたを少々見ておこう。

台帳の中の名前のブロックは、あるときはただスペースを空けることによって、あるときは区分線や特別な印によって区切られ、またあるときはグループの筆頭者を特定の方法で示すことや、あるいはテキストの中の等位接続詞の些細な違いによって、前後と区別される。コンピュータ処理のためのものを含め、あらゆる転記はこうしたことに注意を払わねばならない。しばしば、家内集団構成員の一人を除く全員について、その一人(たいていはその長(head)[*1])に対する親族関係やその他の社会関係が付されている。簡単な転記では、単位の長の性別と、他の人々の長への関係を記すだろう。しかし、これらの関係は現地語で書かれており、英語で正確に注解できるとは限らないことに留意せねばならない。たとえば、スラブ系言語(セルボ・クロアチア語など)では通常、母系オジ(stric)と父系オジ(ujak)とを区別する。これはかつて他のインド・ヨーロッパ語でも行っていたことだが(ラテン語ではpatruus-avunculus, 古期高地ドイツ語ではfatureo-oheim)、こうした場合、どちらも「オジ(uncle)」と翻訳しては、分析においても非常に重要である本来の区別を無視することになってしまう。

＊1　本章ではheadの訳語として、家内集団一般に関しての場合は「長」、世帯に関して論じているのが明らかな場合には「世帯主」を採用した。

さらなる問題は、家内集団内の人々の長に対する関係に加えて(あるいはその代わりに)、お互いどうしの関係も記載されている場合に生じる。たとえば、ある家内集団は、長、その妻、妻の姉妹、妻の姉妹の夫、長と妻の子どもたち、長と妻どちらか一方の子どもたち等から構成されていると記録されているかもしれない。台帳がそのような構造を持っている場合、その転記は、各個人の名前（あるいは番号）を記したうえ、彼らどうしの間の関係を、関係自体のみでなくその準拠点を特定するやり方で示さなければならない。すなわち、上記の例は、1：男、2：1の妻、3：2の姉妹、4：3の夫といったふうに転記される。長以外との個人的な関係のほうが、長との関係より、社会学的に見て重要であることもある。人類学者がしばしば指摘するように、複雑な世帯や他の居住集合体（residential aggregates）への姻族や周縁的親族の包含に関する文化的規則は、直接的な関係によっての方が、長への絶対的な関係によってよりも、単純かつ明瞭に述べることができる。

個々の研究者がいかに資料を処理するかについては、もちろん各々が決断すればよいのだが、ただ読者に簡潔明瞭に内容を伝えるためだけにも、どこかの段階で模式図を作成してみることは常に有用だとわれわれは考える。そうした図解をもっともよく用いてきたのは社会人類学者であるが、彼らは、世帯、家族、系族（lineage）、婚姻取り決めのタイプ、婚姻交換のシステムなど、さまざまな種類の集団や社会関係の結びかたを表すために、いくつかの約束事を用いてきた（Barnes, 1967）。標準的な記号は、特定の民族誌資料の固有の複雑さを扱うのに常に充分だとは限らないが、適宜修正したり付け加えたりすることができる。標準的な記号、および居住形態を描写するのに便利ないくつかの追加的な約束事を以下に示そう。

模式図の作成

基礎的記号

基礎的記号には、要素（element）と操作子（operator）との二種類がある。要素とは、集団内に居住している人々と、彼らどうしを結び付ける結節点の役割を果たしている人々とを表し、操作子はこれらの人々の間の関係を定義する。

要素

人々を定義するには、抽象度の低い二種類と、より高い一種類、合わせて三種類の要素が用いられる。抽象度の低い要素とは、男性を示す三角形(△)と、女性を示す円形(○)である(生物学者が用いるマーズ♂とビーナス♀の記号は、結合の操作子と組み合わせて用いるのに不都合である)。より抽象度の高い要素とは、性別不詳の、あるいは性別の特定できない個人を示す、より一般性の高いもので、菱形(◇)で表される。性別不詳の個人の表示は、ときには資料の性質から要請される。たとえば、ある人々が息子や娘ではなく、単に子どもとして記載されているような場合などである。親族関係の結節点として、性別の特定できない個人を表示する必要は、現地語の用語系に規定されて生じる。たとえば英語の「甥(nephew)」や「姪(niece)」では、結節点となるのは長の兄弟でも姉妹でもよい。菱形は、息子と娘の両方を子どもとして表示することで、事例を簡潔に図示するためにも有用である(図10—1)。

家内集団の長であること(headship)は形に色を塗ることで、年齢は当該の要素の上に数字を付すことで示される。したがって、三六歳の男性である長は図10—2のように示される。ある人が世帯内におらず、おそらく台帳作成時点で生存していないにもかかわらず、関係の結節点として表示されねばならない場合、要素の輪郭を点線で描くことができる。その意味は、その人物の(確認あるいは推定された)存在が、家内集団内の二人の関係を説明するということである。

奉公人と同居人は三角形、円形、菱形の中に文字を書くことで示される(図10—3)。

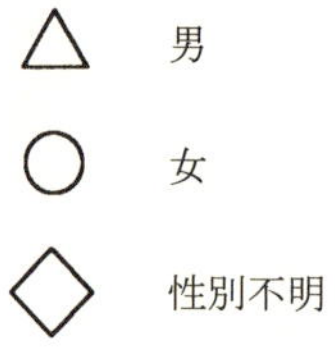

図10—1　要素

図10—2　家内集団の長

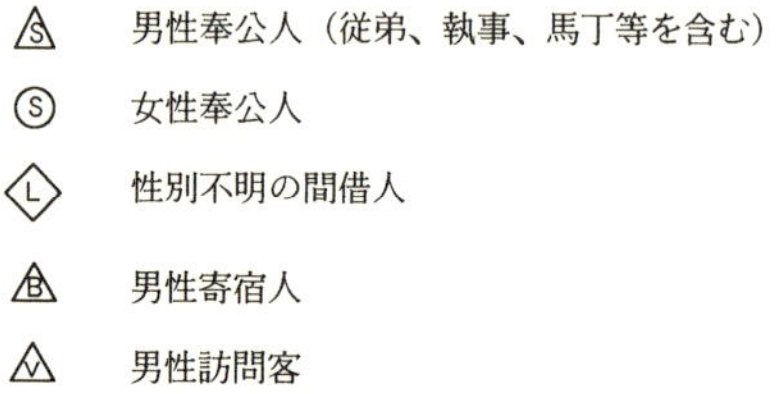

図10—3　奉公人等

操作子

五種類の操作子が通常用いられる。

①結合の操作子 (operators of linkage) は、要素間の生物学的および社会的関係を定義する

②順序の操作子 (operators of order) は、結合の起こった順序を示す

③否定の操作子 (operators of negation) は、結合の取り消し、人の死、社会的単位の解体を示す

④数の操作子 (operators of number) は、要素や社会的単位の登場する回数を示し、同じ形を何回も描くのを省くため使われる

⑤包含の操作子 (operators of inclusion) は、社会的単位の境界を確定する。

それぞれの種類の操作子について次に述べよう。

結合の操作子。基本的な結合の操作子は、夫婦関係 (conjugal relation) ——すなわち婚姻・婚約 (betrothal)・妾関係 (concubinage) による結合、親子関係 (filiation)、及び、キョウダイ関係[*2] (siblingship）を表す。これらは通常は実線で描くが、ある種の関係を表すため、点線、破線、波線などで描くこともできる。破線や点線は、推定された関係、すなわち資料自体からは完全には特定できない関係を示すのにしばしば用いられる。また、矢印を付けた線は養子関係を示し、養取された人から養親へと矢印が向かうように描かれる。

＊2　「キョウダイ」とカタカナで表記した場合には、"sibling" の訳として、性別を問わないキョウダイ、すなわち兄弟と姉妹の両方を示すこととする。

アメリカでは夫婦関係を代数のイコール（=）と似た記号で示す習慣があるが、これは一夫一婦関係や、最大限でも二重婚までを表すのには都合がよい。しかし、一人の人物に対して二人以上の配偶者が同時に、あるいは継起的に存在する状況を表すのには、要素の下方に水平線を引き関連する人々を結ぶ英国式の方法のほうが便利である。一夫一婦関係は図10―4、一夫多妻関係は図10―5、一妻多夫関係は図10―6に示した。一人の男に一人の妻と二人の妾がいる関係は図10―7のように描けるが、ここでは点線は妾関係を表している。もし夫婦の一方が存在しなければ、彼あるいは彼女はただ模式図から省かれる。したがって寡夫や寡婦は図10―8のように描かれる。住民台帳からこれ以上の判断をすることは、多くの場合難しい。表面的には寡夫や寡婦と記載されている人たちの中には、配偶者に遺棄された（deserted）人々や、生涯結婚しなかった人々も含まれるかもしれない。もし遺棄の事実が実際に確認できるなら、それは図10―9のように表せる。同様に、もし配偶者の死が記録されているなら、それは否定の操作子によって示される（以下参照）。

親子関係は要素間の垂直線、あるいはもっと普通には、二人の配偶者を結ぶ夫婦結合の操作子と彼らの子どもたちとをつなぐ垂直線によって示される（図10―10）。キョウダイ結合は、親子関係のバリエーションであり、一人の親、あるいは二人の親たちの夫婦結合から生じる共通の子どもである二人かそれ以上の個人を指す。それは、キョウダイをつなぐ水平線で表される（図10―11）。非常に複雑な集団もこれらの基礎的記号を用いて描くことがで

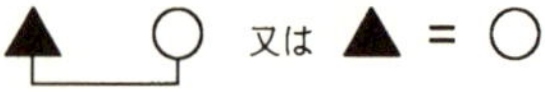

図 10—4　一夫一婦関係

図 10—7　一妻二妾の場合

図 10—5　一夫多妻関係

図 10—8　寡夫と寡婦

図 10—6　一妻多夫関係

図 10—9　遺棄の場合

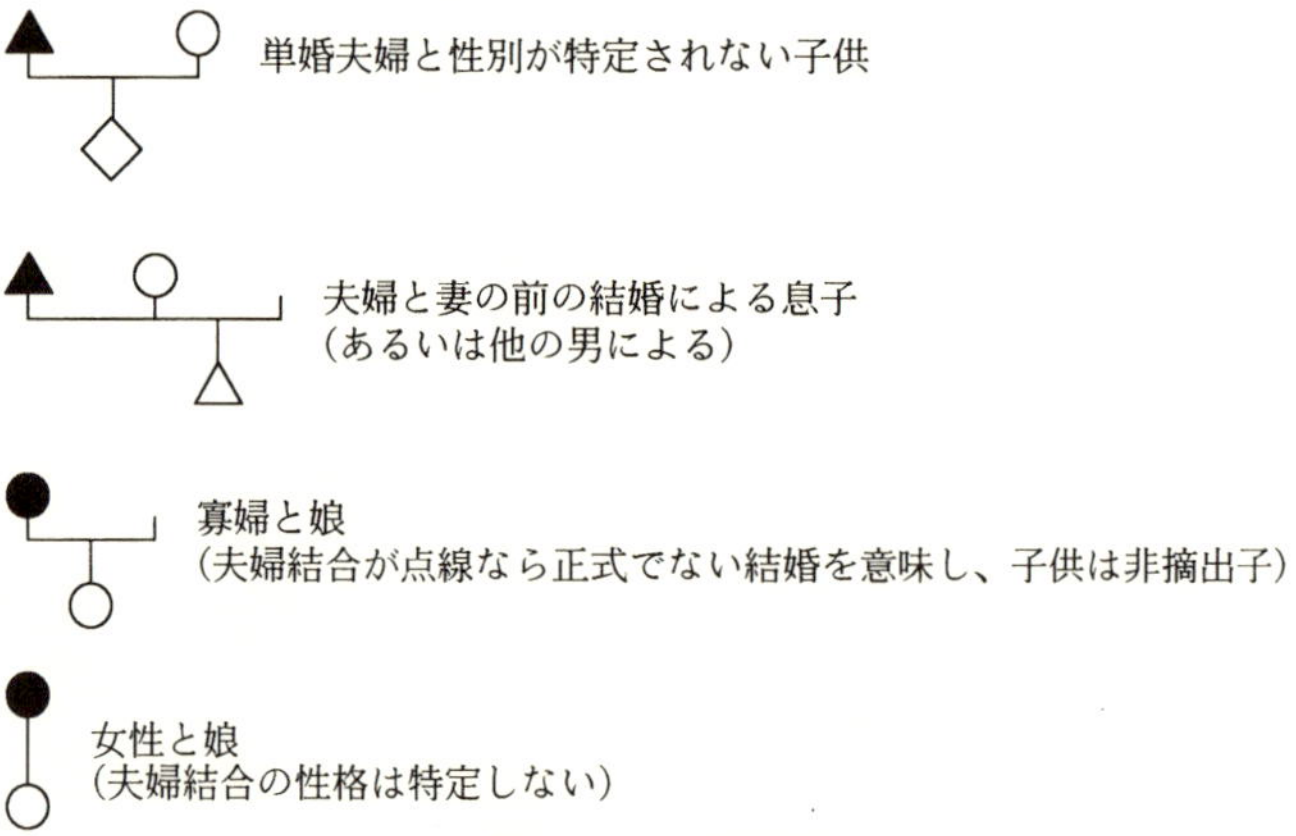

図 10—10　親子関係

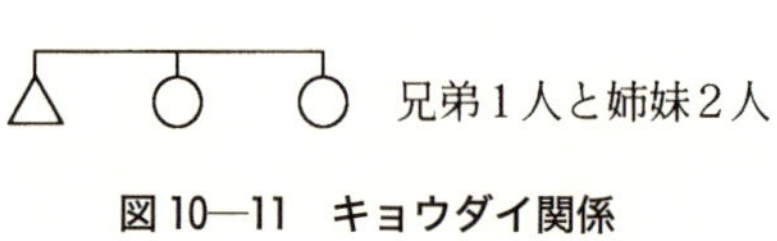

図 10—11　キョウダイ関係

きるし、多様な関係を示すことができる。まず、親子結合の操作子は、キョウダイのセット全体をまとめて、一つの夫婦結合に結び付けることができる（図10―12）。さらに、両親の片方のみを共有するキョウダイ関係も簡単に表示することができる。図10―13は、一人の男が二人の妻との間にそれぞれ二人ずつの子どもをもうけたことを示す。同じセットに属す子どもたちは互いに完全なキョウダイだが、もう一方のセットに属する子どもたちとは片方の親しか共有しないキョウダイ（half siblings）である。さらに大きく複雑な人々の組み合せ、たとえば図10―14に示されたような、三人の既婚の兄弟とそれぞれの妻、一番目の夫婦の息子と娘、二番目の夫婦の既婚の息子とその妻子、三番目の夫婦の二人の娘、から構成される集合なども図示することができる。

さらに改良を加えることもできるが、もっとも単純な方法は結合の操作子の種類をふやすことである。通常、点線は推定された関係を示す。図10―15は、推定された夫婦関係とそこから生まれたと推定される子どもを表す。もしもその子どもが母親の子であることは確かだが、彼女の夫と推定される男性の子であるかは不明な場合、図10―16のように描くことができる。ある要素の位置をわざと空けておくこともできる。たとえば、もしある女が結婚してその結婚により一人の子をもうけたことがわかっているのに、その夫がどこにいるのか不明の場合（しかも死亡したという証拠もない）、図10―17のような図が描けるだろう。これらの特殊な模式図は歴史資料を扱う場合、殊に有用である。なぜなら非常にしばしば、配偶者のいない人々は、誰が夫だったか、子どもはその結婚の子なのか、について特定しないまま、死別と記載されているからである。実際、その人は実は配偶者に棄てられたのだとか、こどもは非嫡出子だとか、わかることがときどきある。同様に、不在の配偶者の子どもの、現在の配偶者に対する連れ子関係（step relationship）を表すためにも、この方法を用いることができる（図10―18）。

他の種類の線により、同棲や試験結婚を含む婚約関係（betrothal）や妾関係（concubinage）を表すこともできる。たとえば、そのように定義すれば、図10―19はある夫婦の娘と、そうでなければ無関係の男との試験結婚を示す。養

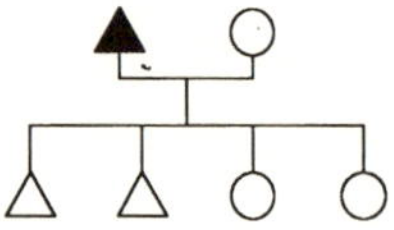

夫婦と息子２人と娘２人

図 10—12　夫婦関係と親子関係

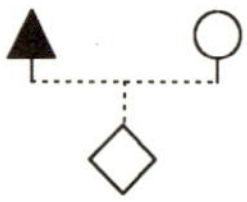

図 10—15　推定された夫婦・親子関係

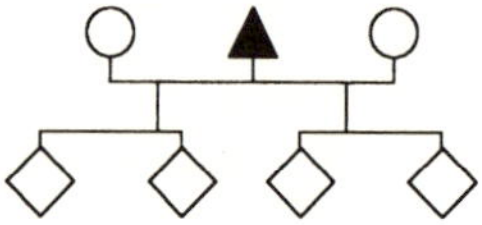

図 10—13　両親の片方のみを共有するキョウダイ関係

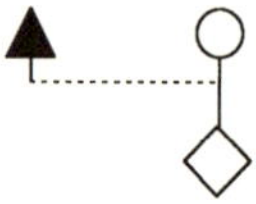

図 10—16　夫のみ推定の場合

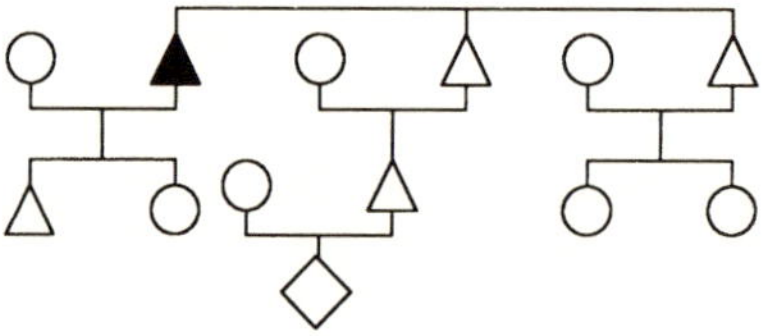

図 10—14　三人の既婚のキョウダイとその妻子

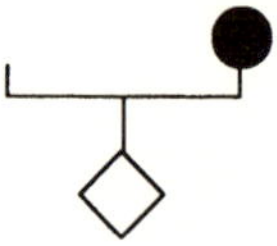

図 10—17　夫が不明の場合

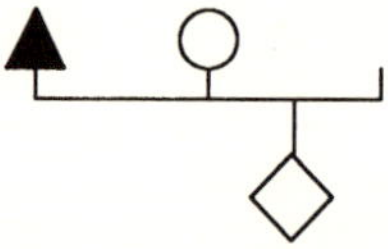

図 10—18　連れ子関係

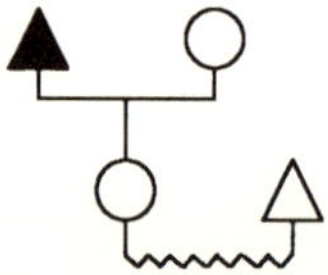

図 10—19　試験結婚

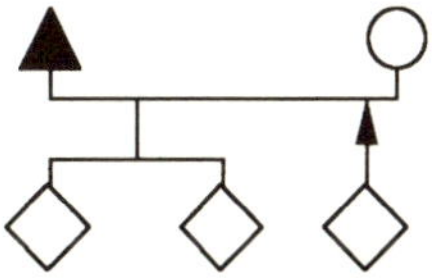

図10—20　養子関係

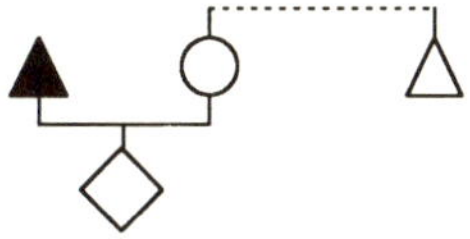

図10—22　特定できない水平方向の関係

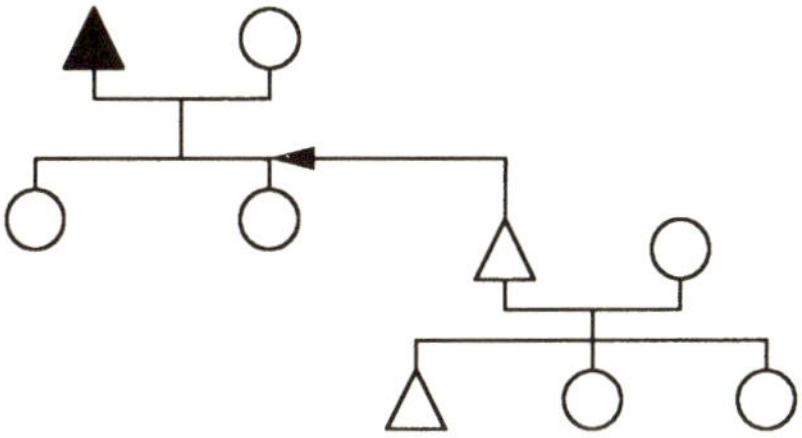

図10—21　妻子を有する養子

子関係は、親子結合の操作子に、養子から養親へ向けて矢印を付けることで示されることが多い。図10—20の夫婦には「自分たち自身の」子どもが二人あり、三人目を養子として取った。図10—21では、ある男の養子が自分自身の妻子を持っている。

点線や破線のキョウダイ結合によって、遠いが特定できない水平方向の関係を示すことがある。資料から二人は「親族関係がある」とわかるものの、どのような関係かは明らかでなく、何らかの種類のイトコ[*3]（cousins of some kind）であると考えられるような場合である。このようなケースは、残念ながらわれわれの扱うイギリスの住民台帳では非常に頻繁で、図10—22のような模式図で示される。この図は、一人の男と、その妻子、そして妻の関係不明の男性親族を表している。

＊3　英語では、イトコ、マタイトコ、マタマタイトコなどをすべて"cousin"と呼ぶ。区別の必要があるときは、それぞれ、"first cousin" "second cousin" "third cousin"と言う。

分析者は、読者に対して定義さえ示せば、点線、破線、破線と点線の混合、波線、二重線などを、いくらでも用いてよい。しかしながら、もっと扱いにくい図解法もある。記載されている家内集団には現存しない人物を媒介にした関係の表し方がそれである。

一つの例として、世帯台帳に「スザンナ・フェアフィールドと彼女の孫娘ジェイン」からなる一単位を見つけた場合を考えてみよう。孫娘は息子か娘の娘であろうし、そうした現地語の用語法のあいまいさには菱形を用いることで対処できるのだが、スザンナとジェインの関係の結節点にあたる子どもは世帯内にはいない。台帳が作成された時点で存在したままの世帯を完全に描写するのが模式図であるとすれば、結節点である子どもを入れるわけにはいかない。ここで二つの解決法が考えられよう。

一つの方法は、結節点として必要だが単位内にはいない要素を点線で描くことである。もう一つの方法は、破線で不明確であることを示すなど特別な結合の操作子を用いて、そこに適切な現地語（この例では「孫娘」）を書き込むことである。さらに端の方に、関係を定義する説明的模式図を書き加えることもできよう。二つの方法は図10―23に示されている。さらなる問題となるのは、点線で描かれた要素は、それ自体が転記者の選択の結果だというような場合である。資料には「イトコ」（cousin）としか書かれていない（父のキョウダイの子か、母のキョウダイの子か、あるいはイトコ、マタイトコ、マタマタイトコのいずれかさえ記されていない）場合には、選択をしなくてはならない。図10―24AおよびBは、可能性のほんの一部を示しただけである。これらはどちらも、長である男性が彼の母親と「イトコ」と同居していることを示している。イトコの性別が不明であることは菱形で示される。イトコの親である、長の親のキョウダイの性別が不明なことも、やはり菱形で示される。ただしこの場合は、親のキョウダイは世帯内にいないため、菱形は点線で描かれる。しかし分析者はさらに、イトコは長の父方の親族なのか母方の親族なのかという、二つの可能性のあいだで選択をしなければならない。図10―24Cは、この問題をすりぬけるため、キョウダイ結合の操作子を夫婦結合の操作子の真ん中からのばしたものである。イトコ、マタイトコなどの「遠さ」の程度や、非親族に対してこの語をあてる用法など、「イトコ」という語のさらなる解釈の可能性は、この図には含まれていない(3)（さらなる議論については図10―45～図10―48およびそれに関連する本文を参照）。

順序の操作子は、単に（同じように結合された人々のあいだでの）結合の順番を示すために使われる。たとえば、一人

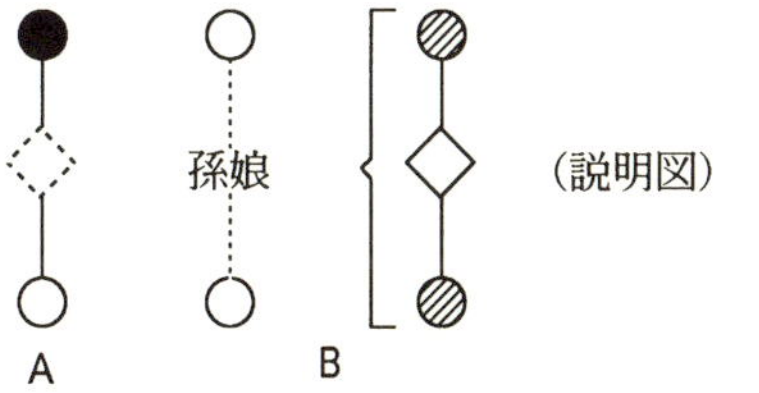

図 10—23　家内集団に現存しない者を媒介にする関係

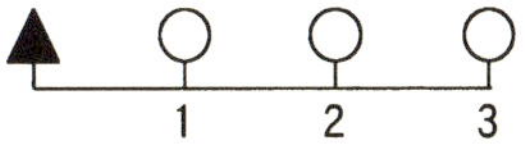

図 10—25　結合順の夫婦関係

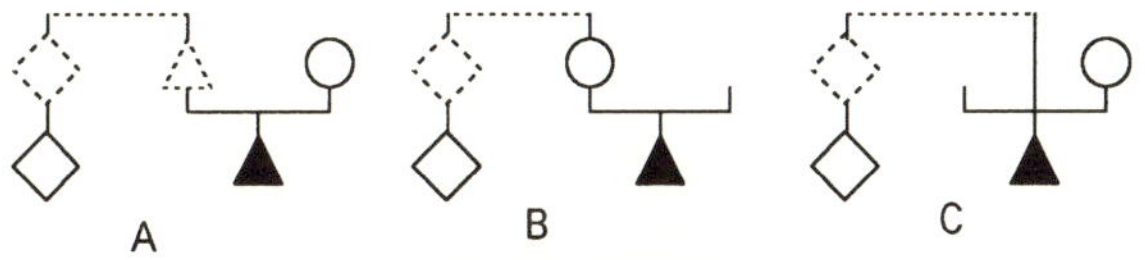

図 10—24　媒介者が不確定な場合

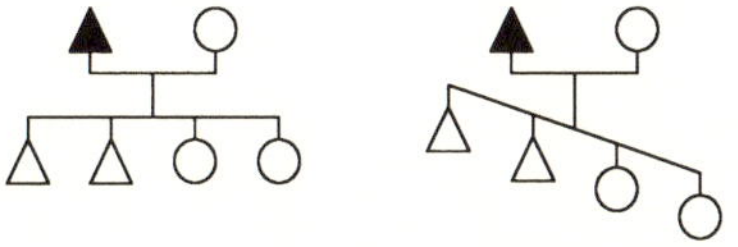

図 10—26　出生順のキョウダイ関係

の男の三人の妻は、図10—25のように示される。

これらの数字は要素や結合の下に記し、年齢のように上には書かないということに注意しよう。子どもたちの出生順位は、図に書き込まれた彼らの年齢や出生日からわかるが、これらの情報はときには欠けており、ただ出生順だけがわかるということもある。出生順位は、キョウダイ関係の結合の線を斜めにして、図の中で高い位置に描かれるキョウダイは低い位置の者たちより年長であるとしたり、出生順によって左から右へと並べたりすることにより示されることがある。したがって、分析者がどのように記号を定義したいかにより、子どもが四人いる家族について、図10—26のように、子どもの出生順について同じことを意味する三種類の模式図が描ける。たとえ複婚家族のたいへん複雑な出生順位であろうと、簡単に理解できる。たとえば、もしすべての夫婦結合から生まれたすべての子どもたちに総順位をつければ、どの婚姻結合から生まれた子どもたちにも順位がつけられる。図10―27では、一人の男と二人の妻から生まれた子どもたちに総順位がつけられており、それぞれの妻から生まれた子どもたちの順位も簡単にわかる。

否定の操作子としては、通常、要素や結合の操作子に斜線（slash）を引く。個人の死はその人を示す記号に斜線を引くことで示される。これは生き残った配偶者が、寡夫あるいは寡婦であることを示すのに都合がよい（図10―28）。結合の操作子も同様にして消されるが、この方法がもっともよく用いられるのは離婚の場合である。とはいえ、資料が求めるとき、親子関係のような他の結合の断絶を表すために用いない理由はないのだが。要素、結合・否定・順序の操作子を同時に用いて、より複雑な複婚や再婚を上手に表すことができる。図10―29では、一人の女が結婚し離婚し再婚し寡婦になり、もう一度再婚している。

必要とあれば、夫婦関係の開始と終了の日付を、ちょうど年齢と同じように、要素や操作子の上に書き込むことで、より正確を期すことができる。実際、出生日を年齢の代わりに用いることはある。図10―30は、現在の家内単位の状態ばかりでなく、それが誕生して以来の構成を、分析者が家族図からいかに読み取ることができるのかを表している。男は一九〇〇年に生まれ、一九二〇年に五歳若い女と初めて結婚し、二人目の妻（一九一〇年生れ）を一九三〇年に娶り、最初の妻を一九三二年に亡くし、三人目（一九一五年生れ）を一九三四年に娶り、一九三五年に二番目と離婚した。子どもたちは記された年に生れ、その後、結婚した者は記された年に結婚した。他の家内単位に婚出した者は、矢印をつけた夫婦結合で示されている。出生と死亡の日付は要素の上に書かれるのに、婚姻と離婚の日付は結合の操作子の上に書かれていることに留意されたい。

この種の模式図は、連続した家族台帳や出生・婚姻・死亡の記録を持っている研究者にたいへん有用である。もしこの種の模式図があまりに込み入っていると言うのであれば、家内単位が変化したつど新しい図を描くという方式

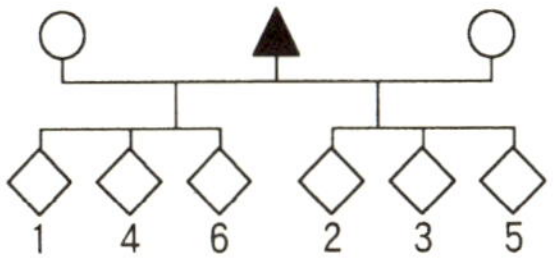

図 10—27　複婚家族の総出生順キョウダイ関係

図 10—28　寡婦

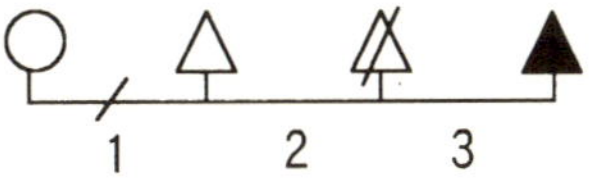

図 10—29　結婚・離婚・再婚・死別・再婚した女性

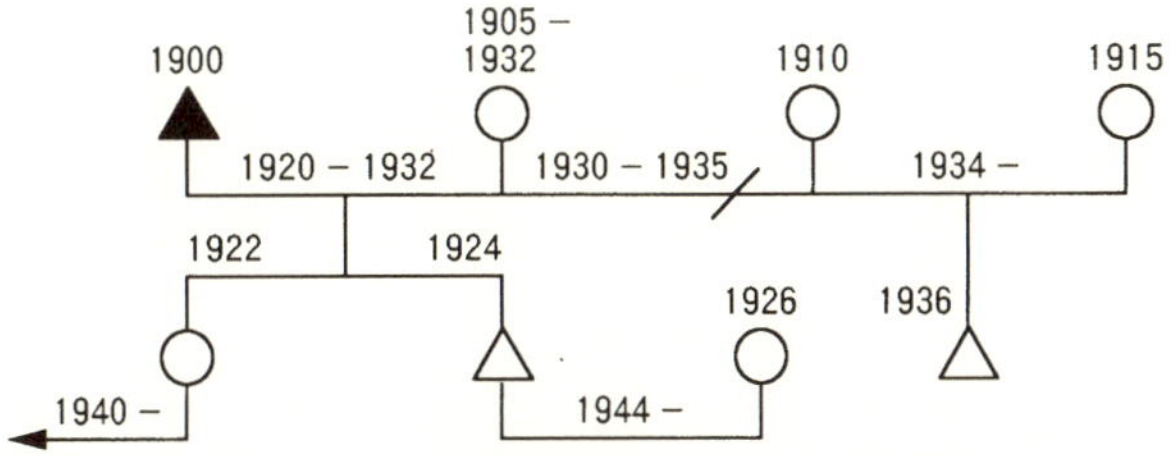

図 10—30　夫婦関係開始・終了年と生没年を付記

で、一連の図を描くこともできる。この二番目の方法では、いつの時点の単位の構成も一見して明らかである。さらに、異なる世帯を標準的な時間尺度で比較したい場合には、たとえば五年ごとなど一定の間隔で図を描くという方法もある。

包含の操作子は、同居家内集団（あるいはわれわれのような研究課題を追究する研究者が関心を持つ、どんな種類のより大きな集団でも）の範囲を示すために用いられる、各種の線である。筆者たちがもっとも経験のあるヨーロッパの資料では、多くの場合に共通して見られる三種類の単位に対して、三種類の線を用いるべきだと考えられる（図の中の**3a**などのコード番号については、後掲の**表10—1**を参照）。

最初の単位は、ふつう夫と妻と同居している未婚の子どもたちからなる夫婦家族単位（conjugal family unit, CFU）である。[*4] それは模式図の中では、丸みを帯びた線で囲まれる。CFUは、その夫婦から生れた少なくとも一人の未婚の子どもが親元に留まっているなら、一方の配偶者が死亡して他方が生き残ったり、一方が他方を遺棄したりした場合にも存在すると考える（図10—31）。気を付けねばならないが、この用法は、既婚の個人はみな二つの家族——親の「定位家族（family of orientation）」と子どもの「生殖家族（family of procreation）」——に同時所属しうるという、人類学者の観察に合うようにはできていない。また、複婚による複数のＣＦＵへの同時所属を図示するものでもない。これらの用法にしたがって作図すればたとえば図10—32のようになろうが、われわれの用法ではＣＦＵを囲む線は交差しない。

＊4　この定義に厳密に従うと、いったん結婚してから離別または死別した子どもとその親は「夫婦家族単位」を構成しない。そのような関係にある二人が世帯を作っている場合、世帯類型は「非家族世帯」となる。

世帯（household）は四角形で囲まれる。世帯は一つのＣＦＵ（あるいはそれ以下）しか含まないこともあるし、それ以上を含むこともある。ＣＦＵには属さないが世帯には属する親族が存在するとき、彼らは世帯の境界の中だがＣＦＵの境界の外側に描かれる。同様に、世帯の一部をなす奉公人（servant）は、四角い世帯の境界の中には含まれるが、その中のＣＦＵの曲線の境界からは排除される。ただし、奉公人が自分たち自身のＣＦＵを形成しているときにはその限りではないが、それはヨーロッパの資料では稀である。したがって、一つのＣＦＵとそれに付属した一人の奉公人からなる世帯は図10—33、複数の奉公人のいる世帯は図10—34、主人のＣＦＵからなる世帯と奉公人のＣＦＵは図10—35のように描かれる。世帯内の奉公人の存在は、解釈と分類にとって難しい問題を引き起こす。もし奉公人たちが未婚であるなら、その世帯は核（nuclear）であるという定義は揺るがない。彼らの存在は世帯を「拡大」（後述）させないから。既婚の奉公人が世帯内の二番目のＣＦＵを形作る場合が問題なのだが、われわれはその世帯を多核家族世帯（後述）に分類するより、一つ以上の単純家族世帯を含む共住集団（houseful）と考えることにする（図10—35、および共住集団の図解法についての下記の議論を参照。共住集団は平行線で囲まれる）。

拡大家族世帯（extended family household）とは、夫婦の子ども（あるいはその一方のみの、すなわち連れ子）以外の親族が

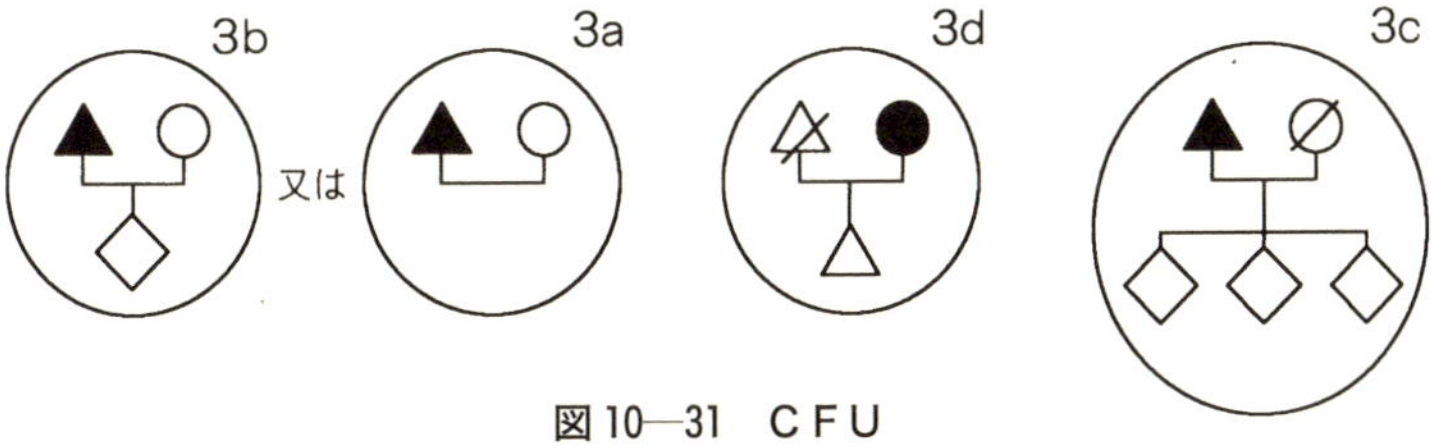

図 10—31　ＣＦＵ

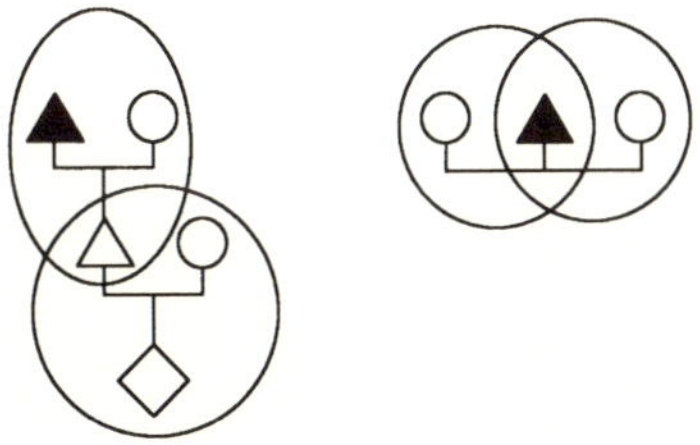

図 10—32　複数のＣＦＵへの同時所属

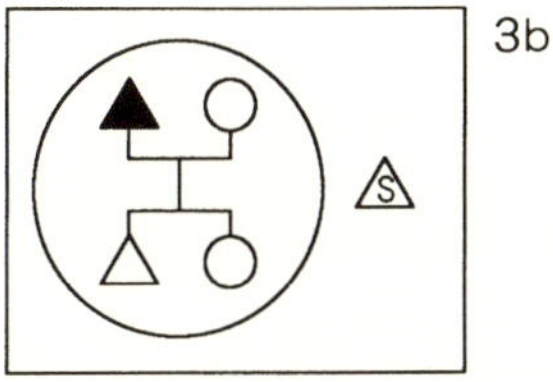

図 10—33　ＣＦＵと一人の奉公人からなる世帯

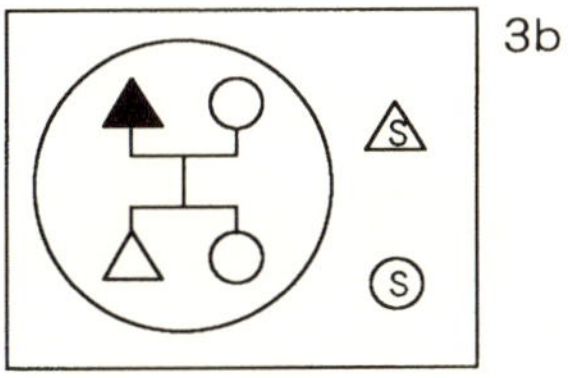

図 10—34　ＣＦＵと二人の奉公人からなる世帯

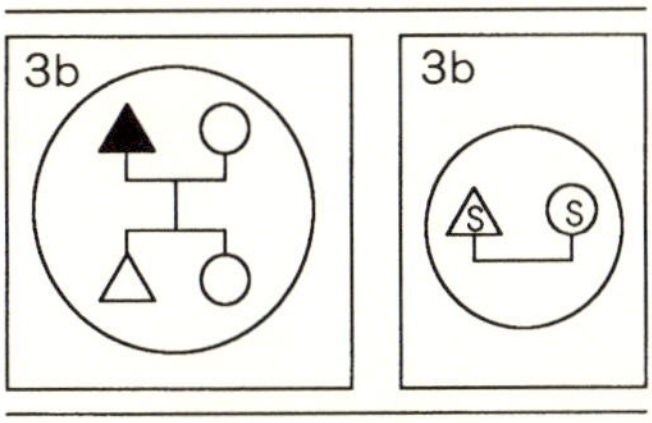

図 10—35　奉公人の単純家族世帯を含む共住集団

世帯内におり、この付け加わった親族が自分自身のCFUを作っていない場合を言う。そのような世帯は図10―36に示されている。図10―36Aでは、男とその妻子と妻の母が一緒に住んでいる。表10―1ではそのような世帯は4a、すなわち上向的拡大（extended upward）に分類される。もし寡婦になった母親が世帯主であると台帳に記載されていたり、あるいは筆頭におかれることでそう示唆されていたりしたら、それを示すため図10―36Bのように図は変わるが、それでも世帯は4a、上向的拡大のままである。そうであるのは、既に定義したことから明らかである。この世帯が下向的拡大（extended downward）と分類されるためには、寡婦はCFUの成員でなければならないが、そう認められるためには子どもが共に成員でなければならないので、娘を（寡婦自身のCFUに）含まなければいけない。しかし、娘は明らかに自分自身のCFUのメンバーであり、このシステムでは二重所属はできないので、それは不可能である。後で見るように、もしも未婚の二人目の娘がいれば、世帯はまったく異なる種類となる。

水平的拡大世帯（laterally extended household）とは、CFUの長と同じ世代の親族が付け加わったものである（4c）。下向的拡大とは下の世代の親族が付け加わったもので（4b）、さらに、上向的かつ下向的など、二方向あるいは三方向の拡大が組み合わさった世帯（4d）もある（図10―37はその例）。図10―37の二番目、三番目の模式図は、同じ種類の家族を描いたものだが、描き方が少々異なっている。一方は説明図と言語的記述を併用しており、他方は点線で形を描く方法を利用している。

三番目の、つまり（独居者および家族構造を作らず生活している人々を除いて）世帯の最後の一般的類型は、多核家族世帯（multiple family household）である。多核家族世帯とは、それぞれの成員がどのようなものであろうとも、親族関係で結ばれた（kinship-related）二つかそれ以上のCFUを含む世帯である。これから挙げる例を見ればよくわかる。世帯内のCFUには、参照の便宜のため番号を与える。図10―38A～Dがその例である。注意していただきたいが、これらの模式図のうち一つ（図10―38B）は既に挙げた例と同じく、寡婦となった母親を含む。ただし彼女にはここ

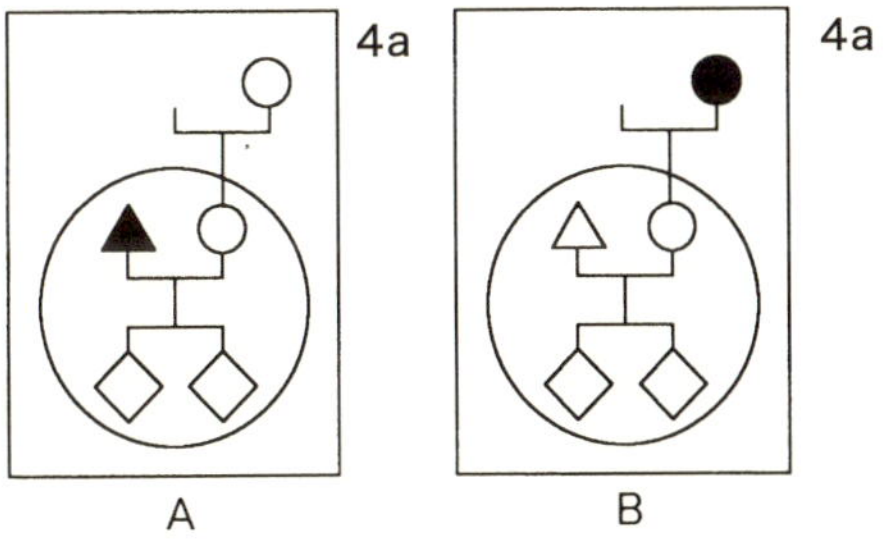

図 10—36　上向的拡大家族世帯

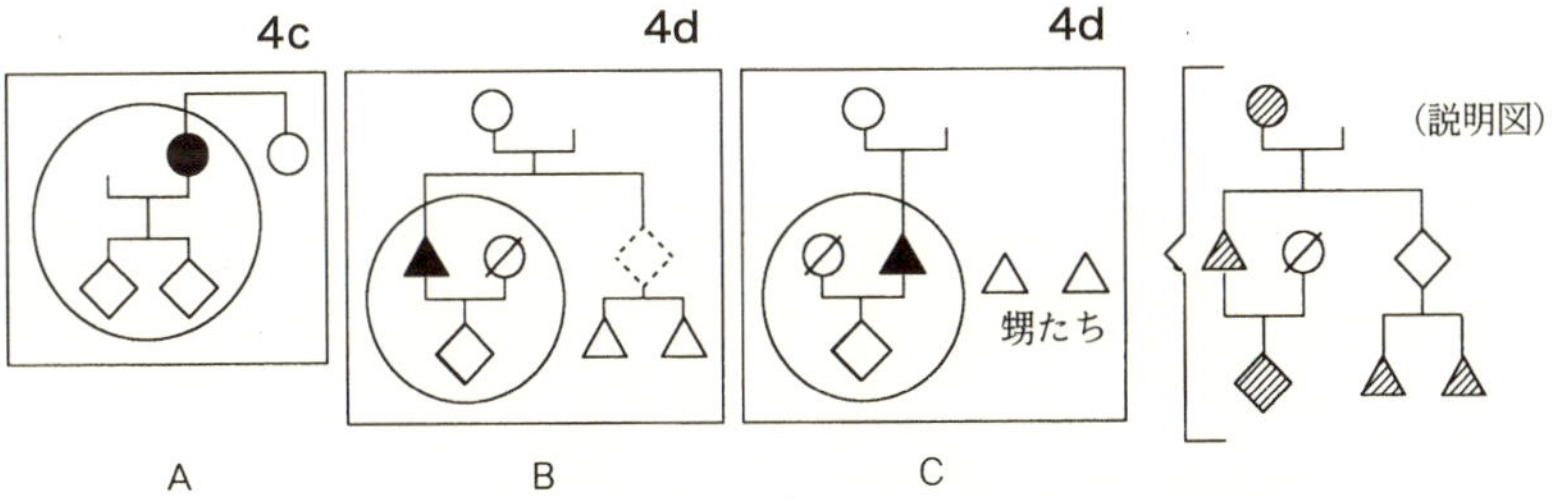

図 10—37　水平的および上向的かつ下向的拡大家族世帯

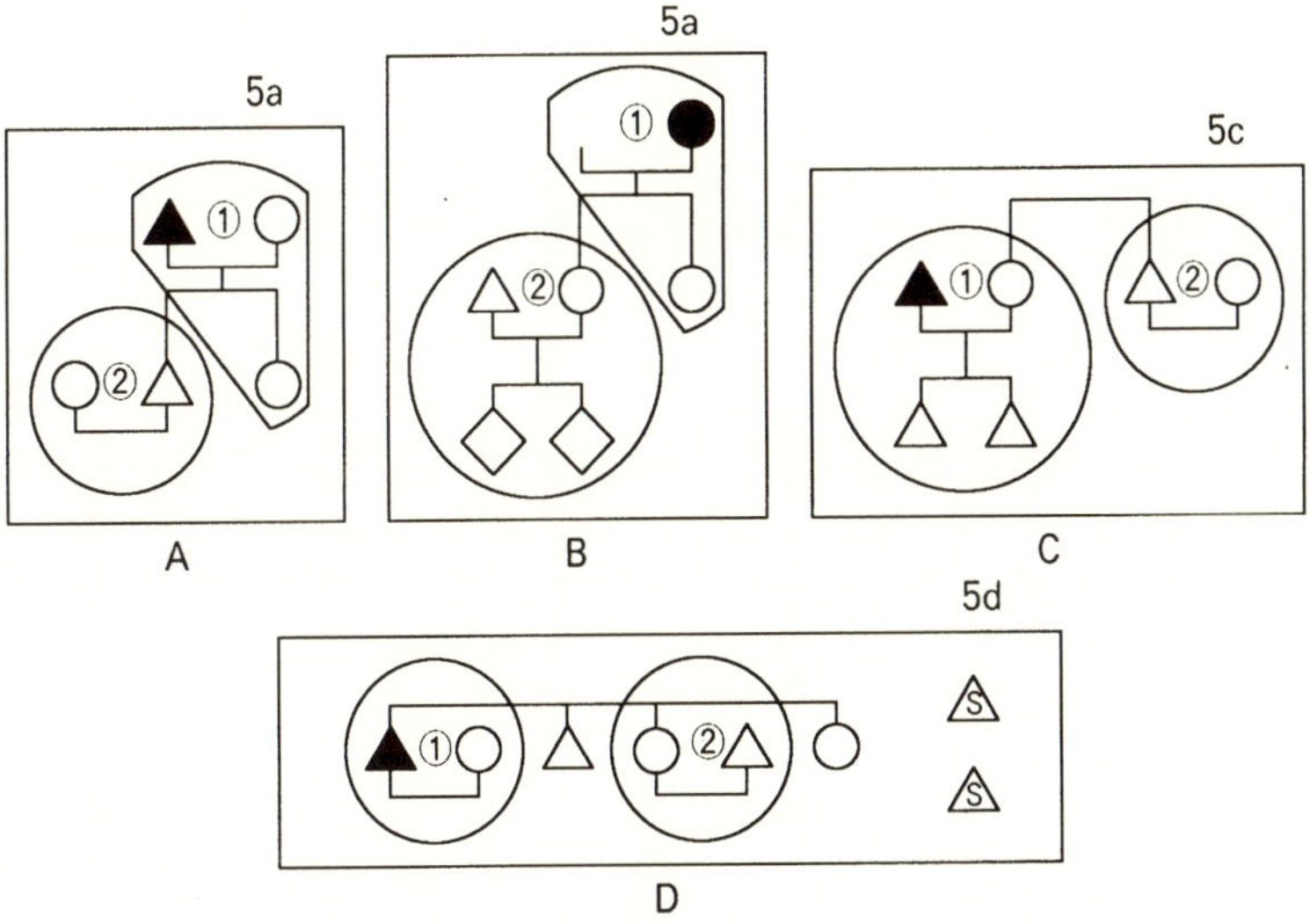

図 10—38　多核家族世帯

では二人の娘がいるので、世帯は異なる型、すなわち下向的に拡大した多核家族世帯に分類される。四番目の模式図（図10―38Ｄ）はキョウダイ家族（frérèche）である。この呼び方はフランス語の用法から借用した。

さて、世帯を描写するための道具立てはすべて揃った。過去から生き残った資料から発見された最も複雑な世帯の一つを、模式図に描いてみるのは興味深いことだろう（図10―39）。この家内集団は、これまで発見された同種のリストのうち最古のものである、ローマ領エジプトの紀元一七四年の住民台帳の断片から見つかった。表10―1にまとめた分類では、それは5d、すなわちキョウダイ家族に属する。しかしこれは近親相姦を伴うキョウダイ家族である。二番のCFUは、兄妹であると同時に夫婦であった男女と二人の子どもからなっている（Hombert and Preaux, 1952）。

少なくとも空間的配置ではもっと複雑な家内集団かもしれないのが、図10―40である。これはわれわれが共住集団（houseful）と呼ぶもので、二〇世紀初めのイギリスの下層階級地域で、大きな家屋（house）がいくつかの住居（dwellings）に分けられた様子を示している。共住集団を構成する一つの世帯（模式図のA）は男と妻、彼らの既婚の息子（世帯主）、その妻と息子、そして女性奉公人からなっている。第二の世帯Bは、寡婦と子ども二人（一人の息子と娘）と姉妹からなっている。さらにその世帯に関係はあるが（模式図では近くに描かれる）、含まれはしない形で、男性間借り人が一人いる。もしも、より明確に示す必要があれば、間借り人から適切な世帯Bに向けて矢印を描けばよい。

この共住集団を全体として表現するためには、多くの公的センサスの場合のように、登録された住民の居住の空間的構造が、資料に示されていなければならない。他のタイプの資料でそのような情報が得られることは非常に稀であり、空間の共有についての特別な指示が資料に明示されない限り、共住集団を示す線は世帯を示す線と同じ意味しか持たなくなってしまう。もし世帯と共住集団とが完全に重なるなら（あるいは情報の欠落によりそうみなすしかないなら）、共住集団を示す線は必要ない。共住集団内の世帯には、図に示したように、アルファベットでI

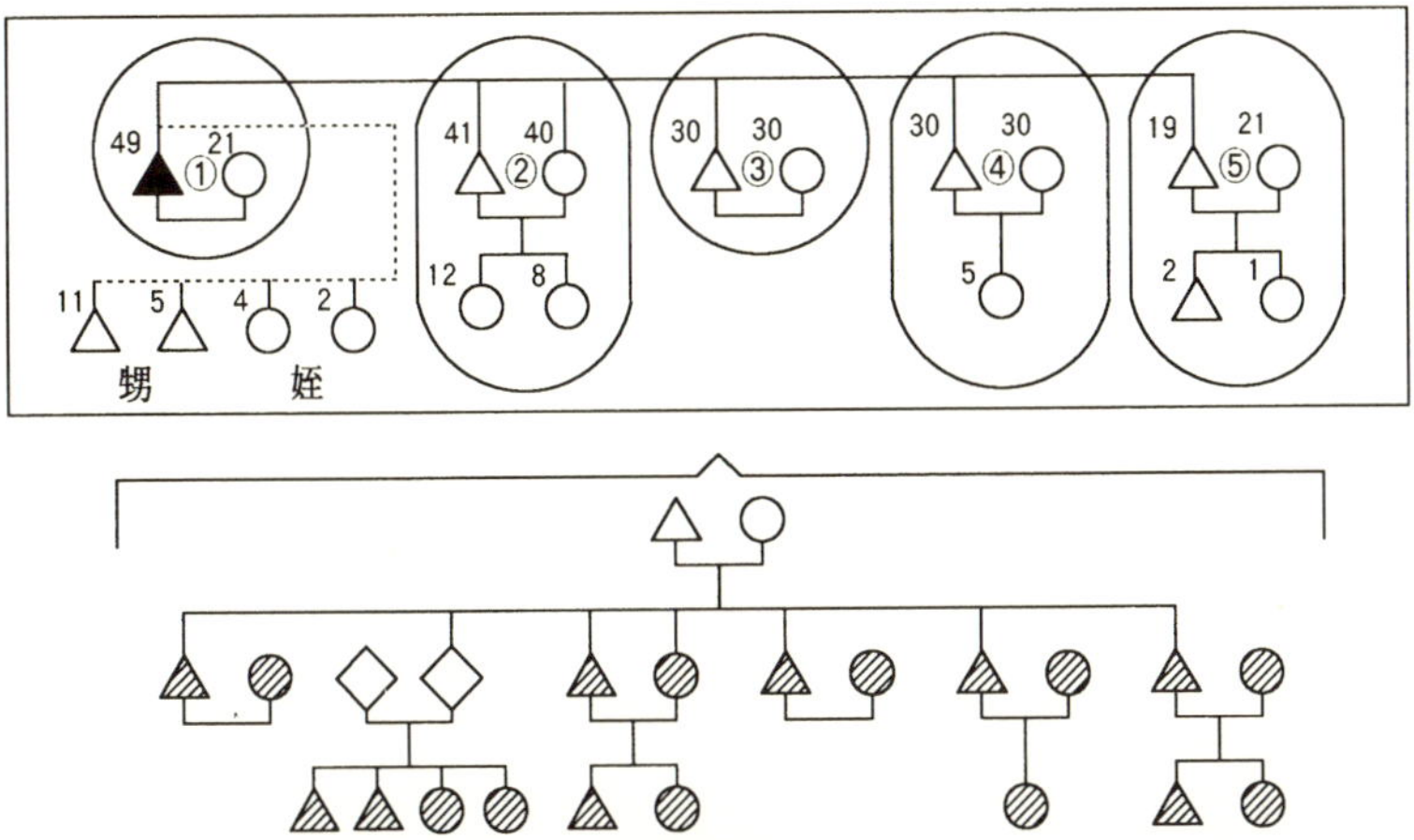

（説明図）

図 10—39　近親相姦を伴うキョウダイ家族

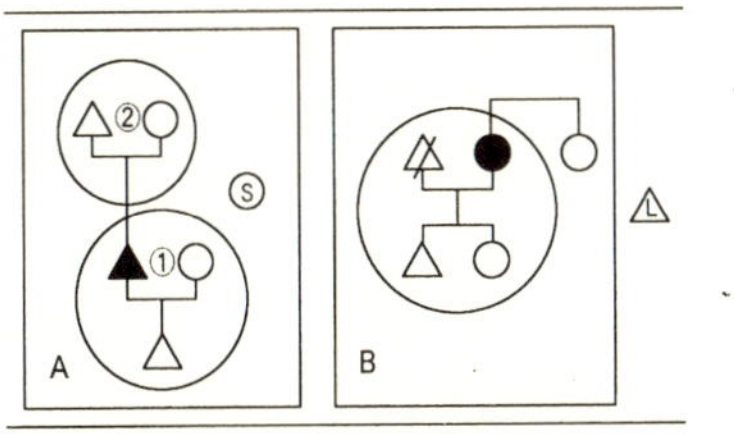

図 10—40　共住集団

D記号を付けるのが便利である。

模式図は、これまでたいてい避けられてきた、二つの重要な論点をわれわれに突きつける。一つは、CFU、世帯、共住集団のいずれであろうと、家内単位（domestic unit）間の親族関係について、二つ目は点線で示された人物とその解釈についてだが、最初の問題のほうが単純であろう。CFUを超えたキョウダイ関係や親子関係の結合を用いた拡大家族世帯や多核家族世帯の模式図が示すように、結合の操作子を、単位内ばかりでなく、単位間で用いていけないわけはない。たとえば図10—40では、第一の世帯の世帯主である既婚男性が、第二の世帯の寡婦の兄弟であるなら、共住集団内のふたつの世帯を結合の操作子で結ぶことができる。

より込み入った例は、親族関係で結ばれ、同じ農場を共有した、したがってわれわれのシステムでは同じ共住集団を構成する、セルビアの二つの複雑なザドルガであろう（図10―41）。それぞれがいくつかのCFUからなっており、それぞれが一つの（狭義に見た場合の）住居を占有し一つの食堂を持っているが、二つのザドルガは多くの目的のために同じ空間を用いている。家内集団のこうした組合せを表現するには、いくつかの方法がある。第一の方法は、図の中に単純な言語表現を用い、説明図を併用するというものである（図10―41A）。第二の方法では、資料に示された親族関係を表現するために、存在したはずの人を斜線で消した要素で表す（図10―41B）。図10―41Aの説明図は同居集団の図ではなく系図であり、住民台帳で実際に同居しているとされる人には影をつけて、そこにいない人から区別している。よくある人類学の親族図の上に包含の操作子を単に重ねたものにすぎないのだが、家内単位どうしも、模式図には描かれるが（たとえばこの場合はすでに死亡しているため）生活集団には含まれない人々も、互いにつながっているということが、この模式図システムの根本的特徴である。

共住集団よりも広い範囲の境界を示すため、二重線の包含の操作子を用いれば、さまざまなレベルの居住集団（CFU、世帯、共住集団）から村落内の地区にいたるまでについての、親族に基礎をおいたソシオグラムを描くことができる。セルビア農民家族の父系同族結合や、近東の村落や村落内地区における内婚傾向、半族組織をもつ村落における半族間の女性の交換なども、研究者が望むなら、このような方法で表現することができる。図10―42は、一四世紀マケドニアの世帯台帳に記された世帯結合の例である。

二番目の方法から生じる問題、すなわち家内単位には実在しないが、模式図では関係の結節点として必要なため描かれる人々の問題を、過小評価してはならない。その人々が死去しているなら、話は簡単である。すでに見たように、彼らを描き込み、否定の操作子で消せばよい。彼らが物理的に存在すると勘違いされることはめった

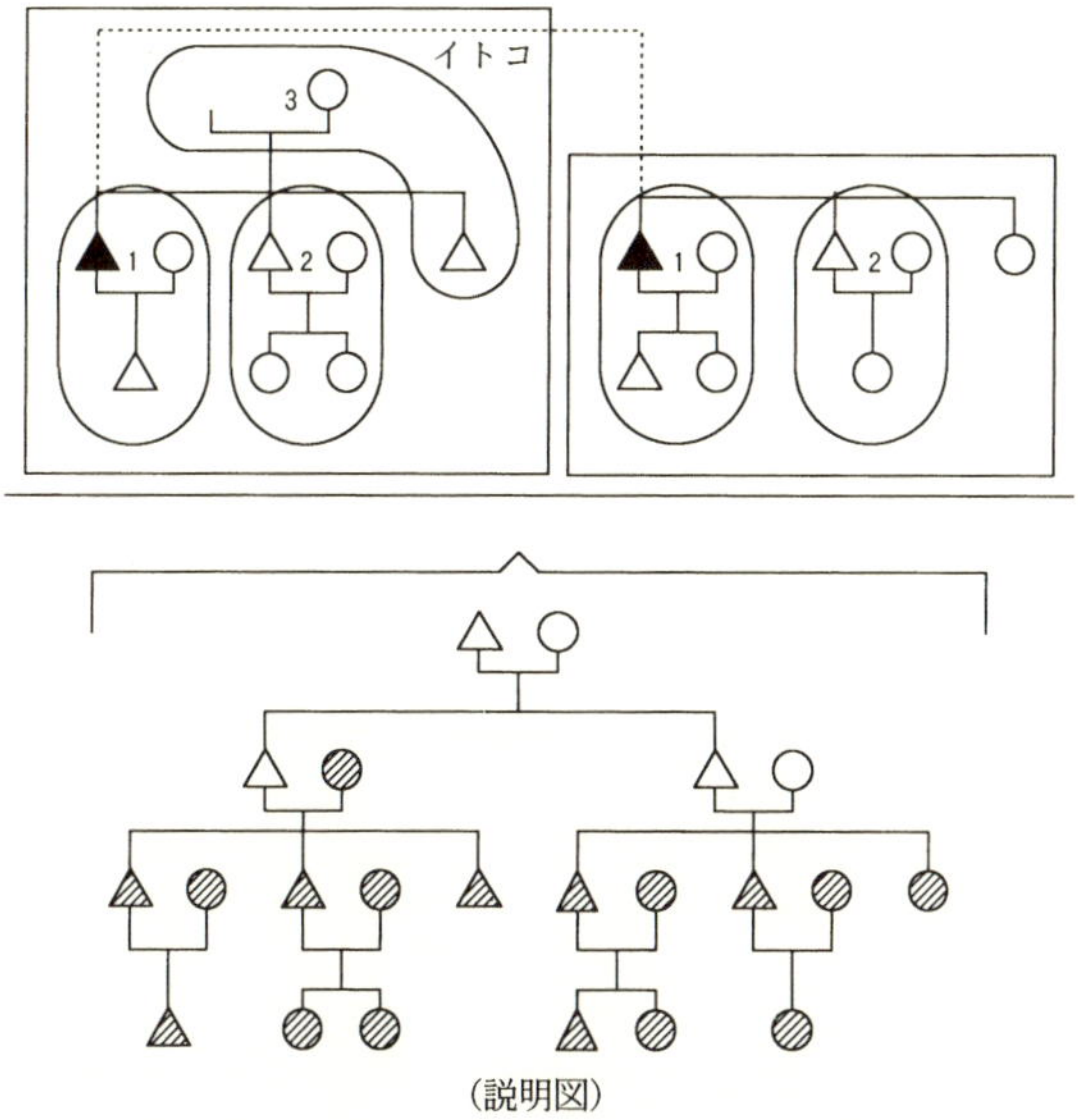

図 10—41 A　セルビアのザドルガ　第1の方法で図示

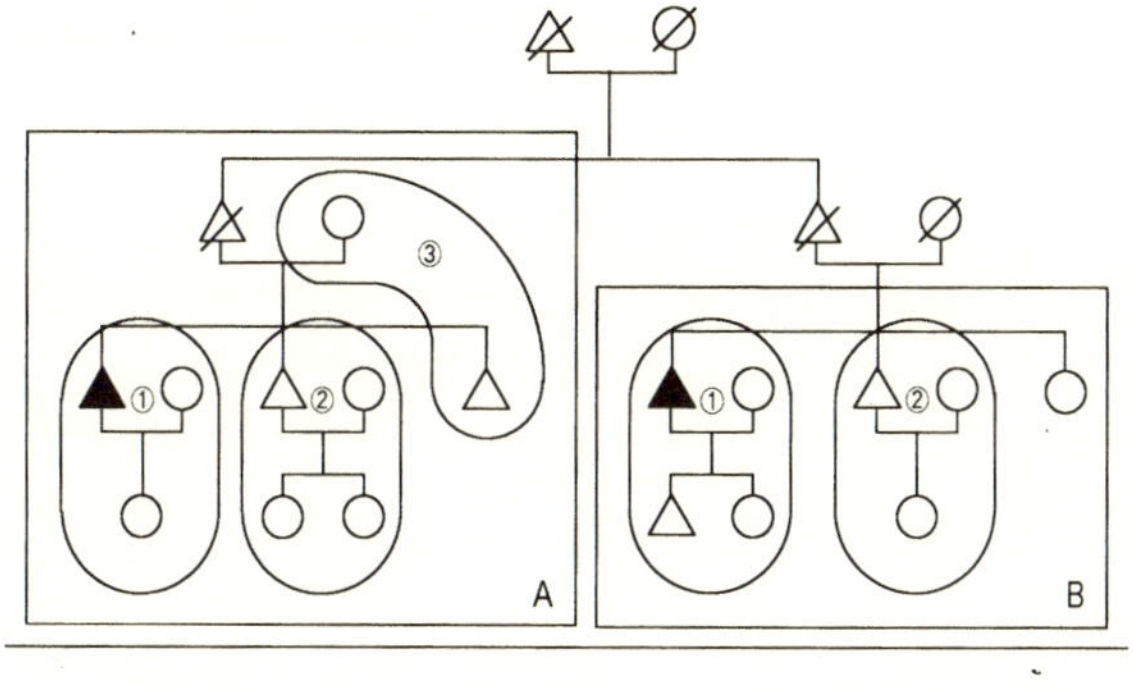

図 10—41 B　セルビアのザドルガ　第2の方法で図示

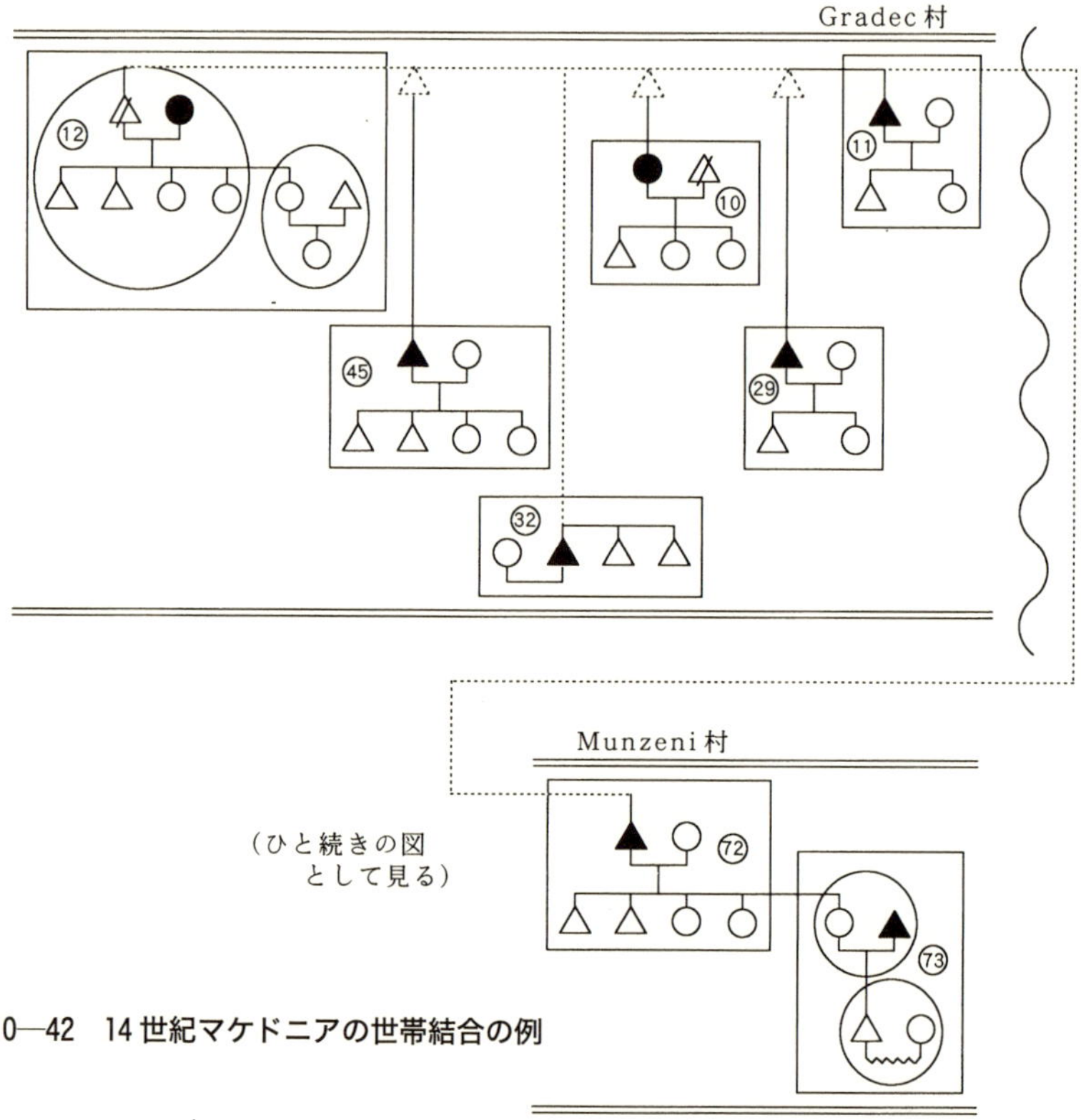

図10—42　14世紀マケドニアの世帯結合の例

にないだろう（社会学的には非常にリアルに存在するかもしれないが）。しかし点線で描かれた人物についてはどうだろう。一人の男とその妻、彼の甥を含む世帯を考えてみよう。英語では「甥」は兄弟か姉妹の子を指すが、資料によると兄弟も姉妹も世帯内にはいない。一つの描き方は**図10—43**のようなものである。夫方ではなく妻方の甥であった場合には、**図10—44**のようになる。もっと難しいのは、資料でその子どもがただ「甥」と記され、夫方か妻方かが特定されていない場合である。そのような場合は、**図10—45**のように、キョウダイ結合の操作子を、夫婦結合の操作子から伸ばせばよい（**図10—24C**も見よ）。これらのどの例でも、介在するキョウダイを菱形で描くことにより、その性別が不明であることを表し、菱形を点線

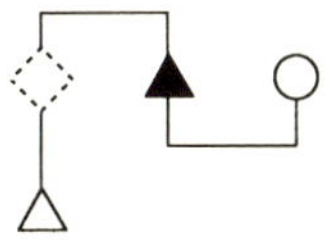

図10—43　夫方の甥

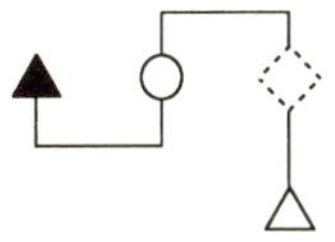

図10—44　妻方の甥

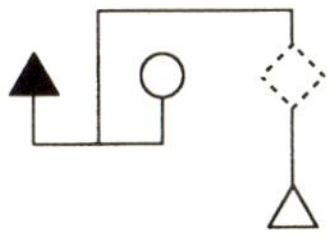

図10—45　夫方か妻方か特定されない甥

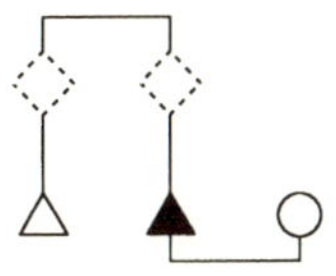

図10—46　男性の第一イトコ

で描くことにより、世帯内にいないことを表している。資料で不明なのは特定の結節点だけで、結合そのものは確かなので、結合の操作子は点線でない。英語のあいまいな用法では、甥は夫婦の一方の兄弟か姉妹の息子を指すが、そうした用例は実際、エリザベス朝時代、スチュアート朝時代の文献に非常によく見受けられる。図10—45はそうした関係を指し示すのに完璧に適切である。

結節点になる親族の性別と結合の正確な道筋の両方が、特定できない親族語彙が他にもある。それどころかその語彙が指し示す親族本人の性別が特定できない場合さえある。（再び英語を例にとるが）英語の「イトコ（cousin）」という言葉は、この種のあいまいさのよい例である。男とその妻、その男の第一イトコ（first cousin）（と資料に記されている）が含まれる集団を考えてみよう。そしてそのイトコの名はジェイコブであるとしよう。不在の親とそのキョウダイを、どちらも性別不明とする図10—46を描くことができる。結合は明らかだが、介在する親族の性別はそうでない。ジェイコブが第一イトコ（すなわち日本語の狭義のイトコ）であることは、模式図が一つ上の世代までしか戻らないことで明示される。ジェイコブが男性として描かれているのは、名前から許されるだろう。もしも資料にその男のイトコがいるとしか書かれておらず、第一イ

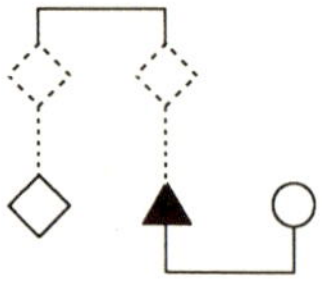

図10―47　遠さと性別不明のイトコ

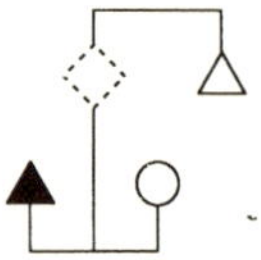

図10―49　夫婦いずれかのオジ

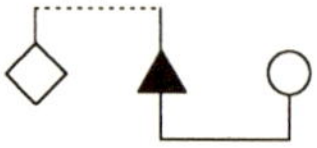

図10―48　遠さと性別不明のイトコ

トコであるかどうかの言明もなく、名前で性別を示唆することもないとしたら、図10―47のように描ける。ここでは親子結合が点線で示されているが、これは何世代戻ればよいかがわからないからである。最終的にキョウダイ結合があることは依然として確かではあるのだが。イトコはここでは菱形で示される。もちろん、この図のかわりに、完全に不特定の結合の操作子を用い、「イトコ」という言葉をそれに書き添えることもできる（図10―48）。

　同様の問題はオジとオバについても起こる。またしても分析者は、資料にあることは何でも使えるが、そこにないことは何も使えない。たとえば、「ジョン、彼の妻のメアリー、オジのジョージ」は図10―49となる。資料は誰のオジか教えてはくれないが、夫婦のいずれか一方のオジであるのはほぼ確かなので、必要な親子結合は夫婦結合から上に伸ばす。介在する親の性別は不明で、しかも不在なので、点線の菱形で表す。オジは親の兄弟であり、ジョージという名も男名前なので、実線のキョウダイ結合と三角形で示す。「ジョージおじさん」は実は全く親族ではないというケースも考えられる（ちょうどエリザベス朝の用法では、ジェイコブは親族としての「イトコ」ではないかもしれないのと同様に）。しかしこうした難しさは、個々の分析者が自分の資料に即して解決すべきである。こうした問題は、例え模式図を用いない場合でも分析者を悩ますのだから。

ある種の資料は、（もっと風変わりな言語の場合は言うに及ばず）たとえヨーロッパの言語で書かれた場合でも、分析者にひどい工夫を強いる。初期ラテン語のテクストからとった、一人の男と彼の nepos と記されたもう一人からなる家内集団を模式図にする問題を考えてみよう。nepos とは、この言語において、孫と甥の両方を意味する親族語彙である。(4) この例には、初期ラテン語の親族語彙体系の意味論に対応した、新しい結合の操作子を発明することで対処できるだろう（**図10—50**）（「クロウ」型、「オマハ」型と人類学者の呼ぶ、他の「歪んだ」用語法も同様である）。

図 10—50　nepos（孫か甥）

世帯の分類

家内集団とその構成要素の定義

われわれはすでに模式図を描くなかで、さまざまなタイプの同居家内集団に言及してきたし、それらについて特定の名称を用いたりもしてきた。しかし、これらの正確な定義を追求するには、さらにここから歩を進めなければならないし、決定した名称を正当化する説明を与えることも必要である。

まずは、時代を超えた概念と意味の一貫性という点から出発しなければならない。これまでの議論の中ではしばしば、過去の人々はわれわれと同じように考えて家内集団の境界を定めたと仮定せざるをえなかった。しかしこう考えるのはもうやめよう。過去の人々が、比較のために必要な、非常に注意深い術語学的弁別を行っていたなどと考えてはいけない。多くの言語において、よほど厳密な文脈で用いられた場合を除いては、「家族(family)」という語はあいまいに使われる。その語は、英語では、夫婦の周辺に集まった同居者たちからなる限定された集団、もしくは個人から広がる双系的に認知された親族ネットワークを意味する。分化した系族(lineage)組織をもつ社会の場合、「家族」はその組織のあらゆるレベルに幾重にも重なった社会的単位を指すので、その正確な意味は文脈の中でしかわからない。文化的にはよく似ているセルビアとモンテネグロには、「家族」を意味する二つの単語がある。一方は核となる狭い範囲の単位を指し、他方はそれを含む父系系族を指す。ただし二つの地域で、どちらの語がどちらの意味を持つかは、正確に反対なのである。歴史的家族組織についてのわれわれのデータの多くを産するイングランドでは、われわれが関心を寄せる社会的単位を表す単語は、あるときには家族(family)、あるときには世帯(household)であり、またあるときには家族と世帯でさえある。したがってわれわれは、比較に用いられるだけの一貫性があり、しかし予期せざる変種を包含できるだけの柔軟さを持った、なんらかの標準化された用語法の枠組を提示する必要がある。

単純家族(simple family)という表現は、ここでは、核家族(nuclear family)、基本家族(elementary family)、夫婦家族(conjugal family)、あるいは生物学的家族(biological family)などと、さまざまな呼び方をされてきたものを意味するように用いられる。これは、夫婦、夫婦と子ども(たち)、あるいは寡婦(夫)と子ども(たち)からなる。この概念は、すでに見たように、家族集団の構造素としての夫婦結合のことであり、家族集団がそれと認知されるためには、そうした結合により結ばれた、あるいはそうした結合から直接的に生じる、少なくとも二人の個人が同居している必要がある。夫婦家族単位(conjugal family unit 略してCFU)という用語は、すでに述べたように、そのように構成されたすべてのありうる集団(男に去られた女性と子どもたち、夫婦別居社会における女性と子どもたち、合法的な理由で夫が不在のパターンを含む)を記述するためのものである。

この用法に従うと、一人暮らしの人は、それ以前の他者との関係如何を問わず、夫婦家族単位を形成しない。二つ以上の夫婦結合が介在する遠縁の人々もまた、CFUを構成しない。それゆえ、寡婦とその子どもは夫婦家族単位を形成するけれど、一人暮らしの寡婦や、孫と同居する寡婦はしない。一つの夫婦家族単位がそれ自身で生計を立てているとき、それは世帯であり、そのような同居家内集団を単純家族世帯（simple family household）と呼ぶ。しかし、単純家族世帯の成員は夫婦家族単位の成員に限られるわけではない。奉公人（servant）も、CFUの成員ではなくとも、世帯の成員ではありうるからである。また、世帯はCFUより小さい範囲でも成り立つ。一人暮らしの寡婦がその例である。

われわれの命名法での拡大家族世帯（extended family household）とは、子ども以外の、また自分自身がCFUを構成しない、一人かそれ以上の親族が加わった、一つのCFUからなる。その集団全体が生計の単位をなしており、奉公人はいる場合もいない場合もある。すなわち、追加された人（々）の存在以外は、単純家族世帯と変わらない。追加された同居親族が〔CFUの〕長[*5]（head）より上の世代であるなら、すなわち既婚の長の父、配偶者の母、寡婦（夫）である長のオバなどであるなら、拡大は上向的（upwards）であると言う。同様に、（父親も母親もいない）孫の存在は、イングランドの世帯の二〇世紀に至るまでの特徴であるが、下向的拡大（downward extension）をもたらす。〔CFUの〕長あるいはその配偶者の兄弟、姉妹、「イトコ」は、水平的拡大（lateral extension）をもたらす。同時に垂直方向および水平方向に拡大しているケースもある。姪がいてその親がいない場合や、オジがいてそのキョウダイすなわち長の親がいない場合などである。これらの例のいずれもが、長の世代から一世代上か下へ、同時に直系（immediate lineal）のラインから一つ傍系（collateral）へ、拡大している。このように、CFUの親族（kin）か姻族（affine）で、CFUの一部やそのCFUから直接に生じるのではない者の存在は、どんなに遠縁であろうとも拡大をもたらす。しかしながら、奉公人の親族や、CFUに属さない世帯員の親族は、拡大をもたらさない。

特に重要なのは、この類型の家内集団を指すために、「拡大家族世帯」という語群をひとまとまりのものとして用いることである。なぜなら「拡大家族（extended family）」という用語には、同居かどうかに関わらず、ある人と習慣的に交際しているすべての親類を含むという、別の重要な用法があるのだから。

＊5　［ＣＦＵの］という部分は訳者が補った。拡大家族世帯の拡大方向を決める準拠点になるheadを「世帯主」と訳すと、図10―36についての解説やこのすぐ後に続く多核家族世帯についての解説と矛盾するので、図10―37Ａの４ｃについての解説で明記しているように「ＣＦＵの長」と理解するべきだからである。

一つの夫婦単位に直接に含まれるような親族関係にある人々のいかなる組合せも夫婦家族単位を構成するという原則は、一見矛盾とも見える分類を帰結する。たとえば、既婚の長の孫と姪の存在は彼自身のＣＦＵを拡大させるが、彼の父と兄弟の存在は拡大ではなく多数性（multiplicity）をもたらす。なぜなら、長の父と兄弟は彼ら自身のＣＦＵを形成するからである。

多数性は、一つの世帯に二つのＣＦＵが含まれるときに生ずる。多核家族世帯（multiple family household）とは、親族関係ないしは婚姻により連結された二つかそれ以上のＣＦＵを包含する家内集団のすべての形態を含む。個々の単位は単純（simple）であっても拡大していても（extended）よく、垂直方向、水平方向、あるいはその両方の、いずれの形で配列されてもよい。世帯全体の世帯主を含まない構成単位を副次的単位（secondary unit）と呼ぶが、副次的単位の夫婦結合が世帯主の世代より上の世代に属するときは、副次的単位の配列は上向的（up）であると言う。たとえば世帯主の父親と母親が同居しているような場合である。そのような副次的単位には、世帯主の親の世帯主以外の子、すなわち世帯主の未婚のキョウダイも含まれる。そのような人々が存在すれば、世帯主の父母の一方が死亡しても、この副次的単位は存在し続ける。世帯主の既婚の息子が、その妻子と共に世帯主と同居している場合には、副次的単位は下向的（down）に配置されている。キョウダイの存在と死別についての含意は前出の例と同様である。特に気を付けなければならないのは、副次的ＣＦＵが上向的か下向的かを決めるのは、世帯主の世代的位置だということである。この原則は拡大家族世帯を分類する場合には適用されない。拡大家族世帯では、上の世代の者が同居しているなら拡大は上向的であり、彼が世帯主であろうとなかろうと関係ない。しかし多核家族世帯の場合には、上向的か下向的かを区別する鍵は、まさにその点にあるのである。

　これは夫婦結合がＣＦＵのみならず世帯の中心でもあるという、われわれの原則からの論理的延長である。家内集団がただ一つの夫婦結合しか持たない場合には、たとえ世帯主自身が自分の世帯の上向的拡大の位置に置かれようとも（日本では彼を下向的拡大の位置に置くことさえあろう）、拡大はその結合から測られる。しかしながら、二つの夫婦結合が存在する場合には、すなわち多核家族世帯の場合には、世帯主の位置が配置の基準になるので、世帯主のＣＦＵが上、下、横などに位置づけられることはありえない。こうした位置に置かれるのは副次的ＣＦＵだけである。筆頭者が常に世帯主だと仮定するのではなく、あらゆる世帯の本当の世帯主は誰なのかについて知ることが出来るなら、また本当の（あるいは名目上の）世帯主が引退していたかどうかについての一貫した情報を得ることが出来るなら、われわれはこのルールを修正し、この重要な点について四型と五型を一貫させることができるだろう。しかし歴史的データに取り組んでいる現状はそんなものではないし、そうなることを期待することも出来まい(5)。

　西洋のデータでは、多核家族世帯に二つ以上の副次的夫婦家族単位が含まれることはめったにないが、この原則は数がいくつになろうと適用されることを意図している。同様に、連続した三世代すべてにＣＦＵが存在することもデータには稀だが、上下両方向に拡大した多核家族世帯を予め排除するような術語は用いない。特に異を唱えるような指示がない限り、奉公人は、単純、拡大、多核家族世帯のいずれであれ、世帯全体に付属するものとし、その中の特定の夫婦家族単位に属するとはみなさない。

既婚の兄弟あるいは姉妹が一緒に住んでいる場合のように、多核家族世帯の夫婦家族単位がすべて水平的に並んでいる場合、そのような住み方を社会人類学者は、しばしば「キョウダイ合同家族（fraternal joint family）」と呼ぶ。「合同家族（joint family）」という表現は、しかし、ここで定義した多核家族世帯のすべての形態を指すくらい広く用いられることもある。われわれの分類システムでは、水平的に結合した家族単位は、二つの類型に分けられる。もし一緒に住んでいる既婚キョウダイの寡婦（夫）となった親が同居している場合と、していない場合である。もし一人の親が同居していて未婚の子どももはいないなら、親自身のＣＦＵ（われわれの定義における）はもはや跡を留めないということになり、世帯主以外の既婚キョウダイの副次的ＣＦＵは水平的に配置されていると言う。寡婦（夫）であろうと親と未婚の子どもがいればもう一つのＣＦＵを形成するので、そのような子どもたちが同居していれば、その世帯は水平的かつ上向的に拡大した多核家族世帯ということになる。水平的に配置された多核家族世帯の第二のタイプとは、前の世代が一人も存在せず、同居の既婚のキョウダイが、既に世帯内には存在しないＣＦＵへの親子関係のみによって結ばれている場合である。こうした居住形態をキョウダイ家族（frérèche）と呼ぶ。(6)

分類表

以下に示した分類表（**表10―1**）では、上で区別してきた類型（category）と下位分類（class）とを図式的なかたちで示してある。(7) 奉公人と各種の同居人の有無の、分類表での表示法については議論はなかろう。しかし最初の二つと最後の一つの類型についてはコメントを加えねばなるまい。また末尾に付した特別な組合せについての説明も必要であろう。識別可能な家族構造を持たない単位からなる、家内集団のさまざまな構成部分の境界について、われわれは既に概観してきた（1型、2型および6型）。6型は他のいかなる類型にも分類することのできない残余カテゴリーである。住民台帳でひとまとめにされた名前どうしの間に、一見して明らかな親族関係や奉公関係がな

表 10—1　世帯の構成(分類表例)

類型（Categories）	下位分類（Classes）	総計（%）	同居人あり				
			奉公人 *4	訪問者	下宿人	間借人	その他
1　独居世帯 (Solitaries)	1a　寡婦・寡夫						
	1b　未婚あるいは婚姻経験不明						
2　非家族世帯 (No family)	2a　キョウダイの同居						
	2b　その他の親族の同居						
	2c　親族関係が明かでない者の同居 *1						
3　単純家族世帯 (Simple family households)	3a　夫婦のみ						
	3b　夫婦と子ども（達）						
	3c　寡夫と子ども（達）						
	3d　寡婦と子ども（達）						
4　拡大家族世帯 (Extended family households)	4a　上向的拡大						
	4b　下向的拡大						
	4c　水平的拡大						
	4d　4a-4c の組合せ						
5　多核家族世帯 (Multiple family households)	5a　上向的副次核を含む						
	5b　下向的副次核を含む						
	5c　水平的副次核を含						
	5d　キョウダイ家族（Frérèches）						
	5e　その他の多核家族世帯						
6　分類不能世帯（Incompletely classifiable households）*1,2,3							
総　計		100%	%	%	%	%	%

キョウダイ家族　(Frérèches)		直系家族（Stem families）	
5d		5a	
5d+5c		5b	
5d+5c+4c		5b+5a	
5d+5c+4c+2a		5b+5a+4a+2a	
最大総計	%	最大総計	%

＊1：どんな家族構造にあたるのか決めるには親族関係についての情報が不十分で，また施設でもないような世帯は，6型に分類する。しかし親族関係があるという証拠が無く，施設である可能性も無い場合は2c に分類する。世帯主への続柄が不明の個人は「その他の同居人」とする。

＊2：6型に属する世帯が5パーセントを超えた場合，その型の総計をそれらが属すかもしれない他の型に加えて，代替的比率を計算する。

＊3：研究者の裁量により，さらに下位分類を加えることもできる。例えば，3a1：結婚して間が無いのでまだ子どものいない既婚夫婦，3a2：結婚後長い年月が経過して全ての子どもたちが離家した既婚夫婦，4b1：親のいない孫との同居による下向的拡大，4b2：親のいない甥もしくは姪との同居による下向的拡大。

＊4：既婚奉公人やその子どもについてもここに記す(同居人の家族や集団は表に記さない)。異なる種類の同居非親族の組合せ(奉公人と訪問者の両方を含む世帯など)の分類は，この表に示せない。

い場合は2c――関係が明らかでない人々――に分類される。親族関係のある人々が同居しているらしいのだが、それ以上の情報がないので分類できないというケースもなかにはある。こうした集団は下宿屋(lodging house)や施設ではないかと思われることがしばしばあり、そう推定するのに十分な理由がある場合には、分類からはずさねばならない。

表10―1の末尾に付されたキョウダイ家族についての四行は、その制度の四つの異なった定義にあてはまる世帯の割合を再構成するためのものである。直系家族(stem family)の名のもとに、長いこと人類学者が議論してきた重要な形態についても、われわれの分類表の末尾にいくつかの分類法を示してある。最初のケース(5a)は既婚の跡取りが既に世帯主の地位に就いている世帯で、先行世代のCFUが上向的な副次的位置におかれている。二番目(5b)では跡取りはまだ下向的な副次的位置にいる。さらなる二つの定義は、配偶者と死別した父親か母親が跡取りとその家族と同居している場合(4a)と、かつて存在したか目指された直系家族の残滓としてキョウダイが同居している場合(2a)を含めるために用意した。家内集団としての直系家族の重要性は、一九世紀半ばにF・ル・プレ(Frédéric Le Play)が最初に論じて以来、強調されすぎてきたとわれわれは考えるが、われわれの分類法はその存在を発見するためのあらゆる可能性を尽くしていなければならない(Laslett, 1972, section 1-3)。

直系家族を例にとると、この分類表が家内集団の時間的変化をいかによくとらえうるかがわかる。5bの世帯は、世帯主が跡取りに跡を譲り、かつ隠居した夫婦が同居し続けると、5aに転換する。もしも既婚の跡取りがまだ継承しないうちに両親の一方が亡くなれば、他の子どもがいて生き残った親のCFUの構造が維持されない限り、その世帯は多核家族世帯から拡大家族世帯へと移行し、4aに分類される。生き残った親が最終的にいなくなり、新しい世帯主のもとに同居していたキョウダイが離家すれば、世帯の構造は単純になる。そして、次の跡取りが結婚してまた5bに転換し、直系家族の性格を再び表に出すまで、この世帯は3型であり続ける。

この例から明らかなように、いかなる形態の世帯についても（当該社会におけるシンボルの目録の一項目として文化的に存在するばかりではなく）、いわば人口学的に存在することを例証するためには、そしてそれがあるコミュニティ、国、あるいは文化圏の時代を超えた特徴であると言うためには、長い期間にわたる何回もの観察が必要である。この点から言うと歴史社会学者は、水平線の上に見える一連の光の点滅から灯台を見つけようとする船乗りに似ている。船乗りは、長い点灯と短い点灯の全周期を記録したと確信できるまでに、数分待たねばならないだろう（分は灯台の点滅の最大周期である）。同様に歴史社会学者は、ある現象が起こるより短い時間でその現象を観察することはできないという、物理学者以外にも通用する格言を尊重しなければならない。過去のある社会に支配的な家族形態を発見した、と自信を持って言うためには、発達周期（developmental cycle）の何回分かにあたる期間にわたって、世帯を観察しなければならない。発達周期は数秒や数分ではなく数十年単位の問題なので、歴史の観察者は、一世代に一回しか咲かせない花により植物の分類を行おうとする植物学者と比べられたほうがよいかもしれない。しかし、たとえたった一年分の住民のリストからでも、支配的な家族類を知るために役立つヒントは得られる。特にもし人々の年齢が記されているなら、動態的変化についての極めて大きな示唆が与えられる。

　発達周期の問題を視野に入れようとすれば、分類法や用語法の提案は、ここで用いたシステムより、もっとずっと複雑なものにならざるを得ない。実際には、家内集団の発達と変化の過程の再現は、資料自身の制約のため容易ではない。とはいえ、ヨーロッパにおいてさえ、住民リストが繰り返し作成され、研究者の利用に供されるまで無事に伝わるということもある。特にイタリアではそうである。そのような場合には、家族とコミュニティの構造の連続した絵をつなげて、過程と変化を描き出すことができる。日本の場合には、このようなことは、徳川時代についてほとんど普通の事態であるらしい[8]。しかしそのようなリストの集合はスチール写真の集合であって、映画フィルムのように用いることはできない。われわれが採用した枠組の弱点がまさに、われわれの分析の企ての一般的な限界を暴き出したのである。われわれはたいていの場合、過程をあたかも静止した状態であったかのように論じることを強いられる（Hammel, 1972）。

結び

結びにあたって、比較の目を持った柔軟なアプローチが、家族と世帯の歴史を理解するための成功の鍵であることを強調しておこう。特定のいかなる状況、いかなる文書、いかなる文化でも、正確に記述しようとすれば、特殊性にのめりこむこと、すなわち言語学的かつ文化的特異性を含めて観察している現象の細部に出来る限り迫ることを、研究者に要求する。しかし、時間的進行と情況とをより広い視野に立って理解しようとすれば、それと矛盾する要求、すなわち一般化への要求が突きつけられる。単純で理解しやすく、しかし組み合わせれば非常に複雑な家内集団も記述できると思われる定義と装置を、われわれは提案してきた。加えてわれわれは、それなしには持て余してしまうような大量の情報を歴史家が扱えるようにするための、またその手続きを用いることによってある種の一般化が自然に生じるような、データのコード化と描写の方法も提案してきた。しかし、理解してほしいのは、原資料の利用法についてのこれらの提案によって、われわれは理論を押し付けるつもりはないということである。われわれはある理論を他より気に入っているかもしれないが、代替案も示してきており、適切な場面ではいつでもそれらを用いればよい。これらの、あるいはこれらと似た、しっかり定義された記述の装置を注意深く使用することにより、異なる資料の研究に携わっている研究者間の対話を容易にすることができるだろう。人類の最も古く最も広く分布した社会的単位についてのわれわれの認識が、これまでずっと囚われてきた自文化中心主義（ethnocentricity）を脱け出すため、これは是非とも必要なことである。

原注

（1）Laslett and Wall, 1972 所収の Goody, 1972 は、「家族の進化」という表題のもとにこの問題を論じている。

（2）これは、ケンブリッジ・グループのように、この種の記録を収集する責任を担っている研究集団では特に言えることである。主に手作業による住民台帳分析のための原則については、Laslett, 1966a 参照。転記のしかたと教区簿冊などの補助的記録からの補い方については、特に p. 185 を見よ。

（3）一つの関係を確定するためだけに大変な手間をかける研究者は少ないし、説明的模式図は実際的には家内集団の構造が複雑かつあいまいなときにしか用いられない。説明はしばしば推測であるし、あるいは当てずっぽうと言ったほうがよい場合さえある。にもかかわらず、模式図への翻訳可能性を完全なものにするためには、家内集団模式図のどこに単語が登場しようとも、その意味は付せられた説明的模式図で明らかにできなければいけない。そのような規則は、データに出てくるあらゆる関係について、研究者に判断を付けさせるという、さらなる利点も持つ。

（4）「ひとにたよって生活する人（dependent）」という意味もあるが、複雑になりすぎるのでここでは無視する。

（5）フランスの高名な人口学者Ｌ・アンリ（Louis Henry）は、名前のブロックの最初に登場する寡夫（婦）世帯主を、世帯主としてばかりでなく、彼あるいは彼女自身が核（noyau, すなわちＣＦＵ）を構成すると見なすことによって、この問題を解決した。Henry, 1967, p. 44 参照。この解決法はいろいろな意味で魅力的だが、われわれの目的のためには採用できない。この方法は、ＣＦＵを構成するには、夫婦結合に含まれた、あるいはそこから生じた少なくとも二人の人が存在しなくてはならないとする原則、および夫婦結合が参照点とされるという原則と、一貫性を持たない。しかも、世帯主と見なす基準として、リストの最初に登場することにより重きをおく。このような異なる定義を用いることにより、次のような帰結が生じる。アンリのシステムは、寡夫（婦）となった人が第一番目にリストされた世帯を、すべて **"ménages multiples"**（多核世帯）とする。われわれなら、寡夫（婦）が未婚の子どもを伴っていないかぎり、同じ世帯を拡大家族世帯に数えるところだが。しかし、もしも寡夫（婦）がブロックの後ろの方に登場するなら、アンリもこれを「核」とは見なさない。これは、夫婦結合が参照点であるという原則に反し、筆頭に登場することを世帯主の判断基準として強調しすぎるばかりか、寡夫（婦）に始まる世帯を多核家族世帯にしてしまう。

（6）「キョウダイ家族」は、いずれの性別であろうと、二人かそれ以上の既婚のキョウダイとその配偶者からなる。これに未婚のキョウダイがいてもいなくてもよい。もしもキョウダイのうち一人だけが既婚であるなら、その世帯は**４ｃ**に分類され、もし誰も既婚でないなら**２ａ**に分類される（**表10—1**参照）。

（7）データに年齢が記載されているなら、**表10—1**は補遺として「世帯主の年齢別世帯構成」と題した表を付し、ライフサイクルによる違いを示すことができる。

（8）徳川日本についての資料の驚くべき豊かさについては、Laslett and Wall, 1972 に収められた速水融による第一八章を特に参照してほしい。イタリアの資料は最近知られるようになったばかりだが、フィレンツェのイタリア人口史研究グループが一九七一年に明らかにしたところでは、非常に多くのイタリアの教区、特にフィレンツェ周辺の地域では、記名式の人口登録が毎年あるいは定期的に連続して行われたという。これらは「魂の記録（Libri status animarum）」のかたちをとり、フィレンツェ近郊のフィエーゾレ（Fiesole）の一教区では、一六三八年、一六八三年、一七〇七―三六年、一七四六年、一七五一―一九〇六年のリストが存在することがわかっている。D' Andrea, 1971 参照。この種の連続したリストはイングランドではまだ発見されていないが、一八世紀後期の北フランスについては一つあり、一九六八年に *Annales de démographie historique* に掲載された Laslett, 1968 で言及されている。

第一一章

ヨーロッパ型結婚形態の起源

ジョン・ヘイナル
（木下太志訳）

ヨーロッパの大部分において、一九四〇年までの少なくとも二世紀の間存在した結婚形態は、私たちが知る限り、世界的に見れば特異なものか、あるいは特異なものに近かった。

この「ヨーロッパ型結婚形態」の顕著な特徴は、①高い結婚年齢と②高い生涯未婚者の割合にある。「ヨーロッパ型結婚形態」は、ヨーロッパ東部および南東部を除いた全ヨーロッパ地域に広く浸透していた。

一九〇〇年のデータについて考えてみよう。[1] ヨーロッパ型結婚形態は、だいたいレニングラード〔執筆当時そう呼ばれていた〕とトリエステを結ぶ線の西側の全ヨーロッパ[2]に行き渡っていた。ヨーロッパ型結婚形態は、下の**表11—2**で見ることができるだろう。他方、私たちが想像した線の東側にある国々については**表11—3**に示してある。**表11—3**にあるスラブ諸国のいくつかは、ヨーロッパ型とは非常に異なる結婚形態を持っている。これを東ヨーロッパ型と呼ぶことにする。

表11—2と**表11—3**のデータはあまりに多いので、消化するのが困難である。まずは、手始めとして、いくつかの国を選び比較するのがよいであろう。それでは、ベルギーとブルガリア、スウェーデンとセルビアを比較してみよう（**表11—1**、選択の方法として、頭韻による方法は他の方法と同じように適切であろう）。

表11—1は、その後の表のように、各年齢階層における未婚者の割合を示している。四五—四九歳時点における未婚者の割合は、生涯未婚率とみなしてよい。ヨーロッパ型結婚形態（ベルギー、スウェーデン）においては、相当な割合の人口が生涯未婚のまま過ごすが、東ヨーロッパにおいては、それはほとんど存在しない。二〇—二四歳および二五—二九歳における未婚者の割合は、結婚年齢を示すものでもある。ここでも対比は明瞭である。たとえば、ヨーロッパ型においては、二〇—二四歳までには、女子の約四分の三が未婚であるのに対し、東ヨーロッパにおいては、この年齢階層で四分の三が既に結婚している。

表11—1　1900年のヨーロッパ諸国：各年齢における未婚者の割合(%)
(各年齢階層の総人口に対する未婚者の割合)

国　　名	男　　子			女　　子		
	20-24歳	25-29歳	45-49歳	20-24歳	25-29歳	45-49歳
ベルギー	85	50	16	71	41	17
スウェーデン	92	61	13	80	52	19
ブルガリア	58	23	3	24	3	1
セルビア	50	18	3	16	2	1

注：上の数値は1900年現在の領土に関するものである。出典については　表11-2を参照。

表11—2　1900年頃のヨーロッパ(東欧を除外)における各年齢階層の総人口に対する未婚者の割合

国　名	男　　子			女　　子		
	20-24歳	25-29歳	45-49歳	20-24歳	25-29歳	45-49歳
オーストリア	93	51	11	66	38	13
ベルギー	85	50	16	71	41	17
デンマーク	88	50	9	75	42	13
フィンランド	84	51	14	68	40	15
フランス	90	48	11	58	30	12
ドイツ	91	48	9	71	34	10
イギリス	83	47	12	73	42	15
オランダ	89	53	13	79	44	14
アイスランド	92	66	19	81	56	29
アイルランド	96	78	20	86	59	17
イタリー	86	46	11	60	30	11
ノルウェー	86	54	11	77	48	18
ポルトガル	84	48	13	69	41	20
スペイン	81 (a)	34 (b)	6 (c)	55 (a)	26 (b)	10 (c)
スウェーデン	92	61	13	80	52	19
スイス	91	58	16	78	45	17

注：政治的境界は1900年現在のものである。データは，アイルランド(1891)とイタリア(1911)を除いて，1900年と1901年の国勢調査に基づいている。(時期を違えることによって，スペインを除いて，年齢階層を統一することができた。)スペインの年齢階層：(a)21-25, (b)26-30, (c)46-50。
出典：Institut International de Statistique, 1916.

表11—3　1900年頃の東ヨーロッパにおける各年齢階層の総人口に対する未婚者の割合(%)

		男子			女子		
国名	国勢調査年	20-24歳	25-29歳	45-49歳	20-24歳	25-29歳	45-49歳
ギリシャ	1907	82	47	9	44	13	4
ハンガリー	1900	81	31	5	36	15	4
ルーマニア	1899	67	21	5	20	8	3
ボスニア	1910	63 (a)	31 (b)	6 (c)	23 (a)	6 (b)	2 (c)
ブルガリア	1900	58	23	3	24	3	1
U.S.S.R (d)	1926	51	18	3	28	9	4
セルビア	1900	50	18	3	16	2	1

注:年齢階層:(a)21-24, (b)25-30, (c)41-50。(d)ヨーロッパに属するロシアについては，1897年の未婚者の割合は以下のようであった。20-29歳の男子42％，40-49歳の男子4％，20-29歳の女子23％，40-49歳の女子5％。
出典:**表11—2**と同じ。ただし，U.S.S.R.の数値はUnited Nations, Demographic Yearbook (1949-50), Tab. 6より引用。

表11—2と**表11—3**をよく見れば、この対比が国を任意に選んだことによるものではないということが読者にも分かってもらえるだろう。**表11—2**は、ヨーロッパ型の特徴を持つすべて[3]の国をアルファベット順に並べたものである。説明のためには、このどれをとっても、同じ結果が得られるだろう。西ヨーロッパ諸国の結婚形態の間には多少の差はあるものの、これらとボスニア、ブルガリア、ルーマニア、ロシアあるいはセルビア（**表11—3**）の東ヨーロッパ型との間には明らかな違いがある。この違いは、特に女子について明瞭である。たとえば、東ヨーロッパでは、五〇歳の誕生日における未婚女性は五％未満であるのに対し、**表11—2**では、この値は一〇％を下回るどころか、しばしば一五％を超えている。ヨーロッパ型結婚形態では、成人女性が未婚でいることは、通常の（おそらく少数例ではあったにしても）選択枝として受け入れられていたが、一方、東ヨーロッパにおいては、この選択枝はほとんど存在しなかった。

当然、**表11—2**のヨーロッパ型と東ヨーロッパ型の中間に位置するものがあるという可能性はある。たとえば、ハンガリーやギリシャがそうである[4]（**表11—3**の国々は、第一欄の数値が大きいものから小さいものへという順番に並べてある）。主権を持った国の境界内に住む人口集団は、必ずしも同質なものではない。ヨーロッパ型が広く浸透している地域の縁部におけるバリエーションを追跡する研究は価値のあるものとなろう。ヨーロッパ型から遊離していく状況は、東へ行けばみつかるだけではなく、ヨーロッパ南端部でも見ることができる。南イタリアやスペインは、ベルギーやスウェーデンよりもギリシャに似ている。

一九〇〇年以降どのくらい最近になれば、違った図式になるのであろうか。だいたい一九四〇年までは、ヨーロッパ型と東ヨーロッパ型の基本的な対立の図式は変わっていない。実際のところ、第一次世界大戦（一九一四―一八）後になされた国境の変更によって、統計資料の存在する領土の構成が根本的に変わった東ヨーロッパを除いて、各国の数値の大部分は本質的には変化しなかった。(5) また、「近代化」が伝統的な型からヨーロッパ型へという変化をもたらした地域もいくつかあったかもしれない。

この二〇年間に、ヨーロッパの多くの地域が、結婚慣習の革命とでも呼べるようなものを経験した。すなわち、以前より多くの人々が早く結婚するようになった。現在の未婚者の割合は、特に三〇歳未満の女子では、**表11―2**に示された「ヨーロッパ型」に比べかなり低い。生涯未婚者の割合も非常に低くなり、いくつかの国では、近い将来、五％を下回るかもしれない。このように「ヨーロッパ型結婚形態」は消えつつある。

ヨーロッパ以外の国々は、東ヨーロッパ的か、あるいはその傾向を強く持つ。少なくとも女子については、未婚者の割合は、ヨーロッパの標準からすると非常に低い（男子については、この対比はそれほど鮮明ではない）。そこでは、生涯を未婚で過ごす女性はほとんど存在せず（二％以下というのも稀ではない）、男子が未婚でいることもあまりない。**表11―4**には、アフリカとアジアの比較的大きな国々の統計が示されている。これらの国々は、だいたい東から西へという順に並べてある。

表11―4に示されている数値とヨーロッパのデータを比較することには、かなりの困難がつきまとう。まず第一

表11―4　アフリカとアジアにおける各年齢階層の総人口に対する未婚者の割合(%)

		男子			女子		
国名	国勢調査年	20-24歳	25-29歳	45-49歳	20-24歳	25-29歳	45-49歳
モロッコ(回教徒)	1952	59	28	2	8	3	2
アルジェリア(回教徒)	1948	68	37	5	23	10	2
チュニジア(原住民)	1946	73	46	6	29	13	4
エジプト	1947	69	35	2	20	6	1
モザンビーク	1950	54	23	4	17	7	3
モーリシャス	1952	72	33	5	24	12	5
トルコ	1935	49	24	3	18	6	3
インド(パキスタンを含む)	1931	35	14	4	5	2	1
セイロン	1946	80	43	8	29	12	3
タイ	1947	61	24	4	30	11	3
マレー(マレー人)	1947	54	17	2	7	2	1
台湾	1930	52	19	4	15	4	0
韓国	1930	33	10	1	2	1	0
日本	1920	71	26	2	31	9	2

注:数値のすべては,それぞれに記した年の領土に関するものである。
出典:モロッコ,アルジェリア,チュニジア,モーリシャスについては,United Nations, Demographic Yearbook (1955),Tab. 12. モザンビーク,ポルトガルについては,Provincia de Moçambique, Repartiçao Tecnica de Estatistica, 1955, Tab. 2, pp. 12-13. 他の国については,Hajnal, 1953b.

に、制度としての家族は、異なった文化では異なった特徴を持つため、統計目的で、すべての国の「結婚」を斉一的に定義することは不可能である。明らかに、「結婚」という言葉は、年少者の結婚が伝統的に行われているインドのような国では、ヨーロッパの場合とは異なった意味を持つ。本論文では、結婚とは各々の社会において子どもを産み育てることが適当であると考えられている結び付き(union)へ入ることを意味することとしておこう。

ところが、不幸なことに、多くの地域で結婚に関して利用できるデータは、上述の定義には程遠いかもしれない。明らかに、インドでは第二の結婚儀式(gauna,「儀礼」)を終え、その後床入りした人たちのみを既婚と分類したデータを収集するのが好ましい。この後でさえも、いくつかの地域では、少女が数カ月あるいは一年以上も両親の家へ帰るため、彼女が恒久的に夫と同居するのはずいぶん後のようである。インドのデータは、本研究の目的のためには、そのように分類されるべきではない人々を既婚と数えてしまっている。これと反対のこともしばしば起こる。公式の統計は、法律上あるいは教会によって、そうであると宣言されたものだけを既婚と数えることが時々ある。ところが、一般民衆は、当局が課する必要手続きなど気にも止めない。いくつかの社会では、結婚の結びつきとして、いくつかの認められた形があり、そのうちのいくつかだけが国勢調査で結婚と分類されている。国勢調査の分類における正確な意図は、国勢調査を計画した人々にとっても明瞭でないことがしばしばある。ヨーロッパの分類をただ単に模倣したものが、それを適用できない社会で使用されていることがしばしばある。集計の際、その定義がどのように使われたのかということについてはさらに疑わしい。

多くの場合（たとえばセイロンや日本）、もし真実が分かっていたなら、疑いもなく、未婚率は表11—4に示してあるものよりもさらに低くなるであろう。ラテンアメリカとカリブ海諸国における配偶関係の多くは使いものにならない。なぜなら、私たちの定義では、既婚と分類されるべき多くの人々が、統計上は未婚となっているからである。[6] 公式の国勢調査から得られたものよりも正確でかつ意味のあるデータが、特殊な研究（たとえば、L・ブレイスウェイト（Lloyd Braithwaite）とG・ロバーツ（George Roberts）によるトリニダードの調査）に見い出されることがある。出産子ども数に関する情報も、いくつかの国では、結婚形態がヨーロッパ型ではあり得ないことを示すために使うことができる。[7]

前述したことに加えて困難なことは、多くの国々で年齢構成に関する統計が非常に不正確であるということである。さらに悪いことには、年齢と配偶関係に関する情報は、互いに独立であるとは限らないということである。すなわち、国勢調査担当者が、もしある女性が既婚ならある年齢より上に扱い、逆に未婚なら若く扱う傾向があるかもしれないからである。

表11－4にある数値の大部分は、近年のものであるという事実もまた忘れてはならない。本章の目的のためには、非ヨーロッパ諸国の社会構造がヨーロッパから持ち込まれた影響によって変化し始める前の様子を示した数値のほうが正しい比較ができるであろう。もし歴史をさらに遡れる統計資料（たとえば一九世紀の日本）があれば、いくつかの場合においては、この比較は表11－4に示されたものよりもさらに鮮明になるであろう。

小規模な前識字社会に関しての調査は行われていないようである。しかし、これらの社会の多くでは、女子の結婚は早婚で皆婚であったようである。

データについて考え得る修正がすべてなされたとしても、私たちの最初の一般的法則がかわらないことは疑う余地がない。データが存在するか、リーズナブルな推計を行うことのできる（たとえば、データの存在しない中国人については、データのある時期のものと類似していると推測できる）規模の大きい人口集団の中では、ヨーロッパ型結婚形態は特異である。他の人々に比べ、ヨーロッパ人は非常に晩婚であり、かつ生涯未婚者もかなり多い。非ヨーロッパ社会では、二五歳を超えた未婚女性はほとんどいない。もちろん、非ヨーロッパ社会において、有配偶率のパターンが多様ではないということを言うつもりはない。しかし、その多様性はヨーロッパ型結婚形態とは一線を画するものである。

一八世紀

「六人中四人の女性が毎年子どもを産まない理由は、彼女たちの前に立ちはだかる様々な困難や妨害のために、結婚できないということにある。」

R・カンティヨン『商業試論』（Cantillon, 1755）

もしヨーロッパ型結婚形態が特異なものならば、「それがいつ始まったのか」と問うことは極めて自然である。興味深いことに、この疑問が問われ、十分に答えられたことはほとんどなかった。時折、晩婚は都市的工業社会の特徴である一方、早婚は農業社会の特徴であると言われる。ところが、これには根拠がない。一八世紀のスカンジナビアは都市的であったとも、工業化されていたとは言い難い。

ヨーロッパ型結婚形態の起源に関する問題は、一八世紀より古い時代から復元された統計資料を扱うのに熟練しているだけではなく、ヨーロッパ中世の社会経済史に精通した歴史家によって答えられるべきである。現代のデータを扱うことにのみ慣れた人口学者からは、あまり多くは望めない。

以下は、最も容易にデータを入手できる地域の踏査に過ぎない。人口学者が捜そうとしても捜すことのできない地域には、もっと多くの資料（統計的性格を帯びたものでさえも）がある可能性は十分にある。

まず第一歩は、ヨーロッパ型結婚形態が、歴史上どこまで遡ることができるのかをみることである。不幸にも、**表11―1**から**表11―4**で使われた種類のデータはあまり古くまでは遡れない。年齢別・配偶関係別のクロス集計ができる国勢調査は、いくつかのスカンジナビアの資料を除いて、ヨーロッパにおいても一九世紀中葉より古くは遡れない。ノルウェーとデンマークについては、一八世紀末まで遡ることができ、スウェーデンについては、年齢別・配偶関係別のクロス集計は一七五〇年まで再現されている。（スカンジナビアのデータおよびヨーロッパの他地域における一九世紀のデータについては、ヘイナル（Hajnal, 1953b）を参照）結婚登録から得られる情報も幾分存在する。一八世紀におけるスカンジナビアの結婚は、一九世紀に比べ早婚で、生涯未婚者も少なかった可能性は十分にある。しかしながら、ここの結婚慣習はヨーロッパ型に属し、世界の他地域に共通した型には属さないことは疑う余地がない。

実際に、他に考えようがない。一般に、歴史家は、一八世紀のスカンジナビアあるいはヨーロッパ全体の結婚形態が後世のものと同じであると思い込んでいるようである。研究されてきた結婚慣習の変化は反対方向への変化であった。すなわち、結婚は早婚で皆婚の方向へ向かい、人口増加の加速がその原因として考えられる。

おそらく、早期の国勢調査やその他の集計から、もっと情報を引き出すことができるだろう。ヨーロッパ型結婚形態が広く行き渡っていた時代には、この事実は配偶関係別人口分布のデータさえあれば、年齢別クロス集計がなくても、どんなデータからでもわかるのが普通である。というのは、ヨーロッパに特徴的な配偶者分布と他の社会のそれとの差は非常に顕著なものだからである。もし年齢別・配偶関係別のクロス集計がなければ、生涯未婚率が高いかどうか、あるいは高い未婚者の割合はただ単に晩婚がその原因ではないのかということを推測することは不可能であることは言うまでもない。

不幸にも、一八〇〇年以前に刊行された配偶関係別人口分布の情報の大部分は都市に関するものである。しかし、都市は閉鎖人口には程遠い。配偶関係別人口構成は、結婚慣習だけではなく、人口移動によっても影響される。特にヨーロッパの都市は、未婚者、特に女子人口の超過（かつては、彼女たちの多くは奉公人であった）を抱えており、しばしばこの兆候を見せた。この現象は、中世に遡る何世紀もの間存在した。都市における未婚女性の高い割合から正しく推測できることは、都市生活は結婚を困難にしたということよりも、むしろ都市が未婚女性に生計を立てる機会を与えたため、彼女たちはそこに移り住んだということである。

しかしながら、一八世紀の農村人口に関する多くの統計から、いくらかの情報を得ることができる。この種の資料の検討は、本章の付録に付してある。その資料のすべてから、ヨーロッパ型結婚形態は一八世紀より古い時代にその起源を持つという一般的な結論が示唆される。

一八世紀の結婚に関する研究は、配偶関係別人口分布のデータ分析にのみ限られるものではない。結婚の年齢分布およびそれから算出される平均結婚年齢は、おそらく最も自然なアプローチであろう。それでは、D・ベルトラーミ（Daniele Beltrami）によって出版されたヴェニスの一連のデータから始めてみたい。[8] これらの数値は、初婚と再婚を区別せず、すべての結婚に関する平均結婚年齢である（表11―5）。

平均結婚年齢[9]の値を解釈するためには、この平均年齢がヨーロッパ型結婚形態の特徴として何を意味するものなのか、そしてどのレベルになると、非ヨーロッパ型結婚形態と言えるのかということについて問わなければならない。結婚形態が非ヨーロッパ型である国々では、結婚の年齢分布に関する直接的な情報がほとんど存在しない。多くの場合、このような国々では、結婚登録という制度がまったく欠如しているか、あるいは前述したように、結婚登録が男女の結び付きのほんの一部分しかカバーしておらず不十分なものとなっている。登録制度が大部分の結び付きをカバーする場合ですらも、多くの人が自分の年齢を知らないため、年齢に関する統計は信頼できないのがしばしばである。しかし、初婚年齢[10]に関する情報は、年齢階層毎の未婚者の割合から間接的に推計できる。この種の計算からは、非ヨーロッパ型結婚形態において、未婚女性の平均結婚年齢は二一歳未満であることが示されている。ヨーロッパ型結婚形態においては、未婚女子の平均結婚年齢は二三歳を超えていなければならず、一般的には二四歳を上回る。

全結婚平均年齢について、その上限と下限を限定することはさらに難しい。なぜなら、寡婦や離婚女性の結婚が含まれる可能性を考えなければならないからである（実際には、一八世紀以前のヨーロッパの人口集団においては、離婚者の結婚というものは存在しない）。平均初婚年齢を二一・〇歳と高く仮定し、さらに再婚の割合やその結婚の花嫁の平均年齢[11]についてかなり極端な仮定を設けるなら、非ヨーロッパ社会の全結婚平均年齢は二五歳を超えるようなことはほとんどないであろう。この問題については、さらに検討が必要である。

おそらく、女子の全結婚平均年齢は、実際には、ほとんど例外なく二四歳未満で、非

表11―5　ヴェニスにおける平均結婚年齢

	男子	女子
1701-5年	29.9歳	28.8歳
1720-4年	31.0歳	29.8歳
1740-4年	31.4歳	29.3歳
1760-4年	31.6歳	28.1歳
1780-4年	31.7歳	28.0歳

表11—6　セルビアにおける平均結婚年齢

	未婚女子の平均結婚年齢	平均結婚年齢（すべての女子）
1886-95年	20.0歳	21.7歳
1896-1905年	19.7歳	21.3歳

ヨーロッパ型結婚形態の社会においては二三歳未満が普通であろう。実例として、以下にセルビアのデータを引用することができる（表11—6）。

ヨーロッパ型結婚形態の社会においては、女子の全結婚平均年齢は二四・五歳（イタリア、一九一一—四年）程度の場合もあるが、通常はこれよりかなり高い。

一八世紀のヴェニスのデータに戻ると、ここでの結婚は明らかにヨーロッパ型結婚形態であると言える。ここでは、配偶者の年齢が記録されていない結婚数は、一八世紀のヴェニスにしては驚く程少ない。しかし、一般的には、この時期の教区簿冊には年齢が記録されていないか、あるいは利用するには不完全すぎるため、結婚登録に記録された年齢を利用した研究はほとんど存在しない。ある研究[12]によるとオランダのソムレン（Someren）という村において、一六六四—九年と一六九三—五年に生じた結婚八三件のうち、六三件に花婿と花嫁の年齢が記録されているが、花婿の平均年齢は二七歳と四カ月、花嫁のものは二六歳と八カ月であった。

オランダにおけるもう一つの研究（L・ヴァンニーロップ（Leonie van Nierop）による研究（van Nierop, 1933, 1934, 1937））は、もう一世紀歴史を遡ることができる。この研究は、アムステルダム市の記録（教会のものではなく、行政によるもの）に基づいており、一五七八—一六〇一年に生じた一一、五九七件の結婚を含んでいる。そのうち九、二四七件の結婚については、花婿はそれまで未婚であり、八、〇五二件については年齢が記載され、四、六六四件についてだけは、この情報が近似されたものであるという注釈なしに年齢が記載されている。ここでは、一八歳未満の花婿は存在しない。記録された年齢（近似されたものも含む）の百分率による分布は、一八九一—九五年のイングランドとウェールズにおける、過去に結婚経験を持たない花婿の年齢分布とそう異なるものではなかった（表11—7）。

表11―7　結婚経験者の割合(男子)

	アムステルダム	イングランドとウェールズ
	1578-1601年	1891-5年
18-19歳	2%	2%
20-24歳	51%	47%
25-29歳	34%	34%
30歳以上	13%	17%
	100%	100%

不幸にして、ヴァンニーロップは花嫁の情報に関する分析は行っていない。彼女は花婿の方がより興味深いと思ったのであろう。

しかしながら、一般的には、一八世紀以前の結婚登録には結婚年齢の記述がないか、あるいは利用するには不正確すぎる。この困難は、各々の結婚証明書とそこに記録された配偶者の出生証明書とを照合して、彼らの年齢を直接誕生日から推計するというやっかいな作業を行えば克服できる。この方法によって、結婚年齢に関する統計を得た最初の研究は、O・K・ローラー (O. K. Roller) によって一九〇七年に発表されたものであろう[13] (Roller, 1907)。それは、バイエルン地方(ドイツ)のデューラッハ (Durlach) という小さな町に関するものである。そこでの平均初婚年齢は、以下のようであった(表11―8)。

表11―8　デューラッハにおける平均初婚年齢

	男子	女子
1701-20年	28.7歳	26.5歳
1721-50年	27.4歳	25.4歳
1751-80年	27.6歳	25.6歳
1781-1800年	26.6歳	25.1歳

比較のために、一八九六―七年のバイエルン全体の平均初婚年齢は男子が二七・四歳、女子が二四・九歳であったことも付け加えておこう。これが示すように、一八世紀から大幅な変化はみられない。

イングランドの二つの教区(ノーフォークのノースエルムハム (North Elmham) とサマーセットのウェドモア (Wedmore)) の記録を使ったC・C・モレル (C. C. Morrell) のパイオニア的研究 (Morrell, 1935) では、結婚登録と出生記録を照合することによって結婚年齢が得られている。この研究は、一六世紀

表 11—9　イングランド 2 教区における平均初婚年齢

	ノースエルムハム	ウェドモア
	1561-1606 年	1634-45 年
男　子	27.6 歳	27.9 歳
女　子	24.5 歳	24.6 歳

表 11—10　イタリアのリアナ村（パルマ管区）の平均結婚年齢

西　暦	結婚数	花婿の平均年齢±S. E.	花嫁の平均年齢±S. E.
1650-99 年	30	33.2±1.4	25.4±1.2
1700-49 年	29	34.3±1.8	30.4±1.5
1750-99 年	10	32.2±2.8	29.1±2.1
1800-49 年	12	33.8±2.6	30.2±2.2
1850-99 年	49	32.8±1.1	27.8±1.0

注：この村で生まれた花嫁と花婿の結婚についてのみ，表はすべての結婚（再婚を含む）に関するものである。
S. E. は標準誤差である。

にまで遡ることができることも注目に値する。ここでの全結婚（再婚を含んだもの）の平均年齢は、次のようであった（**表11—9**）。

この平均が基礎となっている結婚件数は記されてはいないが、他の情報から件数は各々の教区で一五〇件を超えるようである。しかし、上の時期に生じたすべての結婚について、男女の年齢を算出することができるのかどうかは明らかではない。近年では、このような記録を照合する方法が多くの研究で応用されている。この種の研究は、近代的データ処理機器により大幅に促進され、ますます大規模に行われるようであり、近々、一七世紀および一八世紀の結婚年齢に関する事情が明らかにされることは間違いない。**表11—10**はイタリアの村に関するもので、二世紀半という期間をカバーしている。これは、人類遺伝学に焦点を置いた大規模な研究の成果である。このプロジェクトは、L・L・カヴァーリ=スフォルザ（Luigi Luca Cavalli-Sforza）の指揮によるものであり、親切にも、彼は**表11—5**にあるデータも提供してくれた。平均結婚年齢は変動しているが（一部は小集団ということによる）、一定のトレンドが欠如しているのがわかるであろう。

教区簿冊を照合する方法は、一九五八年にE・ゴティエ（Etienne Gautier）とL・アンリ（Louis Henry）が発表した、フランスのノルマンディ地方の小村であるクリュレ（Crulai）でのよく知られた研究（Gautier and Henry, 1958）においても応用された方法である。この研究がカバーした期間、すなわち一六七四―一七四二年の間に平均初婚年齢の変化はみられず、男子が二六・六歳、女子が二五・一歳であった。[14]時代的にはやや後になるが（一七六〇―九〇年）、フランスの他の教区から、P・ジラール（Pierre Girard）は、男子の平均初婚年齢が二七・四歳、女子の平均初婚年齢が二六・二歳という結果を出している。これらの数値は、一八五一―五年のフランス全体におけるそれぞれ二八・三歳、二四・一歳に匹敵し、また一八世紀のパリに住む女性の平均初婚年齢である二四・七五歳とも近い。J・ブルジョワ=ピシャ（Jean Bourgeois-Pichat）は、これは「パリ地域の登録からの直接的な計算方法」に基づいたものであるとしている[15]（Bourgeois-Pichat, 1951）。

一七世紀および一八世紀のイングランドにおける平均結婚年齢に関するいくつかの興味深い情報が、J・D・チェンバース（Jonathan D. Chambers）の著書（Chambers, 1957）に見い出される。基礎データは教区簿冊ではなく、グロウスターシャー（Gloucestershire）の結婚「申告書」とノッティンガムシャー（Nottinghamshire）の結婚「証明書」である。ここには、通常の結婚式に付きものの儀礼を行わず、速やかで静かな結婚式を望んだもののみが含まれ、また貧民層はあまり含まれていない。全結婚の何割程度がこの研究に含まれているのかということは書かれておらず、また年齢登録の正確さも検討されていない。おそらく初婚だけではなく、再婚も含まれていると考えられる。ここでは、チェンバースは平均ではなく、中央値を使っている。この研究では、職業が区別されており、社会集団による結婚慣習の違いに関する最初の意味ある情報を与えてくれる。[16]グロウスターシャーのデータは一六三七年まで遡ることができる。結婚年齢の中央値には、時代に伴うトレンドは見当らず、一九世紀および二〇

表 11—11　フランダース地方の平均初婚年齢

	1680-99 年	1700-19 年	1720-39 年	1740-59 年	1760-79 年
男子	25.3 歳	25.9 歳	26.4 歳	26.7 歳	24.1 歳
女子	23.9 歳	24.2 歳	25.1 歳	25.1 歳	23.1 歳

世紀のヨーロッパのデータに近かった。

さらに、いくつかの平均初婚年齢が、P・デュプレ (Paul Deprez) による未刊の論文に見い出すことができる。[17] それはフランダース地方の農村の家系図に基づいており、おそらく子孫を多く残した人たちが多く含まれるという選択のバイアスがかかっているだろう。おそらく、このような傾向は結婚年齢を過小評価することになる。人口の社会構成について、この家系図がどの程度代表的なものであるのかということは示されていない。以下は、各々の時期に生まれた人々の平均初婚年齢である (表11—11)。

一八世紀のデータとして、時々、利用されるもうひとつのデータは年齢別・配偶関係別に分類された死亡数である。この情報を利用する方法のひとつは、たとえば五〇歳を超えて死亡した女性の死亡割合を計算することである。これは生涯未婚率の推計値となる。前述したフランスのクリュレ村においては、一七五〇—一八〇〇年に五〇歳を超える女性の埋葬が二二四件あった。そのうち、一九八件は有配偶女性あるいは寡婦のものであり、四件は未婚者のもので、二二件については、その配偶関係を決定することができなかった。したがって、五〇歳を超えて死亡した女性のうちの未婚者の割合は、二%という低い値から一一・六%という高い値までとることができる (上の二二件のすべてを未婚とするか、あるいは全く未婚者はいなかったとするかの仮定による)。真実は、両者の中間にあるというのがより妥当な解釈であろう。[18] いずれにしても、この割合は一九世紀および二〇世紀の標準からすると、フランス全体 (この国の生涯未婚率はヨーロッパで最低の値を示す) と比較しても低いように思える。偶然による変動という可能性を脇に置いても、人口移動の影響を念頭に入れておくことが必要であろう。クリュレの女子のうちで、修道女となり、この教区から遠く離れた教区の修道院で死亡した者もいるかもしれない。他の未婚女子は、たとえば奉公人として町へ移ったかもしれない。パリのサン・スルピス (Saint-Sulpice) という教区における一七一五—四四年の年齢別・配偶関係別死亡分布が、A・ディパルシォー (Antoine Deparcieux) により公表されている (Deparcieux, 1746)。五〇歳を超えて死亡した女性のうち、一五%は未婚者であり、男性については二〇%を下らなかった。ディパルシューは、この地区では奉公人が多かったとしている。

ポメラニアに関しては、一七四八—五六年の九年間、二五歳を超えた死亡分布が配偶関係別にJ・P・ジュースミルヒ (Johann Peter Süssmilch) によって記録されており (Süssmilch, 1775, Vol. I, Appendix, Tab. 12)、その総数は四〇、〇〇〇人を超える。ここでは、女子の死亡数の一〇%および男子の死亡数の一三%が未婚者であった。ここでの年齢の下限は二五歳であり、結婚が稀ではない年齢層で死亡が生じたことを考えると、この割合は後世のヨーロッパの標準からするとむしろ低い。しかし、非ヨーロッパ型の人口集団からすると (特に女子の場合は)、これらの値ははるかに高い。

まとめとして、結婚年齢に関する限り、ヨーロッパ型結婚形態は、多くの国々において一八世紀前半あるいはそれよりも古い時期に遡ることができ、非ヨーロッパ型早婚の記録はどこにも存在しない[19] (データの中には、一八五〇年以降に比べ、一八世紀における生涯未婚者数は少なかったと示唆し得るものもある)。

貴族階級

「この町の住民の大部分を占める、適度な財産を持つ未婚紳士と未婚淑女は、家族の家計を十分に維持することができない。したがって、彼らは未婚で過ごすことになる。男性も女性も、できる限り、他の気晴らしをしてそれを補っている。」

C・モリス (Morris, 1751)

表 11—12　英国貴族の研究

出　生	各年齢の男子未婚率（%）		各年齢の女子未婚率（%）	
年　次	20 歳	50 歳	20 歳	50 歳
1330-1479 年	70	9	42	7
1480-1679 年	79	14	45	6
1680-1729 年	93	23	75	17
1730-79 年	97	21	76	14
1780-1829 年	100	22	89	12
1830-79 年	100	20	80	22

出典：Hollingsworth, 1957, p. 14. 表中の未婚率と平均結婚年齢が基礎となっているサンプル数は示されていない。出生時点で，男女ともに 120 人から 200 人がそれぞれのコーホートにいたようであるが，結婚数が，特に早い時期のコーホートについては，それより少ないことは言うまでもない。

一七世紀後半より古い時代には、結婚に関する統計的証拠はほとんど存在しない。少なくとも、非選択的なデータ（すなわち、地域住民のすべてをカバーするような）についてはそうである。

さらに歴史を遡れる連続した記録は、ある特殊な上層階級、なかんずく貴族階級に見い出すことはできる。**表11—12**は、T・H・ホリングズワース（Thomas Henry Hollingsworth）による英国の貴族に関する研究から抜粋されたデータであり（Hollingsworth, 1957）、数値は、国王、女王、公爵および公爵夫人の摘出子に関するものである（Glass and Eversley, 1965, Part II, p.354）。この種の家系記録においては、一個人の人生において生じた人口動態事象（結婚、子どもの出産、死亡）を追跡することができる。このデータは「コーホート」により分析するのが最も有効である。すなわち、（ある連続した期間に生じた結婚を研究するという、もっと一般的な方法に対して）連続した期間に生まれた人たちを考え、彼らの結婚を研究対象とすることである。このようにすれば、各年齢における生存者のうちの未婚者数を継続的にみることができる。**表11—12**では、二つの年齢が選ばれている。

表11—12によって語られている筋書きは、驚くほど明確なものである。上の二段は、後世の「ヨーロッパ」型とはたいへん異なる結婚

表 11—13　英国貴族の平均初婚年齢

出生期間	1330–1479 年	1480–1679 年	1680–1729 年	1730–79 年	1780–1829 年	1830–79 年
男子	22·4 歳	24·3 歳	28·6 歳	28·6 歳	30·5 歳	30·0 歳
女子	17·1 歳	19·5 歳	22·2 歳	24·0 歳	24·7 歳	24·2 歳

表 11—14　ジュネーヴの支配者層の家族

出生	50 歳を超えて死亡した者の未婚率（%）		平均初婚年齢（歳）	
年代	男子	女子	男子	女子
1550–99 年	9	2	27·2	21·4
1600–49 年	15	7	29·1	24·6
1650–99 年	15	25	32·6	25·7
1700–49 年	29	29	31·6	26·3
1750–99 年	19	31	31·5	24·0
1800–49 年	22	25	29·4	22·7
1850–99 年	15	17	29·2	24·7

注：数値のすべては，それぞれに記した年の領土に関するものである。
出典：モロッコ，アルジェリア，チュニジア，モーリシャスについては，United Nations, Demographic Yearbook (1955), Tab. 12. モザンビーク，ポルトガルについては，Provincia de Moçambique, Repartiçao Tecnica de Estatistica, 1955, Tab. 2, pp. 12-13. 他の国については，Hajnal, 1953b.

形態を示しており、少なくとも結婚に関する限り、たとえばブルガリアで見られる形態に似ている。生涯未婚率は非西欧社会より高い。第三段から下に示された図式は、典型的な「ヨーロッパ」型結婚形態である。

また、中世から一八世紀に移ると、平均初婚年齢も根本的な変化[20]を示す（**表11―13**）。

さて、おそらく共和国の貴族とでも呼ぶべき、ジュネーヴの支配者層家族の記録に移ろう。彼らの人口学的特徴は、アンリの論文で研究されている（Henry, 1956a）。最も古い時期のグループの数値は（特に女子については）、それ以前の「非ヨーロッパ型結婚形態」の痕跡を留めているようである。**表11―14**に示されているように、それより古い型から「ヨーロッパ」型へという変化は、英国の貴族たちとほぼ同時期に起きている。しかし、あまり綿密な比較を試みるべきではないだろう。

ヨーロッパ貴族の研究（Glass and Eversley, 1965,

p.87）において、S・ペラー（Sigismund Peller）は、本研究のためにはあまり適さない方法で彼の資料を分析した。彼のデータによると、ヨーロッパ大陸の貴族（Glass and Eversley, 1965, p.87）の間の非ヨーロッパ型結婚形態は英国の貴族層よりもさらに長く続いたことを示唆している。ペラーが研究した家族は、かなりの封建的特権を有する地位にあり、彼らに特殊な生活形態を英国の貴族よりずっと長く維持し続けた。最近、アンリとC・レヴィ（Claude Levy）によって示されたように、フランス貴族社会の最上層、すなわち男爵や君主たちも、大部分のフランス人の習慣とは異なり、非常な早婚を一八世紀に入るまで続けていた。実際、英国の状況との比較が、当時、少なくとも一人の観察者によってなされていた。その人は、一七八四年、一八歳で英国を訪れたロッシュフーコー（Rochefoucauld）男爵の子息である。英国の結婚に対する彼の微笑ましい程ロマンチックな見方は、ここに引用する価値が十分にある。

「夫と妻はいつも共に過ごし、同じ社交界を共有している。他方なしで一方だけを見ることはほとんどない。……彼らはいつもまったく仲むつまじく見える。特に、妻はたいそう満足しているように見え、いつも私に喜びを与える。……常に妻と共に生活するには、たいそう遅く結婚しなければならないのかどうかについて、私は確信が持てないが、そう思いたい気持ちである。イングランドでは、自分が好きでもない妻を持つことは、生活を悲惨なものにするに違いない。したがって、結婚する前に、イングランドの男子は彼の花嫁を知るために多大の努力を払う。彼女もまた同じ願望を持っている。だから、二五歳あるいは二八歳より若くして結婚することが稀なのだろう。多分、もうひとつの理由は、結婚後すぐに家を用意するのが普通だからであろう。若夫婦は、決して彼らの両親とは共に住まない。……イングランドの夫たちは、私たちに比べ、時々彼らが行使する特典を持ち合わせている。すなわち、それは離婚である。[21]」

表 11—15　ビュルテンベルグにおける家系図からの初婚年齢

世紀	男子		女子	
	ケース数	平均結婚年齢	ケース数	平均結婚年齢
16 世紀	51	25.3	34	21.4
17 世紀	134	26.3	68	20.8
18 世紀	116	28.9	90	24.0
19 世紀	91	31.1	94	25.3

出典：Rümelin, 1926, Tab. 3a, Tab. 12a (“Family L”)。女子の場合に比べ，男子の結婚年齢を計算するためのケース数が，どうしてこんなに多いのかということに関する説明はなされていない。

E・リューメリン（Eduard Rümelin）によるビュルテンベルグ（Württemberg，ドイツ）の家族の家系図に関する分析（Rümelin, 1926）も、ここに含むことができる。記載された職業から、関係する家族のほとんどは都市に住む裕福な階層に属することがわかる（農村人口はほとんど含まれていない）。子孫の関心のため、家系データでは、選択効果（たとえば、子どもの多い家族がより多く選択される）によりバイアスがかかることは先に述べた。

リューメリンの論文では、この記録に関する詳細な特徴は記されておらず、またその完全性や精度に関する検討もなされていない。表11—15に、女子の結婚年齢が一六世紀まで遡れる資料があった記録の中の一グループのデータがまとめてある。この家系図に記載されている男子のほとんどは、有給の専門職の人たちであり、特に公務員や聖職者が多かった。

表11—15には、古い時期の非ヨーロッパ型結婚形態を示唆するものがある。この事実にあまり重きを置くことはできないが、もしリューメリンが利用したような種類の原資料がまだ残っていれば（Mols, 1954-1956, Vol. I, pp. 37-38）、それは現代の家系図分析のための有望な資料となるかもしれない。

もちろん、前近代においては、一般的に、貴族と上層階級の人々は大部分の民衆よりかなり早婚であったということは可能である（一九世紀の貴族は、少なくともイングランドとスカンジナビアの貴族については、人口一般より晩婚で結婚頻度も低かった)。さてこれから、中世の一般民衆に関する乏しいデータを見ていこう。

中世

「皆様方、だいぶ前のことになりますが、私が一二歳になった頃より(私がいまだ生きていることは神のおかげです)、私は五回正式に結婚し、五人の夫を持ちました。」

チョーサー『バースの妻の前口上』(Chaucer, Wife of Bath's Prologue)

都市における成人人口の配偶関係が判別できる行政文書(主に課税記録)については、一四世紀あるいは一五世紀のものを利用できる。配偶関係の記録は、元来他の目的(たとえば課税目的)で作成された文書の記述によらなければならないので、だいたいにおいて不完全である(たとえば、奉公人や両親の家に住む成人について)。さらに、子どもと成人を区別する年齢は、記録がとられた時点で、あまりはっきりとは特定されていない可能性がある。いずれにしても、これらの精度は疑わしいものには違いない。

前述の理由により、たとえ記録が完全かつ正確で、どのように記録がとられたかについて正確にわかっていたとしても、人口移動の影響のため、都市に関するこの種のデータはその解釈が難しい。

説明のために、この種のデータとしては、おそらく最も有望なものを**表11—16**にまとめた。それは、長きにわたりヨーロッパで最も重要な商業センターのひとつであったスイスのチューリッヒに関するものである。そこでは、一七世紀には、その全住民のリストが定期的に聖職者によって記録されていた。それらのいくつかは、一九世紀にS・ダズインスカ(Sophie Daczynska)によって分析された。もっと最近では、配偶関係を記録した中世の課税記

表11―16　チューリッヒ（スイス）における配偶関係別の成人人口

西暦		1357年	1467年	1637年
男子総数		1,612	1,187	2,185
割合（%）	未婚者	} 40	37	49
割合（%）	妻を失った者		2	1
割合（%）	有配偶者	60	61	50
男子総数		1,962	1,649	2,974
割合（%）	未婚者	46	49	48
割合（%）	寡婦	5	7	15
割合（%）	有配偶者	49	44	37

出典：Schnyder, 1926, pp. 56, 71. Daczynska, 1889, pp. 387, 389.

録がW・シュナイダー（Werner Schnyder）によって研究された（Schnyder, 1926）。一三五七年に徴収された税は財産税だけであったが、一四六七年には財産税だけではなく、人頭税も徴収された。人頭税は一五歳以上のすべての人に課せられたので、理論的には、一四六七年の数値は明確に限定された年齢層に関するものである。また、一六三七年のデータは一六歳以上の人口に関するものである。

この時代には、表11―16から得られる一般的な図式はほとんど変化することがない。女子未婚者の割合が高く、この町への人口移入率が高かったことは間違いないだろう。そして、その移入人口は、農村人口全体に比べほんの一部にしか過ぎない（一六三七年の人口構成は、一〇代から始まる人口移入をはっきりと示している）。男子に対し女子が非常に多いということは、女子の人口移入が特に多いことを示している。このように未婚者が多いということは、結婚を控えていたということの証拠にはならない。中世において（一七世紀は含まない）、配偶者を失った人の数が非常に少ないことは、当時の都市の高い死亡率を考えると驚きである。もし記録が正確なら、それは再婚が非常に頻繁に行われていたことを物語っている。しかし、配偶者を失った人たちのかなり高い再婚率と非常に多い未婚者数とは、奇妙な組合せである。配偶者を失った人と未婚者との区別が、必ずしも記録されなかったためだろうか。この種の記録の分析では、既婚者数は一緒に記録されている夫婦の数から推計されている。配偶者を失った人と未婚者との区別は、行政上不必要なのが普通であるので、たとえば子どもの存在が記録されているかどうかということによってなされる。

このように、本研究の目的のためには、孤立した中世都市のデータはほとんど価値がない。[22] 中世の早い時期の断片的なデータについては（少なくとも、これまでに発表された研究で示された形では）、同様の困難はさらにひどくなる。この種の資料調査は、J・C・ラッセル（Josiah Cox Russell）によって行われ（Russell, 1958）、彼はそれから様々な結論を導き出しているが、私にはだいたいにおいて正しいとは思えない。

結婚頻度に関する最も確かな証拠は、英国における一三七七年の人頭税の記録から得られ、それはラッセルの初期の著書である『英国中世の人口』（Russell, 1948）において分析されている。原則として、一「グロウト（groat）」の特別税が一四歳を超えるすべての成人に課されたが（ただし、別途課税された聖職者と公に認められた乞食とは除外された）、このような課税リストの多くが保存されている。そのいくつかにおいては、夫婦を見つけることも可能である（税を支払った人々のリストを整理する統一された形式はなかったようである）。ラッセルは、このようなリストを多くの村や町について分析した。彼の主な結果は、**表11—17**にまとめてある。さらに、彼は、総数で二、〇〇〇人から三、〇〇〇人にも及ぶデータをロンドン自治区や他の場所から集めた。そこでの既婚者の割合は、**表11—17**に示されたものに類似している。

これらのデータを解釈するには、サンプル数が少ないことや人口移動による歪みから派生する困難を考慮に入れる必要がない。これは、様々なサイズの町や村をカバーしているということに関しては、近代的国勢調査以前の時代におけるどの国のどのデータよりも良質のものであろう。

前述のように、聖職者人口は、**表11—17**にまとめられた納税者から除外されている。既に発表された論文におい

表 11—17　1337 年における英国の納税者から算出された 14 歳以上人口の既婚率

村あるいは町の大きさ（総住民数）[a]	町　名	納税者総数	納税者の既婚率（%） 男　子	女　子
1-25 人		118	82	86
26-50		660	68	75
51-100		1,560	74	74
101-200		1,830	71	71
201-400		1,811	66	67
759	ダートマス	506	68 [b]	68 [b]
1, 017	カーライル	678	59	56
2, 325	キングストン・オン・ハル [c]	1,550	60	58
4, 365	コルチェスター [c]	2,910	62	61

出典：Russell, 1948, Tab. 7.1-7.7.

注：(a)除外された階級，脱漏，14 歳未満の子どもを考え，ラッセルは，1.5 倍して住民の総人口を得ている。(b)Dartmouth では，性別の記載のない 104 人の奉公人（未婚と考えられる）がいるため，男女を区別せず両者を合わせた数値だけが計算できる。(c)キングストン・オン・ハルとコルチェスターの総人口は，それぞれ 1,557 人と 2,995 人の納税者から計算された。しかし，いくつかの場合では配偶関係が決定できなかったので，既婚率は，それぞれ 1,550 人と 2,910 人から算出された。

て、ラッセルは、土地台帳、聖職者に課せられた特別税の記録、その他の資料を使って聖職者人口の推計を行っているが（Russell, 1944）、男子聖職者の総数は一四歳以上人口の五%未満であったようである。

総数で約七〇〇、〇〇〇人に達する一五歳以上の女子人口のうち、修道女は七、〇〇〇人程度であった。一般に信じられているのとは逆に、修道女になる女性人口はたいへん少なかった。実際のところ、修道女は主に上層階級の出身者だったようである（Power, 1922も参照）。したがって、もし聖職者を考慮に入れると、男子の既婚率は**表11—17**に示されたものより二、三%は低かったであろう。女子の場合には、修道女を含めたとしても、目立った違いはないであろう。

表11—17に示された既婚率は、「ヨーロッパ」の標準からするとかなり高い。ここでは配偶者を失った人が未婚者に含まれていることと、人口の大部分が農村人口であったことを覚えておかなければならない。このデータが配偶関係によってバイアスがかかっていないと仮定すると（すなわち、一五歳以上の非聖職者が納税リストに含ま

れるチャンスが、すべての配偶関係の人口の場合と同じであるとすると）、表11―17の納税者のサンプルが抽出された人口における一五歳以上の女子の既婚率は六七％未満ではあり得ず、おそらく七〇％前後であったと考えられる。したがって、一五歳を超えた人々の既婚率は七〇％を超えていたに違いない（当時の年齢に関する知識は非常に正確であったとは言いがたいが）。ヨーロッパ型結婚形態においては、一九世紀には、一五歳を超える女子の既婚率は国全体では五五％未満であったが、通常は五〇％未満であった。[23]

このように、納税記録から得られた女子の既婚率は、ヨーロッパ型結婚形態の人口としてはレベルが非常に違う。他方、結婚形態が非ヨーロッパ型であるなら、それは間違いなく適当なレベルである。たとえば、一九〇〇年に行われた国勢調査では、以下のような既婚率（一五歳以上の女子の）が記録されている。

ブルガリア　六九％
ルーマニア　六五％
セルビア　六九％

不幸にして、非聖職者が納税リストに含まれるチャンスが、配偶関係により異なるかどうかということを知るすべはない。一般的には、納税の義務のない貧民および納税の義務があるにもかかわらず除外されている人々の大部分が未婚者であるということは、可能であるというより、おそらくあり得ることである。年齢の下限に近い未婚者が、未だ納税の年齢には達していないとして、納税を免れることは難しいことではないであろう。戸主やその妻はほとんど除外されることはないが、未婚の親族を隠すことは可能だったであろう。ラッセルは、貧民と非納税者の総数は高々五％のオーダーであったであろうとしている。もしその半分が女子であったとすると（実際には、女子は半分に満たないと仮定したいのだが）、真の既婚率は、たとえ除外された人々がすべて未婚だったとしても、非ヨーロッパ型になることは間違いのないところである。もし除外者数が非常に多く、しかも彼らの大多数が未婚者で占められていた場合についてのみ、一三七七年の納税記録に記録されている人口は、ヨーロッパ型結婚形態の特徴を備えていたと言うことができる。

他方、もし**表11―17**に示された割合が真の値の二、三％以内にあるとするなら、一四世紀中葉において、ヨーロッパの少なくともいくつかの地域の結婚形態は一八世紀のヨーロッパのものとは似ても似つかぬものであり、むしろ非ヨーロッパ社会の形態に近かったと結論したくなる。

この解釈にもっと信頼性を持たせるには、納税記録に関するさらなる研究が必要である。夫婦が識別できるこれらの納税記録は、通常のものとは違うのだろうか。また、これらの記録がカバーする村々は、何か特殊な特徴を持っていたのだろうか。中世の結婚形態を研究する上で、納税記録は利用できる最も重要なデータである。このテーマに関するラッセルのパイオニア的研究は、原資料に基づいたさらに詳細な研究によって引き継がれなければならない。

もうひとつの証拠である「死後調書（inquisition post mortem）」、すなわち遺産相続を申告するための法的文書は、少なくともこの文書がカバーする社会階級における中世の女性は比較的晩婚であったとする主張を支持するために、ラッセルにより使われ、他の研究者にも引用されている。この調書を女子相続人の年齢と配偶関係により分類することは可能であり、それによって彼女たちの半数が結婚した年齢を計算することもできる。統計的には、この作業は、たとえば殺虫剤の生物学的実験に非常に似ている。この実験では、虫の群が様々なレベルの量の殺虫剤に曝されるのであるが、この分析試験における投薬量は調書の年齢に相当する。投薬量を増やせば、死亡する虫の割合も増えるのと同様に、年齢が上がれば、既婚女子の相続人の割合も高くなる。問題は、前者では五〇％の虫を殺すのに十分な投薬量を決定することであり、後者ではちょうど五〇％の女子相続人が既婚者となる年齢を決定することである。このようなデータを扱う際の統計的問題はややこしいものではあるが、生物学的実験の方法を調書の分析に応用することは興味深いものとなろう。ざっと見た感じでは、ラッセルが集めることのできた数値は、エドワード一世の治世下で約五〇%の女子相続人が二四歳の時点で未婚であったという、彼の結論を裏付けるにはあまりにも低すぎるようである。数値の問題以外にも、調書の解釈にはいくつか他の不確定要素がある(たとえば、配偶関係の正確さに関する疑問)。いずれにしても、ここにはホリングズワースによって集められた貴族の資料があり(**表11―12**)、調書は、この貴族のデータから得られた、より確かな証拠によって明らかにされたパターンと大筋において整合するようである。

以下では、中世の結婚に関する間接的な証拠をいくつか扱う。一四世紀から一八世紀の間に、結婚慣習にいくつかの変化が起きたことはほとんど疑う余地がない。中世においては、子どもの婚約とたいへん若い思春期における結婚は、(貴族の間だけではなく)民衆の間に広く行き渡っていたが、一八世紀までには、これらの慣行はまったくと言ってよいほど消え失せていた。中世社会は、完全に完成されたヨーロッパ型結婚形態を持っていたとは思えず、非ヨーロッパ型と分類できる結婚形態を持っていたか、あるいは両者が混在した状態であり、後世に見られるより初婚年齢のばらつきが大きかったに違いない。

古代世界

「女子は一四歳になるや否や、男子に「淑女」と呼ばれるようになる。彼女たちは自分の唯一の資産が結婚できることであることを知ると、美しく着飾り、それにすべての望みを託すようになる。」

エピクテートス『マニュアル』(Epictetus, The Mannual)

表11—18　墓石から算出された女子結婚年齢の分布

	ローマ時代の碑文		ノルウェー 1841年–50年	クリュレ 1674–1742年
年　齢	碑文数	%	%	%
10–14歳	67	39	-	-
15–19歳	60	35	8	17
20–24歳	26	15	33	40
25–29歳	7	4	30	27
30–34歳	8	5	14	9
35歳以上	3	2	15	7
計	171	100	100	100

出典：Harkness, 1896, Gautier and Henry, 1958, p. 83 および Norway, Central Bureau of Statistics, 1890.

驚くべきことに、ギリシャ・ローマ世界において、結婚に関する統計的証拠がいくつか存在する。情報源のひとつは、墓石に刻まれた碑文である。これにはしばしば死亡年齢が刻まれており、既婚者が死んだ場合には、その人の結婚期間も刻まれていることがしばしばある。死亡年齢から結婚期間を差し引けば、結婚年齢が計算できる。一八九六年、A・G・ハークネス（Albert Granger Harkness）は結婚年齢が計算できる女子の碑文を一七一件、男子の碑文を一九一件集めた。近年、このようなデータを集めようとした唯一の試みとしては、収集件数はたいへん少ないが、W・R・マクドネル（W. R. MacDonell）によるものがある（MacDonell, 1913）。当時に比べれば、公表された碑文の数は大幅に増えたので、現在では、非常に多くの収集資料が得られる（Russell, 1958）。

表11—18は、女子に関するハークネスのデータをまとめたものである。一瞥すれば、碑文から得られた分布、および比較のために示された二つの「ヨーロッパ型」の分布との間に明瞭な違いがあることが明らかになる。(24) 碑文から得られた死亡年齢の分布は、明らかにバイアスがかかっており、ローマ時代を代表するものでないことは明らかである。たとえば、おそらく若い女子の死亡が多く含まれ過ぎているであろう（Durand, 1960. Henry, 1957b, 1959）。

また、すべての墓石から結婚年齢を計算できる数少ないサブグループを選択したことによって、さらにバイアスがかかったことはほぼ間違いがない。おそらく、そのバイアスは若くして結婚した人たちに有利に働いているだろう。その理由のひとつは、結婚が長く続いた場合、残された配偶者によって結婚継続期間が記録されることがほとんどだからである（他方、配偶者より早く死亡した既婚者は、おそらくその配偶者より年老いているということも考えられる）。将来、この種のデータが公表される際には、算出された結婚年齢だけではなく、死亡年齢と結婚継続年数のクロス集計が発表されるべきである。

このバイアスがどのようなものであろうとも、本研究のために、表11―18から導き出される結論は疑いようがない。選択の際の考え得るどのようなバイアスも、碑文が示す分布をヨーロッパ型結婚形態に変えることはできず、墓石にその死亡が記録された人口集団は非ヨーロッパ型結婚形態を持っていたに違いない。

ローマ帝政下のエジプトの「国勢調査」という、全く異なった種のデータから同じ結論が導き出される。これは課税のために行われた統計調査である。ここでは、各世帯の全メンバーの名簿を作るために申告が必要とされた。この申告のうち約二〇〇件が保存されており、その全貌を研究したものが、最近になりM・ホムバート（Marcel Hombert）とC・プレオー（Claire Préaux）によって出版された（Hombert and Préaux, 1952）。この申告には、各世帯のメンバーの間柄と年齢に関する情報が記録されている。女子の結婚年齢らしきものが、母親の年齢から最年長の子どもの年齢を差し引くことによって推計できる。一般的には、このようにして得られた値は真の結婚年齢より高く、時折非常に高くなることがある（たとえば、第一子が死亡したり、家を離れた場合）。それにもかかわらず、ホムバートとプレオーは、結婚したと判別できる一五五人の女子のうち、少なくとも五一人は二〇歳より若くして結婚したとしている（Hombert and Préaux, 1952, pp. 160-161）。このことは、ここでの結婚年齢がヨーロッパ型結婚形態に比べかなり低かったことを示している。

ローマ帝政下におけるエジプトのデータによると、夫の年齢は妻の年齢よりかなり高いのが普通である。このことは、男子はかなり晩婚であったかもしれないことを示唆している。ギリシャや後のローマにおいて、男子は晩婚で、実際には、しばしば生涯未婚を通したことは、文芸作品(ポリビウス(Polybius)がよく知られている)や結婚を促進するために制定されたローマ法から推察できる。この特徴が、上層階級以外にも広く浸透していたものかどうかは議論されてきており、A・ランドリ(Adolphe Landry)によって断片的な統計的証拠が収集されている(Landry, 1936)。

非統計的な証拠

「私は、実際の計測に満たないものと比例法は信じない。」

C・ダーウインからW・D・フォックスへの手紙(Darwin, 1855)

乏しい統計的証拠が示すように、一四〇〇年と一六五〇年の間に、ヨーロッパの大部分において結婚慣習の根本的変化が起きたのだろうか。もしそうなら、このプロセスはどこで始まったのか、そしてどのような過程で広まって行ったのか。また、どのような社会経済的変化が新しい結婚形態を出現させたのか。この時代についてはほとんど知られていないが、実際、中世に関してはよく研究されており、歴史家でない者にとっても、上の問題に答えるのに十分な資料があるように思われる。もしこの特徴的なヨーロッパ型の晩婚が中世より古い時代に遡れるなら、もちろん、その起源を見つけ出す可能性は低くなる。ゲルマン人の性的成熟が遅いとしたタキトゥス(Cornelius Tacitus)の意見[25]には、実際に根拠があるのか、あるいは彼がそれによって何を意図したのかを正確に知るにはもう遅すぎる。また、彼がどのようにして、このようなトピックについて正しい情報を得たのかを知ることは困難である。(26)

文芸作品を題材にして統計的事柄について議論するのは危険であるという主張は、結婚年齢のことを考えれば納得できる。中世の人々は晩婚であったとする自分の考え方を支持するために、ラッセルは、男子は結婚前に生計を立てなければならないという教訓を指摘した。しかし、このような教訓は、他の社会の文献にも現れる。たとえば、「男子はまず家を建て、ぶどう畑を作り、その後結婚する」という一節がユダヤ教法典にはある。(27) しかし、ユダヤ教法典時代のユダヤ人が早婚であったことは、ほとんど疑う余地のないことである。

文芸作品に関する問題のひとつは、「晩婚」のような言葉のあいまいさにあることは言うまでもない。明確に非ヨーロッパ型結婚形態を特徴とする社会においても、女子の結婚年齢がインドの標準では晩婚であっても、ヨーロッパの標準では非常に早婚であるということがしばしばある。もし捜せば、直接的な統計とは言えないにしても、有望な証拠が見つかる可能性は十分にある。G・バックマン（Gaston Backman）の研究（Backman, 1947-1948）によって、興味深い可能性がひとつ示されている。彼は、主に法律文書の中の思春期に関する部分を概観して、初潮の平均年齢は古代からだいたい一四歳前後で変化はなかったが、一五〇〇年頃になりヨーロッパの中でその遅延化が生じたと結論づけている。一五〇〇年以降の思春期に関する考え方の変化や法律上の成年の定義の変化が、生理学的な変化を反映したものであると考えることはできる。しかし、少なくとも、晩婚化に関連した社会変化が法律上の考え方に変化を持たらしたということもあり得ることである。いずれの解釈にしても、バックマンによって検討された種の資料は、結婚年齢の変化が一六世紀頃に生じたということの十分な証拠となる。

明らかに、結婚に関する法律の改正（法定結婚年齢を含む）はこの関連においては興味深い。これに関係するのは、宗教改革時の結婚の性格に関する論争である。一面では、この論争は、神学を社会変化に適応させるための試みであったのだろうか。テーマのいくつか（配偶者の自由意志による同意、親の同意など）は、晩婚へと移行していく過程で出現したのかもしれない。きちんと組織された結婚登録が、一六世紀にヨーロッパ型結婚形態が広く浸透していたと後にわかる地域とほぼ同じ地域に広まっているのは注目に値する（Mols, 1954-1956, Vol. I, pp. 76-84）。

結婚に関する統計の解釈は、一般的な歴史的前提によって歪められることが時々ある。一三七九年の一小地域（ヨークシャーのクラーロ（Claro）という教区）の納税データを研究したA・H・インマン（Alfred H. Inman）の業績（Inman, 1900, p. 120）から、興味深い例を見い出すことができる。彼は、ここの既婚率が一九世紀のイングランドよりかなり高かったことを発見したが、データに間違いがあり、特に未婚者は納税を免れやすかったに違いないと結論づけた（また、納税リストから重大な脱漏があることを疑わせる他の理由もあった）。

現代の世界から導き出された前提は、中世農村の結婚に関する研究では、群を抜いて最も完璧な研究と思える、G・C・ホーマンズ（George Caspar Homans）の『一三世紀におけるイングランドの農村』（Homans, 1942）にも影響を与えている。男子は土地を得て、初めて結婚できるという規則により、ホーマンスは結婚年齢が高いと推察した。すなわち、「もし父親が死ぬか、土地を譲り渡すまで、男子が待たなければならないのなら、彼の結婚はかなり遅いものであっただろう」（Homans, 1942, p. 158）。中世のように高い死亡率の下では、このような結論にはならない。一三世紀のイングランドでは、子どもの半分以上は、一七歳の誕生日が来るまでに父親を失っていただろう。もし彼らが皆一七歳の誕生日に結婚したか、あるいは父親の死後すぐに結婚したのなら、全男子の平均初婚年齢が二四歳を超えると考えられるわけがない。(28) 実際には、ホーマンスが詳細に記述しているように、彼らの父親が生存中に、多くの男子が土地を譲り受け結婚しているのは当然であろう。ホーマンスの晩婚に関する議論は、他の面においても、同じ理由によって批判を受けやすい。たとえば、現代のアイルランド(29)とのたとえは、他の理由もさることながら、そこでの死亡率が極めて低いことから誤っている。彼が論文を書いた頃には、前工業期のヨーロッパ、あるいは他の未開発社会の死亡率に関する詳しい知見はほとんど存在しなかった。かつての人々の一生がその親族の死によって撹乱された頻度は、現代の西欧社会に住んでいる人にとっては非常に理解し難いものである。[30]

中世の女性の地位に関するK・ビュッヒャー（Karl Bücher）の短い論文は、——もともと一八八二年になされた講義であるが——彼が生きた時代の女性問題、特に未婚女性の問題が中世のものと類似しているという仮定に依っていることは明らかである。彼が示す証拠のすべては、女性の大幅な過剰を示す二、三の都市に関するものである。主たる人口が農村に住んでいる状況の中で、どの町も典型的なものとは言えないという理由だけではなく、ビュッヒャーのデータは広範囲にわたる大規模な商業センターのいくつか（ニュールンベルグ、フランクフルト、バーゼル）についてのみ言及しているという理由から、彼のケースは代表的なものとは言えない。そのようなセンターの人口は人口移入に非常に頼っており、当時（現代のように）、女子は小さな村よりも、このような都市において過剰であったと考えるのは道理である。ビュッヒャーは人口移動を無視し、彼が見つけた女子の過剰状態は、戦争や放蕩による男子の死亡率の高さに原因があるとした。

『中世の遺産』と題する書物にあるE・パワー（Eileen Power）の女性に関する研究（Power, 1926）は、ビュッヒャーを引用している。彼の研究なしに、彼女が「結婚はどの女性にとっても運命のようなものであり、私たちの時代のように、中世では一人住まいの未婚女性がよく見かけられた」という断定的な意見を述べられたかどうかはわからない。しかし、彼女はビュッヒャーから引用したものではない、（農村人口に関する）付加的な証拠を示している。それは、「どの荘園の土地評価証（extent）をみても、小さな土地に住み、男性と同じ労働に携わる女性農奴や小作人がいる。その中には寡婦もいるが、多くは明らかに未婚の女子である」ということである。しかし、彼女はその資料を詳細には提示せず、未婚女子が高い割合で存在するということがあり得る状態であるということを、読者に感じとってほしいようである。

ヨーロッパにおける結婚の歴史を理解するには、ヨーロッパ型結婚形態とは異なる結婚形態が一般的になっていたということに留意するとともに、願わくば、それがどのように機能していたのかを知らなければならない。たとえば、T・S・アシュトン（Thomas S. Ashton）教授は、一八世紀初期においては婚姻率が上昇したに違いないと論じており、その理由として、交通手段の発達が、それまで結婚を阻害されていた人々をして結婚相手を見つけることを可能にしたとしている（Ashton, 1955, p.9）。しかし、ほとんどの人間社会では、その歴史を通じて、一七世紀のイングランドより非常に劣悪な交通手段であっても、若い年齢において皆婚がほとんど成し遂げられていた。もしこの芸当を可能にするメカニズムが一七世紀にはもはや消え失せたのなら、いつそれは崩壊し始めたのか。晩婚という形態を持つ一八世紀の前には、一七世紀におけるより一層の晩婚という特徴を持つ異なった形態[31]（それは他の社会の規範からはさらに根本的に遊離してしまう）があったのだろうか。もしそのような驚くべき状態が一七世紀にあったのなら、いかにしてそれは始まったのだろうか。アシュトン教授の仮説は考えられることではあるが、彼のアプリオリの議論のようなものでは真実性を持たせることはできない。

人口の年齢別・性別構成

「もし子どもが生まれ、それが男子なら生かしなさい。しかし、もし女子なら、遺棄（して死なせ）なさい。」

ヒラリオンからアリス（おそらく彼の妻）に送られた一通の手紙（紀元前一世紀）（Milligan, 1927, p.33）

結婚と家族に関する膨大な量の文献にもかかわらず、統計的な目的をもって始められたものはほとんどない。したがって、統計的なアプローチからのいくつかの素朴な疑問にも答えられそうにない。

ほとんどの社会において、いかにすべての女子を結婚させることが可能であったのだろうか。ここにいくつかの疑問がある。結婚相手を見つけることのできる様々なメカニズムを比較研究することによって、その疑問のひとつに答えることができる。人類の大部分は、いつも小さな共同体に住んできた。それは二〇〇人から三〇〇人程度の村で、その間の移動は困難でしばしば危険であった。潜在的な結婚相手の数は少なく、規範（たとえば、カースト制）や伝統（階級など）によってしばしば狭められ、結婚相手として適当な人の集団は制限されていたに違いない。どうして、すべての女子に結婚相手を見つけることができたのだろうか。

これを成し遂げるメカニズムは、異なる社会では異なるように働いていたに違いない。本章の目的のために最も適切な質問は、女子に適当な相手が見つからないような難しい場合には、どうしたかということである。この必要性を満たすような様々な手だてを比較研究することは、非常に興味深い（東ヨーロッパのユダヤ社会における専門的結婚仲介者は、その一例である Katz, 1959参照）。現代の西欧社会と他の大部分の社会が異なる重要な点は、結婚するかどうかということは、将来の配偶者同士が互いによく知り合ってから決めなければならないという考え方にあることは疑う余地がない。これは、結婚相手を見つけることを難しくさせることになるかもしれない。なぜなら、人々はただ数人の若い異性と知り合う機会を持つだけということがしばしばだからである。もし逆にそれまでに会ったこともない人々を結婚させようとするなら、潜在的配偶者の集団は大幅に広がるだろう。アブラハムが自分の息子の妻を捜すために、奉公人を遠い国へ遣わした時のように（創世記二四章参照）、適当な相手を求めて長い旅に出ることもできる。自分の村の潜在的配偶者の数を制限するような制約（たとえばカースト制）がある場合には、結婚相手を他所から捜さなければならなくなる。これらの制約は、女子を未婚のままに留めるような効果は持たないものの、すべての人が一カ所において互いに結婚できる場合に比べて、広い地域にまたがった親族関係のネットワークを維持することが前提となる。したがって、このことは集団の社会組織においても、遺伝構造においても重大な効果を持っている。

ほとんど一〇〇％の女子が結婚する社会において考えられる問題のひとつは、身体的あるいは精神的病気や不具により、深刻なハンディキャップを負った女性の運命についてである。わずかな不具と結婚のチャンスに深刻な影響を与えるような不具との間の境界線を引くことは難しいが、現代の西欧社会では、おそらくこのような人々（盲目者、聾唖者、痙攣性麻痺患者、てんかん患者、精神患者など）は一％か二％程度ではなかろうか。時代や場所が変われば、栄養失調、病気、それに対する無知な治療などによる傷跡を持つ人たちを加えなければならない。他方、障害を持って生まれてきた者、あるいは若い時に障害を負った者の中には、結婚年齢に達する前に死んだ者も多かったであろう。それ以外の人たちは、どうして結婚相手を見つけたのだろうか。その答えも様々に異なるであろう。複婚社会では、このような女子は第二夫人となることができるかもしれない。それ以外の社会では、彼女たちは生涯未婚者の大部分を占めているであろう。この問題については、研究がなされていないようである。

これまで、私たちは人々が配偶者を見つける方法について検討してきた。もし女性が過剰であったのなら、どうして全体のバランスをとることができるのだろうか。ヨーロッパでは、時々、戦争によって悪化する「女子過剰」とその結果である寡婦の存在は普通の状態だと考えられてきた。戦争は他の社会にもないわけではない。(32) そこでは、どうしてどの女性も結婚できるだけの十分な男性がいたのだろうか。この疑問に対しては、「複婚」と答えたくなるが、おそらく、これはこの習慣を持つ多くの社会では重要な要因とはならないであろう。なぜなら、その習慣が行われる割合は非常に小さいからである。

この関連において、人口全体における女子総数に対する男子総数の比がしばしば言及されるが、それはあまり適切ではない。同様に、成人女子に対する成人男子の比も適切ではない。たとえば、現在のイングランドでは、一五歳を超える男子数に比べ、一五歳を超える女子数は一五〇万人以上超過しているが、結婚に関しては女子が不足している。なぜなら、「過剰女子」は、主に六〇歳を超える寡婦だからである。

したがって、まず結婚適齢期における男女比を考えなければならない。おそらく、一八世紀のヨーロッパでは、この比が多くの非ヨーロッパ社会に比べ、女性の結婚チャンスを非常に狭めたであろう。もちろん、出生時点では男児がいつも超過しており、だいたい女児一〇〇に対し男児一〇五という比になっている。男子の死亡率は女子の死亡率より高く、一八世紀のヨーロッパにおいては、男子の死亡率の高さは結婚年齢までに男女の数を同じくするだけではなく、過剰女子を生み出すには十分であったろう。スカンジナビア諸国では、かなりの過剰女子があった。これとは対照的に、非ヨーロッパ諸国では、女子不足も稀ではなかったようであり、よく知られている例はインドである。一説（たとえば、A・コール（Ansley Coale）とE・M・フーバー（Edgar Malone Hoover））によると、国勢調査では、男子に比べ女子が非常に過小評価されているということである（Coale and Hoover, 1958）。

しかし、これに対して他の研究者（たとえば、S・P・ジェイン（S. P. Jain））は、男子の過剰は現実のものであり、男児を優遇するような扱いが、女児に比べ男児の死亡率を低くすると考えることによって説明できるとしている。中国におけるいくつかの集団で観察された男子の過剰についても、異なった解釈がある。しかし、人口集団における男子の過剰と女子死亡率の超過は、二〇世紀初頭の台湾のデータにも見ることができるが、このデータは良質のもののようである（Taeuber, I., and Taeuber, K., 1959. Taeuber, I., 1961）。さらに、発展途上国の死亡率に関する多くのデータが近年利用できるようになってきたが、死亡率に関する世界的な比較研究（G・J・ストルニッツ（George J. Stolnitz）および国連事務局によるもの（Stolnitz, 1956））によると、死亡率が高いところでは、小児期から青年期にかけての女子死亡率の超過が珍しくない。(33)

したがって、非ヨーロッパ社会の多くでは、高い女子死亡率と結婚年齢期における女性不足があったかもしれない。一九世紀以前の南ヨーロッパと東ヨーロッパのデータからも、同じ傾向がうかがわれる。人口全体におけるかなりの女子過剰と高い男子死亡率は、主に北西ヨーロッパの統計から得られる印象である。中世以前においては、女子の不足、あるいはせいぜい僅かな過剰は、おそらくヨーロッパ中で見られたであろう。P・S・ドゥ・ラプラス（Pierre Simon de Laplace）は、一八世紀の親が男児に比べ、女児をより多くパリの捨て子養育院へ遺棄したことを発見した（Laplace, 1951）。したがって、早い時期には男児を好む傾向が広く行き渡っていたということも十分に考えられる。

結婚年齢における男女比自体は、生涯結婚できる男女の数を決定するものではない。なぜなら、未婚女性は未婚男性と結婚する必要はなく、配偶者を失った男性と結婚することも可能だからである。もし配偶者が若いうちに死亡したため、多くの結婚が解消し、そしてもし妻を失った男性が寡婦より非常に頻繁に再婚するなら、男子数が女子数よりも相当少ない人口においても、すべての女性が生涯少なくとも一回は結婚することができる。ここでは、男性の再婚は複婚のようなものである。この点は新しいものではないが、しばしば見過ごされてきた。二〇〇年前、ジュースミルヒは、この再婚の傾向を「連続複婚（polygamia successiva）」と呼んだ（Süssmilch, 1775, Vol. II, p.281）。彼にとって、これは神学に関わる問題であった。出生男児の過剰が男子の死亡率の超過によってきれいに取り払われ、二〇歳前後で男女数が等しくなるという考え方は、「唯物的神学（physico theology）」の重要な教義であった。それによって、彼は万物が神の意志とみごとに調和しているということだけではなく、キリスト教の教義である単婚が創造主の意志の沿うものであり、複婚のような異邦の習慣より優れたものであることを証明しようとした。しかし、ジュースミルヒは利用できるヨーロッパの数地域のデータから、二〇歳未満の男子の死亡は二〇歳未満の女子の死亡を上回り、しかもそれは出生時の男児の過剰を大幅に上回る、すなわち、二〇歳までには、生存している男子を女子が上回ることを発見した。このジレンマを「連続複婚」が救うことになる。というのは、上の事情にもかかわらず、ジュースミルヒは、配偶者を失った男性が未婚女子と結婚する傾向が女子の過

表 11—19　男女数のバランスをとるための再婚の効果

国名・西暦	初婚の割合（%） 男子	初婚の割合（%） 女子	結婚女性の超過（100 件の結婚につき）
ポメラニア（ドイツ）：1748-54 年	79	84	+5
スウェーデン：1750-1800 年	81	87	+6
フランス（クリュレ）：1674-1742 年	81	91	+10
台湾：1906 年	72	64	− 8
台湾：1910 年	75	69	− 4
台湾：1920 年	78	75	− 3
台湾：1935 年	89	89	0
台湾：1943 年	90	92	+2

出典：Süsmilch, 1775, Vol.1, p. 183. Gille, 1949, p. 29. Gautier and Henry, 1958, p. 83. Barclay, 1954, p. 225.

剰を補うため、単婚という規則を持つ神の意志と調和していると議論することができたからである。

連続複婚の程度は変わり得るものであり、それと様々に異なった人口の性別構成が組み合わさり、皆婚が可能となる。一八世紀のヨーロッパでは、おそらく男子に比べ、五%から一〇%も多い女子が初婚を経験することがしばしばであった（表11—19）。連続複婚の程度は、環境の変化に応じて、速やかに変わることができる。G・W・バークレイ（George W. Barclay）によって研究された台湾の歴史は、この変化の程度を知るのに最適の例となる。今世紀の初頭、一〇—四九歳の男子数は、同年齢の女子に比べ約二〇%も多かった。この女子不足の一部は、女子による連続複婚によって補われた。すなわち、男子より女子が多く再婚したのである。この人口の性比が正常になるにつれて、再婚の割合は、配偶者の死や離婚の減少とともに低下し、ヨーロッパの状態に近くなった。

男女の数と彼らの結婚のチャンスとの関係は、結婚時の花嫁と花婿の年齢差によっても左右される。この点は、簡単な例をいくつかあげることで容易に理解できるだろう。最初に、私たちは三つの仮定を設ける。

（i）花嫁はすべて二〇歳で、二五歳の花婿と結婚する。

（ii）男子はいずれにしても結婚するが、結婚する女子の割合は結婚できる男子がいるか否かによって決定される。

（iii）出産数は、年々だいたい一定である。

このような状況の下では、結婚できる男子の数が二〇歳から二五歳の間に死亡して減少するため、既婚女子の割合は低下するであろう。このシステムを変え、もし二〇歳の女子は二〇歳の男子と結婚するものと仮定しよう（他は変わらないものとして）。この状況では、結婚する女子の割合は高くなるだろう。なぜなら、ここでは二〇歳から二五歳の間に死亡するかもしれない男子が結婚できるからである。他方、もし男子が三〇歳で結婚するなら（女子の結婚は二〇歳のままとして）、花婿の供給は、当初の仮定に比べ二五歳から三〇歳の間に生じる死亡により、さらに減少するだろう。

このように、男女の結婚年齢の差の変化は、男女数のバランスの違いを補うかもしれない。上の仮定（iii）（すなわち、出産数が年々一定である）が正しくない場合には、結婚年齢の違いによる影響はさらに大きくなる。人口が増加している状況（すなわち、出産数が年々増えている）を考えてみよう。もし二〇歳の女性が二五歳の男性と結婚するなら、彼女たちは自分たちの誕生日より五年前に生まれた男性と結婚することになる。しかし、五年前の出産数は少ない。死亡率が高く、出産数が増加している人口においては、男女の結婚年齢の大きな差は女性の結婚のチャンスを大幅に狭める傾向がある。(34)

一八世紀初頭から様々な要因が組み合わさり、北西ヨーロッパのほとんどにおいて、女子数に比べて結婚できる男子数が減少するようになった。死亡率の低下は配偶者を失う者を減少させ、その結果、連続複婚の範囲を狭めた。たとえば、一九〇一―一〇年のスウェーデンでは、全結婚の僅か一〇％が配偶者を失った者によるものであったが、一七五〇—一八〇〇年には一九%もあったのである。このような二〇%から一〇%という低下は、おそらくヨーロッパの多くの場所で生じたであろう。死亡率の低下は人口増加率を押し上げ、間接的に女子の結婚チャンスを狭める。この効果は前段落で説明された。第三に、一九世紀の人口移出は主として男子によるものであった。最後に、一九世紀後半多くの国々において、女子だけではなく男子の婚姻率が低下したが、その低下は、出産制限を広く浸透させた変化の一環として、人口増加を抑制する必要があるという情緒に対する最初の反応であるとしばしば見なされてきた（フランスとアイルランドは例外的な結婚の歴史を持っており、この段落のある部分はこれに該当しない）。

これらの変化の結果、女子の生涯未婚率は、一九世紀末までには北西ヨーロッパの大部分において、おそらくそれまでには見られなかったレベルにまで上昇した。この影響は、第一次世界大戦によって一時的に強くなったが、一九二〇年から状況は完全に変化し、永久に続くであろうと見られてきた「結婚可能な女子過剰」は女性不足にとって代わられた。

結論

この論文の主たるテーマは古いものではない。それはT・R・マルサス（Thomas Robert Malthus）の『人口論』（Malthus, 1830）の主たるトピックであり、実際、その構造そのもの（特に第二版の改訂版）である。マルサスは、彼の『人口論』の第一編を「世界中の未開発地域および過去における人口制限」、第二編を「現代ヨーロッパの異なる国々における人口制限」とした。ヨーロッパについては彼は幾度も幾度も「主に結婚の遅延」を意味する「道徳的抑制による予防的制限」の働きについて言及しており、その状態を第一編で述べた人々の状態と対比させている。

マルサスが、非ヨーロッパの人口集団と比較して、ヨーロッパの晩婚は低出生率と低死亡率を招いたと考えたのは正しかったのだろうか。その因果関係の性質がどのようなものであろうとも、出生率と死亡率のレベルに関する彼の考え方は、現代の研究によって幾分の支持を得ている。私たちが知る限り、ヨーロッパの出生率は、出産制限が広まる前には三八‰を上回ることは稀であった。一方、発展途上国では、それはだいたい四〇‰を超え、四五‰を上回ることもしばしばである。死亡率に関しては、この対比はそれ程明白ではないが、一八世紀以降のヨーロッパの歴史には、二〇世紀初頭にインドや台湾で見られたような状況を示す記録はなさそうである。

非ヨーロッパ型結婚形態が非ヨーロッパ型の出生率と死亡率を伴うということは、一八世紀のハンガリーにおける三つの村の教区簿冊に関するJ・ソスカン（Jenő Csoscán）による最近の研究によって示すことができる。この人口集団は、本章で定義された「ヨーロッパ型」ではない。一七七〇—一八〇〇年の花嫁の結婚年齢分布は、以下の数値が示すように「非ヨーロッパ型」であることは疑う余地がない（表11—20、百分率による分布(35)）。

表11—20　ハンガリー3教区における結婚年齢分布

年齢階層	花婿	花嫁
20歳未満	11%	52%
20–24歳	48%	25%
25–29歳	14%	9%
30–39歳	15%	9%
40歳以上	12%	5%
計	100%	100%

同じ時期（一七七〇—一八〇〇年）、ハンガリーのこれらの村の普通出生率は五二‰、普通死亡率は四三‰であった。これは、たとえばゴティエとアンリの研究にあるフランスの村クリュレにおける以下の数値と比較することができる（表11—21）。

表11—21　クリュレにおける出生率と死亡率

期間	出生率	死亡率
1675–1749年	36‰	31‰
1750–89年	31‰	28‰

これまで幾度か述べたクリュレの結婚データが「ヨーロッパ型」であることは明白である。クリュレの結婚パターンとの比較だけではなく、他の人口動態率をヨーロッパ型のレベルと比較した場合、一八世紀のハンガリーの村は、三つのどの観点（結

婚年齢、出生率、死亡率）からみても非ヨーロッパ型に属する。

一八世紀の研究者の間には、ヨーロッパは婚姻率、出生率、死亡率においてだけではなく、なかんずく生活水準において世界の他地域とは根本的に異なるという確信が広く行き渡っていた。すなわち、ヨーロッパ人の大多数は裕福であるというだけではなく、他地域の人々より、よい家に住み、りっぱな衣服をまとい、多種類の食物を食べ、多くの道具類と家具類に囲まれていたというものである。当時の人々には、あまりにも明白なヨーロッパのこの特異性は、経済発展に関する最近の議論ではほとんど考慮されていない。一八世紀のヨーロッパを含んだ前工業化社会のすべてが、「農村」「小農」あるいは「未開発」社会ということで一般化され、一様に扱われていることがしばしばである。

おそらく、生活水準と死亡率に関するヨーロッパの特異性の歴史は（限られた地域を除いて）、一九世紀より古い時代に遡ることはできないだろう。しかし、もしヨーロッパの死亡率が他の地域と同じように高かったなら、出生率は低いものになっただろうか。そして、もし一七世紀以前のヨーロッパの出生率が他地域と同じように高かったなら、これは、ヨーロッパの女性が他の高出生率の人口集団のように若くして結婚したに違いないということを意味しないだろうか。これらの判然としない大きな疑問は、婚姻率、出生率および死亡率の相互関係を注意深く研究することによって、そして小さく分解しながら研究することが必要である。結婚パターンと普通出生率の関係でさえも、しばしば考えられる程明白ではなく、それは死亡率とも関連している。

ヨーロッパ型結婚形態の起源を研究するには、社会経済史という根本的な問題を扱うことが必要になる。これはただ単に前述の結婚・出生・死亡という関係のためだけではなく、他にも関係する。結婚は、ほとんどその定義上、夫婦と子どもの生活を支える経済的基盤の確立を必要とする。社会において、これを成し遂げるための手だてはその結婚形態に適応していなければならず、前者は後者を形作るとともに後者に影響される。未婚の男女は、何らかの方法で既存の世帯に属するか、あるいは独立した世帯を形成しなければならない。したがって、世帯構造とサイズ、および新世帯が形成され古いものが消えていく率とは、結婚形態に依っている。世帯が経済的生産と消費の主たる単位となっている社会においては、このことは、結婚形態がその経済全体の善し悪しと非常に密接に関係していることを意味する。結婚に関する情緒面のこと、夫婦と他の親族との関係、結婚相手を選び割り当てる方法、これらすべてのことおよび他の多くのことは、花嫁の年齢が通常一六歳である社会とそれが二四歳の社会とでは同じであろうはずがない。これらのことは、おそらく明らかなことではあろうが、少なくとも現代ヨーロッパの出現を扱う研究史において、あまり言及されて来なかった。ヨーロッパ型結婚形態の背景を完全に理解するには、おそらく資本主義やプロテスタントの倫理の台頭のようなトピックを研究することが必要になるであろう。

夫婦と子どもを支える経済基盤を確立する手だてを通じて、経済システムは結婚形態に影響を与える。また、結婚形態が経済システムに影響を与えるということも真実である。晩婚が人口増加を遅らせるという従来からの議論は上述したが、他の起こりうる影響についても研究されなければならない。ヨーロッパ型結婚形態においては、通常、人々は結婚前に成人として数年間を過ごす。特に女子にとって、この時期はヨーロッパ以外の社会に比べたいへん長い。これは、子どもに対する責任を負わない最大生産能力を有する年齢層であり、容易に貯蓄ができる時期である。これらの貯蓄（たとえば、結婚生活に備えた世帯用品の蓄え）は、生存に直接関係した食糧以外の需要を大幅に増大させるだろう。この点から見れば、晩婚は生活を最低限支える食糧以外の目的に資源を回すよう促しているということから、所得較差と似ていると考えることができる。晩婚が社会規範である場合、創出された需要の総量は、生存レベルで暮らしている人口集団において、数少ない裕福な家族が創出する需要に比べはるかに大きいであろう。[36] この効果は、ヨーロッパに特有なものであるが、現代の経済成長へ向けて、いかにしてヨーロッパの「離陸」の下準備がなされたのかを説明する助けとはならないだろうか。

もし晩婚が富を持たらすのであれば、同様に富は晩婚を持たらすということができるかもしれない。結婚の条件として、人々があるレベルの生活水準に固執するため（その水準は各人の属する社会的地位によるが）、晩婚になるということが一八世紀には言われていた（たとえば、R・カンティヨンにより）。もっと簡単に言えば、男子は若くして結婚することができないから晩婚になるのである。農夫は土地を得るまで、徒弟は見習い期間が終わるまでという具合に、彼らは自分で生計が立てられるようになるまで待たなければならなかった。

これに関しては、ヨーロッパ型結婚形態の特異性に鍵があると考えたくなる。ヨーロッパでは、男子が家族を支え得るのに十分な独立した家計を築けるまで、結婚は延期しなければならなかった。一方、他の社会では、若い夫婦を合同家族のような、より大きい経済単位に包含することができる。[37]おそらく、後者はより容易に成し遂げられ、それ程長い結婚の遅延を必要としないであろう。より大きな経済単位において、付加された労働力がしばしば経済的資産であると考えられる場合は、この線に沿った議論は特に説得力がある。したがって、東ヨーロッパに見られるような大規模な世帯を有する大土地所有システムでは、非ヨーロッパ型結婚形態になるだろう。一方、ひとつの家族によって所有され、一人の世襲者へ受け継がれるような小さな土地では、ヨーロッパ型結婚形態になるだろう。もしこの論理が的を得たものであるなら、ヨーロッパ型結婚形態の特異性は、ヨーロッパの「直系家族（stem family）」にその理由があるに違いない[38]（「直系家族」という言葉は、土地が一人の世襲者によって受け継がれ、他の息子たちはどこかへ行くような家族組織を表す際に、F・ル・プレ（Frédéric Le Play）が名付けたものである）。もし中世にヨーロッパ型結婚形態が存在しなかったのなら、上の説明は、この結婚形態を作る原動力は何であったのかということに注意を向けさせる。もし土地が自分のものになるまで男子が待たなければならなかったのなら、死亡率の低下により土地所有者の死が遅くなることは、結婚年齢を引き上げることになるだろう。実際、該当する時期に死亡率の低下が起きたかどうかは疑わしい点である（問題の低下は、一八世紀より前に起きたに違いない）が、これは研究に値する仮説であることは間違いない。

しかし、土地所有者の死と新しい家族を築くための土地の有無との関係は、かなり間接的なものである。中世のような死亡率の状況下では、息子がまだ非常に若い時に、父親が死んでしまうことがしばしばであったので、息子が土地を受け継ぐのに十分成長するまで、一時的な措置がとられたに違いない。たとえ父親が高齢まで生き延びたとしても、彼が死ぬまで新しい家族を設立することができなかったということではなかった。一三世紀のイングランドに関する彼の著書の中で、ホーマンスは、父親が生存中に土地を息子に譲り渡し、息子を結婚させる事例を多く語っている。これに加えて、彼は、父親が生存中に土地を二人の息子に譲り渡している例、男性が息子以外の人に土地を譲り渡す例などについて述べている。男子は結婚するまでに土地を獲得しなければならないという規範が持つ、結婚頻度や結婚年齢に対する影響を理解するためには、土地譲渡の様々な形態の様子を知らなければならない。新しい家族設立のために土地が獲得できる率は、死亡だけではなく、社会習慣によっても変わるだろう。男子は結婚前に生計を立てなければならないという規範が、どうして、実際に観察されるように結婚の遅延化を持たらすのかということはアプリオリにはまったく明らかではない。私たちが、ある時期の男子結婚年齢がいかにして決定されたのかについて理解したとしても、それによって、女子結婚年齢がどのような影響を受けるのかを説明する必要がある。というのは、ヨーロッパ型結婚形態の特異性は、男子の高い結婚年齢にあるのではなく、主に女子の高い結婚年齢（しばしば夫妻の年齢差が比較的小さいことに加えて）にあるからである。

ヨーロッパ型結婚形態の因果関係について、さらに考察する紙幅はない。ここでの主たる関心は、この形態の存在自体にあった。この点は、その説明に言及した部分とは区別されるべきである。本章では、以下の三点が明らかにされた。①特異なヨーロッパ型結婚形態は、一般的には一七世紀まで確実に遡ることができる。②その起源は、研究に利用できた、だいたい一六世紀頃の特殊な上層階級グループのいくつかに見い出すことができるが、これらのグループのいずれにおいても、一六世紀より古い時代にはヨーロッパ型結婚形態は見られない。③中世からの断片的な証拠からは、古代世界からの僅かな情報からと同様に、非ヨーロッパ型結婚形態が示唆された。

おそらく、上に示されたデータの少なくともいくつかは、正しく解釈されていないであろう。自分が知らない歴史的背景を持つ遠い過去に由来し、自分が経験を持たない種の資料を扱えば、当然間違いも起こるだろう。実に多種多様な資料を調査しようとしたため、いくつかについては表面的にしか見ることができなかった。たとえ、個別の情報は正しく解釈されたとしても、孤立した人口学的事実から、どの程度妥当な一般化ができるのかという問題も残る。これは、歴史人口学の多くに共通する基本的課題である。私たちは、規模の大きい人口集団の人口特性について結論を導き出したいと思う。問題とされた点は（ヨーロッパ型結婚形態と非ヨーロッパ型結婚形態の違いのような）、一国全体の近代的統計に基づいているが、歴史的データは一つの村のような小グループに関するものがしばしばである。このようなデータからより大きな人口集団を推し量ることは、どの程度妥当なのだろうか。あるグループの統計は、それが一部を成すより大きな集団のものからどの程度遊離しているのだろうか（サンプルによる変動を脇に置いて）。人口集団が閉鎖人口でないがゆえに、そのデータは系統的に誤ってしまうのか（最後の問題は、本章において都市に関して幾度か検討された）。

これらの問題点や他の問題点にもかかわらず、ヨーロッパ型結婚形態の起源とその拡散について、さらにかなりの情報を得る見込みは十分にある。ヨーロッパ型結婚形態と非ヨーロッパ型結婚形態の違いは非常に際立っているので、それを見つけるために洗練された計測方法は必要ない。おそらく、一七世紀および一六世紀にも十分な資料が存在するだろう。教区簿冊は、今後研究されるべき情報の宝庫となるであろう。もし、実際に、中世のヨーロッパにおける結婚形態が完全に「非ヨーロッパ型」であったなら、その変化の痕跡が早期の教区簿冊資料に見い出されるはずである。中世でさえも、様々な種類の記録(たとえば荘園の土地評価証)[39]が注意深く研究されるなら、有益な情報が得られるであろう。もし歴史的統計資料に関する研究成果が近年のペースで発表され続けるなら、そしてもしこの研究に携わる研究者が結婚に関する情報に目を向け続けるなら、ヨーロッパ型結婚形態の起源に関する謎は明らかになるであろう。

付録　一八世紀の配偶関係に関するデータからの証拠

スカンジナビア諸国では、定期的に実施される近代的な国勢調査が一八世紀から開始された。未婚率はそれから容易に得られ(Gille, 1949. Hajnal, 1953b)、本文中でも言及されている。これらの国々は、結婚年齢に関する限り、明らかに「ヨーロッパ型」結婚形態を示している。ヨーロッパの他地域では、一八世紀から配偶関係別人口構成に関し幾分の情報を持つ多くの孤立した集計が保存されている。しかし、多くの場合、表11―1から表11―4を準備するために使われたような年齢別・配偶関係別の完全なクロス集計は存在せず、通常、年齢区分のない全成人人口に関する配偶関係の分布があるだけである。いくつかのケースでは、配偶者を失った人々を未婚人口に含めるというさらなる欠点もある。このことは、配偶者を失うことと再婚の影響がある程度初婚の頻度を不正確なものにすることを意味する。まず、この種のデータについて検討してみよう。

デンマークでは、一七世紀に課税目的でいくつかの集計がなされた。E・P・マッケプラング(E. P. Mackeprang)は、モエン(Moen)島(二つの教区を除く)における一六四五年以降の原資料を見つけ、一九〇七年にその分析を発表した(Mackeprang, 1907)。五つの教区の総人口四、〇一四人のうち、一五歳を超える男子の三九%、女子の四一%が配偶者を持っていなかった(すなわち、未婚かあるいは配偶者を失ったか)。この割合は、「ヨーロッパ型結婚形態」と

表11―22　モエン島における結婚
（15歳を超える人口について）

	配偶者を持つ者	配偶者を持たない者
1645年	60%	40%
1769年	65%	35%
1901年	55%	45%

表11―23　未婚者あるいは配偶者を失った者の割合
（20-39歳）

	男子	女子
オーストリア1754年	41%	38%
英国1851年	48%	45%
ブルガリア1900年	28%	11%

「非ヨーロッパ型結婚形態」のレベルの中間に位置するようである。マッケプラングは、同じ地域で一七六九年と一九〇一年に実施された国勢調査のデータとこの数値を比較した。上の五つの教区における一五歳を超える人口（両性を含んだもの）についての割合は、以下のようであった（表11―22）。

未婚者と配偶者を失った者の区別をせずに判別できる限り、一七六九年の数値は「非ヨーロッパ型」のものである。しかし、この数値には間違いがあるかもしれない。一七六九年の国勢調査は非常に欠陥の多いものであった。というのは、集計を実施した聖職者には、各個人の名前を列挙することは要求されておらず、ただ単に結果をまとめた表を作ることだけが求められていたからである。一七六九年の国勢調査によるデンマーク全体の配偶関係分布は見当たらない。一七八一年におけるデンマーク全体の一五歳以上人口の有配偶率は五三％であり、一九〇一年も同様の結果であった。一七六九年におけるモエン島の農村の有配偶率は、一九〇一年の全国平均とはかなり違ったものだったのだろうか。

一七五四年のオーストリアの国勢調査では、未婚者と配偶者を失った者がやはり一緒に扱われている。しかし、幾分かの年齢別クロス集計がある。この国勢調査は、六、五〇〇、〇〇〇人を超える人口をカバーしており、一九世紀より古い時期においては、配偶関係を記録した最大の集計のようである。この国勢調査の報告書は長く消失したと考えられていたが、ペラーにより再発見された（Peller, 1920）。もし彼の数値が信用できるものなら、ほとんどの州において二〇歳未満の有配偶者はいなかった。二〇―三九歳の年齢階層では、無配偶者（すなわち未婚者と配偶者を失った者を合わせたもの）の割合は、ヨーロッパ型結婚形態（英国に代表されるような）を強く示唆している（表11—23）。

同じ地域にある後世の資料と比較すれば、ペラーのデータの詳細な研究は有益なものとなろう。オーストリアの大部分で、二〇歳未満の女子が一人も結婚していなかったということは信じられるだろうか。あるいは、年齢の確認が配偶関係とは完全に独立していなかったのだろうか。本章との関連で非常に意味あることは、当時の人々が、二〇歳未満の人が誰も結婚していなかったとするデータを編集することができたという事実にこそあると言えよう。

一八世紀末、オーストリア帝国の様々な地域で実施された集計から、配偶関係に関する貴重な情報が得られる可能性もある。たとえば、一七八四年に実施されたハンガリーの集計（J・コバズィク（József Kovasics）が編集した著書（Kovasics, 1957）を参照）はその一例である。ベルギーの一地域（現在では東フランダースとして知られている）に関する非常に興味深い分析が、G—C・ファイプルト・ド・メゾンセル（Guillaume-Charles Faipoult de Maisoncelle）の一八〇四—五年の『統計報告書』に収められており、最近、その現代版がデュプレにより出版された（Faipoult de Maisoncelle, 1805）。ファイプルト・ド・メゾンセルはフランスの行政官であったが、彼が引用している一七八九年の統計資料は、おそらくオーストリア行政下で収集されたものであろう。彼は、特に結婚年齢に興味を持っていた。もし彼の数値が信用できるものなら、一七八九年当時、三〇歳未満の有配偶者は七、一三二人存在した。この数値は、二〇—二九歳人口の僅か八%を占めるに過ぎない。「したがって、この国では三〇歳未満の結婚は稀である」（Faipoult de Maisoncelle, 1805, p.25）と、彼は結論づけている。彼の統計的作業はその能力を有するという印象を与えるが、引用された数値は、一般的にみて疑わしいばかりではなく、それから得られた配偶関係のデータと他所で示されている一八〇一年のデータ（Faipoult de Maisoncelle, 1805, pp. 37-46）との食い違いからみても疑わしい。

表11—24　パヴィア市における未婚者の割合

	男子			女子		
年齢階層	20-24歳	25-29歳	40-59歳	20-24歳	25-29歳	40-59歳
未婚者の割	78%	52%	15%	41%	27%	11%

さて、未婚者が別に分類されているデータに移ろう。ほとんどの場合、年齢による唯一の分類は子どもと成人（たとえば一二歳以上の人たち）による区別である。もし一五歳以上の女子の三〇%以上が未婚者であったら、その人口集団がヨーロッパ型結婚形態を持つことは明らかであろう。これはかなり慎重な規準であり、東ヨーロッパや非ヨーロッパ諸国では、一五歳以上の女子の未婚者は二〇%よりかなり低い割合を示す。

不幸なことに、一八世紀以前の配偶関係に関するデータを提供してくれる統計の多くは都市についてのものである。都市人口の配偶関係構成は、人口移動によって非常に影響を受けるのがしばしばである。早い時期のヨーロッパの都市は、現在と同じように、しばしば多くの未婚者を抱えていた。それは都市住民が結婚を控えていたからではなく、未婚者が都市へ流入してきたからである。

したがって、都市人口の統計から得られた証拠を解釈することは困難であるが、都市の資料も検討されるべきである。多量のデータがR・モルズ（Roger Mols）の調査によって収集されているが、概して、一八世紀のデータは晩婚と生涯未婚者が多いことを示している。

モルズの研究後に、発表されたひとつのデータをここに付け加えるべきであろう。というのは、それが年齢別・配偶関係別の詳細なクロス集計であるということと、一七〇〇年にまで遡れるということからである。G・アリアティ（Giuseppe Aleati）は、イタリアのパヴィア市にある三つの教区における一七〇〇年の統計から以下の数値を示している（Aleati, 1957）。これらの教区の総人口は二、一六八人で、この市の全人口の約一三%を占めていた（表11—24）。

この分布は、間違いなく「ヨーロッパ型」という印象を与える。男女とも結婚可能年齢の最終段階で一〇%以上が未婚のままで残っている。

早い時期の都市に関する唯一の年齢別・配偶関係別の詳細な統計は、一六九五年にG・キング(Gregory King)によって実施されたリッチフィールド(Lichfield)に関するものである。この数値はキングの原稿からD・グラス(Douglas V. Glass)によって出版され(Glass, 1946, 1950)、二、八六一人をカバーしている。それによると、四〇歳以上の未婚者の割合は非常に低いものの、四〇歳未満に関しては高い(高齢の未婚者が四〇歳未満であると主張したのだろうか)。二〇歳未満の女性のうち、結婚したのはただ一人ということ自体が、これらの数値が非ヨーロッパの都市の統計結果ではあり得ないことを示すに十分である。

キングは、一六九五年のイングランド全体について、未婚男子、未婚女子、夫、妻、子ども、奉公人、寄留者の数を集計している。彼が別に項目を設けているロンドンの推計は、リッチフィールドのものに非常に近いので、おそらくそれから推計されたものであろう。[40] 人口の大部分を占める「村や小村」に関する推計について、彼がどの程度の統計的根拠を持っていたのかについては分からない。これらの統計を含んだキングの研究は一八〇二年まで発表されなかったが、[41] その数値は、C・ダヴナント(Charles Davenannt)が一六九九年に出版した論文の中に掲載されている。ここでの配偶関係に関する推計は、判断できる能力のある当時の人たちには妥当に見えたようである。というのは、一八世紀には、それがヨーロッパ大陸の統計研究者によって自国に応用されているからである。不幸にして、性別、年齢、配偶関係に関するキングの推計が互いにどのように整合するのかは不明で、終始一貫していないかもしれないが、二五歳未満人口における未婚者の割合は、ヨーロッパ型結婚形態の範疇に十分に入るものの、高齢者の未婚割合は低い側に位置するようである。

都市と農村を含んだ一国全体に関するもので、しかも配偶関係のデータを提供してくれる最も早い時期の統計は、一七〇三年に実施されたアイスランドの国勢調査である。その原資料は、デンマーク国立公文書館に完全な姿で保存されており、一九一四年に再発見された。その詳細な統計は、一九六〇年にアイスランド統計局によって出版された。[42] 有配偶として記録された割合はヨーロッパの人口としても驚く程低く（もし無配偶ということが本当に独身を意味するなら）、当時の死亡率を考えると人口を維持していくことがほとんど不可能なくらいである。それによると、たとえば三〇—三四歳の男子の三四％、同年齢の女子の三九％のみが有配偶と記録されていた。これらのデータについては、さらに研究する必要がある。有配偶者に関する明らかな分類違いがない限り、この数値はアイスランドの他の時期においても、実際どこにおいても、誠にあり得そうにないものである。一七〇三年のアイスランドの国勢調査から得られる人口構成は、低出生率を伴う急速な人口減少を示している。

アイスランド統計局は（アイスランド語の本文の英文要旨によると）、別居して奉公人や貧民層にならざるを得なかった有配偶者については、その配偶関係が記録されなかった可能性があるという理由から、有配偶者数は幾分過小評価されているとしている。

おそらく国勢調査を実施する理由となった経済不況が、多くの一時的別居者を作り出したのであろう。ここでのデータ収集は、現代的な配偶関係に関する統計をとることを意図したものでは明らかになかった。むしろ、目的は経済的情報（すなわち、世帯主への依存状況）を得ることであったのだろう。アイスランド統計局によって出版された統計は、この点に関して幾分の光を投げかけてくれる。有配偶と分類された女子の九七％以上が世帯主の妻であった。このことは、有配偶女性が世帯主の妻でなかったなら、彼との間柄（たとえば、奉公人のような）は記録されるが、彼女が結婚しているというような情報は記録されなかったということを示しているだろう。一方、奉公人と貧民の大部分は未婚と分類されている。年老いた奉公人と貧しい女性の中に、寡婦が非常に少ないのは特に奇妙な感じがする。（現代の視点から見て）配偶関係が正確に記録されていなかったということは、奉公人と貧民、しかも別居している人たちに限られていたのだろうか。世帯主の親族のうちには、「嫁」のような記載により、配偶

表11―25　1742年におけるワーデルの年齢別・配偶関係別人口

年齢	男子			女子			他所からの奉公人
	未婚	有配偶	配偶者を失った者	未婚	有配偶	配偶者を失った者	
20歳未満	69	0	0	90	0	0	6
20–24歳	9	4	0	7	7	0	0
25–29歳	3	6	0	2	12	1	0
30–39歳	1	23	0	0	19	2	0
40–59歳	1	29	6	1	25	8	1
60歳以上	0	4	8	0	3	7	0
計	83	66	14	100	66	18	7

関係が示唆されるものもあるが、婿は二件、嫁は九件しか報告されていない。また、五〇歳以上の男子世帯主を持つ世帯が約二、五〇〇戸記録されているが、そのうち既婚の息子が同居していたのは九戸だけなのだろうか。このような状況からすると、この国勢調査は、かなりの誤謬と定義のあいまいさによって（特に結果が現代の形で集計されると）歪められているようである。しかし、原資料が保存されているので、集計の過程について何かを発見する、またとない機会（および過去の社会状況を詳しく研究する機会）を与えてくれる。

一八世紀における配偶関係と年齢（五歳階級毎）の完全なクロス集計が行える唯一の農村人口は（アイスランドを除く）、オランダのワーデル(Warder)村であることは明らかである。天文学者であり、かつ統計学者であったN・ストルイク(N. Struyck)は、彼の求めに応じて、村の校長であり教会の唱歌隊の指揮者であったP・バッカー(Pieter Bakker)が一七四二年三月二〇日から四月一七日にかけて注意深く村の全人口を数えたとしている(Struyck, 1753, p.13)。表11―25に、このデータを凝縮したものが示されている。

三〇歳以上では、ほとんど未婚者がいないことからすると、この村は非ヨーロッパ型である。二〇―三〇歳の未婚者の割合は、ヨーロッパ型結婚形態にしては低いものの、確かな確証が持てる非ヨーロッパ

表11—26　オランダとスウェーデンの結婚の比較

	男子		女子	
	オランダの村	スウェーデン	オランダの村	スウェーデン
未婚者	40.5%	44.8%	39.2%	42.3%
有配偶者	50.8%	51.8%	48.7%	44.3%
配偶者を失った者	8.7%	3.3%	12.1%	13.4%
計	100.0%	99.9%	100.0%	100.0%

型の経験からすれば十分に高いようである。しかし、真の結論を出すには、サンプル数があまりにも少なすぎる。

ストルイクは他の多くの町や村についても集計を行っているが、それぞれにおける詳細さの程度は明らかに異なる。彼は、総人口が二九、五六二人にも及ぶ四五の村や町について、一〇歳以上の人口に関してその配偶関係別集計を行っている(43)。ここでも、ワーデルの場合と同じように、「奉公人」は別のカテゴリーとして扱われている（これは一八世紀以前のデータにおいては珍しいことではない）。

オランダの村や町に関するストルイクの数値によると、奉公人は男女とも一〇歳以上の人口の約七%を占める。おそらく、ワーデルと同じように、彼らの大部分は二〇歳未満で未婚であったであろう。当時の研究者および現代の研究者のほとんどは、奉公人のほとんどが未婚であったことに同意している。奉公人を未婚人口に加えると、以下のような割合になるが、それは明らかに「ヨーロッパ型」である。以下に見られるように、オランダの未婚率は一七五〇年のスウェーデンのものより少し低い（表11—26）。

奉公人のほとんどが未婚であったという仮定は、まったく疑う余地のないものでもないであろう。フランスのデータを分析するにあたって、M・モオ（M. Moheau）は配偶関係別の人口分布を集計する時、奉公人をすべて除外した（Moheau, 1912）。奉公人の配偶関係の分布は「おそらく、それ以外の人口のものと同じレベルのものであろう」と彼は考えたので、これを行った(44)。フランスの資料では、オランダのデー

図 11―27　フランスの３村における未婚率

	奉公人を未婚と仮定した場合	奉公人を除外した場合	奉公人を未婚と仮定した場合	奉公人を除外した場合
	男子		女子	
オーベルニュ	41%	32%	38%	31%
リヨン	39%	30%	39%	28%
ルーアン	40%	32%	39%	33%

タに比べ、奉公人の人口は数倍もある。一般的な人口に比べ、奉公人の未婚率は高くないとしたモオの仮定は理にかなったものとは到底思えないにしても、かなりの数の奉公人が有配偶者であったと考えてもよい。おそらく、国や地域によって、雇われる奉公人の数やタイプそして扱われ方が違ったであろう。[45] もしストルイクの数値をモオが行ったように扱い、奉公人を除外したなら、残りの人口について未婚率を計算できる。それによると、男子は三六・三%、女子は三四・四%で、ヨーロッパ型と非ヨーロッパ型の中間に位置するようである（これらの数値は一〇歳以上の人口に関するものである）。しかし、この結果は、上の計算によるものよりさらに真実から遠いものであることは疑いようがない。

ストルイクのものと幾分似たデータが、メサンス（Messance）によって、フランスのオーベルニュ、リヨン、ルーアン「一体（generalites）」の小さな村や町の集計から報告されている（Messance, 1766）。この集計（人口は「二人ずつ数えられた」）は、一七五六年（オーベルニュー）、一七五九年（リヨン）および一七六二―三年（ルーアン）で実施された。集計人口は、それぞれ約一九、〇〇〇人、二〇、〇〇〇人、六一、〇〇〇人であり、主に小さな教区に居住していた。メサンス自身は、集計で得られた割合がそれぞれの地域の全人口を代表するものであると信じていた。一五歳以上の男女について、彼は、未婚者数、有配偶者数と配偶者を失った者の数（両者を合わせたもの）および奉公人数を示している。

上の二つの仮定を用い計算した結果、未婚率は以下のようになった（表11―27）。

これらの割合は高く、明らかにヨーロッパ型である。一七五〇年のスウェーデンでは、上の値は男子が三六％、女子が三五％であった。これ程詳細ではないが、メサンスのものと似たもう一つのデータがモオによって引用されている（Moheau, 1912）。また彼は言及もせずに、メサンスの数値を複製している。[46]

最後に、一七六六年にJ・L・ミュレ（J. L. Muret）によって出版され、マルサスの『人口論』（第二版以降）にも引用された、スイスのヴォー（Vaud）の推計についても触れておかなければならない。ヴォーにおける七六、〇〇〇人の成人のうち、無配偶者が三八、〇〇〇人存在しており、そのうちおそらく九、〇〇〇人が配偶者を失った人たちであったと考えられている。これから計算される未婚者数は、十分にヨーロッパ型に属するものである。マルサスは、ベルンに関しても類似の数値をいくつか引用している。しかし、私は、この推計の基礎となっている統計が何であったのかを見つけ出すことのできる原資料を検討したわけではない。

ここで行った配偶関係別の人口構成に関する一八世紀の資料の検証は表面的なものであったが、これらのデータに関する限り、ヨーロッパ型結婚形態以外の痕跡はあり得ないということは、誰の目にもあきらかなことであろう。

原注

（1）一九〇〇年は、いくつかの理由で都合のよい年である。というのは、この時期には、実質上、ヨーロッパ全土で適切な形式のデータが存在する。本章の目的のためには、政治的なフロンティア地帯は第一次世界大戦（一九一四―一八）後よりも適している。なぜなら、戦後のデータは戦死者によって影響され、異常な女性の超過などを招くからである。

（2）ヨーロッパ型が浸透している地域に名前がないのは、大変都合が悪い。私は、（誤解の余地がない場合には）この地域を「ヨーロッパ」と呼ばせてもらうことにする。東ヨーロッパを除外することは具合が悪いので、「西ヨーロッパ」とか「西ヨーロッパ型」のように表現すれば、もっと正確かもしれない。しかし、この概念がたいへん頻繁に言及されることを考えれば、簡潔であることが都合がよい。私たちが使う限定された意味でのヨーロッパとは、実際上は、

表11—28　女子1,000人あたりの出生率(すべての配偶関係を含む)

年齢階層	15-19歳	20-24歳	25-29歳
スウェーデン　1871-5年	9	106	207
ブルガリア　1901-5年	24	289	312

出典:Kuczynski, 1935, p.123.

ヨーロッパの歴史の多くでその舞台となる地域である。

(3)いくつかの小さな地域(ルクセンブルグ、フェローズ島など)は除外されている。

(4)この中間型は、アメリカ合衆国の特徴である。

(5)この例外はフランスである。この国では、今世紀初頭の三〇年間に未婚女子の割合がかなり低下した。出生率の低下とともに、フランスは、この点においても他のヨーロッパ諸国に先んじていた。Bourgeois-Pichat, 1951, PartⅢ, p. 489.

(6)これに関する情報については、G・モルターラ(Giorgio Mortara)による最近のレビューがある(Mortara, 1961)。

(7)この種のデータは、United Nations, Demographic Yearbook (1955), Tab. 17に見られる。ヨーロッパ諸国の配偶関係データの正確さとその意味は、必ずしも疑問の余地がないわけではない。たとえば、合意婚(consensual union)を考慮に入れれば、未婚率は表11—1と表11—2に示された数値よりも低くなるであろう。一九世紀のスウェーデンにおける比較的高い非嫡出子率、および文献にある合意婚(stockholm marriage)に関する言及は、この影響が相当あったかもしれないことを示唆している。この影響を修正したとしても、ヨーロッパの数値と他のそれとの間に大きなギャップがあることを示すために、出生率のデータを引用することができる。ヨーロッパ諸国では、出生率のデータは出産制限が広まる前の時期に適用されるべきである。摘出・非摘出を問わない出生のすべてをもとにした、以下の年齢別特殊出生率を比較すれば、三〇歳未満のすべての結び付きにある女子に関して、スウェーデンとブルガリアの間に明らかな差があることがわかる(これより高い年齢層では、このようなデータを解釈するにあたっては、寡婦の割合の違いを考慮に入れなければならない)(表11—28)。

(8)Beltrami, 1954, p. 181を参照。(一歳毎による)本来の分布はそのAppendix, Tab. 12に示されている。ベルトラーミによる著書のp. 183にある一四—五九歳の婚姻率は、一六〇一年にまで遡ることができる。一八世紀と比較すれば、一七世紀の婚姻率はかなり高いので、一七世紀にはより多くの人がより早く結婚していたのだろう。ベルトラーミの著書には、それ自体さらなる研究を必要とする追加的な情報(たとえば、年齢別婚姻率の間接標準化あるいは年齢報告の精度に関する分析)が多く含まれている。

（9）この三〇年間、ヨーロッパ諸国の多くが経験したような、結婚慣習が急速に変化していく時期の一年間あるいは数年間を対象とする場合、普通平均結婚年齢（すなわち、一年間あるいは複数年の平均結婚年齢）はたいへんな誤解を生む指標になることがある。この論文で引用した平均結婚年齢は、ほとんどすべての場合、かなり長期にわたるデータに基づいている。また、私たちの興味は細かい違いにあるのではない。ヨーロッパ型結婚形態と非ヨーロッパ型結婚形態との間にある違いは大きいものであり、本章の目的のためには、この普通平均結婚年齢に関する問題は脇に置いても差し支えないだろう。

（10）男子の平均初婚年齢は、その花嫁が寡婦である場合と離婚女性である場合とを含めた、未婚であったすべての男子の平均結婚年齢である。同様に、女子の平均初婚年齢は、その相手が妻を失った者である場合と離婚男性である場合とを含めた、未婚女子のすべての結婚を対象としたものである。未婚者の割合から平均初婚年齢を計算する方法については、Hajnal, 1953b, appendix Ⅲに説明されている。

（11）二つの要因（再婚の割合と平均再婚年齢）は互いに独立ではない。一九世紀のヨーロッパに比べ、非ヨーロッパ社会における女子の低い初婚年齢、花嫁と花婿の大きな年齢差および高い死亡率というすべての要因が、結婚全体に占める寡婦の結婚の割合を高くしている。しかし、ヨーロッパの標準と比較すると、これらの同じ要因が寡婦の平均再婚年齢を低くしている。離婚も再婚の割合を増加させるが、離婚女性は、平均して寡婦よりも若く再婚する。ヨーロッパの記録では、花嫁が寡婦である結婚の割合が二〇パーセントを超えることは明らかにない。四〇歳が寡婦の平均再婚年齢のようである（四〇歳は、今世紀初頭のイングランドとウェールズにおける寡婦の平均再婚年齢である）。もし再婚の割合を二〇％、平均再婚年齢を四〇歳とすると、二四・八歳という全結婚の平均年齢が得られる。すなわち

$$21\times0.8+40\times0.2=24.8$$

もし再婚の割合を二五％、平均再婚年齢を三六歳、あるいは再婚の割合を三〇％、平均再婚年齢を三四歳と仮定しても、同様な結果が得られる。

（12）私自身は、サッセン（Sassen）の論文のオリジナルは読んでいない。引用された詳細はモルズ（Mols, 1954-1956, Vol. Ⅲ, p. 137）によるものである。モルズの記念碑的研究は、本論文の準備資料として貴重な指針となった。

（13）私自身は、ローラーの研究を見たことがない。結婚年齢に関する数値は、Mombert, 1929, p. 118より抜粋された。Mols, 1954-1956, Vol. Ⅱ, p. 268, note 3は、これらが結婚と洗礼の記録を照合して得られたとしている。

（14）この数値は、未婚男子に関する二七二件の結婚と未婚女子に関する二一六件の結婚に基づいている。これらの結婚では、配偶者の誕生日（したがって彼らの年齢）が判明した。洗礼証明者が見つからない人（ほとんどの場合、これら

の人たちはこの村では生まれていない人たちであろう）の結婚については、可能な限り死亡年齢から、おおよその結婚年齢が計算された。

(15) 彼は、Recherches Statistiques sur la ville de Paris et le département de la Seine, 1829 というタイトルの著書を引用している。ブルジョワ=ピシャの論文には間接推計も含まれているが、それは一八世紀のフランスにおける女子の平均初婚年齢が二五歳前後であったことを大筋で確認している。Glass and Eversley, 1965, Part Ⅲ, p. 484 を参照。

(16) この研究に次いで早い時期の研究は、一七五〇年のイタリアのバリ（Bari）に関するものであるが、それについては十分な詳細が発表されていない（De Meo, 1934 を参照）。

(17) これは、一九六〇年一二月一四日にノッティンガムの研究会で発表された。このデータを使ったデュプレによる研究については、Glass and Eversley, 1965, Part Ⅲ, p. 608 を参照。

(18) 未婚女子の死亡に関して、クリュレ（Crulai）と同様の結果が、ジラールによって研究された一八世紀末の他の教区から得られている。

(19) K・H・コンネル（K. H. Connell）によって、早婚が一八世紀のアイルランドの特徴であることが示唆されている（Connell, 1950）。非常な晩婚と高い生涯未婚率という特殊なアイルランド型結婚形態は、飢饉後の数十年間に発達した。飢饉前の数十年間に早婚へ移行しつつあったというコンネルの議論は、考慮に値するいかなる統計的証拠をもってしても支持されない。飢饉前であっても、おそらく、アイルランドの結婚年齢は、一八四一年の国勢調査に記録された未婚率によって示されたように、他の北西ヨーロッパにおけるものと似たものであっただろう（Hajnal, 1953b, p. 95, note 6 を参照）。コンネルの見解については、Glass and Eversley, 1965, Part Ⅲ, p. 423 を参照。

(20) この結婚形態の変化は、L・ストーン（Lawrence Stone）による最近の論文（Stone, 1961）でも観察されている。この論文は、英国貴族の結婚に関する社会学的研究である。私は、本章を書き終えた後に、ストーンの論文を知ることになった。

(21) François de la Rochefoucauld, 1955. 引用は、F・M・ウィルソン（Francesca M. Wilson）の翻訳から抜粋された。

(22) 原資料にまで戻らなければならないかもしれないが、いくつかの場合では、おそらく事実を解明するような方法が発見されるかもしれない。都市の結婚に関する良質の情報があっても、それから得られる知見は注意深く扱われなければならない。一五世紀のいくつかの大都市における晩婚は、当時一般的であったということではなく、ただ単に新しい結婚慣習がヨーロッパ中に広まりつつあったのかもしれない。

(23) これらは、*Annuaire international de statistique*, 1916, Vol. Ⅰ, Tab. D2 に収録された一八五〇—一九一〇年の国勢調査

データから一般化された。一四歳以上の人口における女子の既婚率は、一五歳以上の女子の既婚率より約三%低い。

(24) クリュレの分布は初婚に関してのみのものである。もし再婚が含まれれば、高い年齢階層の割合は大幅に上昇するであろう。

(25) 該当部分(『ゲルマニア』第二〇章)は、以下のようである(Tacitus, Germania)。"sera juvenum venus,eoque inexhausta pubertas. nec virgines festinantur; eadem juventa, similis proceritas: pares validaeque miscentur..." ラテン語を相当以前に勉強し、辞書に頼らなければならない者にとっては、以下のような翻訳をしたくなる。「若い男性の性生活は遅く始まるため、彼らの男性としての強さは消失しない。女子も(結婚を?)急ぐことはしない。若い時の彼らの生活はみな同じで、彼らの発達も似ている。彼らは、(年齢が?)等しく、力強い時に結婚する。」かっこをつけた部分(それは重要なものであるが)は、Lewis and Short のラテン語辞典の "festino" と "par" の項に示されていたものである(前者については、この部分に特に関連している)。明らかに、これは、この部分をゲルマン人の晩婚の証拠とするE・ウェスターマーク(Edward Westermarck)のような人たちに受け入れられている意味である(Westermarck, 1925)。しかし、タキトゥスは思春期や結婚年齢について何も言うつもりはなく、ただ結婚前のゲルマン人のつつましさ(ローマ人と比較して)を賛美しようとしていたに過ぎなかったと解釈することは可能であるし、それは彼の言説の主旨ともよく整合する。Loeb 編の翻訳者は、該当部分をこのような意味にとっているように思える。

(26) ユダヤ人の性行動に関するタキトゥスの意見(*Histories*, V, 5)は、この件についての彼の情報の信頼性を高めるものではない。

(27) Babylonian Talmud〔ユダヤの律法〕, Tractate Sotah 44a (Cohen, 1932, p. 171 に引用されている)。

(28) これらの推測は、高死亡率下の典型的ライフサイクルと今日のヨーロッパのものとを対比させたJ・フーラスティエ(Jean Fourastié)の論文(Fourastié, 1959)にある計算とだいたいにおいて一致する。

(29) 現代のアイルランドを安定した閉鎖社会とみなすのは間違いである。結婚に関する限り、アイルランドに残った人々の非常な晩婚と生涯未婚者の多さという特異な形態は、一九世紀後半になってやっと定着したものであり、この形態は非常に高い人口移出率を伴っている。結婚を望む多くの人々は外国へ脱出し、そこで結婚したというのが自然な推測であろう(このような可能性は、中世イングランドにはほとんど存在しなかった)。

(30) 上で言及されたフーラスティエのすばらしい計算方法(Fourastié, 1959)(たとえば、両親が自分の子どもたちの結婚式に立ち会えることがいかに稀であったか、あるいはどれだけ頻繁に夫は妻を失ったかを示した)は、他の研究者をして、さらにこの種のモデルを作らせ、最終的には、確かな結果が導き出されることになるだろう。これらに関する事実は、中世研究に携わる者の意識に深く刻み込まれなければならない。

(31) R・H・トゥニー (R. H. Tawney) の Tawney, 1912, pp. 104-106 は、逆方向の示唆をしている。彼は、一三七七年から一五〇〇年の間に晩婚化への傾向がある一方、一六、一七世紀には早婚へ移行していったかもしれないとしている。その頃、結婚を引き延ばす動機を持たない、土地を持たないプロレタリアートの数が増加していた。

(32) 女子の皆婚を当然と思っている社会が、戦争による男子の深刻な不足にどう対処するのかという問題は興味深い研究テーマとなるだろう。古代アテネでは、紀元前四一三年の悲惨なシシリア遠征の後、重婚を認める法律ができた。それを利用したものの一人がソクラテスであり、彼は悪名高きクサンティペに加えて、貧しい寡婦を第二夫人として迎えた (Zimmern, 1931, p. 340 を参照。)

(33) この現象は高い妊産婦死亡率の問題とは別であり、後者の影響は非常に誇張されている。

(34) ヨーロッパ型結婚形態に関するデータの驚くべき特徴は、男子の平均初婚年齢は女子のものより僅かに高い(ほんの二、三歳)ことがしばしばであるということである。これは驚くべきことである。というのは、他の要因が同じだとすると、年齢の大きな違いは女性の結婚チャンスを狭めるからである。しかし、生涯未婚率が最も高いのはヨーロッパである。この謎に対する答えは、非ヨーロッパ型結婚形態では、結婚年齢の男女差が他の要因、なかんずく複婚(連続的あるいは同時の)によって相殺されることにある。実際、高い頻度の(同時)複婚は、若い男子が比較的長く未婚を続け、自分よりかなり若い妻と結婚する社会でのみ通常可能である。一六歳以上の女子のほとんどが、幾分年上の男子と結婚するようなシステムでは、結婚した男子の高い割合が二人かそれ以上の妻を持つことができる(戦争などによって男子が殺されたと考える必要はない)。この非常に簡単なポイントは、複婚と性比の関係を議論する際によく見過ごされてきた。それは、明らかにバンツー族の人口学的研究において、E・H・ソナバン (Enrico H. Sonnabend) によって (Sonnabend, 1935, pp. 171-173) 説明されたのが最初である。彼は、ズールー族が「男女の結婚年齢と複婚の頻度の関係について、ヨーロッパの研究者よりも明確な考え(純粋に直感的ではあるが)を持っている」としている。実際、男女の結婚年齢、初婚率および再婚率などの関係を変化させることによって、西欧流の考え方では非常に奇妙だが、ほとんどあるいはすべての女子が結婚し、十分な再生産が可能な想像上の結婚パターンを作り上げることができる。たとえば、年老いた男性が若い女性と結婚したり、若い男性が年老いた女性と結婚したりするシステムを考えてみることができる。C・W・ハート (C. W. Hart) とA・R・ピリング (Arnold R. Pilling) による非常に優れた最近の研究 (Hart and Pilling, 1960) によると、この種のものが北オーストラリアのティウィ族の間でなされているという。彼らによると、ティウィ族では、すべての女子が生まれてから死ぬまでには結婚(あるいは婚約)するとしている。彼女たちは、出生時に、自分を購入するのに十分年老いた男性と婚約をする。彼女が同居するようになる頃には、彼は少なくとも四〇歳にはなっているだろう。しかし、若い男性が年老いた女性と結婚することも可能である。彼らによると、ひとつの可能性は、Aの母をBの妻として与え、AがBの母親を妻としてもらうというものである。

(35) これらの割合は、四四〇人の男子と四四二人の女子に基づいている。年齢が記録されていない結婚数は、この時期にしては驚くほど少ない。数値は、ソスカンの論文（Csoscán, 1959, p. 106）から抜粋されたものである。ここには再婚が含まれており、全体のかなりの割合を占めている。

(36) 出産と育児をしない多数の成人女子の労働力という存在自体が、一八世紀のヨーロパ経済に相当有利に働いたに違いない。

(37) イングランドを訪れた時の彼の感想は既に引用したが、若きロッシュフーコー公爵は同様な意見を持っている。すなわち「おそらく、この（イングランドの晩婚の）もう一つの理由は、通常、結婚後すぐに家を持たなければならないということであろう。若夫婦は彼らの両親と同居することができないので、自分たちの行いや出費に浪費がないか十分に気を配っているに違いない。」

(38) ある時期のヨーロッパのある地域の家族システムについて（全ヨーロッパとか非ヨーロッパの全地域については言うまでもなく）、どれだけ妥当な普遍化が可能かということは私の能力を完全に超えている。中世以前には、西ヨーロッパのいくつかの地域では、広大な所有地と合同家族が存在した。おそらく、それぞれの夫婦は、原則として独立した経済単位でありながら、夫婦が完全な独立を得るまで、様々な手だてが与えられたため、早婚が可能であったということもあろう。J・カッツの研究（J. Katz, 1959）は、東ヨーロッパのユダヤ人社会にあるそのような手だてについて触れている。ホーマンズが記述した中世のイングランドにおける、これに関連した手だてについては以下に言及される。おそらく、合同家族はそのような伝統的な手だての役割を果たすと考えることができる。原則として、合同家族が一般的な国々では、平均世帯規模は大きくない。いくつかの核家族から成る世帯は、この状態を長く維持できないかもしれないが、この種の手だては、若夫婦が結婚初期の数年間、大きい単位の一部となることを可能にする。

(39) 本章を書き終えてから、H・ハラム（H. Hallam）による最近の研究（Hallam, 1958）が私の目に止まったが、有望な資料が分析を待っていると言ってよいであろう。

(40) キングが年齢構成に関して、リッチフィールドの資料をどのように使ったのかという議論については Glass, 1950 を参照。Glass and Eversley, 1965, Part II, p. 183ff を参照。

(41) 配偶関係のデータは、一八〇二年版、G・チャルマー（George Chalmer）の Chalmer, 1802, pp. 415-416 にある。

(42) 一七〇三年の国勢調査より早い時期の、そしてもっと簡単に利用できる統計については、Gille, 1949 を参照。

(43) Nader, p. 87. この数値は Süssmilch, 1775, Vol. II, p. 270 にも見られる。

(44) R・ゴナド（René Gonnad）によって編集されたモオの研究のリプリント（Moheau, 1912, p. 55）を参照。彼の名前で出版された研究の著者としてモオを言及することが便利である。

(45) Chambers, 1957, p. 51 を参照。Glass and Eversley, 1965, Part II, p. 327f も参照。一六四五年のモエン島の研究において、マッケプラングは年齢と出身層別による奉公人の構成に関し興味深い分析を行っている。それによると、奉公人はすべて若い。彼は、モエン島の若者が高い割合で、結婚前に奉公人としての時期を過ごしたに違いないとしている。

(46) モオの資料に関する議論については、*Population*, 1954, Vol. 9, No. 3, pp. 542-5 にあるL・アンリ（Louis Henry）による注を参照。

第一二章

前工業化期における二つの世帯形成システム

ジョン・ヘイナル

（浜野潔訳）

はじめに

この数十年、前工業化期ヨーロッパの一部で、またインド・中国など多くの社会で世帯規模についてよく似た発見がなされた。ごく最近まで、前工業化期のヨーロッパでも、またインドや中国でも大家族が一般的であったと信じられていたので平均世帯規模がわずか五人台であったという発見は、驚きをもって迎えられた。インドと中国における伝統的な世帯形成システムは（少なくともこの論文で扱う側面においては）よく似ている。一方、一七・一八世紀北西ヨーロッパの世帯形成システムは、それとは大きく異なっていたにもかかわらず実際の世帯規模はほとんど同じなのである。この論文の目的は、二つの世帯形成システムを数量的観点から説明し、比較することである。「世帯形成システム」という用語は、さまざまなタイプの世帯をつくりだした行動様式を比較するため、またその行動の結果を比較するために使用する。世帯形成システムは、第一の節で述べる世帯形成ルールによって定義される。

前工業化期の北西ヨーロッパに住んでいた人びとは、世帯形成システムに関してインドや中国と、また多くの前工業化期の社会に住む人びととはっきり異なる共通した特徴をもっていたという結論を強く支持するに足るデータが、証拠にはまだ欠落部分はあるものの歴史家によって集められつつある。

ここで北西ヨーロッパと呼ぶ地域は、アイスランドを含むがフィンランドは除くスカンジナビア諸国・イギリス諸島・北海沿岸の低地諸国（ベルギー・オランダ・ルクセンブルク）・ドイツ語圏およびフランス北部をさしている。この地域ではヨーロッパ型の晩婚が一七世紀にまでさかのぼれることを示す多くの証拠がある。この地域の世帯構成に関するデータにはさまざまな特徴があるが、とくに「奉公人」の比率が高いこと、二組以上の夫婦を含む世帯がきわめて少ないという点が目立っている。晩婚と世帯構成のあり方には明らかに関連があり、以下で説明する前工業化期北西ヨーロッパの世帯形成システムの際立った特徴を反映している。

「前工業化期北西ヨーロッパ」という用語は、ここでは一七・一八世紀の北西ヨーロッパを意味する。[1] この時期は、十分なデータが得られる期間である。同時期の南ヨーロッパや、フィンランド、バルト海沿岸諸国も一九世紀の終わりには晩婚型の地域になっていたが、この地域の世帯構成に関しては議論の対象とはしない。[2] 結婚年齢は世帯構成を決定する重要な変数であるので、ヨーロッパ型結婚パターンが見られる地域全体が一つのまとまりといえるかもしれない。北西ヨーロッパに議論を限定した理由は二つある。第一にここで除いた地域はデータが乏しいこと、第二に、一七・一八世紀に、少なくとも除外した地域の一部は北西ヨーロッパ型の特徴的な世帯形成システムを持たなかったという証拠があるためである。一八世紀およびそれ以前のフランス南部とイタリアの一部では、女性の初婚年齢は低かったという証拠が存在する。[3] また、フランス南部とイタリアすべての地域で、世帯構成が北西ヨーロッパ型の特徴をもっていなかったとする証拠もある。フィンランドとバルト海沿岸諸国も一八世紀には早婚であり、前工業化期北西ヨーロッパの規範とはかけ離れた世帯構成パターンがあったという証拠がある。一方、かなり広い地域において（たとえばイベリア半島）、この時期の世帯に関する資料が刊行されていないという問題がある。したがって、北西ヨーロッパ型の特徴的な世帯形成システムは一七・一八世紀の、ここで定義した北西ヨーロッパ以外の地域でも見つかる可能性はある。この問題に答えるためには、より多くの調査が必要となろう。一九世紀末には、ヨーロッパ型の晩婚パターンは北西ヨーロッパの範囲を越えて広がっていたことは確かである。

一七・一八世紀の北西ヨーロッパ社会は人口の面でも経済の面でも「伝統社会」のカテゴリーに入る。年齢構造は「若かった」（そしてもちろん、年齢構造は世帯の規模と構成に大きく影響する）。この時期の北西ヨーロッパはほとんどの人びとが農村に住んでいたという点からしても明らかに前工業化的である。「生産的」経済活動（農業・漁業・手工業）は、もっぱら世帯内で世帯構成員によって担われていたのであり、企業とその目的のためにつくられた作業場（プランテーション・工場・事務所など）で行われたのではなかった。しかしながら、すべての世帯が生産的な企業として機能していたわけではない。本章においては以下に説明するように、世帯とはあくまで「家計の単位」として扱われる。

本章は、前工業化期北西ヨーロッパの世帯形成システムを、前近代的な人口・経済的特徴をもつ、さまざまな社会の世帯形成システムと比較しようとするものである。ここで対象とした人口集団はすべて年齢構成が若い（二〇歳以下の人口が総人口の四三％以上）。これらの人口集団の出生率は、今日ヨーロッパで観察される出生率の水準より、どれも高い。また、死亡率も近代ヨーロッパと比べれば、すべてはるかに高い。どれももっぱら農村に居住する人口であり、その「生産的」経済活動は主として世帯内で世帯構成員によって行われていた（時には、農業または他の「生産」目的のために二つ以上の世帯が共同作業を行うこともあった）。しかし、議論の対象となる社会のほとんどで、多くの世帯は経済的に必ずしも「生産的」ではなかったのである。

第三の節（「合同世帯システムにおける世帯構成――インドと中国」）、第四の節（「世帯主となる年齢」）で検討する北西ヨーロッパ以外の世帯形成システムは、ある共通点をもっている（次の第一の節「世帯形成のルール」で説明する）。こうした共通の特徴をもつ世帯形成システムは、「合同世帯システム（joint household system）」と呼ばれている。ここでは、さまざまな社会について利用可能な性質の異なるデータを、北西ヨーロッパと比較しなければならない。

まったく異なる社会の間で世帯構造を比較するためには「世帯」が何を意味するかということを明らかにしておくことが必要である。ここでは個々の「家計単位」が一つひとつの世帯として扱われるようにデータを利用した（この点に関しては補論1「世帯の定義」参照）。

都市地域と農村地域の間で世帯規模と構成に大きな違いがみられる社会もある。本章の目的は農村地域の世帯形成を説明することであるので、できる限り農村地域のデータを用いた。都市人口が総人口のなかでごく小さな比率しか占めていないところでは、たとえデータが総人口に関するものであっても、それは農村部の状況を反映したものといえる。本章で扱われている人口はほとんどこのようなケースである。

過去数世紀間の人口、およびその他の統計指標に関しては、これまで村単位のデータにもとづいて議論がなされてきたが、ここでは可能な限り五千人以上の人口に関するデータに依拠した。小規模な村落に関する世帯構成データは（村落間においても、また同じ村落の異なる時期においても）、たとえ人口動態率や世帯形成のルールが同じ、または変わらない場合でさえ、相当のばらつきを示すからである。[4]

この論文は、世帯に関する歴史データを扱う他の研究と同じく、ケンブリッジ・グループの仕事に多くを負っている。P・ラスレット（Peter Laslett）＝R・ウォール（Richard Wall）編『世帯と家族』（Laslett and Wall, 1972）は、世帯に関する歴史研究に実証面での新しい基礎をつくったことで特筆しなければならない。また、本章のテーマはラスレットの著書『家族生活と私生児』（Laslett, 1977c）の第一章と明らかな類似点がある。ここでは、上記二冊で扱われていない種類のデータや異なるタイプの論点を強調するように努めた。[5]

世帯形成のルール

合同世帯という用語は、血縁関係を持つ二組以上の夫婦を含む世帯のことであり、単純世帯とは一組の夫婦を含むか、まったく夫婦がいない世帯のことである。北西ヨーロッパ型の世帯形成システムは、合同世帯をほとんどつくり出さないように機能した。大部分の人びとは、たとえ中年期まで生きのびたとしても合同世帯の一員にならなかったのである。

合同世帯システムの社会でも、世帯の大多数がある一時点において合同世帯であるという状況がつねに現れるわけではない（そのように機能する合同世帯システムも存在したが）。むしろ、合同世帯システムの社会は、大多数の人びとが人生のある段階で一度は合同世帯の一員となったというべきだろう。

ここで比較されている二つの世帯形成システムの特徴として、以下に示す、標準的な世帯形成行動に関する三つのルールをあげることができる。

1　北西ヨーロッパの単純世帯システムに共通する形成ルール

A　男女どちらも晩婚であった（初婚年齢の平均値[6]は、男性が二六歳以上、女性が二三歳以上であった）。

B　結婚後、夫婦が自分たちで世帯を管理した（夫が世帯主となる）。

C　結婚前の若者たちは、奉公人として世帯間を移動した。

2　合同世帯システムに共通する形成ルール

A　男性の低い結婚年齢、女性のさらに低い結婚年齢（初婚年齢の平均値は、男性が二六歳未満、女性が二一歳未満）。

B　若い夫婦は、老夫婦が管理する世帯[7]か、配偶者のいない老人（寡夫または寡婦）が世帯主である世帯に加わって生活を始める。一般に、妻が夫の方の世帯に入った。

C　複数の夫婦からなる世帯は、二つ以上の世帯に分割されることもあり、それぞれ一組以上の夫婦を含んでいる。

これらのルールは、ここでは一般的に質的な意味で使っている。それぞれの世帯形成システム内でも、異なる地域、時代において、同じルールでも機能の仕方にはかなりの違いがあった。たとえば、あるルールのなかで特定の変化がおこる年齢は同じではない（この多様性については、上記2Cの分割のルールに関する議論で詳しく説明する）。さらに、これら二組のルールだけで、個人の世帯間移動が決定されるわけはないので、完全であるとは言い難い。結婚や奉公に伴う移動、もしくは世帯の分割がなかったとしても、誰もが生まれた世帯で一生とどまれたわけではない。これらのルールに支配されない別種の移動があったことは確実である。しかし、本章で問題にする世帯形成の特徴を明らかにするには、上記の一連のルールで十分だろう。

これらのルールには説明が必要である。1Bの結婚した夫婦が自分の世帯を管理するという北西ヨーロッパの世帯形成ルールは、結婚に際して（a）新しい世帯が形成された、もしくは（b）配偶者のどちらかが、他に夫婦がいない相手の世帯に入った、それとも（c）もし若い夫婦が、両親か親のうちのひとりが所有している農場を引き継いだときは、親は若い夫婦の結婚と同時に隠居した、ということを意味する（前工業化期の北西ヨーロッパにおいて、配偶者のいる子どもがどちらかの親が世帯主である世帯のメンバーとして記録されている例がきわめて少ないのは、その状態が一時的であることを示していると思われる）。契約による隠居という慣習は、北西ヨーロッパのすべてではないにせよ、ほとんどの地域に存在した。農場経営者は、後継ぎが自分（および、生きていれば自分の妻）を扶養する代わりに農場を譲り渡すという契約を結んだ。つまり後継ぎは貸間・収入・食事・薪などを与えるという契約であった（隠居契約は、農場を放棄する寡婦によって、血縁上の後継ぎではない人物と結ばれたかもしれない）。北西ヨーロッパには、このような隠居が一般的である地域も見られた(8)。

もっとも意外なのは、この二つのシステムのどちらにおいても、第三のルール（すなわち1Cと2C）だろう。以下ではそれらのルールが、ここで問題となっている世帯形成システムが成り立つため必要不可欠のものだったということを議論しよう。

北西ヨーロッパシステムにおける奉公人の循環は、第五の節（「奉公人の循環」）でくわしく述べられている。奉公人は前工業化期の北西ヨーロッパ全域にわたって相当数見られ、青年層に集中していた。奉公人の循環が晩婚化をもたらしたという可能性はかなり高い。なぜなら、奉公は若い未婚の人びとに一定の役目を与えたからである。奉公制度のおかげで若い男女は、自分たちの労働力が有効に使われない農地や村落から出て行くことができた。一方、奉公人は、家族員の数が少なくて労働力の足りない農家や手工業の世帯に柔軟な労働力を供給した。

上記のような、北西ヨーロッパ全域に共通する世帯形成ルール（1A、1B、1C）は、特別に大きな世帯をつくる傾向をもたなかった。たしかに、富裕で有力な家の世帯主は多くの使用人を雇っていたので、北西ヨーロッパでも非常に大規模な世帯は存在した。だが、そのような大規模な世帯は北西ヨーロッパ型の世帯形成システムがもたらした必然的な結果ではなかった。しかし、合同世帯システム2Bのルールは、分割が起こらない限り巨大な世帯をつくりだしただろう。このルールのもとでは、世帯は直系男子全員が花嫁を世帯に連れてくることによって拡大しつづけた。それは兄弟、いとこ、またいとこ、さらに遠い親族とその妻子までも取り込む世帯となる。そのような大規模世帯は理論上可能であるだけではなく、世帯分割が起こらない限りきわめて頻繁に出現するだろう。高い死亡率の社会でも、複数の息子が成人する場合もあった（自分が持つ子どもの数は男性の方が女性の場合よりかなりばらつきが大きい、ということは覚えておくべきだろう）。何度も結婚を繰り返す男性は、女性ならば再生産可能な年齢をかなり過ぎるような年齢であっても、子どもをつくりつづけることができる。もし、ある男性の息子が数多く成人に達し、それぞれが妻を世帯に連れてきて、そのうちの何人かがまた成人に達する息子を持つということが続いてゆくと、結果として非常に大きな世帯ができるだろう。したがって、合同世帯システムには分割のルール2Cが必要なのである。合同世帯システムについて記述した文献は、合同世帯システムが機能しているすべての社会において、世帯が分割する点に言及している[9]。

世帯分割の慣習は、合同世帯システムのもとでの世帯構成と世帯規模の決定に大きな影響を持つ。もし若い夫婦が、夫の父親が死ぬ前であっても世帯を分割する傾向があり、また父親の死後まで生存している兄弟が死後数年の内に世帯を分割する傾向があるならば、合同世帯システムのもとでも世帯は比較的小さくなるだろう。しかし、もしも兄弟だけではなく兄弟の子ども達も一緒に住み続けるのなら、大規模な世帯になったであろう。この問題については第四の節（「世帯主となる年齢」）で扱う。

世帯形成システムの説明を完全なものにするには、働けるメンバーがいないため世帯として存続できない個人や集団（たとえば子どものいない老人達[10]、幼い子どものいる寡婦など）に、死や、その他の危機が生じたとき、どうなるかという議論が必要だ。そのような個人や集団は他の世帯に入るか、新しい個人を自分たちの世帯に入れるか、他のよく似た状況に陥っている世帯と一緒に新しい世帯を形成するか、もしくは親族に頼むなどして食物その他を供給してもらわなければならなかっただろう。

世帯に一組しか夫婦がいない北西ヨーロッパの世帯形成ルールのもとでは、このような世帯の崩壊はかなり頻繁に起こった。このような状況に遭遇したときに先ほど述べた隠居契約を結んだり、奉公人を雇ったりしたのである。さらに、北西ヨーロッパにおいては、そのような必要性は公的援助[11]によっても満たされてきた（これについては、第六の節（「北西ヨーロッパシステムの起源と出生力調整の結果」）でさらに詳しく述べられる）。世帯の消滅はよくあることだった。合同世帯システムの社会でも（北西ヨーロッパのシステムの社会よりも生活に行き詰まる人びとは少なかったが）このような社会でも数世代のうちに多くの男子を後継ぎとして残す人びとがいたが、人口増加が緩慢（すなわち出生率と死亡率がほぼ釣り合った状態）であったため、多くの男系が途絶えたので、釣り合いがとれたのである。消滅の過程で、独立世帯として機能することのできない個人や集団は見放された。[12]世帯形成ルールを完全に明らかにするためには世帯消滅ルールとでもいうべきものも含む必要があるだろう。

世帯形成のあり方は経済状態によって異なると、よく言われる。たとえば、豊かなひとのほうが貧しいひとよりも規模の大きい世帯を持つことができるということである。この命題は、場合によっては真実となる。たとえば、北西ヨーロッパにおいては、土地を持つものが持たないものの子どもを奉公人として雇うという事実が重要な社会的分化をもたらした。しかし（ごく少人数の貴族達は除く必要があるかもしれないが）、本章で扱う農村社会では、豊かな層から貧困層まですべての階層の人びとが同じ世帯形成ルールにしたがっていたことは注目すべきことである。[13] とくに北西ヨーロッパでは豊かな階層も合同世帯を形成しなかったのに対し、合同世帯システムの社会では貧しい人たちでさえ合同世帯を形成していたのである。

言うまでもなく、二つの基本的なシステムのどちらにも多様性がある。しかし、以下で引用されているデータは、その基本的な区別が有効であるだけでなく、二つのシステムとその多様性がどのように作用するか数量的に説明すると期待される（数量的説明には多くの驚くべき発見がある）。

最後に、ここで考察されている二つのシステムとは異なる種類の世帯形成システムがあるということ、本章で用いられている世帯概念には、適切にあてはまらない人口集団もあることを明確に述べておかなければならない。[14] 世帯の研究は、出生率や死亡率といった人口学的トピックと比べれば、まだ始まったばかりといえる。それゆえ、ここで述べることは多くの点で仮説的である。さまざまな社会の世帯データを解釈し比較するのに使われている分類と分析の方法は、将来おそらく修正され、洗練されるだろう。とくに本章で使用されている合同世帯形成システム、つまりルール2A・2B・2Cによってつくり出される世帯形成システムが有効な概念であるかどうかを明らかにするのは、今後の課題である。このような意味における合同世帯形成システムは、時間的にも空間的にも非常に大きく異なる状況で生じている。[15] 今後、さらに多くの世帯の統計的資料が分析されれば、本章において合同世帯システムとして定義された世帯形成ルールを示す人びとを一括りに扱ったことは、あまり適切でなかったということになるかもしれない。

北西ヨーロッパにおける世帯構成

残念ながら、個人がライフコースの過程でいかに世帯を移動したか追跡できる十分なサイズの人口データはない。そのため、ある時点の人口集団において、各個人が各世帯にどのように分布していたかを示す国勢調査、または類似のデータなどから世帯形成行動の結果を推測しなければならない。このようにして、前述の世帯形成ルールが実際に作用していたことを間接的に検証できる。とくに利用価値のある分析方法は、世帯主との関係ごとに人びとを分類することである。このように分類することで、北西ヨーロッパ型の世帯形成システムと合同世帯システムの間の特徴的な差異が浮かび上がる。以下にその差異を要約しよう。①合同世帯システムの社会では、一般に予想されるよりも多くの合同世帯が存在した。しかし、その平均世帯規模は必ずしも大きいわけではなかった。②これら二つの形成システムの社会を構成する人びとの種類は異なっている。合同世帯システムでは、ほとんどすべての世帯員は、世帯主の親族である。世帯主の妻と子ども以外にも、世帯主と親族関係にあるものがたくさんいた。③一方、北西ヨーロッパ型の世帯形成システムの社会では、世帯構成は異なっている。妻と子ども以外に親族関係のある者は、非常に少ない。そのかわり、かなりの数の奉公人と、間借り人（他の呼び方もある）と呼ばれる人びとがいた。彼らは、世帯主と親族関係がある者もいれば、ない者（たとえば、農場労働者）もいた。このような人びとのなかには、別世帯として記録されている者もいるかもしれない（農場に住んでいるが自炊している農場労働者の家族など）[16]。

二つの世帯形成システムそれぞれを示す特定の地域を選んで、詳細に考察してみたい。これ以外の地域の人口データは、後で簡単に説明する。この章では、北西ヨーロッパを代表するものとして、デンマーク農村のデータを考察する。

デンマーク

デンマークでは、一七八七年と一八〇一年に政府による国勢調査が行われている。これは当時としては例外的なほど水準の高いものであり、多くの点で本章の目的にふさわしい資料である。配偶関係が原史料に明確に記載されていることも適切な理由の一つである。たとえばデータを再分析する時に、世帯リストの筆頭に連続して名前がある男女は結婚していると仮定するといったような、間接的な推論をしなくてもよい[17]。このデンマークの国勢調査は質が高いだけでなく、オーゼンセ大学のＨ・Ｃ・ヨハンセン[18]（Hans C. Johansen）により原史料からすでに注意深く再構成されている。以下の分析の多くは、彼の丹念な分析に負うところが大きい。

ヨハンセンは、多くの点でデンマークの農村人口全体を代表すると考えられる二六の農村教区サンプル（約七千人）を分析している。彼の数値は、デンマークの農村人口全体の見取り図としてとらえることができる。デンマークで農村教区に住んでいたのは、人口のほぼ八〇％であった。

表12―1は一八世紀末のデンマークの農村人口を、世帯主との関係によって分類したものである。表中の数字は一〇〇世帯あたり、それぞれの関係にある人数を示している[19]。

ここで子どもとして集計されるのはある年齢以下の者ではなく、世帯主との関係によって定義された者である。子どもというカテゴリーには、世帯主の生物学上の子どもだけではなく、世帯内の類似した立場の人びと、たとえば妻が前夫との間にもうけた子どもや、再婚した妻が連れてきた彼女の前夫の先妻が産んだ子ども等も含む。奉公人というカテゴリーは後で詳しく検討する。

表12—1　世帯主との関係による100世帯あたりの人数

（1787年と1801年の平均／デンマーク農村教区）

	有配偶の世帯主と	その他の世帯主	子ども	その他の親族	奉公人	その他	合計
男子	88	5	99	8	50	5	255
女子	88	7	96	15	40	9	255
合計	176	12	195	23	90	14	510

出典：Johansen, 1975, p. 148.より計算。

表12—2　世帯主との関係による100世帯あたりの人数

（1645年のメン島，1787年と1801年のデンマーク農村教区）

	有配偶の世帯主と妻	その他の世帯主	子ども	奉公人	その他	合計
メン島	175	12	249	62	25	523
26教区	176	12	195	90	37	510

注：メン島の数値は，4,014人の人口を持つ5つの農村教区のデータをもとにしている。

出典：メン島のデータ：Mackeprang, 1907, p. 260の労働者たちの独立世帯（デンマーク語では“Husmaend”という）の推定数を使用し，同書258ページより計算。26教区のデータ：表12—1参照。

表12—1は、一八世紀末の状況である。これに、一世紀ないし一世紀半遡った一六四五年のデンマーク・メン島における農村教区のデータを加えて、比較することができる。これは、地元の聖職者によって徴税のためにつくられたものであり、現在残っている住民台帳は、E・P・マッケプラング（E. P. Mackeprang）によって二〇世紀初頭に極めて注意深く分析されたものである。**表12—2**は一八世紀末の状況とマッケプラングのデータを比較したものである（「その他の親族」と「その他」は同じカテゴリーに入れざるを得ない）。この資料の場合、原簿からは誰と誰が一個の世帯を構成していたのかということがわからない。また、平均世帯規模は、部分的にはマッケプラングによって推定された世帯数に依拠している。

　メン島のデータとデンマーク農村教区データの唯一の重要な違いは、一六四五年のメン島における子どもの数の多さと、部分的にはその埋め合わせになっているが、奉公人の少なさである[20]（第六の節（「北西ヨーロッパシステムの起源と出生力調整の結果」）参照）。

表12—2で使用されているカテゴリーは、一七・一八

世紀の北西ヨーロッパでは当然であると考えられていた世帯構成員の分類カテゴリーである。のちほど検討するように、これらは合同世帯システムに用いられるものとは異なる。J・グラウント（John Graunt）は人口学について書かれたまさに最初の著作である『死亡表に関する自然的および政治的諸観察』（Graunt, 1939, p. 60）のなかで、「私は（中略）一家族には約八人、すなわち夫、妻、三人の子ども、三人の奉公人もしくは間借り人がいたと思う」と書いている[21]（彼のいう子ども、奉公人または間借り人の数はやや多めであるが、過大評価が生じたと思われる理由がいくつか思いあたる）。合同世帯システムとの比較という点でグラウントが、子ども以外の親族は無視できる数であるが、奉公人（あるいは間借り人）が多数、世帯のなかに存在したと推測していることは注目に値する。とはいえ彼らが世帯の永続的なメンバーだったわけではない。

表12―1のデンマークのデータにおける、「その他の親族」は人口の五％未満であり、合同世帯がほとんどなかったことの明らかな指標である。

このデータは、有配偶者が、各世帯にどのように分布していたかいうことを直接示してくれる。一七八七年と一八〇一年の、有配偶男子の世帯主との関係は以下のようである（この百分率は、両方の国勢調査をプールした二、六〇六人の有配偶男子をもとにしている）。

世帯主　九三・四
世帯主の息子　〇・七
世帯主の父親　一・九
父親と息子以外の親戚　〇・一
奉公人　二・〇
その他　一・九

合計　一〇〇・〇

ヨハンセンの指摘によると、自分たちの世帯をつくらなかった夫婦の大部分は、老人か、結婚したばかりの（奉公人や労働者の）若い夫婦であった。結婚している奉公人は妻とは暮らさず、主人の世帯に住み続けた。ヨハンセンは、彼らが主人の家から、定期的に妻の元へ帰ったのではないかと推測している。

隠居した夫婦やその他の有配偶の男性（たいがい労働者である）は、自分たち自身の独立した家計単位を形作っていて、国勢調査で組み入れられた世帯から独立しているケースもあったに違いない（この点に関しては補論1を参照のこと）。したがって、親族関係のある二組の夫婦がいる世帯は全世帯の四％には満たなかったということができる。それゆえ、有配偶男子の大多数は結婚の時点で、自分の世帯の世帯主になったということは明らかである。

これらの表に対応する時期にデンマークは、男子初婚年齢の平均値が三〇―三一歳、女性が二六―二八歳であるという、男女ともに晩婚型の国であるということは、あらためて言うまでもないだろう（Johansen, 1975, p. 85）。

北西ヨーロッパの世帯形成ルール（若者たちが奉公人として世帯間を循環すること）は、**表12―1**と**表12―2**の奉公人の数にその影響をみることができる。このルールは、後の第五の節（「奉公人の循環」）で詳しく論じる。

北西ヨーロッパの、これ以外の地域のデータで、今説明したデンマークのデータに似ているもの、すなわち世帯主との関係で人口を分類したものがいくつか存在する。これらの資料について詳しく説明するのは煩雑である。簡単な紹介は補論2で行った。デンマークの農村人口に見られる特徴は合同世帯システムの社会とは対照的であるが、北西ヨーロッパ全域にあてはまるものである。二組以上の夫婦を含む世帯はほとんどない。世帯は一般に、世帯主・妻・子ども・奉公人からなる。いくつかの事例では、間借り人や隠居した両親といった前者以外のカテゴリーに含まれる数がデンマークのデータより多く、平均世帯人員数も多い。この場合、これらの付加的なメンバーの一部は（消費単位としての世帯という定義によれば）別の世帯を構成していた可能性もある。[22] 従って、実際の世帯規模と構成は、データから初めに受ける印象よりもデンマークの状況に近かったのかもしれない。

北西ヨーロッパ型の世帯形成システムに関するわれわれの結論を裏づける、もう一つのデータは、個人間の関係という点で定義される世帯（核家族、拡大家族など）の分類である。人口と社会構造の歴史のためのケンブリッジ・グループの研究による世帯の分類方法は、歴史家たちが（イングランド以外の地域の）多くのコミュニティに適用してきた。この証拠は、ラスレットの論文集『家族生活と私生児』（Laslett, 1977c）のなかに集められている。[23] 本章の議論で用いた証拠にも関係するが、用語の使い方については少しばかり疑問がある。ケンブリッジ・グループの分類概念では二組以上の夫婦を含む世帯は独自のカテゴリーをつくらない。「多核家族世帯」というカテゴリーは、親族関係や結婚によって結ばれている二組以上の夫婦家族単位からなるすべての世帯を含んでしまう。ほとんどの夫婦家族単位は一組の夫婦からなるが、それ以外のグループ、たとえば寡婦と彼女の子どもも夫婦家族単位を構成する。このように「多核家族世帯」というカテゴリーは、すべての合同世帯だけでなく、それに加えて一組の夫婦しか含まない世帯も含んでしまう。したがって、北西ヨーロッパのすべての共同体において多核家族世帯の数が極めて少ないという事実は、合同世帯の割合が小さかった（おそらく六％未満）ということを裏づける強い証拠となるだろう。[24]

合同世帯システムにおける世帯構成――インドと中国

デンマークの世帯構成のデータは、合同世帯システムの社会の状況と比べるために提示した。合同世帯システムの社会の一例はインドである。インドの世帯規模は前工業化期の北西ヨーロッパの世帯よりも大きいわけではないのに、合同世帯の比率がかなり高いことが示されるだろう。

表12—3　世帯主との関係による100世帯あたりの人数

（1951年インド農村）

	有配偶の世帯主と妻	その他の世帯主	子ども	その他の親族	親族関係なき者	合計
男子	71	19	110	48	3	251
女子	71	10	81	74	3	239
合計	142	29	191	122	6	490

出典：Census of India, 1951, Vol.1, Part I, Demographic Tables, Tab. C. I (ii).

インドの国勢調査はよく知られているため、ここで詳しい説明をくわえる必要はないだろう。一九五一年と一九六一年の世帯に関する表は、国勢調査の個票サンプルから作成されたものである。世帯に関する作表方法は、二つの国勢調査で異なっている。また、抽出の仕方も異なるし、データの質もインドのような広大な国では地方によってまちまちである。(25)

一九五一年のインドは、本章の目的にとっては理想的な比較対象とはならない。もちろん、この国は合同世帯システムをもっており、それが人口に多大の影響を与えた、という点では非常に重要である。一九五一年の時点で、インドはまだ圧倒的多数の小さな村々からなる農業国であった（八〇％をこえる住民が農村居住者に分類されていた）。しかし、「近代化」の影響が伝統的な世帯形成システムに、どの程度かはっきりしないが、何らかの変化をもたらしたということは推測できる。それでも、過去の世帯がもっと大規模であり、合同世帯の割合も、もっと高かったと信じるだけの理由は見あたらない。(26)

表12—3は一九五一年のインドの世帯構成である。

表12—1と**表12—3**を比較してみると、平均世帯規模はほぼ同じであることがわかる（どちらも約五人）。世帯主と妻の人数、世帯ごとの子どもの人数もほぼ同じであった。しかし、デンマークでは子どもの性比がほぼ等しいのに対して、インドでは息子が娘を大幅に上回っていたことは特筆すべきことだろう。女子は結婚に際し実家を出て嫁ぎ先の義理の娘となり、その時点で彼女は**表12—3**の「その他の親族」に含まれるこ

とが、その主な原因である。

北西ヨーロッパとインドの世帯構成の根本的な違いは、北西ヨーロッパでは奉公人（および「親族関係のなき者」というカテゴリーの人びとを一部含む）が、インドの世帯における「その他の親族」にあたる部分を占めていることである。インドの世帯は、ごくわずか（約二％未満）の世帯構成員をのぞいて、世帯主と親族関係のある人びとのみで世帯が構成されている。

以下に述べるように、北西ヨーロッパの奉公人は世帯主と親族関係があるものもいたが、彼らはインドの「親族」、たとえば義理の娘のように親族関係があるからといって、永続的な世帯構成員として扱われることはなかった。

インドでは、よく知られているように、男女とも早婚であることが合同世帯システムの特徴に適合する。ここで扱うのは、インドの国勢調査に記録されたような結婚（ヨーロッパで言うところの解消不可能な婚約）ではない。「結婚」とは、正式の婚礼の後、花嫁が花婿の世帯に移動することだと解釈しなければならない。それでもなお、この意味で「有効な」結婚は、北西ヨーロッパの結婚よりも男女とも平均的には人生のずっと早い段階で起こるのである。すでに観察したように、デンマークにおいては結婚後ほとんどすべての夫婦が新しい世帯をつくる。これは、インドの農村地域ではありえないことである。一九五一年には、有配偶男子で世帯主だったのは六四％にすぎない。[27] 結果として、多くの世帯で複数の夫婦が同居していた。国勢調査で挙げられた合同世帯の数と（その中に住んでいる有配偶男子の間の関係という意味での）タイプは、そこに作られた合同世帯のタイプだけではなく、夫婦が生き伸びる確率と、同居している複数の夫婦がどのような場合に分家するかという状況に依存する。

インドにおける合同世帯の数とタイプに関するデータがある。一九六一年の国勢調査について世帯構成を分析することにより、有配偶の息子の人数と、世帯主とそれ以外の親族関係にある有配偶の者の人数がわかる。一九

表12—4　インドとネパールにおける一世帯あたりの夫婦組数による分布(%)

	インド（マハラーシュトラ）州 (1947–51年)		ネパール (1976年)
夫婦なし		19	17
一組		58	63
二組			
父・息子夫婦	10		
兄弟夫婦	5	16	15
その他	1		
三組		5	3
四組以上		2	1
計		100	99
標本世帯数		12,030	5,537

出典:インド:Dandekar and Pethe,1960. ネパール:World Fertility Survey,1980.

六一年には、有配偶の男子の約六七%が世帯主であり、二二%が世帯主の息子であった。そして一一%は世帯主とその他の親族関係にあるものであった。一〇〇世帯あたり二四人の有配偶の息子と、世帯主と息子以外の親族関係にある一二人の有配偶の男子がいた。つまり、合同世帯の大多数は、父親と同居している有配偶の息子達によって形成されていたのである。しかし、世帯主とそれ以外の親族関係にある結婚している兄弟や親族夫婦が、少なからず同居していたことも事実である。それでも、かなり早い段階で世帯分割が起こったため平均世帯規模は約五人台にとどまっていた。[28]

インドにおける合同世帯のさまざまなタイプの出現頻度をより詳しく説明するためには、一九四七—五一年のマハラーシュトラ州で実施された調査が役に立つ（表12—4）。このサンプルは、およそ七四の村から選ばれた一二、〇〇〇世帯からなっている。[29]最大多数を占める世帯のタイプ（約七七%）は、ある時点で一組の夫婦だけを含むか、あるいは全く夫婦を含まない世帯である。それでも、以下のような推測が可能だろう。人生のある段階には多くの夫婦は合同世帯の一部分となる。父—息子型が最もよくおこるタイプであるが、他の組み合わせの起こる頻度も無視できない。

表12—4はまた、一九七六年のネパールにおける世帯ごとの夫婦組数分布も示している。これらのデータは、世界出産力調査の一環として行われた標本世帯抽出調査から得られたものである。結果はマハラーシュトラ州の結果と酷似している。ネパール人の九〇%以上はヒンズー教徒であると報告されており、ネパールは、インド型結婚パターンを示す。[30]調査によればネパールでは農村人口が全体の九七%を占め、平均世帯規模は五・二人である。

最後に、伝統的な中国の世帯構成データを示しておこう。(データは)解釈の上でも代表性の点でも不確実なところが多いが、中国は人口学上重要であるため、いくつかの数値を示すことは意義があるだろう。このデータは、一九二九—三一年にかけて行われた中国における土地利用調査からとったものである。[31]

この人口データは一九二九—三一年の間に集められ、一六の省にまたがる一〇〇以上の農村地域に住む、二〇二、〇〇〇人以上の人びとについて分析したものである。これらのデータには、近年プリンストン大学の人口学研究所で不完全なデータを扱うために開発された分析方法が加えられている(Barclay et al., 1976)。

この分析は、男女とも早婚で(男子初婚年齢二一・三歳、女子初婚年齢一七・五歳)[32]、出生率と死亡率が高いこと(どちらも人口千人あたり四一人)を示している。調査では、世帯とは「雇用労働者のような親族関係のない者も含み、寝食をともにする人びと」から構成されると定義されていた。原文では傍点で強調されているが、表12—1、表12—3と同じやり方で作成された表12—5に示されているように親族関係にない者の数はかなり少ない。

調査全体のデータとは別に、表12—5は七つの地域から二つの地域だけを別個に示している。この二つの地域の数値は極端である。すなわち、それぞれ一世帯に関する人数が最も多い地域と最も少ない地域だからである。[33]

北西ヨーロッパ型データと比較すると、中国の数値はインドとほぼ同じ特徴を示す。つまり、大勢の親族が存在する一方、親族関係のない者たちがごく少数である世帯から構成されるという点である。事実上、世帯内に世

表 12—5　世帯主との関係による 100 世帯あたりの人数
（1929-31 年中国の農村共同体）

	世帯主と妻	子ども	その他の親族	親族関係のない者	合計
調査全体	190	238	94	8	530
「南部」	190	250	142	1	583
「東南丘陵地帯」	191	205	68	6	470

出典：Taeuber, 1970.

帯主と親族関係のない女子がいないというのは（表には示されていないが）特徴的である。少数の親族関係のない世帯員はそのほとんどが男子である。調査全体では親族関係のない者のなかで男子の人数は、女子の約一二倍であった。伝統的中国の世帯に親族関係のない者がいないということは、**表12—5**で見られる他の特徴と同じく、日本の統治下で植民地政府によって集められた台湾の人口統計データからも裏づけることができる（Barclay, 1954）。

世帯主となる年齢

どんな人口集団においても、平均すると合同世帯は単純世帯よりも大きい。しかし、合同世帯システムのもとでの世帯が北西ヨーロッパの単純世帯システムのもとでの世帯より、平均して必ず大きくなるというわけではない。また、**表12—6**に示されたように、二つの世帯形成システムの社会で、世帯規模の分布が大きく異なるというわけではない。**表12—6**中の北西ヨーロッパの数値は、イタリック体で強調されている。[34]

これは非常に奇妙だろう。事実これまで多くの論文がモデルを用いて、結婚した子どもたちが両親の世帯に加われば（合同世帯システムの社会でみられるケース）、結婚によって子どもたちが独立世帯をつくるときより（北西ヨーロッパでみられるケース）世帯がどれだけ大規模になるのかということを示そうと努めてきた。これらのモデルは、「他の事柄が等しい」ことを前提にしている。とりわけ結婚年齢が同じという前提である（Burch, 1970）。実際には二つの世帯形成システムがそれぞれ機能したとき、北西ヨーロッパ型は平均すると、合同世帯システ

表12—6　いくつかの人口：世帯規模別分布（各世帯規模ごとの百分率）

	世帯規模					
	1-3	4-6	7-9	10+	合計	平均世帯規模
1574-1821年イギリスの100の共同体	**36**	**42**	**17**	**5**	**100**	**4.8**
1951年インドの農村	34	43	17	6	100	4.9
1787年デンマーク（26の教区）	**30**	**43**	**21**	**6**	**100**	**5.2**
1915年台湾	30	42	18	10	100	5.3
1801年ノルウェー（3地域）	**21**	**46**	**24**	**9**	**100**	**5.7**

出典：**表12—1**，**表12—3**および補論２の **表12—19**，**表12—20**参照。台湾の数値はBarclay, 1954参照。

ムの世帯と同じくらい大きな世帯をつくりだすことができたのである。

この状況を理解するための一つの方法は、二つの世帯形成システムで世帯間の同じ種類の移動を比較することである。たとえば、北西ヨーロッパ型のシステムのもとで世帯Xの一七歳の少女が世帯Yの奉公人になった場合を考えてみよう。そして、比較のために、合同世帯システムのもとで、結婚して夫の父親が世帯主である世帯yで同居する、世帯xの少女の場合を考えてみよう。世帯Xの人数は世帯xと同じかもしれないし、世帯Yの人数も世帯yと同じでありうる。そうすれば、世帯規模の分布に対する影響は二つのケースで全く同じだろう。しかし、一方では合同世帯がつくりだされたのに対し、他方ではそうでなかった。

見かけの上の逆説を理解する、もう一つの方法は男子が世帯主になる年齢を考えることである。世帯内での戸主権を獲得する方法には、二つの世帯形成システムの間で重要な差異がある。

世帯の戸主権獲得の年齢が世帯規模と密接に関係がある、という理由をもっとわかりやすくするためには、単純な仮定をすればよいだろう。

①世帯主はすべて男子であり、②すべての男子は、十分長く生きれば世帯主になれ、③いったん男子が世帯主になれば、そのまま世帯主であり続けるとする。もちろん、世帯主の人数は世帯数と等しいので、

世帯あたり平均人数＝総人口÷世帯数＝総人口÷世帯主数

表 12—7　結婚年齢と世帯主になる年齢(男子)の関係

(1801 年デンマーク農村教区)

	各年齢層の全男子に対する百分率		
年齢	既婚者	世帯主	既婚の世帯主
18-22	2	2	2
23-27	23	19	18
28-32	56	52	51
33-37	74	74	72
38-42	90	90	88
43-47	91	90	88
48-52	94	90	90
53-57	95	93	91
58-62	96	88	88

出典：H・C・ヨハンセン教授提供資料による。

となる。(35)

もしも男子がより遅く世帯主になればなるほど、ある一時点における世帯主が少なくなり、したがって世帯数も少なくなる。こうして世帯の平均規模はより大きくなるのである。(36)

これら二つの世帯形成システムのもとで世帯主になるのが年齢によってどう変わるのかということを明らかにするデータを見つけるのは容易ではない。北西ヨーロッパ型のシステムの社会では男子はほとんどの場合、初婚の時に世帯主になったので、世帯主の地位に就く時期は比較的狭い年齢幅に集中している。この点は一八〇一年のデンマークの農村人口に関する**表12—7**にみることができるだろう。**表12—7**に示されているように(最初と最後の列は、**図12—1A**にグラフとして描かれている)、結婚年齢も戸主権獲得の年齢もだいたい二四—四〇歳の間に集中している。**表12—7**の三つの列(既婚者・世帯主・既婚の世帯主)すべてがよく似た数値のパターンである(**図12—1A**に示されているのは二つの曲線だけであるが、仮に三つの曲線すべてが示されていたとしたら、それぞれ区別することがほとんど不可能になるだろう)。

合同世帯システムにおける唯一比較可能なデータは、まだ

図12—1　結婚と戸主権獲得の関係

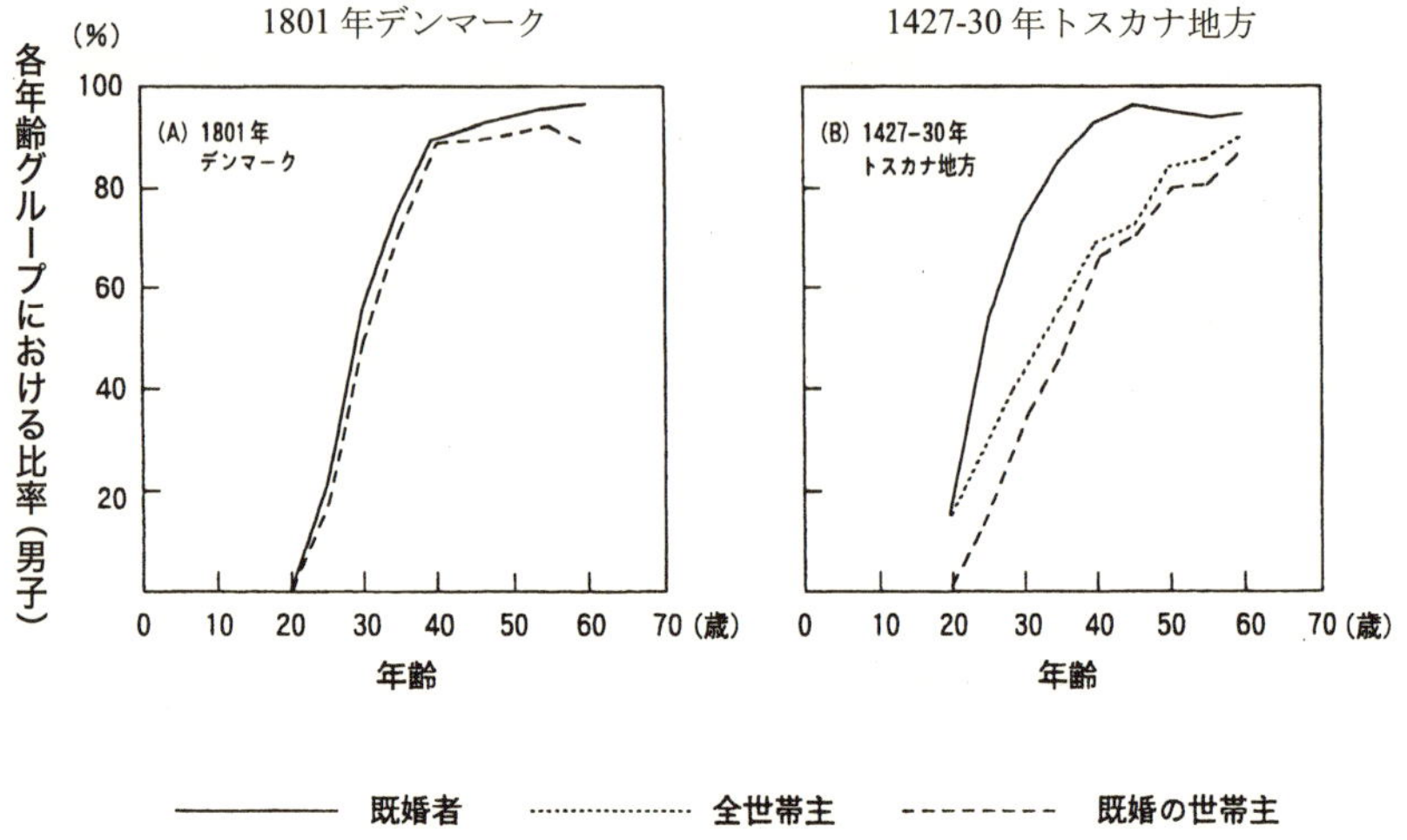

とりあげていない人口のものである。それは一五世紀イタリア・トスカナ地方のデータであり、その（徴税に関連して集められた）豊富な記録を、D・ハーリハイ（David Herlihy）とC・クラピッシュ＝ツーバー（Christiane Klapisch-Zuber）が極めて詳細に分析している（Herlihy and Klapisch-Zuber, 1978）。一五世紀トスカナ地方の農村人口は、われわれが定義した合同世帯システムのすべての特徴を備えている。

表12—7とまさに同じカーブを描いている**表12—8**（**図12—1B**）は、トスカナの農村人口を構成するピサ周辺の農村人口に関係するものであり、[37] **表12—7**と比較することができる。ここでは、一世帯あたりの平均人員数は四・七人である（データは三、九〇〇世帯をカバーしている）。

合同世帯システムの社会ではほとんどの場合、結婚は世帯主になる時点と一致していない。世帯主になる結婚以外の二つの方法は、①世帯主が死んだとき、その地位を継承する、②大規模な世帯が分割してつくられた世帯の一つの世帯主になることである。これらの出来事は結婚よりもっと広範な年齢幅に広がって生じる。

表12—9はデンマークの農村とトスカナの農村の人口を

表 12—8　結婚年齢と世帯主になる年齢（男子）の関係

（1427-30 年トスカナ）

年齢	各年齢層の全男子に対する百分率		
	既婚者	世帯主	既婚の世帯主
18-22	15	14	3
23-27	53	30	16
28-32	74	45	36
33-37	85	57	48
38-42	93	70	67
43-47	96	74	72
48-52	95	84	81
53-57	93	86	82
58-62	95	90	87

出典：Klapisch and Demonet, 1972.

表 12—9　1427-30 年トスカナと 1801 年デンマーク農村教区の比較

年齢層	各年齢層の全男子に対する世帯主比率		各年齢層の有配偶男子に対する世帯主比率	
	トスカナ	デンマーク	トスカナ	デンマーク
18-22	14	2	20	(83) [a]
23-27	30	19	30	78
28-32	45	52	49	91
33-37	57	74	57	96
38-42	70	90	71	98
43-47	74	90	75	97
48-52	84	90	85	96
53-57	86	93	88	96
58-62	90	88	91	91

a：6 人の世帯主中 5 人が既婚。

表 12—10　インドとトスカナにおける世帯内の夫婦組数による世帯の分布(%)

	インド（マハラーシュトラ州）（1947-51 年）		トスカナ（1427-30 年）	
夫婦なし		19		23
一組		58		58
二組		16		15
父・息子夫婦	10		11	
兄弟夫婦	5		4	
その他	1			
三組以上		7		4
合計		100		100

出典：マハラーシュトラ：**表 12—4** 参照。トスカナ：Herlihy and Klapisch-Zuber, 1978, p. 482.

多少異なる方法で比較したものである（**表12—7**、**表12—8**とは重複する部分もある）。トスカナの農村では結婚と戸主権は関係がない。若い有配偶の男子では世帯主の割合は小さく、この割合は六〇歳台まで緩慢に増加する。トスカナの農村で世帯主の地位につく平均年齢は、デンマークの農村人口のケースとほぼ同じ三〇歳前後だろう（興味深いことに、デンマークの場合、世帯主の割合は六〇歳くらいから減少しはじめるが、トスカナではこのようなことはみられない。これは隠居のためと考えられる）。

一五世紀トスカナの世帯あたりの夫婦組数分布は二〇世紀のインドの場合と大きく異なることはない。**表12—10**は**表12—4**に示されたインドのマハラーシュトラ州と一五世紀トスカナの人口との大ざっぱな比較である（この表では農村地域だけでなくトスカナ全体の人口が示されている）。

表12—10の世帯を分類する方法には若干の違いがあるとはいえ、二つの分布がかなり類似していることは疑いがない。[38] 文化的に大きく異なる二つの合同世帯システムから生じた結果がよく似ているということは、非常に印象的である。

さきほど言及した、戸主権獲得の二つの方法、つまり相続と分割の頻度に関して直接的な分析がなされた合同世帯システムの人

表 12—11　世帯主との関係による 100 世帯あたりの人数
（1814 年ロシア農奴グループ〔リャザン地方ミシノ領〕）

	有配偶の世帯主と妻	その他の世帯主	子ども	その他の親族	その他	合計
男子	62	23	130	207	10	432
女子	62	15	79	313	14	483
合計	124	38	209	520	24	915

注：データは 128 世帯の 1,173 人に関係している。
出典：Czap, 1982a, Tab. 11 (Czap, 1982b, Tab. 6,「永続的な多核家族世帯…」と同じ) より計算。

口はたった一つしか知られていない。P・ザップ (Peter Czap) は、一九世紀前半二つの領地に属するロシア人農奴グループを研究した。(39) 彼は戸主権獲得の二つの方法を区別する上で十分に詳しく書かれた相続記録を利用することができた。彼のデータを引用する前に、農奴の世帯形成システムを簡単に説明しておこう。農奴の世帯は、これまでとりあげたどの人口集団に比べてもかなり大きかった。平均世帯規模は九人以上である。これらの世帯の機能に関するザップの注意深い説明によれば、世帯はかなり大きかったにもかかわらず、完全に一つのまとまりとして機能していたことは明らかである。

表12—11は、ある領地の農奴の世帯構成を**表12—1**、**表12—3**の形式にしたがって示したデータである。(40)

表12—11の世帯主、妻と子どもの人数は、本章で扱っている他の人口グループにおけるものとたいして違わない。(41) しかし農奴の世帯が大きいのは、「その他の親族たち」を多数含むからである。農奴の世帯では、世帯主と親族関係のない家族員はほとんどいないか、いてもごくわずかである（**表12—11**における「その他の人びと」というカテゴリーは、世帯主との親族関係が特定できない人びとからなっている）。

ザップは親族関係のカテゴリーによって世帯構成員を分類したので、農奴の世帯では世帯員の大多数は、世帯主と単なる親族関係があるというより、実際のところかなり濃い親族関係にあったことがわかる。世帯構成員（世帯主を除く）の八五%は、世帯主の妻・世帯主の子ども・子どもの配偶者・孫・甥・姪などである。

残りの一五％は世帯主との関係がやや遠くなる曾孫のような人びとである。

農奴の人ログループでは、世帯あたりの有配偶男子数が多いが（一世帯につき平均二人）[42]、この値は、本章で扱われている他の合同世帯システムの人ログループと比べてもかなり多い。関連した指標である合同世帯の割合も他の合同世帯システムの人ログループよりも大きい。農奴の世帯は七五％[43]が合同世帯であるのに対して、他の合同世帯システム社会においては（**表12—4**や**表12—10**に示されている通り）一五—三〇％であった。合同世帯は単純世帯よりも大きいため、ある一時点をとると農奴の住民の大部分が、合同世帯の一員であった。多くの農奴は一生を通じて、もしくは人生の大部分を合同世帯で過ごすのである。

大規模な世帯、一世帯あたりの有配偶男子の多さ、および合同世帯の割合の高さは世帯形成行動のいったい何に起因するのだろうか。初婚年齢の平均値は男女ともに二〇歳以下である。男女が、非常に若くして父母になるということは、晩婚の地域よりも彼らが息子の結婚後も長い間生き続けるということである。その結果、晩婚の地域より世帯主である父親と有配偶の息子が同居する世帯が多くつくり出される。また、他の合同世帯システムよりも、世帯分割がかなり遅くなるという傾向もあった。同じ世帯にとどまる有配偶の兄弟やいとこの数も、他の合同世帯システムの社会にくらべて多かった。

では、再び戸主の地位を獲得する年齢の説明にもどろう。ザップは、一七八二—一八五八年の間に、ミシノ領で相続によって戸主権が獲得された事例が三四三件あり（年齢は一二—九二歳にわたる）、分家によって得られた例が一一二件（年齢は一八—七七歳）あったことを見いだした。ロシアの農奴グループで世帯の分割が起こるとき、新しくできる分家世帯は合同世帯である。どちらの場合も（相続と分家）、世帯主になる平均年齢は四六歳である。この年齢は合同世帯システムにおける典型例と考えられる一五世紀トスカナ住民の三〇歳という平均年齢とは対照的である。もちろん、農奴システムのもとでは、他の世帯形成システムの社会よりも世帯主にならないまま死ぬ男子の割合も高かった。

ザップの業績の大部分は、リャザン県ミシノ領の小作農民を対象に行われてきたものであった。この領地に関する彼のデータが、ここでの農奴世帯の説明のもとになっている。ザップは、同様にトベリ地方の領地に関しても四つの記録簿を分析した。一八一六年の記録簿によると、平均世帯規模は九・一人であり全世帯の七五％は合同世帯である。(44) ザップのミシノ領に関する詳細な研究によって明らかにされた特徴的な世帯形成システムは、農奴の間で一般的なものだったのである。実際、ミシノ領の世帯形成システムと類似のものは、何百万という住民の間に存在していたようである。平均世帯規模は、一八五〇年代―一八六〇年代の間に、ロシア帝国の行政機関、すなわち中央統計局によって集計され公表された人口と世帯数の集計データから計算することができる。ザップはこれらのデータを用いて、平均世帯規模の小さい（一世帯あたり六―七人）地域も一部には見られたが、ロシアの大部分の地域で一八五〇年代には平均世帯規模が大きかった（八人以上）と指摘している。

それに加えて、ザップが研究した農奴グループとよく似た世帯形成システムが、ロシア以外の地域にもあることを示唆する証拠もある。一八世紀末にハンガリー王政下のクロアチアで行われた複数の国勢調査によると、平均世帯規模はザップが研究した農奴グループと同じであり、また一世帯あたり有配偶男子の数も同じ水準だった。これらの国勢調査のデータはハンガリー統計局から出版されている。表12―12は一七八七年の国勢調査の要約である。

表12―12の要約をみると、クロアチアがいかに他地域とかけ離れているかということが分かる。さらに、クロアチアの中にはクロアチア全体からみても、さらに極端な郡もある。ポズセガ（人口六四、〇〇〇人）では一世帯の平均家族人員数が一〇・二人であり、一世帯につき平均二人の有配偶男子がいる。ザグレブ（人口一五〇、〇〇〇人）では、この数値はそれぞれ一〇・六人と二・三人である。クロアチアの人口には、農奴が多く含まれていた（ザップ

表 12—12　1787 年ハンガリー領国勢調査

	人口（単位 1000 人）	一世帯あたり人数	世帯あたり有配偶の男子数
本来のハンガリー領	6,085	5.22	1.05
トランシルバニア	1,372	5.03	1.03
クロアチア	617	8.33	1.70
61 の「王立自由都市」	485	4.45	0.84
合計	8,559	5.28	1.06

出典：Hungary, 1960.

は、もし農奴が農奴制廃止後のように別世帯をもっと自由に作ることができたのなら、彼の研究した農奴グループの世帯はもっと小さくなっていただろうと考えている）。スラブの伝統はロシア人と共通するところがあるので、クロアチアのこの現象を解釈する上でも関係があるかもしれない。

ハンガリー本国の郡別世帯規模と一世帯あたりの有配偶男子の数は、本章で論じられている他の人口グループの合同世帯システムと類似の合同世帯システムが一部の地域では存在したことを示唆している。一七九二年から一八一六年にわたる三つの村の住民リストを、家族復元のデータと組み合わせて詳細に分析すると、この仮説が裏づけられる。彼らは早婚（男子の初婚年齢の平均値が二四歳以下、女子のそれが一九歳以下）であり、世帯内には親族関係のない者はいないし、また、多くの合同世帯が（もっとも、インドや他の合同世帯システムの人口と同様、全世帯に占める合同世帯の割合は小さいが）存在したのである。(45)

奉公人の循環

世帯内での人間関係を記述する言葉の多くは、社会や時代にかかわらず、ほとんど同じ意味を持っている（異なる言語で対応する単語が何かという点に関して疑いをもつことはない）。たとえば「世帯主の子ども」は、恐らく本章で考察されているすべての社会において同じカテゴリーを指すだろう。

奉公人は、前工業化期の北西ヨーロッパの農村世帯において特徴的であり、また、たいていは重要な構成要素であった。[46] しかし、「子ども」という単語とは違い「奉公人」という単語や、他のヨーロッパ言語でそれに相当する単語は誤解を招きがちである。この言葉は、これまで分かっている限りではヨーロッパだけでみられ、[47] かつすでに消滅した制度をさしている。

前工業化期のヨーロッパの史料に、世帯員として記録されている奉公人は、[48] 現代の奉公人という言葉が一般に意味するような、富裕階層の個人的欲求を満たすために奉仕する人びとのことではない。彼らは住み込んでいる世帯の生産活動、主に農業や手工業に従事する人びとだったのである。当時「生産活動」は主に世帯内で行われており、今日いうところの「生産」と「消費」のはっきりとした区別はなかったということを記憶しておかねばならない。奉公人は、世帯内に組み込まれたメンバーとして暮らしていた。なぜなら彼らは、食事を共にすることが多かったからである。

奉公人は主人の世帯（当時の言葉なら「家族」）の一員である。第二の節（「北西ヨーロッパにおける世帯構成」）のグラントの論文の引用は、その一例といえるだろう。当時の宗教的書物は、神の目からみると、世帯主は彼らの子どもたちに対するのと同じように奉公人に対しても道徳的福祉の責任があると強調している。

前工業化期のヨーロッパにおける奉公人の数それ自体からは、奉公人の世帯間循環の重要性は分からない。たとえば**表12—1**は、一八世紀末のデンマークでは一〇〇世帯あたり九〇人の奉公人がいたことを示している。つまり、総人口の一七・六%が奉公人だった。しかし、奉公人は青年期と若い成人期に集中している。**表12—13**は、一七八七—一八〇一年にかけてデンマークの農村地帯では青年期を過ぎるまで生きた者の五〇%を優に越える人たちが、人生の一時期に奉公人として働いた経験があったことを示している。デンマークの人口に占める奉公人の割合は、他の北西ヨーロッパ地域よりも高かったことが現在では分かっている。それでもかなり

表 12—13 デンマーク農村教区における男女・年齢別の奉公人の比率

(1787 年と 1801 年)

年齢層	男子	女子
5-9	4	4
10-14	36	26
15-19	52	50
20-24	56	51
25-29	43	28
30-34	23	13
35-39	14	6
40-44	6	5
45-49	6	4
50-54	5	3
55-59	5	2

出典：Johansen, 1975, p.158. 数値は 1787 年と 1801 年の整数で与えられたデータから平均をとった。

多くの若い男女が、人生の一時期、奉公人として働いた経験をもつというのは普遍的事実といえるに違いない。表12—14は、他の人口に関して利用可能なデータ（表12—13と類似）を要約したものである[49]（アイスランドの補足データは表12—17参照）。

前述の通り奉公人の多くは結婚していなかった。とりわけ女子奉公人はそうだった。「すべての雇用者は男子奉公人の結婚を奨励しないし、仕事全般の能力をおとすと考えられる女子の結婚を決して受け入れない。」とD・ヒューム（David Hume）は一七四二年に出版された「古代諸国民の人口について」[50]と題したエッセイ（Hume, 1875）に書いており、さまざまなデータが彼のことばを裏づけている[51]。一般に、奉公は若者たちが家を離れて[52]から結婚するまでの期間に行われる。つまりライフサイクルの一環なのである。前工業化期の北西ヨーロッパにおける奉公人は、ラスレットによって「ライフサイクルサーバント」と名付けられた。奉公人はしばしば世帯を何度も移動する。彼らは永続的なメンバーではなく、ある一定期間の契約にもとづく世帯のメンバーだったのである。

貧しい者や土地のない者だけが奉公に出たのではなかった。農場を経営する者、またかなり広い土地を保有する者までもが、子どもたちを別のところへ奉公に出し、時にはその子どもに代わって奉公人を雇った[53]。全奉公人のほとんどが農業経営者の子どもたちであることもあった。もちろん土地を持たないか、ほとんど持たない者たち（ここでは農業労働者とよぶ）は、農業経営者の子どもよりも奉公に行くことが多かった。なぜなら彼らは両親の農

表 12—14　男女年齢別の奉公人比率

	1729 年アイスランド		1801 年ノルウェー	1814 年フランドル地方		1599-1796 年イギリス	
	3 地域		3 地域	9 村		6 村落	
年齢区分	男子	女子	男女	男子	女子	男子	女子
10-14	21	20	10	14	5	5	4
15-19	33	34	32	38	31	35	27
20-24	39	44	33	48	36	30	40
25-29	34	32	19	35	25	15	15
30-39	12	24	8	23	6	6	7
40-49	9	17	3	8	2	2	2

出典：アイスランド：Iceland, Statistical Bureau, 1975. ノルウェー：Drake, 1969（アイスランドとノルウェーのデータに関しては，補論 2 も参照のこと）。フランドル地方の村落：R・ウォールの教示による。村およびデータについては，Wall, 1982. イギリスの村落：Laslett, 1977c, Tab. 1. 7.

場で雇われるという選択肢がないからである。この事実は一六四五年のデンマーク・メン島のデータを用いたマッケプラングの先駆的研究（Mackeprang, 1907）によって初めて明らかにされた（表12—2）。表12—15はマッケプラングの単純な計算の基礎となったデータである。マッケプラングは、各年齢区分における農業経営者世帯出身の子どもと農業労働者世帯出身の子どもの割合は、〇—一四歳における割合にすべて等しいと仮定した。つまり、すべての年齢区分において一八%は、農業労働者世帯出身の子どもだったとみなした。そうすると、一〇—一四歳の五五七人のうち一〇三人が農業労働者世帯出身の子どもだったことになる。その年齢区分では六六人の農業労働者世帯出身の子どもが家にいるので奉公にでているのは三七人だったと考えられる。したがって表12—16のような結果が導き出される。

もちろん、この方法による計算はいくつか問題のある仮定を含んでいる（たとえば移動との関係）。しかし、大筋は疑う余地がない。なぜならば、農業労働者は人口全体のなかでは少数であり、ほとんどの奉公人は農業経営者の子どもだったと思われるからだ。類似の状況がアイスランドやおそらくヨーロッパの他の地域でもみられるだろう[54]（Sogner, 1979. Berkner, 1972, p. 409）。

一七世紀から一八世紀の間にデンマーク（および他の地域）では土地

表 12―15　配偶者のいない若者(男女)のうち家にいる者と奉公に出ている者(1645 年デンマーク・メン島)

年齢区分	家にいる農業経営者の子ども	家にいる農業労働者の子ども	奉公人	合計
0-4	478	108	0	586
5-9	458	97	20	575
10-14	368	66	123	557
15-19	175	6	165	346
20-24	93	8	110	211
合計	1,572	285	418	2,275

出典：Mackeprang, 1907, p. 263.

表 12―16　両親の社会的階級により推定される分布(1645 年デンマーク・メン島)

	両親の職業別奉公人人数		配偶者のいない子どもの奉公人である率 (%)	
年齢区分	農業経営者	農業労働者	農業経営者	農業労働者
5-9	11	9	2	8
10-14	86	37	19	36
15-19	107	58	38	91
20-24	79	31	46	80
合計	283	135		

出典：本文に説明されているように **表 12―15** より計算(数値はマッケプラング自身が求めたものとわずかに異なっている)。

を持たない者の割合が増えた。一六四五年にメン島で生まれた子どもの約一八%が農業労働者の子どもであるのに対し、一八〇一年のデンマーク農村教区のサンプルでは、生まれた子どもの約五〇%が、農業労働者の子どもであった。一八〇一年のデンマークでは、労働者世帯出身の子どもの中からより多くの奉公人が供給されたに違いない。

前工業化期の北西ヨーロッパの農村人口において、奉公人制度の特徴は、以下のように要約することが出来るだろう。①奉公人は非常に多かった。六%未満ということはまずなく、全人口の一〇%以上を占めるのが一般的である。②ほとんどすべての奉公人は未婚であり、彼らの多くは若かった(だいたい一〇歳から三〇歳まで)。③男女とも若者の多くが、人生のある時期に奉公人として働いた経験があった。④多くの奉公人は、家庭内の仕事よりむしろ、主人の農場や手工業工場で労働の一端を担った。⑤奉公人は、主人の世帯の一員として住みこんでいた。⑥ほとんどの奉公人は一定期間の契約により、主人の世帯の一員となった。⑦奉公に従事した結果、奉公人の社会的地位が主人より低下するという必然性はない。大多数の奉公人は最後には結婚し、奉公をやめる。彼らの社会的階級は奉公前も（すなわち、一般には親の階級）奉公後も、彼らの主人の階級と同じということもあった（一部の北西ヨーロッパの地域では、ある時期珍しいことではなかった）。

奉公人（もしくは名称がそのように訳される人びと）は、もちろんヨーロッパ以外でも見受けられる。しかし、ヨーロッパ以外の地域、とくに合同世帯システムの社会では、奉公人は北西ヨーロッパの多様な事例とは、機能においても規模においても、異なる現象である。世帯間を移動して人生のある一時期を過ごす者の割合が男女とも高いという、北西ヨーロッパタイプの奉公に多少なりとも似たようなものは、いかなる農村の合同世帯人口のデータにも見あたらない。純粋な意味での家事使用人（しばしば都市において多く存在した）や、職業が「奉公人」である世帯主と、北西ヨーロッパの農村地域の奉公人とは明らかに違う。ザップが研究した「大農場の奉公人身分」、すなわちロシアの貴族領に特徴的な農奴グループも北西ヨーロッパの奉公人とは異なっている。またこれ以外の合同世帯社会、たとえば伝統的中国における「奉公人」の類型は、J・L・ワトソン（James L. Watson）が論じている（Watson, 1980）。この種の「奉公」（世襲制家事使用人で人口の二％未満に過ぎず、主人の家に住み込まない）は、規模の点でも、機能についても、また就業方法についても北西ヨーロッパの事例との類似性は見いだせない。上記の例、また他の社会で「奉公人」と称される人びとには、前の段落で述べられたような前工業化期の北西ヨーロッパにおける奉公に特徴的な点は見いだすことはできなかった。前工業化期の他の人口では、そこに存在した「奉公」は青年人口の大部分を世帯間で再分配しなかったのである。

女子が早く結婚する社会では、北西ヨーロッパのような意味と規模で奉公人として人生の一時期を過ごすことは不可能だろう。

北西ヨーロッパ型の奉公は合同世帯システムのなかでは存在しえなかったという結論を裏づけるもう一つの証拠は、合同世帯システムの社会では世帯主と「親族関係のない」者が非常に少ないということである。合同世帯システムのデータにおいて、そのような人びとは前工業化期の北西ヨーロッパにおける奉公人の人数よりもかなり少ない(通例、人口全体の二%未満)。

この議論に対して、奉公人のなかには世帯主の親族もいたと異議を唱える人もいるだろう。実際、奉公人のなかにはごく近い親族がいたということも事実である。A・カスモール(Ann Kussmaul)は、二つの点で、親族関係が奉公人を雇うのに影響を与えると指摘している。「奉公人は彼らの親族を頼って働く場所をみつけ、雇用主たちは彼らを通じて奉公人をみつけた」のである。無作為に選ばれて就業した奉公人よりも、雇用主の親族が奉公人である場合のほうが多かっただろう。それでもなお、奉公人の大多数は主人と親族関係がないか[55]、合同世帯システムのなかの世帯員よりは遠い関係にあっただろう。いずれにせよ、奉公人は契約に基づく一定期間だけ同居したのである。彼らは親族関係による世帯構成員としての恒久的権利はなかった。

奉公人の世帯間の移動は、北西ヨーロッパ型の世帯形成システムの本質的な特徴である。晩婚とライフサイクルの一環としての奉公の関係は、すでに指摘した。ライフサイクルの一環としての奉公が世帯システムの本質的要素であるとみなすもう一つの理由は次のようなものである。すなわち、これ以外の北西ヨーロッパの世帯形成ルール(第一の節(「世帯形成のルール」)のルール1A、1B)は、一組の夫婦と幼い子どもたちだけで構成される世帯、すなわち農場を経営するのに必要な労働をするだけの十分な人数のいない世帯単位をしばしばつくりだした。奉公人の雇用が可能だったことで、この問題は解決されたのだ[56]。

北西ヨーロッパのシステムは合同世帯システムと同様、アイスランドのような生存最低水準に近い状態でも機能する。もしかするとこのシステムは、ライフサイクルの一環としての奉公制度があるような条件のもとでのみ存在できたのかもしれない。

奉公制度は、これまで研究者によって注意が払われてこなかった。今後、研究が進むにつれ、前工業化期北西ヨーロッパ社会の多くの機能と奉公のつながりが明らかになるだろう。この節の結論として、簡潔にかつ暫定的ではあるが、検討に値すると思われる関連事項を示しておこう。

北西ヨーロッパの移民の大部分は奉公人の移民であり、未婚の青年たちによる大規模な移動は合同世帯の社会には例を見ない。一七世紀の新世界への奉公人の移民、とくに年季奉公人のそれは、奉公制度にその起源があった。イギリスや、他の北西ヨーロッパのあらゆる地域からたくさんの奉公人が大西洋を渡った。ニュー・イングランド南部の北米植民地に来た者のうち、半分以上が奉公人だったと考えられている(57)。

奉公は、一般に男子よりも女子によくみられる選択肢である。これは、合同世帯の社会の女子と比べると、前工業化期の北西ヨーロッパの女子が明らかに自立していたことを表している。奉公の期間、女子は男性親族の管理下には置かれない。彼女たちは住む場所や雇用主を自分自身で決めたのである。さらに、女子奉公人の賃金は男子奉公人のそれと比べると低かったにしても、経済的な自立が可能だった。奉公の間に蓄えられた貯金は、おそらく女子奉公人の将来の結婚に関する経済的基盤をつくるため、しばしば大きな貢献をしただろう。これが（このような貢献が重要である）農業労働者と結婚する女子が、農業経営者と結婚する女子よりも平均して初婚年齢が高くなっている理由かもしれない。農業労働者の未来の妻は、必要な貯金をするためにある程度の期間、奉公が必要だったのだろう。

北西ヨーロッパにおける結婚が、二人の成熟した成人の結びつきであるということは、配偶者関係のあり方にかなり影響を与えてきた。この関係は、北西ヨーロッパでは一般に男女の交際から始まったが、合同世帯の人口グループでは両親に取り決められる結婚が普遍的であり、当人同士は結婚式の前にはお互い全く知らない、もしくはほとんど知らないという完全な意味の見合い結婚もあったようである。合同世帯システムは、北西ヨーロッパの状況と異なり結婚後の夫と妻の関係にも影響を与える。なぜなら、若い夫婦はしばしば、世帯内の唯一の夫婦ではないからである。若い夫の両親が世帯を管理するのである。合同世帯システム社会の若い妻は義理の母親の管轄下におかれたが、もし北西ヨーロッパにいたならその年齢であれば親族関係のない女主人のもとで奉公していたのである。夫は、妻よりも同居している彼の母親と、より親密な関係を持ち続けることもあるだろう。

奉公人は、北西ヨーロッパの農業経営者たちによって雇われた賃金労働者の一形態である。また、日雇い労働者もいたが（通常、日雇い労働者は結婚した元奉公人であった）。合同世帯の社会の場合、世帯はほとんど全員が親族であり、ほとんどの仕事は世帯内労働として行われる、つまり家族労働であった。賃金労働者が多くいる農家の家計と、労働のほとんどを家族に頼っている農家の家計は、かなり違うだろう。この差は、一九二〇年代にロシアの経済学者A・V・チャヤノフ（Alexander V. Chayanov）によって定式化された「小農経済論」（Chayanov, 1966）の中心となるものである。彼の見地はここ数年、かなり注目を集めている。チャヤノフは、もちろん、その用語で合同世帯形成システムを表わしたのではない。しかし、彼が「ロシア・インド・中国における小農家族」というとき、彼が思い描いているのは、合同世帯のようなものではないだろうか。彼は、合同世帯の発展に関する議論の中で、世帯主の息子の結婚によってつくり出された合同世帯が、世帯分割が起こるまで八年間存続するという「理論体系（現在ではモデルと呼ばれる）」を展開している。(58)

チャヤノフは、経済理論の概念（地代・物価・資本など）が賃金労働に基づく経済の枠組の中で発展してきたと述べた。つまり現代流にいえば、A・スミス（Adam Smith）やD・リカード（Devid Ricardo）や、その継承者たちが、彼らが知っている社会システム、つまり北西ヨーロッパの社会システムに基づいた理論を組み立てたことは驚くに足りないということである。しかし、経済学者によって開発された合理的行動の概念は他の種の社会には応用することはできない、とチャヤノフは指摘する。「小農民」状態、つまり合同世帯人口社会の人びとには当てはまらないのである。もし、チャヤノフが正しければ、北西ヨーロッパの人びとの経済的行動は、合同世帯の人口グループとは根本的に異なっていたに違いない。そしてその差異は経済発展にとって大きな意味を持つはずである。

北西ヨーロッパシステムの起源と出生力調整の結果

最終節では、今後の研究課題に力点をおいて、北西ヨーロッパ型の世帯形成システムに関していくつかの点をつけくわえたい。歴史上の世帯に関しては、まだ分析されていない情報がたくさんある。世帯の研究は、コンピュータ処理されたデータが利用できるようになってからかなり進歩したし、ここ数年のうちにさらに多くの情報が利用できるようになることは疑いない。とくに過去数世紀における南ヨーロッパの世帯構成に関して、もっと解明されると期待できる。

北西ヨーロッパ類型の世帯形成システムは一七世紀には一つのつながった地域として観察されるが、この地域では恐らくどこでも同じ原因によってつくり出されたのだろう。この世帯形成システムは、もしかしたら人類の歴史上一度だけ現れたものかもしれない。その一方、多くの社会で合同世帯形成ルールに準じる世帯形成システムが独自に発展したという可能性はある。

北西ヨーロッパと呼ばれる地域でも地方によって世帯構成に違いはあるが、本章で強調する点は、その地域全体に共通する特徴である。北西ヨーロッパ世帯形成システムに共通する独特な特徴は、北西ヨーロッパに隣接する人口、とくに南ヨーロッパの人口の過去数世紀にわたる世帯構成が徹底的に研究されたとき、はっきりとわかるだろう。南ヨーロッパ型の世帯形成システムは北西ヨーロッパのルールには準じないが、他の合同世帯システムよりは北西ヨーロッパとの類似点（たとえば「ライフサイクル」型の奉公人の存在）が多いだろう。本章において北西ヨーロッパ型の世帯形成システムの特徴として提起した事柄は、南ヨーロッパ型の世帯形成システムが徹底的に解明されたとき、修正する必要が生じるかもしれない。

いったいどれくらい前に、北西ヨーロッパ型の世帯形成システムの際立った特徴が現れたのだろうか。より古い時代の共同体全体の世帯形成に関するデータが発見されるという可能性もあるが、たとえ直接のデータがなくても世帯形成システムに関する推測はある程度可能だろう。というのは、北西ヨーロッパ型の世帯形成システムは、法的もしくは他の記録により、一七世紀より数世紀間遡って見出される特徴と関連があるからである。その特徴は三つあげられる。①北西ヨーロッパ的な特定の意味での奉公人が多数存在すること。この特徴はこれまでにもかなり議論されてきた。②隠居契約。この特徴は、ごく簡単に言及した。もし子どもたちが成人後も合同世帯の両親のもとに居つづけるなら、新しい世代は両親が年をとり体力が弱ってくるにつれ、仕事をひきつぐだろう。分割されていない世帯内で子どもたちが、両親が必要とするものを供給するのである。しかし子どもが両親の世帯から出ていくシステムの社会では、両親が年をとるとこのようなやり方では対処できない。生産活動が効率的に行われるように、土地やその他の資源の管理は何らかの方法で若い世代に委ねられる。その一方、労働可能人口の生産物の一部を受け取ることにより、年をとった人びとの必要とするものが満たされるのである。これらの問題を解決する一つの方法は、後継ぎとなった世帯主が前世帯主を扶養する保障と引き替えに、前世帯主が隠居することである。ただし後継ぎの世帯主と契約をするこの種の隠居は唯一の解決策ではなく、また隠居は本章で分析されてきたデータのなかで部分的にみられるだけである（これが隠居が明白に世帯形成ルールのリストの中に含まれない理由である）。③通常、地域共同体により行われた貧困者に対する公的援助。これは少なくとも一七・一八世紀の北西ヨーロッパの大部分で存在していたようだ。この特徴にもかかわらず、北西ヨーロッパの世帯形成システムのもとでは老人・寡婦・障害者の必要とするものは合同世帯のシステムと同じようには満たされなかったという事実は興味を引く。

公的援助がどのくらい北西ヨーロッパ全体に存在したのか、もしくはこの地域以外では存在しえなかったかどうかを明らかにするため、さまざまな社会における貧困者に対する公的援助の比較調査は、非常に興味深いものとなろう。現時点では、暫定的に、一七・一八世紀北西ヨーロッパのいたるところでそのような公的援助があったと考えるとする。その前の時代には、どの程度貧困者に対する公的援助が存在したのだろうか（イギリスにおけるエリザベス朝時代の救貧法のような宗教改革後の法令は、既存の慣習を受け継いだものと考えられる）。

上記三つの特徴（奉公人・隠居契約・貧困者への公的援助を示す証拠）が、どのくらい前までさかのぼれるかということを調べることは可能である。少なくともイギリスの場合、これらの特徴はおそらく一六〇〇年より四世紀間はさかのぼることができそうである。[59] 北西ヨーロッパの世帯形成システムにみられる特徴は、実際のところ非常に古いということが示されるかもしれない（この事実は、もし一二世紀におけるイングランドの世帯構成データが発見されたとしても、一七・一八世紀にみられる世帯とすべての点で似ているということを意味するわけではない。たとえば世帯構成データでたどってみると、中世初期にはそれ以後の時代より早婚が一般的であったようだ）。

一八世紀ヨーロッパの発展した経済の基準からすれば、北西ヨーロッパ型の世帯形成システムは（一七〇〇年頃のアイスランドのように）非常に未発達な経済状態で機能していることは明らかだ。北西ヨーロッパ世帯形成システムの際立った特徴は、世帯単位の農業が経済基盤として発展したヨーロッパ社会にもともとの起源があるのかもしれない。

では、つぎに奉公制度が出生制限におよぼした結果に関する議論に移ろう。北西ヨーロッパの奉公制度が晩婚化の要因となったことを第一の節（「世帯形成のルール」）で言及した。また、この制度は時間軸をとると、結婚年齢と未婚率にも変化を及ぼすだろう。そのような変化は、経済状況の変化に対応して起こるかもしれない。新しく世帯をつくるのに適さないときには、結婚によって実家を離れるはずの人びとが奉公に行ったり、もっと早く結婚したはずの人びとが予定より長く奉公にとどまったりしたかもしれない。配偶者のいない者は、奉公人として彼らの労働力が最も有効に使われる農場や土地に移動しただろう。

もし、この仮説が正しいならば、奉公人制度は前工業化期の北西ヨーロッパの人口において重要な意味を持っていたことになる。なぜならば経済状況に対応して、結婚年齢や結婚率が変化することによって出生率を、したがって人口増加を調整するという、これまで何度となく議論されたメカニズムの一部分を構成するからである。北西ヨーロッパが他の前工業化期の社会よりも低い水準で出生率と死亡率の間のバランスをとることができたのは、奉公制度のためかもしれない。

この仮説は少なくとも原理的には、検証可能と思われる。適切なデータがあれば、奉公人人口比率・結婚年齢・出生率・世帯構成の長期的変動がどのように関係していたのかたどることができるだろう。しかし、結婚が遅くなれば必然的に奉公に行ったり奉公に長くとどまったりするわけではなく、結婚年齢や結婚率以外の要素も奉公人の数に大きく影響した。それゆえ、晩婚と奉公人比率の変動に、完璧な対応関係があると期待してはいけない。奉公制度は、地域によって社会状況にかなりの多様性がある北西ヨーロッパに共通してみられた。奉公が増加し晩婚になるような状況のとき、どのような対応がとられたのかということは、国によって異なる。

そのために、三つの比較可能な状況について簡単に、かつ予備的に調査結果を提示する。第一の例は、一八世紀初めのアイスランドのものである。一七〇三年と一七二九年の国勢調査は、ここで議論しているような現象を示すのにちょうど良い変化のあった時代にまたがっている。一七〇三年の国勢調査は、多くの奉公人がいたこと、未婚者の割合がきわめて高かったこと、また、年齢構成から見て調査に先立つ数年間はかなり出生率が低かった

表12―17　1703年と1729年のアイスランド(3つの郡)における男女・年齢別の奉公人の比率

年齢区分	男子		女子	
	1703年	1729年	1703年	1729年
10-14	2	21	1	20
15-19	24	33	20	34
20-24	44	39	41	44
25-29	45	34	45	32
30-39	25	12	32	24
40-49	12	9	20	17

出典:Iceland, Statistical Bureau, 1960, Tab. VおよびIceland, Statistical Bureau, 1975, Tabs. 1, 9より計算。

ことを示している。低い出生率は、気象災害による壊滅的な経済状態によるものであり、(60)そのためデンマークでは政府が国勢調査を命じたほどだった。一七〇七年から一七〇八年にかけては、さらなる災害が生じた。天然痘の大流行である。一七二九年の報告書は三つの州の分だけ残存しており、それは人口全体の約五分の一に相当する。それらの州では一七二九年の人口は一七〇三年の人口より約二〇%少なかった。しかし、一七二九年の国勢調査では、出生率の急激な回復が見られる。アイスランド統計局が一七二九年に作成した資料を分析したH・O・ハンセン (Hans O. Hansen) は、国勢調査時に生存していた子どもたちの出生間隔が(とくに若い年齢グループで)短いこと、有配偶率が明らかに上昇したこと、そして一五歳以下の人口が増えたことに注意を向けた。彼は、このような事実が「非常に高い婚姻出生率と、急激に生じた若い家族の形成、すなわち結婚年齢の急激な低下の結果として、危機直後の出生率上昇による急激で爆発的な人口増加が生じたこと」を示すと述べた (Iceland Statistical Bureau, 1975, p. 40)。

結婚の低年齢化は、奉公人の減少を伴うのだろうか。奉公人が全人口にしめる割合は、一七〇三年のアイスランド全体では一九%だったが、一七二九年にはデータが残っている三つの州で一七%しかなかった。年齢階層別に示された**表12―17**は、二回の国勢調査の間に奉公に出る年齢に大きな変化があったことを示唆している(データが不完全であるという可能性は別として、地理的範囲の違いによって生じた可能性もある)。一七〇三年に二〇歳以下で奉公をしている割合は一七二九年より低いが、同じ時期でも二五歳以上の奉公をしている者の割合は高い。それは、あたかも離家の時期と結婚の時期が低年齢化したようである。二五—三九歳の女子有配偶率の上昇と、[61] それに対応して一七〇三年から一七二九年の間に、その年齢幅で奉公をしている者が減少したことは出生率を上げるのにかなり貢献しただろう。

一八世紀初めのアイスランドは人口学的にも(死亡率の高さ)、経済的にも「後進的」であり、牧羊と漁業にほとんどすべてを依存している農業国であった。一七・一八世紀のイングランドはそれに比べ、はるかに「先進的」であった。E・A・リグリィ(Edward Anthony Wrigley)とR・S・スコフィールド(Roger S. Schofield)は一五四一年から一八七一年のイングランド人口史の復元を徹底的かつ革新的方法で行い、出生率の変動により人口増加率が、時期ごとに大きく変動したことを示している。出生率の変動は、結婚年齢の変化と有配偶率の変化を反映した結婚率の変動により決定された。リグリィとスコフィールドは結婚率の変化は実質賃金指標により示される経済的変化の影響にタイムラグ(時間的ずれは二五—三〇年である)をもって反応したと解釈している。

一七・一八世紀のイングランドの人口は、長い周期的変動を繰り返した。一六世紀の後半は急激な人口増加の時期だったようである。一七世紀には、低い出生率と人口の停滞をまねくことになった晩婚の時期が長く続く。この時期の次に結婚率の上昇と人口増加が起こった時代がくる。男女の初婚年齢の平均値は、一六五〇—九九年にくらべて、一七五〇—九九年ほうが一・五歳ぐらい低いようだ。四〇—四四歳までに結婚しなかった男女の割合は、一七世紀半ばの二五%から一八世紀の後半には五%に低下した。[62]

一七・一八世紀のイングランドにおける結婚慣習の変化は奉公に行く若い人びとの割合の低下と奉公期間の短縮を伴ったのだろうか。それを暗示する証拠が**表12—18**である。これはR・ウォール(Richard Wall)の論文から引用したものである。彼は一七五〇—一八二一年の一九カ村の住民台帳による世帯構成データと一六五〇—一七四九

表12—18　世帯主との関係による100世帯あたりの男女合計人数（2つの時期におけるイングランド農村）

	世帯主と妻	子ども	その他の親族	奉公人	間借り人	合計
1650-1749年	163	177	16	61	26	444
1750-1821年	175	209	22	51	24	481

注：1650-1749年の数値は866所帯3,850人を含む8つの名簿をもとにしている。1750-1821年の数値は1,900所帯9,133人を含む19カ村の名簿をもとにしている。
出典：Wall, 1982.

年の八つの地方記録簿による世帯構成データを比べている。この比較に使われた住民台帳は、イングランドでこれまで保存され、分析されてきた莫大な量の住民台帳の中から質の良いものだけを選んである（表12—20）。残念ながら、この住民台帳の比較では二つの時期のリストに同じ村落のものはまったく含まれないので、時期的な変化と史料の地域的な特性とが混じりあっている可能性がある。

表12—18にのっている教区のデータをみると、一六五〇—一七四九年、つまり比較的晩婚であり結婚する者の少ない時期の住民台帳では、奉公人は人口全体の一四％を構成している。一方、一七五〇—一八二一年では全体の一一％である。(63)

第四の節（「世帯主となる年齢」）の冒頭の議論に従えば、同じ年齢構成である二つの北西ヨーロッパの人口があると、男子が晩婚で結婚する者がより少ない方、つまり世帯主がより少ない人口の方が、平均すると世帯は大きくなるということが予想される。この議論によると世帯は平均して一八世紀の終わりよりも一七世紀の終わりのほうが大きかっただろう。しかし一七世紀と一八世紀の間に結婚年齢が変化したことにより、年齢構成はもはや一定にはとどまらなかった。出生率は早い時代ではかなり低く、それゆえ子どももがかなり少なかった。表12—18はこの予想を裏づける。平均世帯規模は、後の時代、つまり高い出生率の時代になって、子ども数が増えたことが主な原因で大きくなったようだ。(64)

最後に表12—2をもう一度見てみると同じ議論があてはまることがわかるだろう。表12—2には表12—18のように二つの時期のデータがのせてある。一方は、もう一方の時期よりも奉公人が少なく子どもが多い。一七八七／一八〇一年のデンマークの農村では、一七世紀のメン島よりも多くの奉公人がおり、出生率はかなり低かった（一七八七／一八〇一年では一〇歳以下の人口は全体のたった二四％だけだったが、一六四五年のメン島では三〇％だった）。このように、デンマークでも奉公は、結婚や出生率と相関していたようである。

合同世帯の人口グループと北西ヨーロッパの人口グループは経済的困難、とくに人口増加による困難には根本的に異なる方法で対処しなければならなかった。合同世帯システムの社会において、人口増加は有配偶の成人男女に不完全就業という結果をもたらしたが、北西ヨーロッパでは結婚を遅らせることで対処できた。奉公制度は、結婚を遅らすことのできるメカニズムの本質的部分を成していたのであり、それに伴って人口増加はある程度コントロールされた。合同世帯システムの人口グループにはそのメカニズムがなかったのである。

補論1　世帯の定義

世帯とは何だろうか。さまざまな文化や時代にわたって、世帯規模や世帯構成について意味ある比較をするには、比較対象となるすべての社会に妥当する世帯の概念を用い、その概念が少なくとも大まかには適用できるような調査や個別記録を統計資料として利用することが必要である。

本章の目的からすると、地域住民全員を（あるいは事実上全員を）[65]どこか一つの世帯に配置しなければならないという点は、世帯の概念を決める上で大きな制約条件となる。この制約と利用可能なデータの性質からして、実際には選択の余地はなさそうである。つまり、ここでの目的に鑑みて、世帯とは家計もしくは消費単位として定義しなければならない。これは現代の大多数の国勢調査で用いられているタイプの定義である。この意味で、世帯の本質的特徴とは世帯員全員で食事をとること、あるいは共同で食料を分かちあうことであるとみなされてきた

（共同消費が世帯の決定的な特徴であるとするならば、暗黙のうちに配偶者は、またとくに両親と幼い子どもたちは、ほとんどの場合同じ世帯にいるとみなされる。この仮説は本章でとりあげている人口にあてはまる）。

世帯とは食物を分かちあう人びとからなるのだという概念は、何世紀にもわたって多くの人びととの間で習慣的に用いられてきたので、世帯（もしくは「家族」[66]）を記述する時にはともに鍋を囲んだり、パンやワインを分け合ったりする人びととして表現されるのである。前工業化期には、世帯主への経済的依存も密接に関連した概念である。誰が世帯を構成するのかということを人びとがどのように考えているのかという点は、個人が世帯ごとに列挙される国勢調査の編集や、政府による記録の過程に大きく影響したはずである。[67]

世帯主に依存し、食物を分かちあう人びとからなるという定義は、一八世紀も終わりに近い頃に、オーストリア・ハンガリー帝国で実施された国勢調査の説明に明確に述べられている。この国勢調査は、さまざまな国籍・文化・世帯形成パターンをもつ人口をカバーしている。このオーストリア・ハンガリー帝国の国勢調査で使用された世帯の定義は以下のようにまとめられる。「既婚、未婚の区別なく、自分で料理をせず、家の主人もしくは女主人と同じ食事とパンで栄養をとっている人びとは全員同じ世帯にいるとみなされる。したがって、同じ世帯欄に記入される。」食事とパンを分かちあう夫婦が一組以上いる場合や、住み込みの奉公人や、その他の者も、自分で料理をしなければ同じ世帯にいるとみなされる。[68]この定義によれば、一つの住居に複数の世帯が存在することもあるし、また一つの世帯が複数の住居にまたがって存在することもあった。一七八四—八七年のハンガリー王国領のなかで記録された一住宅あたりの世帯数は次の通りである。

ハンガリー　一・二四世帯
トランシルヴァニア　一・一二世帯
クロアチア　〇・九六世帯

六一の自由王政都市　一・五九世帯

したがって、平均して一つの世帯が一・七組の夫婦を含むクロアチアでは、世帯数よりも多くの住居が存在した。反対に、自由王政都市では複数の世帯が一つの住居に暮らすことが普通であった。

定義の違いや、調査方法に一貫性がないということの影響は、北西ヨーロッパの方が本章で扱われたその他の人口より大きいだろう。その理由の一つは、合同世帯システムの社会の場合、世帯は続柄や親族関係（養子縁組も含む）によって恒久的に所属する権利を持つようなメンバーだけで構成される点にある。そのような世帯は十分に組織立った単位であり、誰がその構成員であるのかということに疑問の余地はない。一方、北西ヨーロッパにおいては、同じ農場・住宅・集合住宅に住んでいても、一つの組織だった世帯のなかで一緒には生活していない人びとが見られる。そのような場合、従属する集団（一般的には小さい方の集団）は現代の研究者たちには、別世帯とか本家の一部などとしてさまざまな扱いを受けるだろう。そういった人びとの一例は、隠居者である。とくに扶養してもらうことを保障する契約と引き替えに、農場を後継ぎに譲った親たちである。このカテゴリーに属する者がかなり頻繁にみられる北西ヨーロッパの地域もある。[69] おそらく未亡人や隠居した夫婦が、彼らの子どももしくは奉公人とともに本家と別に暮らしたり、食事などに関して独立した生活を営んだりするといったあり方には多様性があったのだろう。

自分が働く農場に家族と一緒に住む農業労働者が、大きな世帯に従属する集団を構成する場合、その親族関係はあいまいである。デンマークのマッケプラングは、一六四五年のメン島の調査を分析する際に、「農業労働者（husmaend）」はメン島の教区間で住民台帳作成の基準に統一性がなかったため、[70] 時には農場世帯に、そして時には彼ら自身の世帯に列挙されている、と記している。

一般に「間借り人」などと呼ばれたり、他の言語でそれに相当することばで呼ばれたりする者は、本家との親族関係が不明瞭な従属グループを含むことが多い。

一七八七年と一八〇一年のデンマークの国勢調査を比較すれば、国勢調査の調査者たちの、世帯の定義の違いによって生じたと思われる影響についておもしろい発見がある。一七八七年の国勢調査では、「世帯を構える農業経営者は別々に記録されるべきであり、世帯を構える農業労働者も別々である……」と明記されていた。一八〇一年の国勢調査ではさらに「複数の世帯が一つの住宅もしくは農場に住んでいる場合は、そのすべての世帯はそれぞれに属する個人とともに別々に記録される」との説明が加えられた。

ヨハンセン(71)は、二つの国勢調査の世帯における個人の配置を分析し、とりわけ一八〇一年の補足説明により、農場に住む農業労働者の世帯が独立した世帯として認識されたと分析している。彼は一七八七年の国勢調査では、農業労働者の世帯数は二―三%低めに見積もられたと述べている。定義の違いは、独立して生活しているとみなされる隠居者の人数にも影響を与えた。

ヨーロッパ諸国の公文書保管所には、世帯ごとの住民台帳やローマ・カトリック教会の伝統により、教会の司祭が用意し定期的に更新することになっていた文書、すなわち誰に堅信礼をほどこしたか、誰が聖餐式に出席したかなどを記録する教区民の名簿などが保管されている。この宗教的慣習による規則的な調査は、洗礼や結婚の登録後に実施された。しかし、一六一四年、ローマ教皇パウルス五世の時代にローマ典礼法(Rituale Romanum)が公布され、長年にわたる伝統に一定の形式が制定され、結婚登録簿・洗礼登録簿・埋葬登録簿とともに、魂の記録簿(Liber Status Animarum)を保管する際に司祭が従うべき手順が定められた。

本章の見地から重要な点は登録簿が世帯ごとに保管され、おそらく同じ実用上の理由で、国勢調査やサーベイではこの世帯ごとに人びとを数えたであろうことである。しかし、世帯を構成するのは何かという定義はない。一六一四年のローマ典礼法は、魂の記録簿が以下の方法で記載されるべきだと規定している。「各世帯の間にはスペースを置いて、別々に記す。世帯構成員もしくは一時的に世帯内に居住している個人の名前・姓・年齢は帳簿に記載しなくてはならない。[72]」以下、さまざまな宗教上の義務を記録する際に準拠する表記法が続く。このカトリックの伝統は、プロテスタントの国々では宗教改革後も続き、住民台帳は同様の規則にのっとり、牧師が編集した（Laslett, 1977c, p. 54ff. Utterström, 1965, pp. 533-534. Mols, 1954-1956, Vol. 1, pp. 75-102）。

政府による国勢調査、行政文書、課税登録簿、懺悔書、その他何であっても、ヨーロッパの古い世帯ごとの住民台帳の大部分に、何が世帯を構成するのかという明確な定義はない。文書の作成者が、一つの世帯の中に入れようとしていたのはどこからどこまでか、ということさえ不確かな場合もある。しかし、すでに述べたような独立した家計単位をつくりそうな人びとのカテゴリー（隠居者や農業労働者など）が無視できないほどの大きさになる場合、ある「世帯」が、家計単位という定義を厳密にした場合に比べて余計なものを含んで大きな単位になっている、と疑ってみるべきかもしれない。

補論2　北西ヨーロッパの世帯構成データ

第二の節（「北西ヨーロッパにおける世帯構成」）でデンマークについて示されたデータと同じ世帯構成のデータが、一七・一八世紀の他の北西ヨーロッパ諸国に関しても以下の三つの表に要約されている。簡単な説明をつけくわえよう。この表のもとになっている研究は、それぞれ別個のものであるので、世帯主との関係を示すカテゴリーは少しずつ異なっている。

アイスランドとノルウェー[73]（表12—19）のデータは、前に引用されたデンマークのデータのように、国勢調査の全体もしくは原票の一部を新しい方法を用いて再分析したものである。一七〇三年のアイスランドのデータは、

表 12―19　世帯主との関係による 100 世帯あたりの人数（アイスランドとノルウェー）

	有配偶の世帯主と妻	その他の世帯主	子ども	その他の親族	奉公人	その他	合計
アイスランド（1703 年）							
男子	69	17	100	11	52	30	279
女子	69	14	102	27	66	57	335
計	138	31	202	38	118	87	614
アイスランド（1729 年）（三つの郡）							
男子	78	14	111	5	31	21	266
女子	78	8	112	7	61	42	308
計	156	22	223	12	98	63	574
ノルウェー（1801 年）（三つの地域）							
男子	93	4	118	11	19	32	277
女子	92	3	107	15	32	44	293
計	185	7	225	26	51	76	570

注：アイスランドの「その他の親族」には貧困者を含む（本文参照）。ノルウェーのそれには間借り人と隠居を含む。
出典：Iceland, Statistical Bureau, 1960, p.19. Iceland, Statistical Bureau, 1975. Drake, 1969, Tab. 18.

五〇、三五八人の人口をカバーしている。被救貧民たちは、別の台帳に記録されている（彼らの大多数は教区の担当者たちによって、どこか個人の家に住まわせてもらえるよう配慮されていた）。そういった人びとは表12―19中では「その他」のカテゴリーに含まれる。一七二九年のデータは、国勢調査の原票が残されていた三つの郡のものである。これらの郡は、一七二九年の時点で、八、〇七七人の人口を抱えており、また、一七〇三年の調査では、一〇、一〇七人と報告されている。

アイスランドの世帯構成のデータは、一七〇三年と一七二九年でかなりの差がある。第六の節（「北西ヨーロッパシステムの起源と出生力調整の結果」）で説明したように、この差は、調査のおよんだ地理的範囲のせいではなく、一七〇三―二九年の間に起こった大きな変化のせいだろう。一七二九年のデータの年齢構成は、一七〇三年の調査のものとは明らかに異なっている。

表12―19のノルウェーのデータは、M・ドレイク

表12—20　世帯主との関係による100世帯あたりの人数(男女)

	世帯主と妻	子ども	その他の親族	奉公人	間借り人	その他	合計
イングランドの農村1574-1821年	163	203	16	63	7	23	475
北オランダ1622-1795年	156	176	5	24	13	-	374
北ブラバント(6カ村)1750年	160	200	20	70	10	-	460
北ブラバント(6カ村)1775年	170	230	10	70	10	-	490
北ブラバント(6カ村)1800年	170	220	10	70	10	-	480
フランドル(6カ村)1796年	170	240	30	40	0	-	480

注:実際には,北ブラバンドとフランドルの数値は,本章の他のデータよりも有効桁数が一桁少なく,10世帯当たりの人数が与えられている。一の位の"0"は比較のためつけ加えたものである。
出典:Laslett and Wall, 1972, Tab. 1. 13, p. 83. Laslett and Wall, 1972, Tab. 12. 9, 12. 11, pp. 316-317. Klep, 1973, p. 58. Vandenbroeke, 1976, p. 276.

(Michael Drake)が分析した際に選ばれた三つの農村地域のものである。これら三地域の世帯構成データの間には顕著な違いがみられる。しかし、本章の目的に合わせるためこの三地域のデータ(合計二二、〇〇〇人ほどの人口となる)は、一つにまとめられた。データはこの地域の全人口に関するものではなく、農業経営者と小作人の世帯のみを対象としている。もっとも、これらは人口の九八%(74)をしめている。

表12—19で対象となっているノルウェーの三地域における平均世帯規模は五・七人であり、デンマークの場合より、やや大きい。しかし、ノルウェーの場合、隠居した夫婦や、間借り人の中には別世帯を構えていた者もいるので、本章で使用している世帯の定義を用いると、実際の規模はこれよりやや小さかっただろう(定義については補論1参照)。

表12—20のイングランドのデータは、ケンブリッジ・グループが行った、約六八、〇〇〇人の人口をカバーする一〇〇カ村の住民台帳の分析による。その住民台帳の様式はさまざまであり、年代的にも一五七四—一八二一年という長い期間にちらばっている。世帯主との関係が原史料にはっきりと書かれていないとき、間接的な証拠をもとに「推測された」場合もある。たとえば、同姓の世帯構成員は親族であると推測されている。表12—20中の「間借り人」というカテゴリーの人びとは、単身の間借り人である。二人かそれ以上の間借り人の集団は、分析から省かれている(そのような人びとは

全人口の二％にも満たない）。こういったデータ処理の際の細かい点については『世帯と家族』（Laslett and Wall, 1972）に詳述されている。

表12—20の北オランダの数値は、一六二二—一七九五年の住民台帳から得られた八、八四二人、都合二、三六七世帯のデータにもとづいている。この場合、十分な情報が得られたものだけを分析の対象とするように、サンプルとなる世帯は個別に抽出された。このようにして選ばれた世帯は、ある種の特徴（平均規模・奉公人の割合・女性奉公人の多さ）に関して、一七四〇年頃に人口学者N・ストルイク（N. Struyck）が同じ地域で集めた八、五〇〇世帯をカバーするデータと比較できる。二つのデータは、これらの特徴に関しては一致している。北部オランダ農村のデータは、平均世帯規模三・七人という小ささ（表には示されていないが）、女性奉公人がかなり多いという点で、オランダ以外の前工業化期北西ヨーロッパ地域の農村人口に関して良質な十分にサンプル数のあるデータのどれとも異なっている。オランダではまた、いままで分析された他の一八世紀のデータによると、ある一地域（フリースラント）のものを除いて、平均世帯規模は四・五人以上であり、人口の一〇％以上が奉公に行っていた。[75]

表12—20に示された北オランダ農村地域は特別なところであり、もしかすると、前工業化期の農村であるとみなすべきではないかもしれない（もちろん、それは本章で用いられている純粋に年代にもとづく定義によれば北西ヨーロッパに含まれるのであるが）。オランダのこの地方は、一七・一八世紀にはすでに都市化され、人口の半分が都市に住んでいた。農村地域にも大勢の非農業労働者がいた。農業そのものは市場向けの牧畜が主流であった。

表12—20の北ブラバントと分類されたデータは、オランダの北ブラバント西部六カ村のものである。これらは一七五〇年に八、八〇五人、一七五五年に一〇、七四五人、一八〇〇年には七、六八八人の人口を含んでいる。史料として用いたのは、毎年編集される租税記録簿であり、大変良質な史料である。

フランドル地方の六カ村（現ベルギー領）のデータは、一七九六年にフランス政府によって行われた国勢調査から

表12―21　男子100人あたりの人数(低地オーストリアとベルリン付近の村)

	男子と女子	子ども	奉公人	同居人	隠居人	合計
低地オーストリア領1695-96年	197	224	88	45	-	554
ベルリン付近（50カ村）1738年	199	245	141	48	26	659

出典：オーストリア：Mitterauer, 1973, pp. 214-215. ベルリン付近の村：Süssmilch, 1775 (4th edition), vol. 2, p. 277.

得た。その対象となっている総人口がどのくらいであるのか、正確には記録されていない。

最後に、表12―21は、一七・一八世紀の多少異なるカテゴリーを使って分類した二つの例である。データは、一七世紀末に低地オーストリアで徴税のために編纂された記録からとっており、ミッテラウアーが分析したものである。それをもとに、すべての土地のデータを合わせた結果、対象となる人口は四、九四二人にのぼった。二つ目のデータは、J・P・ジュースミルヒ（Johann Peter Süssmilch）のよく知られた論文からとったものであり、一七三八年のベルリン付近の五〇カ村に住んでいた九、六九〇人をカバーしている。それぞれ、基本的カテゴリーは「男子」「女子」「子ども」「奉公人」および「同居人」である。ジュースミルヒは、隠居した人びとを別のカテゴリーに区別し、他のカテゴリーも細かく分けている。

正確にいくつの世帯が含まれ、どのような人びとが「男子」「女子」というカテゴリーに含まれるのか（男子のほうがやや多いが、ほぼ同人数といえる）、ということは明らかではない。「男子」と「女子」は主に世帯主とその妻のことであったと仮定し（ミッテラウアーも仮定している）、他の表と簡単に比較できるように、数値は「男子」一〇〇人あたりの数で表している。

〔訳者付記〕 Hajnal, J., 1982, "Two kinds of pre-industrial household formation system", *Population and Development Review*, Vol. 8, No. 3, pp. 449-494. の全訳である。なお、この論文は Wall, R., Robin, J. and Laslett, P., eds., 1983, Family Forms in Historic Europe, Cambridge. に収録された際、大幅に圧縮されているが（とくに第六の節「北西ヨーロッパシステムの起源と出生力調整の結果」はすべて削除された）、ここではオリジナルの論文をそのまま訳出している。翻訳に当たっては、南朋子氏から多大の協力を得た。厚くお礼申し上げたい。

原　注

（1）「前工業化期」という形容詞は、通常、省略する。「北西ヨーロッパ」や「北西ヨーロッパの」ということばは、とくに断らない限り一七・一八世紀ヨーロッパのこの地域をさしている。

（2）本書第一一章を参照せよ。本章は、その論文の続編ともいうべきものである。

（3）**Smith, R. M., 1979** はこの証拠を検討している。一七・一八世紀フランスの北部と南部の世帯構造の違いについては **Flandrin, 1976, pp. 241-242** を参照せよ。

（4）小さな人口集団において世帯の特質がどの程度「ランダムに散らばっている」か、ということについて **Wachter et al., 1978** は有益かもしれない。

（5）ケンブリッジ・グループからは、単に彼らの出版物を読んだということではとてもすまないような大きな恩恵を受けた。とりわけ、ラスレットやその他のメンバー（とくにR・M・スミス（Richard M. Smith）とウォール）との議論からは多くの示唆を得た。

（6）「平均初婚年齢」とは一生涯を追跡できるコーホートの初婚年齢平均値を本来意味している。一般には、それに代わる平均結婚年齢の指標しか得られないことが多い（SMAMは、あるコーホートの平均結婚年齢より高めである。なぜなら、SMAMは実際には結婚が生じる年齢階層では死亡がなかったものと仮定するからである）。

（7）世帯を共同でやりくりしている男女をさす用語として定まったものはない。ひょっとするとウォールがイングランドのコルフェ・キャッスル（Corfe Castle）教区の歴史から引用した **"housekeepers"** という用語を用いるのがよいかもしれない。

（8）息子の一人が家に残り、父親が引退するとき農場を引継ぐような慣習はしばしば直系家族（stem family）の本質的特徴だと考えられてきた（少なくとも、特徴の中の一項目としてかならずあげられてきた）。北西ヨーロッパでも地域によっては、そのような直系家族が一般的である。しかしながら、一人の息子が家に残って結婚しても父親が世帯主であり続けるようなタイプの直系家族の形態は北西ヨーロッパでは見られない。これはルール1Bに反する。どのようなタイプの直系家族システムも合同世帯システムに含めることはしない。直系家族では、結婚後も親の世帯に留まるのは一人の後継ぎだけである。合同世帯システムのもとでは、2Bのルールに示されているように、すべての息子が通常は花嫁を親の世帯に連れてくることになる。

（9）いくつかの参考文献については、**Wheaton, 1975, p. 619** を参照せよ。

（10）世帯に男子がいないが女子はいる場合、女子は婿養子を取ることもできた。もし子どもが一人もいなければ養子をとるなどの措置が可能であった。このような制度は、本章で研究対象としているすべての人口において存在した。

(11) 前近代のイングランドにおいて公的援助を必要とする者にどのような支給が行われたかという点は、Smith, R.M., 1981, pp. 606-611 の簡潔な記述がすぐれている。

(12) 世帯の消滅や分割が、ひとつの合同世帯システム、すなわち今世紀初頭までのロシア農村における社会的分化にどのような影響を与えたかという点に関する詳細な議論は Shanin, 1972 のとくに Chaps. 5,6 を見よ。

(13) Shah, 1973, pp. 167-169 はインドにおける富と貧困が、合同世帯の形成にどのような影響を与えたか議論し、カーストの重要性を強調した。Herlihy and Klapisch-Zuber, 1978 は、一五世紀トスカナ地方における、広範な経済階層別世帯構成データを提供している。

(14) 注(8)で述べたように、結婚後一人の後継ぎのみが、その配偶者とともに世帯に留まるが、前の世帯主は隠居しないような直系家族システムは、ここで定義する世帯形成システムのどちらにも当てはまらない。

(15) この論文の第三の節(「合同世帯システムにおける世帯構成」)、第四の節(「世帯主となる年齢」)で議論する事例以外にも合同世帯形成ルールをとる社会は間違いなく存在しただろう。ここでは、このような社会として二つの例をあげることができる。①Stirling, 1965, pp. 37-38 に掲げられたアナトリア(トルコ)の世帯に関する数字は明らかに合同世帯システムの特徴を示している。②Hopkins, 1980 のすぐれた研究で使用されたデータは、紀元後三世紀までのローマ朝期エジプト人は合同世帯システムをとっていたことを示唆している(世帯のデータはK・ホプキンス(Keith Hopkins)の論文(Hopkins, 1980)の pp. 328-334. 彼が示した数値は、私の見るところ、合同世帯システムで生ずるであろう平均初婚年齢と完全に一致している)。

(16) そのような従属的単位がもとの調査においてどのように記録されるか、また、このような単位がどのように扱われたかということについては補論1で検討される。

(17) したがって、たとえばデンマークのデータでは結婚している奉公人の人数が示されているが、奉公人の世帯主に対する関係(すなわち彼らが奉公人であるということ)のみが示され、彼らの有配偶関係は示されていないので、この情報は得られない。

(18) Johansen, 1975, Chap. 10 を見よ。ヨハンセン教授からはこれ以外の情報も提供していただいたし、彼のデータに関する質問に答えていただくなど、お礼申し上げなければならない。U・ラーセン(Ulla Larsen)はデンマーク語の読解でお世話になった。感謝申し上げる。

(19) 表中の数字はカテゴリーごと一〇〇世帯あたりの人数を平均したものであり、一七八七年と一八〇一年それぞれについて計算された。一七八七年と一八〇一年の数字はきわめて近い。一六四五年と一七八七/一八〇一年の違いについては補論1で議論される。

(20) ここに掲げた数字は、一六四五年と一七八七／一八〇一年の違いをいくらか誇大に伝えているかもしれない。一七八七／一八〇一年のデータでは、孫・親族の子ども・間借り人・「子ども」に分類されないその他の者は、子どもに含まれないが、一六四五年のデータではこれらが子どもとして分類されている。

(21) グラウントは今日であれば「世帯 (household)」と呼ぶようなものについて、当時、一般的に使われていた「家族 (family)」という用語を使って表現している。

(22) この点に関しては、補論1で議論される。

(23) **Laslett, 1977c, 表1—1**と**表1—2**を参照せよ。「その他」の関係に関するデータを含む**表1—5**も見よ。

(24) もちろん証拠、とくに一七世紀のものは、北西ヨーロッパのごく一部に関して得られるにすぎない。いずれ証拠が集まれば、結婚した子どもと隠居した両親が完全に一つの世帯を構成している割合が高い（六％以上の）地域も見つかるように思われる。その場合でも、合同世帯の数は合同世帯システムをとる地域よりもはるかに少ないだろう（もし、「合同世帯」のカテゴリーから息子が世帯主で、父親が隠居しているような世帯を除いたならば、北西ヨーロッパと、たとえばインドや中国などの違いはもっと顕著になるに違いない）。

(25) 一九六一年以前のインドの国勢調査における世帯の情報に関しては、**Dandekar and Unde, 1961** にまとめられている。一九五一年には世帯は「同じ家で同居し、食事をともにするすべての人びと」すなわち、共同の台所から食事を得ている人びととして定義されていた。

(26) これまでのインドの国勢調査データにおける平均世帯規模・世帯当たりの有配偶男子数・あるいは世帯あたりの寡夫数は、世帯規模の減少や「結合」の頻度低下はまったく生じていないことを示唆している（**Dandekar and Unde, 1961** を見よ）。**Shah, 1973** は一八二五年のグジャラット (**Gujarat**) のある村の国勢調査から得た世帯データと一九五五年の同じ村の調査データとを比較した。平均世帯規模は一八二五年が四・五四人、一九五五年が四・六一人であった。彼は、一八二五年に「複合」世帯（われわれのいう合同世帯とほぼ等しい）が一八五五年よりも多かったという兆候はまったくないと結論づけた。

(27) この数字は、国勢調査から直接得ることはできないので、男性世帯主数・女性世帯主数と世帯主の妻の単純な合計から計算された。これらの数字を総世帯数（すなわち世帯主の人数）と組み合わせると結婚している男性世帯主の数が計算できる。この数字が有配偶の男子合計と比べられた。この計算過程は一九五一年のインドにおける国勢調査の場合、世帯のデータと婚姻関係のデータが国勢調査の異なるサンプルから取られているため複雑になる。

(28) 一九六一年の平均世帯規模は一九五一年に比べて若干大きく、五・二人である。
(29) サンプリングの方法やその他サーベイの手順について報告書（表12―4に引用）は詳細を与えていない。しかしながら、さまざまな特徴（世帯規模の分布や、世帯あたりの平均夫婦組数など）が国勢調査と一致している。このサンプルは Dandekar and Unde, 1961 に示されたインドの状況を代表するように抽出されている。表12―4に示されたネパールとの比較はまた、サーベイにおいて示された分布の信頼性が高いことを示唆する。一九六一年にマハラーシュトラ州農村において、結婚している男性の七〇%が世帯主であり、インド全体より若干高い数字となっている。
(30) ネパールは、（a）結婚が非常に早い（女子の平均初婚年齢は世界出産力調査のデータによれば一六歳である）、（b）事実上、皆婚である（三〇―三四歳以上の年齢層の女子では九八%が既婚であると回答している）、さらに、（c）結婚と同居の開始には、しばしば、かなりの遅れが生ずる。World Fertility Survey, 1979 を参照。
(31) このサーベイに関しては、Buck, 1937 に紹介されている（とくにF・W・ノートスタイン（Frank W. Notestein）によるChap.13 を見よ）。データの代表性と信頼性に関するコメントとして Taeuber I., 1970 と Barclay, Coale, Stoto and Trusell, 1976 は必読のものである。
(32) これらの数字は、SMAM であり、平均初婚年齢は幾分これより低くなるだろう。
(33) 「南部」は広東省と福建省の六つの村落からなり、総人口は一一、一〇七人であった。「東南丘陵地帯」は江西省と浙江省の四つの村落からなり総人口は七、六八〇人であった。
(34) 台湾人は中国文化圏の一部をなしており、合同世帯システムをとっている。その他のデータについては本章の他のところでふれる。
(35) ここでは、また本章を通じて、誰でも一つだけの世帯に属しており、本籍だけを置いている人の数は含めないことを前提としている。
(36) ここでの単純化された前提のもとでは、以下のように結論づけることを提起したい。すなわち、
世帯主数＝戸主権を獲得する平均年齢以上の男子人口
しかし、この関係は安定人口のもとにおいても、すなわち戸主権の継承が生じるような年齢層において死亡がまったくない場合でも、つねに成り立つわけではない。
(37) トスカナの農村人口に関するこれらの数値は、クラピッシュ＝ツーバーとM・デモネ（Michel Demonet）の初期の研究（Klapisch and Demonet, 1972）から引用した。その研究の集大成である Herlihy and Klapisch-Zuber, 1978 にはこれに相当する、トスカナの農村人口のデータは提示されていないが、同書四九〇ページにあるグラフは、トスカナの農

表 12-22　世帯分類基準の対比

表 12-10 の分類	Herlihy and Klapish-Zuber, 1978, p. 482 の対応する分類
夫婦なし	1・2のすべてと3c および3d
一組	3a・3bと4
二組	
父・息子夫婦	5a（垂直的な2組の夫婦）
兄弟夫婦	5c（水平的な2組の夫婦）
三組	5b（垂直的な3組以上の夫婦）と 5d（水平的な3組以上の夫婦）

村人口全体の数値も、本章の**表12—8**の数値にきわめて近いことを示唆している。

(38) **Herlihy and Klapisch-Zuber, 1978** は、幸いなことにトスカナのデータに関する分類基準を詳細に記している。この基準は、第二の節（「北西ヨーロッパにおける世帯構成」）の最後に紹介したケンブリッジ・グループの分類基準を大体において踏襲している（すなわち、世帯における夫婦の組数にもとづくのではなく、世帯における夫婦家族単位の数とタイプによって分類する方法である）。**表12—10**の数値は、以下に示すトスカナのデータから適当なカテゴリーを組み合わせて計算したものである（**表12—22**）。

(39) ザップ教授は親切にも発表前の二つの論文を使用することを許された。すなわち、**Czap, 1982a, 1982b** である。また教授は、筆者の疑問に対して多くの助言を下さった。

(40) **表12—11**の注に述べた通り、この表は本章の他の表よりも少ない世帯、あるいは人数にもとづいている。しかしながら、ザップは一八一四年から一八五八年のミシノ領地における八つの人口記録を分析している。

(41) **表12—11**の世帯主と子どもの数値は、大きさの順序は他の表と変わらないものの、興味深い特徴を示している。結婚している世帯主の数は少なく、「その他の世帯主」（この場合、寡婦の世帯主）が他の表より多い。これは、他の人口に比べて戸主権の獲得年齢が平均して高かったためと思われる。世帯主の子どもでは息子の数が娘よりもはるかに多くなっているのは、娘が義理の娘に変わるので**表12—11**においては「他の親族」に含まれてしまうためであり、ロシア農奴の結婚が非常に早かったことを反映している。

(42) ザップはケンブリッジ・グループの分類方法（第二節の最後を見よ）を用いた。したがって、データは世帯あたりの有配偶男子数にもとづくのではなく、世帯あたりの夫婦家族単位数にもとづいており、したがって数値がわずかに高目になっていると思われる。

(43) ザップはケンブリッジ・グループの分類方法を用いたため、合同世帯の割合ではなく、複合世帯（すなわち、二つ以上の夫婦家族単位を持つ世帯）の割合を計算しており、数値はわずかに高目になっていると思われる。

(44) ここでザップが史料を分析したトベリ（Tver）県の領地は、彼が主として利用してきたミシノ（Mishino）領と比べるとはるかに世帯数・人口とも少ない。彼は一八一六年に加えて、この領地の史料をさらに三つ（一八三四・一八五〇・一八五六年）分析している。一八一六年の史料は四六世帯をカバーしていた。世帯数の数が少ないことを考えると、確固たる結論を導き出すのは困難だろう。

(45) Andorka, 1975. アンドルカ博士のご厚意で博士の謄写版の論文、"Micro-demographic researches in Hungary (Family reconstitution and types of household structure)" も利用することができた。ハンガリーにおける一八世紀・一九世紀初頭の残存史料は世帯構成の研究に適している。これらの史料を用いて多くの研究がハンガリーの研究者によって行われている。これらの業績について、ほとんど未見であるが、本文で触れた点に関しては少なくともここに述べておくべきだと考えた。

(46) **表12—1**、**表12—2**ならびに補論2を参照。これ以外にも証拠がたくさんある。Laslett, 1977c, Tab. 1-6 はさまざまな村落人口における奉公人の比率に関する歴史資料を列挙している。Sogner, 1979 と Berkner, 1972 にもデータが含まれている。農業奉公人が農業労働力のかなりの部分をしめていたことは、一九世紀の北西ヨーロッパにおける国勢調査においても見出すことができる。たとえば、Knodel and Maynes, 1976 を見よ。

(47) 北西ヨーロッパにおける奉公制度は、もちろん北西ヨーロッパから海外へ移住した者のあいだにおいても観察される。Morgan, 1966 の "Masters and servants" の章を参照。

(48) 本章では「奉公人」という用語を、あくまで世帯ごとに構成員を書き上げた史料において奉公人として記録された人だけに限定している。一七世紀イングランドにおいて、奉公人ということばが何を意味していたのか、という点に関しては議論がある。この問題に関しては Kussmaul,1981 の補論1で取り上げられている。カスモール博士のご厚意で、出版前の原稿を提供いただいた。

(49) Mitterauer, 1973, p. 205 は一七世紀オーストリアの二つの村では一八歳から二〇歳の若者の五〇%以上が奉公に出ていると述べている。一生のうち、いずれかの時点で奉公を経験した者の割合は、各年齢階層の内、もっとも高い奉公人比率よりもさらに（恐らく、かなりの程度）高くなることに留意すべきである。なぜなら、若いときに奉公をした者の中で、奉公人比率が最高になる以前に奉公をやめた者がいるからであり、一方、比率が最高になったあとではじめて奉公を開始した者もいたに違いない。

（50） Hume, 1875, p. 387 から引用。Hume, 1977, pp. 323-329 も参照せよ。

（51） たとえば、ヨハンセンが分析した一八世紀デンマークの二六教区サンプルでは、男女別配偶関係別に奉公人を分類すると以下のような比率となる（一七八七年と一八〇一年の合わせた数字）。

（男性）	
未婚者	九五・二％
有配偶者	三・九％
寡夫	〇・九％
合計	一〇〇・〇％
（女性）	
未婚者	九八・三％
有配偶者	〇・九％
寡婦	〇・八％
合計	一〇〇・〇％

（52） 若者の離家年齢に関しては Wall, 1978 を見よ。

（53） この点に関しては、Kussmaul, 1981, Chap. 5 に証拠があげられている。イングランドでは職人や商人の子どもも農業奉公人になった。いかにして親が自分の子どもを奉公に出し、一方で奉公人を雇ったのかという点に関しては、その他の一七世紀における家族生活のありさまとともに Macfarlane, 1970 に生き生きと描かれている。

（54） Kramer, 1957 はドイツのある地域の奉公人に関して「ほとんどは、農業経営者の息子や娘、それも親の農地を受け継ぐことができない弟や妹たちであり、結婚の機会が見つかるまで奉公をしたのである」(p. 155) と述べている。

（55） 雇い主と奉公人の苗字を調べることにより両者の関係を推定した。この場合、雇い主—奉公人間の苗字の一致率と母集団人口において任意に取り出した二人の間で苗字が一致する確率とを比較しなければならない。このようにして、奉公人と雇い主の間の血縁関係がどの程度、雇い先を決めるのに影響したか推測できるだろう。

（56） 日雇い労働者を雇用する、というのがもう一つの可能性である。しかし、このシステムはほとんど労働者がいないような地域、たとえば Drake, 1969 が研究したノルウェーの一地域、ヘロイで機能していた。

（57） Smith, A. E., 1947, p. 4 を見よ。異なる世帯形成システムのもとでの、これと対照的な移動パターンに関しては Todd, 1975 を参照せよ。

（58）Chayanov, A. V., 1966を見よ。小農民世帯の発展における「理論的図式」に関しては、pp.57, 247などで議論されている。

（59）Homans, 1942, pp. 144-149（隠居契約）、p. 210（奉公）を参照せよ。これより新しい時代のイングランドにおける隠居契約に関しては、Howell, 1976, pp. 126-130およびSpufford, 1976, pp. 174-175を見よ。Smith, R. M., 1979は中世イングランドの奉公人に関してより多くの資料と参考文献を提示している。この論文は中世の結婚年齢に関する直接的なデータを扱っており、またこれと関連する中世社会のさまざまな特徴について触れている。

（60）一八世紀初頭のアイスランドで有配偶率が低かったのは、明らかに危機的状況のもとで生じたのであり、一九世紀中葉のアイルランドを思い出させる。アイルランドの場合、未婚者の高さは外国からの移民が「押し寄せた」結果であったが、この移民は突然起こったわけではなく、一七世紀以来大西洋を渡って奉公人として移住してきた人びとの流れをくむものと考えられる。したがって、奉公制度との関連もあったのである。

（61）一七〇三年と一七二九年のアイスランド・国勢調査における配偶関係のデータには問題がある。なぜなら、どのようにして配偶関係が記載されたのか書かれていないからである。

（62）Wrigley and Schofield, 1981, pp. 255-260. 平均結婚年齢に関する引用は、一二教区の家族復元にもとづいている。

（63）奉公人比率の低下は**表12―18**よりももっと大きかった可能性がある。これよりも多くの史料を利用した（つまり、あまり良質でない史料も分析から除いていない）前の論文（Wall, 1979）でウォールは、一六五〇―一七四九年の奉公人比率は一八％であるが、一七五〇―一八二一年には一一％に低下したことを明らかにしたが、この低下は「最初の時期にはロンドンのいくつかの教区が含まれていたが、後の時期は含まれていないことによる見かけ上のものである」と述べている。最近R・M・スミスが利用したのはウォールのこの論文であった。R・M・スミスの論文（Smith, R. M., 1981）は部分的に現在発表されている論文より古いバージョン、つまり奉公人の数が時代とともにどのように変化したかという点に関する新しい見解が含まれていないバージョンを利用している。

（64）Kussmaul, 1981, Chap. 6は、一六世紀から一九世紀までのイングランドで奉公制度がどのように変化したのか、新たな史料を用いて議論している。

（65）ここで対象とする人口の場合、同居とは無関係な制度上の世帯は、われわれが関心をもつ数値とはどのような意味においても有用ではないだろう。

（66）過去何世紀にもわたって、“family”ということば、あるいはそれに相当するヨーロッパのことばは、今日“household”としてよばれるものを指してきた。以下において史料から引用する際には、原文に“family”とある場合でも“household”に読みかえて使う場合がある。

(67)「ワインとパンを共に」(“a uno vino e uno pane”) ということばは、中世トスカナ地方の課税記録において一つずつ世帯を区切ることばとして使われていた。Klapisch and Demonet, 1972 を見よ。

(68) この定義のドイツ語版、つまりオーストリアで一七七七年に使用されたものが、Mitterauer, 1973, p. 177 に引用されている。ハンガリー語版、すなわち一七八四―八七年にハンガリー王国の領土で行われた国勢調査で使われたものは Hungary, 1960, p. 8 に示されている。二つの定義は事実上、同じである。M・ミッテラウアー (Michael Mitterauer) は、オーストリアでは一七世紀に広く用いられていた世帯に関する広義の概念 (“das ganze Haus” という概念) が一八世紀には家事をきりもりする単位という狭義の概念に変わったと主張した。

(69) Mitterauer, 1973, p. 302 はオーストリアの隠居契約に関する研究を引用している。契約の中では、さまざまな可能性、隠居した者が農地を与えた後継ぎと完全に同居する場合から、隠居する者が彼らの家から完全に退去する場合まで取り上げられている。Johansen, 1975, p. 145 はデンマークの農村教区の (一七八七年と一八〇一年のデータを合わせた) 例では、隠居した者のうち四六組は、より大きな世帯の一部として暮らしており、三二組は独立して住んでいることを明らかにした。Berkner, 1976, p. 93 も参照せよ。

(70) Mackeprang, 1907, p. 258. マッケプラングの「世帯」数および独立世帯に関する推計は**表12―2**の上段に示されている。

(71) Johansen, 1975, pp. 144-145. 一七六九年のデンマーク国勢調査においてある世帯に従属するグループがどのように扱われているかということに関する議論は、Elklit, 1978 を参照せよ。

(72) この文章の翻訳は非常に困難であった。原文は以下の通りである。“Familia quaequae distincte in libro notetur, intervallo relicto ab unaquaque ad alteram subsequentem, in quo singillatim scribantur nomen, cognomen, aetas singulorum, qui ex familia sunt, vel tanquam advenae in ea vivunt”, Mols, 1954-56, Vol. 3, p. 37 から引用)

(73) アイスランドの史料に関しては、D・バジャルナソン (Dora Bjarnason) とH・デグノボル (Helle Degnbol) の協力に感謝しなければならない。

(74) ノルウェーの国勢調査局は一八〇一年国勢調査全部の再集計を刊行しつつある (英文タイトルは、*“Population Census 1801 : Reprocessed”*. これは、前工業化期北西ヨーロッパにおける世帯に関して利用可能なデータの中でもっとも豊富な史料である。残念ながら、ごく最近になってその存在を知ったので本章に利用することはできなかった。

(75) Laslett and Wall, 1972 に収録されたA・M・ヴァン・デル・ワウデ (A. M. van der Woude) の論文はオランダの北部とその他いくつかの地域のデータを比較している。オランダ北部に関してより多くのデータは van der Woude, 1972 にある (オランダ語の出版)。

解題

第一章　　速水　融

本章は、Paul-André Rosental, "Thirteen Years of Debate: From Population History to French Historical Demography (1945-1958)", *Population*, 1997,9, pp. 215-242の全訳である。

歴史人口学は、人口学の側からは、フランスの国立人口学研究所（INED）のL・アンリ（Louis Henry）によって打ち立てられ、また、社会経済史の側からは、P・グベール（Pierre Goubert）がその創始者と考えられてきた。たしかに、このことは間違っているわけではないが、二人の著作をみると、人口学に対する姿勢がかなり異なっていて、アンリの場合には、非常に厳密な人口学の方法が貫かれ、グベールの場合は、社会経済史の背景のなかで、人口に関するいくつかの指標が取り扱われていることは明瞭である。

言葉の問題もあり、かつまたフランス語の人口学は、一部の専門研究者の間では、非常に高く評価されているとはいえ、日本では、一般の読者にはより遠い存在である。このことから、歴史人口学の始祖として、アンリとグベールは同列に置かれてきたが、このP－A・ローゼンタール（Paul-André Rosental）の論文は、そういった考えを完全に否定し去るものである。

第二次大戦直後から、フランスでは「人口の歴史」研究が盛んになったが、何よりも、この研究を支えるべき数量資料が壁となり、当初においては、一九世紀になって作成されるようになった印刷統計資料、それも、信頼性の上から一八五〇年以降を「統計時代」として扱っていた。しかし、人々の関心が、アンシャン・レジーム末期に向けられると、その時代の人口をいかに知るか、が必要になってくる。アンシャン・レジーム末期、一七七〇年代、八〇年代のフランスは、歴史研究の上で非常に関心をそそられる時代である。それは、直接にはフランス革命をもたらした諸要因をつきとめる時代であり、他方、日本の幕末期のように、旧政権がもろもろの改革を行ったり、諸産業の発展した時代でもあった。

この時代の人口をいかに知るかについて、所詮総計資料はないので、ミクロの人口史料である「教区簿冊」が注目されたのは「自然」でさえあった。問題は、その取扱い方で、アンリ以前の社会経済史家は、この史料に出てくる洗礼（出生とみなされる）、結婚、埋葬（死亡とみなされる）の事例を数え、それを時系列データにして、物価や賃金の時系列データと比較する、という方法をとっていた。しかし、これは、分母となる人口（population at risk）を無視するやり方で、人口学的には容認できない。たとえば、人口、とくに出生力の高い年齢の人口がふえれば、出生数は増大するだろうし、死亡しやすい年齢の人口が増えれば、死亡数は増大する。人口学的には、「数」よりも「率」が問題なのである。アンリは、このような単純な問題から始まり、社会経済史家の「教区簿冊」の使い方を徹底的に批判した。

より重要なのは「教区簿冊」が記名型資料（個人の名前が記録されている資料）であることを利用し、それまでの社会経済史家が行わなかった個人の記録をリンクする、という方法を開発したことである。家族復元（family reconstitution）と名づけられたこの資料整理の方法は、一見退屈な「教区簿冊」を、歴史人口学の中心資料に位置付けることになった。「教区簿冊」は、国によって、地域によって相違はあるが、日本でいえば寺院過去帳のように、キリスト教の教会にとって基本資料であり、イングランドでは一五三八年以降、フランスでは一六六七年以降、政令によって、その整備保存が義務付けられた。(1) 従って、多くのキリスト教社会では、この資料が作成され、現在いくつかは利用可能である。

この家族復元法の適用により、フランス人口史の研究は、一挙に一六六〇年まで遡り得ることになり、アンシャン・レジーム末期どころか、一七世紀中葉まで広がったのである。同時に、「アンリの方法」によって測定された人口学的指標は、一八世紀に作成された統計や、さらには現在の人口統計と連結して用いることが可能となる性格を持っていた。アンリの貢献は、人口学において、「歴史」と「現在」との間にある壁を取り払ったことにあるのではなかろうか。

アンリの登場は、ローゼンタールも述べているように、突如として降って湧いたわけではなく、戦後十数年に亘るいろいろな立場の研究者間の論争の産んだ結果でもあった。なかには、フランス特有の地理学的手法の導入を唱えた研究者もいたし、彗星のごとく登場して、まもなく忘れ去られてしまったベールのような、われわれの全く知らなかった人もいた。もちろん、歴史人口学の誕生にとって、アンリの名は不滅であるが、同時に、その成立にいろいろな形でかかわった人達、そしてその人達の間の学問的論争、論争の場として、*Annales E. S. C.* や *Population* 等の学術雑誌の存在等、歴史人口学は、意識されていたか否かにかかわらず、フランス学会の知的活動の総力をあげての所産であった、という感を持った。

最後に、この論文では、どちらかと言えば冷ややかに扱われているグベールについて一言付け加えておきたい。というのは、私的なことになるが、筆者自身、経済史の出身で、人口学の組織的訓練を受けずに「歴史人口学」の世界に飛び込んでしまったからである。筆者がこの分野の研究を始めたのは、一九六四年、留学先のベルギーの大学で、アンリの著作と出会い、その方法に魅せられたからである。帰国後直ちにこの分野の研究を開始したころは、社会経済史の分野でも、人口学の分野でも、「歴史人口学」の研究を行っている者は皆無であった。もちろん、日本には、戦前から人口史研究の伝統はあったし、著作も少なからずあったが、戦後生まれの「歴史人口学」を取り入れたものは一つもなく、その紹介さえない状態であった。

グベールのボォヴェー地方の研究には、最初に人口の変動に関する章があり、教区簿冊から算定された出生・死亡・結婚の数値が時系列で穀物価格の変動と比較して述べられている (Goubert, 1960)。確かに、人口に関する数値を、経済変量とからめて歴史事象を解釈しようとしたのは、グベールをもって嚆矢とするかもしれない。加えて、彼の見出した結論は、この地方内部の農村構造の差——穀物の単作村落、牧畜を含む混合農業村落、農村工業地域の村落——によって危機における死亡数・出生数・結婚数に大きな差があり、それは、それぞれの村落の性格から来ることが明らかにされた。経済史の立場からすれば、人口指標を経済環境から説明できるのは、非常に頼もしい事柄である。グベールは、そこで、数値と率を無視して——実際村落間の人口指標の差は、数値か率かを無視していいほどに大きかったが——結論を急いだのである。

経済史出身の私自身の立場からいえば、グベールのこういった姿勢は十分理解できるし、過去において、同じような言動をとったこともある。人口学の立場からは許されないこのような接近は、今日ではなくなったとはいえ、「教区簿冊」という新しく利用されるようになった歴史資料を前にして、アンリ以前において、グベールならずとも、同じような接近をすることは、誰にでもあり得た。本文の注にもあるが、グベールは、その後、アンリの主張を認め、立場を変えたようである。このように限定付きではあるが、彼は、「教区簿冊」による観察結果を持ちこんだ最初の経済史家であったことは間違いないし、ラブルースやムーヴレと並ぶアンシャン・レジーム期のフランス社会経済史家の一人として、彼の名声に決定的な打撃を与えるものではない、というのが筆者自身の判断である。

注

（1）イングランド・ヨークシャーでは「教区簿冊」は印刷刊行されている（たとえば、*The Publications of Yorkshire Parish Register Society* は、百年以前から刊行を続けている）。都市リーズを中心とする地域の「教区簿冊」を利用した著作として、安元、一九八二参照。

第二章

中里英樹

本章は、Osamu Saito, "Historical Demography: Achievements and Prospects", *Population Studies*, 1996, 50 の全訳である。著者の斎藤修氏（一橋大学経済研究所教授）は、日本の歴史人口学の基礎を築いた速水融の研究グループにおいて初期の頃より中心的な役割を担い、数量経済史、歴史人口学研究において優れた論考を数多く著している。また、本章でも紹介されるケンブリッジ・グループを中心とする海外の歴史人口学者との交流も密接で、一九九六年から二〇〇一年にかけて国際人口学連合（International Union of Scientific Study of Population）の歴史人口学委員会委員長を務めるなど、国際的な活躍も顕著である。本論文は、イギリスで発行されている代表的な人口学雑誌である *Population Studies* の第五〇巻発行と、同誌を発行する *Population Investigation Committee* 創立六〇周年を記念した特集号に掲載された。この号の各論文は人口学のさまざまな分野の研究成果を概観したものであり、その中の歴史人口学分野を斎藤氏が担当している。

本論文は、フランスにおける家族復元法の開発とイギリスにおけるその継承・発展に始まる歴史人口学の歩みを概観したうえで、今後取り組むべき課題を論じている。そこでは、欧米および日本さらにはインドや中国の歴史人口学に加えて、身体測定学・医学・経済学など隣接諸科学にわたる幅広い研究動向をふまえて、それらの研究で用いられた方法や枠組と、それによって得られた知見が明らかにされている。そのうえで、より優れた指標と手法の開発、北西ヨーロッパ以外の人口・家族システムに関する研究、教区簿冊以外の資料の利用、人口をマクロからミクロにわたる社会・経済と関連づけて分析すること、などの課題が示される。

本論文の意義は、第一に、隣接諸科学のインパクトを含む歴史人口学の多岐にわたる議論を明快に整理して示したこと、第二に、単なる整理にとどまらず、最新の試みをふまえて今後の課題を明確に示したことにある。とりわけ、世界的に影響力を持つ人口学研究雑誌の記念号において、非欧米圏の研究者の視点で、東ヨーロッパ・インド・中国・日本など、北西ヨーロッパ以外の人口・家族システムの多様性への目配りと、教区簿冊以外の資料（宗門改帳や系図など）の重要性を論じた点は、大きな意味を持つといえるだろう。

歴史人口学の研究者だけでなく、人口学に関連する研究に取り組むすべての人にとって、必要不可欠な知識と視点を提供してくれる論文である。

なお、斎藤氏は本論文で「第６回日本人口学会奨励賞（論文の部）」を受賞している。

訳出に関しては、原著者に貴重なアドバイスをいただき、それに多くを負っているが、最終的な責任は訳者にある。

第三・四・五章

速水　融

ここに訳出した論文は、一九六三年に始まった、いわゆるプリンストン出生率低下研究プロジェクト（以下プリンストン・プロジェクトと略称する）の総括会議の論文集『ヨーロッパにおける出生力の低下』(Ansley J. Coale and Susan Cotts Watkins, eds., *The Decline of Fertility in Europe*, Princeton, 1986) に掲載されたものである。この総括会議は、一九七九年七月、プロジェクトの一応の完了を機に、アメリカのプリンストンで開かれたものであり、プロジェクトに参加した各国の学者が総括的なペイパーを提出した。それを一冊にまとめたものが上記の一冊となって出版されているのである。

他にも、興味をそそる論文が掲載されているが、そのなかから、

Chap. 1, Ansley J. Coale, "The Decline of Fertility in Europe since the Eighteenth Century as a Chapter in Human Demographic History"（本書第三章）
Chap. 3, Massimo Livi-Bacci, "Social Group Forerunners of Fertility Control in Europe"（本書第四章）
Chap. 4, Francine van de Walle, "Infant Mortality and the European Demographic Transition"（本書第五章）

を選んで訳出した。

プリンストン・プロジェクトは、戦後のベビーブームが去って、ヨーロッパにおける出生率低下の長期的傾向が誰の目にも明らかになった一九七〇年代に、プリンストン大学人口研究センターのA・コール教授の主導のもとに、ヨーロッパ各国やアメリカの人口学者が協力して行った大規模な国際共同研究である。ヨーロッパを、各国の州や県、それを単位とする地図に遡れる限り人口学的指標を入れ、出生率低下が、どこで、いつ、どのように生じたのか、をまず探る作業から始まった。国ごとの分析は、それぞれの担当者が行い、いくつかの国の出生率低下については、モノグラフが刊行されている。

プリンストン・プロジェクトの特徴は、何よりその参加者が人口学者であり、人口学の方法や概念が統一され、洗練された学問的達成である、という点にある。また、観察の単位が、「国」ではなく、日本でいえば都道府県に相当する地域をとっているので、出生率低下が一国のどこで、いつ生じたのか、といった重要な観察が出来るし、そのことから、他では得られないヒントを与えられることもある（最近、同じように、フランスのE・トッド（Emmanuel Todd）の『新ヨーロッパ大全』（Todd, 1990）も、ヨーロッパ各国の国境を取り払い、同様に、地域別に、人口統計、家族構成、農地制度、識字率などに関する指標を入れ、興味深いいくつかの観察結果を導き出している）。

プロジェクトの成果は、一口にいえば、高出生率と高死亡率によって特徴づけられた伝統的人口パターンが、近代化とともに、まず死亡率の低下が起こり、そして出生率の低下が続き、低出生率・低死亡率の新しい人口パターンに推移するという古典的な人口転換理論は必ずしも当てはまらず（少なくもヨーロッパにおいては）、出生率の低下は近代化以前から一部で始まっており、文化・宗教・言語の違いによって遅速がある、ということの発見である。これは、上記の論文集の巻末に付されている一三枚の地図に示されている。地図は、国境を取り払い、ヨーロッパを州（呼名は色々あろうが）別に区分し、三つの人口学的指標（有配偶出生力、有配偶率、総出生力）を、色別に示している。これによって、全ヨーロッパ（ロシアを含む）の出生力低下の状態が、文字通り一目瞭然となった。

一例をあげれば、M・リヴィ＝バッチの論文によると、出生率の低下は、ある社会集団では、一六世紀末にすでに始まっていた。著者は、慎重に実証史料がないことを理由に、いつからそれが始まったかについての明言を避けているが、一六世紀末・一七世紀前半といえば、政治的にも経済的にも、「近代」以前であり、出生率低下が、部分的であるにしても、近代の産物ではなかったことが挙げられる。

ところで、プリンストン・プロジェクトは、専らマクロ・データを用いてきたが、時代を遡り、全国的指標が得られない時期になると、ミクロ・データないしはそれに基づく研究に依拠せざるを得ない。プリンストン・プロジェクトは、今日のような、ミクロ・データに基づく歴史人口学の隆盛以前に成され、本論文もその黎明期に書かれたことをつけ加えておこう。

このプロジェクトを組織し主宰したコール教授は、二〇〇二年、その生涯を閉じた。

第六章　髙橋美由紀

本章は、第三章〜第五章と同様に、『ヨーロッパにおける出生力の低下』（Ansley J. Coale and Susan Cotts Watkins, eds., *The Decline of Fertility in Europe*, Princeton, 1986）に所収されているA・シャーリン（Allan Sharlin）の論文“Urban-Rural

"Differences in Fertility in Europe during the Demographic Transition" の全訳である。

社会科学史学会（Social Science History Association, SSHA）には、毎年この分野において優れた本に贈られる「アラン・シャーリン賞」が設けられている。これは、彼の夭折を悼んでシャーリン家が学会に寄付をした資金に拠っている。そこには、彼の経歴が以下のように記されている。

「A・シャーリンは、シカゴ大学で歴史学修士、ウィスコンシン大学で歴史学のPh・Dを取得した。その後、プリンストン大学の人口研究所で二年間研究に携わった。一九八三年三月、他界した時はカリフォルニア大学バークレイ校の社会学部に籍をおいていた。

彼の研究には、数量的な手法と伝統的な手法の双方が用いられている。彼の研究期間は短かったが、その間に社会学の理論、ドイツの都市における人口移動、歴史人口における人口変数を推計する新しい方法などに関する論文を発表した。」

また、彼は前近代の都市に関する研究で「都市は外部からの人口流入なしには衰退することがなかっただろう」と、E・A・リグリィ（Edward Anthony Wrigley）『人口と歴史』（Wrigley, 1969）によって定説化されていた「都市墓場説」に対する逆説的な意見を述べた。それは、都市における死亡数の多さを否定するものではなく、都市の定住者と一時的流入者の人口学的な行動は異なることを指摘することによっていた。都市は衛生状態が悪いために死亡率が高いと一般に考えられているが、一時的流入者は都市で生まれるわけではなく、結婚する割合も低く、すなわち子どもを持つ割合が低いのにもかかわらず、そこで死亡する。このために都市の自然増加数（出生数—死亡数）はネガティヴとなるという斬新な意見を述べた（Sharlin, 1978. de Vries, 1984, pp. 180-182参照）。また、*Past and Present*, No. 92 には、この問題に関するR・フィンレイ（Roger Finlay）との論争が掲載されている。都市がその人口水準を維持できるか否かは、流入人口のみでなく流出人口を、同時に死亡率（mortality）のみでなく出生力（fertility）を知る必要がある、と主張した。

本論文においては、人口転換期の都市と農村の出生力を比較している。一般に都市においては周辺の農村よりも出生力や婚姻率が低く、出生力の低下も早く始まることが多い。しかしながら、地域的な多様性もあると述べ、詳細な地域研究の必要性に言及している。

第七章

木下太志

本章（"Some data on natural fertility", *Eugenics Quarterly*, 1961, 8 (2), pp. 81-91.）の著者L・アンリは、フランスの著名な人口学者であり、多くの分野ですぐれた業績を残した研究者として知られている。理論面であれ、方法論の面であれ、彼の業績のなかには、現在の研究の基盤となっているものが多い。私が学生であった頃、アメリカのある人口学者が、アンリを評して「私たちのために多くの扉を開けてくれた学者」と言ったことが思い出されるが、まさに、これは人口学における彼の貢献の大きさを適切に言い表したものである。彼が残した重要な業績のひとつは、歴史人口学における方法論の基本である家族復元法（family reconstitution method）を確立したことであり、この経緯については、「はじめに」で速水が詳しく述べている。ここで翻訳された「自然出生力とは何か」は、彼のもうひとつのすぐれた業績であるが、ここで、アンリは出産制限のない状態の出生力、特に婚姻出生力について分析している。

現在の人口学者は、出産を抑制する行動を、便宜上、ストッピング（stopping）とスペーシング（spacing）にわけて考える。ストッピングとは、希望する子ども数が生まれた後、夫婦が出産を止めるようなコントロールの方法であり、一方、スペーシングとは、ある時期から出産を急に止めるのではなくはじめから出産間隔を意図的に長くして出産をコントロールしようとする方法である。本論文で、アンリが分析したのは前者のにストッピングよる出産制限である。研究史的にみれば、アンリのこの研究は、A・J・コールとJ・トラッセル（James Trussell）によるビッグエム（M）、スモールエム（m）の研究に受け継がれ、さらに、ストッピングよりスペーシングを強調したデイヴィッドたちのコーホート・パリティ・アナリシス（cohort parity analysis, CPA）に受け継がれていったと考えてよいであろう。

自然出生力とは、意図的な出産制限のない状態での出生力を意味し、人口学では重要な概念のひとつである。その「自然」という形容詞から、生物学的なもの、生理的なものを思い浮かべがちだが、アンリ自身が論文の冒頭で指摘しているように、この場合の「自然」とは、生理的なものに加え、出生力に直接影響を与える性的タブーや授乳慣行などの社会文化的な要素を含んだものである。さらに重要なことは、自然出生力の対極にある出産制限の行われている出生力とは、ここではストッピングによるものが念頭に置かれているということである。これは、すでに生まれた子ども数によって、夫婦の出産行動が決定される状態であるため、パリティ・スペシフィック・コントロール（parity-specific control）とも呼ばれる。すなわち、本論文でアンリが名づけた自然出生力とは、パリティ・スペシフィック・コントロールがない状態の出生力と言い換えることができる。

彼はまず、自然出生力とみなされる人口集団においては、結婚年齢と年齢別婚姻出生率の間に関係がない（すなわち、結婚年齢が高くても、低くても、それぞれの年齢における婚姻出生率は大きくかわらない）ことを指摘し、そのうえで、このような集団の年齢別婚姻出生率は独特のカーブを描くとしている。そのカーブは、二〇―二四歳で出生率がピークに達した後、年齢とともにゆっくりと下降するため、ピーク後のカーブの形状が凸状となる。これは、出産制限が行われている人口集団において、ピーク後、出生率が急減し、カーブの形状が凹状となるのとは好対照をなす。したがって、ある人口集団が自然出生力の状態であるか、それとも出産制限を行っている状態であるかを判断するには、婚姻出生率のカーブの形状がひとつの重要な手がかりになるとアンリは主張する。（コールとトラッセルによるスモールエム（m）は、出生率のピークの後のカーブの形状を数値的に捉え、対象とする人口集団の出生率が自然出生力によるものなのか、それともコントロールされたものなのかということを区別しようとしたものである)。

ところが、自然出生力の特徴を持つ人口集団を比較すると、これらの集団の間でも、婚姻出生率に違いがある。アンリは、この違いの主な原因は妊孕可能な夫婦の出生率が集団の間で違うことにあり、その理由として、出産時点から排卵あるいは性交が再開するまでの期間が重要であると考えている。出産から排卵までの期間は、近年では、産後不妊性 (post-partum infecundity, PPI) あるいは産後月経不順 (post-partum amenorrhea) と呼ばれ、関連文献によく使われる用語として定着している。

第八・九章　　斎藤　修

次の二章には、ケンブリッジ・グループのミクロ・デモグラフィーの分野における研究成果を反映した二つの論文を収める (Wrigley, E. A. and R. S. Schofield, "English population history from family reconstitution", *Population Studies*, Vol. 37, No. 2, 1983, pp. 157-184. および Wilson, C., "Marital fertility in pre-industrial England : New insights from the Cambridge Group family reconstitution project", paper presented at the Conference on Demographic Change in Economic Development, held at the Institute of Economic Research, Hitotsubashi University, 1-3, December, 1991;『社会経済史学』第五八巻四号、一九九二年に、友部謙一訳「工業化以前のイングランドにおける婚姻出生力――ケンブリッジ・グループ家族復元プロジェクト研究とその成果による新たな展望」として訳出)。

ケンブリッジ・グループはその正式名称「人口史・社会構造史にかんするケンブリッジ・グループ」が示すように、歴史人口学と家族世帯の分析を中心とした社会史の研究所である。歴史社会学者P・ラスレット (Peter Laslett) とともに、経済史家E・A・リグリィによって一九六四年に英国ケンブリッジに創設された。たんに優秀な研究者を集めた研究所というよりは、具体的な目標をもった、プロジェクト遂行のための資料収集・整理・加工作業とデータ解析を中心に据えた実証研究機関である（斎藤、一九八八参照）。ケンブリッジ・グループが歴史人口学において目指したことは、そのしばらく前からフランスで始まっていた新しい方法論による歴史人口再構成の試みを導入し、イングランドの人口史を書きかえることであった。その方法論とは家族復元法と呼ばれ、教区に遺された洗礼・結婚・埋葬の簿冊から家族の人口履歴を復元し、それら復元された家族のサンプルから詳細な人口学指標を算出するものである（本書第二章参照。グループの歴史人口学プロジェクトにはもう一つの柱があり、それは斬新な手法によるイングランドのマクロ人口推計であった。Wrigley and Schofield, 1981がその成果である。この著作の意義についても同論文参照）。

グループがパイロット研究の対象に選んだのがデヴォン州のコリトンという教区で、その結果は研究リーダーのリグリィが一九六六年と一九六八年に、テーマを出生力と死亡にわけた論文のかたちで公表した（Wrigley, 1966a, 1968）。このうち前者は、そのタイトル「家族制限」から推測されるように、近代以前においても――常識的見解とは異なって――庶民が何らかの出生制限を行っていた可能性があることを示唆したもので、大きな反響を呼んだ。その衝撃は実に大きかった。そのために人口史や社会経済史の枠をこえて、イングランドは工業化以前にすでに近代的産児制限を始めていたという拡大解釈が広まってしまったのである（詳しくは、斎藤、一九九七）。

しかし、リグリィやケンブリッジ・グループの共同研究者の真意は、コリトンはあくまでもパイロット調査であって、教区数を順次増やしてサンプル規模を大きくし、統計学的に安定した結論を得たいというところにあった。研究計画は大規模観察の方向に向かっていたのである。この第二段階の成果は一三教区の簿冊をプールした分析というかたちで、一九八三年に発表された。第八章として訳出されたR・S・スコフィールド（Roger S. Schofield）との共論文がそれである。この論文は、結婚・出生・死亡の順で観察結果を丁寧に要約する。著者たちは結論の暫定的な性格を強調するが、この論文の学説史的な位置は明白であろう。そこには、コリトンにかんする出生力分析が与えた誤った印象のかけらもみられない。観察される婚姻出生率は時間の経過のなかでも変化を示さず、したがって示唆されているのは、一六世紀から一九世紀にかけてのイングランドが意識的出生制限をしていない自然出生力人口であったということなのである。

この点は第九章として収録したC・ウィルソン（Chris Wilson）論文でも強調されている。これは、一三教区を二六教区に拡大、夫婦組数にして一〇万組以上からなる大データベースの分析へと進んだ第三段階の中間報告といってよいものである。その最終段階の作業結果は一九九七年になって浩瀚な著作として公表されたが、この間に英語では中間結果が公にされることがまったくなかったので、ケンブリッジ大学大学院在学中よりグループのプロジェクトに参加し、その出生力分析に携わってきたC・ウィルソン氏の日本におけるセミナー提出論文が訳出されたことは意義あることであった。

ただ、C・ウィルソン論文は出生力に焦点を絞っての報告であったことと、それが『社会経済史学』に掲載された一九九二年からの五年間にさらに新たな知見が付けくわわったことには留意すべきであろう。詳細は直接著作にあたっていただく以外にないが、以下の三点はとくに指摘しておきたい（Wrigley, Davies, Oeppen and Schofield, 1997）。

第一は、結婚（nuptiality）の重要性である。具体的には生涯独身率と初婚年齢が問題となるが、残念ながら家族復元法では前者を計測できない。しかし、少なくとも一七世紀末から一九世紀初頭にかけての時期にかんするかぎり、平均初婚年齢の低下が出生率の上昇を、したがって人口増加の大部分を説明するという、マクロ人口の推計結果から明らかになっていた因果関連は再確認されたのである（Wrigley and Schofield, 1981）。

第二は、死亡にかんする新たな事実発見である。家族復元のもう一つの欠点は死亡にかんする計測が十分できないことにあるが、グループの近著は二つの点で革新をもたらした。その一は、新しい技法の適用によって、第八章の論文では一五歳以上には及びえなかった死亡率の推計が成人にまで可能となったことである。これは、教区簿冊に依拠した歴史人口学では特記すべき技術革新といってよい。その二は、乳幼児死亡を月別に観察することにより、死亡率を先天性の死亡と外生的要因による死亡に分解することに成功したことである。それによれば、全体を大きく二つの時期に区分すると、初期には先天性の死亡率に変化はなく、外生的な死亡率は若干増加した時期すらあったのにたいし、一八世紀初頭をすぎると後者の水準は不変のまま先天性の死亡率は傾向的な低下を示し始めたという。

第三に、内容上はもっとも重要な点かもしれないが、本書に収録した二つの論文双方において強調されていた出生率の長期安定という結論は修正された。といっても、初期の出生制限仮説へ戻ったわけではなく、逆に、一八世紀を通じて僅かな、しかし紛うかたなき出生力の上昇傾向があったことが発見されたのである。それは、従来の近接要因分析とは異なった尺度（fecund marital fertility, entry fecundity, subsequent fecundity）を開発することによって可能となった、最新の観察結果に基づいている。その傾向がなぜ生じたのかの説明は本文中ではなされなかったが、一九九八年、リグリィは単著論文を発表し、その背後にある要因連関を解明するためのヒントを提示している（Wrigley,1998）。その議論のポイントは死産率の低下で、それは、出生サイドの観察事実を死亡にかんする発見（先天性死亡の減少）と結びつけて考えることを可能にさせる。今後この方向での分析がさらに進めば、産業革命以前におけるイングランドの人口動態をより広い社会経済的文脈で理解することができるようになるであろう。と同時に、その新たなイングランド人口史像が、出生力転換論自体の再考を促すことになるであろうことは疑いない。

第一〇章

落合恵美子

本章は、Eugene A. Hammel and Peter Laslett, "Comparing Household Structure Over Time and Between Cultures," *Comparative Studies in Society and History*, 1974, 16-1, pp. 73-109 を訳出したものである。家族史および歴史人口

学の世界において、国際的に最も知られ最も広く用いられてきた世帯構造分類法である、いわゆる「ハメル＝ラスレット世帯構造分類」を提唱した論文である。本論文は、「人口史と社会構造史研究のためのケンブリッジ・グループ」の創設者P・ラスレットと、その協力者である米国の人類学者E・A・ハメル（Eugene A. Hammel）によって、一九七四年に発表された。世帯構造分類法そのものは、ラスレットがR・ウォール（Richard Wall）の協力を得て開発し、『過ぎし日の世帯と家族』序章（Laslett, 1972, Chap. 1）で提案したものと基本的に変わらないが、本論文はそれに、より正確な定義を与えた。

最初の部分で述べているように、本論文の基本的姿勢は、人類学が彫琢してきた方法や概念を歴史研究に導入するというものである。第二次大戦後、人類学者は家族の定義や分類法をめぐってさかんに論争を繰り広げてきた。家族はすべての人間社会に遍く存在するのか／しないのか、家族の普遍的な定義は可能か／不可能か、といった根本的な論点をめぐって、論争は七〇年代まで続いた。人類学では「親族（kinship）」という概念は多用するのに「家族（family）」という術語はほとんど使わないが、それはこの社会制度の社会・文化による変異の大きさを熟知しているからであろう。

本論文に頻出する「家内集団（domestic group）」という概念は、欧米の日常語の感覚を引きずりやすい「家族」という術語を避け、しかし世界の多くの社会に見られる多様な「家族のようなもの」を総称するために工夫された、人類学の専門用語である。本論文ではレベルの異なる「家内単位（domestic unit）」をそれぞれ「夫婦家族単位（conjugal family unit, CFU）」、「世帯（household）」、「共住集団（houseful）」と名づけ、しばしば前のものが後のものに含まれる包含関係があるとしている。家族的なるものの多様性と可塑性を概念化するための巧妙な工夫と言えよう。その後の家族史と歴史人口学においては「世帯」が主たる分析対象とされてきたが、たとえば同一屋敷地に母屋と隠居屋が建つ日本の一部の地域の居住形態のように、「世帯」概念で割り切ることに疑問の残るケースも多い。複数の「世帯」を含むが、それ自体一つの家内集団としての共同性を有する「共住集団」という概念は、理論的にも実証的にもこれからもっと深められてよい。

さて、本論文において最も重要な提案である「ハメル=ラスレット世帯構造分類」に話を移そう。この分類法の基本的考え方は、「世帯」はＣＦＵが単独で、あるいは集まって構成するものであり、世帯構造はその内部に含まれるＣＦＵの数と配置のしかたにより決まる、というものである。一九四九年に発表されて一世を風靡した、米国の人類学者Ｇ・Ｐ・マードック（George Peter Murdock）の核家族普遍説を下敷きにしているのは明らかであろう（Murdock, 1949）。ただしラスレットらは、より直接的には、フランスの歴史人口学者Ｌ・アンリによる「世帯（ménage）」の定義から影響を受けている（Henry, 1967）。

「〜家族世帯（〜family household）」という名称は、一見すると不可解に見えるが、ここでいう「家族（family）」とはＣＦＵ（アンリの表現では「核（noyau）」）のことだと了解すれば納得がいく。「単純家族世帯」とは単純な構造のＣＦＵ一個からなる世帯、「拡大家族世帯」とは拡大されたＣＦＵ一個からなる世帯、「多核家族世帯」とは複数のＣＦＵが合わさって出来ている世帯という意味で、あとの二つ、すなわち「独居世帯」と「非家族世帯」はＣＦＵを一個も含まない。“Multiple family household” という名称は、「家族」という語でＣＦＵすなわち核家族を表すという原則を貫けば、「多家族世帯」「複家族世帯」「複合家族世帯」などと訳すほうが適切かもしれない。しかし、日本ではすでに『過ぎし日の世帯と家族』序章（Laslett, 1972, Chap. 1）の抄訳により「多核世帯」という訳語が定着しかけていること、一つの世帯の中に複数の核家族が存在するイメージを直接に喚起する訳語も悪くないこと、「複合家族」という手垢のついた表現では他の概念との混乱を招くことなどを考慮し、あえて「多核家族世帯」という訳語を選択した。

他の世帯構造分類法との概念の異同は厄介な問題である。「ハメル=ラスレット世帯構造分類」は、マードック

世帯構造分類対照表

ハメル=ラスレット分類	マードックによる分類*1	ル・プレによる分類*2
Solitaries	–	–
No family	–	–
Simple family household	Nuclear family	Conjugal family
Extended family household	–	–
Multiple family household	Extended family	Stem family
		Joint family
–	Polygamous family	–

*1 マードックによる分類の訳語と定義
（1）核家族（nuclear family）：1組の夫婦とその（未婚の）子どもたちからなる。
（2）拡大家族（extended family）：親子関係の拡大を通して結ばれた，二つもしくはそれ以上の核家族からなる。
（3）複婚家族（polygamous family）：1人の配偶者を共同にもつことにより結ばれた，二つもしくはそれ以上の核家族からなる。
*2 ル・プレに基づく分類の訳語と定義
（1）夫婦家族（conjugal family）：夫婦と未婚の子どもからなる。
（2）直系家族（stem family）：夫婦と未婚の子ども，および1人の既婚子とその配偶者，彼らの子どもからなる。「株家族」という訳語もある。
（3）合同家族あるいは複合家族（joint family）：夫婦と未婚の子ども，および2人以上の既婚子とその配偶者，彼らの子どもからなる。

の分類法（Murdock, 1949）とも、F・ル・プレ（Frédéric Le Play）が提唱して社会学や歴史学に大きな影響を与えた分類法（森岡・望月、一九八三、一五頁）とも、異なる類型を立てている。しかし類型の名称が似ているのでしばしば混乱が生じ、さらに訳語の選択が混乱に拍車をかけてきた。上記のように**世帯構造分類対照表**を作ってみると、ハメル＝ラスレットの“multiple family household”はマードックの“extended family”（「拡大家族」と訳す）とほぼ同義であり、“stem family”と“joint family”はその下位分類と言える。したがって世帯類型として「拡大家族（extended family）」という表現が出てきた場合には、それがマードックとハメル＝ラスレットのどちらの意味で用いられているか注意する必要がある。また日本語で「複合家族」と言った場合、“joint family”の訳語である場合もあるので、“multiple family household”の訳とは限らない。

「ハメル＝ラスレット世帯構造分類」に対しては批判もある。特に複雑な構造の世帯が多い社会の分析にあたっては、「多核家族世帯」を分類し直す必要があるとの意見が強い。たとえば日本では「直系家族」と「合同家族」

を区別することが理論的に重要である。しかし本論文の表の末尾に示された「直系家族」の割合の再構成法では、5b型に子どものCFUが複数存在する「合同家族」のケースも含まれてしまうので、不正確と言わざるを得ない。そこで全く新しい世帯構造分類法が提案されたりもしたが（Lee and Gjerde, 1986など）、「ハメル=ラスレット分類」の実用性と論理性は捨て難いことから（高木、一九九五）、現状では研究対象により「ハメル=ラスレット分類」を一部修正して用いることが多いようだ。日本では「多核家族世帯」を「直系家族世帯」と「合同家族世帯」とに細分類する方法が定着しつつある（岡田、二〇〇〇、一三九—一四〇頁）。

なお、本論文ではデータのコンピュータ化について一節を設けているが、四半世紀間でのハード・ソフト両面の著しい進歩により、そのまま訳出する意味はほとんどなくなったと考えられるので省略した。ただし、続柄を表すための人類学コード（たとえば父方のオジをFB=father's brother、イトコをPSbC=parent's sibling's childなどと表す）の紹介と、その利用法については参照の価値があるかもしれない。

第一一・一二章　木下太志・浜野潔

第一一章「ヨーロッパ型結婚形態の展望」（"European Marriage Patterns in Perspective"）と第一二章「前工業化期における二つの世帯形成システム」（"Two Kinds of Preindustrial Household Formation System"）の二論文の著者であるJ・ヘイナル（John Hajnal）は、元々は統計学者であるが、人口学において、二つの分野で彼の名前が知られている。ひとつはSMAM（singulate mean age at marriage）と呼ばれる、センサスタイプのデータから初婚年齢に関する指標を計算する方法を開発したことであり、もうひとつはここでのテーマである「ヨーロッパ型結婚形態（European marriage pattern）」を提唱したことである。人口学では、両者ともに重要な手法あるいは概念であり、ヘイナルがこの学問に果たした貢献は大きい。

「ヨーロッパ型結婚形態の展望」は、一九六五年に出版され（Hajnal, 1965）、今や歴史人口学の古典のひとつとも言える *Population in History* に収められ、第一二章の「前工業化期における二つの世帯形成システム」は、一九八二年、人口学における代表的な研究雑誌のひとつである *Population and Development Review* に掲載された（Hajnal, 1982）。一九六五年の論文（本書第一一章）において、ヘイナルがヨーロッパ型結婚形態を提唱して以来、それは多くの歴史家や社会科学者（特に文化人類学者、社会学者、経済学者など）を刺激し、この種の研究を活気づけたとともに、この分野におけるひとつのガイドラインとなってきた。この二つの論文の間には一五年以上の歳月がたっているものの、「前工業化期における二つの世帯形成システム」は、ヘイナル自身も認めているように、「ヨーロッパ型結婚形態の展望」の続編と言うことができる。

読者のなかには、過去の結婚や世帯について、そんなにもわかっていないものかと訝しがる人もおられることであろう。しかし意外とわかっていないというのが現実である。確かに物語に登場する人物の人生や史料に残りやすい高貴な身分の人々の人生をもとに、過去の人々の結婚や世帯を推察することはできる。しかし洋の東西を問わず、人口の大半を占める一般民衆の結婚や世帯について記録している史料は稀で、それを実証的に研究することは難しい。ましてや人口統計のような数量的データを含んだ史料をみつけることはさらに困難である。この二つの論文でヘイナルが行っていることは、まさにこのように困難な、しかし多くの研究者を魅了して止まない研究である。

ヘイナルは、一九六五年の論文でヨーロッパ型結婚形態の特異性を示したが、一九八二年の論文では、結婚形態だけではなく、結婚後の居住形態や奉公人の存在などの検討を加えたうえで、社会において特有の世帯形態を作り出す行動様式を「世帯形成システム」と呼び、世帯形成の過程を検証している。読者がこの二つの論文から共通して受ける強い印象は、辛抱強く文献と人口資料を捜して、それを批判的に検討し、注意深く分析しようとするヘイナルの姿勢とそれから導き出される洞察の深さである。結局のところ、このことこそが人口学における彼の貢献を大きなものにしているのである。

第一一章 「ヨーロッパ型結婚形態の展望」

この論文におけるヘイナルの関心は「ヨーロッパ型結婚形態」の存在を実証し、その起源を追究することにある。彼の言う「ヨーロッパ型結婚形態」とは、一九四〇年までの少なくとも二世紀の間、ヨーロッパ東部および南東部を除いたヨーロッパ全域に広く行き渡っていた結婚形態で、高い結婚年齢と高い生涯未婚率という二つの特徴を持つ。ヘイナルによると、この結婚形態はレニングラード（現在のサンクトペテルブルグ）とトリエステ（イタリア東北部の都市）を結ぶ線の西側に分布しており（したがって、「北西ヨーロッパ型結婚形態」などのような名称がより適切かも知れない）、この想像上の線の東側に分布していた「東ヨーロッパ型結婚形態」の特徴とは顕著に異なる。ヨーロッパ型結婚形態とは逆に、「東ヨーロッパ型結婚形態」は低い結婚年齢と低い生涯未婚率を特徴とする。

もう少し具体的に言えば、ヨーロッパ型結婚形態は、スカンジナビア諸国、イギリス、フランス、ドイツなどの国々に広く行き渡っていた結婚形態で、平均初婚年齢は男女ともに二四歳を上回り、生涯未婚率はだいたい一五％を上回るのが普通である。一方、東ヨーロッパ型結婚形態は、ブルガリア、ルーマニア、セルビア、ロシア、ボスニアなどの国々に分布し、平均初婚年齢は男女ともに二一歳未満で、生涯未婚率はだいたい五％未満であるのが普通である。この論文が書かれた時点におけるアジア・アフリカ諸国の結婚形態も「東ヨーロッパ型結婚形態」に属し、ヘイナルはこれを「非ヨーロッパ型結婚形態」とも呼んでいる。また、ヨーロッパ型結婚形態と東ヨーロッパ型結婚形態の中間に位置する結婚形態も存在し、ギリシャ、ハンガリー、南イタリア、スペイン、アメリカ合衆国がこれに属するとされている。このように、全世界的に見れば、ヨーロッパ型結婚形態は特異なものということになる。

次に、ヘイナルはヨーロッパ型結婚形態の起源について、その信頼性を慎重に確かめながら、多くの文献調査を行っている。まず、一般民衆については、教区簿冊の研究などから、彼らのヨーロッパ型結婚形態は、一七世紀までは確実に遡ることができるとしている。また、貴族のような特権階級については、国によって多少の違いはあるものの、ヨーロッパ型結婚形態の起源は一六世紀にまで遡ることができるとしている。ヘイナルは、さらに時代を遡り、課税記録、遺産相続のための法律文書、墓石に刻まれた碑文などを使った研究から、中世あるいは古代の結婚形態を明らかにしようとする。たとえば、イギリスにおける一三七七年の人頭税に関する研究から、当時のこの国の結婚形態は非ヨーロッパ型結婚形態であり、ヨーロッパ型結婚形態への移行は一五世紀から一七世紀の間に生じたに違いないと推論する。また、ヘイナルはギリシャ・ローマ時代の墓石に刻まれた碑文から、この時代の民衆の結婚形態は非ヨーロッパ型結婚形態であったことを確認する。

ヘイナルは、ヨーロッパ型結婚形態がどのようにして成立するに至ったのかという問題について、今後の研究に期待したいとして論文を締めくくっているが、その前に研究上の留意点についていくつか触れている。たとえば、『人口論』の著者であるT・R・マルサス（Thomas Robert Malthus）は、ヨーロッパ型結婚形態の晩婚は低出生率と低死亡率を伴う一方、非ヨーロッパ型結婚形態の早婚は高出生率と高死亡率を伴うとしたが、ヘイナル自身は、結婚形態、出生率、死亡率という三者の関係はしばしば考えられるほど明白ではないとしている。また、彼は結婚形態、家族形態、土地所有制の関係についても言及している。すなわち、土地が一人の世襲者に受け継がれるような直系家族制においては、ヨーロッパ型結婚形態が適している一方、合同家族および大土地所有制の下では、東ヨーロッパ型結婚形態がより適していると一般的に考えられることが多い。ヘイナル自身、このような議論には説得力があることは認めているが、同時に、実証という立場から見ると、これらの関係はそれほど直接的なものではなく、注意深く検討されなければならないとしている。

第一二章　「前工業化期における二つの世帯形成システム」

ヘイナルは、歴史資料の残っている社会を見渡すと、彼が「単純世帯システム」と「合同世帯システム」と呼ぶ、二つの際立った世帯形成システムを発見することができ、それぞれのシステムにはそれを成立させるルールが存在するとしている。すなわち、単純世帯システムとは、一七・一八世紀の工業化以前の北西ヨーロッパにおいて一般的にみられた世帯形態で、以下の三つを原則とする。

（1A）男女どちらも晩婚である（具体的には、男子の平均初婚年齢は二六歳以上、女子の平均初婚年齢は二三歳以上）。

（1B）結婚後、夫婦は自分たちで新しい世帯を形成し管理する（通常、夫が世帯主となる）。

（1C）結婚前の若者たちは、奉公人として世帯間を移動する。

一方、合同世帯システムは、インド、中国、南ヨーロッパなどの広い地域でみられる世帯形態であり、以下の三つを原則とする。

（2A）男子の結婚年齢は低いが、女子の結婚年齢はさらに低い（具体的には、男子の平均初婚年齢は二六歳以下、女子の平均初婚年齢は二一歳以下）。

（2B）若夫婦は、老夫婦が管理する世帯で生活し始めるか、あるいは年老いた寡夫または寡婦が世帯主である世帯で生活し始める。また、結婚後、妻が夫の世帯に入るのが普通である。

（2C）複数の夫婦を含む世帯は、一組の夫婦あるいはそれ以上の夫婦を含む二つ以上の世帯に分割されることもある。

（1A）と（2A）、すなわち結婚年齢については、ヘイナルは一九六五年の論文でも詳しく検討した。（1B）と（2B）は、結婚後、花婿と花嫁がどこに居住するかという問題であり、文化人類学者が使う用語を使えば、結婚後の居住様式（post-marital residence rule）に関するものである。すなわち、単純世帯システムにおいては独立居住（neolocality）、合同世帯システムにおいては父方居住（patrilocality）あるいは夫方居住（virilocality）が一般的である。この結果、世帯主になる年齢は、単純世帯システムでは結婚年齢の周辺に集中するが、合同世帯システムではより広い年齢層に分布する。

（1C）の奉公については、ヘイナルは、それが北西ヨーロッパ社会の単純世帯システムにおいて重要な社会的意味を持っていたと考えている。この奉公人制度の特徴は、以下のようにまとめることができる。

①奉公人の数は多く、通常、全人口の一〇％以上を占める。

②奉公人のほとんどは若い未婚者である。

③奉公は人生におけるひとつのステージと考えられている（したがって、「ライフサイクルサーバント」と呼ばれることもある）。

④奉公人の社会的地位は、必ずしも世帯主のそれより低いということはない。

⑤奉公人は家事労働のためではなく、主に農場の労働力として雇われる。

⑥奉公人は、他のメンバー同様、世帯の一員として扱われる。

⑦奉公人のほとんどは、世帯主と親族関係にはない。

ヘイナルによれば、北西ヨーロッパの単純世帯システムの起源は一七世紀より数世紀前まで遡ることができるが、特にイギリスの場合は早く、一二世紀にはすでにこのシステムの特徴がみられるという。奉公人制度が持つ重要な社会的意味として、たとえば、合同世帯社会の女子に比べ、単純世帯社会の女子はより自立できるということがあげられている。なぜなら、女子奉公人は雇用主を自分自身で決めるため、彼女たちの男性親族の管理下に置かれないだけではなく、奉公の間に蓄えた賃金によって経済的に自立することができたからである。また、奉公人制度は経済状況と人口（特に出生）の間に介在し、重要な役割を担う。すなわち、経済状況が良好な場合には、若者は早く結婚し、出生率を押し上げる。逆に、経済状況が悪化すれば、若者は奉公を長く続けざるを得ず、その結果、晩婚となり、出生率を下げる。このように、奉公は経済状況に応じて、結婚年齢を早くしたり、遅くしたりすることによって、出生率をコントロールする一種の安全弁として機能していたとヘイナルは結論づけている。

Economic History Review, 1998, 2nd ser. Vol. 51, No. 3.
Wrigley, E. A. and Schofield, R. S., 1981, *The Population History of England, 1541-1871 : A Reconstruction*, London : Edward Arnold.
——— 1983, "English Population History from Family Reconstitution : Summary Results 1600-1779", *Population Studies*, 1983, 37, pp. 157-184.（本書第８章）
Wrigley, E. A., Davies, R. S., Oeppen, J. E. and Schofield, R. S., 1997, *English Population History from Family Reconstitution 1580-1837*, Cambridge : Cambridge University Press.
Zanetti, D. E., 1972, *La Demografia del partiziato Milanese nei secoli XVII, XVIII, XIX, con una appendice genealogica di Franco Arese Lucini*, Annales Cisalpines d' Histoire Sociale, série 2, No. 2, Pavia, Italy : Università de Pavia.
Zhao, Zhongwei, 1994, "Demographic conditions and multi-generational households in Chinese history : Results from genealogical research and microsimulation", *Population Studies*, 1994, 48, pp. 413-425.
Zimmern, A., 1931, *The Greek Commonwealth*, 5th edition, Oxford : Clarerdon Press.

参照文献（和書）

岡田あおい，2000 年，「近世農民社会における世帯構成のサイクル」，『社会学評論』，51-1, 136-152 頁。

斎藤修，1987 年，『商家の世界・裏店の世界――江戸と大阪の比較都市史』，リブロポート。

――― 1988 年，「家族と人口の歴史社会学 序論」，同編，1988 年，7-22 頁。

――― 1997 年，「人口行動をめぐる家族と個人――ミクロ・ストリアと数量史」，同 1997 年，113-146 頁。

――― 編，1988 年，『家族と人口の歴史社会学――ケンブリッジ・グループの成果』，リブロポート。

――― 1997 年，『比較史の遠近法』，ＮＴＴ出版。

高木正朗，1995 年，「家族分類スキームと宗門改帳」，『日本研究』（国際日本文化研究センター紀要）12, 181-208 頁。

速水融・内田宣子，1972 年，「近世農民の行動追跡調査――濃州西条村の奉公人」，『徳川林政史研究所研究紀要　昭和 46 年度』，217-256 頁。

森岡清美・望月嵩，1983 年，『新しい家族社会学』，培風館。

安元稔，1982 年，『イギリスの人口と経済発展――歴史人口学的接近』，ミネルヴァ書房。

Press.
——— 1965, "Some problems of family reconstitution using England parish register material : the example of Colyton", *Proceedings of the Third International Conference on Economic History, Munich, 1965*, Section 7, Demography and Economy, pp. 199-221.
——— 1966a, "Family limitation in pre-industrial England", *Economic History Review*, 1966, Second Series 19, pp. 82-109.
——— ed., 1966b, *An Introduction to English Historical Demography : From the Sixteenth to the Nineteenth Century*, London : Weidenfeld & Nicolson.
——— 1967, "A simple model of London's importance in changing English society and economy", *Past and Present*, 1967, 17.
——— 1968, "Mortality in pre-industrial England : the example of Colyton, Devon, over three centuries", *Daedalus*, 1968, Vol. 97, No. 2, pp. 546-580.
——— 1969, *Population and History*, New York : McGraw-Hill (速水融訳, 1982 年,『人口と歴史』, 筑摩叢書)
——— 1972, "Mortality in pre-industrial England : the example of Cloyton, Devon, over three centuries", in Glass, D. V. and Revelle, R., eds., 1972, *Population and Social Change*, pp. 243-273.
——— 1977, "Births and baptisms : the use of Anglican baptism registers as a source of information about the numbers of births in England before the beginning of civil registration", *Population Studies*, 1977, 31, pp. 281-312.
——— 1978a, "Fertility Strategy for the Individual and the Group", in Tilly, C. ed., 1978, *Historical Studies of Changing Fertility*, Princeton : Princeton University Press, pp. 135-154.
——— 1978b, "Marital fertility in seventeenth-century Colyton : A note", *Economic History Review*, 1978, 31, pp. 429-436.
——— 1981, "Marriage, fertility and population growth in eighteenth-century England", in Outhwaite, R. B., ed., 1981, *Marriage and Society : Studies in the Social History of Marriage*, London, pp. 137-185.
——— 1983a, "The growth of population in eighteenth-century England: A conundrum resolved", *Past and Present*, 1983, 98, pp. 121-150.
——— 1983b, "Malthus's Model of a Pre-Industrial Economy", in Dupâquier, J., Fauve-Chamoux and Grebenik, E., eds., 1983, *Malthus, Past and Present*, London:Academic Press, pp. 111-124.
——— 1985, "The fall of marital fertility in nineteenth-century France : exemplar or exception? Parts I and II", *European Journal of Population*, 1985, 1, pp. 31-60, pp. 151-177.
——— 1986, "Elegance and experience : Malthus at the bar of history", in Coleman, D. and Schofield, R. S., eds., 1986, *The State of Population Theory: Forward from Malthus,* Oxford: Basil Blackwell.
——— 1994, "The effect of migration on the estimation of marriage age in family reconstitution studies", *Population Studies*, 1994, 48, pp. 81-97.
——— 1998, "Explaining the rise in marital fertility in England in the ' long' eighteenth century",

1541-1871", *Journal of Family History*, 1984, 9, pp. 341-355.
——— 1994, "New estimates of nuptiality and marital fertility in France, 1740-1911", *Population Studies*, 1994, 48, pp. 307-331.
Westermarck, E., 1925, *The History of Human Marriage*, Vol. 1, 5th ed., London.
Wheaton, R., 1975, "Family and kinship in Western Europe", *Journal of Interdisciplinary History*, 1975, 5, No. 4, pp. 601-628.
Wilson, C., 1982, *Marital Fertility in Pre-industrial England, 1550-1849*, unpulbished Ph. D. thesis, University of Cambridge, Cambridge.
——— 1984, "Natural fertility in pre-industrial England, 1600-1779", *Population Studies*, 1984, 38, pp. 225-240.
——— 1986, "The proximate determinants of marital fertility in England, 1600-1799", in Bonfield L., Smith, R. M. and Wreightson, K., eds., 1986, *The World We Have Gained*, Oxford : Basil Blackwell, pp. 203-230.
——— 1991, "Marital Fertility in Pre-Industrial England:New Insights from the Cambridge Group Family Reconstitution Project", paper presented at the Conference on Demographic Change in Economic Development, held at the Institute of Economic Research, Hitotsubashi University, 1-3, December, 1991. (本書第９章)
Wilson, C., Oeppen, J. and Pardoe, M., 1988, "What is natural fertility? : the modeling of a concept", *Population Index*, 1988, 54, pp. 4-20.
Wilson, C. and Woods, R., 1991, "Fertility in England : A long-run perspective", *Population Studies*, 1991, 45, pp. 399-415.
Wolf, A. P. and Hanley, S. B., eds., 1985, *Family and Population in East Asian History*, Stanford: Stanford University Press.
Woods, R. I., 1985, "The effects of population redistribution on the level of mortality in nineteenth-century England and Wales", *Journal of Economic History*, 1985, 45, pp. 645-651.
——— 1992, "On the relationship between infant and adult mortality", *Population Studies*, 1992, 46, pp. 507-522.
Woods, R. I. and Hinde, P. R. A., 1987, "Mortality in Victorian England: Models and patterns", *Journal of Interdisciplinary History*, 1987, 18, pp. 232-247.
Woods, R. I., Watterson, P. A. and Woodward, J., 1988, "The causes of rapid infant mortality decline in England and Wales, 1861-1921, Part I", *Population Studies*, 1988, 42, pp. 343-366.
———, 1989, "The causes of rapid infant mortality decline in England and Wales, 1861-1921, Part II", *Population Studies*, 1989, 43, pp. 113-132.
World Fertility Survey, 1979, Goldman, N., Coale, A. J. and Weinstein, M., "The quality of data in the Nepal fertility survey", *Scientific Reports*, 1979, No. 6.
——— 1980, Kabir, M., "The demographic characteristics of household populations", *Comparative Studies*, 1980, No. 6.
Wrigley, E. A., 1961, *Industrial Growth and Population Change : A Regional Study of the Coalfield Areas of North-West Europe in the Later Nineteenth Century*, Cambridge: Cambridge University

le département de la Seine", *Population*, 1974, 29 (1), pp. 89-107.
van de Walle, E. and van de Walle, F., 1972, "Allaitement, stérilité et contraception : Les Opinions jusqu' au XIXe siècle", *Population*, 1972, 27 (4-5), pp. 685-701.
van de Walle, F. 1975, "Migration and Fertility in Ticino", *Population Studies*, 1975, 29 (3), pp. 447-462.
———, 1986, "Infant Mortality and the European Demographic Transition", in Coale, A. J. and Watkins, S. C., 1986, pp. 201-233 (本書第５章).
——— *One Hundred Years of Decline: The History of Swiss Fertility from 1860 to 1960*, Manuscript,.
van Ginneken, J. K., 1978, "The Impact of Prolonged Breastfeeding on Birth Intervals and on Postpartum Amenorrhoea", in Henry Mosley, W., ed., 1978, *Nutrition and Human Reproduction*, New York : Plenum Press, pp. 179-198.
van Nierop, L., 1933, 1934 and 1937, "De bruidegoms van Amsterdam", *Tijdschrift voor Geschiedenis*,Vol.48, pp.337-357, Vol.49, pp. 136-160, 329-344 and Vol.52, pp. 144-163, 251-264.
Vann, R. T. and Eversley, D. E. C., 1992, *Friends in Life and Death : The British and Irish Quakers in the Demographic Transition 1650-1900*, Cambridge: Cambridge University Press.
Vincent, P. E., 1947, "French demography in the eighteenth century", *Population Studies*, 1947,1 (1), pp. 44-71.
Wachter, K. W. et al., 1978, *Statistical Studies of Historical Social Structure*, New York.
Wall, R., 1978, "The age at leaving home", *Journal of Family History*, 1978, 3, No. 2, pp. 181-202.
——— 1979, "Regional and temporal variations in English household structure" in Hobcraft, J. and Rees, P., eds., 1979, *Regional Demographic Development*, London.
——— 1982, "The household : Demographic and economic change in England", in Wall, R., Robin, J. and Laslett, P., eds., 1982. (小島宏訳, 1985 年「世帯――その人口学的および経済的変化　1650 〜 1970 年」, 斎藤修編,『家族と人口の歴史社会学』, リブロポート, 263-292 頁)
Wall, R., Robin, J. and Laslett, P., eds., 1983, *Family Forms in Historic Europe*, Cambridge.
Ware, H., 1977, "The Relationship between Infant Mortality and Fertility : Replacement and Insurance Effects", in *International Population Conference, Mexico, 1977*, Liège: International Union for the Scientific Studies, Vol. 1, pp. 205-223.
Watkins, S. C., 1986, "Conclusion" in Coale, A. J. and Watkins, S. C., eds., 1986, pp. 420-449.
——— 1991, *From Provinces into Naitons: Demographic Integration in Western Europe*, Princeton: Princeton University Press.
Watson, J. L., 1980, "Transactions in people: The Chinese market in slaves, servants and heirs", in Watson, J. L., ed., 1980, *Asian and African Systems of Slavery*, Oxford.
Weir, D. R., 1982, *Fertility Transition in Rural France*, unpublished Ph. D. dissertation, Stanford University.
——— 1984a, "Life under pressure, France and England 1670-1870", *Journal of Economic History*, 1984, 44, pp. 27-47.
——— 1984b, "Rather never than late : Celibacy and age at marriage in England cohort fertility,

International Population Conference Vienna 1959, Union Internationale pour l' Etude Scientifique de la Population, Vienna, pp. 348-354.
Tawney, R. H., 1912, *The Agrarian Problem in the Sixteenth Century*, London.
Teitelbaum, M. S., 1984, *The British Fertility Decline : Demographic Transition in the Crucible of the Industrial Revolution*, Princeton : Princeton University Press.
Thompson, W., 1929, "Population", *American Journal of Sociology*, 1929,34, pp. 959-975.
Todd, E., 1975, "Mobilité et cycle de vie en Artois et en Toscane au XVIIIe siècle", *Annales E. S. C.*, 1975, 30, No. 4, pp. 726-744.
——— 1990, *L' invention de l'Europe*, Paris.（石崎晴己，東松秀雄訳，1992-1993 年，『新ヨーロッパ大全』I, II, 藤原書店）
Tuan, Chi-Hsien, 1958, "Reproductive Histories of Chinese Women in Rural Taiwan", *Population Studies*, 1958, 12, pp. 40-50.
Ulmer, H., 1927, "La mortalité infantile en France de 1871 à 1926", *Bulletin de la statistique générale de la France*, 17, pp. 65-108.
United Nations, *Multilingual Demographic Dictionary*.
———*Demographic Yearbook (1949-50, 1955, 1979)*, New York.
U. S., National Bureau of Economic Research, 1960, *Demographic and Economic Change in Developed Countries : A Conference of the Universities - National Bureau Committee for Economic Research*, Princeton : Princeton University Press.
U. S., National Bureau of Economic Research, 1969.
Utgiren av statiska centralbyran, 1953, *Statistiksk Arsbok for Finland*, NY Serie-LXVIII-AR, p. 52.
Utterström, G., 1965, "Two essays on population in eighteenth century Scandinavia", in Glass, D. V. and Eversley, D., eds., 1965.
Vandenbroeke, C., 1976, "Bevolkingsstruktuur en gezinstypologie in Zuid-Oost-Vlaanderen op het einde van het Ancien Regiem", *Handelingen van de Geschied- en Oudheidkundige Kring van Oudenaarde*, 18, No. 2, pp. 243-303.
——— 1977, "Caractéristiques de la nuptialité et de la fécondité en Flandre et en Brabant aux XVIIe-XIXe siècles", *Annales de démographie historique*, 1977, pp. 7-20.
Vandenbroeke, C., van Poppel, F. and van der Woude, A. M., 1981, "De zuigelingen-en kindersterfte in België en Nederland in seculair perspectief ", *Tijdschrift voor Geschiedenis*, 94, pp. 461-491.
van der Woude, A. M., 1972, "Het Noorderquartier", *A. A. G. Bijdragen*, Vol. 16 (in 3 parts), Wageningen, Netherlands.
——— 1982, "Population developments in the Northern Netherlands (1500-1800) and the validity of the 'urban graveyard' effect", *Annales de démographie historique*, 1982, pp. 55-75.
van de Walle, E., 1974, *The Female Population of France in the Nineteenth Century: A Reconstruction of 82 Departments*, Princeton : Princeton University Press.
——— 1979, "Urban-Rural Differences in Fertility", Manuscript.
van de Walle, E. and Preston, S. H., 1974, "Mortalité de l' enfance au XIXe siècle à Paris et dans

in Caldwell, J. C., Hill, A. G. and Hull, V. J., eds., 1988, *Macro Approaches to Demographic Research*, London, Kegan Paul Internationa, pp. 215-241.

Smith, T. C., 1977, *Nakahara: Family Farming and Population in a Japanese Village, 1717-1830*, Stanford : Stanford University Press.

Sogner, S., 1979, *Folkevekst og Flytting*, Oslo.

Sonnabend, E. H., 1935, *Il fattore demografico nel'organizzazione soziale dei Bantu*, Rome.

Souden, D. C., 1981, *Pre-industrial England Local Migration Fields*, unpublished Ph. D. thesis, Cambridge.

Spufford, M., 1976, "Peasant inheritance customs and land distribution in Cambridgeshire from the sixteenth to the eighteenth centuries", in Goody, J., Thirsk, J. and Thompson, E. P., eds., 1976, *Family and Inheritance*, Cambridge.

Statistique de la Suisse, 1878,1901.

Statistique générale du mouvement de la population 1749-1905, 1907, Statistique générale de la France, Paris.

Stirling, P., 1965, *Turkish Village*, London.

Stolnitz, G. J., 1956, "A century of international mortality trends", Part II, *Population Studies*, 1956, Vol. 10, No. 1, pp. 17-42.

Stone, L., 1961, "Marriage among the English nobility in the 16th and 17th centuries", *Comparative Studies in Society and History*, Vol. 3, No. 2, pp. 182-215.

Struve, C. A., 1802, *A Familiar Treatise on the Education of Children*, London.

Struyck, N., 1753, *Nadere ontdeckingen noopens den staat van' t menschelijk geslagt*, Amsterdam.

Sündbärg, G., 1909, "Maisons souveraines de l' Europe en 1841-1890", *Ekonomisk Tidskrift*, 11, part 6.

Süssmilch, J. P., 1775, *Die göttliche Ordnung in den Veränderungen des menschlichen Geschlechts*, 3 Vols, 4th ed., Berlin. (高野岩三郎・森戸辰男訳『神の秩序』, 大原社会問題研究所編, 統計学古典選集第三巻, 1969 年, 第一出版)

Sweden, National Bureau of Statistics, 1969, Historik Statistik for Sverge, Part 1, Population, 1720-1967.

Szajkowski, Z., 1946, "The Growth of the Jewish Population of France : The Political Aspects of a Demographic Pattern", *Jewish Social Studies*, 1946, 8 (3), pp. 179-196 and 8 (4), pp. 297-321.

Szreter, S., 1988, "The importance of social investigation in Britain' s mortality decline, ca. 1850-1914", *Social History of Medicine*, 1988, 1, pp. 1-37.

Tacitus, C., *Germania*, Section 20 (in the Loeb edition). (泉井久之助訳注,『ゲルマーニア』, 1979 年, 岩波文庫)

Taeuber, I. B., 1961, "Population growth in a Chinese microcosm : Taiwan", *Population Index*, 1961, Vol. 27, No. 2, pp. 101-126.

——— 1970, "The families of Chinese farmers", in Freedman, M., ed., 1970, *Family and Kinship in Chinese Society*, Stanford.

Taeuber, I. B. and Taeuber, K. E., 1959, "The fertility of the Chinese in North East China", in

We Have Gained, Oxford : Basil Blackwell, pp. 231-260.

Schofield, R. S. and Berry, B. M., 1971, "Age at baptism in pre-industrial England", *Population Studies*, 1971, 25, pp. 453-463.

Schultz, T. P., 1980, "An Economic Interpretation of the Decline in Fertility in a Rapidly Developing Country : Consequences of Development and Family Planning", in Easterlin, R. A., ed., 1980, *Population and Economic Change in Developing Countries*, Chicago:University of Chicago Press.

Scrimshaw, S. C. M., 1978, "Infant Mortality and Behavior in the Regulation of Family Size", *Population and Development Review*, 1978, 4 (3), pp. 383-403.

Shah, A. M., 1973, *The Household Dimension of the Family in India*, New Delhi.

Shanin, T., 1972, *The Awkward Class*, Oxford.

Sharlin, A., 1978. "Natural decrease in early modern cities. A reconsideration", *Past and Present*, 1978, 79, pp. 126-138.

——— 1981, "Natural decrease in early modern cities : A Rejoinder", *Past and Present*, 1981,92, pp. 175-180.

——— 1986, "Urban-Rural Differences in Fertility in Europe during the Demographic Transition", in Coale A. J. and Watkins, S. C., eds., 1986. (本書第６章)

Short, R. V., 1984, "Breastfeeding", *Scientific American*, 1984, 250, pp. 23-30.

Singarimbun, M. and Hull, T. H., 1977, "Social Responses to High Mortality which Act to Support High Fertility", in *International Population Conference, Mexico 1977*, Liège : International Union for the Scientific Study of Population, Vol. 1, pp. 225-240.

Smith, A. E., 1947, *Colonists in Bondage*, Chapel Hill.

Smith, D. S., 1977, "A homeostatic demographic regime : Patterns in West European family reconstitution studies", in Lee, R. D., ed., 1977, *Population Patterns in the Past*, New York : Academic Press, pp. 19-51.

Smith, R. M., 1979, "Some reflections on the evidence for the origins of the ' European marriage patter' in England", in Harris, C., ed., 1979, *The Sociology of the Family*, Keele.

——— 1981, "Fertility, economy change, and household formation in England over three centuries", *Population and Development Review*, 1981, 7 (4), pp. 595-622. (鬼頭宏訳, 1988 年,「出生力・経済・家族形成-16-19 世紀」, 斎藤修編,『家族と人口の歴史社会学』, リブロポート, 137-186 頁)

——— 1984, "Pre-industrial European demographic regimes", in Feld, S. and Lesthaeghe, R., eds., 1984, *Population and Societal Outlook : Agora demography*, Brussels : Foundation Roi Baudoin, pp. 31-49.

——— 1986, "Transfer incomes, risk and security : The role of the family and the collectivity in recent theories of fertility change", in Coleman, D. and Schofield, R. S., eds., 1986, *The State of Population Theory : Forward from Malthus*, Oxford : Basil Blackwell, pp. 188-211.

——— 1988, "Transactional analysis and the measurement of institutional determinants of fertility : A comparison of communities in present-day Bangladesh and pre-industrial England",

and Revel, J., eds., 1989, *Histoire de la France, L'espace français*, Paris, Seuil, pp. 509-643.

Rosental, Paul-André, "Thirteen Years of Debate : From Population History to French Historical Demography, 1945-1958", Population, 1997, 9, pp. 215-242.（本書第１章）

Rotberg, R. J. and Rabb, T. K., eds., 1985, *Hunger and History : The Impact of Changing Food Production and Consumption Patterns on Society*, New York : Cambridge University Press.

Ruggles, S., 1992, "Migration, marriage and mortality : Correcting sources of bias in English family reconstitution", *Population Studies*, 1992, 46, pp. 507-522.

Rümelin, E., 1926, "Heiratsalter und Fruchtbarkeit der Ehen und ihre Entwicklung seit 1500", *Württemb. Jahrb. für Stat. und Landeskunde*, 1923-24, pp. 11-31.

Russell, J. C., 1944, "The clerical population of medieval England", *Traditio*, New York, Vol. II, pp. 177-212.

——— 1948, British Medieval Population, *Albuquerque*, N. Mex.

——— 1958, "Late Ancient and Medieval Population", *Transactions of the American Philosophical Society*, Vol. 48, Part 3.

Saito, O., 1992, "Infanticide, fertility and the 'population stagnation' : The state of Tokugawa historical demography", *Japan Forum* (The Journal of the British Association for Japanese Studies), 4, pp. 369-381.

——— 1996, "Historical Demography:Achievements and Prospects", *Population Studies*, 1996, 50.（本書第２章）

——— 2000, "Marriage, family labour and the stem-family household:Traditional Japan in a comparative perspective", *Continuity and Change*, Vol. 15, No. 1, pp. 17-45.

Sardi Bucci, D., 1976, "La Comunità ebraica de Firenze durante la prima metà del XIX secolo : Caratteristiche demografiche, economiche e sociali", *Genus*, 32 (3-4), pp. 75-115.

Sauer, R., 1978, "Infanticide and Abortion in Nineteenth-Century Britain", *Population Studies*, 1978, 32 (1), pp. 81-93.

Savorgnan, F., 1923, "Nuzialità e fecondità delle case sovrane d' Europa", *Metron*, 3.

——— 1925, "La fecondità della aristocrazie", *Metron*, 4.

Schmelz, U. O., 1971, *Infant and Early Childhood Mortality among the Jews of the Diaspora*, Jerusalem : Institute of Contemporary Jewry, Hebrew University of Jerusalem.

Schnyder, W., 1926, "Die Bevölkerung der Stadt und Landschaft Zürich vom 14. bis 17. Jahrhundert", *Schweizer Studien zur Geschichtswissenschaft*, Vol. 14, Fasc. 1, Zürich.

Schofield, R. S., 1972, "Representativeness and family reconstitution", *Annales de démographie historique*, 1972, pp. 121-125.

——— 1976, "The relationship between demographic structure and environment in pre-industrial Western Europe", in Conze, W., ed., 1976, *Sozialgeschichte der Familie in der Neuzeit Europas*, Stuttgart, Ernest Klett, pp. 653-670.

——— 1985, "English marriage patterns revisited", *Journal of Family History*, 1985, 10, pp. 2-20.

——— 1986, "Did the mothers really die? Three centuries of maternal mortality in 'The World We Have Lost'", in Bonfield, L., Smith, R. M. and Wreightson, K., eds., 1986, *The World*

1856-1955.
Norway, Central Bureau of Statistics, 1965, *Marriages, Births and Migrations in Norway 1856-1960*, Study, No. 13.
Notestein, F. W., 1945, "Population: The long view", in Schultz, T. W., ed., 1945, *Food for the World*, Chicago : Chicago University Press, pp. 36-57.
——— 1953, "Economic Problems of Population Change", in *Proceedings of the Eighth International Conference of Agricultural Economists*, London : Oxford University Press.
Oeppen, J., 1981, "Aggregative back projection", in Wrigley, E. A. and Schofield, R. S., 1981, Appendix 15.
——— 1993, "Generalized inverse projection", in Reher, D. and Schofield, R. S., eds., 1993, *Old and New Methods in Historical Demography*, Oxford : Clarendon Press, Chap. 3.
Ohlin, G., 1961, "Mortality, Marriage and Growth in Pre-Industrial Populations", *Population Studies*, 1961, 14 (3) pp. 190-197.
Okun, B. S., 1994, "Evaluating methods for detecting fertility control. Coale and Trussell' s model and cohort parity analysis", *Population Studies*, 1994, 48, pp. 193-222.
Page, H. J. and Lesthaeghe, R, eds., 1981, *Child-Spacing in Tropical Africa : Traditions and Change*, London : Academic Press.
Peller, S., 1920, "Zur Kenntnis der städtischen Mortalität im 18. Jahrhundert", *Zeitschrift für Hygiene und Infektionskrankheiten*, Vol. 90, pp. 227-262.
——— 1965, "Births and Deaths among Europe' s Ruling Families since 1500", in Glass, D. V. and Eversley, D. E. C., 1965, pp. 87-100.
Perrenoud, A., 1974, "Malthusianisme et protestantisme: Un modèle démographique Weberien", *Annales : E. S. C.*, 1974, 29 (4), pp. 975-988.
——— 1979, *La population de Genève du seizième au début du dixneuvième siècle : Etude démographique*, Vol. 1, Geneva : Société d' Histoire et d' Archeologie de Genève.
Power, E., 1922, *Medieval English Nunneries*, 1275-1535, Cambridge.
——— 1926, "The position of women" in Crump, C. G. and Jacob, E. F., eds., 1926, *The Legacy of the Middle Ages*, Oxford.
Preston, S. H., ed., 1978, *The Effects of Infant and Child Mortality on Fertility*, New York : Academic Press.
Provincia de Moçambique, Repartiçao Tecnica de Estatistica, 1955, *Recenseamento geral da população em 1950*, Vol. III, 'População nao civilizado', Lourenço Marques, Tab. 2, pp. 12-13.
Registrar General for England and Wales, 1838-, *Annual Reports* (London, 1839-).
Reher, D. and Schofield, R. S., 1993, *Old and New Methods in Historical Demography*, Oxford : Clarendon Press.
Recherches statistiques sur la ville de Paris et le département de la Seine, Paris, 1829.
Roller, O. K., 1907, *Die Einwohnerzahl der Stadt Durlach im 18. Jahrhundert in ihren wirtschaftlichen und kulturgeschichtlichen Verhältnissen dargestellt aus ihren Stammtafeln*, Karlsruhe.
Roncayolo, M. M., 1989, "L' Aménagement du Territoire, XIIIe-XXe siècle" in Burguière, A.

Meuvret, J., 1946, "Les Crises de subsistance et la démographie de la France d' ancien régime", *Population*, 1946, 1 (4), pp. 643-650 (reprinted in Meuvret, J., 1971, pp. 271-278).

Milligan, G., ed., 1927, *Selections from the Greek Papyri*, Cambridge.

Mineau, G. P. and Trussell, J., 1982, "A specification of marital fertility by parents' age, age at marriage and marital duration", *Demography*, 1982, 19, pp. 335-350.

Mitchell, B. R., eds., 1981, *European Historical Statistics, 1750-1975*, 2nd ed., London.（中村宏・中村牧子訳『ヨーロッパ歴史統計――1750-1993』, 2001 年, 東洋書林）

Mitterauer, M., 1973, "Zur Familienstruktur in ländlichen Gebieten Österreichs im 17 Jahrhundert", in Helczmanowszki, H., ed., 1973, *Beiträge zur Bevölkerungs-und Sozialgeschichte Österreichs*, Vienna.

Mitterauer, M. and Sieder, R., 1982, *The European Family : Patriarchy to Partnership from the Middle Ages to the Present*, Oxford : Basil Blackwell, pp. 32-34.（若尾祐司・若尾典子訳『ヨーロッパ家族社会史――家父長制からパートナー関係へ』, 1993 年, 名古屋大学出版会）

Moheau, M., 1912 (org. 1778), *Recherches et considerations sur la population de la France, 1778*, Modern edition by R. Gonnard, Paris.

Mols, R., 1954-1956, *Introduction à la démographie historique des villes d'Europe du XIVe au XVIIIe siècle*, 3 Vols, Louvain : Editions J. Duculot.

Mombert, P., 1929, *Bevölkerungslehre*, Grundrisse zum Studium der Nationalökonomie, Band 15, Jena.

Morgan, E. S., 1966, *The Puritan Family*, new ed., revised and enlarged, New York.

Morrell, C. C., 1935, "Tudor Marriages and Infantile Mortality", *Journal of State Medicine*, 1935, Vol. 43, pp. 173-181.

Morris, C., 1751, *Observation on the Past Growth and Present State of the City of London*.

Morrow, R. B., 1978, "Family limitation in pre-industrial England : A reappraisal", *Economic History Review*, 1978, 31, pp. 419-428.

Mortara, G., 1961, *Le unioni conjugali libere nell' America Latina*, Università di Roma, Instituto di Demografia, Roma.

Mosk, C., 1978, *Rural-Urban Differentials in Swedish Fertility, 1880-1960*, Working Paper No. 123, Berkeley, Calif. : Department of Economics, University of California.

Muret, J. S., 1766, *Memoires sur l'état de la population dans le pays de Vaud*, Yverdon, Switzerland.

Murdock, G. P., 1949, *Social Structure*, Macmillan （内藤莞爾監訳, 1978 年,『社会構造』, 新泉社）

Nahon, G., 1976, "Démographie des Jurifs portugais à Saint-Esprit-les-Bayonne, 1751-1787", *Bulletin de la société des sciences, Lettres et arts de Bayonne*, No. 132, pp. 155-202.

Norway, Central Bureau of Statistics, 1890, *Oversikt over de vigtigste resultater au de statistiske tabeller vedkommende folkemaengdens bevaegelse, 1866-1885*. Norges Officelle Statistick Tredie Raekke, No. 106, Kristiania, p. 143.

Norway, Central Bureau of Statistics, 1961, *Trend of Mortality and Cause of Death in Norway,*

——— 1977, *A History of Italian Fertility during the Last Two Centuries*, Princeton : Princeton University Press.
——— 1980, "Demographiy of a Rural Community in the Nineteenth Century : Pitigliano, Italy", in Schmelz, U. O., Gilkson, P. and Della Pergola, S., 1980, *Papers in Jewish Demography, 1977*, Jerusalem:Institute of Contemporary Jewry, Hebrew University of Jerusalem, pp. 33-52.
——— 1986, "Social-Group Forerunners of Fertility Control in Europe", in Coale, A. J., and Watkins, S. C., eds., 1986, pp. 182-200. (本書第４章)
——— 1991, *Population and Nutrition : An Essay on European Demographic History*, Cambridge : Cambridge University Press.
Lorimer, F., et al., *Culture and Human Fertility*, UNESCO.
MacDonell, W. R., 1913, "On the expectation of life in Ancient Rome", *Biometrika*, 1913, No. 9, pp. 366-380.
Macfarlane, A., 1970, *The Family Life of Ralph Josselin*, Cambridge.
Mackeprang, E. P., 1907, "Et Brudstykke af en Folketelling fra 1645 (A fragment of a census of 1645)", *Nationaløkonomisk Tidskrift*, Series III, Vol. 15, No. 3, pp. 248-270.
Malthus, T. R., 1830, "A Summery View of the Principle of Population", in Malthus, 1960, *Three Essays on Population*, pp. 13-59, New York : New American Library.
Mashayekhi, M. B., Mead, P. A. and Hayes, G. S., 1953, "Some Demographic Aspects of a Rural Area in Iran", *Milbank memorial Fund Quarterly*, 1953, 31, pp. 149-165.
Matthiessen, P. C. and McCann, J. C., 1978, "The Role of Mortality in the European Fertility Transition : Aggregate-Level Relations", in Preston, S. H., ed., 1978, pp. 47-68.
May, R. M. and Rubenstein, D., 1985, "Reproductive Strategies", in Austin, C. R. and Short, R. V., eds., 1985, *Reproductive Fitness*, Cambridge : Cambridge University Press.
McCann, M. F. et al., 1981, "Breast-feeding, fertility and family planning", *Population Reports*, series J, 24.
McKeown, T., 1976, *The Modern Rise of Population*, London : Arnold.
McKeown, T. and Brown, R. G., 1955, "Medical evidence related to English population changes in the eighteenth century", *Population Studies*, 1955, 9, pp. 119-141.
McKeown, T. and Record, R. G., 1962, "Reasons for the decline in mortality in England and Wales during the nineteenth century", *Population Studies*, 1962, 16, pp. 94-122.
McNicoll, G., 1975, "Community level population policy : An exploration", *Population and Development Review*, 1975, 1, pp. 1-21.
Mendels, F. F., 1972, "Proto-industrialization : The first phase of the industrialization process", *Journal of Economic History*, 1972, 32, pp. 241-261.
Menken, J., 1979, "Seasonal Migration and Seasonal Variation in Fecundability : Effects on Birth Rates and Birth Intervals", *Demography*, 1979, 16 (1), pp. 103-119.
Messance, 1766, *Recherches sur la population des généralités d'Auvergne, de Lyon, de Rouen et de quelques provinces et villes du Royaume*, Paris.
Mesurer et comprendre : Mélanges offertes à Jacques Dupâquier, 1993, Paris, PUF.

of Economics, 1973, 87, pp. 581-607.

——— 1981, "Short-term variation : vital rates, prices and weather", in Wrigley, E. A. and Schofield, R. S. eds., 1981.

——— 1993, "Inverse projection and demographic fluctuations : A critical assessment of new methods", in Reher, D. and Schofield, R. S. eds., 1993, *Old and New Methods in Historical Demography*, Oxford : Clarendon Press, Chap. 2.

Lee, R. D. and Bulatao, R. A., 1983, "The demand for children : A critical essay", in Bulatao, R. A. and Lee, R. D., eds., 1983, Vol. 1, pp. 233-287.

Lee, R. and Schofield, R. S., 1981, "British population in the eighteenth century", in Floud, R. and McCloskey, D., eds., 1981, *The Economic History of Britain since 1700*, Cambridge : Cambridge University Press, Vol. 1, pp. 17-35.

Lee, J., Campbell, C. and Wang, F. G., 1993, "The last emperor: Introduction to the demography of the Qing imperial lineage", in Reher, D. and Schofield, R. S., eds., 1993, *Old and New Methods in Historical Demography*, Oxford : Oxford University Press, pp. 361-382.

——— 1994, "Infant and child mortality among the Qing nobility : Implications for two types of positive check", *Population Studies*, 1994, 48, pp. 395-411.

Lee, J. and Gjerde, J., 1986, "Comparative household morphology of stem, joint and nuclear household systems : Norway, China and the United States", *Continuity and Change*, 1, pp. 89-111.

Le Mee, R., 1995, "De la nassance de la démographie historique à l' Enquête Henry" *Population*, 1995, 6, pp. 1475-1488.

Leridon, H. and Menken, J., eds., 1979, *Natural Fertility Patterns and Determinants of Natural Fertility : Proceedings of a Seminar*, Liège : Ordina Editions.

Lesthaeghe, R., 1977, *The Decline of Belgian Fertility, 1800-1970*, Princeton: Princeton University Press.

——— 1980, "On the social control of human reproduction", *Population and Development Review*, 1980, 6, pp. 527-548.

Lesthaeghe, R. and Wilson, C., 1986, "Modes of production, secularisation, and the pace of the fertility decline in Western Europe", in Coale, A. J. and Watkins, S. C., eds., 1986, pp. 261-292.

Levine, D., 1977, *Family Formation in an Age of Nascent Capitalism*, New York: Academic Press.

Lewontin, R. C., 1995, "Reply", *New York Review of Books*, 42 (9), p. 44.

Litchfield, R. B., 1969, "Caratteristiche demografiche delle famiglie patrizie fiorentine dal sedicesimo al diciannovesimo secolo", in *Saggi di Demografia Storica*, Florence : Dipartimento Statistico-Matematico, Università di Firenze.

Liu, Ts'ui-jung, 1992, *Lineage Populations and Socio-economic Changes in the Ming Ch'ing Periods*, Taipei : Academia Sinica.

Livi, L., 1918-1920, *Gli ebrei alla luce della statistica*, 2 Vols, Florence: Libreria della Voce (Vol. 1), Vallecchi (Vol. 2).

Livi-Bacci, M., 1971, *A Century of Portuguese Fertility*, Princeton : Princeton University Press.

Kramer, K. S., 1957, *Bauern und Bürger im nachmittelalterlichen Unterfranken*, Würzburg.

Kriedte, P., Medick, H. and Schulumbohm, J., 1981, *Industrialization before Industrialization*, Cambridge : Cambridge University Press.

Kuczynski, R. R., 1935, *The measurement of population growth*, London.

Kussmaul, A., 1981, *Servants in Husbandry in Early-Modern England*, Cambridge.

Lachiver, M., 1973, "Fécondité légitime et contraception dans la région Parisienne", in *Sur la population française au XVIIIe et au XIXe siècles : Hommage à Marcel Reinhard*, Paris : Socié té de Démographie Historique.

Landers, J., 1993, *Death and the Metropolis : Studies in the Demographic History of London 1670-1830*, Cambridge : Cambridge University Press.

Landry, A., 1936, "Quelques aperçus concernant la dépopulation dans l'antiquité gréco-romaine", *Revue historique*, 1936, Vol. 61, pp. 1-33.

——— 1945, *Traité de démographie*, Paris, Payot.

Laplace, P. S. de, 1951, *A philosophical essay on probabilities*, trsl. by Truscott, F. W. and Emory, F. L., New York.

Laslett, P., 1966a, "The Study of Social Structure from Listings of Inhabitants", in Wrigley, E. A. ed., 1966b.

——— 1966b, "Introduction : The numerical study of society", in Wrigley, E. A., ed., 1966b.

——— 1968, "Le brassage de la population en France et en Angleterre au XVIIe et au XVIIIe siècles ", *Annales de démographie historique*, 1968, pp. 99-109.

——— 1972, " Introduction : the history of the family", in Laslett, P. and Wall, R., eds., 1972, pp. 1-89.（林田伸一訳, 1983 年,「家族と世帯への歴史的アプローチ」, 二宮宏之他編,『家の歴史社会学』, 新評論, 37-76 頁）

——— 1977a, "Characteristics of the Western family considered over time", in Laslett, P., 1977c, pp. 12-49.

——— 1977b, "Clayworth and Cogenhoe", in Laslett, P., 1977c, pp. 50-101.（落合恵美子・中村伸子訳, 1988 年,「クレイウォースとコックノー」, 斎藤修編,『家族と人口の歴史社会学』, リブロポート, 57-136 頁）

——— 1977c, *Family Life and Illicit Love in Earlier Generations*, Cambridge : Cambridge University Press.

——— 1983, *The World We Have Lost : Further Explored*, London : Methuen.（川北稔・指昭博・山本正, 1986 年,『われら失いし世界――近代イギリス社会史』, 三嶺書房）

Laslett, P. and Wall, R., eds., 1972, *Household and Family in Past Time*, Cambridge: Cambridge University Press.

La vie, la mort, le temps : Mélanges offertes à Pierre Chaunu, 1993, Paris, PUF.

Lee, R., 1980, "Lactation, Ovulation, Infanticide and Woman's Work : A Study of Hunter-Gatherer Population Regulation", Cohen, Nealpase and Klein, eds., 1980, *Biosocial Mechanisms of Population Regulation*, New Haven, Conn : Yale University Press.

Lee, R., 1973, "Population in pre-industrial England: An econometric analysis", *Quarterly Journal*

Johansen, H. C., 1975, *Befolkningsudvikling og Familiestruktur i det 18 Arhundrede*, Odense.

Katz, J., 1959, "Family, Kinship and Marriage among Ashkenazim in the Sixteenth to Eighteenth Centuries", *Jewish Journal of Sociology*, 1959, 1, pp. 4-23.

Klapisch, C. and Demonet, M., 1972, "A uno vino e uno pane : La famille rurale toscane au début du XVe siècle", *Annales E. S. C.*, 1972, 27, Nos. 4-5, pp. 873-901.

Klep, P. M. M., 1973, "Het huishouden in westelijk Noord-Brabant: Structuur en ontwikkeling, 1750-1849", *A. A. G. Bijdragen*, Vol. 18, Wageningen, Netherland.

Knodel, J. E., 1968, "Infant Mortality and Fertility in Three Bavarian Villages : an Analysis of Family Histories from the 19th Century", *Population Studies*, 1968, 22 (3), pp. 297-318.

——— 1970, "Two and a Half Centuries of Demographic History in a Bavarian Village", *Population Studies*, 1970, 24 (3), pp. 353-376.

——— 1974, *The Decline of Fertility in Germany, 1871-1939*, Princeton : Princeton University Press.

——— 1977a, "Family Limitation and the Fertility Transition : Evidence from Age Patterns of Fertility in Europe and Asia", *Population Studies*, 1977, 31 (2), pp. 219-249.

——— 1977b, "Town and Country in Nineteenth-Century Germany : A Review of Urban-Rural Differentials in Demographic Behavior", *Social Science History*, 1977, 1 (3), pp. 356-382.

——— 1978, "Natural fertility in pre-industrial Germany", *Population Studies*, 1978, 32, pp. 481-510.

——— 1983, "The Natural fertility : age patterns, levels, trends", in Bulatao, R. A. and Lee, R. D., eds., 1983, *Determinants of Fertility in Developing Countries*, New York, Academic Press, Vol. 1, pp. 61-102.

——— 1986, "Demographic transitions in German villages", in Coale, A. J. and Watkins, S. C., eds., 1986, pp. 337-389.

——— 1988, *Demographic Behavior in the Past : A Study of Fourteenth German Village Populations in the Eighteenth and Nineteenth Centuries*, Cambridge : Cambridge University Press.

Knodel, J. E. and Maynes, M. J., 1976, "Urban and Rural Marriage Patterns in Imperial Germany", *Journal of Family History*, 1976, 1 (2), pp. 129-168.

Knodel, J. E. and van de Walle, E., 1967, "Breastfeeding, Fertility and Infant Mortality : An Analysis of Some Early German Data", *Population Studies*, 1967, 21 (2), pp. 109-131.

——— 1986, "Lessons from the Past : Policy Implications of Historical Fertility Studies", Coale, A. J. and Watkins, S. C., 1986, pp. 390-419.

Knodel, J. E. and Wilson, C., 1981, "The secular increase in fecundity in German village populations : an analysis of reproductive histories of couples married 1750-1899", *Population Studies*, 1981, 35, pp. 53-84.

Konner, M. and Worthman, C., 1980, "Nursing Frequency, Gonadal Function and Birth Spacing among ! Kung Hunter-Gatherers", *Science*, 1980, 207, pp. 788-791.

Kovasics, J., ed., 1957, *A tőrténeti statisztika forŕasai* (Sources of Historical Statistics), Hungarian Central Statistical Office, Budapest (In Hungarian with English and Russian summaries).

ment.
——— 1969, *Historical Demography*, Ithaca, N. Y. : Cornell University Press.
Homans, G. C., 1942, *English Villagers of the Thirteenth Century*, Cambridge, Mass.
Hombert, M. and Préaux, C., 1952, "Recherches sur le recensement dans l' Egypte romaine", *Papyrologica Lugdona-Batava*, Vol. V, Leyden.
Hopkins, K., 1980, "Brother-sister marriage in Roman Egypt", *Comparative Studies in Society and History*, 1980, 22, No. 3, pp. 303-354.
Houdaille, J., 1976, "La fécondité des mariage de 1670 à 1829 dans le quart nord-est de la France", *Annales de démographie historique*, 1976.
Howell, C., 1976, "Peasant inheritance customs in the Midlands, 1280-1700", in Goody, J., Thirsk, J. and Thompson, E. P. eds., 1976, *Family and Inheritance*, Cambridge.
Hume, D., 1875, *Essays : Moral, Political and Literary*, Green, T. H. and Grose, T. H., eds., 2 Vols., London.
——— 1977, "On the populousness of ancient nations [1742]", *Population and Development Review*, 1977, Vol. 3, No. 3, pp. 323-329.
Humphreys, N., 1885, *Vital Statistics:a memorial volume of selections from the reports and writings of William Farr*, London : Office of the Sanitary Institute.
Hungary, Library of Central Statistical Office and Archives Section of Education Ministry, 1960, *Az első magyarországi népszámlálás (1784-1787)*, (The first Hungarian census 1784-1787), Budapest.
Hyrenius, H., 1958, "Fertility and reproduction in a Swedish population group without family limitation", *Population Studies*, 1958, 12, pp. 121-130.
Iceland, Statistical Bureau, 1960, *Manntalid 1703* (Population Census 1703), Hagskyrslur Islands (Statistics of Iceland) II, 21, Reykjavik (In Icelandic with English and Esperanto summery).
——— 1975, Hans Oluf Hansen, *Population Census 1729 in Three Countries*, Statistic of Iceland II, 59, Reykjavik.
Imhof, A., 1975, "Die namentliche Auswertung der Kirchenbücher : Die Familien von Giessen 1631-1700 und Heuchelheim 1691-1900", in Imhof, ed., *Historische Demographie als Sozialgeschichte*, 2 Vols, Darmstadt und Marburg, Vol. 1, pp. 279-516.
——— 1980, "La mortalité infantile differentielle en Allemagne du 18e au 20e siècle", *Population et Famille*, 1980, 50-51, pp. 137-178.
——— 1981, "The amazing simultaneousness of the big differences and the boom in the nineteenth century : some facts and hypotheses about infant and maternal mortality in Germany, 18th to 20th century", *International Symposium on Population Economics*, Lund, 1981.
Inman, A. H., 1900, *Domesday and Feudal Statistics*, London.
Institut international de statistique, 1916, *Annuaire international de statistique*, Vol. 1, "Etat de la population".
Institut national de la statistique et des études économiques, 1956, 1966.
Jain, S. P., 1959, *Life Tables : 1951 Census, Census of India*, Paper No. 2, New Delhi.

(4), pp. 663-686.
——— 1959, "L'âge au décès d'après les inscriptions funeraires", *Population*, 1959, Vol. 14, No. 2, pp. 327-328.
——— 1960a, "De quelques caractéristiques de la population européenne de Tunis au milieu du XIXe siècle", *Population*, 1960, 15, pp. 885-888.
——— 1960b, "La fécondité légitime de paysans chinois de Formose", *Population*, 1960, 15, pp. 551-554.
——— 1960c, "La fécondité de villages de l'Inde", *Population*, 1960, 15, pp. 144-147.
——— 1961, "Some Data on Natural Fertility", *Eugenics Quarterly*, 1961, 8, pp. 81-91. (本書第7章)
——— 1967, *Manuel de démographie historique*, Paris.
——— 1972, "Fécondité des mariages dans le quart sud-ouest de la France de 1670 à 1829 (suite)", *Annales, E. S. C.*, 1972,27.
——— 1977, "Current concepts and empirical results concerning natural fertility", in Leridon, H. and Menken, J. eds., 1977, *Natural Fertility*, Liège : Ordina Editions, pp. 15-28.
——— 1978, "Fécondité des mariages dans le quart sud-est de la France de 1670 à 1829", *Population*, 1978, 33.
Henry, L. and Blayo, Y., 1975, "La population de la France de 1740 à 1860", *Population*, 1975, Special issue, Novermber, 30, pp. 71-122.
Henry, L. and Levy, C., 1960, "Ducs et pairs sous l'ancien regime:Caractéristiques démographiques d'une caste", *Population*, 1960, 15 (5), pp. 807-830.
Henry, L. and Houdaille, J., 1973, "Fécondité des mariages dans le quart nord-ouest de la France de 1670 à 1829", *Population*, 1973, 28.
Herlihy, D. and Klapisch-Zuber, C., 1978, *Les Toscans et Leur Familles*, Paris.
Herman, J., 1980, "The Evolution of the Jewish Population in Prague, 1869-1939", in Schmelz, U. O., Gilkson, P. and Della Pergola, S., eds., 1980, *Papers in Jewish Demography, 1977*, Jerusalem : Institute of Contemporary Jewry, Hebrew University of Jerusalem, pp. 53-67.
Hersch, L., 1948, "Jewish Population Trends in Europe : Prior to World War II", *The Jewish People : Past and Present*, Vol. 2, pp. 1-24, New York : Jewish Encyclopedic Handbooks, Central Yiddish Culture Organization.
Himes, N. E., 1963, *Medical History of Contraception*, New York : Gamut Press.
Hofstee, E. W., 1978, *De Demografische Ontwikkeling van Nederland in de Eerste Helft van de Negentiende Eeuw: Een Historische-Demografische en Sociologische Studie*, Deventer, Netherlands: Van Loghum Slaterus.
Holbing, M., 1845, *Baranya varmegyenek orvosi helyirata* (Medical Description of the Country of Baranya), Pecs in Andorka, 1978.
Hollingsworth, T. H., 1957, "A demographic study of the British Ducal families", *Population Studies*, 1957, Vol. XI, No. 1, pp. 4-26.
——— 1964, "The Demography of the British Peerage", *Population Studies*, 1964, 18 (2), Supple-

Gutman, M. P. and Alter, G., 1993, "Family reconstitution as event history analysis", in Reher, D. and Schofield, R. S., eds., 1993, *Old and New Methods in Historical Demography*, Oxford: Oxford University Press, pp. 159-177.

Haines, M., 1979, *Fertility and Occupation : Population Patterns in Industrialization*, New York : Academic Press.

Hajnal, J., 1953a, "Age at marriage and proportions marrying", *Population Studies*, 1953, Vol. 7, No. 2, pp. 111-136.

——— 1953b, "The Marriage Boom", *Population Index*, 1953, Vol. 19, No. 2, pp. 80-101.

——— 1965, "European Marriage Patterns in Perspective", in Glass, D. V. and Eversely, D. E. C., eds., 1965, *Population in History*, London : Edward Arnold, pp. 101-146. (本書第11章)

——— 1982, "Two Kinds of Pre-Industrial Household Formation System", *Population and Development Review*, 1982, Vol. 8, No. 3, pp. 449-494. (本書第 12 章)

Hallam, H. E., 1958, "Some thirteenth century censuses", *The Economic History Review*, 1958, 2nd series, Vol. X, No. 3, pp. 340-61.

Hammel, E. A., 1972, "The Zadruga as Process", in Laslett, P. and Wall, R., eds., 1972.

Hammel, E. A. and Laslett, P., 1974, "Comparing Household Structure Over Time and Between Cultures", *Comparative Studies in Society and History*, 1974, 16, pp. 73-109. (本書第 10 章)

Harkness, A. G., 1896, "Age at marriage and at death in the Roman Empire", *Transactions of the American Philological Association*, 1896, Vol. 37, pp. 35-72.

Hart, C. W. M. and Pilling, A. R., 1960, *The Tiwi of North Australia*, New York.

Hélin, E., 1973, "Une Sollicitude amibiguë : L'évacuation des enfants abandonnés", *Annales de démographie historique,* 1973, pp. 225-229.

Henripin, J., 1954, *La populaiton canadienne au début du XVIIe siècle*, Paris: Presses Universitaires de France.

Henry, L., 1946, "Pour une hitoire de la population", *Population*, 1946, 1 (2), pp. 245-256.

——— 1953a, "Aspects démographiques d' une région rurale de l' Iran", *Population*, 1953, 8, pp. 281-290, pp. 590-592.

——— 1953b, "Une richesse démographique en friche : les registres paroissiaux" *Population*, 1953,8 (2), pp. 281-290.

——— 1956a, *Anciennes Familles Genevoises : Etude démographique XVIe et XXe siècles*, Institut National d'Etudes Démographiques, Cahier No. 26, Paris: Presses Universitaires de France.

——— 1956b, "Caractéristiques démographiques des pays sous développés: Natalité, Nuptialité, Fécondité", *Le Tiers Monde*, Paris : Presses Universitaires de France.

——— 1957a, "A propos des 'remarques inquiètes' de René Baehrel", *Annales E. S. C.*, 1957, 12 (4), pp. 628-629.

——— 1957b, "La mortalité d' après les inscriptions funeraires", *Population*, 1957, Vol. 12, No. 1, pp. 149-152.

——— 1958, "Pour connaître la population de la France depuis Louis XIV", *Population*, 1958, 13,

Presses Universitaires de France.
Gille, H., 1949, "The demographic history of the Northern European countries in the eighteenth century", *Population Studies*, 1949, Vol. 3, No. 1, pp. 3-65.
Girard, P., 1959, "Aperçus de la démographie de Sotteville-les-Rouen vers la fin du XVIIIe siècle", *Population*, 1959, 14, pp. 485-508.
Girard, A., 1986, *L'Institut National d'Edudes, Démographiques, Histoires et Dévelopment*. Paris, Institut National d' Etudes Démographiques.
Glass, D. V., 1946, "Gregory King and the population of England and Wales at the end of the seventeenth century", *Eugenics Review*, 1946, Vol. 38, No. 1, pp. 170-183.
——— 1950, "Gregory King's estimate of the population of England and Wales, 1695", *Population Studies*, 1950, Vol. 3, No. 4, pp. 338-374.
Glass, D. V. and Eversley, D. E. C., eds., 1965, *Population in History : Essays in Historical Demography*, Chicago : Aldine, and London : Edward Arnold.
Glass, D. V. and Grebenik, E., 1954, *The Trend and Pattern of Fertility in Great Britain*, London: H. M. S. O.
Goldstein, A., 1981, "Some Demographic Characeristics of Village Jews in Germany: Nonnenweier, 1800-1931" in Ritterband, P., ed., 1981, *Modern Jewish Fertility*, Leiden : Brill.
——— 1985, *Determinants of Change and Response among Jews and Catholics in a Nineteenth-Century German Village*, New York : Conference of Jewish Social Studies.
Goldstone, J. A., 1986, "The demographic revolution in England: A re-examination", *Population Studies*, 1986, 49, pp. 5-33.
Goody, J., 1972, "The Evolution of the Family", in Laslett, P. and Wall, R., eds., 1972, pp. 335-373.
Goubert, P., 1952, "En Beauvaisis : Problèmes démographiques du XVIIe siècle", *Annales E. S. C.*, 1952, 7 (4), pp. 453-468.
——— 1954, "Une richesse historique en cours d'exploitation:Les registres paroissaux", *Annales E. S. C.*, 1954, 1. pp. 83-93
——— 1959, "Un œuvrage de base : de Mols", *Annales E. S. C.*, 1959, 14 (2), pp. 373-377.
——— 1960, *Beauvais et les Beauvais de 1600 à 1730*, Paris : S. E. V. P. E. N., Vol. 1, Chap. 3. (部分訳：遅塚忠躬・藤田苑子訳『歴史人口学序説——17・18世紀ボーヴェ地方の人口動態構造』, 1992年, 岩波書店).
——— 1973, "Démographie historique et histoire", *D. H. Bulletin d' information de la Société de démographie historique*, 1973, Special issue, pp. 11-15.
Graunt, J., 1939, *Natural and political observations made upon the bills of mortality*, Originally published in 1662 (久留間鮫造訳『死亡表に関する自然的および政治的諸観察』, 1968年復刊, 栗田出版会).
Greppi, A., 1970, *Indagine demografica sull' aristocrazia Genovese nei secoli XVII-XVIII*, Ph. D. dissertation, Università di Genova.
Guiot, P., 1949, *Thurins. Démogéographie d'une commune rurale de l'ouest lyonnais*, Paris, Cahiers de la FNSP.

Floud, R., Wachter, K. W. and Gregory, A., eds., 1990, *Height, Health and History: Nutritional Status in the United Kingdom, 1750-1980*, Cambridge : Cambridge University Press.

Fogel, R. W., 1986, "Nutrition and the decline in mortality since 1700: Some preliminary findings", in Engerman, S. L. and Gallman, R. E., eds., 1986, *Long-term Factors in American Economic Growth*, Chicago, Chicago University Press, pp. 439-555.

Fogel, R. W., Engerman, S. L. and Trussell, J., 1982, "Exploring the uses of the data on height: The analysis of long-term trends in nutrition, labor welfare and labor productivity", *Social Science History*, 1982, 6, pp. 401-421.

Fourastié, J., 1959, "De la vie traditionelle à la vie tertiaire", *Population*, 1959, Vol. 14, No. 3, pp. 417-432.

France, 1907, *Statistique générale du mouvement de la population 1749-1905*, Paris : Statistique générale de la France.

Freedman, R., 1961-1962, "The Sociology of Human Fertility: A Trend Report and Bibliography", *Current Sociology/ La Sociologie Contemporaine*, 1961-1962, No. 10-11 (2), pp. 35-119.

Freud, S., 1930, *Civilization and Its Discontents*. Translated and edited by James Strachez, New York : W. W. Norton&Co., Inc., 1961.

Friedlander, D., 1973, "Demographic Patterns and Socioeconomic Characteristics of the Coal-Mining Population in England and Wales in the Nineteenth Century", *Economic Development and Cultural Change*, 1973, 22 (1), pp. 39-51.

——— 1977, "The Effect of Child Mortality on Fertility : Theoretical Framework of the Relationship", *International Population Conference, Mexico 1977*, Vol. 1, pp. 183-203.

Galloway, P. R., 1988, "Basic patterns in annual variations in fertility, nuptiality, mortality and prices in pre-industrial Europe", *Population Studies*, 1988, 42, pp. 275-303.

Galley, C., 1995, "A model of early modern urban demography", *Economic History Review*, 1995, 48, pp. 448-465.

Ganiage, J., 1960, *La population européenne de Tunis au milieu de XIXe siècle*, Paris : Presses Universitaires de France.

Garden, M., 1977, "La Démographie des villes françaises du XVIIIe siècle: Quelques approches", *Démographie urbaine, XVe-XXe siècle : Actes des troisièmes rencontres Franco-Suisses, Lyon, 23-24 Avril 1976*, Lyon : Centre d' Histoire Economique et Sociale de la Région Lyonnaise, Université de Lyon II, pp. 43-85.

Garrett, E. and Reid, A., 1994, "Satanic mills, pleasant lands : Spatial variations in women' s work, fertility, and infant mortality as viewed from the 1911 Census", *Historical Research* (The Bulletin of the Institute of Historical Research), 67, pp. 156-177.

Gaunt, D., 1973, "Family planning and the pre-industrial society : some Swedish evidence", in Ågren, K. et al., 1973, *Aristocrats, Farmers, Proletarians*, Uppsala:scandinavian University Books, pp. 28-59.

Gautier, E. and Henry, L., 1958, *La Population de Crulai, Paroisse Normande: Etude historique*, Institut National d' Etudes Démographiques, Travaux et Documents, Cahier No. 33, Paris :

——— ed., 1988, *Histoire de la population française*, Paris, PUF, Vol. 2, p. 4.

Dupâquier, J. and Lachiver, M., 1969, "Sur les débuts de la contraception en France ou les deux Malthusianismes", *Annales E. S. C.*, 1969, 24 (6), pp. 139-1406.

Durand, J. D., 1960, "Mortality estimates from Roman tombstone inscriptions", *American Journal of Sociology*, 1960, Vol. 64, No. 4, pp. 365-373.

Dyson, T., 1991, "On the demography of south Asian famines : Part I and II", *Population Studies*, 1991, 45, pp. 5-25, 279-297.

Dyson, T. and Moore, M., 1983, "On kinship structure, female autonomy, and demographic behavior in India", *Population and Development Review*, 1983, 9, pp. 35-60.

Easterlin, R. A., 1976, "Population Change and Farm Settlement in the Northern United States", *Journal of Economic History*, 1976, 36 (1).

——— 1978, "The economics and sociology of fertility", in Tilly, C. ed., 1978, *Historical Studies of Changing Fertility*, Princeton, Princeton University Press.

Easterlin, R. A. and Crimmins, E., 1985, *The Fertility Revolution : A Demand-Supply Analysis*, Chicago : Chicago University Press.

Eaton, J. and Mayer, A. J., 1953, "The social biology of very high fertility among the Hutterites: The demography of a unique population", *Human Biology*, 1953, pp. 206-264.

Elklit, J., 1978, "Household structure in Denmark 1769-ca.1890", in S. Akerman, H. C. Johansen and D. Gaunt, eds., 1978, *Chance and Change : Social and Economic Studies in Historical Demography in the Baltic Area*, Odense.

Epictetus, *The Manual* (2nd century).

Fahlbeck, P. E., 1903, *Der Adel Schwedens (and Finlands) : Eine demographische Stüdie*, Jena : G. Fischer.

Faipoult de Maisoncelle, G. C., 1805, *Memoire statistique du département de l'Escaut*, Paris, Imprimerie Nationale An XIII, (Reprint, with introduction by P. Deprez, 1960).

Farr, W., 1885, in Humphreys, N. ed., 1885, *Vital Statistics : a memorial volume of selections from the reports and writings of William Farr*, London : Office of the Sanitary Institute, pp. 153-178.

Feeney, G. and Hamano, K., 1990, "Rice price fluctuations and fertility in late Tokugawa Japan" *Journal of Japanese Studies*, 1990, 16, pp. 1-30.

Finlay, R. P., 1981a, *Population and Metropolis:The Demography of London, 1580-1650*, Cambridge: Cambridge University Press.

——— 1981b, "Natural Decrease in Early Modern Cities", *Past and Present*, 1981, 92, pp. 169-174.

Flandrin, J. L., 1976, *Familles*, Paris. (森田伸子・小林亜子訳『フランスの家族――アンシャン・レジーム下の親族・家・性』, 1993 年, 勁草書房)

Fleury, M. and Henry, L., 1956, *Manuel de dépouillement et d' exploitation de l'état civil ancien*, Paris, Institut National d' Etudes Démographiques.

Flinn, W. M., 1981, *The European Demographic System, 1500-1820*, Baltimore : Johns Hopkins University Press.

Das Gupta, M., 1988, "The use of genealogies for reconstituting social history and analyzing fertility behavior in a north Indian village", in Caldwell, J. C., Hill, A. G. and Hull, V. J., eds., 1988, *Macro Approaches to Demographic Research*, London, Kegan Paul International, pp. 88-102.

Das Gupta, P., 1993, *An Inquiry into Well-being and Destitution*, Oxford: Oxford University Press.

Daszynska, S., 1889, "Zürichs Bevölkerung im XVII Jahrhundert", *Zeitschrift für Schweizerische Statistik*, Vol. 25, pp. 369-415.

Daumard, A., 1955, the report of the session in *Revue d' histoire économique et sociale*, 1955.

Davenant, C., 1699, *An essay upon the probable methods of making the people gainers in the balance of trade*, London.

David, P., Mroz, T., Sanderson, W., Wachter, K. and Weir, D. R., 1988, "Cohort parity analysis: Statistical estimates of the extent of fertility control", *Demography*, 1988, 25.

David, P. and Sanderson, W., 1988, "Measuring marital fertility control with CPA", *Population Index*, 1988, 54, pp. 163-188.

——— 1990, "Cohort parity analysis and fertility transition dynamics : Reconstructing historical trends in fertility control from a single census", *Population Studies*, 1990, 44, pp. 421-455.

Davis, K. and Blake, J., 1956, "Social structure and fertility: An analytic framework", *Economic Development and Cultural Change*, 1956, 4, pp. 211-235.

De la Rochefoucauld, F., 1955, *Mélanges sur l'Angleterre* (tr. Wilson, F. M., *Strange Island*, London, Longmans Green, 1955.)

De Meo, G., 1934, "Alcune carattestiche demografiche di Bari nel 1753", *Rivista italiana di statistica, economia e finanza*, Vol. VI, pp. 342-350.

de Vries, J. 1984, *European urbanization*, 1500-1800, Methuen.

Denmark, Statistics Department, 1965, *Fertilitetsforskelle i Danmark*, Copenhagen.

Deparcieux, A., 1746, *Essai sur les probablités de la durée de la vie humaine*, Paris.

Demeny, P., 1968, "Early Fertility Decline in Austria-Hungary : A Lesson in Demographic Transition", *Daedalus*, pp. 502-522.

"Démographie historique", 1975, *Population*, 1975, Special issue, November 30.

D. H. Bulletin d' information de la société de démographie historique, 1980, 30.

Drake, M., 1969, *Population and Society in Norway 1735-1865*, Cambridge.

Dupâquier, J., 1972, "De l' animal à l' homme : Le Mécanisme autorégulateur des populations traditionelles", *Revue de l'institut de sociologie, Université Libre de Bruxelles*, No. 2 , pp. 177-211.

——— 1979a, "Etude comparative des données concernant la fécondité dans 25 monographies concernant le bassin Parisien à la fin du XVIIe siècle et au début du XVIIIe siècle", in Leridon, H. and Menken, J., eds., 1979, *Natural Fertility Patterns and Determinants of Natural Fertility: Proceedings of a Seminar*, Liège : Ordina Editions, pp. 409-439.

——— 1979b, *La population française aux XVIIe et XVIIIe siècles*, Paris : Presses Universitaires de France.

——— 1984, *Pour la démographie historique*, Paris, PUF.

Princeton University Press.
Coale, A. J. and Hoover, E. M., 1958, *Population growth and economic development in low-income countries : a case study of India'* s prospects, Princeton.
Coale, A. J. and Treadway, T., 1986, "A summary of the changing distribution of overall fertility, marital fertility, and the proportion married in the provinces of Europe", in Coale, A. J. and Watkins, S. C., eds., 1986, *The Decline of Fertility in Europe*, Princeton, pp. 31-181.
Coale, A. J. and Trussell, R. J., 1974, "Model fertility schedules: variations in the age structure of childbearing in human populations", *Population Index*, 1974, 40 (2), pp. 185-258, Erratum, *Population Index*, 1974, 41 (4), p. 572.
——— 1978, "Technical note : finding the two parameters that specify a model schedule of maternal fertility", *Population Index*, 1978, 44 (2), pp. 203-213.
Coale, A. J. and Watkins, S. C., 1986, *The Decline of Fertility in Europe*, Princeton : Princeton University Press.
Cohen, A., 1932, *Everyman's Talmud*, London, Dent.
Connell, K. H., 1950, *The Population of Ireland 1750-1845*, Oxford, Clarendon Press.
Cornell, L. L., 1987, "Hajnal and the household in Asia : A comparativist history of the family in preindustrial Japan", *Journal of Family History*, 1987, 12, pp. 143-162.
Cornell, L. L. and Hayami, A., 1986, "The shumon aratamecho : Japan's population registers", *Journal of Family History*, 1986, 11, pp. 311-328. (仲井美由紀訳, 1989 年,「宗門改帳——日本の人口記録」, 速水融・斎藤修・杉山伸也編,『徳川社会からの展望——発展・構造・国際関係』同文舘出版, 101-125 頁)
Coutau-Begarie, H., 1983, *Le phénomène nouvelle histoire*, Paris, Economica.
Csoscán, J., 1959, "Három Pest megyei falu népesedése a XVIII század második felében" (Demographic changes in three villages in the country of Pest in the second half of the 18th century), *Történelmi Statistikai Közlemények*, 1959, Vol. 3, No. 1-2, pp. 58-107. (Hungarian with summaries in English, Russian etc.)
Curzon, I., 1995, *Les territoires de l'aménagement, DEA, Démographie et sciences sociales*, Paris, EHESS.
Czap, P., 1982a, "A large family : The peasant's greatest wealth" in Wall, R., Robin, J. and Laslett, P., eds., 1982, *Family Forms in Historic Europe*, Cambridge.
——— 1982b, "The perennial multiple family household", *Journal of Family History*, 1982, No. 1, pp. 5-26.
Dandekar, K. and Unde, D. B., 1961, "Size and composition of households", *Census of India*, Vol. 1, Monograph No. 9, New Delhi.
Dandekar, V. M. and Pethe, V., 1960, "Size and composition of rural families", *Artha Vijnana* 2, No. 3.
D'Andrea, S., 1971, "Chronique de l'A. E. D. (Association des experts démographes et diplômes de démographie générale)", *Population*, 1971, 26, No. 3, pp. 573-580.
Darwin, C., 1855, Letter to W. D. Fox.

——— 1946, “Géographie humaine et démographie”, *Population*, 1946, 1 (3), pp. 538-540.
——— 1947, “Démographie du grand tronc ferré sud-est (Paris-Lyon-Méditerranée)”, *Etudes Rhodaniennes*, 22 (1), pp. 35-82.
——— 1948, “Les sciences humaines et les problèmes de population”, *Etude Rhodaniennes*, 23 (4), pp. 233-237.
——— 1949a, “Démohistoire et démogéographie : A propos d' une étude de Paul Guiot sur Thurins”, *Revue de géographie de Lyon*, 1949, 24 (2), pp. 367-371.
——— 1949b, “Démogéographie sociale et vieillissement de la population”, *Revue de géographie de Lyon*, 1949, 24 (2), pp. 117-118.
——— 1953, “Notes sur la polulation d' un village bugiste: Belmont (XVIIe-XXe siècles.)”, *Revue de géographie de Lyon*, 1953, 28 (2), pp. 113-119.
Chaucer, G., *Wife of Bath' s Prologue*.
Chaunu, P. and Dosse, F., 1994, *L' instant éclate*, Paris, Aubier, pp. 226-227.
Chayanov, A. V., 1966, *On The Theory of Peasant Economy*. (eds., by Thorner, D., Kerblay, B. and Smith, R. E. F., Homewood, III) (磯辺秀俊・杉野忠夫訳『小農経済の原理』, 1957年, 大明堂)
Chevalier, L., 1944, *Aspects principaux de l' évolution de la main-d' œuvre industrielle dans l' Oise depuis du XIXe siècle*, Report to the DGEN, Ministère de l' Economie nationale, Part III.
——— 1946, “Pour une histoire de la population”, *Population*, 1946, 1 (2), pp. 245-256.
——— 1947a, “L' école géographique française et la démographie”, *Population*, 1947, 2 (1), pp. 149-153.
——— 1947b, “L' histoire des populations”, *Population*, 1947,2 (1), p. 164.
——— 1947c, “Pour une histoire”, *Population*, 1947, 2 (1), pp. 248-249, 253.
——— 1950, *La formation de la population parisienne au XIXe siècle*, Paris, PUF.
——— 1958, *Classes laborieuses et classes dangereuses*, Paris, Plon.
Cleland, J. and Wilson, C., 1987, “Demand theories of the fertility transition : An iconoclastic view”, *Population Studies*, 1987, 41, pp. 5-30.
Coale, A. J., 1967, “Factors associated with the development of low fertility: An historic survey”, *Proceedings of the U. N. World Population Conference, Belgrade 1965*, New York : United Nations, pp. 205-209.
——— 1971, “Age Patterns of Marriage”, *Population Studies*, 1971, 25, pp. 193-214.
——— 1973, “The demographic transition”, *International Population Conference, Liège*, Liège : I. U. S. S. P., Vol. 1. pp. 53-72.
——— 1986, “The Decline of Fertility in Europe since the Eighteenth Century as a Chapter in Human Demographic History” in Coale, A. J. and Watkins, S. C., eds., 1986. (本書第3章)
Coale, A. J., Anderson, B. A. and Härm, E., 1979, *Human Fertility in Russia since the Nineteenth Century*, Princeton : Princeton University Press.
Coale, A. J. and Demeny, P., 1966, *Regional Model Life Tables and Stable Populations*, Princeton:

Brain, E., 1994, *La mesure de l'Etat*, Paris, Albin Michel, pp. 9-24.

Braudel, F., 1950, "L'histoire des populations aux époques pre-statistiques", *Population*, 1950, 5 (1), pp. 163-165.

Braun, R., 1978, "Protoindustrialization and Demographic Changes in the Canton of Zurich", in Tilly, C. ed., 1978, *Historical Studies of Changing Fertility*, Priceton : Princeton University Press, pp. 289-334.

British Parliamentary Papers (BPP)

——— 1802 : VII, *Census of England and Wales, 1801, Enumeration*.

——— 1833 : XXXVI-XXXVII, *Census of England and Wales, 1831, Enumeration Abstract*.

Brownlee, J., 1920, "Density and death rate : Farr' s law", *Journal of the Royal Statistical Society*, 1920, 83, pp. 280-283.

Bücher, K., 1910, *Die Frauenfrage im Mittelalter*, 2nd ed., Tübingen.

Buck, J. L., ed., 1937, *Land Utilization in China*, Nanking.

Bulatao, R. A. and Lee, R. D., eds., 1983, *Determinants of Fertility in Developing Countries*, New York : Academic Press.

Burch, T. K., 1970, "Some demographic determinants of average household size : An analytic approach", *American Sociological Review*, 1970, 13, No. 3, pp. 347-363.

Burguière, A., 1972, "De Malthus à Max Weber : Le Mariage tardif et l' esprit d' entreprise", *Annales E. S. C.*, 1972, 4-5, pp. 1128-1138.

Cain, M., 1981, "Risk and insurance : perspectives in fertility and agrarian change in India and Bangladesh", *Population and Development Review*, 1981, 7, pp. 435-474.

——— 1982, "Perspectives on family and fertility in developing countries", *Population Studies*, 1982, 36, pp. 159-176.

Caldwell, J. C., 1979, "Variations in the Incidence of Sexual Abstinence and the Duration of Postnatal Abstinence among the Yoruba of Nigeria", in Leridon, H. and Menken, J., eds., 1979, *Natural Fertility Patterns and Determinants of Natural Fertility:Proceedings of a Seminar*, Liège : Ordina Editions.

——— 1982, *Theory of Fertility Decline*, London : Academic Press.

Cantillon, R., 1997 (org. 1755), *Essai sur la nature du commerce en général*, Paris, Institut national d' Etudes Démographiques.（津田内匠訳，アダム・スミスの会監修，1992 年，『商業試論』，名古屋大学出版会）

Carlsson, G., 1966, "The Decline of Fertility : Innovation or Adjustment Process", *Population Studies*, 1966, 20 (2), pp. 149-174.

Census of India, 1951, 1961.

Chalmer, G., 1802, *Estimate of the Comparative Strength of Great Britain*, pp. 415-416.

Chambers, J. D., 1957, *The Vale of Trent 1670-1800*, *Economic History Review*, Supplements, No. 3, and in Glass and Eversley, 1965, Part, II, p. 327

Châtelain, A., 1945, "Démographie et démogéographie. A propos d' œuvrages récents", *Etudes Rhodaniennes*, 1945, 20 (3-4), pp. 201-204.

et réalités", *Annales de démographie historique*, 1974, pp. 101-126.

——— 1990, " Innovators and imitators in the practice of contraception in town and country", in van der Woude, A., de Vries, J., and Hayami, A., eds., 1990, *Urbanization in History. A Process of Dynamic Interactions,* Oxford : Oxford University Press, pp. 264-281.

Barnes, J. A., 1967, "Généalogies", in Epstein, A. L., ed., 1967, *The Craft of Social Anthropology*, London : Tavistock Publications.

Becker, G. S., 1960, "An economic analysis of fertility", in National Bureau of Economic Research, 1960, *Demographic and Economic Change in Developed Countries, A Conference of the Universities-National Bureau Committee for Economic Research,* Princeton : Princeton University Press, pp. 290-231.

Befolkningsstatistik, Bidrag till Sveriges Officiella Statistik, Stockholm, 1851-.

Beltrami, D., 1954, *Storia della popolazione di Venezia dalla fine del secolo XVI alla caduta della reppublica*, Padova : Casa Editrice Dott, Antonio : Milani.

Bergues, H. et al., 1960, *La prévention des naissances dans la famille : Ses origines dans les temps modernes*, Institut National d' Etudes Démographiques, Travaux et Documents, Cahier No. 35, Paris : Presses Universitaires de France.

Berkner, L. K., 1972, "The stem family and the developmental cycle of the peasant household", *American Historical Review*, 1972, 77, No. 2.

——— 1976, "Inheritance, land tenure and peasant family structure : A German regional comparison", in Goody, J., Thirsk, J. and Thopson, E. P., eds., 1976, *Family and Inheritance*, Cambridge.

Blake, J., 1968, "Are Babies Consumer Durables?", *Population Studies*, 1968, 22, pp. 5-27.

Blum, A., Bonneuil, N. and Blanchet, D., eds., 1992, *Modèles de la démographie historique*, Paris, Institut National d' Etudes Démographiques.

Bongaarts, J., 1976, "Intermediate fertility variables and marital fertility", *Population Studies*, 1976, 30, pp. 227-241.

——— 1978, "A framework for analyzing the proximate determinants of fertility", *Population and Development Review*, 1978, 4, pp. 105-132.

Bongaarts, J. and Potter, R., 1983, *Fertility, Biology and Behavior : An Analysis of the Proximate Determinants*, New York : Academic Press.

Bongaarts, J. and Menken, J., 1983, "The supply of children : A critical essay", in Bulatao, R. A. and. Lee, R. D., eds., 1983, *Determinants of Fertility in Developing Countries*, New York, Academic Press, Vol. 1, pp. 27-60.

Bourdieu, P., 1984, *Homo academicus*, Paris, Editions de Minuit, pp. 144, 182, 223-224.（石崎晴己・東松秀雄訳, 1997 年『ホモ・アカデミクス』, 藤原書店）

Bourgeois-Pichat, J., 1951, "Evolution générale de la population française depuis le dix-huitième siècle", *Population*, 1951, Vol. 6 (4), pp. 635-662.

——— 1981, "Measuring infant mortality : I and II", *Population*, 1981, Selected papers No. 6, pp. 1-17, 19-40.

参照文献（洋書）

Administration générale de services de la France d'Outre-Mer, Etude démographique par sondage en Guinée, 1954-1955.

Aleati, G., 1957, *La popolazione di Pavia durante il dominio spagnolo*, Università degli studi di Pavia, Instituto di Statistica, Publicazione N. I. : Milan.

Alter, G., 1988, *Family and the Female Life course : The Women of Verviers, Belgium, 1849-1880*, Madison : Wisconsin University Press, pp. 167-173.

Andorka, R., 1971, "La prévention des naissances en Hongrie dans la région Ormansag depuis la fin du XVIIIe siècle", *Population*, 1971, 26, pp. 63-78.

——— 1972, "Un exemple de faible fécondité légitime dans une région de la Hongrie", *Annales de démographie historique*, 1972, pp. 25-53.

——— 1975, "Peasant family structure in the 18th and 19th centuries" (in Hungerian), *Ethnographia*, 1975, Nos. 2-3, pp. 340-365.

——— 1978, *Determinants of Fertility in Advanced Societies*, New York : The Free Press.

Annual Report of the Registrar General of England and Wales (Thirteenth, Fourteenth, Fifteenth, Seventeenth).

Annuaire international de statistique, 1916, Vol. 1, Etat de la population (Europe).

Armengaud, A., 1973, "L' Attitude de la société à l'égard de l' enfant au XIXe siècle", *Annales de démographie historique*, 1973, pp. 303-312.

Ariès, P., 1948, "La Méditerranée", *Population*, 1948, 3 (4), pp. 761-762.

Ashton, T. S., 1955, *An Economic History of England : The eighteenth century*, London.

Bachi, R., 1981, *Marriage and Fertility in Jewish Traditional Society*, Jerusalem : Israel Academy of Science and Humanities.

Backman, G., 1947-1948, "Die beschleunigte Entwicklung der Jugend", *Acta Anatomica*, Basel, Vol. 4, pp. 421-480.

Baehrel, R., 1957a, "La mortalité sous l' Ancien Régime. Remarques inquiètes", *Annales E. S. C.*, 1957, pp. 85-98.

——— 1957b, "Réponse de René Baehrel", *Annales E. S. C.*, 1957, pp. 629-638.

——— 1960, "Sur des communes-échantillon proposées à l' attention des chercheurs es-sciences humaines (démographie, histoire sociale, sociologie religieuse, toponymie, anthroponymie, (géographie?),...... statistique)", *Annales E. S. C.*, 1960, 15-4, pp. 702-741.

——— 1961 (rep. 1988), *Une croissance : la Basse-Provence rurale à la fin du seizième siècle à 1789, Essai d'économie historique statistique*, Paris, Editions de l' EHESS.

Barclay, G. W., 1954, *Colonial Development and Population in Taiwan*, Princeton, New Jersey.

Barclay, G., Coale, A. J., Stoto, M. A. and Trussell, T. J., 1976, "A Reassessment of the Demography of Traditional Rural China", *Population Index*, 1976, 42, No. 4, pp. 606-635.

Bardet, J. P., 1974, "La démographie des villes de la modernité, XVIe-XVIIIe siècles : Mythes

第12章

解　題

第11章

第９章

第10章

第６章

第７章

第８章

図表一覧

ま 行

や 行

ら 行

た　行

な　行

さ　行

事項索引

＊この事項索引は、文脈上重要な箇所のみを拾った。また表記が異なっているが、ほぼ同じ内容を示す用語は一括した。その場合、見出し語とは異なる表記はカッコ内に示した。

ワ　行

マ　行

ヤ　行

ラ　行

ゴナド, R.(René Gonnad)　413
コバズィク, J.(Joszef Kovasics)　399
コンネル, K.H.(K. H. Connell)　409

サ 行

斎藤修　10-11, 13, 484-485
サッセン(Sassen)　408
ザップ, P.(Peter Czap)　441, 443, 449, 473-474

ジェイン, S.P.(S. P. Jain)　386
ジェンナー, E.(Edward Jenner)　180
シミアン, F.(Francois Simiand)　32
シャーリン, A.(Allan Sharlin)　11, 75, 214, 487-488
シャトレーン, A.(Abel Châtelain)　29-31, 35, 37, 49-50
シュヴァリエ, L.(Louis Chevalier)　22-23, 25-29, 33-35, 39, 41, 48-50
ジュースミルヒ, J.P.(Johann Peter Süssmilch) 365, 387, 468
シュナイダー, W.(Werner Schnyder)　371
シュルツ, T.P.(T. Paul Schultz)　148
ショーニュ, P.(Pierre Chaunu)　49
ジラール, P.(Pierre Girard)　363, 409
シンガリンバム, M.(Masri Singarimbum)　149

スウェイト, H.(H. Thwaite)　271
スコフィールド, R.S.(Roger S. Schofield)　12, 58-60, 65, 74, 104, 283, 458, 492
ステュワート, S.(S. Stewart)　271
ストーン, L.(Lawrence Stone)　409
ストルイク, N.(N. Struyck)　403-405, 467
ストルニッツ, G.J.(George J. Stolnitz)　386
スミス, A.(Adam Smith)　452
スミス, D.S.(Daniel Scott Smith)　148
スミス, R.M.(Richard M. Smith)　73, 79, 469, 476
スミス, T.C.(Thomas Carlyle Smith)　72

ソヴィ, A.(Alfred Sauvy)　25, 40
ソスカン, J.(Jen Csoscán)　391, 412
ソナバン, E.H.(Enrico H. Sonnabend)　411

タ 行

ダーウイン, C.(Charles Darwin)　379
ダイソン, T.(Tim Dyson)　79
タイテルバウム, M.S.(Michel S. Teitelbaum) 175, 182, 252-253
ダヴナント, C.(Charles Davenannt)　401
タカギ, D.(Dana Takagi)　182
タキトゥス, C.(Cornelius Tacitus)　410
ダズィンスカ, S.(Sophie Daczynska)　370
ダスグプタ, P.(Partha Das Gupta)　72

チェンバース, J.D.(Jonathan D. Chambers)　363
チャヤノフ, A.V.(Alexander V. Chayanov) 452-453
チャルマー, G.(George Chalmer)　412

デ・シュール, A.(Alfred Des Cilleuls)　25
デイヴィッド, P.(Paul David)　68, 490
ディパルシュー, A.(Antoine Deparcieux)　365
デグノボル, H.(Helle Degnbol)　477
デモネ, M.(Michel Demonet)　472
デュヴィヤール, E.(Emmanuel Duvillard)　26
デュパキエ, J.(Jacques Dupâquier)　42, 49, 51, 98
デュプレ, P.(Paul Deprez)　364, 399, 409

ドゥ・ラプラス, P.S.(Pierre Simon de Laplace) 387
トゥニー, R.H.(R.H.Tawney)　411
トッド, E.(Emmanuel Todd)　11, 486
トラッセル, J.(James Trussell)　249-250, 273, 490
ドレイク, M.(Michael Drake)　465
トレッドウェイ, R.(Roy Treadway)　100, 155, 168

ナ 行

ノートスタイン, F.W.(FrankW.Notestein) 87, 88, 472
ノデル, J.(John Knodel)　98, 160, 165, 186, 192, 195, 253, 271, 283

ハ 行

ハークネス, A.G.(Albert Granger Harkness)　377
バークレイ, G.W.(George W. Barclay)　388
ハート, C.W.(C. W. Hart)　411
ハーム, E.(Erna Harm)　206
ハーリハイ, D.(David Herlihy)　438
ハイムス, N.(Norman Himes)　108
バジャルナソン, D.(Dora Bjarnason)　477
バッカー, P.(Pieter Bakker)　403

人名索引

＊この人名索引は、序および各章の本文と注に登場する人名を網羅している。
ただし、文中カッコでくくられた参照文献の著者名は含まれていない。

ア　行

カ　行

執筆者紹介 （掲載順）

速水融（はやみ・あきら）〔はじめに〕
奥付参照。

ポール=アンドレ・ローゼンタール（Paul-André Rosental）〔第１章〕
1961年生。フランス社会科学高等研究院（EHESS）研究部長，フランス国立人口研究所（INED）研究員。人口学。著書に，*Les sentiers invisibles. Espace, familles et migrations dans la France du XIX*[e] *siècle*, Paris, Eds. de l'E.H.E.S.S., 1999.

斎藤修（さいとう・おさむ）〔第２章〕
1946年生。慶應義塾大学大学院博士課程修了。一橋大学経済研究所教授。比較経済発展論・歴史人口学。著書に『プロト工業化の時代』（日本評論社）『賃金と労働と生活水準』（岩波書店）。

アンズリー・Ｊ・コール（Ansley J. Coale）〔第３章〕
1917年生，2002年没。プリンストン大学。人口学。著書に，*Regional Model Life Tables and Stable Populations,* 2nd ed., New York, Academic Press, 1983 (with P. Demeny) .

マッシモ・リヴィ=バッチ（Massimo Livi-Bacci）〔第４章〕
1917年生。フローレンス大学統計学部教授。人口統計学。著書に，*The Population of Europe*, Blackwell, Oxford, 2000. *A Concise History of World Population*, 3rd ed., Oxford, Blackwell, 2001.

フランシーヌ・ヴァン・デ・ワラ（Francine van de Walle）〔第５章〕
1930年生。ペンシルヴァニア大学人口研究センター。人口学。論文に，"Migration and Fertility in Ticino", *Population Studies*, 1975, 29 (3), pp.447-462.

アラン・シャーリン（Allan Sharlin）〔第６章〕
1950年生，1983年没。元カリフォルニア大学バークレイ校。社会史。共編著に，*Political Symbolism in Modern Europe: Essays in Honor of George L. Mosse*, New Brunswick and London, Transaction, 1982.

ルイ・アンリ（Louis Henry）〔第７章〕
1911 年生，1991 年没。元フランス国立人口研究所研究員。*Ancienne familles genevoises. Etude démographique*, PUF, 1956. *Manuel de dépouillement et d'exploitation de l'état civil ancien*, Paris, INED., 1956.

エドワード・アンソニィ・リグリィ（Edward Anthony Wrigley）〔第８章〕
1929年生。ケンブリッジ大学教授。著書に，『人口と歴史』（速水融訳，筑摩書房），*English Population History from Family Reconstitution 1580-1837*, Cambridge, Cambridge University Press, 1997 (with R. S. Davies et al.).

ロジャー・Ｓ・スコフィールド（Roger S. Schofield）〔第８章〕
1937年生。ケンブリッジ大学フェロウ（研究員）。著書に，*English Population History from Family Reconstitution 1580-1837,* Cambridge, Cambridge University Press, 1997 (with E. A. Wrigley et al.).

クリス・ウィルソン（Chris Wilson）〔第９章〕
1956年生。マックス・プランク人口研究所。人口学。共著に，*Convergence towards diversity? Cohort dynamics in the transition to adulthood in contemporary Western Europe*, Rostock, Max Planck Institute for Demographic Research, 2001.

ユージン・Ａ・ハメル（Eugene A. Hammel）〔第10章〕
1930年生。カリフォルニア大学バークレイ校教授。人類学。著書に，*Alternative Social Structures and Ritual Relations in the Balkans*, New York, Prentice-Hall, 1968.

ピーター・ラスレット（Peter Laslett）〔第10章〕
1915年生，2001年没。ケンブリッジ大学フェロウ（研究員）。著書に，『われら失いし世界――近代イギリス社会史』（川北稔・指昭博・山本正訳，三嶺書房）。

ジョン・ヘイナル（John Hajnal）〔第11・12章〕
1924年生。ロンドン大学（LSE）。統計学。論文に，"The Marriage Boom", *Population Index*, 1953, Vol. 19, No.2, pp. 80-101.

編者紹介

速水 融 （はやみ・あきら）

1929年生。1950年慶應義塾大学卒業。慶應義塾大学名誉教授，国際日本文化研究センター名誉教授，麗澤大学名誉教授，文化勲章受章者，日本学士院会員。経済学博士。経済史・歴史人口学専攻。著書に『近世農村の歴史人口学的研究』（東洋経済新報社）『近世濃尾地方の人口・経済・社会』（創文社）『歴史人口学で見た日本』『大正デモグラフィ』（文春新書）『日本を襲ったスペイン・インフルエンザ』『歴史人口学研究』『〈増補新版〉強毒性新型インフルエンザの脅威』（岡田晴恵編，共著，いずれも藤原書店）『近世初期の検地と農民』（知泉書館）他多数。

訳者紹介 （五十音順）

落合恵美子 （おちあい・えみこ）
京都大学大学院文学研究科教授。

木下太志 （きのした・ふとし）
筑波大学社会工学系教授。

黒須里美 （くろす・さとみ）
麗澤大学外国語学部教授。

小島 宏 （こじま・ひろし）
早稲田大学社会科学総合学術院教授。

高橋美由紀 （たかはし・みゆき）
立正大学経済学部准教授。

友部謙一 （ともべ・けんいち）
大阪大学大学院経済学研究科教授。

中里英樹 （なかざと・ひでき）
甲南大学文学部教授。

浜野 潔 （はまの・きよし）
平成26年 逝去。

速水 融 （はやみ・あきら）
編者紹介参照。

山本千映 （やまもと・ちあき）
大阪大学大学院経済学研究科教授。

歴《れき》史《し》人《じん》口《こう》学《がく》と家《か》族《ぞく》史《し》

2003年11月30日　初版第１刷発行©
2015年12月30日　初版第２刷発行

編　者　速　水　融
発行者　藤　原　良　雄
発行所　株式会社　藤　原　書　店

〒162-0041　東京都新宿区早稲田鶴巻町523
電　話　03（5272）0301
ＦＡＸ　03（5272）0450
振　替　00160-4-17013

印刷・製本　中央精版印刷

落丁本・乱丁本はお取替えいたします
定価はカバーに表示してあります

Printed in Japan
ISBN978-4-89434-360-3

グローバリズム経済批判

経済幻想

E・トッド
平野泰朗訳

「家族制度が社会制度に決定的影響を与える」という人類学的視点から、グローバリゼーションを根源的に批判。アメリカ主導のアングロサクソン流グローバル・スタンダードと拮抗しうる国民国家のあり方を提唱し、世界経済論を刷新する野心作。

四六上製 三九二頁 **三二〇〇円**
（一九九九年一〇月刊）
◇978-4-89434-149-4

L'ILLUSION ÉCONOMIQUE
Emmanuel TODD

移民問題を読み解く鍵を提示

移民の運命

（同化か隔離か）

E・トッド 石崎晴己・東松秀雄訳

家族構造からみた人類学的分析で、国ごとに異なる移民政策、国民ごとに異なる移民に対する根深い感情の深層を抉る。フランスの普遍主義的平等主義とアングロサクソンやドイツの差異主義を比較、「開かれた同化主義」を提唱し「多文化主義」の陥穽を暴く。

A5上製 六一六頁 **五八〇〇円**
（一九九九年一一月刊）
◇978-4-89434-154-8

LE DESTIN DES IMMIGRÉS
Emmanuel TODD

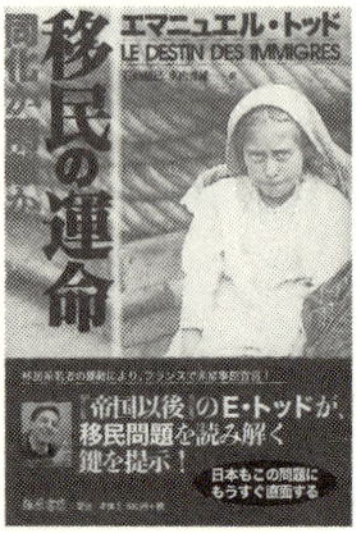

エマニュエル・トッド入門

世界像革命

（家族人類学の挑戦）

E・トッド
石崎晴己編

『新ヨーロッパ大全』のトッドが示す、「家族構造からみえる全く新しい世界のイメージ」。マルクス主義以降の最も巨視的な「世像革命」を成し遂げたトッドの魅力のエッセンスを集成し、最新論文も収録。**対談・速水融**

A5並製 二二四頁 **二八〇〇円**
（二〇〇一年九月刊）
◇978-4-89434-247-7

全世界の大ベストセラー

帝国以後

（アメリカ・システムの崩壊）

E・トッド
石崎晴己訳

アメリカがもはや「帝国」でないことを独自の手法で実証し、イラク攻撃後の世界秩序を展望する超話題作。世界がアメリカなしでやっていけるようになり、アメリカが世界なしではやっていけなくなった「今」を活写。

四六上製 三〇四頁 **二五〇〇円**
（二〇〇三年四月刊）
◇978-4-89434-332-0

APRÈS L'EMPIRE
Emmanuel TODD